중국지리의 이해

(제3판)

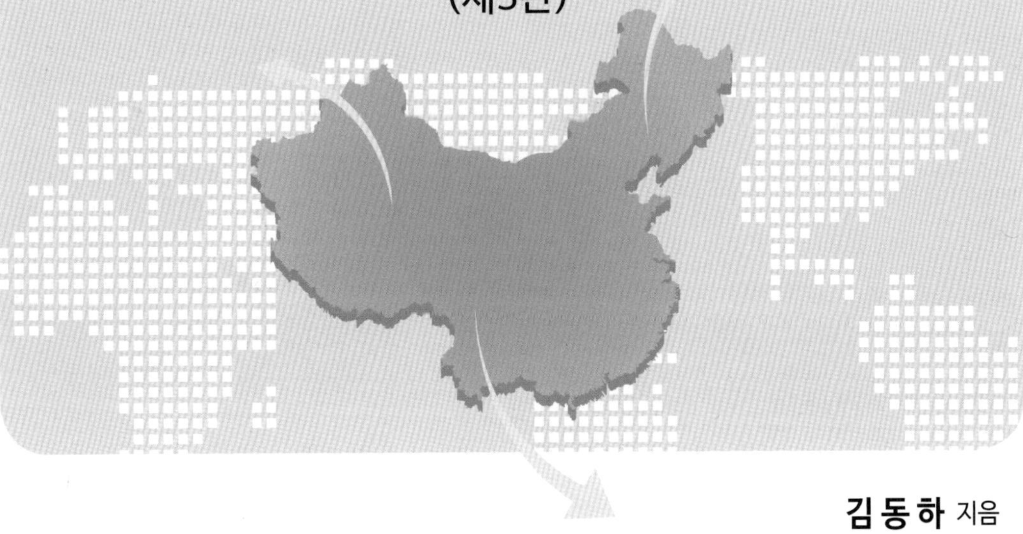

김동하 지음

부산외국어대학교 출판부

중국지리의 이해

2013년 08월 30일 1판 1쇄 발행
2016년 02월 29일 2판 1쇄 발행
2017년 08월 31일 2판 2쇄 발행
2021년 11월 30일 3판 1쇄 발행

저　자 | 김 동 하
발행인 | 김 홍 구
발행처 | 부산외국어대학교 출판부
등　록 | 제 14-11-15호
주　소 | 46234 부산시 금정구 금샘로485번길 65
전　화 | 051) 509-6488 팩스 / 051) 509-6468
편　집 | 주간 손기섭 / 디자인 권병철
인쇄처 | (주)광장에이앤씨 051) 583-8722

* 이 도서는 부산외국어대학의 연구활동을 진작시키고
출판물의 저작·보급을 촉진하기 위해
도서개발 연구비가 지원된 도서입니다.

ISBN 978-89-8312-457-9　93910
정가 24,000 원

[알림] 두피디아 T 활용 안내

필자는 2019년부터 ㈜두산이 제공하는 doopedia(두피디아)의 지구촌 여행기(두피디아 T)에 한중수교(1992.8.24) 이후 중국·대만·홍콩·마카오 등 중화권을 방문하며 경험하고 채집한 시식·동영상·사진을 활용하여 총 4개로 구성된 여행기 시리즈를 연재하고 있습니다. 특히 본서와 가장 연관이 깊은 시리즈는 '차이나 시티 두어'로, 미처 책에 담지 못한 이야기와 사진·영상물을 이곳에서 볼 수 있습니다. 또한 두피디아 웹사이트(www.doopedia.co.kr)에 회원 가입을 하면 필자와 소통 하실 수 있으니 참고 바랍니다.

김동하의 두피디아 여행기 시리즈

① 차이나 시티 투어: 중국의 31개 성·직할시·자치구 수도와 주요 도시를 돌아보는 시티 투어

② 화교 역사·문화 답사기: 전 세계에 분포한 4천여 만명 화교 발생의 역사적 배경과 문화적 특징을 알기 위해 떠나는 답사기

③ 샤오핑 로드: 중국의 개혁·개방 설계사 덩샤오핑과 함께 떠나는 중국 경제지리 여행기

④ 한자 로드: 3300년 전에 만들어져 아직도 살아 숨 쉬는 한자의 탄생 배경과 역사를 알아보는 여행기

본서와 함께 참고할 두피디아 여행기

doopediaT

www.doopedia.co.kr/indiTravel/bufs

차이나 시티투어	해당 권역						
	화북	동북	화동	화남	화중	서북	서남
#1. 중국 최대 호수를 품은 도시, 시닝(청해성)						○	
#2. 위그르족 중심시, 우루무치(신장위구르자치구)						○	
#3. 화합과 분열의 도시 우루무치(신장위구르자치구)						○	
#4. 세계에서 가장 큰 시장, 신장 국제다바자르						○	
#5. 신장 박물관 (우루무치시)						○	
#6. 왕국의 수도, 투루판						○	
#7. 투루판 소공탑						○	
#8. 생명의 젖줄, 카레즈 (신장 투루판)						○	
#9. 황허가 관통하는 도시 란저우 (감숙성)						○	
#10. 봄의 도시 쿤밍 (운남성)							○
#11. 쿤밍 운남 민족촌							○
#12. 빈곤에서 탈출한 귀주성 (구이양시)							○
#13. 아세안으로 향하는 출구, 난닝(광시자치구)				○			
#14. 살아있는 산수화, 구이린 (광서장족자치구)				○			
#15. 남쪽의수도, 황제의 도시 난징 (강소성)			○				
#16. 중국의 첫 번째 직할시, 톈진 (천진)	○						
#17. 저우언라이 제2의 고향, 톈진 (천진)	○						
#18. 톈진 고문화거리	○						
#19. 톈진 시카이 성당과 중국의 종교	○						
#20. 인촨, 회족들의 고향						○	
#21. 인촨, 중화회향문화원						○	
#22. 창사-마오쩌둥의 도시					○		
#23. 창사-악록서원					○		
#24. 칭다오-맥주의 도시			○				
#25. 지난-샘물의 도시			○				
#26. 지난시 부용가(푸룽제)			○				
#27. 하얼빈-얼음의 도시		○					
#28. 하얼빈 731부대 진열관		○					
#29. 다롄-동북지역 최대 항구 도시		○					
#30. 허페이-포청전의 고향					○		
#31. 창춘-중국 자동차의 고향		○					
#32. 창춘-위만황궁박물원		○					
#33. 바오딩-중국의 경기지역	○						
#34. 바오딩-직례총독서	○						
#35. 난창-혁명의 도시					○		
#36. 시안-진시황의 도시						○	

차이나 시티투어	해당 권역						
	화북	동북	화동	화남	화중	서북	서남
#37. 후허하오터-칭기즈칸의 도시	○						
#38. 항저우, 황제의 도시			○				
#39. 충칭, 마지막 직할시							○
#40. 충칭-자기구							○
#41. 청두-천부지국							○
#42. 청두-삼국지의 중심, 무후사							○
#43. 청두-두보초당							○
#44. 상하이-상하이 엑스포			○				
#45. 상하이 와이탄과 조계			○				
#46. 상하이 박물관			○				
#47. 경제수도 상하이와 상하이인			○				
#48. 상하이 포동신구			○				
#49. 상하이 자기부상열차와 증권거래소			○				
#50. 상하이 공산당			○				
#51. 베이징 군사박물관	○						
#52. 베이징-중산공원과 태묘	○						
샤오핑 로드	화북	동북	화동	화남	화중	서북	서남
#1. 등소평생가박물관 (사천성 광안시)							○
#2. 선전경제특구 (광동성 선전시)				○			
#3. 선전박물관				○			
#4. 산서성 핑야오 고성	○						
#5. 중국표호박물관과 산서상인	○						
#6. 천진 광동회관과 광동상인	○						
화교 역사문화 답사기	화북	동북	화동	화남	화중	서북	서남
#4. 광동화교박물관				○			
#5. 손문과 중산기념당				○			
#6. 강문오읍 화교화인박물관				○			
#7. 신닝철도와 화공				○			
#8. 화문화교박물관				○			
#9. 하문박물관				○			
#10. 후리산포대				○			
#11. 객가인과 메이저우				○			
#13. 중국객가박물관(광동성 메이저우)				○			
한자로드	화북	동북	화동	화남	화중	서북	서남
#1. 한자로드의 시작, 중국문자박물관(하남성 안양)					○		
#2. 전설에서 역사로 걸어나온 상나라(은허유적지)					○		
#3. 공자의 고향 산동성 곡부(취푸)			○				

3판 머리말

《중국지리의 이해(2016)》 2판이 나온 지 5년이 흘렀다. 2013년 초판 발행 이후, 인문지리 뿐만 아니라 경제지리도 폭넓게 다루고자 하는 필자의 욕심으로 체계적인 정리가 미흡했던 것은 2판에서 정리할 수 있었다. 또한 2판에서는 컬러 인쇄를 통해 지리가 가진 생생함을 사진과 지도 같은 콘텐츠를 활용하여 독자들에게 정확하게 전달하고자 노력했다.

3판에서 크게 달라진 점은 '두피디아T'라는 인터넷 플랫폼을 활용하여 지면이 가지는 한계를 극복한 것이다. 매년 업데이트 될 '두피디아 T'의 동영상, 사진 자료를 통해 필자가 중점을 두고자하는 부분에서 독자와의 소통을 기대한다.

3판의 틀(장, 절)은 2판과 큰 변화 없이 유지하였으며, 본문 내 수치와 뉴스는 최신 자료로 업데이트 하였다. 많은 사진들이 '두피디아T'를 통해 제공되는 관계로 기존 2판에 실었던 일부 사진은 정리하였으며, 다시 흑백 인쇄로 전환하였다. 제3장 지역별 환경에서 주요 성, 자치구, 직할시 지역의 경제지표를 2020년도 수치로 업데이트 하였고, 지역별 경제성장 전략 부분은 최근에 발표된 14·5 규획(2021~2025)을 기술하였다.

본서에 쓰인 사진들 대부분은 필자가 중국 각지를 고찰하면서 촬영한 것들 중 엄선한 것이다. 지리 교재는 '손'이 아닌 '발'로 쓰는 것임을 방증(傍證)한 결과물인 셈이다. 향후에도 '두피디아T'를 통해 시간의 흐름에 따라 변화하는 중국경제 · 사회 · 문화적 특성을 고찰하고 정리하는 작업을 매년 게을리 하지 않을 다짐이다.

2021년 9월

남산동에서 지은이 김동하

머리말

중국은 G2라 불리우며, 미국 다음의 세계 2위 경제대국으로 부상하였다. 중국 인구는 13.5억명으로 세계 1위이며, 국토 면적으로는 4위의 국가이다. 이처럼 명실상부한 '대국'으로 부상하게 된 중국에 대한 이해의 첫걸음은 그 나라의 기본적인 지리정보에서 시작하는 것도 유효한 방법이다. 본고는 중국의 지리를 이해함에 있어 경제, 문화와 같은 인문지리는 물론 기본적인 자연환경(지형, 기후 등)을 그 범위에 두고 접근하고자 하였다. 즉 동서간 5개의 시차구간이 있음에도 베이징 시간을 표준시간으로 두고 있는 이유와 함께 세계 최고 높이의 에베레스트산과 해발 최저점인 투루판 분지와 같은 지리적 특성도 살펴보았다.

다음으로 중국지리를 이해하는데 기준이 되는 것은 동서간 5,200㎞나 되는 넓은 국토를 어떻게 구분하는지에 대한 권역 구분법이다. 역사적 · 경제적 관점에서의 구분법이 다르며, 특히 지역별 명칭에 대한 이해를 통해서 중국의 특정 지역이 가지는 인문지리적 배경을 파악하도록 하였다.

2장에서는 중국 주변국 현황을 비교적 자세히 다루었는데 이는 중국이 14개 국가와 국경을 마주하고 있는 것에 기인한다. 본고의 주제는 중국지리이지만, 중국 내 접경지역은 바로 인접한 국가의 경제 · 사회적 영향을 받기 때문이다.

3장에서는 중국 31개 성, 직할시, 자치구를 7개 권역(화북, 동북, 화동, 화남, 화중, 서북, 서남)으로 나누어 지리적 특성, 경제환경, 발전계획 등을 살펴보았다. 획일적인 통계의 나열보다는 소수민족 자치구의 경우 그 역사적 배경과 민족적 특성을 살펴보고, 경제가 발달한 연해지역은 새롭게 계획하고 있는 차세대 성장동력을 이해하는데 초점을 맞추고자 했다.

마지막으로 4장에서는 중국 주요 지역개발정책을 살펴보았는데, 현재 진행중인 서부대개발·동북진흥·중부굴기정책 등이 그 주인공이다. 이들 정책의 현황과 함께 추진하게 된 배경, 그리고 최근까지의 성과를 고찰하여 중국지리를 보다 심층적으로 이해하는데 도움을 주고자 했다.

단행본이라는 한정된 분량에 세계에서 네번째로 큰 중국지리를 담기에는 처음부터 무리가 있다는 것을 부인하기 어렵다. 또한 본고에서 다룬 많은 곳을 부끄럽지만 필자가 미처 모두 가보지 못했음도 사실이다. 중국지리는 시간의 흐름에 따라 경제·사회·문화적 특성에 영향을 받아 변화하는 것이 당연하며, 필자는 꾸준한 수정 및 개정 작업을 통해 최대한 그 변화를 쫓아가기 위한 노력을 게을리 하지 않을 계획이다.

濱海校園
지은이 김동하
2013년 8월

목 차

□ 일러두기

1. 본고에서 중국어 표기는 '국립국어원'에서 정한 '중국어표기법'과 한자 발음 표기법 두 가지를 혼용하였다. 따라서 '北京'은 '북경' '베이징' 두 가지가 모두 혼용되어 있음을 밝힌다. 또 일부 본문에는 '北京'과 같이 중국어만 표기한 경우도 있다. 이는 학습자의 지식 확대를 위한 저자의 판단에 따른 것으로, 독자 여러분의 양해를 구한다.
2. 陝西省(섬서성)과 山西省(산서성)의 중국어 발음(한어병음)은 모두 동일하게 'ShanXi'로 표기된다. 그러나 혼동을 피하기 위해 우리 일부 언론에서 陝西省은 '샨시성'으로, 山西省은 '산시성'으로 표기하는 바, 본고 역시 이에 따랐다. <中國統計年鑑> 영문판 역시, 산서성은 'ShanXi' 로 섬서성은 'ShaanXi' 로 달리 표기하고 있다.

[그림 0-1] 중국 전도

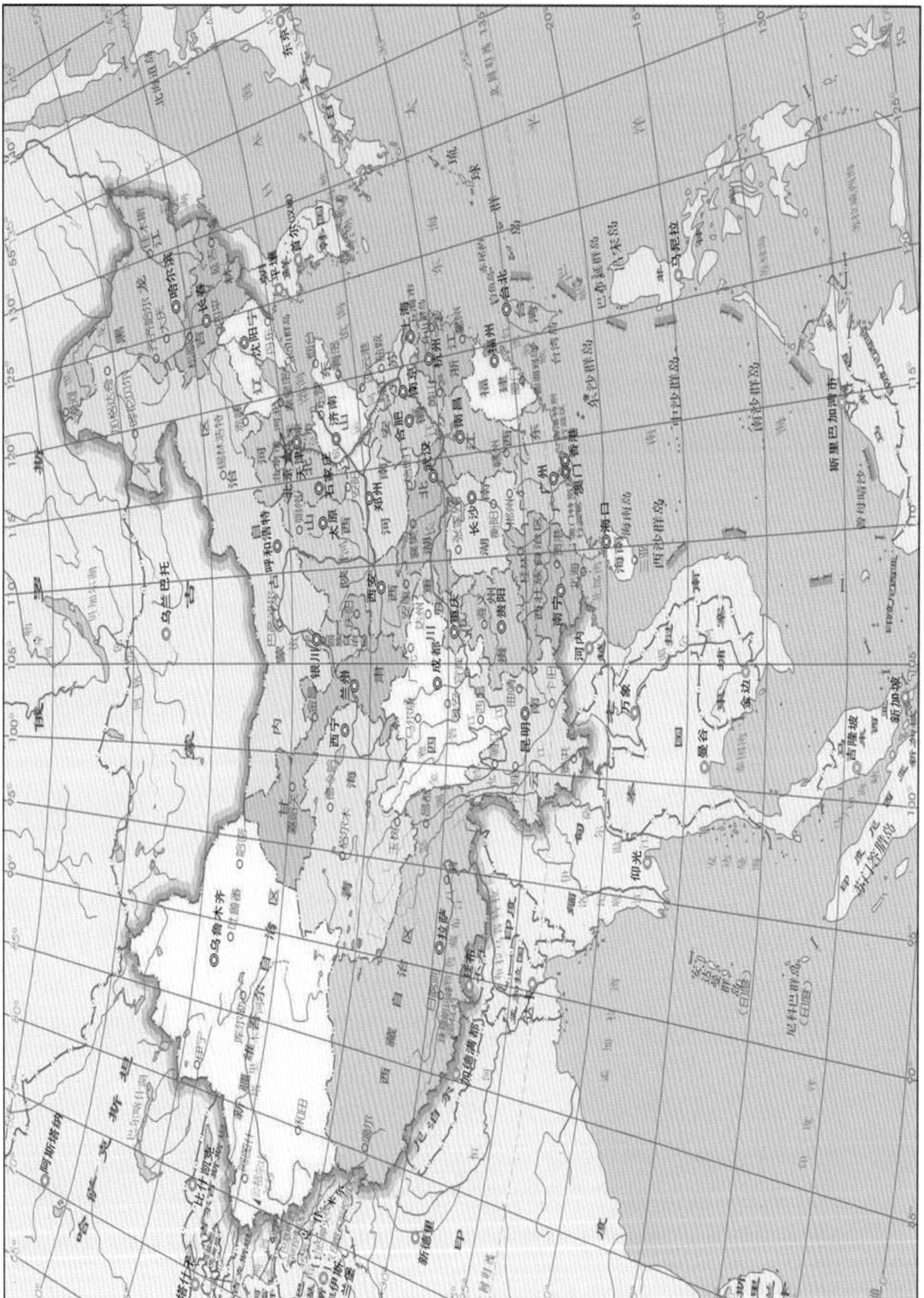
北京
天津
上海
重庆
南京
杭州
福州
台北
香港
澳门
海口
南宁
广州
长沙
武汉
南昌
合肥
济南
郑州
石家庄
太原
西安
成都
贵阳
昆明
兰州
银川
西宁
拉萨
乌鲁木齐
呼和浩特
沈阳
长春
哈尔滨
乌兰巴托
首尔
平壤
东京
马尼拉
河内
万象
曼谷
金边
仰光
新加坡
吉隆坡
新德里
加德满都
廷布
达卡
阿斯塔纳
比什凯克
塔什干
伊斯兰堡
南沙群岛
西沙群岛
中沙群岛
东沙群岛
钓鱼岛
斯里巴加湾市

Ⅰ. 중국 인문지리

Ⅰ. 중국 인문지리

1. 중국 자연현황

(1) 국토 현황

중국 국토면적은 960만 평방킬로미터(㎢)이다. 이는 세계 4위 규모이다. 한국 면적과 비교하면, 먼저 대한민국 면적(99,720㎢)의 96.2배이며, 한반도(22만㎢) 면적의 43.6배 규모이다. 미국 국토면적은 982.66㎢(세계 3위)로 중국보다 약 2.36% 큰 편이며, 캐나다 면적은 998.46만㎢로 세계 2위 수준이다. 세계 1위 국토를 가진 국가는 러시아로 국토면적이 1,709.82만㎢에 달한다.

[그림 1-1] 세계시차표

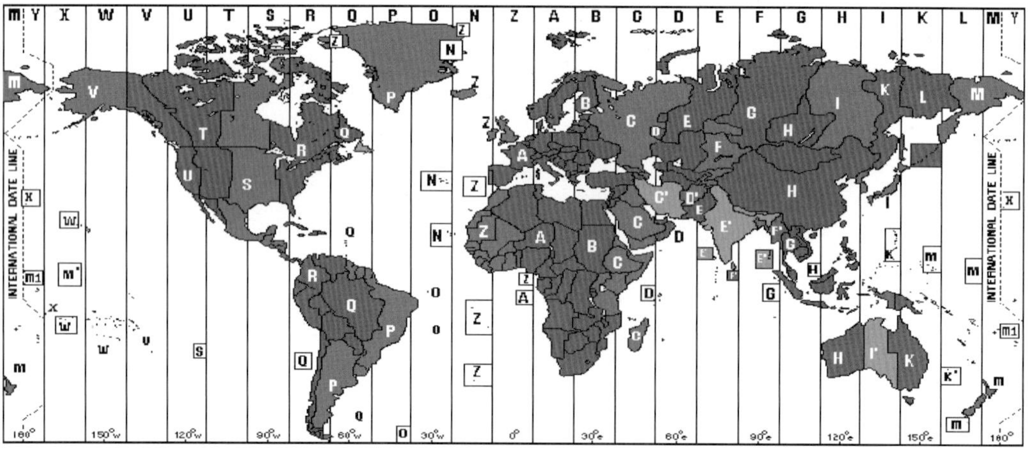

자료: 香港天文台(2013.2)

중국 국토의 동서간 거리는 약 5,200㎞로, 경부고속도로 구간이 416㎞인 것을 고려하면, 서울-부산의 12.5배에 달한다. 세계시차표 기준에 따르면 중국 동서간 구간은 5개의 시차 구간이 지나고 있으나, 중국정부는 정치적인 목적에서 수도인 북경(北京) 시간을 표준시간으로 통일시켜서 사용하고 있다. 따라서 북경보다 2시간 30분 시간이 빠른 인도 뉴델리와 같은 시간대 구역에 있는 우루무치시(신강위구르자치구 수도)의 시간도 북경과 동 시간대를 쓰고 있다. 이는 북경과 우루무치의 아침 8시는 동일한 표준시를 쓰고 있지만, 실제 우루무치의 천문환경은 인도 뉴델리(05시 30분)와 같은 새벽이라는 의미이다. 이러한 상황을 고려하여, 우루무치의 많은 기업들은 출근시간을 오전 10시로 늦추어, 북경 표준시 준수로 인한 생활의 불편을 해소하고 있다.

중국의 지세는 서고동저(西高東低)형으로 서쪽 끝의 히말라야 산맥에서부터 동쪽 끝의 장강 중하류 평원까지 서쪽에서 동쪽으로 낮아지는 형태를 보이고 있다. 중국 서남부에 위치한 청장고원은 가장 높은 지대이며, 곤륜산맥, 기련산맥, 횡단산맥을 경계로 하여 동쪽과 북쪽으로 낮아지고 있는 일련의 고원과 분지가 그 다음 단계로 높은 지대이다. 마지막으로는 대흥안령, 태행산, 무산, 무릉산, 설봉산 등이 동쪽 평원을 구성하고 있다.

이처럼 평원이 적고 고도의 차이가 심하다. 중국의 3대 평원은 동북평원, 화북평원, 장강 중하류 평원으로, 이중 흑룡강성 · 길림성 · 요녕성으로 이루어진 동북평원이 가장 크다.

[그림 1-2] 중국 산맥도

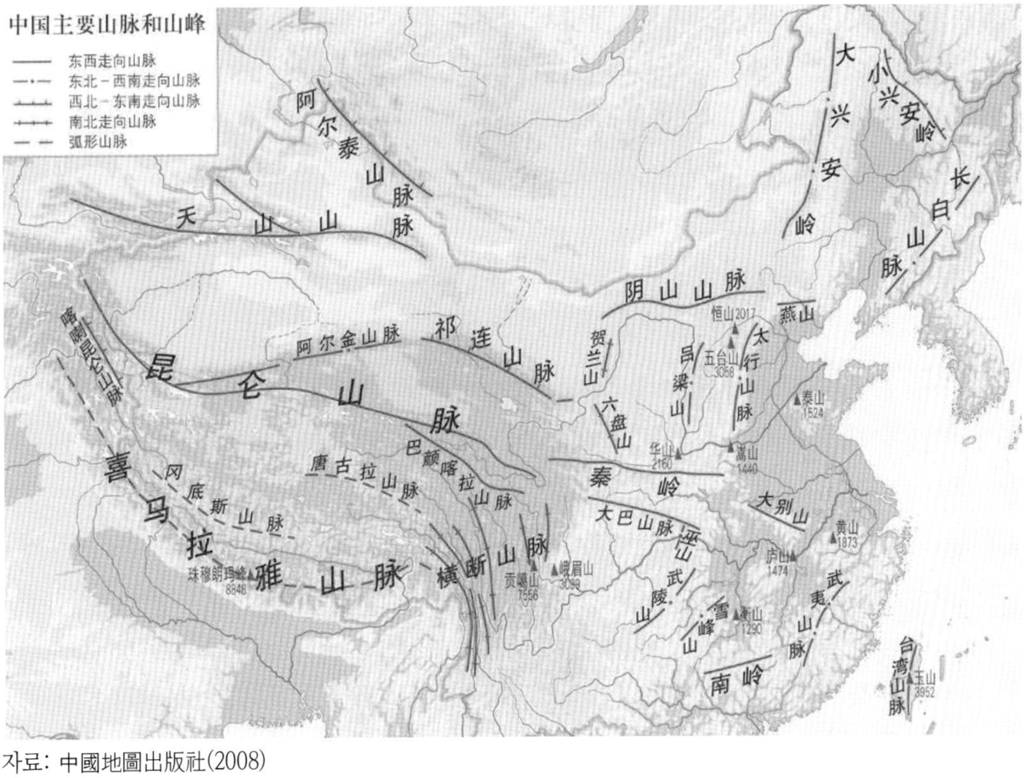

자료: 中國地圖出版社(2008)

국토 지형별 유형을 보면, 산지가 33%로 가장 많고 그 다음이 고원(26%), 분지(19%), 평원(12%), 구릉(9.9%) 순이다. 특징별로 보면 경작지는 전국토의 12.68%인 1억 2,172만ha에 달한다. 이는 총규모로는 세계 4위로 국토 순위와 동일하나, 13.4억명 인구 기준으로 1인당 경작지 면적기준으로 보면, 세계 126위에 불과하다. 특히 개혁개방 정책실시 이후, 많은 경작지들이 유실되면서 공장과 상업건물이 들어서게 되었다. 1997년 중국 경작지는 1억 2,993만ha였으나, 2010년말 현재 경작지는 821만ha나 줄어들게 된 것이다.

2000년 중국의 1인당 경작지 면적은 1,053.33㎡였으나, 2010년에는 920㎡로 14.5%나 줄어들었다. 이는 세계 1인당 경작지 면적 평균치의 40% 수준이다. 현재 중국정부가 설정한 최소 경작지 유지면적은 1.2억ha이다. 1)

이외에도 국토 중 18.2%는 삼림이며, 내륙수면(강·호수)이 1.82% 수준이고, 목축업이 가능한 초지는 32.6% 수준이다.

중국에서 가장 긴 강은 장강(長江)으로 총연장은 6,300㎞에 달한다. 그 다음이 황하(黃河)로 5,464㎞ 수준이다. 중국에서 가장 큰 면적의 호수는 청해성에 위치한 청해호(靑海湖)이며, 그 면적은 4,583㎢로 서울 면적(605.4㎢)의 7.6배에 달한다. 청해호는 염호(짠물 호수)이며, 면적기준으로 중국 내 2대 호수인 파양호(鄱陽湖, 3,583㎢)는 중국 최대 담수호(민물 호수)이다.

중국에서 해발고도가 가장 낮은 곳은 신강위구르 자치구에 위치한 투루판 분지(Turfan Depression)로 해저 154m 수준이며, 가장 높은 곳은 네팔과 국경을 마주하고 있는 에베레스트산(8,850m)이다. 에베레스트산의 티베트어 명칭은 초모랑마(Chomolangma. 대지의 여신)이며, 중국어 명칭은 초모랑마를 음역한 '주무랑마(珠穆朗玛峰)'이다.

중국에서는 종교와 관련되어 신성시 하는 산들이 많다. 먼저 도교에서 신성시 하는 5악(五岳)이 있다. 즉 동악(东岳)이라불리는 타이산(泰山. 해발1,545m. 산동성 泰安市)이 있고, 남악(南岳)이라 불리는 헝산(衡山. 1,300m. 호남성 衡阳市), 서악(西岳)이라 불리는 화산(华山. 2,155m. 섬서성 华阴市), 북악(北岳)으로 불리는 헝산(恒山. 2,016m. 산서성 浑源县), 중악(中岳)으로 불리는 쑹산(嵩山. 1,512m. 하남성 登封市)이 있다. 5악은 6세기 후반에 도교 신도들이 신성시 하기 전부터 여러 고전에 문장의 주제로 등장하면서 이미 특별한 산으로 간주되었다.

다음으로 불교에서 신성시 하는 4대 명산이 있다. 먼저 푸퉈산(普陀山. 절강성 普陀县. 해발286m), 어메이산(峨眉山. 사천성 峨眉县. 3,079m), 우타이산(五台山. 산서성 五台县.

1) 新华网(2011.2.24), 我国耕地面积十余年减少1.23亿亩.

3,058m), 주화산(九华山. 안휘성 青阳县. 1,344m) 등이다. 이외에도 안휘성에 있는 황산(黃山. 1,864m)도 명산 중의 하나이다. 1,000미터가 넘는 봉우리가 77개나 있으며, 1990년에 유네스코 세계자연문화유산으로 등록되었다.

[표 1-1] 중국 자연 개황

<table>
<tr><th>구분</th><th>현황</th><th>구분</th><th>현황</th></tr>
<tr><td>국토면적</td><td>960만㎢</td><td rowspan="4">기후대</td><td>습윤지구 32%</td></tr>
<tr><td>동서간 거리</td><td>5,200km</td><td>반습윤지구 15%</td></tr>
<tr><td>남북간 거리</td><td>5,500km</td><td>반건조지구 22%</td></tr>
<tr><td>해역면적</td><td>473만㎢</td><td>건조지구 31%</td></tr>
<tr><td>해안선 총연장</td><td>32,000km</td><td rowspan="5">국토 특징</td><td>경지 12.68%</td></tr>
<tr><td>도서(島嶼) 수</td><td>5,400개</td><td>삼림 18.21%</td></tr>
<tr><td>도서 면적</td><td>3.87㎢</td><td>내륙수면 1.82%</td></tr>
<tr><td rowspan="5">국토 지형별 유형</td><td>산지 33.33%</td><td>초지 41.67%
(경작가능 32.64%)</td></tr>
<tr><td>고원 26.04%</td><td>기타 25.61%</td></tr>
<tr><td>분지 18.75%</td><td rowspan="5">주요 강
(길이)</td><td>장강 6,300km</td></tr>
<tr><td>평원 11.98%</td><td>황하 5,464km</td></tr>
<tr><td>구릉 9.9%</td><td>송화강 2,308km</td></tr>
<tr><td rowspan="4">주요 호수
(면적)</td><td>청해호 4,583㎢(청해)</td><td>주강 2,214km</td></tr>
<tr><td>파양호 3,583㎢(강서)</td><td>료하 1,390km</td></tr>
<tr><td>동정호 2,740㎢(호남)</td><td rowspan="2">지형
(해발최고저)</td><td rowspan="2">투루판 분지(-154m)
에베레스트산(8,850m)</td></tr>
<tr><td>태호 2,425㎢(강소)</td></tr>
</table>

자료: 〈中國統計年鑑(2010)〉

중국 지형도에서 보듯이 중국은 시베리아와 인접한 한온대와 베트남과 인접한 열대 기후를 모두 보유한 광활한 기온대를 가지고 있다. 북쪽에서부터 보면, 한온대, 중온대, 난온대, 고온기후대(사막지역), 아열대, 열대 기후대를 모두 보이고 있다.

각 도시별 최고, 최저기온도 극한대과 극고온대를 동시에 나타낸다. 먼저 동북지역에 있는 하얼빈시의 경우, 1월 최저기온 -41.4℃를 기록한 바 있으며, 반면에 화남지역 광저우시는 1월 평균기온이 영상을 유지하고 있다. 서북권 대부분을 차지하는 사막지대와 고원지대의 기온도 낮은 편인데, 칭장고원에 위치한 청해성 수도인 시닝시 12월 최저기온은 영하 26.6℃ 수준이며, 신강위구르자치구 수도 우루무치 역시 2월 최저기온 영하 41.5℃를 기록한 바 있다.

[그림 1-3] 중국 지형도

자료: 中國地圖出版社(2008)

[그림 1-4] 중국 연평균 기온도

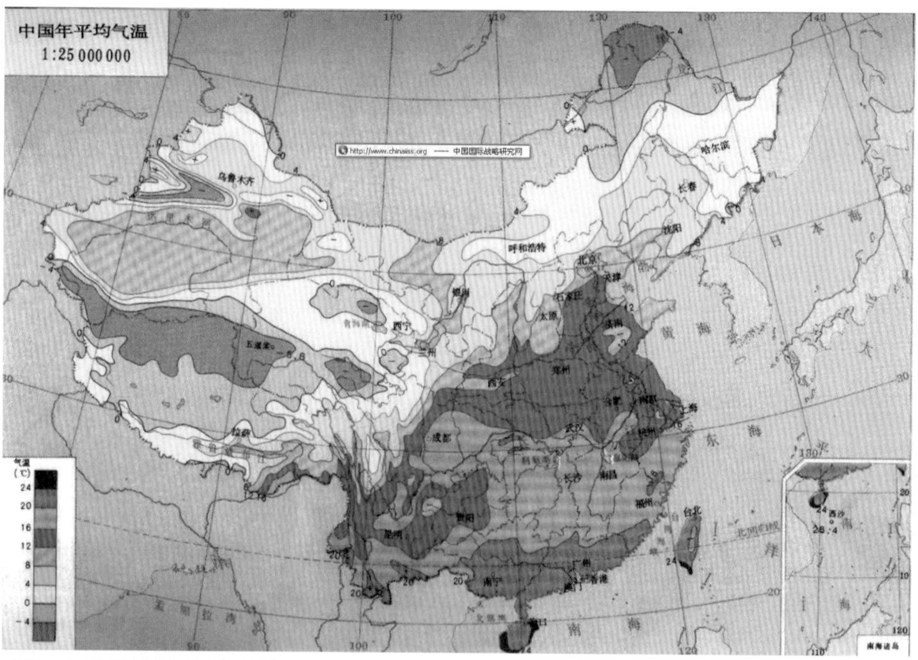

자료: 中國地圖出版社(2008)

반면에 중국 내 가장 남쪽에 위치한 해남성의 싼야시는 연평균 기온이 25.5℃로 전형적인 열대기후를 가지고 있다. 또한 해남성 하이커우시 7월 최고 온도는 40.5℃를 기록한 바 있으며, 7월 평균온도는 28.1℃ 수준이다.

일반적으로 중국 내에서도 여름철에 덥기로 유명한 3대 도시가 있는데, 난징, 우한, 충칭 등이 그 주인공이다. 이들 도시는 중국 서남지역과 화중지역에 위치하고 있는데 공통점은 장강 중하류에 위치하고 주변에 호수가 많아서 공기중에 습도가 높다는 점이다. 또한 충칭 같은 경우는 사천분지에 인접하여, 더워진 공기가 외부로 확산되지 못하고 도심 지역에 오랫동안 머물러 있는 특징을 보이기도 한다. 그 결과 이들 세도시의 여름철 평균기온은 32℃를 오르내리며, 밤에도 열대야 현상이 지속적으로 나타나고 있다.

2. 중국 권역 구분

(1) 전통적 권역 구분법

중국의 권역 구분법은 청대 이전부터 장강(長江)과 황하(黃河)를 기준으로 남과 북을 양분(혹은 4분)하는 전통적인 지역 구분법이 있었다. 그 후, 중국의 중심인 하남성(河南省)을 기준으로 동, 서, 남, 북 방위를 나누어 화중(華中), 화동(華東), 화남(華南), 화북(華北)으로 나누는 4분법이 통칭 되어왔다.

하남성은 중국 7대 고도(古都) 중 두 곳인 개봉(開封)과 낙양(洛陽)이 있어, 중국의 중심이라는 의미의 중원(中原)으로 불리던 곳이다. 중원답게 하남성 주위는 7개의 省이 둘러싸고 있다. 중국이 개혁개방 정책을 시작한 1979년 이전부터 동서횡단 및 남북종단 철도의 모든 간선이 하남성 성도인 정주(정저우, 鄭州)를 통과하는 등 교통, 물류의 중심지였다. 하남성 카이펑(開封)은 7대 왕조(삼국시대-魏 220~265년, 五代-後梁, 後晋, 後漢, 後周 907~960년, 北宋 960~1127년, 金 1115~1234년)에 걸친 수도였고, 뤄양(洛陽)은 9대 왕조(東周 BC770~BC221, 魏, 西晋 265~316년, 北魏 386~534년, 唐 618~907년, 後梁, 後唐)에 걸친 수도였다.

이러한 전통적인 권역 구분법은 1949년 공산당 혁명으로 新中國이 성립된 후, 정치 및 경제발전을 위한 전략적 이유로 재편되게 된다.

먼저 1960년대에 중국은 정치적 이유로 1선(一線), 2선(二線), 3선(三線) 지역으로 구분되기도 했다. 1960년대 후반에 3선 건설(三線建設)이라는 용어가 탄생했다. 1964년부터 1978년까지 마오쩌둥의 중국정부는 미국의 중국 침략설, 소련과의 이념 갈등, 대만과의 군사적 긴장 등 여러가지 이유로 중요한 산업기지를 중서부 지역 13개 성과 자치구가 위치한 후방(내륙)에 건설하거나 이전하는 대사업을 추진한다. 이 국책 사업의 이름은 3선 건설로 붙여 졌으며, 여기서 후방(後方)이 3선인 셈이다. 이를 위해 무려 15년동안 총 2,052억 위안의 자금이 투입되었으며, 최고조에 이르렀을 때에는 400만명의 인원이 동원되어 총 1100개 신설 혹은 이전 프로젝트가 수행되었다.

1선은 연해와 국경지역으로 규정되었으며, 3선은 사천성·귀주성·운남성·섬서성·감숙성·영하자치구·청해성 등 7개 서부권 지역과, 산서성·하남성·호남성·호북성·광동성·광서장족자치구 등 6개 지역이 포함되었다. 그리고 2선은 1선과 3선에 포함되지 않은 나머지 지역으로 정의 되었다. 따라서 현재 철강산업으로 대표되는 중국의 중화학 공업기지들은 3선 건설기간에 전혀 경제적인 고려없이 정치적인 목적에 따라 이들 산간 내륙지역에 들어서게 되었고, 지금까지도 운영되면서 중국경제의 한 축을 담당하고 있다. 이후 중국에서 '3선'은 물류망도 닿지 않는 내륙 깊숙한 지역이라는 의미를 담게 되었다. 2)

이러한 3선이 도시의 소비시장 확대를 계기로 의미가 재부여되고 있다. 중국의 WTO 가입이후, 특히 도시지역에서 부동산 활황세가 불붙자 먼저 부동산 업계에서 도시를 1선, 2선, 3선으로 구분하기 시작했다. 가장 부동산 시장이 발달한 북경시, 상해시, 선전시, 광저우시 등 4개 도시가 1선으로 분류되었으며, 2선도시는 성의 수도가 위치한 도시중 경제 발달지역, 3선도시는 경제가 미발달 된 성 수도, 4선 도시는 일반 중소형 도시로 구분하고 있다. 중국 내수시장을 분석한 KOTRA 보고서에 따르면 상해, 북경, 광저우를 1선도시로 구분하고 있으며, 2선 도시는 연해지역 도시 중 경제가 발달했거나 성 혹 자치구 수도인 도시 12개, 3선 도시는 기타 소비시장이 발달된 중대형 도시 13개를 꼽고 있다. 3)

물론 어떤 시각으로 보느냐에 따라 1선, 2선, 3선 도시에 포함되는 기준이 틀려진다. 즉 자동차 업계의 기준은 1인당 승용차 보유대수와 자동차 대중화의 정도(모터라이제이션)를

2) 삼선건설: 1964년 10월 마오쩌둥이 제기한 지역발전 전략임. 대약진시기 대외적으로 중·소 관계가 악화되고 미국이 베트남 전쟁에 개입하면서 국방·안보 문제에 대한 우려로 내륙지역 방위산업 분야에 대한 집중적인 투자가 이루어짐. 전국을 제1선(동부연해), 제2선(중부), 제3선(쓰촨, 윈난, 구이저우, 샨시, 간쑤, 칭하이, 닝샤와 산시일부, 허난, 후베이, 후난서부)으로 구분하여 대부분 신규 산업시설 투자를 쓰촨, 구이저우, 간쑤, 샨시성 등 내륙에 집중시켰으며, 이를 3선건설이라 함. 그 결과 1970년대말까지 2.9만개의 3선 프로젝트가 건설되었는데, 2,000개에 가까운 대중형 기업과 연구단지가 포함되고 45개 대형 생산기지 및 30개 신흥도시가 건설되었음. (자료: 「중국경제론.2판」, 곽복선 외, 2015)

3) KOTRA(2009), 중국 내수의 신블루오션 유망 2,3선 도시 소비 트랜드(2009.3.31)

기준으로 하고 있으며, 금융 업계에서는 은행 지점수, 예금·대출 잔액 등이 기준이다. 중요한 것은 중국경제가 발전할수록 3선에서 2선 도시에 집입하는 대형 도시가 늘어난 다는 점이며, 중국경제는 이들 도시를 중심으로 움직이는 도시경제라는 점이다.

[표 1-2] 유형에 따른 중국 도시의 구분

구분	부동산 발달 정도	내수시장 규모로 구분
1선도시	북경, 상해, 선전, 광저우	상해, 북경, 광저우
2선도시	천진, 충칭, 청두, 난징, 항저우, 쑤저우, 닝보, 선양, 다롄, 우한, 창사, 시안, 쿤밍, 구이양, 주하이	충칭, 선전, 천진, 우한, 시안, 선양, 난징, 쑤저우, 다롄, 항저우, 둥관, 샤먼
3선도시	우루무치, 샤오싱, 타이저우(저장), 옌청 등	하얼빈, 정저우, 푸저우, 쿤밍, 난창, 닝보, 허페이, 우시, 창저우, 난닝, 스좌장, 창사, 지난
4선도시	기타 중소형 도시	-

자료: 중국금융망(2010.3.31), KOTRA (2009.3.31)

[표 1-3] 최신 중국 도시군 구분

도시군	도시(城市)
1신도시 (5개)	베이징(北京), 톈진(天津), 상하이(上海), 광저우(廣州), 선전(深圳)
2선도시 (30개)	타이위안(太原), 정저우(鄭州), 스자좡(石家莊), 탕산(唐山), 옌타이(煙臺), 지난(濟南), 쯔보(淄博), 칭다오(靑島), 난징(南京), 쑤저우(蘇州), 우시(無錫), 닝보(寧波), 원저우(溫州), 항저우(杭州), 다롄(大連), 선양(瀋陽), 창춘(長春), 하얼빈(哈爾濱), 허페이(合肥), 난창(南昌), 창사(長沙), 우한(武漢), 둥관(東莞), 포산(佛山), 샤먼(廈門), 푸저우(福州), 청두(成都), 쿤밍(昆明), 충칭(重慶), 시안(西安)
3선도시 (61개)	바오터우(包頭), 어얼둬쓰(鄂爾多斯), 후허하오터(呼和浩特), 난양(南陽), 뤄양(洛陽), 랑팡(廊坊), 바오딩(保定), 창저우(滄州), 한단(邯鄲), 더저우(德州), 둥잉(東營), 랴오청(聊城), 린이(臨沂), 빈저우(濱州), 웨이팡(濰坊), 시닝(西寧) 웨이하이(威海), 지닝(濟寧), 타이안(泰安), 허쩌(荷澤), 난퉁(南通), 쉬저우(徐州), 양저우(揚州), 옌청(鹽城), 장인(江陰), 장자강(張家港), 전장(鎭江), 창저우(常州), 쿤산(昆山), 타이저우(泰州), 화이안(淮安), 샤오싱(紹興), 이우(義烏), 자싱(嘉興), 진화(金華), 타이저우(臺州), 안산(鞍山), 지린(吉林), 다칭(大慶), 우후(蕪湖), 웨양(嶽陽), 창더(常德), 샹양(襄陽), 이창(宜昌), 마오밍(茂名), 잔장(湛江), 장먼(江門), 주하이(珠海), 중산(中山), 후이저우(惠州), 류저우(柳州), 장저우(漳州), 취안저우(泉州), 하이커우(海口), 구이양(貴陽), 몐양(綿陽), 란저우(蘭州), 인촨(銀川), 바오지(寶鷄), 위린(楡林), 우루무치(烏魯木齊),

자료: 중소기업 중국내수시장 진출 종합안내서(2015. KOTRA, 중소기업청, 중소기업진흥공단)

(2) 개혁개방 이후 권역 구분법

1979년부터는 덩샤오핑이 실시한 개혁개방 정책의 영향으로 중국은 크게 연안 지역과 내륙지역으로 양분된 후, 다양한 구분법이 제시되어 오늘에 이르고 있다. 이중, 현재까지 중국경제지리 현상 파악과 연구에 영향을 미치는 주요 구분법은 3대 유역(流域)경제권, 3개 권역, 6대 경제구, 7대 경제구, 9개 경제구, 9대 대도시 경제권, 8대 권역 등이 있다.

1) 3대 유역(流域) 경제권

3대 유역(流域) 경제권은 중국 내 주요 하천인 장강과 주강 그리고 해역인 환발해만을 중심으로 인근 성(省), 시(市)를 동일 경제권으로 보는 개념이다.

현재 중국내에서 급속한 경제성장을 선도하는 중요핵심지역은 환발해 중 징진지(베이징, 톈진, 허베이), 장강삼각주, 주강삼각주 등 3개지역이다. 이들 지역을 인구, GDP, 산업구조 측면에서 상호 비교해 보면, 인구규모는 장강삼각지역이 징진지의 1.5배이고, 주강삼각지역은 징진지와 비슷한 규모를 보이고 있다. GDP는 장강삼각주가 징진지의 2배가 넘어 양지역의 격차가 더 벌어져 있지만, 주강삼각지역은 징진지지역과 비슷한 규모를 보이고 있다. 산업구조의 특징은 징진지지역이 3차산업이 특화되어 있고, 장강삼각지역과 주강삼각지역은 2차산업이 특화되어 있음을 알 수 있다. [4]

□ 환발해 경제권

환발해 경제권은 발해만을 연하고 있는 요녕성과 하북성 일부, 북경시, 천진시, 산동성 일부를 포함하는 경제권이다. 발해만은 중국의 랴오둥반도, 산둥반도, 화북평원에 둘러싸여 있으며 동북지역, 화북지역, 서북지역, 그리고 화둥 일부지역의 주요 출해통로(出海口)이다. 환발해지역은 중국의 정치중심지인 베이징을 비롯하여 톈진시, 그리고 산둥반도의 칭다오시 등 한국과 밀접한 관계를 가져온 도시들이 분포되어 있다.

특히, 베이징, 톈진을 주핵으로 한 징진지 경제권은 장강삼각주, 주강삼각주에 이어 중국 제3의 성장핵으로 성장해왔을 뿐만 아니라, 산둥반도의 란써경제구(山东半岛蓝色经济区)와 더불어 동북아의 핵심지역으로 성장하고 있는 중이다.

4) 징진지 발전규획에 대한 상세 내용은 본고 제3장 북경시(베이징시) 부분을 참고할 것.

[그림 1-5] 중국의 3대 유역도

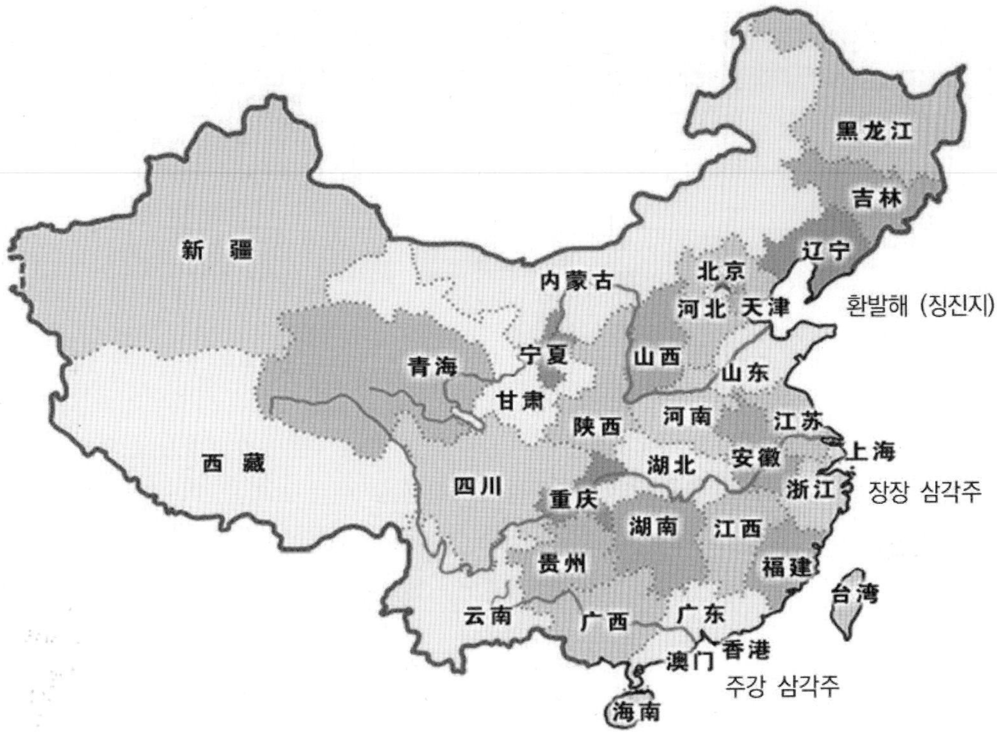

환발해지역은 한국과 가장 근거리에 위치한 특대형 경제권으로 면적이 중국전체의 3.9% 밖에 불과하지만 중국의 수도권을 포함한 핵심지역으로서 정치·경제·문화의 중심지이자 인구밀집 경제권이다. 중심도시로는 중국의 수도이자 직할시인 베이징시, 직할시인 톈진시, 성정부소재지(省会城市)이자 부성급(副省级)도시인 산둥성의 지난(济南)시, 성정부소재지인 스쟈좡(石家庄)시, 부성급도시인 칭다오(青岛)시가 있으며, 그 외에도 대도시로서 허베이성의 탕산(唐山)시와 한단(邯郸)시가 있다. 이중 톈진시의 빈하이(滨海)신구는 부성급구(副省级区)로 지정되어 있다.

징진지경제권과 산둥반도경제권이 환발해 경제권 지역에 분포되어 있는데, 이들 지역에는 해양자원, 광물자원, 가스자원 등이 풍부하며, 중국의 중요한 식량생산 중심지이자 관광중심지이기도 하다. 2012년 현재, 환발해지역 총인구는 2억455만명으로 중국전체의 15.1%를 점유하고 있으며, 면적은 38만㎢로서 중국 전역의 3.9%를 차지하고 있다.

[그림 1-6] 발해만과 인근 도시

자료: 조선일보(2011.5.17)

2015년 10월, 중국정부는 국가발전개혁위원회에서 「환발해지역 협력발전강요(環渤海地區合作發展綱要)」(이하 '강요')를 발표하여 해당 권역의 미래 발전계획을 제시한 바 있다. '강요'에서는 환발해지역을 중국 경제성장 및 고도화를 위한 새로운 엔진이자 지역통합발전 메커니즘 및 생태문명 건설 시범지역으로 육성하고 아태지역의 전방위적인 개방협력을 위한 관문으로 발전시킬 것을 명시했다. '강요'의 구체적인 내용을 보면 다음과 같다. '강요'서 명시한 환발해지역은 베이징시, 톈진시, 허베이성, 랴오닝성, 산둥성, 산시성, 네이멍구자치구가 포함되며, 면적은 총 186만㎢에 달한다.

베이징 · 톈진 · 허베이 · 산둥으로 구성된 환발해(环渤海) 지역은 중국의 수도권을 포함하고 있는 주요 경제권으로, 중국 전체 GDP에서 약 16%를 차지하고 있다. 중국의 수도권인 징진지(京津冀, 베이징 · 톈진 · 허베이) 지역은 2015년부터 중국 중앙정부 주도로 세 지역 간 균형발전과 베이징의 수도 기능을 최적화하기 위한 징진지 협동발전 전략을 추진 중이다. '징진지 협동발전 전략'은 2015년 중국공산당 중앙정치국 회의에서 「징진지 협동발전계획(京津冀协同发展规划纲要)」이 통과되면서 본격적으로 시작되었고, 세 지역 간 균형발전과 베이징의 수도 기능 최적화를 목표로 한다. 2030년까지 추진되는 징진지 협동발전 전략은 단기적으로는(~2017) 베이징의 비수도 기능 이전 · 분산 관련 사업을 중점 추진하고, 장기사업(~2030)은 수도의 핵심기능 최적화, 징진지 통합 구도 구축을 주축으로 한다.

환발해 지역 중 산둥은 중국 31개 성·시 중 세 번째로 경제규모가 크고 한국과의 경제관계가 밀접한 지역으로, 한·중 FTA 기반의 산업단지와 지방경제협력시범구가 모두 위치해 있다.

[표 1-4] 중국 환발해 지역의 경제 규모 및 위상

(단위: 십억 위안, %)

항목		규모			중국 내 비중		
		2016년	2020년	연평균증가율	2016년	2020년	비중 변화
GRDP	환발해지역	12,576	15,952	5.6 [5.8]	16.7	15.8	-1
	베이징	2,704	3,610	5.5	3.6	3.6	0
	톈진	1,148	1,408	3.8	1.5	1.4	-0.1
	허베이	2,847	3,621	6.1	3.8	3.6	-0.2
	산둥	5,876	7,313	6	7.8	7.2	-0.6
고정자산 투자	환발해지역	10,435	11,185	4.0 [5.9]	17.7	15.4	-2.2
	베이징	789	747	0.1	1.3	1	-0.3
	톈진	1,276	1,249	4.5	2.2	1.7	-0.4
	허베이	3,134	3,832	5.8	5.3	5.3	0
	산둥	5,236	5,358	3.2	8.9	7.4	-1.5
소비재 소매판매	환발해지역	6,165	5,981	3.0 [6.6]	18.6	15.2	-3.4
	베이징	1,101	1,372	2.2	3.3	3.5	0.2
	톈진	564	414	-1.3	1.7	1.1	-0.6
	허베이	1,436	1,271	8.1	4.3	3.2	-1.1
	산둥	3,065	2,925	7	9.2	7.5	-1.8
수출입규모 (십억달러)	환발해지역	579	692	2.5 [3.3]	15.5	14.9	-0.7
	베이징	123	115	3.1	3.3	2.5	-0.8
	톈진	107	126	-0.6	2.9	2.7	-0.2
	허베이	75	99	6.6	2	2.1	0.1
	산둥	274	353	7.9	7.4	7.6	0.2

주: GRDP(지역내 총생산. Gross Regional Domestic Product)는 실질증가율, 나머지 지표는 명목 증가율임. [ ] 내 수치는 중국전체 추정치임.

자료: KIEP(2021), 중국 환발해지역의 14·5 규획기간 경제정책 방향 및 전망, 기초자료 21-07(2021.5.24.).

□ 장강삼각주 경제권

장강삼각주는 장강(長江) 하류에 형성된 삼각주라는 뜻으로, 지역상으로는 상해시와 강소성·절강성 일대이다. 장강이 바다로 유입되는 관문으로, 강과 바다, 육지를 모두 접하고 있다. 무역·금융·물류 중심지인 상해시를 중심으로 한 장강삼각주 경제권은 상해시와 강소성 8개 도시(양저우·타이저우·전장·난퉁·난징·창저우·우시·쑤저우), 절강성 7개 도시(자싱·후저우·항저우·저우산·샤오싱·닝보·타이저우)로 구성되어 있었으나, 2010년

3월 '창싼자오 경제협의회 10차 시장연석회의'를 통하여 강소성 후이안 · 옌청, 절강성 진화 · 취저우 그리고 안휘성 허페이 · 마안산을 포함시켜 총 22개 도시로 영역이 확대되었다. 장강삼각주 경제권의 면적은 중국 전체의 2.1%, 인구는 10.4%에 불과하지만, 2009년 기준 GDP는 21.5%, 소비액은 20.2%, 무역액은 36%, 고정자산 투자액은 15.5%에 달한다.

지금까지 중국에서 형성된 광역단위 경제권은 '장강삼각주 경제권' '주강삼각주 경제권' '환발해 경제권'이 대표적이다. 이들 경제권은 모두 일정 수준의 경제통합을 추진하고 있으며, 그중에서도 경제발전 속도와 국제화 수준 그리고 경제 총량 면에서 가장 앞서 있는 장강삼각주 지역이 가장 적극적이다. 장강삼각주 지역의 경제통합은 개혁개방 초기인 1983년에 '상하이 경제구(上海經濟區) 건설'이 추진되면서 논의되기 시작하여, 2000년 이후에 본격화 되었다. 이후 2008년 국무원 상무위원회에서 장강삼각주 지역의 발전을 국가(중앙정부) 주도로 추진한다는 결정을 했다. 또한 2010년 6월 7일에는 국가발전개혁위원회에서 '장강삼각주지역 구역규획(长江三角洲地区区域规划)'을 공포하면서, 그 발전 방향과 전략이 정책화 되어 나타나게 된다. [5]

앞서 설명한 것처럼, '장강삼각주 경제권'은 3종류 범주를 나타낸다. 먼저 전통적으로 상해시, 절강성, 강소성 등 3 지역을 포괄하는 개념이다. 위 표는 이들 지역이 2012년 기준으로 중국 전체 GRDP(지역내 총생산)[6]의 19.3%, 소비의 18.7%, FDI의 40%, 수출입의 33.5%를 점유하고 있음을 보여준다. 다만 중앙정부가 주도하는 중·서부권 및 동북지역의 지역개발사업에 따라 최근 장강삼각주 지역의 경제규모는 이전보다 다소 축소되고 있다. 상하이, 저장, 장쑤 3개지역의 중국 내 GRDP 비중은 2005년에는 22.3%에 달했으나, 2010년에는 21.4%, 2012년에는 19.3%까지 축소된 바 있다. 같은 기간 소비재 소매판매액, 수출입 규모도 유사한 수준으로 축소 되었으나, 해외직접투자(FDI) 만큼은 2005년 38.8%에서 2012년 40%로 증가되어 가장 경쟁력있는 FDI 유치 인프라를 여전히 장강삼각주 지역이 갖추고 있음을 알 수 있다. 두 번째 개념은 2003년부터 2010년까지 이들 3개 지역내 위치한 16개 도시를 포괄하는 개념으로, 2010년말 기준으로 GRDP는 17.6%, 수출입은 34.9%, FDI는 42.1%, 소비총액은 15.2%를 나타내고 있다. 세 번째 개념은 2010년이후에 등장한

5) 허흥호(2012), 중국 장강삼각주 지역의 경제통합 추진과 발전전망, 「중소연구」 제36권 제1호, 112쪽.

6) GDP(국내총생산. Gross Domestic Product)는 국가 전체의 총체적인 경제상황을 알려주는 지표이다. 반면, GRDP(지역내총생산. Gross Regional Domestic Product)는 일정 지역 내에서 새로이 창출된 최종생산물가치의 합, 즉 각 시·도(중국은 省)내에서 경제활동별로 얼마만큼의 부가가치가 발생되었는가를 나타내는 경제지표이다. 쉽게 말해 시도별 GDP이다. 그러나 통계방법이 다르기 때문에 각 GRDP를 더한다고 해서 GDP가 되지는 않는다.

개념으로, 기존 16개 도시에 안휘성 성도인 허페이와 마안산시까지 포함시킨 총 22개 도시를 포괄하는 범위가 있다.

장강삼각주 경제권의 발전은 지리적 우위와 관계있다. 중국 화동권에 위치하며 동쪽으로는 한국, 일본과 남쪽으로는 대만, 홍콩, 동남아(싱가포르 등) 국가들과 물류망을 구축할 수 있는 위치에 놓여있다. 국내적으로 중국의 북부와 남부를 연결하는 국내 물류 허브 역할을 해왔던, 장강삼각주 경제권은 중국의 WTO가입을 계기로 높아진 무역대국(2012년 교역액 세계 1위)의 위상에 힘입어 이제 동북아 물류 허브 기지로써 역할을 수행하고 있는 것이다.

실제 연간 공업생산액 100억 위안 이상 규모의 산업단지 100개 이상이 이곳에 위치해 있으며, 포천 500대 기업중 400여개사가 이들 지역에 본부 및 지사를 두고 있다. 또한 단순한 제조업 기지에서 벗어나 중국에서 가장 R&D 자원(산 · 학 · 연)이 풍부한 지역으로, 생산되는 제품의 고부가가치화에도 적극 나서고 있는 특징을 보이고 있다.

다만 2005년 이전에는 상해시가 선도 역할을 하고 강소성과 절강성이 배후기지 역할로써 서로간 상호보완 관계에 있었다면, 2005년 이후에는 각 지역별로 지정한 주력산업(방직, 화학, 식품가공, IT, 의류, 부동산, 자동차 및 부품)이 서로 중복되어 치열한 경쟁관계에 놓이게 되었다. 따라서 불필요한 중복투자, 중복건설로 '장강삼각주 경제권'의 불필요한 비효율화를 제거하는 것이 이들 지역에 위치한 지방정부와 기업의 고민거리가 되었다.

장강삼각주경제구는 중국 최초이자 가장 발전한 현대적 의미의 경제구라 할 수 있으며, 개혁개방 이후로 지역 범위와 경제규모, 인구 등이 계속해서 확대되어 왔다. 현재까지 장강삼각구경제구는 상하이를 중심으로 발전했으며, 행정구역상 상하이, 장쑤, 저장, 안후이 40개 지급(地級)이상 도시를 포함하고 있다. 장강삼각주경제구 면적은 34만 4,000㎢이며, 2011년 기준 상주인구는 2억 1,220만명이다. 중국 국토 면적의 3.58%에 불과한 해당 지역의 생산규모는 11조 5,466억 위안에 달하며, 중국 전체 생산규모의 24.5%를 차지하고 있다. 2014년 9월 국무원은 「황금수로를 이용한 장강경제벨트 발전에 관한 지도의견」을 마련하고 안후이성 전체를 장강삼각주에 포함시킨 바 있다. 7)

상하이 · 장쑤성 · 저장성으로 구성된 장강 삼각주 지역은 중국 경제 · 무역 · 첨단산업 발전을 선도하는 핵심 지역으로, 13·5 규획기간(2016~2020) 중국 전체 경제성장률보다 높은 성장률(6.2%)을 기록했다. 상하이는 2018년부터 상무부와 공동주최로 중국 국제수입 박람회를 매년 개최 중이고, 2018년 상하이와 홍콩 증시 간의 교차 거래 시스템인 '후강퉁(沪港通)' 투자허용 금액 4배 확대, 2019년에 상하이와 런던 증시간의 교차 거래 시스템인 '후룬

7) 中國新聞網 (2015.10.9.)

퉁(沪伦通)'을 개통하면서, 자본시장의 중심지로서 위상이 더욱 강화되었다. 장쑤성은 중국 제조업 및 수출의 핵심 지역으로, 13·5 규획기간 첨단산업의 기업 매출이 중국 전체의 15~20%를 차지하였고 2018년 첨단산업 기업 수가 4,870개로 광둥(广东)에 이어 2위를 기록했다. 2020년 코로나19의 영향으로 상하이의 경제성장률은 전국보다 낮았으나, 장쑤와 저장성은 상대적으로 높은 경제 성장률을 보여 코로나19에 따른 경제충격이 다른 지역에 비해 빠르게 회복되었다.

[표 1-5] 중국 장강삼각주 지역의 경제 규모 및 위상

(단위: 십억 위안, %)

항목		규모			중국 내 비중		
		2016년	2020년	연평균 증감률	2016년	2020년	비중 변화
GRDP	장강삼각주 지역	15,449	20,603	6.2 [5.8]	20.6	20.4	-0.2
	상하이	2,989	3,870	5.7	4	3.8	-0.2
	장쑤	7,735	10,272	6.3	10.3	10.1	-0.2
	저장	4,725	6,461	6.5	6.3	6.4	0.1
고정자산 투자	장강삼각주 지역	8,569	10,646	5.8 [5.9]	14.5	14.7	0.2
	상하이	675	883	6.6	1.1	1.2	0.1
	장쑤	4,937	5,894	3.4	8.4	8.1	-0.3
	저장	2,957	3,869	7.4	5	5.3	0.3
소비재 소매판매액	장강삼각주 지역	6,163	7,965	6.5 [6.6]	18.6	20.3	1.7
	상하이	1,095	1,593	5.5	3.3	4.1	0.8
	장쑤	2,871	3,709	6.7	8.7	9.5	0.8
	저장	2,197	2,663	7.2	6.6	6.8	0.2
수출입 규모 (십억달러)	장강삼각주 지역	1,302	1,628	3.5 [3.3]	34.9	35	0.1
	상하이	425	478	2.4	10.8	10.3	-0.5
	장쑤	582	685	3.3	14.8	14.7	-0.1
	저장	361	465	5.2	9.3	10	0.7

주: GRDP(지역내 총생산. Gross Regional Domestic Product)는 실질증가율, 나머지 지표는 명목 증가율임. [ ] 내 수치는 중국전체 추정치임.
자료: KIEP(2021), 중국 화동지역의 14·5 규획기간 경제정책 방향 및 전망, 기초자료 21-04(2021.5.4.).

13·5 규획기간 장강삼각주는 무역 중심지 기능을 유지하면서 소비시장으로서의 위상이 제고되었다. 중국 전체 무역에서 장강삼각주가 차지하는 비중은 13·5기간 35% 수준을 유지하였고(중국 1위), 역내 지역(省)간 무역규모 격차도 크지 않다. GRDP, 투자, 무역에서 장강삼각주지역 비중 변화가 거의 없었으나, 중국 소비 시장에서의 비중(20.3%)은 1.7% 포인트 증가했다.

중국 중앙정부는 2019년 「창장삼각주지역 통합 발전 강요(长江三角洲区域一体化发展规划纲要)」를 통해 창장삼각주 경제권을 상하이 · 장쑤 · 저장성 · 안후이성(安徽省) 전역(全域)으로 명확히 규정하면서 지역간의 통합을 강조했다. 이는 이전 창장삼각주 경제권은 상하이, 장쑤의 9개 도시, 저장의 8개 도시, 안후이의 8개 도시 등 총 26개의 도시만을 포함한 개념이었던 것에서 바뀐 기준이다. '창장삼각주 통합발전 전략'은 지역 보호주의 타파를 통해 지역 내 자원 배분의 효율성을 높이고, 해외자원의 국내 공급 원활화를 추진하려 한다. 대외개방도가 높은 지역임을 활용하여 해외자원의 국내 도입을 통해 중국 내 다양한 경제주체와의 협력을 촉진하고, 41개 도시로 형성된 대규모 경제권을 활용하여 소비구조 고도화, 지역 내 로컬기업의 자주 혁신에 기초가 되는 국내 가치사슬 체계를 구축하고자 하는 것이다.

[그림 1-7] 장강삼각주 유역도

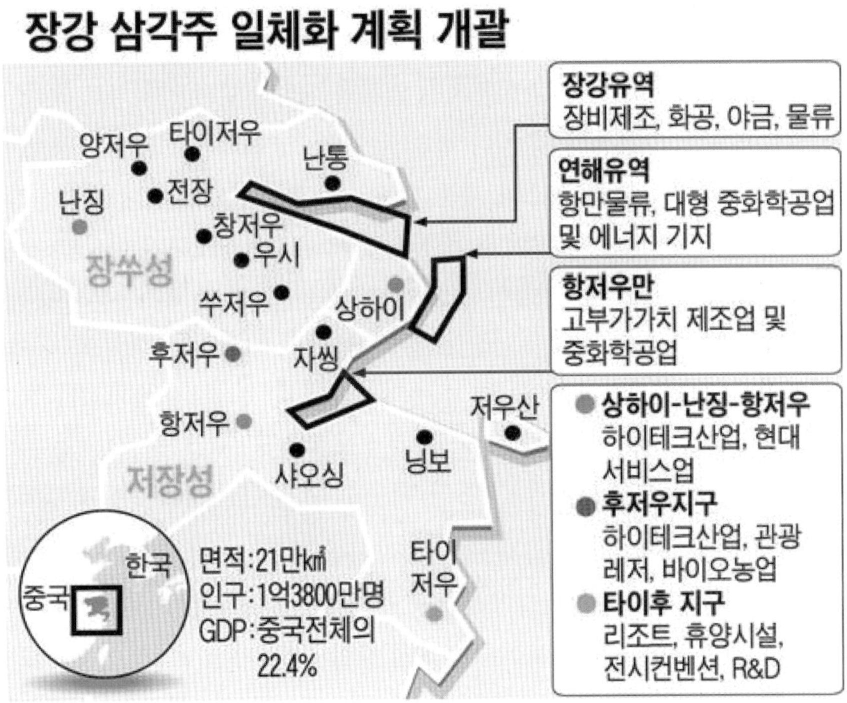

자료: 조선일보(2007.6.7)

□ 주강삼각주 경제권

다음으로는 주강삼각주(珠江三角洲) 경제권이 있다. 광동성에 위치한 주강 하류 인접도시들로 이루어진 경제권역이다. 광동성 남부연해에 위치한 심천, 주해, 혜주, 동관, 중산, 강문, 불산 등 11개 도시와 42개 현으로 구성되어 있다.

면적은 4.17만㎢ 규모이며, 상주인구는 6,481만명(2010년) 수준이다. 2012년 기준 이 지역의 GRDP는 4조 7,897.25억 위안으로 2008년 대비 45.8% 성장했으며, 이는 전체 광동성의 79.1%를 점유하는 비중이다. 1인당 GDP는 13,454달러(84,563 위안)에 달한다.

'주강삼각주 경제권'은 경제지리 개념으로 1980년대부터 시작되었는데, 이는 중국의 개혁개방 정책이 광동성에 설치된 경제특구(선전, 주하이, 산터우)를 중심으로 시작되었기 때문이다. 1994년 10월 8일에 광동성 성정부는 성 경제발전 전략에 '주강삼각주 경제구'라는 개념을 정식 문건에 포함시켜 공포함으로서 공식적인 정의가 내려지게 되었다. 이 시기 주강삼각주 경제구 범위는 광저우, 선전, 포산, 주하이, 동관, 중산, 장먼 등 7개 도시와 후이저우, 칭위안, 자오칭 등 3개 도시 일부 지역을 포함하는 개념이었다. 이후 홍콩(1997)과 마카오(1999)가 중국에 반환되면서 그 범위는 홍콩과 마카오를 포함한 11개 도시로 확대 되었다.

2008년에 국무원은 '주강삼각주지구 개혁발전 규획강요'를 공포하여, 주강삼각주 경제권 발전전략은 국가급으로 승격되게 된다. 이후 주강삼각주 경제권은 도시별, 권역별 발전전략을 달리하여 '광저우-포산' 등과 같이 도시간 일체화 작업과 함께 진행되고 있다.

광동성에는 통신장비·컴퓨터 및 기타 전자 부품 제조, 문화·교육·체육용품 제조, 가구 제조, 인쇄·기록 매체 복제, 플라스틱 제품 제조업종 관련 기업이 중국내에서 가장 밀집되어 있다. 또한 기업밀집도가 높은 업종을 중심으로 대규모 클러스터가 형성 되어 있다.

광동성 내 생산규모 1위인 통신장비·컴퓨터 및 기타 전자부품 제조업은 중국에서 전체량의 35%가 광동성에서 생산되고 있다. 이 산업은 선전시·둥관시·후이저우시·주하이시 등에 주로 분포 되어 있으며 중국 총생산액 중 35.3%가 이들 지역에서 생산된다.

이외에도 기업 밀집도가 높은 문화·교육·체육용품 제조, 가구 제조, 인쇄·기록매체 복제업 등의 공업총생산액 규모는 상대적으로 낮지만 기업수는 많은 편이다. 이는 광동성의 노동집약적 저부가가치산업 특성을 대표한다. 이외에도 플라스틱 제품 제조, 가죽·모피 가공, 의복·신발·모자 제조 등 노동집약적 업종의 기업밀집도가 높다.

선전시, 둥관시, 후이저우시, 주하이시의 핵심 산업은 통신장비·컴퓨터 및 기타 전자부품 제조업이며 광저우시의 핵심 산업은 자동차 제조로 대표되는 교통·운송장비 제조업이다. 또한 포산시와 중산시는 전기장비 제조업, 장먼시는 금속제품 제조업, 자오칭시는 비철금속 제련·압연 가공업이 각각 해당지역의 핵심 산업이다.

최근 광둥성은 시행 7년차에 접어든 '주강삼각주지역 개혁발전계획(珠江三角洲地区改革发展规划)' 추진에 박차를 가하고 있는 것으로 나타났다. 그 상세 내용은 다음과 같다.

- 주강삼각주 개혁발전계획 기본사항
  - 범위: 광둥성의 광저우(广州), 선전(深圳), 주하이(珠海), 포산(佛山), 장먼(江门), 둥관(东莞), 중산(中山), 후이저우(惠州), 자오칭(肇庆) 등 9개 도시를 중심으로 하며 홍콩과 마카오와의 협력도 계획에 포함함. '9+2 주강삼각주 지역'이라고도 불림
  - 기간: 2008년부터 2020년까지
  - 목표: 2020년까지 단계적으로 주강삼각주지역의 산업과 금융의 협력 기반을 확대하며 현대화 서비스업과 선진제조업을 전문적으로 발전시켜 중국 최대의 통합경제권 건설
  - 주요 내용: 주강 삼각주지역의 구역경제 일체화, 지역 특성에 맞는 효율적 자원분배로 협력발전 도모, CEPA 협정 준수로 시범구 역할 강화, 선진제조업 기지 구축 가속화, 긴밀한 교통망 구축, 황금삼각주 관광지 건설 등
- 중점 사업
  - 홍콩–주하이–마카오를 연결하는 강주아오(港珠澳) 대교 완공
  - 위안화 무역결제: 주강삼각주 지역과 홍콩 간의 위안화 무역 결제 실시
  - 헝친다오 개발: 주하이시 남쪽의 헝친다오를 2020년까지 초현대식 도시로 개발하기 위해 약 1000억 위안을 투입

중국 동남연해의 광둥(广东)·푸젠(福建)·하이난(海南)으로 구성된 주강삼각주는 홍콩, 마카오, 타이완과 협력이 가장 밀접한 중국의 대표 경제권으로, 특히 광둥의 경제적 위상이 절대적이다. 이 지역은 역내 3개 성(省)간 경세협력보다 타 권역 또는 국경을 맞대고 있는 주변 지역과의 협력 및 개방에 적극적이다. 광둥은 홍콩·마카오와 경제·사회 통합을 추진 중이고, 푸젠은 타이완과의 경제협력을 중시하며, 도서지역인 하이난은 중국 최초이자 유일의 자유무역항을 구축하고 있다.

화남지역 경제에서 압도적인 비중을 차지하는 광둥은 중국 최대 경제·무역·중심지역(省)이며, 중국 최고의 혁신도시인 선전(深圳)시를 중심으로 IT 산업 클러스터가 형성되어 있다. 광둥성의 경제, 무역 및 소비 규모는 2020년 중국 전체의 10.9%, 25.9% 및 10.2%로 중국 1위를 유지하고 있으며, 주강삼각주 지역 내 비중은 각각 69%, 87%, 66%에 달한다. 2020년 광둥성의 경제규모는 한국 GDP(1.63조 달러)에 근접한 1.6조 달러로 한국과의 격차가 300억 달러 미만으로 줄어들었으며, 무역규모는 1.2조 달러로 한국(0.98조 달러)을 상회한다.

[표 1-6] 중국 주강삼각주 지역의 경제 규모 및 위상

(단위: 십억 위안, %)

항목		규모 및 성장			중국 내 비중		
		2016년	2020년	연평균 증가율	2016년	2020년	비중 변화
GRDP	주강삼각주	115,863	160,197	6.6 [5.8]	15.4	15.8	0.4
	광둥	82,163	110,761	6	10.9	10.9	0
	푸젠	29,609	43,904	7.1	3.9	4.3	0.4
	하이난	4,090	5,532	5.9	0.5	0.5	0
자산투자	주강삼각주	59,622	83,756	9.0 [5.9]	10.1	11.6	1.5
	광둥	33,009	42,026	10.5	5.6	6.8	1.2
	푸젠	23,108	30,844	7.8	3.9	4.3	0.4
	하이난	3,747	3,540	1.1	0.6	0.5	-0.1
소비재 매판매	주강삼각주	47,867	60,810	6.7 [6.6]	14.4	15.5	1.1
	광둥	34,739	40,208	5.9	10.5	10.2	-0.2
	푸젠	11,675	18,627	8.3	3.5	4.7	1.2
	하이난	1,454	1,975	6.8	0.4	0.5	0.1
수출입 (억달러)	주강삼각주	12,345	13,971	1.0 [3.3]	33.1	30	-3.1
	광둥	10,848	12,086	0.7	29.1	25.9	-3.2
	푸젠	1,376	1,718	2.9	3.7	3.7	0
	하이난	121	166	1.4	0.3	0.4	0

주: GRDP(지역내 총생산. Gross Regional Domestic Product)는 실질증가율, 나머지 지표는 명목 증가율임. [ ] 내 수치는 중국전체 추정치임.

자료: KIEP(2021), 중국 화남지역의 14·5 규획기간 경제정책 방향 및 전망, 기초자료 21-02(2021.4.19.).

13·5 규획기간 주강삼각주 지역은 투자 중심의 내수확대를 통해 중국의 전체 경제성장률(연평균 5.8%)보다 높은 성장률(6.6%)을 기록하였으나, 무역 측면의 위상은 다소 하락했다. 13·5 규획기간 이 지역의 견조한 성장은 주로 역내 투자 및 소비 증가에 의한 것이며, 특히 고정자산투자의 연평균 증가율이 9.0%로 중국 평균(5.9%)을 크게 상회하여 무역 증가율(1.0%) 둔화를 상쇄했다. 중국 전체 경제가 소비의 빠른 증가에 기인하여 성장한 반면, 광둥성은 투자 증가율(10.5%)이 소비 증가율(5.9%)을 크게 상회하며 투자 주도의 성장을 유지했다. 이 지역의 무역 둔화는 무역의존도가 높은 광둥성이 미·중 갈등 및 코로나19의 영향을 직접적으로 받은 데 기인한다. 광둥성의 수출입 증가율은 연평균 0.7%에 불과하였고, 중국 내 무역 비중이 2016년 29.1%에서 2020년 25.9%로 하락(-3.2%p)하여 무역 비중 2위인 장쑤성(14.8%→14.7%)과의 격차가 소폭 축소(14.3%p→11.2%p)되었다.

[그림 1-8] 주강삼각주 유역도

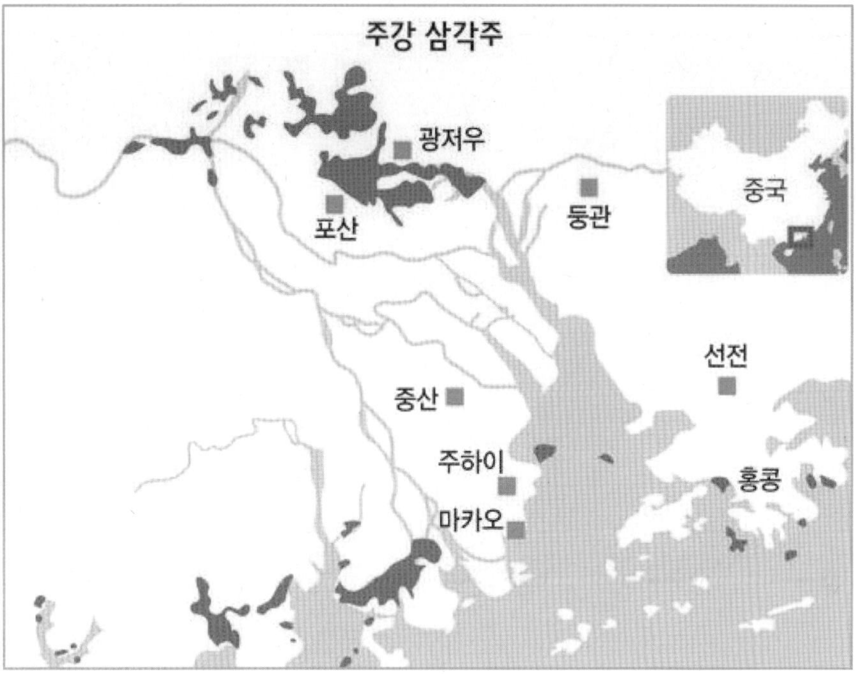

자료: 한겨레(2007.8.30)

2) 6대 행정구

중국은 1949년 중국 성립후 1954년까지 중국 전역을 6대 행정구로 분류하여 통치하였다. 따라서 이후 중국의 구역 구분은 경제적으로나 사회통념적으로나 아래 6대 구분법에 근간을 두게 되었다. 특히 동북, 화북, 서북, 서남, 화동, 중남이라는 지역개념이 처음으로 등장하여, 이는 이후 세분화 된 7대 경제구, 8대 권역, 9대 권역 등의 구분법에 영향을 미치게 된다.

- 東北 (遼寧, 吉林, 黑龍江)
- 華北 (北京, 天津, 河北, 內蒙古, 山西)
- 華東 (山東, 上海, 江蘇, 浙江, 安徽, 福建, 江西)
- 中南 (河南, 湖北, 湖南, 廣東, 廣西, 海南)
- 西南 (四川, 重慶, 貴州, 雲南, 西藏)
- 西北 (陜西, 甘肅, 靑海, 寧夏, 新疆)

[그림 1-9] 중국 7대 권역도

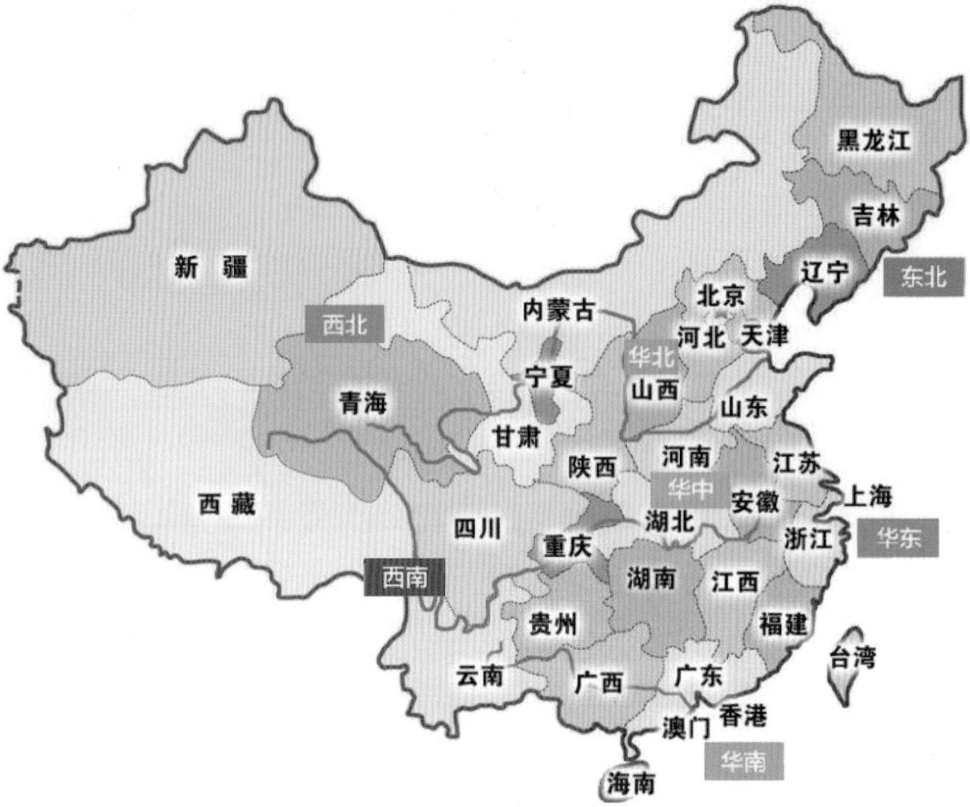

3) 7대 경제구

7대 경제구 개념은 6대 행정구에 근간을 두고 있다. 6대 행정구에서 중남(中南)에 속했던 구분을 화중(華中)과 화남(華南)으로 양분하여, 중국 지역을 7개로 나누었다. 이는 개혁개방 정책 후, 화남지역의 경제발전이 앞서 나갔기 때문에 특히 경제적으로도 필요한 구분이었다.

7대 경제구의 동북·화북·서남·서북지역은 6대 행정구와 변화가 없었고, 기존 화동지역(6대)에 있던 안휘성과 강서성은 화중지역(7대)으로 재분류 되었으며, 복건성은 화남지역(7대)으로 나뉘었다. 또한 중남지역(6대)을 구성했던 6개성 중 광동·광서·해남은 화남지역(7대)으로, 하남·호북·호남은 화중지역(7대)으로 재분류 되었다.

[표 1-7] 중국 7대 경제구 현황

권역	省·市·自治區	도시수	권역	省·市·自治區	도시수
동북지역	요녕성	31(28)	화중지역	하남성 •	37(27)
	길림성	26(10)		호북성 •	36(31)
	흑룡강성	27(18)		호남성 •	28(20)
화북지역	북경시	1(1)		강서성 •	19(13)
	천진시	1(1)		안휘성 •	22(18)
	하북성	34(23)	서북지역	섬서성◉	13(8)
	내몽고자치구◉	12(5)		감숙성◉	10(3)
	산서성 •	22(8)		청해성◉	1(1)
화동지역	산동성	48(47)		영하자치구◉	6(2)
	상해시	1(1)		신강자치구◉	14(3)
	강소성	41(38)	서남지역	서장자치구◉	0
	절강성	33(28)		운남성◉	13(6)
화남지역	복건성	23(12)		귀주성◉	13(7)
	광동성	52(37)		사천성◉	32(27)
	해남성	8(5)		중경시◉	5(5)
	광서 자치구◉	16(12)	합계		625(445)

주: ◉ 표시지역은 서부대개발 정책 해당 12개 省·市·自治區이며, • 표시지역은 중부굴기 정책 해당 6개 성임.
도시 기준은 인구 20만명 이상, 괄호안 수치는 인구 50만명 이상의 중형도시임.

- 東北 (遼寧, 吉林, 黑龍江)
- 西北 (陝西, 甘肅, 靑海, 寧夏, 新疆)
- 華北 (北京, 天津, 河北, 內蒙古, 山西)
- 華東 (山東, 上海, 江蘇, 浙江)
- 華中 (河南, 安徽, 江西, 湖北, 湖南)
- 華南 (福建, 廣東, 廣西, 海南)
- 西南 (四川, 重慶, 貴州, 雲南, 西藏)

3. 도시화

(1) 도시의 분류

중국의 행정구역 편제는 다소 복잡하다. 먼저 중국에는 4개의 직할시가 있으며, 북경, 상해, 천진, 중경이 그 주인공이다. 중경시는 원래 사천성 소속의 2대 도시였으나, 1997년 사천성에서 분리되어 직할시로 승격되었다. 이들 4대 직할시는 우리 도에 해당되는 성(省) 그리고 소수민족 자치구와 동격이다. 중국에는 이러한 직할시(4개), 성(22개), 소수민족 자치구(5개)가 31개가 있으며 비록 명칭은 다르지만 이들은 동급 행정 구역이다. 중국 내 행정 분류법상 1997년과 1999년에 각각 영국과 포르투갈로부터 반환된 홍콩 특별행정구(Hong Kong Special Administrative Region)와 마카오 특별행정구(Macao Special Administrative Region) 역시 성급으로 취급된다.

이들 소수민족 자치구와 성의 수도는 성회(省會)라고 하며, 각 성급 지역의 중심지이자 대도시이다. 다음으로 중국에 5개의 계획단열시(計劃單列市)가 있다. 광동성의 선전, 절강성의 닝보, 산동성의 칭다오, 요녕성의 다롄, 복건성의 샤먼 등이다. 이들은 재정수지관리에 있어서 성정부의 관할을 받지 않고 중앙정부의 관할을 받는 도시이다. 즉 준(準) 직할시인 셈이다. 1993년에는 14개까지 있었으나 계속 축소되어 5개가 남았다. 이들의 공통점은 경제특구가 설치되었던 곳(선전, 샤먼)이거나 해당 성 수도보다 경제 규모가 큰 연해지역 대도시(닝보, 칭다오, 다롄)이라는 공통점이 있다.

[그림 1-10] 중국 행정구역 편제 및 현황

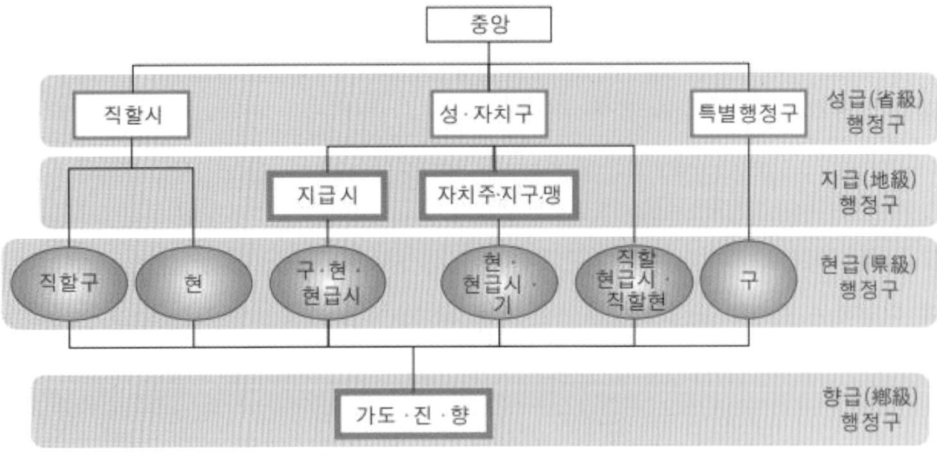

다음으로는 부성급 도시(副省級城市)가 있다. 부분적인 입법권을 가지고 있으며, 해당 도시 市공산당 서기나 시장의 행정 서열이 부성장급 내지는 차관급이다. 즉 행정적으로 비중이 있는 인사를 수장에 임명하는 차이가 있다. 현재 이러한 부성급 도시는 15개로 우한, 청두, 시안, 하얼빈, 창춘, 선양, 다롄, 지난, 칭다오, 난징, 항저우, 닝보, 샤먼, 광저우, 선전 등이 있다. 성급 하부 행정단위인 지급시(地級市)는 성정부 관할을 받는 도시이며, 현급시(縣級市)는 지급시 산하의 지방도시이다.

[표 1-8] 중국 행정구역의 변화 추이

	지급시	현급시	현급시 직할구	현	진	향
2005	283	374	852	1464	19522	14677
2008	283	368	856	1463	19234	15067
2010	283	370	853	1461	19410	14571
2011	284	369	857	1456	19683	13587
2014	333	361	897	1425	20401	12282
2016	293	360	954	1366	20883	10872
2018	293	375	970	1335	21297	10253
2020	293	388	973	1312	21157	8809

자료: 중국통계연감 각호, 행정구획간책(2006), 국가통계국 国家数据 (2021.6.22.)

(2) 도시화 의미와 현황

2011년을 기준으로 중국 도시화율, 즉 도시의 주민 거주비율이 처음으로 50%를 넘어선 51.27%를 기록했다. 물론 이는 1949년 신중국 성립이후 처음이다. 중국의 도시화는 크게 3단계로 나누어 볼 수 있다.

1단계로 新중국 성립후(1949년)부터 1970년대까지 중국정부는 공업기반 조성을 위한 도시화를 진행했으며, 2단계로는 개혁개방 정책이 시작된 1980년초부터 WTO가입(2001년) 전까지는 연해지역 경제발전을 위한 부동산 투자 및 개발형 도시화를 추진했다. 마지막 3단계에서는 농촌문제 해결과 소비진작을 위한 도시화로 정책방향을 잡고 있다.

도시화란 행정적 혹은 비행정적인 방법으로 진행되는데, 먼저 행정적으로는 농촌 행정단위에 해당하는 현(縣. 우리의 군에 해당), 진(鎮. 우리의 읍에 해당)을 통폐합하여 시(市)로 승격 시키는 방법이 있다. 비행정적으로는 농촌지역에 도시 인프라를 갖추도록 하여, 도시민이 향유하는 공공서비스를 제공하는 것이다.

행정적 방법인 신도시 건설은 기존 농촌의 상공업과 교통중심지역을 확장하여 행정등급을 상향조정하는 방법을 사용하고 있다. 그 결과, 2005년에 19,522개에 달했던 농촌 행정단위인 진(鎭)이 2010년에는 112개 줄어든 19,410개로 축소됐다.

도시 외곽에 붙어있는 현이나 향을 흡수통합하여 기존 도시를 확장하는 방법도 많이 활용되었다. 그 대표적인 사례가 중경시이다. 직할시 승격 이전 중경시는 인구 400만명의 중형도시였는데, 직할시로 승격하면서 인근 17개 현과 4개 자치현까지 포함한 메머드급 대도시로 확장했다. 그 결과 인구는 3,253만명으로 늘어났고, 면적은 북경, 상해, 천진 3개 직할시를 합친 것 보다 2.39배 더 커졌다. 8)

[표 1-9] 중국의 단계별 도시화 수준

도시화 단계		도시수(개)	도시인구수 (마지막 년도, 만 명)	도시화율 (%)
제1단계(1949-1957)		176	7,077.3	10.9
제2단계 (1958-1965)	대약진 운동(1961)	208	10,132.5	15.4
	국민경제 후퇴(1965)	168	8,857.6	12.2
제3단계 (1966-1978)		184	17,245	17.9
제4단계(1979-1991)		470	31,203	26.9
제5단계(1992-2008)		655	62,403	45.7

자료: KIEP(2009), 중국의 도시화 및 도시군(城市群) 전략, 중국경제현안브리핑9-24호, 3쪽 및 공개자료 저자 편집.

1) 도시화와 경제성장

도시화가 어떻게 중국경제를 성장시킬 것인가? 한 국가의 GDP는 투자, 소비, 순수출로 이루어진다. 도시화는 정부 및 민간부문의 고정자산투자를 유발하며, 이를 통해서 경제성장을 견인할 수 있다. 2010년 도시지역의 고정자산투자는 농촌대비 6.58배나 높았다. 농촌지역이 도시로 탈바꿈 할 경우, 학교, 병원 등 기초 행정기반 인프라 외에도 현재 중국에서 도시지역에만 설치되어 있는 생활오수 및 쓰레기처리시설 등이 건설되게 된다. 또한 도시화가 기존 도시 근교지역 농촌을 편입하여 이루어질 경우, 도심과 근교지역을 연결하는 교통망(도로, 철도)이 들어서면서 투자를 유발하게 된다.

8) 김동하(2012), 50%넘는 도시화, 미래 중국경제성장 견인, 친디아저널(2012년 7월호), POSRI.

[표 1-10] 중국의 도시 분류 방법

<table>
<tr><th>도시 유형</th><th>상주 인구</th><th>주요 해당 도시</th></tr>
<tr><td>초대형도시
超大城市</td><td>1천만명 이상</td><td>2천만명 이상: 上海
1천만명 이상: 北京 重庆 广州 深圳 天津</td></tr>
<tr><td>특대도시
特大城市</td><td>500-1천만명</td><td>东莞 武汉 成都 杭州 南京 郑州 西安 济南 沈阳 青岛</td></tr>
<tr><td rowspan="2">대도시
大城市</td><td rowspan="2">100-500만명</td><td>1급 대도시: 300-500만명
哈尔滨 长春 大连 合肥 昆明 太原 长沙 苏州 南宁 乌鲁木齐 石家庄 厦门 宁波 福州 14개</td></tr>
<tr><td>2급 대도시: 100-300만명
贵阳 无锡 兰州 惠州 洛阳 温州 唐山 呼和浩特 海口 南通 芜湖 九江 徐州 常州 등 120여개</td></tr>
<tr><td>중등도시
中等城市</td><td>50-100만명</td><td>邯郸 保定 张家口 大同 呼和浩特 本溪 丹东 锦州 阜新 辽阳 鸡西 鹤岗 大庆 伊春 佳木斯 牡丹江 淮南 淮北 枣庄 烟台 潍坊 泰安 临沂 开封 洛阳 平顶山 安阳 新乡 焦作 黄石 襄樊 荆州 株洲 湘潭 衡阳 汕头 湛江 南宁 柳州 西宁 등 30여개</td></tr>
<tr><td>소도시
小城市</td><td>50만명 이하</td><td>山西省 晋城市 등 50여개</td></tr>
</table>

자료: 国务院, 《关于调整城市规模划分标准的通知》(2014.11)

중국은 매년 1%포인트 이상의 도시화율을 목표로 하고 있다. 도시화란 농촌을 현대화하는 것이다. 따라서 무엇보다도 주택개량사업이 우선 펼쳐진다. 1%포인트 도시화율이 늘어난다는 것은 1,324만명의 농촌인구에게 새로 집을 지어야 한다는 것을 의미하며, 넉넉하게 1가구 4인 기준으로 계산해도 매년 331만 채의 주택이 필요하다.

둘째, 도시화는 소비를 진작시켜 경제성장을 견인한다. 중국공산당은 2010년 최우선 국정과제인 '중앙1호문건'으로 '도농 통합발전'을 제시했다. '도농 통합발전'은 농촌의 도시화를 의미하며, 여기에는 도시화를 통한 내수확대라는 정책목표가 담겨있다. 중국경제가 성장을 지속하기 위해서는 도시화가 필요하다. 도시화가 중국경제의 핵심과제인 내수시장 발전과 농민 저소득 문제의 근본적인 해결방안이기 때문이다. 수요부족의 큰 원인은 농촌 거주자의 소비부진이며, 이의 해결을 위해서는 농촌거주자를 도시민으로 전환하고 거기서 군집효과와 규모의 경제효과가 나타날 수 있게 해야 한다.

셋째, 도시화는 산업의 구조적인 문제를 해결할 수 있는 관건이기도 하다. 도시화로 서비스업이 성장하면 산업구조 고도화를 통해 3차산업 부진, 2차산업 저부가가치화라는 문제를 해결할 수 있으며, 3차산업의 발전은 실업문제 완화에도 일조할 수 있다. 실제 아래 〈표〉를 보면, 3차산업과 관계된 교육문화, 교통통신, 의복 등에 대한 도시민의 지출비중이 농촌보다 높음을 알 수 있다.

넷째, 도시화는 환경문제 해결을 위해서도 필요하다. 중서부 내륙지역에서 생태환경에 의존한 1차산업만으로는 환경을 훼손하지 않으면서 많은 인구를 부양하기가 거의 불가능하다. 이러한 생계형 환경파괴를 방지하기 위해서는 도시화가 해답이 될 수 있다.

[표 1-11] 중국의 도시와 농촌 주민1인당 지출 구성비 (2018년)

구분	식품 담배·술	의복	주거	생활용품 서비스	교통 통신	교육문화 오락	의료 보건	기타용품
도시(%)	27.7	6.9	24.0	6.2	13.3	11.4	7.8	2.6
농촌(%)	30.1	5.3	21.9	5.9	13.9	10.7	10.2	1.8

자료: 중국통계연감(2019).

[표 1-12] 중국 도시화 현황

구분	2001	2006	2011년	2015년	2016년	2018년	2020년
도시인구(억명)	4.80	5.82	6.9	7.93	8.19	8.64	9.01
도시화율(%)	37.66	44.34	51.3	57.3	58.8	61.5	63.8

주: 2019년 현재 우리나라와 일본의 도시화율은 91.8%이고, 미국은 83.9% 수준이다.
자료: 중국통계연감(2011), 국무원발전연구센터(2009), 국가통계국 国家数据 (2021.6.22.)

(3) 12.5 규획과 도시군(城市群) 형성

12·5규획(2011~2015)에서는 차세대 서부대개발 추진, 동북지역 노후공업지역의 전면적인 진흥, 중부지역 굴기의 대대적 촉진으로 대표되는 지역발전전략을 11·5규획 때보다 적극적으로 실시하며, 소수민족지역, 국경지역 및 빈곤지역에 대한 지원도 강화하기로 했다. 합리적인 도시화 정책을 지속해서 추진한다는 내용도 포함되어 있다. 특히 이 내용에는 농촌인구의 도시로의 안정적 전환을 촉구한다는 내용도 담겨 있어, 농촌과 도시를 구분하는 후커우제도의 변화도 기대된다. 9)

중국의 도시화 진행에 따라, 도시군이 형성되고 있다. 그 분포와 특징을 보면 다음과 같다. 일반적으로 도시화의 전개 과정에서는 지리적 이점과 자원 및 산업적 우세를 갖춘 대도

9) 후커우(戶口): 우리의 호적제도와 유사한 제도이다. 중국 국민은 본인이나 부모의 출생지에 따라 농촌 후커우와 도시 후커우로 구분되며, 농촌 후커우를 가진 자는 도시지역으로 이전할 수 없다. 국민의 전입·전출을 막는 역할을 하고 있으며, 도시에서 생활하는 농민들은 불법체류자 신분이 되어 교육 및 의료서비스를 받을 수 없는 불평등한 상황에 처하게 된다. 최근 상해, 중칭시 등 일부 중국 도시들은 후커우 제도를 개혁하여 일부 조건을 갖춘 농민 후커우 소유자를 도시 후커우로 전환하는 작업을 시작하고 있다.

시 지역이 다른 곳에 비해 더 높은 도시화 수준에 이르게 된다. 또한 대도시를 중심으로 여러 중소도시들이 도시군 이라는 공간적 경제적 네트워크를 형성하게 된다.

중국은 1980년대 개혁개방 정책을 실시한 이후로 주강삼각주(珠江三角洲), 장강삼각주(長江三角洲), 북경 · 천진 · 탕산(北京·天津·唐山, 京津唐) 등 대도시군을 중심으로 경제성장을 이루었다. 2000년대 이후로는 서부대개발, 동북진흥, 중부궐기 등의 지역개발정책의 실시로 인해 중부지구와 동북지구를 중심으로 새로운 도시군이 형성되고 있다.

[표 1-13] 중국 도시군 유형과 특징

구분		특 징
유형1	주강삼각주	다수의 중소도시 병형 발전, 개방전통과 국가문호의 지위, 외자경제 대동, 수출가공업 발전, 현지 도시 및 산업지구의 성장, 도시체계 및 공간구조에 질적 변화 발생, 현지 산업체계의 발전, 승급 및 고도화(중형, 고급과학기술, 서비스업), 지역파급, 작용의 확대 및 상승
유형2	장강삼각주	중심도시 영향 강력, 산업과 기술 확산, 중상(重商)전통과 공상업기초, 현지기업(향진기업, 민영기업)의 발전기초, 도시체계 및 공간구조 상대적 안정, 성시간 발전모델 및 정부작용에 차이, 지역 내 경제수준 차이 큼, 세계급 도시 및 도시군 목표
유형3	베이징-텐진-탕산	수개의 대도시 상대적 독립발전, 중심도시의 정치적 영향이 경제영향보다 큼, 지역보다 국가가 우선, 강력한 단핵집중 지역공간구조 출현, 지역 내 소도시 발전 미약, 상공업 중심의시 미약, 광범위한 농촌도시화, 산업화 현상 결여, 중심도시 급속발전과 지역경제 침체, 노동력 유출 극심, 지역 및 도시간 격차가 도농 간 격차보다 큼, 배후지 교통조건 낙후, 시장경제는 있으나 정부자원 투자 및 지도가 부족
유형4	성정부 성회(省會) 중심의 도시군	성정부의 격려와 지원, 성정부 중심도시(성회)의 행정/경제작용, 성간 경쟁력 기제, 협조수요와 일체화 가능성 존재 예시: 창사-주저우-샹탄, 푸젠성 남동부, 랴오닝성 중남부, 중원, 장강중류, 관중 등
유형5	중소도시 밀집발전 형성 도시군	다수의 중소도시 병행 발전, 상향식 자발적 공업화 모델, 민영경제가 주도, 내자/외자 공동 추동, 내부정비보다 강항 외연확장 추세, 중심도시의 용지 증가속도가 교외(향진)보다 완만, 도시형 공간과 산업형 공간 함께 발전, 분산/조방/자원 소모형. 예시: 샤먼-취안저우, 타이저우-원저우

자료: 박인성·리칭·정희남(2008), 중국의 거점도시 및 개발축 형성동향, 국토연구원 148쪽.

4. 중국 지역 명칭

(1) 지역 명칭의 유래

중국의 성급 행정구역은 유구한 역사적 배경을 가지고 있다. 중국에서는 5천년 동안 수많은 왕조가 흥망성쇠를 거듭하였지만, 기본적으로 행정구역의 명칭은 그대로 유지되거나, 원래 고유의 뜻을 함유한 채 이어지는 경우가 많았다. 특히 시안, 정저우 같은 古都를 가지고 있는 하남성, 섬서성 같은 내륙지역의 지명들은 비교적 오랜 역사를 가지고 있었고, 이에 반해 연해지역 신흥도시나 국경지역 지명들은 상대적으로 빈번한 변화가 있었다. [10]

중국 지역에 관한 최초 기록은 하(夏. B.C21C~16C), 상(商. B.C. 16C~11C), 주(周.B.C11C~ B.C.221) 나라 기록을 담고 있는 상서(尙書) 우공(禹贡)편에 나오는 구주(九州)로 볼 수 있다. 〈우공〉에서는 중국 강토를 9개 주(州)로 나누었는데, 기주(冀州), 윤주(兖州), 청주(青州), 서주(徐州), 양주(扬州), 형주(荆州), 예주(豫州), 량주(梁州), 옹주(雍州) 등이다. 이런 연유로 중국을 지칭하는 명칭 중 하나로 구주(九州)가 아직까지도 쓰이고 있다.

구주의 위치는 남송(1158년) 때 제작된 우공구주산천지도(禹贡九州山川地图)에서 유추해 볼 수 있다. 기주는 지금은 산서성과 하북, 하남의 일부 지역이며, 윤주는 하북성과 산동성의 일부, 청주는 지금의 산동반도, 서주는 산동성 남부와 강소성 북부, 양주는 회수(淮水) 이남의 강소 및 안휘지역, 형주는 호남과 호북지역, 예주는 하남, 량주는 사천성과 섬서의 한중지구(漢中), 옹주는 관중(關中)과 감숙성 동부를 지칭한다. 이러한 지역 구분법은 지금까지도 영향을 미치는데, 기주(하북성-冀), 예주(하남성-豫)는 아직까지도 지역별 약칭으로 쓰이고 있다.

중국의 성급 행정구역의 지명은 크게 네가지 유형으로 나눌 수 있다. 첫째는 해당 지역의 주요 지명을 합성하여 만든 것이다. 감숙성(甘肅省)은 감주(甘州)와 숙주(肅州)로부터 유래되었다. 안휘성, 강소성, 복건성, 사천성 등도 이런 유형이다.

둘째, 해당 지역의 중요한 지리적 특징을 반영한 지명이 있다. 산동성(山東省)은 태행산(太行山)의 동쪽에 있다는 유래로 만들어진 지명이다. 산서성, 하남성, 하북성, 호남성, 호북성, 광동성, 광서성, 강서성, 운남성, 섬서성 등이 이러한 유형이다.

셋째, 해당 지역의 자연적 특성을 그대로 지명에 반영하고 있는 경우이다. 흑룡강성은 권

10) 陝西省(섬서성)과 山西省(산서성)의 중국어 발음(한어병음)은 모두 동일하게 'ShanXi'로 표기된다. 그러나 혼동을 피하기 위해 일부 언론에서 陝西省은 '샤시성'으로, 山西省은 '산시성'으로 표기하는 바, 이에 따랐다. 〈中國統計年鑑〉 영문판 역시, 산서성은 'ShanXi'로 섬서성은 'ShaanXi'로 달리 표기하고 있다.

역 내 있는 흑룡강(黑龍江)이라는 강이 반영된 결과이다. 절강성, 귀주성, 청해성, 해남성 등이 이러한 유형에 속한다.

넷째, 해당 지역에 대한 안녕을 기원하는 문구에서 유래되고 있는 지명이다. 요녕성(遼寧省)은 '요하 유역이여, 영원히 안녕하라(辽河流域,永远安宁)'는 문구의 첫 글자와 마지막 글자에서 유래하고 있다. 이는 요녕성이 북방 민족이 중국의 중원으로 진입하는 요충지(국경지역)이기 때문에, 그 중요한 역할을 고려하여 안녕(安寧)을 기원했던 것이다. 11)

[사진 1-1] 우공구주산천지도(禹贡九州山川地图)

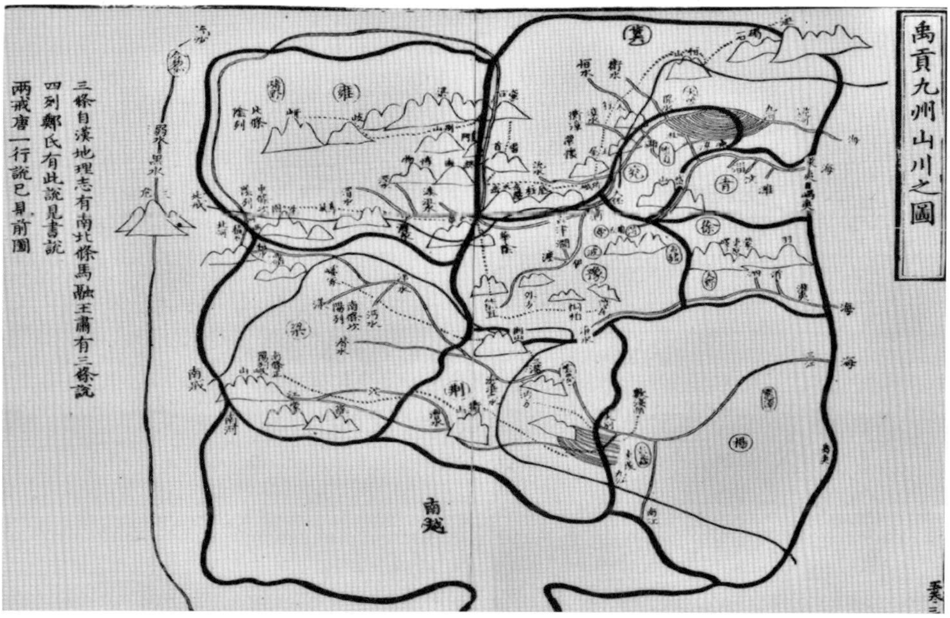

자료: 바이두 이미지 D/B(2013.3)

(2) 지역 약칭, 별칭

앞서 본 것처럼, 중국 내 주요지역은 깊은 역사적 배경을 가지고 그 지명을 정한 경우가 많다. 따라서 원래의 행정구역 명칭 외에도 역사 문화적 배경을 가진 별도의 호칭(별칭·別稱)이 존재한다. 또한 표의문자(表意文字)인 중국어 특성상 이들 지명을 단 한글자로 약칭하기도 한다.

11) 김상욱(2011), 『중국지역경제개론』, 신아사, 47-48쪽.

[표 1-14] 중국 주요 지역 명칭의 유래

지명	특징	지명	특징
감숙성 甘肅省	甘州, 肅州	산동성 山東省	太行山의 동쪽
안휘성 安徽省	安慶, 徽州	산서성 山西省	太行山의 서쪽
강소성 江蘇省	江寧, 蘇州	하남성 河南省	黃河의 남쪽
복건성 福建省	福州, 建州	하북성 河北省	黃河의 북쪽
사천성 四川省	南西川道, 剑南东川道, 山南西道, 夔州路 (4종지명)	길림성 吉林省	만주어 吉林乌拉에서 유래 (沿江 의미)
흑룡강성 黑龍江省	黑龍江	호남성 湖南省	洞庭湖의 남쪽
절강성 浙江省	浙江, 錢唐江	호북성 湖北省	洞庭湖의 북쪽
광서 廣西	宋代 廣南西路 약칭	광동성 廣東省	宋대 廣南東路 약칭
귀주성 貴州省	貴山	청해성 青海省	青海湖
신강 新疆	新辟疆土 (唐宋,西域.새로얻은 땅)	영하성 寧夏省	西夏平定 (서하의 평안기원)
해남성 海南省	海南島	강서성 江西省	장강 남쪽의 서부
요녕성 遼寧省	辽河流域,永远安宁	운남성 雲南省	운령(雲嶺)의 남쪽
내몽고	漠南蒙古, 戈壁사막 남쪽	섬서성 陝西省	서주 시대 陝原 서쪽

자료: 김상욱(2011), 48쪽 및 中国国家地理网(www.dili360.com) 공개자료 참조.

먼저 지역명에 대한 한 글자 약칭은 우선 현재 중국 내에서 실행되고 있는 자동차 번호판에 공식적으로 사용되고 있다. 가령 북경에서 운행되는 북경 등록 자동차 번호판 앞자리는 북경의 한 글자 약칭인 '京'자로 시작된다. 또한 이러한 약칭들은 중국 내 언론, 각종 비즈니스 서식 등에도 사용되기 때문에 행정지명은 물론 이들 약칭을 숙지해야 할 필요가 있다.

다음으로 별도의 호칭이 상용되는 경우를 들 수 있다. 공자와 맹자의 고향인 산동성(山東省)의 경우, 춘추전국시대(B.C.770년~B.C.221년)에 제(齊)나라와 노(魯)나라가 있던 지역이다. 따라서 산동성은 중국 내 매스컴에서 제노(齊魯)라는 별칭으로 자주 거론된다. 물론 중국 문학작품에서는 이러한 별칭이 원래 지역명보다 더 빈번하게 등장한다. 또한 산동성 내 위치한 많은 기업들은 회사명에 이들 별칭을 빈번하게 사용하기도 한다. 따라서 지역별 정식 지명 외에도 이러한 별칭을 알고 있는 것은 중국학(中國學)의 첫걸음이라 할 수 있다.

성급(省級) 행정단위만 별칭이나, 약칭을 가지고 있는 것이 아니라, 중국 내 주요 대도시들도 별칭이나 약칭을 가지고 있다. 광동성의 성도인 광저우시의 경우, 그 별칭이 양청(羊城), 즉 '양의 도시'이다. 그 유래 중 하나를 보면, 기원전 887년 주나라 때 광저우 지역에 흉년이 들어 백성들이 아사직전에 있을 때, 5명의 신선이 5마리의 양을 데리고 나타나, 양들이 물고 있던 곡식을 광저우시 백성에게 주었다고 한다. 그후로 광저우 지역에 기근이 멈추었다는 전설이 있다. 이를 계기로 지금까지도 광저우시의 별칭은 '양청' 혹은 우양청(五羊城. 5마리 양의 도시) 또는 수이청(穗城. 이삭의 도시)이라고 불리고 있다. 광저우시에서 발행되는 유력 일간지 중 하나의 명칭은 양청완바오(羊城晚报)이다. 따라서 3천년이 지난 지금에도 그 별칭이 광저우시 사회 곳곳에 살아있음을 알 수 있다.

[사진 1-2] 중국 각 지역 차 번호판

자료: 김동하 © 2015, 바이두 이미지 D/B (2013.2)

1) 주요 성, 직할시의 약칭

약칭이 정해진 유래는 3가지로 나누어 볼 수 있다. 첫째는 해당 지역과 연관이 있는 고대 명칭에서 유래된 것이다. 산서성(山西省)의 약칭은 진(晋)인데, 춘추전국시대 이곳에 진나라가 존재했기 때문이다. 산서성 출신 상인들을 진상(晋商)이라고 호칭하는 것도 같은 이유이다.

둘째, 두 글자로 이루어진 행정명칭 중 한 글자만 추출해서 약칭으로 삼는 경우이다. 북경(北京)의 약칭 경(京), 천진(天津)의 약칭 진(津)이 해당된다. 물론 북경의 京은 대대로 이 지역이 역대 왕조의 수도였다는 의미로 수도 京자를 썼다는 해석도 가능하며, 천진 역시 발해만의 항구도시라는 지리적인 이유로 나루 진(津)을 약칭으로 선택했다는 설명도 틀린 것은 아니다.

셋째, 주변 지역의 산, 강 같은 자연물의 이름을 약칭으로 택하는 경우이다. 호남성(湖南省)의 약칭은 상(湘)인데, 이는 그 지역에 상강(湘江)이 있기 때문이며, 강서성(江西省)이 약칭은 감(赣)인데, 역시 지역 내 감강(赣江)이 관통하여 흐르고 있기 때문이다.

주요 지역의 약칭의 유래를 살펴보면 다음과 같다.

- 북경시의 약칭은 경(京.jing)이다. 북경은 전국시대 별칭이 蓟(계. Ji)였는데, 전국7웅 하나인 연나라(燕国) 수도였다. 거란족이 세운 요나라(辽国.916~1125) 때에는 연경(燕京)이라고 했다. 여진족이 세운 금나라(金.1115~1234) 때에는 경도(京都)로, 원대에는 대도(大都)로 불리었다. 명나라 태조 주원장은 북평(北平)으로 명칭을 바꾸었으며, 영락제는 다시 北京으로 바꾸었다.
- 천진시(天津市)의 약칭은 진(津.jin)인데, 이는 한자로 나루터를 뜻한다. 발해만 해안도시인 천진시의 환경적 특성을 말해준다. 천진의 또 다른 별칭으로는 津沽, 津门 등이 있다.
- 상해시 약칭은 호(沪. 滬. hu)인데, 상해 어민들이 바닷가에서 고기 잡는 대나무 어살을 의미한다. 송강(淞江) 인근에 있어서, '淞沪'라는 별칭도 있다. 신성(申城)은 상해를 흐르는 황포강(黃浦江) 옛 이름이 춘신강(春申江)이어서,'申(신)은 춘추전국시대 불렀던 제후 명칭에서 나온 별칭이다.
- 중경시의 약칭은 유(渝. yu)인데, 인근에 있는 가릉강(嘉陵江) 옛 이름이 유수(渝水)라는 유래와, 수나라 문제(文帝. 583년) 시절에 중경 지역에 유주(渝州)라는 행정지역을 설치한데 기인한다.
- 하북성은 북경을 에워 쌓고 있는 省이다. 하북성의 별칭은 기(冀.ji)이다. 이는 고대에 이 지역에 기주(冀州)라는 행정단위가 설치 된 데 기인한다.
- 산서성 약칭은 진(晋.jin)이다. 춘추전국시대 진나라가 이 지역에 근거지를 두었기 때문이다.
- 요녕성의 약칭은 요(辽.liao)이며, 인근에 요하(辽河)라는 강에 기인한다.
- 길림성 약칭은 길(吉. ji)이다. 길림성은 송화강(松花江) 상류에 있고 강에 인접해 있다(沿江)라는 뜻의 만주어는 '吉林乌拉'이다. 즉 길림의 뜻은 '송화강에 인접해 있다'라는 의미가 된다.
- 흑룡강성의 약칭은 흑(黑)이다. 흑룡강성 북부에 있는 흑룡강(黑龙江)에 기인한다.
- 강소성(江苏省)의 약칭은 소(苏.su)이다. 강소라는 명칭은 강녕부(江宁府)와 소주부(苏州府)라는 옛 행정 명칭의 첫 글자를 따서 만들었다.
- 절강성 약칭은 절(浙.zhe)이다. 절강성 내 가장 큰 강인 절강(浙江. 지금의 富春江)에서 기인한다.
- 안휘성의 약칭은 환(皖. wan)이다. 안휘성 성내에 환산(皖山)이 있고, 춘추전국시대에 이 지역을 환국(皖国)이라 칭했다. 안휘라는 명칭은 장강하류에 있었던 안경부(安庆府)와 휘주(徽州府)부라는 옛 행정명칭의 첫 글자를 따서 만들었다.

- 복건성의 약칭은 민(闽)이다. 진나라(秦代) 시절, 이곳에는 민중군(闽中郡)이 설치되어 있었고, 오대(五代. 907~960)에는 민국(闽国)이 이곳에 있었다.
- 강서성의 약칭은 감(赣. gan)이다. 이는 성내에 감강(赣江)이 흐르고 있음에 기인한다.
- 산동성 약칭은 노(鲁.lu)이다. 춘추전국시대에 이 지역에 제나라(齐国)와 노나라(鲁国)가 있었다.
- 하남성 약칭은 예(豫. yu)이다. 한무제(B.C.141) 때 이곳에 예주(豫州)라는 행정단위가 있었다.
- 호북성 약칭은 악(鄂. e)이다. 춘추전국시대에 초나라(楚. B.C. 223)가 있었고, 악왕(鄂王)이라는 봉건 영주가 이 지역을 통치하고 있었다. 청조 때 악주(鄂州)라는 행정단위가 설치되기도 했다.
- 호남성의 약칭은 상(湘. xiang)이다. 이는 성내에 상강(湘江)이 있음에 기인한다.
- 광동성의 한 글자 약칭은 월(粤. yue)이다. 춘추전국시대 이 지역에 월나라가 있었음에 기인한다.
- 해남성 약칭은 경(琼.qiong)이다. 당나라(631년) 때 이 곳에 경주(琼州)라는 행정단위가 있었다.
- 사천성의 약칭은 천(川.chuan) 혹은 촉(蜀.shu)이다. 촉한(蜀漢, 221년~264년)은 삼국시대 때 유비(劉備)가 지금의 사천성 지역에 세운 나라이다.
- 귀주성의 약칭은 귀(贵.gui) 혹은 검(黔.qian)이다. 진대(秦) 검중군(黔中郡)이 설치 되었다.
- 운남성의 약칭은 운(云.yun) 혹은 전(滇.dian)이다. 운남이라는 명칭은 운령(云岭)의 남쪽에 있다라는 지형적 이유로 생겨났다. '전'이라는 약칭은 고대(B.C.278~115)에 운남성 성도인 곤명시 부근에 전국(滇国)이라는 나라가 있어서 유래했다.
- 섬서성의 약칭은 섬(陕.shan) 혹은 진(秦.qin)이다. 송대(宋代) 이후 이 지역을 섬서로(陕西路)라고 칭하여 유래되었다. 이 지역은 진나라(秦国. B.C. 221~B.C.206)의 영토이기도 했다. [12)]
- 감숙성의 약칭은 감(甘.gan) 혹은 롱(陇.long)이다. 감숙은 청대 감주부(甘州府)와 숙주부(肃州府)라는 행정단위가 있었다. 감주는 지금 장예시(张掖), 숙주는 지우취안시(酒泉)이다. 감숙성은 롱산(陇山) 서쪽에 위치해있어서, '롱'이라는 약칭도 유래되었다.
- 청해성 약칭은 청(青. qing)이다. 성내 중국 최대 호수인 청해호(青海湖) 지명에서 유래되었다.
- 서장자치구 약칭은 장(藏.zang)이다. 원·명대에 이곳은 냐오쓰장(乌斯藏)이라 했다. 냐오쓰(乌斯)는 티벳어로 중앙, 장(藏)은 성스럽고 순결의 의미다. 중국 서부에 있어 서장(西藏)이

12) 송대 행정단위는 2급 체제였는데, 부(府)-주(州)-군(軍)-감(監) 등이 1급이었고, 현(縣)이 2급이었다. 다만 주요 권역에는 '부-주-군-감'을 포괄하는 대행정구를 만들어서 OO로(路)라고 호칭했다. 따라서 송대 지역명에 등장하는 'OO路'는 도로나 길을 뜻하는 것이 아니며, OO지역이라는 의미이다. 陜西路(섬서성), 廣南西路(광서장족자치구), 廣南東路(광동성) 등이 이런 사례에 해당한다.
(華夏文明. http://cathay.ce.cn 검색일자: 2013.3.1)

라 불렸다.

- 광서장족자치구(广西壮族自治区) 약칭은 계(桂.gui)이다. 이는 기원전 214년에 이곳에 계림군(桂林郡)이라는 행정단위가 설치된 것에 기인한다.
- 내몽고자치구(内蒙古自治区) 약칭은 몽(蒙.meng)이다. 1947년에 자치구가 설치되었다. 몽골공화국을 관례적으로 외몽고(外蒙古)로 불렀고, 이와 구분을 위해 내몽고라는 명칭이 유래되었다.
- 영하회족자치구(宁夏回族自治区) 약칭은 녕(宁.ning)이다. '영하'는 '국경지역 하의 평안을 기원(夏地安宁)'이라는 의미이다. 1928년 영하성(宁夏省)이, 1958년 영하회족자치구가 설치되었다.
- 신강위구르자치구(新疆维吾尔自治区) 약칭은 신(新.xin)이다. 기원전 1세기에 한(汉)왕조 관할이었다. 그 연유로 '새로 개척한 영토(新开辟的疆土)'라는 의미로 신강(新疆)으로 불렸다.
- 홍콩특별행정구(香港特别行政区) 약칭은 항(港.gang)이다. 이는 홍콩이 옛날 어항(漁港)이었던데 기인한다.
- 마카오특별행정구(澳门特别行政区) 약칭은 오(澳.ao)이다. 澳는 완만한 해변처럼 선박을 정박할 수 있는 곳이라는 의미이다.

[표 1-15] 중국 지역명칭과 약칭

명 칭	약칭 (간체자)	성, 시, 자치구 수도
북경시 北京市	경 京	북경 北京
천진시 天津市	진 津	천진 天津
상해시 上海市	호 滬(沪)	상해 上海
중경시 重慶市	유 渝	중경 重慶
길림성 吉林省	길 吉	장춘 長春
요녕성 遼寧省	요 遼(辽)	심양 瀋陽
흑룡강성 黑龍江省	흑 黑	합이빈哈爾濱
하북성 河北省	기 冀	석가장石家庄
하남성 河南省	예 豫	정주 鄭州
산동성 山東省	노 魯	제남 濟南
산서성 山西省	진 晋	태원 太原
섬서성 陝西省	섬陝 · 진秦	서안 西安
감숙성 甘肅省	감甘·롱隴(陇)	난주 蘭州
청해성 青海省	청 青	서녕 西寧
안휘성 安徽省	환 皖	합비 合肥
강소성 江蘇省	소 蘇(苏)	남경 南京
절강성 浙江省	절 浙	항주 杭州
강서성 江西省	감/공 贛	남창 南昌

명 칭	약칭 (간체자)	성, 시, 자치구 수도
호북성 湖北省	악 鄂	무한 武漢
호남성 湖南省	상 湘	장사 長沙
사천성 四川省	천川 · 촉蜀	성도 成都
귀주성 貴州省	귀貴·검黔	귀양 貴陽
운남성 雲南省	운雲·전滇	곤명 昆明
광동성 廣東省	월 粵	광주 廣州
해남성 海南省	경 琼	해구 海口
복건성 福建省	민 閩(闽)	복주 福州
광서장족 廣西壯族 자치구	계 桂	남녕 南寧
내몽고 內蒙古 자치구	몽 蒙	호화호특 呼和浩特
영하회족 寧夏回族 자치구	녕 寧(宁)	은천 銀川
서장 西藏 자치구	장 藏	랍살 拉薩
신강 新疆위구르자치구	신 新	오노목제 烏魯木齊
홍콩 香港특별행정구	항 港	홍콩 香港
마카오 澳門특별행정구	오 澳	마카오 澳門

[표 1-16] 중국 주요도시 한글명칭

한글표기	한자음/중국어	주요도시	한자음/중국어	비고
베이징	북경시 北京市	-	-	중국의 수도
톈진	천진시 天津市	-	-	직할시
상하이	상해시 上海市	-	-	직할시
충칭	중경시 重慶市	-	-	직할시
지린	길림성 吉林省	창춘	장춘 長春	성 수도
		지린시	길림시 吉林市	공업도시
		투먼	도문 圖們	북한 국경도시
랴오닝	요녕성 遼寧省	선양	심양 瀋陽	성 수도
		다롄	대련 大連	동북 최대항구
		단둥	단동 丹東	북한과 국경도시
		잉커우	영구 營口	항구 도시
헤이룽장	흑룡강성黑龍江省	하얼빈	합이빈 哈爾濱	성 수도
		다칭	대경 大慶	최대 원유산지
허베이	하북성 河北省	스좌장	석가장 石家庄	성 수도
허난	하남성 河南省	정저우	정주 鄭州	성 수도
		카이펑	개봉 開封	허난의 옛도읍
		뤄양	낙양 洛陽	허난의 옛도읍
산둥	산동성 山東省	지난	제남 濟南	성 수도
		칭다오	청도 靑島	산둥 최대항구
		옌타이	연대 煙臺	산둥 항구도시
		웨이하이	위해 威海	산둥 항구도시

한글표기	한자음/중국어	주요도시	한자음/중국어	비고
산시	산서성 山西省	타이위안	태원 太原	성 수도
샨시	섬서성 陝西省	시안	서안 西安	성 수도
간쑤	감숙성 甘肅省	란저우	난주 蘭州	성 수도
칭하이	청해성 靑海省	시닝	서녕 西寧	성 수도
안후이	안휘성 安徽省	허페이	합비 合肥	성 수도
장쑤	강소성 江蘇省	난징	남경 南京	성 수도
		쑤저우	소주 蘇州	
		옌청	염성 鹽城	
		우시	무석 無錫	공업도시
		창저우	상주 常州	
		타이저우	태주 泰州	
저장	절강성 浙江省	항저우	항주 杭州	성 수도
		닝보	영파 寧波	저장 최대항구
		샤오싱	소흥 紹興	방직, 염색
		타이저우	태주 台州	
		린하이	임해 臨海	항구 공업도시
		원저우	온주 溫州	중소기업 집산지
장시	강서성 江西省	난창	남창 南昌	성 수도
후베이	호북성 湖北省	우한	무한 武漢	성 수도
후난	호남성 湖南省	창사	장사 長沙	성 수도
쓰촨	사천성 四川省	청두	성도 成都	성 수도
귀이저우	귀주성 貴州省	구이양	귀양 貴陽	성 수도
윈난	운남성 雲南省	쿤밍	곤명 昆明	성 수도
광둥	광동성 廣東省	광저우	광주 廣州	성 수도
		선전	심천 深圳	경제특구
		주하이	주해 珠海	경제특구
		둥관	동완 東莞	완구, IT
		포산	불산 佛山	공업도시
		후이저우	혜주 惠州	석유화학
하이난	해남성 海南省	하이커우	해구 海口	성 수도
푸젠	복건성 福建省	푸저우	복주 福州	성 수도
		샤먼	하문 廈門	경제특구
광시	광서장족 廣西壯族자치구	난닝	남녕 南寧	자치구 수도
네이멍구	내몽고內蒙古자치구	후허하오터	호화호특 呼和浩特	자치구 수도
닝샤	영하회족 寧夏回族자치구	인촨	은천 銀川	자치구 수도
시짱	서장 西藏자치구	라싸	랍살 拉薩	자치구 수도
신장	신강 新疆위구르자치구	우루무치	오노목제 烏魯木齊	자치구 수도
홍콩	香港특별행정구	홍콩	홍콩 香港	
마카오	澳門특별행정구	마카오	마카오 澳門	

[표 1-17] 중국 주요 지역의 별칭

별칭	현재 행정단위	별칭	현재 행정단위	별칭	현재 행정단위
江东	皖南，浙江	天涯海角	海南省	烏金之鄉	山西省
南诏	云南	北國糧倉	黑龍江省	中原之鄉	河南省
湖广	湖北，湖南	彩雲南國	雲南省	天府之國	四川省
河塑	河北	江河之源	青海省	西南山城	重慶市
巴蜀	四川，重庆	絲路咽喉	甘肅省	壯美高原	貴州省
关东	东北三省	古樸秦川	陝西省	九省通衢	湖北省
荆楚，楚天	湖北	潇湘，三湘	湖南	中原，河洛	河南
南越	广东	三晋	山西	燕趙沃野	河北省
錦繡壯鄉	廣西壯族自治區	天山南北	新疆維吾爾自治區	塞上江南	寧夏回族自治區
齊魯大地	山東省	雪域高原	西藏自治區	嶺南熱土	廣東省
富饒水鄉	江蘇省	物華天寶	江西省	芙蓉國度	湖南省
錢塘江畔	浙江省	江淮之濱	安徽省	草原氈鄉	內蒙古自治區
花城,羊城	广州	星城,潭城	長沙	龙城	太原
山城,雾都	重庆	蓉城,锦城	成都	泉城,历城	济南
春城,花城	昆明	甬	宁波	青城	呼和浩特
江城	武汉	武林	杭州	洪城,英雄城	南昌
鹿城	温州	龙城	柳州	宁,石头城	南京
岛城	青岛	榕城	福州	鹿城，草原钢城	包头
滨城	大连	车城	長春	日光城	拉萨
水城	苏州	鷺城	厦门	冰城	哈尔滨

자료: 華夏文明. http://cathay.ce.cn (검색일자: 2013.3.1.)

Ⅱ. 중국 주변국 현황

Ⅱ. 중국 주변국 현황

1. 개황

중국의 내륙 국경선은 22,117㎞인데, 모두 14개 국가와 국경을 인접하고 있다. 국경을 마주하고 있다는 의미는 정치·경제적으로 상황에 따라서는 우호 관계를 증진할 수 있고, 또 국경분쟁 등의 마찰로 인해 전쟁 상태에 빠질 수 있다는 것을 의미한다. 실제로 중국은 1978년에는 베트남과 국경분쟁(군사충돌)을 경험했으며, 1959년에도 국경을 마주한 인도와 무력충돌을 가졌다. 반면에 중국은 아세안(동남아시아 10개국)과 2005년에 FTA(자유무역협정)을 체결하여, 이들 지역과 국경을 맞대고 있는 광서장족자치구, 운남성 등의 대아세안 무역규모가 큰 폭으로 늘고 있다.

[그림 2-1] 중국의 주변 국가

자료: 구글 지도(2013)

이처럼 중국의 주변국은 국경을 마주하고 있기 때문에 멀리 떨어진 다른 나라보다 정치·경제적인 이슈들이 민감해 질 수 있으며, 그 결과에 따라 사회·문화 등 다른 영역에 영향을 끼치기도 한다.

중국과 국경을 마주하고 있는 14개 국가들(국경 연장선)은 다음과 같다. 아프가니스탄(76㎞), 부탄(470㎞), 미얀마(2,185㎞), 인도(3,380㎞), 카자흐스탄(1,533㎞), 북한(1,416㎞), 키르기스스탄(858㎞), 라오스(423㎞), 몽고(4,677㎞), 네팔(1,236㎞), 파키스탄(523㎞), 러시아(동북선 3,605㎞. 서북선 40㎞), 타지키스탄(414㎞), 베트남(1,281㎞) 등이다.

2. 주요 주변국

(1) 아프가니스탄, 阿富汗伊斯兰共和国(The Islamic Republic of Afghanistan)

아프카니스탄은 중국 신강위그루자치구와 국경을 마주하고 있다. 중국과는 1955년 1월 20일에 정식으로 수교하였다. 1979년 이전에는 양국 정상이 수차례 방문한 바 있다. 소련의 아프가니스탄 침공(1979~1988년)이후, 중국은 아프가니스탄 정부를 인정하지 않았다. 1992년에 양국의 국교는 다시 정상화 되었으나, 테러 등 안전문제로 인해 1993년 2월, 중국정부는 아프가니스탄 내 중국 외교관원을 철수 시킨 바 있다. 2001년 12월, 아프가니스탄 임시정부가 설립되고, 중국은 다시 외교관계를 복원하였으며, 이후 양국은 경제협력을 지속하고 있다. 2002년 1월, 아프가니스탄 임시정부 주석이 중국을 방문한 것을 계기로, 향후 5년동안 1.5억 달러의 지원을 선언하기도 하였다. 2002년 2월, 주아프가니스탄 중국대사관이 다시 업무를 개시하였다.

중국과 아프가니스탄과의 국경선은 76㎞에 불과하고, 위로는 타지키스탄 아래로는 파키스탄 국경선과 연결되어 있다. 그러나 2001년 9.11 테러후 미국이 아프가니스탄 텔레반 정권과의 전쟁을 수행하면서, 이 국경선은 매우 중요한 전략적 가치(對테러전의 지원 등)를 가지게 되었다.

아프가니스탄 광공업성은 2012년 10월 22일, 중국석유천연가스집단(CNPC)이 자국의 북부 아무 다르야(Amu Darya)강 유역 광구에서 원유 생산을 시작했다고 밝혔다. 중국이 아프가니스탄에서 원유를 생산하는 것은 이번이 최초이다. 아프가니스탄은 CNPC와 2011년 12월, 25년간의 원유 개발계약(채굴·정유)을 체결했고, 생산지역은 북부 파르야브와 사르에풀 주이다. CNPC는 광구에서 하루 원유 1,950배럴을 생산할 계획이다. [13)]

[그림 2-2] 중국 서북부 국경지역 현황

자료: 구글 지도(2013)

CNPC는 매장량 8,700만 배럴의 同광구에서 연간 150만 배럴을 채굴할 예정이다. 채굴된 원유는 투르크메니스탄에서 정제를 하지만, CNPC가 아프간에 정유시설을 갖출 계획이다. 현재 아프가니스탄은 러시아, 투르크메니스탄, UAE 그리고 우즈베키스탄으로부터 석유를 매년 35억 달러어치를 수입하고 있다. 아울러 중국은 세계최대 미개발 구리광산 중 하나인 아프간 중부 로가르 주에 위치한 30억달러 규모의 아이나크 구리광산 프로젝트(Aynak)를 아프간과 공동 개발하고, 수도 카불까지 철도 건설도 계획하는 등 인프라 정비에 나서고 있다.

중국은 2011년 6월, 북경에서 열린 상하이협력기구(SCO)정상회의에서 아프가니스탄을 '게스트 국가(Guest Country)'에서 '준회원(옵저버)국가'로 승격시켰다. 중국은 2014년까

13) 뉴스타운, '중국, 아프가니스탄에서 최초 원유 생산개시'(2012.10.22).

지 NATO주도의 국제치안지원부대(ISAF)가 완전철수할 것을 대비, 아프간과 장기적인 협력을 통한 진출 전략을 준비하고 있는 것이다. 14)

최근 중국은 내전에 시달린 아프가니스탄의 재건을 위해 2천억원대 지원을 약속했다. 중국-아프간 수교 60주년을 기념해 전날 아프간을 방문한 리위안차오 중국 국가 부주석은 중국이 앞으로 3년간 15억 위안을 아프간에 지원하겠다고 밝혔다. 그는 특히 수도 카불의 주택 1만호 건설을 지원하기 위해 5억 위안을 2015년 안에 제공하기로 했다. 또 2015년 10월 26일, 아프간에서만 최소 115명의 사망자를 낸 규모 7.5의 지진 피해 복구를 위해 260만 달러를 긴급 지원하겠다고 밝혔다. 아슈라프 가니 아프간 대통령은 중국은 아프간 평화를 유지하는 데 중요한 국가라며 중국과 가스관, 전력, 철도, 도로 등 분야의 협력도 강화하기를 희망했다. 이는 중국에서 아프리카, 유럽 등을 연결하는 '일대일로'를 추진하는 데에도 아프간의 안정이 필요하기 때문으로 분석된다. 15)

두 나라는 지난 2015년 중국-아프간 경제 · 통상위원회를 설립한 이후 직항 화물 항공편을 열고 열차를 개통하는 등 경제적으로 조금씩 가까워져왔다. 양국 간 무역은 지난 2013년 3억 3800만 달러에서 2019년 6억 2900만 달러로 약 2배 증가했다.

조 바이든 미국 대통령은 아프가니스탄 주둔 미군을 9·11 테러 20년을 맞는 오는 2021년 9월 11일까지 완전 철수하겠다고 발표했다. NATO도 몇 달 안에 철수하겠다고 밝혔다. 이로써 2001년 이슬람 무장단체 알카에다가 일으킨 9·11 테러에 대응해 미국이 시작한 아프간 전쟁이 20년 만에 종식 될 예정이다. 2021년 4월 현재, 아프간에는 2,500명의 미군과 7,000명의 나토 동맹군이 주둔하고 있다. 16) 이러한 미군의 철수는 중국과 아프가니스탄과의 관계에 변화를 야기할 전망이다.

아프가니스탄과 국경을 접해 안보 불안이 커진 중앙아시아 5개국이 일제히 중국을 바라보게 됐다. 최근 몇 년 새 '일대일로'의 핵심인 중앙아시아에서 영향력을 키운 중국 입장에선 모른 척하기가 힘들어졌다. 중국정부는 무엇보다 신장위구르자치구의 분리 독립을 위해 무장투쟁을 벌여온 동투르키스탄 이슬람운동(ETIM)이 아프간을 근거지 삼아 세력을 확대할 수 있는 점을 경계해왔다. 17)

---

14) SCO(Shanghai Cooperation Organization)는 2001년 중국과 러시아를 중심으로 우즈베키스탄, 카자흐스탄, 키르기스스탄, 타지키스탄 6개국이 설립했다. 옵저버로 인도와 이란, 몽고, 파키스탄을, 대화 파트너로 벨라루스와 스리랑카를 참여시켰다. 여기에 아프가니스탄(옵저버)과 터키(대화 파트너)를 포함하면 참여국은 14개이다.

15) 연합뉴스(2015.11.4.). 일대일로에 대한 상세내용은 본고 제4장 5절을 참고할 것.

16) 한겨레신문 (2021.4.15.)

17) 위구르족 청년들을 중심으로 1990년 설립된 ETIM은 '동투르키스탄'이라는 독립국가를 세우기 위해 중

(2) 파키스탄, 巴基斯坦伊斯兰共和国(The Islamic Republic of Pakistan)

파키스탄은 중국 신강위구르자치구 및 서장자치구와 국경을 마주하고 있다. 1950년 1월 5일, 파키스탄은 중국을 정식 국가로 인정하였으며, 1951년 5월 21일, 양국은 수교하였다. 1963년 3월 중국은 파키스탄·중국 국경협정을 통해 점령 중이던 750평방 마일의 카시미르 분쟁 지역을 파키스탄에 양도하였다.

1965년 5월 제2차 인도-파키스탄 전쟁이 발발했을 때, 중국은 파키스탄을 군사적으로 지원하고, 1971년 제3차 인도-파키스탄 전쟁이 종료된 후, 전후 문제를 처리하는 과정에서도 파키스탄을 지지하였다. 파키스탄은 중국을 가장 신뢰할 수 있는 우방으로 생각한다. 중국도 서남아시아에서 인도의 주도권을 견제하기 위해 파키스탄을 중요한 우방으로 생각하고, 양국 관계를 강화하는 데 적극적이다.

중국은 인도를 견제하기 위해서 파키스탄을 활용하고 있으며, 파키스탄은 인도와 미국을 견제하는데 중국을 활용하고 있다. 양국은 경제 분야에서도 긴밀히 협력하고 있는데, 2006년 11월에는 FTA를 체결하기에 이른다.

2013년 1월 30일, 중국이 인도양 거점 도시인 파키스탄 과다르항(港)의 운영·관리권을 확보했다. 파키스탄 정부는 과다르항의 운영·관리권을 싱가포르기업에서 중국기업으로 넘기기로 결정했다. 중국 기업은 항만 확장공사 등에 필요한 자금 3억900만달러 중 75%인 2억3100만달러를 투자할 계획이다. 18)

2015년 11월 11일, 국가발전개혁위원회 왕샤오타오 부주임과 파키스탄 기획 · 개발개혁부 장관 및 항만해운부 장관은 과다르항 자유무역지대 총면적의 30%(280ha) 부지에 대한 사용권을 43년간 중국해외항만주식유한회사(中國海外港口控股有限公司)에 이양하는 협약서에 서명하였다. 과다르항은 파키스탄 서부 발루치스탄에 위치해 있는 중 · 파 경제회랑의 종착지이다. 항구도시 카라치와의 거리는 600㎞이고, 이란 국경지대, 아라비아해, 호르무즈 해협과 인접해 있어 인도양의 전략적 요충지라고 불린다.

중국 COPHC社는 2013년 2월 항만 운영수익 문제로 과다르항의 운영권을 이양 받은 후, 이번에 과다르항 자유무역지대 장기 사용권을 확보함에 따라 과다르항의 전권을 확보하게

국 관공서와 경찰서를 습격하는 등 저항 운동을 해왔다. 이에 중국은 ETIM을 테러단체로 규정하고 소탕작전을 벌였으며, 그 결과 ETIM는 아프간, 파키스탄, 터키 등으로 피신했다. ETIM은 2000년대부터 지금까지 반중(反中) 활동을 계속하고 있다. 아프간 내 탈레반은 같은 이슬람 수니파인 ETIM을 지원하고 있다. 중국정부는 76㎞에 달하는 아프간과의 국경지대에 있는 '와칸 회랑'에 군사기지를 만들었다. 아프간 북부 바다흐샨주에 위치한 와칸 회랑은 북쪽으론 타지키스탄, 남쪽으론 파키스탄, 동쪽으론 중국 신장위구르자치구와 맞닿아 있다. 동아일보(2021.5.8.)

18) 조선일보(2013.2.1)

되며, 과다르 국제공항과 과다르 자유무역지대를 관리하게 될 예정이다. 중국은 향후 차관 형태로 2016년 1월부터 과다르 국제공항 건설을 진행할 계획이다. 중국은 아라비아해 연안의 과다르항과 중국 서부 신장지역을 연결해 중앙아시아와 남아시아에서 자국으로의 수송 라인을 안정적 확보함으로써 동 지역에 대한 미국과 인도의 영향력을 견제하고자 한다.

중국은 아프리카와 중동으로부터 수입하는 원유 및 천연가스의 수송거리가 아라비아해와 말라카해협을 통과시에는 12,000㎞ 이나, 이번 계약 체결을 통해 자국으로의 수송거리를 2,395㎞ 로 대폭 단축할 수 있는 첫 단추를 채웠다. 중국은 수입 원유의 60% 가 중동과 아프리카지역에서 오며, 이들 중 80% 가 인도양과 말라카 해협을 통과한다. 이 곳에서 군사적 충돌이 벌어질 경우를 대비하여 중국은 인도양 거점인 과다르항에서 육지를 통해 석유를 공급하는 방안을 검토하여 왔었다.

이번 협정서 체결은 양국이 추진해온 중-파 경제회랑(CPEC: China-Pakistan Economic Corridor) 구축 프로젝트의 일환이다. 시진핑 국가주석은 2015년 4월 파키스탄을 방문하여 파키스탄 나와즈 샤리프 총리와 정상회담을 통해 중국 신장에서 출발하여 파키스탄 과다르(Gwadar)항까지, 그리고 여기서 아라비아해에 이르는 총 3,000㎞ 길이, 460억 달러 규모의 경제회랑을 구축하기로 한 바 있다. 중-파 경제회랑 구축 협정에 따라서 59억 달러는 도로 건설에, 37억 달러는 철도 건설에 각각 지출되며, 이들 사업 모두 2017년에 완공될 계획이다. [19]

2015년 4월 20일, 시진핑 중국 국가주석은 파키스탄을 방문해 양국을 잇는 460억 달러 규모의 경제회랑(CPEC)을 구축하기로 합의했다. 호르무즈 해협에 근접한 과다르항에서 중국 신장자치구 카스(喀什)까지 3천㎞를 연결하는 중-파키스탄 경제회랑은 시 주석이 추진하는 '일대일로'의 중심축 역할을 하게 된다. 특히 중국은 40년간 과다르항 운영권을 확보함으로써 자국에서 중동을 바로 연결할 수 있는 인도양 항구를 얻었고, 파키스탄은 인프라 구축을 통한 경제 개발의 계기를 마련할 수 있게 됐다.

취임 후 처음으로 파키스탄을 방문한 시 주석은 나와즈 샤리프 파키스탄 총리와 정상회담에서 경제회랑 건설과 관련한 51개 양자 협력 관계에 관한 MOU를 체결했다. 이날 체결된 MOU에는 과다르 항구 및 국제공항 개발, 중국 신장자치구와 파키스탄을 잇는 카라코람 고속도로 개선, 파키스탄 남부 카라치와 라호르를 잇는 도로 건설, 발전소 건설, 철도 건설 등 대규모 사업에 중국이 양허 차관 등을 지원하는 계획이 포함됐다. 1차로 지원될 금액은 280억 달러에 이를 것으로 알려졌다.

---

19) 参考消息(2015.11.12.), 北京青年報 (2015.11.13)

[그림 2-3] 중국-파키스탄 내륙 원유 수송로

자료: 조선일보(2013.2.1.)

중국은 특히 에너지 분야 협력과 관련해 파키스탄에 화력·수력·풍력·태양광 발전소 등 모두 1만6천400MW의 전력을 생산할 수 있도록 지원할 예정이다. 양국은 또 원자력발전 등 민간 핵 협력도 강화하기로 했다. 2014년 한 해 160억 달러 규모였던 양국 교역규모는 3년내에 200억 달러 규모로 늘리는 것을 목표로 삼았다. 파키스탄군은 경제회랑 건설 과정에서 반군 등 공격에 대비해 1만2천 명의 병력을 이 지역 경계에 투입할 계획이다.

시 주석과 샤리프 총리는 이날 공동 기자회견에서 양국 관계를 "전천후 전략적 협력 동반자관계"(all-weather strategic cooperative partnership)로 선언했다. 샤리프 총리는 경제회랑은 파키스탄을 역내 상업과 투자의 중심지로 바꿀 것이라며 중국은 남·서·중앙아시아와 중동, 아프리카까지 훨씬 짧고 값싸게 이용할 수 있는 무역·투자 경로를 확보할 수 있게 됐다고 말했다. [20]

20) 연합뉴스(2015.4.21)

(3) 북한, 朝鲜 (DPRK)

북한은 중국 요녕성 및 길림성과 국경을 마주하고 있다. 북한과 중국은 1949년 10월 6일 수교하였으며, 중국과 가장 먼저 수교한 국가 중 하나이다. 1950년대 중국과 소련이 협력하던 시기에는 오로지 사회주의 국가 건설이라는 공동목표 달성을 위해 정치, 안보, 경제 등 모든 측면에서 북한과 중국은 긴밀한 협력관계를 유지하였다. 1950년에는 한국전쟁이 발발하자 중국 인민의용군을 북한에 파병하였으며, 1953년에는 김일성이 중국을 방문하여, 경제·문화협조 및 지원 협정을 체결하였다. 1958년에는 중요물자 공급 협정 및 차관제공 협정을 체결하였다. 1961년 7월에는 중국과 북한은 군사방위조약에 해당하는 '중·조(中·朝) 우호협조 및 상호 원조조약'을 체결한다. 동 조약 2조는 일방이 침략을 당할 경우, 자동적인 군사개입(지원)을 명시하고 있다.

현재 중국은 북한의 최대 교역·외자유치 대상국으로 부상했다. KOTRA에 따르면 북한의 대(對)중 무역의존노는 2009년 78.5%에서 2010년 83.0%로 증가하였다. 특히 북한은 1차 산품(무연탄 등) 수출, 주요 물자 수입(원유, 비료, 식량 등)의 무역구조를 지속하고 있다.

북한의 주요 수출품은 어패류 등 1차 상품이 주종을 이루며, 그 외 철강 및 위탁가공품인 의류 등으로 구성되어 있다. 북한의 대(對)중 수출품은 광물, 철강, 어류, 방직원료 등이다. 그리고 북한은 원자재 중심의 수입 구조를 보이는 가운데 최근 소비재 수입이 상대적으로 증가하고 있다. 북한의 주요 수입품은 식용육류, 곡물류, 전기기기, 플라스틱 제품, 생필품, 연료 등이다. 한편 북한과 중국간 무역은 지리적 인접성 및 중국 국경무역의 관세혜택 등으로 인해 동북3성에 편중되어 있는 특징이 있다.

북한은 중국의 최대 무상원조 공여국으로 규모는 연간 3억~4억 달러로 추정된다. 최근 북한과 중국간 경제협력은 중국의 동북3성 개발 전략과 북한의 투자유치 필요 등 이해관계가 일치하면서 상호 경제적 연계성이 강화된 차원에서 진행되고 있다. 양측은 '정부지도(政府引導)·기업위주(企業爲主)·시장운영(市場運作)·호혜공영(互利共赢)'의 4대 경협원칙에 합의하고, 나선과 황금평·위화도 경제특구를 중심으로 북한·중국 경제협력을 가시화하였다. 2010년 12월에는 신압록강 대교를 착공하고, 2011월 6월에 황금평 개발을 착공하였으며, 2011년 6월에는 훈춘(琿春)-나선 도로 확장공사를 착공하였다.

북한의 대중국 교류가 최근 확대되면서 중국에 대한 무역 의존도가 심화됐다. 한국무역협회가 작성한 '최근 10년간 남북한의 대중국 경제교류 추이 비교' 보고서에 따르면 북한 전체 수출에서 중국의 비중은 2003년 50.9%에서 2013년 90.6%로 높아졌다. 특정 국가로의 수출 비중이 90%를 상회하는 것은 무역 의존도가 절대적인 수준에 도달했음을 의미한다. 같은 기간 한국의 대중국 수출 비중은 18.1%에서 26.1%로 상승했다.

중국의 북한으로부터 수입액은 2003년 4억 달러에서 2013년 29억 달러로 6배 이상 증가했다. 하지만 중국 전체 수입에서 차지하는 비중은 0.10%에서 0.15%로 상승하는 데 그쳐 미미한 수준이다. 북한의 대중국 투자 규모는 2003년 238만 달러에서 2013년 268만 달러로 12.6% 증가했다. 북한은 중국에서 식당 등 소규모 투자에만 매달려 투자액에 큰 변화가 없는 것으로 분석된다.

중국의 대북한 직접투자는 2003년 112만 달러에서 2013년 8천620만 달러로 76배 급증했다. 경제 교류와 더불어 인적 교류도 크게 확대되는 추세다. 중국을 찾은 북한 방문자는 2003년 8만명에서 2013년 21만명으로 162.5% 증가했으며, 한국인 방문자는 관광객이 주를 이루는 반면 북한은 근로자 비중이 절반 정도로 높은 것으로 파악됐다. 21)

[사진 2-1] 북경-평양간 국제열차

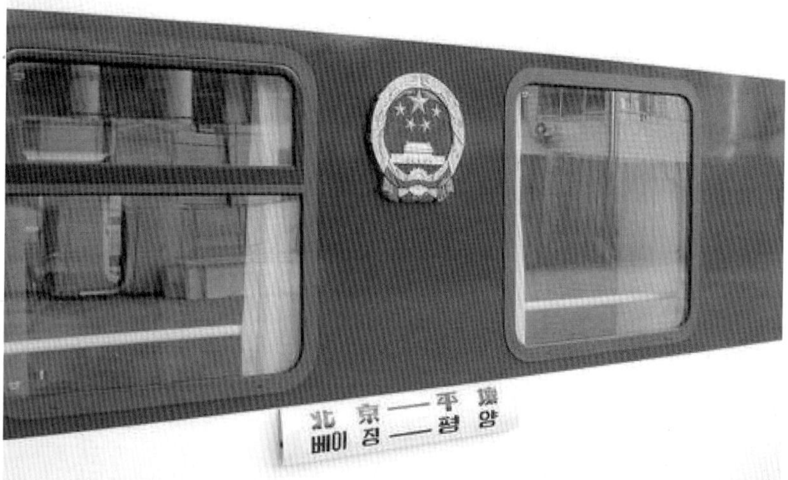

주: 북경-평양간에는 국제열차(K27, K28)가 운행되고 있으며, 북경에서 오후 5시 30분에 출발하는 열차는 선양, 단동을 거쳐 신의주, 평양에 다음날 저녁 7시 30분에 도착한다 (거리 1364㎞, 소요시간 25시간).
자료: 베이징 관광국 visitbeijing.or.kr (검색일자: 2015.12)

21) 한국무역협회, 최근 10년간 남·북한의 對중국 경제교류 추이 비교 (2015.1.14)

[그림 2-4] 중국-북한 주요 교통로

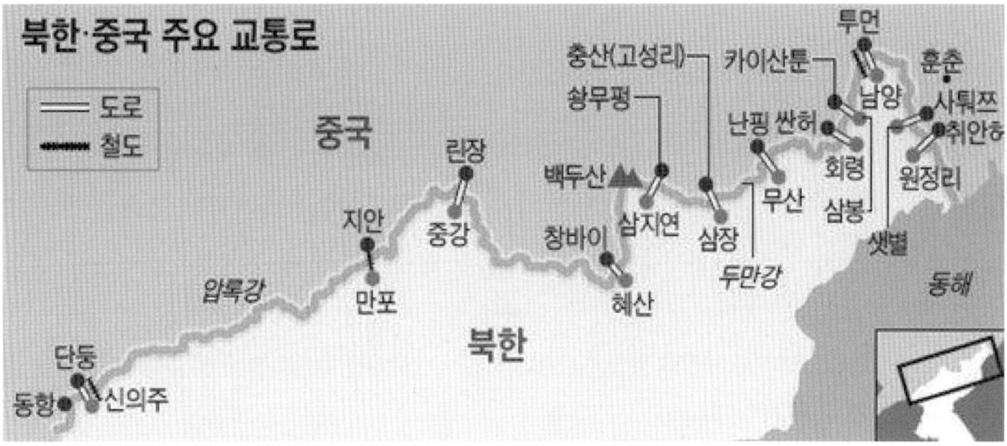

자료: 조선일보 (2011.12.22)

[그림 2-5] 중국-북한 국경선

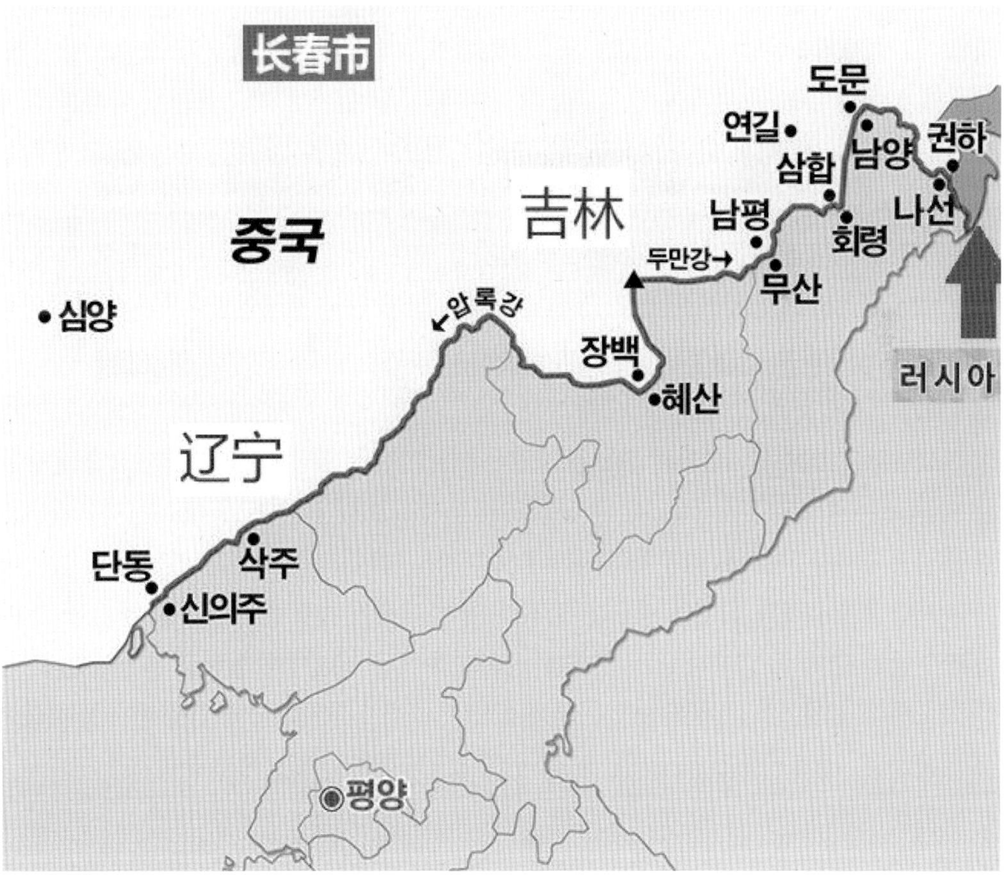

자료: Asia Press (2019.12.18.) 원 자료에 근거하여 편집.

(4) 러시아, 俄罗斯(Russia)

러시아는 중국의 길림성, 흑룡강성, 신강위구르자치구, 내몽고자치구 등과 국경을 마주하고 있다. 중국과 러시아는 1949년 10월 3일 수교하였다. 수교 당시 러시아는 소비에트 연방(소련)이었으며, 공산주의 종주국으로써 중화인민공화국 설립에 지대한 영향을 끼쳤다. 1949년 10월 중국이 건국된 후, 1953년 3월 스탈린이 사망할 때까지 중국과 소련 양국은 긴밀한 우호협력 관계를 유지하였다. 1949년 10월에는 소련이 중국정부를 승인하였으며, 1949년 12월에는 마오쩌둥(毛澤東)이 소련을 방문하였다. 1950년 2월에는 중국·소련 우호동맹 상호원조조약을 체결하였으며(30년 기한), 1950년 10월 한국전쟁에서 중국과 소련이 대(對)북한 공동지원에 나서기도 하였다.

그러나 1950년대 중반부터 양국간 관계에 긴장이 조성되기 시작하였다. 1956년 12월 소련 공산당 제20차 전당대회에서 흐루시초프가 서방과의 평화공존원칙을 천명한 데 대해 중국 측은 비판적 태도를 견지하였다. 그리고 소련혁명 40주년 기념식 및 1957년 11월에 개최된 제1차 세계공산당대회에 마오쩌둥(毛澤東)이 참석한 뒤부터 중국과 소련간에 국제 공산주의 운동의 주도권 다툼이 전개되었다. 1959년 6월 원자탄 제조기술을 달라는 중국의 요구를 소련이 거부함에 따라 양국관계는 악화되었으며, 흐루시초프는 중국을 '교조주의'라 공개 비난하고, 중국은 소련을 '수정주의'라 공개 비난하였다. 22)

이러한 양국간 긴장관계는 1969년 3월 국경선 영토분쟁을 둘러싼 무력충돌로 이어져 양국관계는 최악의 상태에 직면하게 되었다. 1979년 4월 중국 전국인민대표대회 상무위원회는 '중국·소련 우호동맹 상호원조조약'을 연장하지 않기로 결정하였으며, 이 조약은 1980년 4월에 기한만료로 자동 폐기되었다.

1982년부터 1988년 6월까지 중국과 소련은 외무차관급 회담에서 3대 장애요소를 다루었다. 첫째로는 중국·소련 국경 및 중국·몽골 국경지역 소련군 감축, 둘째로는 아프가니스탄 내 소련군 철수, 셋째로는 캄푸차(지금의 캄보디아) 문제에 있어 베트남 지원 중지 등이다.

1996년 4월 중국과 러시아 양국은 보리스 옐친 러시아 대통령의 방중을 계기로 '전략적 협력 동반자 관계'를 설정하고 정치, 군사, 경제 등 제반 분야에서 협력을 추진하였다. 이러한 기조하에 접경국인 카자흐스탄, 키르기스스탄, 타지키스탄과 함께 1996년 4월 정상회담을 개최하고, '상해 5개국(Shanghai Five: 이후 SCO)'이라는 협의체를 출범시켰다.

---

22) 러시아 개황(2011.8), 외교통상부.

[그림 2-6] 중국과 러시아 국경선 (서북권. 40㎞)

자료: 구글 지도(2021)

2000년 이후 중국과 러시아는 양국 정상간 매년 정기적으로 상호 방문하는 등 양국 고위 인사의 정례협의 채널을 구축하여 긴밀한 양자관계를 유지하였다. 또한, 2001년 6월 출범한 상하이협력기구(SCO, Shanghai Cooperation Organization) 및 중국 · 러시아 · 인도 외교 장관 협의 등 다자협의 채널을 통해 지역문제와 국제문제에 대한 협력증진을 도모하였다. 2001년 7월 장쩌민(江澤民) 주석이 러시아를 방문하였을 때, 양국은 '중국 · 러시아 선린우호협력조약'을 체결하여, 향후 양국관계 발전을 위한 정치적 틀을 형성하였다.

최근 양국 관계는 新밀월 관계로 부를 만큼 가까워졌다. 시 주석과 푸틴 대통령은 2015년 7월 8일부터 러시아 우파에서 열리는 정상회의에서 회동했다. 양국 정상의 회동은 2015년 들어서만 두 번째이다. 시 주석은 2015년 5월 초 모스크바에서 열린 제2차 세계대전 승전 70주년 열병식 참석차 러시아를 방문해 푸틴 대통령과 만난 바 있다. 양국 정상이 밀월관계를 과시하는 것은 중앙아시아에서의 영향력 확보와 서방 견제라는 이해관계가 맞았기 때문이다. 중국은 '일대일로'를 통해 중앙아시아와 남아시아를 거쳐 유럽·아프리카를 아우르는 경제공동체를 구상 중이고, 러시아는 중앙아시아 국가를 포함한 옛 소련권 경제공동체의 유라시아경제연합(EEU 또는 EAEU)의 안착과 중국과의 협력을 바라고 있다. 러시아는 특히 SCO의 역할 확대를 통해 서방에 대한 영향력 강화를 기대하고 있는 것으로 알려졌다.[23]

2021년 6월 28일, 시진핑 중국 국가주석과 블라디미르 푸틴 러시아 대통령이 정상회담을 열고 양국이 맺은 '선린우호협력조약' 연장을 합의했다. 미국과 서방의 견제가 심화할수록 중국과 러시아의 밀착 행보도 빨라지고 있다. 중국과 러시아는 지난 2001년 이 협약을 맺은 뒤 우호적 이웃이자 전략적 협력자라는 관계를 유지해 왔다. 이번 정상회담은 선린우호협력조약 체결 20주년과 더불어 10월 1일, 중국 공산당 창당 100주년을 앞두고 열렸다. 푸틴 대통령은 중국 공산당 창당 100주년을 축하하며 중국은 나라의 사회 경제적 발전 측면과 국제 무대 모두에서 새로운 성취를 이뤘다고 말했다.[24]

[그림 2-7] 중국과 러시아 국경선 (동북권. 3605㎞)

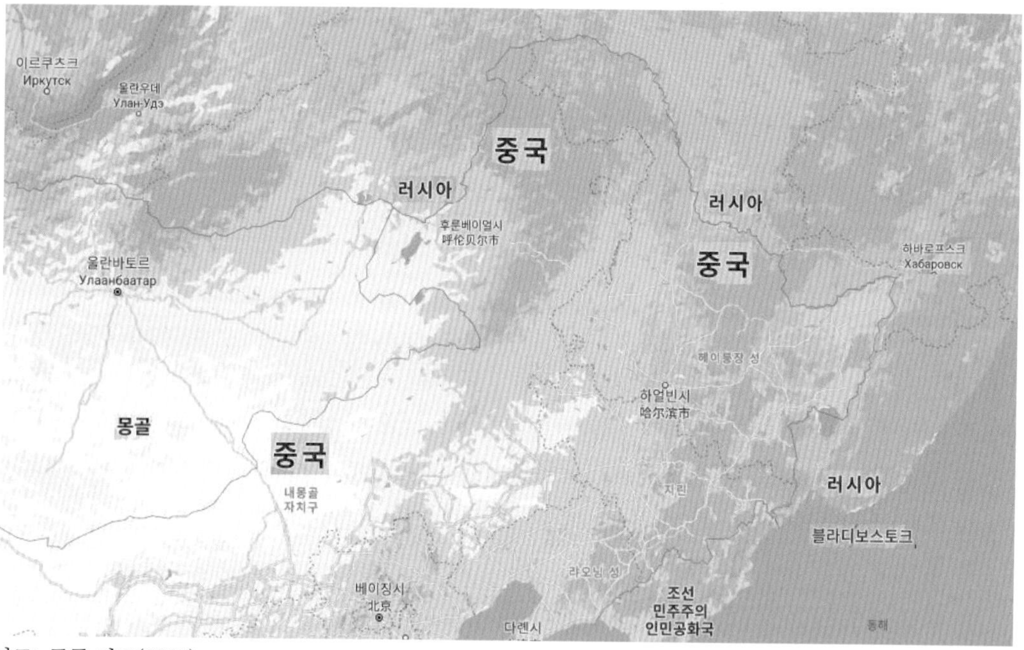

자료: 구글 지도(2021)

23) 연합뉴스 (2015.7.7.). EEU는 유럽 중심의 EU에 대응하고 옛 소련권 국가들의 다각적인 협력을 위해 2015년에 만들어진 지역통합체이다. 러시아를 중심으로 카자흐스탄, 벨라루스, 키르기스스탄, 아르메니아 등 5개국으로 구성돼 있다.

24) 연합뉴스 (2021.6.28)

(5) 몽고, 蒙古国(Mongolia)

몽고는 중국의 신강위구르자치구, 감숙성, 내몽고자치구 등과 국경을 마주하고 있다. 몽고와 중국은 200여년간 청나라의 몽골지배에서 유래한 민족감정과 국경분쟁 등 요인으로 오랫동안 불편한 관계 유지하고 있다. 1949년 10월 16일, 양국은 수교하였으며, 1960년대 소련과 중국과의 관계 악화는 몽고와의 관계도 영향을 주었다.

중국은 몽골의 제1위 교역·투자국이며, 자원·수출시장, 소비재 공급국, 최단거리 항구 제공국으로, 몽골의 대중국 의존도는 갈수록 심화 되고 있다. 2010년 기준, 몽골의 대중 수출 24.6억달러, 수입 10억달러로, 중국의 대몽골 투자 24.6억달러(5,303개사)로 1위를 기록한 바 있다. 2003년 6월에는 후진타오 국가주석이 몽골을 방문하여, '선린우호 및 상호신뢰의 동반자 관계' 설정했다. 양국관계에 '동반자' 용어는 최초였다. 또한 주요 협정(경제·기술협력 및 울란바타르-북경간 국제열차 증편)에 서명했으며, 중국은 몽골에 대한 무상원조(770만달러) 및 양허 차관(3억달러) 계획을 발표했다. 양국 관계가 2011년에는 '전략적 동반자 관계'로, 2014년에는 '전면적 전략 동반자 관계'로 격상된 바 있다. 시기별 양국관계 변화는 다음과 같다.

- 1949.10.16 외교관계 수립 '선린우호 및 상호신뢰 동반자관계'
- 1960년 중·소 분쟁시기 몽골의 소련 지지 및 소련군의 몽골 주둔
- 1967.8 몽·중간 외교관계 단절
- 1971.8 외교관계 복원
- 1980년 중반 중·소 관계가 개선되면서 양국관계는 급속히 개선
- 1989년 몽골 내 소련군 철수, 몽골의 친중국 행보로 몽·중 관계 급격히 개선
- 1994년 몽·중 신우호협력 협정 체결
- 1998년 바가반디 대통령 중국 방문 이후 관계 개선
- 2003년 '선린우호 및 상호신뢰 동반자 관계' 체결
- 2011.6 '전략적 동반자 관계' 형성을 통해 몽·중 관계 새로운 국면 진입
- 2011년 6월, 몽·중 '전략적 동반자 관계'
- 2014년 8월 22일, 시진핑 주석 몽골 방문. '전면적 전략 동반자 관계'로 격상

몽골은 대중국 의존도 축소를 위한 자원 가공공장 설립, 수출시장 · 운송경로 다변화 시도를 보이고 있으나, 내륙국으로서의 몽골의 한계상 중국의 대몽골 영향력은 지속될 것으로 전망된다. 몽골은 유럽 스탠더드 채택, 캐나다 · 호주 등 자원부국과의 협력강화 등 제3의 이

웃 정책을 본격적으로 시행함으로써 중국 영향력을 최소화하기 위해 노력 중이다.[25)]

최근 중국-몽골 관계는 더욱 가까워지고 있다. 시진핑 중국 국가주석과 차히야 엘벡도르지 몽골 대통령이 2015년 11월 10일 정상회담을 통해 경제협력을 심화시키고 양국 관계를 강화하기로 합의했다. 양국은 두 정상이 지켜보는 가운데 경제기술, 기초시설(인프라) 건설, 식품안전, 항공, 에너지, 금융 등 분야별 협정 및 계약을 체결했다. 구체적인 내용은 알려지지 않았지만, 인프라, 에너지 등에 관한 계약이 포함된 점으로 미뤄 대규모 합의가 이뤄졌을 것으로 관측된다.

시 주석은 중국을 국빈 방문한 엘벡도르지 대통령과 베이징 인민대회당에서 정상회담을 열어 양국 간 '전면적 전략협력동반자 관계' 발전을 지속적으로 추진키로 합의했다. 시 주석은 중국과 몽골은 좋은 이웃, 좋은 친구, 좋은 동반자라며 현재의 양국관계는 역사상 최고의 시기를 맞고 있다고 평가했다. 양국이 정치, 경제, 군사, 인문 등 분야별 교류협력을 확고하게 추진함으로써 협력 공영과 공동 발전을 실현하기를 희망한다고 말했다. 시 주석은 양국이 '일대일로'와 몽골의 '초원의 길' 프로젝트의 접목에 합의한 사실을 거론하며 양국 전략 프로젝트에 관한 협력 가속화를 희망했다.

'초원의 길'이란 중국 국경부터 러시아까지 1천100㎞의 철도를 운영 중인 몽골이 두 나라 사이에 철도망, 고속도로, 가스 · 오일 파이프라인, 전기선 등을 연결하는 프로젝트(2014년 11월 발표)를 말한다. 시 주석은 광산자원 개발, 기초시설 건설, 금융협력을 '삼위일체'로 삼아 양국 경제·무역의 대규모 프로젝트 협력에 실질적인 성과를 이룩해 나가자고 강조했다. 시 주석은 이밖에 중국, 러시아, 몽골 등 3국간 '경제회랑'(economic corridor) 조성 계획에도 속도를 내자고 제안했다. '경제회랑'이란 주요 경제권을 철도·도로 등 물류망을 중심으로 연결하는 프로젝트로 중국이 '일대일로'를 추진하는데 중추적 역할을 담당하게 된다. '몽 · 중 · 러 경제회랑'은 3국의 대외전략을 공유하고, 지역협력의 발전을 꾀하기 위한 사업이다. 2016년 3국 정상이 프로그램 이행에 합의한 이후 교통 인프라, 세관, 무역, 지방협력, 관광 등 여러 부문에 걸쳐 실질 협력이 이루어지고 있다. 2017년 3국 정부 대표로 구성된 워킹그룹이 출범되었고, 동 프로그램에 포함된 32개 사업을 선정하기도 하였다.

엘벡도르지 대통령도 몽골은 중국과의 관계 발전을 대외정책의 최우선 전략으로 삼고 있다며 고위층 교류, 입법, 국방, 평화유지 등 각 분야에서의 긴밀한 협력을 희망했다. 그는 무역 편리화 조치를 지속적으로 추진하자고 제안하면서 중국과의 농목축업, 동식물 검역, 문화, 교육, 위생 등 분야별 협력과 중·러와의 3국 협력을 희망한다는 의지도 피력했다.[26)]

25) 몽골 개황(2011.8), 외교통상부.

[그림 2-8] 중국-러시아-몽고 경제회랑 계획

자료: 중앙일보 (2017.9.19.)

26) 연합뉴스 (2015.11.10)

(6) 인도, 印度共和国(The Republic of India)

인도는 중국의 서장자치구와 국경을 마주하고 있다. 1950년 4월 1일, 중국과 인도는 수교했다. 1950년대까지 제3세계 동맹국으로써 우호 관계를 유치하였으나, 1959년 티벳지역에서의 국경충돌로 양국 관계는 악화되기 시작했다. 분쟁의 원인은 국경선이다. 인도 측은 식민지시대에 영국이 설정한 맥마흔 라인(1914)을 국경선으로 보고 있는데, 중국 측은 영국 침략 이전의 전통적 경계선을 국경으로 주장하였다.

양국의 국경수비대가 최초로 충돌한 것은 1959년 8월 인도 북동부 국경지대와 라다크 지구에서였다. 1960년 4월, 저우언라이 총리와 네루의 회담으로 일시적 소강상태를 유지하고 있었다. 그러나 1962년 봄이 되자 인도군이 활발한 움직임을 보여 7~9월에 라다크 지구, 맥마흔 라인에서 중국군과의 사이에 무력충돌을 일으켰다. 동년 10월 인도군은 공격을 기도하였으나 중국군의 반격으로 패퇴하였다. 중국군은 동년 11월 정전을 선언하고 평화회담을 제의한 후 일방적으로 철수하였다. 1962년 말부터 이듬해 초에 걸쳐서 아시아 · 아프리카 여러 나라의 조정이 시도되었으나 실패하였다. 그 후 국경선은 확정되지 않은 채로 방치되어 있다.

1962년 전쟁 이후 양국 국경은 군사적 대치가 지속되기는 했지만, 1975년 9월과 10월 인도 서부국경 악사이 친에서 발생한 총격전을 제외하고는 무력 충돌은 없었다. 1989년 이래 국경선 획정을 위한 양국 간 회담이 추진되었고, 1995~1996년 양측은 국경 병력 철수와 상호 신뢰구축 등 4개 협정에 합의하기도 했다. 특히 2003년 이래 국경문제 해결을 위한 특별대표급 회담이 진행되었고 2005년 4월에는 양국이 전략적 동반자관계를 선언했으며, 국경분쟁 해결과 경제 및 군사협력 증진에 합의하는 등 분쟁의 평화적 해결 분위기를 높여왔다. 하지만 2020년 6월 15일 라다크(Ladakh) 갈완 계곡에서 양국군 간의 유혈 충돌로 45년만에 사상자(인도 20명, 중국 4명)가 발생했다. 이후 국경을 둘러싼 양국 간의 긴장은 고조되고 있다. 27)

인도는 중국이 자국령 카슈미르 4만 3천㎢를, 중국은 인도가 자국령 아루나찰 프라데시주 9만㎢를 강점하고 있다는 입장을 고수하고 있다. 2009년 8월 7일, 13차 국경회담에서 중국과 인도 양측은 '평화적 해결 원칙'에는 합의했다. 만모한 싱 인도 총리와 원자바오 중국 총리 간 핫라인 개설에 합의했고, 양국 대표단은 수교 60주년을 맞는 2010년에 '인도 중국 우호친선의 해' 행사를 공동 개최하기도 했다. 28)

---

27) 연합뉴스 (2021.6.16.)

[그림 2-9] 중국-인도 국경분쟁 지도

자료: 연합뉴스 (2011.1.25)

세계 인구 1·2위의 양국 정상이 2015년 5월 14일 실크로드 및 고대 문화교류 도시인 시안(西安)에서 만났다. 취임(2014.5)후 처음 중국을 찾은 나렌드라 모디 총리는 첫 행선지로 시진핑 주석의 고향인 샨시성 시안을 선택했다. 중국의 일대일로와 모디 총리가 제기한 동방정책을 거론하며 소통을 강화하기로 했다. 모디 총리는 중국과의 무역관계를 지속적으로 강화하고 아시아인프라투자은행(AIIB) 내에서 중국과의 협력을 진행할 것이라며, 중국이 일대일로를 추진하는데 인도 역시 남아시아 지역과의 상호 연결을 중시한다고 했다. [29)]

그러나 2020년 5월, 양국 간 다시 유혈 사태가 발생했다. 군인 250명이 라다크 판공호에서 이틀간 이어진 45년만의 총격전과 투석전으로 양측 군인 11명이 부상을 입었다. 양측은 2020년 6월 초 합의에 따라 대화로 해결하기로 했으나, 같은 달 15일 다시 양국군 간 투석전(갈완 계곡 몽둥이 충돌)이 시작됐다. 양국은 협정에 따라 국경지대에서 무기를 휴대하지 않지만, 병력 600명이 쇠막대기를 휘둘러, 인도군 20명과 중국군 4명이 숨지는 등 1975년 이후 처음으로 사망자가 나왔다. 2020년 9월에는 45년만에 처음으로 양국 간 총기가 사용되기도 했다.

28) 한국국방연구원, KIDA 세계분쟁 데이터 베이스(www.kida.re.kr), 검색일자: 2013년 2월.
29) 연합뉴스 (2015.5.15)

[그림 2-10] 2020년 중국-인도 국경 충돌 현황

자료: 뉴스1 (2021.7.4.)

이후 양국은 회담 후 2021년 2월, 판공호수 일대에서 부대를 철수시켰다. 하지만 양국은 병력 및 군사 장비를 강화하고 있다. 중국은 지대공 미사일을 배치하고 지하벙커와 터널, 수력발전소를 구축했고, 인도 역시 도로 및 터널, 군 막사 구축에 나서고 있다. 2020년 9월, 인도 공군은 북부 암발라 지역에 비행중대를 창설했고, 이중 일부가 라다크 지역에 배치됐다. 30)

그러나 국경 분쟁에도 두 나라의 교류는 늘어나고 있는 것으로 나타났다. 사우스차이나모닝포스트(SCMP)는 2020년 양국 교역량은 5% 이상 증가한 것으로 보도했다. 게다가 2020-2021 회계연도 기준 양국 간 교역은 864억 달러에 달해 중국은 인도의 최대 무역 파트너로 올라섰다. COVID-19 영향으로 인도가 전 세계에서 수입하는 물량은 17% 이상 감소했지만, 중국과의 무역은 늘어난 것이다. 특히 COVID-19 대응에 인도는 중국에 의지할 수밖에 없었다. 마스크와 진단 키트 등 대부분을 중국에서 들여왔기 때문이다. 인도의 대(對)중국 수출 역시 늘어났다. 2020년 인도의 수출액은 전년비 줄어들었지만, 중국에 대한 수출만큼은 160억 달러에서 220억 달러로 늘어났다. 특히 철강 수출이 5억 달러에서 24억 달러로 늘었다. 중국에 잘 팔린 제품이 대부분 원자재인데, 인도 내수 수요가 낮았기 때문이다. 31)

30) 뉴스1 (2021.7.4.)
31) 중앙일보 (2021.7.12.)

(7) 네팔, 尼泊尔联邦民主共和国(the Federal Democratic Republic of Nepal)

네팔은 중국의 서장자치구와 국경을 마주하고 있다. 양국은 1955년 8월 1일 외교관계를 수립했다. 양국은 상호 정치·안보적 필요성에 의해 친밀관계를 유지하고 있다. 네팔은 중국과의 관계 발전을 통해 인도 견제도 추구하고 있다. 중국은 1956년 네팔-중국간 경제지원 협정체결 이후 네팔에 지속적인 경제기술 지원을 통한 네팔의 산업 인프라 구축에 기여하고 있다. 중국은 서장자치구와 인접한 네팔이 티베트 독립운동 및 반중국 활동의 배후 거점이 되지 않도록 네팔정부의 협력 기대하고 있는 상황이다. 네팔은 중국의 One China(하나의 중국) 정책을 지지해왔다. 네팔은 중국과 1236㎞나 되는 광범위한 국경선을 공유하고 있음에도 불구하고, 1961년 평화롭게 국경선 문제를 해결했고, 그 이래로 국경선 관련 분쟁이 없다.

1955년 8월 1일, 양국간 국교수립후, 1960년 6월 양국 수도에 대사관을 개설했다. 이후 Birendra 국왕 및 Gyanendra 국왕의 방중과 Koirala, Adhikari, Deuba 수상 등의 방중, 중국의 장쩌민 주석, 주룽지 총리 네팔방문 등 양국의 고위인사 상호 방문을 통한 우호·협력 관계를 발전시키고 있다. 네팔과 중국은 1982년 10월, Inter-Governmental Economic and Trade Committee(IGETC)를 체결하여 경제·기술협력을 도모할 수 있는 토대를 마련했다. 2005년 11월, SAARC 정상회의에서 네팔정부는 중국의 SAARC 옵저버 국가 지위 부여에 협조하는 등 중국과의 관계 강화를 통해 네팔에 대한 인도의 과도한 영향력 견제를 시도하고 있다. [32]

네팔에 대한 중국의 원조 및 투자는 매년 증가하고 있으며, 현재까지 도로·교통 및 수자원, 보건 분야에 투자 및 원조가 집중되고 있다. 이외에도 Arniko Highway(104㎞), Kathmandu-Bhaktapur Trolly Bus(14㎞), Kathmandu Ring Road(27.2㎞) 등 고속도로가 완공되었으며, Bansbari 가죽공장, Bhaktapur 벽돌공장, Lumbini 설탕정제소 등 프로젝트가 원조되었다. [33]

원자바오 중국 총리가 2012년 11월 네팔 방문에서 1억 1900만 달러를 네팔에 원조했다. 이보다 앞서 2011년에는 천빙더 전 중국 인민해방군 총참모장이 네팔을 방문해 군사 우호 협력 관계를 다졌다. 또 2012년 12월 26일에 바부람 바타라이 네팔 총리는 베이징에서 중국

32) SAARC(South Asian Association for Regional Cooperation) 남아시아 지역협력연합. 1985년 12월 방글라데시의 다카에서 처음 남아시아 7개국 정상회담을 개최, 공동성명과 함께 'SAARC 헌장'을 채택해 정식 발족했다. 가맹국은 인도, 파키스탄, 방글라데시, 스리랑카, 네팔, 부탄, 몰디브의 7개국이다.

33) 네팔 개황(2011.6), 외교통상부 남아시아태평양국 서남아태평양과.

국내 치안담당 최고책임자인 저우융캉 중앙정치국 상무위원과 회담했다. 회담에서 네팔은 1400㎞ 국경을 맞댄 양국이 사법 집행과 안보 강화, 반(反) 테러 활동에 협력하기로 했다.

부탄보다는 덜 인도에 종속된 네팔이지만 인도의 영향권에서 벗어나려한다. 1950년대 이후 인도의 네팔에 대한 영향력이 확대됨에 따라 양국 간 외교적 마찰이 심화하기도 했다. 네팔 정부는 역사·지리·경제적 특수 관계(석유·전기를 인도에 의존)로 인도와의 우호관계 유지에 노력하고, 인도는 네팔에 대해 원조를 제공하면서 국경을 맞대고 있는 나라로서는 드물게 밀월 관계를 유지해 왔다. 외교권을 인도에 맡긴 부탄 정부와 네팔정부의 관계는 양호하지 못하다. 중국정부는 시장자치구와 접경인 네팔 무스탕에 매년 5만 달러어치의 식량을 지원하고 있으며, 중국과 네팔의 밀월 관계로 네팔로 망명하는 티베트인은 줄어들었다.[34]

2015년 4월 25일, 네팔에서 일어난 지진에 대한 구호작업 역시 중국의 영향력 확대를 여실히 보여준다. 전략적으로 중요한 이웃 네팔에 구조팀과 지원물자를 경쟁적으로 보내는 것은 영향력 확대 의도가 있기 때문이다. 나렌드라 모디 인도 총리는 지진 발생 직후 지원을 네팔 측에 확언했다. 지진 발생 당일인 25일 300명의 재난대응인력과 이동병원차량을 실은 인도 항공기 4대가 네팔 수도 카트만두에 착륙했다. 중국 역시 4월 26일, 수색구조인력 62명, 수색견, 의료장비를 보냈다고 신화통신이 보도했다. 중국 상무부는 텐트, 담요, 발전기 등 2천만 위안어치의 물품을 전세기편으로 보냈다. 모디 인도 총리는 집권(2014.5)후 對네팔 영향력 경쟁에서 중국을 이기기 위해 네팔의 인프라 건설에 10억 달러 차관을 제의하기도 했다.[35]

[그림 2-11] 중국과 네팔, 인도, 부탄, 미얀마 국경선

자료: 구글 지도(2021)

34) 뉴시스, 하도겸 박사의 '히말라야 이야기, (2013.5.27)
35) 연합뉴스 (2015.4.27)

중국의 국유철도건설사 연구소가 히말라야 산악지대를 관통해 중국 시짱(西藏)과 네팔을 잇는 철도 건설 보고서를 중국과 네팔 정부에 제출했다. 사우스차이나모닝포스트(SCMP)에 따르면 중국철로제1조사·설계소는 중국의 철도저널인 '철로표준설계'에 시짱과 네팔을 연결하는 히말라야 철도 건설에 관한 보고서를 게재했다. 연구소는 보고서에서 시짱의 시가체(日喀則)와 네팔의 수도 카트만두를 연결하는 총연장 513㎞의 철도 건설 방안(투자액 536억 위안)을 제시했다. 중국이 국가차원에서 관리하는 에베레스트(8,848m. 중국명: 珠穆朗瑪) 국가공원 구간에서는 30㎞에 달하는 지하터널을 파서 철도를 건설할 수밖에 없다고 지적했다.

중국과 네팔을 연결하는 철도 건설 프로젝트에 대해 네팔 인접국인 인도는 반대하는 입장이라고 SCMP는 전했다. 인도는 네팔의 최대 무역 대상국이다. 양국 간 무역 규모는 2019년 기준 80억 달러를 넘었다. 반면 네팔과 중국 간 무역 규모는 2019년 2천만 달러에 불과했다. 네팔은 국경선 문제로 갈등을 빚고 있는 중국과 인도 사이에 완충 역할을 하고 있다. [36]

[그림 2-12] 중국과 네팔간 에베레스트 철도 계획

자료: 연합뉴스(2021.6.26)

36) 연합뉴스 (2021.6.26.)

(8) 부탄, 不丹王国(The Kingdom of Bhutan)

부탄은 중국의 서장자치구와 국경을 마주하고 있다. 부탄과 중국은 아직 수교하지 않았다. 중국은 부탄과 인도 간의 외교적 특수 관계(외교관계를 인도정부의 권고를 따름)를 인정하지 않고 있으며, 부탄 주재 인도 군사고문단의 철수를 요구하였다. 1959년 중국은 히말라야 지역의 국경지도를 편찬할 때 부탄 영토를 중국 영토로 표시하면서 부탄이 티베트의 일부라고 주장하였다. 이에 대해 인도 네루(Nehru) 총리는 부탄에 대한 침략을 인도에 대한 공격으로 간주할 것이라고 경고하였다.

부탄은 중국과 외교관계가 없다. 2001년~2002년 동안 부탄과 중국 간 고위인사 교류를 통한 관계 증진을 추진하기도 하였으나, 이후 중국 쪽 국경을 완전히 폐쇄하였다.

부탄은 중국과 470㎞의 국경을 공유하고 있으며 1998년 '평화와 안정을 위한 국경조약'을 체결하였음에도 불구하고 일부 국경(269㎞)은 경계가 모호한 상황이다. 2005년 중국군 200여 명이 티베트 폭설 등을 이유로 부탄 내륙 20㎞ 지점까지 진입하였다. 그리고 군인들이 부탄 내에 도로와 교량을 건설하자 부탄 외무장관이 중국 측에 문제 제기를 한 바 있다.[37]

1907년 부탄 전역을 통일한 지금의 왕추크 왕조는 1910년 영국과 평화조약을 체결했다. 영국은 부탄의 내정에 간섭하지 않고, 대신 부탄은 영국의 외교자문을 받기로 했다. 인도가 1947년 영국의 권리와 의무를 승계했다. 부탄에서 인도는 아주 특별한 대접을 받는다.

부탄의 서부 하(Haa) 지역에는 수천의 인도 군인이 주둔하고 있었다. 중국 시장자치구와 인도 국경이 맞물리는 곳이다. 주민들은 인도 군인들을 그리 경계하지 않았다. 인도 사람들은 하루 200~250달러의 관광비를 내지 않고 자유롭게 부탄을 여행하는 특권도 누린다. 비자도 필요 없다. 부탄 화폐 환율은 인도 루피화에 1 대 1로 연동돼 있다. 부탄 지도층의 절대다수가 인도 유학파이고, 인도의 저임 노동력은 부탄 공사 현장에서 일자리를 얻는다.

중국 여행객에 대해서는 일부 국경지역의 트레킹도 금지한다. 국경이 모호한 곳도 있어 분쟁의 소지가 있기 때문이다. 2004년 이후에야 중국 관광객들에게 비자를 발급하기 시작했다. 중국산 소비재 수입도 엄격하게 규제한다. 중국의 티베트 점령 이후 부탄은 경계심을 늦추지 않고 있다. 티베트와는 갈등도 겪었지만, 뿌리가 같은 불교 형제국이다.[38]

2012년 6월, 원자바오 중국총리는 리우데자네이루에서 개막된 유엔 지속가능개발회의(리우+20) 회의 중간에 지그미 틴레이 부탄 총리와 만났다. 원 총리는 부탄이 대만과 티베

37) 부탄 개황(2012.5), 외교통상부 주인도대사관.
38) 한겨레 (2013.6.21)

트 문제와 관련해 중국의 입장을 지지하는데 감사를 표시하면서 부탄의 사정에 맞는 발전방식을 존중한다고 강조했다. 원 총리는 중국은 부탄과 외교관계를 수립할 준비가 돼 있다고 밝혔다. 원 총리는 부탄과의 국경 문제를 조기에 완료하고 양자관계를 한층 더 높은 수준으로 발전시키기 위해 여러 분야에서 교류를 강화할 의지가 있다고 덧붙였다. 틴레이 총리는 부탄은 '하나의 중국정책'을 고수할 것이고 중국과의 우호를 강화하기를 희망한다고 말했다. 틴레이 총리는 또 부탄 역시 가능하면 빨리 중국과 공식적인 외교관계가 수립되기를 바란다면서 중국과의 국경문제도 협력적인 방법으로 풀겠다는 생각을 밝혔다.

부탄은 네팔 동쪽, 인도와 중국 티베트 중간 지점에 있는 나라로 인도와 1949년 체결한 우호조약을 바탕으로 특수 관계를 유지하고 있다. 부탄 국왕이 1년에 한 차례 이상 인도를 방문해 양국 문제를 협의하고 인도 일변도의 외교정책을 펴고 있다. 경제·무역도 인도 의존도가 절대적이다. 이 때문에 부탄은 인도와 앙숙관계인 중국과는 거리를 두는 외교정책을 유지해왔다. 39)

2017년 6월 16일, 중국이 지배힌 부딘 지역에 도로를 선설하기 시작하면서 73일간 중국군과 인도군이 대치한 바 있다. 히말라야 정상 인근 해발 4,800m의 도클람(중국명 둥랑, 인도명 도카라)은 서쪽으로 인도 시킴주, 동쪽으로 부탄, 북쪽으로는 중국과 닿아 있다. 1890년 이후 중국이 실효 지배해 온 곳이나, 부탄은 국경이 확정되지 않은 분쟁지역이라고 여긴다.

[그림 2-13] 중국과 부탄 간 국경 분쟁 지역

자료: 경향신문(2017.8.16)

39) 연합뉴스 (2012.6.22)

(9) 미얀마, 缅甸联邦(The Union of Myanmar)

미얀마는 중국의 서장자치구와 운남성과 국경을 마주하고 있다. 미얀마와 중국은 1950년 6월 8일에 국교를 수립했다. 중국은 인도양 진출을 위한 지정학적 고려와 미얀마 내 원유 및 가스 확보, ASEAN과 관계 강화, 미얀마 내 화교 보호 차원에서 미얀마와 긴밀한 관계를 유지하고 있다. 미얀마는 중국에게 국제 무대에서의 지원과 경제적 지원, 농수산물 시장 역할을 기대하고 있다. 또한 미얀마에 대한 서방의 제재가 계속되면서 중국 의존도가 높아져왔다.

양국간 고위급 교류도 활발하다. 2001년 12월 장쩌민 주석이 미얀마를 방문하였고, 2004년 7월에는 킨 윤(Khin Nyunt) 미얀마 총리가 중국을 방문하였다. 2006년 2월에는 소 윈(Soe Win) 미얀마 총리가 중국을 방문하였고, 2010년 6월에는 원자바오 총리가 미얀마를 방문하였다. [40] 또한 시진핑 주석은 2020년 첫 해외방문지로 미얀마(1.17)를 택했다. [41]

최근(2013.2.4)에는 중국이 미얀마 내전의 중재자로 나섰다. 미얀마 정부와 반군인 카친 독립군(KIA) 대표들은 중국 운남성 휴양도시인 루이리(瑞麗)에서 내전 종식협상을 벌였다. 미얀마 민족연합협의회(UNFC)는 중국이 협상을 주선했다고 밝혔다. 미얀마는 1948년 영국에서 독립한 이후 다수의 버마족이 권력을 잡으면서 소수민족과 갈등을 빚어왔다. 미얀마에는 샨족, 카친족, 친족, 목족 등 10여개 소수민족이 있으며, 전체 인구의 40% 정도 된다. 이중 카렌족은 미얀마 인구의 7% 정도로, 소수민족 반군 중 최대 세력이다. 이들은 1949년 독립을 선포한 이후 자치권과 민주화 등을 요구하며 무장투쟁을 계속해왔다.

중국이 내정 불간섭 원칙까지 깨가며 미얀마 내전 중재에 나선 이유는 미국을 견제하기 위한 조치이다. 남중국해 분쟁 등에서 동남아 국가들을 편들며 아시아 내 영향력 확대를 꾀하는 미국과 이를 막으려는 중국 사이의 파워 게임이 미얀마에서 펼쳐지는 것이다. 미 대통령 오바마는 2012년 7월, 미국 민간기업의 미얀마 투자를 허용한 것을 시작으로 순차적으로 경제 제재 조치를 해제했다. 그동안 제재에 막혔던 미얀마의 경제 체제는 전적으로 중국에 의존해 왔지만, 미국을 비롯한 서방국들이 잇따라 빗장을 풀면서 상황이 달라졌다. [42]

중국은 미얀마에 1988년부터 2011년까지 총 139.5억 달러를 투자하였으며, 단일 국가로는 최대 투자국이다. 주요 투자 프로젝트로는 수력발전소 2개 건설(50억 달러), 석유가스 개발 및 파이프라인 건설(44억 달러. 운남성-차이크퓨 항구), 구리광산(10억 달러), 기타(35.5억 달러) 등이 있다. 또한 2010년에만 42억 달러의 무이자 차관을 제공한 바 있다.

---

40) 미얀마 개황(2011.8), 외교통상부.
41) 아시아경제 (2020.1.17.)
42) 중앙일보(2013.2.5)

[그림 2-14] 방글라데시-중국-인도-미얀마 경제회랑(BCIM) 현황

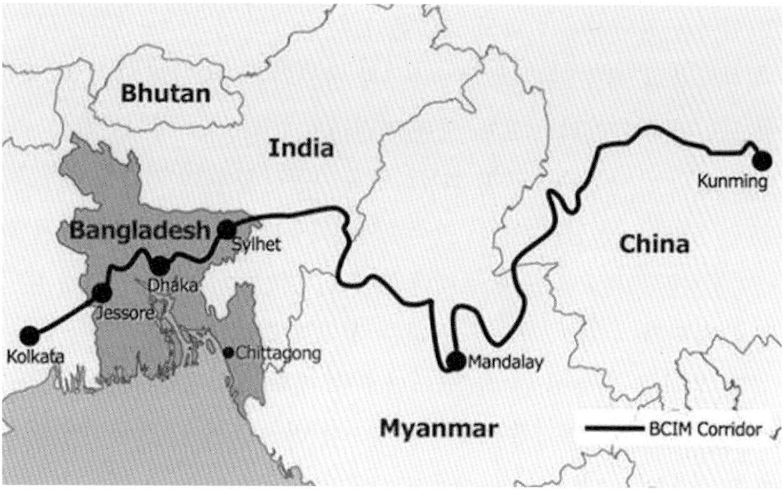

자료: InsightsIAS (2019.4.29.)

중국은 방글라데시-중국-인도-미얀마 경제회랑(BCIM: Bangladesh-China-India-Myanmar Economic Corridor) 구축에 힘쓰고 있다. '경제회랑'이란 경제권을 철도·도로 등 물류망으로 연결하는 프로젝트이며, 일대일로의 중추적 역할을 담당한다. BCIM은 권역 내 투자·무역·공업·농업·교통·에너지·서비스 분야 협력을 목표로 중국 윈난성과 인도 서벵골 간 주요 경제권을 2,800㎞의 철도 및 도로로 연결하는 프로젝트이다. BCIM은 2013년 5월 리커창 총리와 인도 모디 총리가 처음 제기하여 방글라데시 및 미얀마의 동의를 얻었으며, 2014년 9월 시진핑 주석의 인도 방문과 2015년 5월 모디 총리의 중국 방문을 계기로 추진을 가속화하고 있다. 4개 국가는 경제회랑 건설을 통해 2040년 내 상호연계 강화, 빈곤문제 등을 해결하고, 방글라데시 다카, 중국 쿤밍, 인도 콜카타, 미얀마 만달레이 등에 국제 금융 및 물류 센터를 건설하기로 합의했다. 현재 경제회랑 조성을 위해 미얀마의 칼레와-몽유와(200㎞), 인도 아삼주 실차르-마니푸르주 임팔 간 도로를 개발 중이다.

2020년 1월 17~18일 시진핑 국가주석은 미얀마를 방문, 양국 경제협력을 위한 협약을 대거(33건) 체결했다. 이는 2001년 장쩌민 주석 이후 19년 만의 국빈 방문이다. MOU 중 13개가 '일대일로'와 관련된 도로, 철도, 에너지 등 인프라 사업이었다. 중국-미얀마 경제회랑(CMEC), 특히 벵골만 차우크퓨 경제특구와 심해항 조성사업이 핵심이었다.[43] 차우크퓨(Kyaukpyu 혹 Kyaukphyu)는 중국-미얀마 경제회랑 구상의 핵심이다. 중국 쿤밍으로 이어지는 793㎞의 미얀마 송유관 구간이 시작되는 곳이다. 시주석은 양국은 BCIM 경제 회

43) 연합뉴스 (2020.1.17.)

랑 건설도 안정적으로 추진하고 있다며, 양국은 수교 70주년을 계기로 전통적인 우호관계를 심화하고 협력을 강화해야 한다고 역설했다. 미얀마의 경제수도 양곤에서 400㎞ 북서쪽에 위치한 차우크퓨항 개발 프로젝트는 총투자 규모가 13억 달러에 달한다. 차우크퓨항은 중국 윈난성 쿤밍과 미얀마의 주요 도시를 연결하는 1천700㎞ 경제회랑의 서쪽 끝에 있다. 여기에는 40만 개의 일자리를 창출할 의류·식품 가공산업 단지도 조성된다.

2015년 11월 13일, 아웅산 수지의 '민주주의민족동맹당(NLD)'이 상하원 과반을 달성해 정권교체를 이루었다. 1962년 군사 쿠데타 후 줄곧 미얀마 군부를 지원해 온 중국으로서는 친서방 인사로 알려진 수치 여사가 집권하는 것이 달갑잖지 않을 수 있다. 그러나 중국은 NLD와도 우호 관계를 구축해 왔다. 2015년 6월, 수치 여사를 중국에 초청했으며, 시진핑 국가주석도 만났다. 미얀마 경제가 미국보단 중국에 더 의존하고 있다는 점도 작용한다. 중국과 미얀마의 무역액은 2014년 259억달러로, 2억달러도 안 되는 미국의 130배가 넘는다.[44] 2019년에도 미얀마 수출의 32%(1위), 수입의 35%(1위)가 중국과의 교역이었다. 2021년 2월 1일에는 미얀마에서 군부 쿠데타가 발생했고, 이후 불안한 정세가 지속되고 있다.

□ 중국-미얀마 원유 및 가스 수송관 개통

2014년 8월 6일, 미얀마 서부 해안과 중국 윈난성을 연결하는 송유관이 완공 되었다. 송유관과 나란히 가스관(총연장 793㎞, 연간 52억㎥ 수송능력)이 먼저 건설됐고, 가스는 2013년 7월부터 수송됐다. 이 송유관은 미얀마 차우퓨항에서 출발한다. 아프리카나 중동에서 원유를 채운 탱커가 항구에 도착해 송유관에 원유를 주입하면 하루 44만배럴이 중국으로 수송된다. 이 송유관은 중국의 연간 석유 수입량의 8%인 2,200만t 원유를 공급할 수 있다. 미얀마는 두 파이프라인을 통해 연간 원유 200만t과 천연가스 20억㎥를 제공받고 30년 뒤에 파이프라인을 넘겨받는다. 이 프로젝트는 국유사인 중국석유천연가스공사(CNPC)가 주축이 된 중국·미얀마·한국·인도 6개 기업이 추진(투자액 25억 달러)해왔다. 중국은 이 파이프라인을 통해 말라카해협에 대한 의존도(에너지 운송의 80%)를 낮추려 한다. 말라카해협은 말레이반도 남부와 수마트라섬 사이에 있는 해상수송로로 미국 해군이 장악하고 있다.[45]

2013년부터 운영이 시작된 천연가스 수송관은 2019년까지 240억㎥의 가스를 중국으로 수송했다. 또 2017년부터 가동을 한 원유 수송관은 2019년까지 2,500만t의 원유를 운반했다. 중국은 서남부의 석유, 가스 수요가 급증해 이 파이프라인을 통한 에너지 수입의 증가가

44) 한국일보 (2015.11.10)
45) 아시아경제 (2014.8.7.)

이루어졌다. 2018년 기준 중국의 에너지 수입은 천연가스가 전체 수요의 40%를, 원유가 70%를 차지했다. 이 에너지 수송관을 통한 수입량은 중국 전체 수입량의 10% 정도를 점유한다. 중국과 미얀마의 교역액도 빠르게 증가하는 추세다. 중국 상무부에 따르면 2019년 1~9월 기준 양국 교역액은 135억4,000만달러로 2018년 같은 기간 보다 17.9% 증가했다. 양국은 원유와 가스 분야 외에도 태양광 에너지, 철도, 농산물 등 다양한 분야로 협력 확대를 모색 중이다.46)

[그림 2-15] 중국-미얀마 가스 및 원유 파이프라인

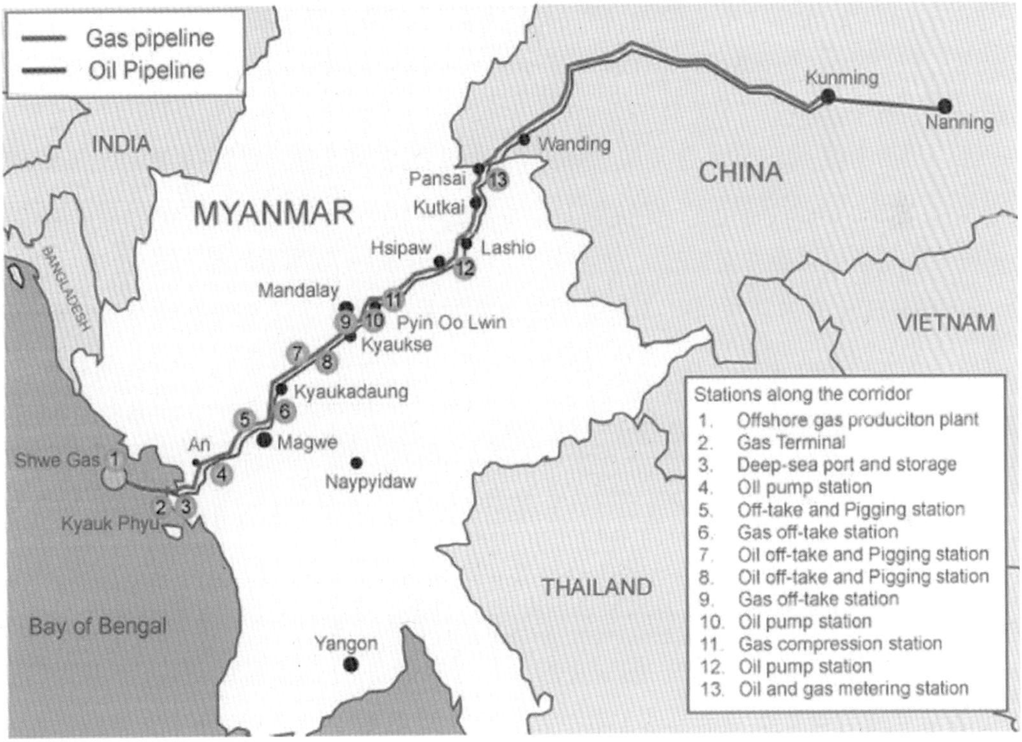

자료: 金融时报 (2013.1.21.)

46) 아시아경제 (2020.1.17.)

(10) 라오스, 老挝人民民主共和国(The Lao People's Democratic Republic)

라오스는 중국의 운남성과 국경을 마주하고 있다. 중국과 라오스는 1961년 4월 25일에 국교를 수립했다. 1970년대 말 중국-베트남 분쟁시 라오스가 우호국인 베트남을 지지한 이래, 라오스와 중국의 관계는 일시적으로 악화되었다. 그러나 중국-베트남 분쟁이 종료된 후 '중국을 위시한 사회주의 국가와의 전면적 협력 관계'라는 구호 아래 양국 관계는 개선·발전하였다. 1989년 10월 카이손 총리의 중국 방문을 통해 두 나라의 관계는 완전히 정상화되었다.

중국은 자국의 급성장하는 경제력과 라오스 지도부 내 친중 인맥을 바탕으로 제조업, 광업, 도·소매업 등 여러 분야에서 직접투자를 늘려 라오스에 지정학적 영향력을 강화하였다. 중국은 對라오스 투자를 급격히 증대하여 2000년부터 2010년간 총 28억 달러를 투자함으로써 對라오스 외국인직접투자(FDI) 규모에서 베트남에 이어 2위를 차지하였다.

2001년까지만 해도 중국의 전체 투자액은 7,500만 달러에 불과하였다. 2010년 4월 양국 정부는 중국 운남성으로부터 라오스의 수도 비엔티안(Vientiane)에 이르는 길이 421㎞의 고속철도 건설사업을 추진하기로 합의하였다. 사업 규모는 70억 달러에 이른다.

2000년 11월 장쩌민 주석이 최초로 라오스를 방문한 이래 양국 지도부의 상호 방문이 활발하게 이루어지고 있다. 최근 수년간은 다자회의 또는 박람회 참석 등 다양한 명분하에 라오스 대통령과 총리가 매년 중국을 방문하였다. 그리고 중국에서는 2006년 후진타오 주석, 2008년 원자바오 총리, 2010년 시진핑 부주석 등이 라오스를 방문하였다.

중국은 2009년 라오스에서 개최된 동남아시아경기대회(SEA. South East Asian Games) 경기장 건설을 위해 8,000만 달러의 파이낸싱을 제공하였고, 루앙프라방(Luang Prabang) 국제공항 확장공사를 위해 8,600만 달러의 유상원조를 제공하는 등 개발원조를 강화하고 있다.[47] 누계기준으로 라오스 제1위 투자국은 정치적 형님 격인 베트남(427건 47억 달러)이며, 중국은 대라오스 투자에서 3위(759건, 31억 달러)를 기록했다. 하지만 2011년 한 해만 보면 중국이 전체 투자액의 46.7%(80건 5억5,000만 달러)로 1위로 부상했다. 2010년 중국과 라오스의 총 교역규모는 10억 달러를 초과했으며 국경지역인 윈난성에서의 양국 간 교역 규모는 전년비 31.5% 증가한 2억300만 달러에 달했다. 중국은 대라오스 외국인 투자의 1, 2위를 차지하는 광업, 발전업에 활발한 투자를 벌이고 있다.

중국 기업은 라오스 최대 화력발전소의 최대 지분을 소유하고 있다. 중국은 1,878MW 규모의 총 투자규모가 40억 달러에 달하는 라오스 최대 화력발전소인 홍사(Hongsa) 프로젝

47) 라오스 개황(2011.10), 외교통상부 남아시아·태평양국 동남아과.

트에 태국, 라오스와 컨소시엄 형태로 투자하며 중국계 기업인 China National Electric Equipment Corporation이 주계약자이다. 2015년 완공된 홍사 화력발전소는 라오스와 태국의 국경지역인 싸야부리州 홍사(Hongsa) 지역에 위치하며, 전력 일부는 태국에 수출하고 있다.

또한 중국은 2011년 5월 라오스와의 수교 50주년을 기념해 라오스 전력공사(EDL) 본사 건설을 지원했다. 중국 수출입은행에서 저리차관으로 총 공사비 5,500만 달러를 지원했으며 중국 건설업체의 시공으로 2011년 12월 완공했다. 중국의 대라오스 ODA(공적개발원조)는 1976년을 시작으로 1978년 루앙프라방 다리건설 지원으로 본격화 되었다. 이외 National Culture Hall(비엔티안), Lao-China 우정병원(루앙프라방), SEA Game Stadium (비엔티안), 빠뚜사이(개선문, 비엔티안) 분수공원 조성 등의 사례가 대표적이다.

중국은 2012년 11월 라오스 비엔티안에서 개최된 제9차 ASEM 정상회의를 위한 인프라 구축에도 원조를 전개하여 와따이 국제공항 확장공사, 48개 참가국 VIP용 고급 빌라 40채, 컨벤션센터 건설을 지원했다. 중국은 2009년 라오스에서 개최된 SEA Game 스타디움 건설을 지원해 주고 5만 명 거주 규모의 차이나타운 부지를 보장받은 것으로 알려졌다. 차이나타운은 수도 비엔티안 시내에 있으며, 라오스 국제전시장 옆인 탓루앙(Thatluang)에 위치한다.

라오스는 5개국(중국 · 베트남 · 캄보디아 · 태국 · 미얀마)에 둘러쌓인 내륙국이자, UN이 지정한 최빈국으로 외부 지원 없이는 라오스 정부가 목표로 하는 2020년까지 최빈국 탈출은 힘들다. 이 중에서도 중국의 지원은 규모 면에서 절대적으로 필요하다.[48] 중국이 라오스에 공을 들이는 이유는 라오스의 부존자원과 내수 시장(인구 716만)보다는 지정학적 이유가 크다.

중국이 동남아 진출로 활용 가능한 국가 중 하나는 베트남이지만, 스프래틀리 · 파라셀 제도 등 수년간 남중국해 섬 영유권을 둘러싸고 갈등을 빚고 있다. 따라서 중국이 윈난성을 통해 아세안으로 진출하려 할 때, 유일하게 남은 곳은 라오스다. 만약 라오스마저 관계가 악화되어 국경이 봉쇄된다면 중국이 육상으로 동남아시아에 진출할 수 있는 길은 막힌다. 이런 배경으로 2015년에 중국에서 비엔티안으로 이어지는 고속철도가 착공된 것이다.[49]

48) KOTRA(2012), 글로벌 윈도우, 무시무시한 중국의 對라오스 진출공세, KOTRA 비엔티안무역관, (2012.6.11.)
49) 아시안투데이, '자금력 앞세운 중국, 라오스를 지원하는 속내'(2013.1.24)

[그림 2-16] 중국-라오스-태국 철도 노선도

자료: 연합뉴스(2019.4.23)

□ 윈난성 모한(磨憨) – 라오스 보텐(Boten) 철도 연결 (2021년 예정)

2015년 11월 13일, 중국과 라오스는 양국의 국경도시를 직접 연결하는 총연장 418㎞의 철도를 건설하기로 합의했다. 총 투자액은 505억 위안으로 중국과 라오스가 7대 3의 비율로 투자한다. 이 철도는 중국 남부도시 윈난성 모한과 라오스의 보텐을 먼저 잇게 되며 남쪽으로는 라오스의 수도 비엔티안까지 닿게 된다. 이 사업은 2015년 12월 2일 착공 되었으며, 2021년 말에 개통될 예상이다. 2020년 9월 현재, 중국-라오스 철도 옥계구간 93개 터널 중 80개가 완공되어 전체 공정 중 97.5%는 완성된 것으로 보도되었다. 열차는 시속 160㎞로 설계되었다. 이 철도는 향후 태국, 말레이시아와도 연결되어 싱가포르까지 갈 수 있는 범아시아 철도망이 될 가능성이 크다.

(11) 베트남, 越南社会主义共和国(The Socialist Republic of Viet Nam)

베트남은 중국 운남성, 광서장족자치구와 국경을 마주하고 있다. 베트남은 중국과 1950년 1월 18일, 수교하였다. 지리적으로 베트남은 동남아시아에 속하지만 한자문화권에 속하며 오랜 역사와 문화 속에 중국문화를 받아들인 나라이다. 남진(南進)정책을 추구하면서 한편으로는 북쪽 국경을 맞댄 중국의 끊임없는 지배를 경험해야 했다. 이런 환경에서 베트남은 중국에 대해 조공을 통한 우호선린관계와 침략에 저항하며 독자적 생존을 모색해왔다.

기원전 206년 진나라가 멸망한 후, 중국에는 한나라가 들어섰다. B.C.203 진나라 장수였던 찌에우다(趙佗)가 번우(광저우)를 수도로 하여 남월국(南越)을 세우고 무왕(武王)을 자칭하였다. 남월국은 전성기에 광동성, 광서장족자치구 대부분과 복건, 호남, 귀주, 운남 일부와 베트남 북부를 포함한 광대한 지역에 이르렀다. 남월국은 B.C.111 한 무제에 의해 멸망하였고, 베트남 북부도 한나라 지배에 들어갔다. 후한(23년~220년) 초기, 베트남에서 독립을 위한 투쟁을 했는데, 쯩짝 · 쯩니 자매(Trung Trac, Trung Nhi) 운동이다. 939년 베트남의 응오꾸옌이 남한(南漢)을 물리치고, 10세기 이후에는 중국의 지배로부터 독립을 쟁취하였다.

중국의 식민지배에서 완전한 독립을 이룬 것은 966년 딘보린(Dinh Bo Linh) 이후였다. 독립국기로서 딘 보린(丁王朝. 968~980)은 중국 송(宋)나라와 친선관계를 맺고자 했다. 송은 딘보린을 군왕(郡王)에 봉하고 독립국으로 인정하지 않았다. 리 왕조(李王朝:1009~1225)와 쩐 왕조(陳朝, 1225 ~1400) 시기에 황금기를 맞이하였고, 쩐흥다오(Tran Hung Dao, 陳興道)는 원나라의 침입을 세 번(1285년과 1288년)이나 물리쳤다. 호 왕조를 거치면서 명나라 영락제가 침략했으나, 레 왕조의 레로이(黎利)가 회복하였다. 레왕조(1428~1789)는 국호를 다이비엣(大越)라 하고 하노이를 수도로 삼았다. 송 · 명나라의 제도를 모방하여 관료기구를 정비하고, 정치·문화 등 모든 면에 걸쳐 중국의 문물을 받아들여 국력의 최성기를 맞이하였다.

청대에는 운남성 국경의 영유권 다툼과 중국인 불법이주 문제로 갈등을 빚었고, 청 건륭제가 출병을 결정하자 응우옌 반 후에(Nguyen Van Hue, 阮文惠) 황제는 전쟁을 일으켰다. 응우옌 반 후에가 청군을 격파하자 건륭제는 평화적으로 문제를 해결하고자 했고, 이후 프랑스의 베트남 침공 및 식민지화 과정에서 미온적인 관계를 맺는다. 베트남 요청으로 청은 프랑스군을 물리치려 베트남에 출병하지만, 1883년 프랑스가 베트남 전역을 지배함으로써 청의 영향력은 무력화되기에 이른다. 끈질긴 독립운동 속에 1954년 프랑스의 식민지배가 끝나고 베트남은 싸이공 정부(남베트남)와 호찌민의 하노이정부(북베트남)로 양분되었다. 하노이정부는 중국의 지원 속에 미국의 비호를 받아 온 싸이공 정부와 베트남전(1960~1975)을 수행했다. 이후, 1976년 7월 2일 남북 베트남이 통합해 지금의 '베트남사회주의공화국'을 수립하면서 하나의 국가로 통일되었다. 중국이 베트남과 수교(1950년 1월)한 당시 파트너는 1945년 9월에 동남아 최초로 설립된 공산국가인 베트남 민주공화국(북베트남)이었다. 프랑스는 식민 지배를 유지하기 위해 인도차이나 전쟁(1946.12~ 1954.7)을 일으켰으나 패퇴하였다.

1978년 5월에는 베트남 내 중국계 주민과 화교 추방을 둘러싸고 중국·베트남 정권이 대립하였다. 1978년 말에는 중국 운남성 및 광서자치구 국경에서 군사충돌이 발생하였다. 이에 1979년 2월 17일 중국군은 베트남을 전면 침공하면서, 중국-베트남 전쟁이 발발 하였다. 중국군은 국경 부근의 베트남의 군사시설을 파괴하고 지방도시를 제압한 다음, 1979년 3월 5일 자위반격의 목적을 달성하였다는 명분으로 3월 6일 철수를 완료하였다. 이후 양국은 국경선 확정을 위한 교섭을 개시하였으나 실패하였고, 1980년대 내내 양국군의 산발적인 전투가 계속되었다. 1989년에 베트남군이 캄보디아로부터 철군하자, 평화협상이 시작되었다. 1991년 11월에야 베트남 당서기장과 수상의 베이징 방문으로 공식적인 양국관계 정상화가 이루어진다.[50] 이후 1999년에 양국 국경 평화협정이 체결 되었다.

2009년 1월 2일, 베트남과 중국간 1,400㎞에 달하는 국경 문제가 확정되었다. 2008년 12월 28일부터 31일까지 베트남 수도 하노이에서 확정되었으며, 양국 정부 대표는 '국경선에 대한 경계가 확정됐으며 더 이상 분쟁의 여지가 없을 것'이라고 밝혔다. 양국 수석대표인 우다웨이 중국 외교부 부부장과 푸둥 베트남 외교차관은 베트남 북부 하이퐁 항구와 중국의 운남과 광서장족자치구를 도로를 연결해 상호 국경무역을 활성화하기로 합의했다.

2015년 11월 5일, 시진핑 국가주석이 베트남을 방문했다. 2015년 4월, 응웬 푸 쫑 베트남 공산당 서기장의 중국 방문에 대한 답방이나 중국 정상의 베트남행은 2006년 11월 후진타오 주석 이후 9년 만이다. 양국 정상의 만남은 경제 분야를 중심으로 한 다방면의 협력 확대와 남중국해 영유권 갈등 관리에 초점이 맞춰져 있다. 두 나라가 남중국해 파라셀 군도(베트남명 호앙사군도, 중국명 西沙군도)와 스프래틀리 제도(베트남명 쯔엉사군도, 중국명 南沙군도)의 주권을 놓고 다투고 있지만, 경제적으로 등을 돌릴 수 없는 사이이기 때문이다.

중국은 베트남 수출입의 25%가량을 차지하는 최대 교역국이다. 베트남이 2015년에 출범한 중국 주도 아시아인프라투자은행(AIIB)의 창립 회원국으로 참여한 것은 경제개발 지원

50) 유인선(2012), 『베트남과 그 이웃 중국:양국관계의 어제와 오늘』, 창작과비평사.

을 기대해서이다. 반면 중국은 일대일로를 실현하려면 베트남의 협력이 필요하다. 또한 아시아에 외교·안보·경제의 중심을 두려는 미국에 맞서기 위해서는 역내 우호 국가의 확보가 필요하다. 베트남이 미국 주도의 TPP에 참여하고, 공산당 서기장이 처음으로 미국을 방문(2014.7)하기도 했다. 베트남은 실리는 챙기는 외교정책을 펴고 있다. [51] 중국은 2021년 1월부터 4월까지 베트남 내 61개 인프라 구축 프로젝트를 주도해 10억 달러 투자를 완료했다. [52] 2020년 베트남에서 승인된 중국 투자액도 5년 전의 2.8배인 20억6,900억 달러로 늘었다.

[그림 2-17] 남중국해 영유권 분쟁 현황

자료: 조선일보(2021.7.5)

□ 남중국해 영유권 분쟁

2016년 7월 12일, 네덜란드 헤이그의 상설중재재판소(PCA)는 남중국해 영유권 분쟁에 대한 판결에서 중국의 주장을 무효화 했다. 이는 필리핀이 2013년 '남해구단선' 내 섬에 대한 중국의 영유권 주장이 UN해양법협약에 맞는지 판단해달라며 시작됐다. 스프래틀리 군도, 미스치프환초, 수비환초, 파이어리크로스환초는 간조기에만 드러나는 섬으로 영토가 될

51) 연합뉴스 (2015.11.5)
52) 조선일보 (2021.7.7.)

수 없다는 주장이었다. PCA는 중국 주장의 남해구단선은 법적 근거가 없으며 무효하다고 판결했다.

남중국해 영유권 분쟁은 중국-베트남 관계의 가장 큰 이슈이다. 남중국해 해역에서 조업하는 베트남 어선들이 중국 해양경비정의 공격 또는 단속을 받는 일이 발생하고 있었다. 2014년 5월에는 베트남에서 중국의 분쟁지역 원유 시추에 항의하는 시위가 벌어져 중국인 사상자가 발생, 베트남을 찾는 중국인 관광객이 급감하는 등 양국 교류가 얼어붙었다.

중국은 동남아 국가들에 대한 직접 투자를 확대해 남중국해를 군사 거점화하는 실효 지배를 진행하고 있다. PCA의 판결 후에도 남중국해의 군사거점 정비를 추진하면서 경제지원을 지렛대로 관련국들의 저항을 봉쇄하고 있다. 중국은 남중국해 스프래틀리 제도 암초에 7개의 인공섬을 건설했고, 그 주변 피어리크로스암초(중국명 융수·永暑) · 수비암초(중국명 주비자오·渚碧礁) · 미스치프(팡가니방) 환초 등에 포대와 미사일 은폐시설, 항만 · 활주로를 정비하고 있다. 아울러 2018년 스프래틀리 제도에 대함 순항미사일과 지대공미사일을 배치하고, 초계기와 조기경계기를 순환 전개하고 있다. 2018년 스프래틀리 제도 3개 인공섬에서 기상관측소 운영이 시작됐고, 우디섬에 영화관과 도서관을 신축했다. 53)

[표 2-1] 중국과 동남아 국가들의 외교관계 유형

구 분	수교	단교	복교	관계
미얀마	1950	1967	1971	선린우호관계
베트남	1950	1979	1991	전면적 전략적 협력동반자관계
라오스	1961	1979	1989	전면적 전략적 동반자관계
캄보디아	1958	1979	1993	전면적 협력동반자 관계
인도네시아	1950	1967	1990	전략적 동반자
말레이시아	1974			전략적 협력관계
태국	1975			전략적 협력관계
필리핀	1975			전략적 협력관계
싱가포르	1990			우호관계와 호혜협력관계
부르나이	1991			구체적 언급 없음
ASEAN				전략적 협력동반자 관계 (2003)

자료: 이희옥(2011), 중국의 주변지역전략과 대동남아정책의 새로운 조정, 「중소연구」 35권 2호. 27쪽.

53) 아시아투데이(2021.7.13.)

[그림 2-18] 중국-미얀먀-라오스-베트남 국경

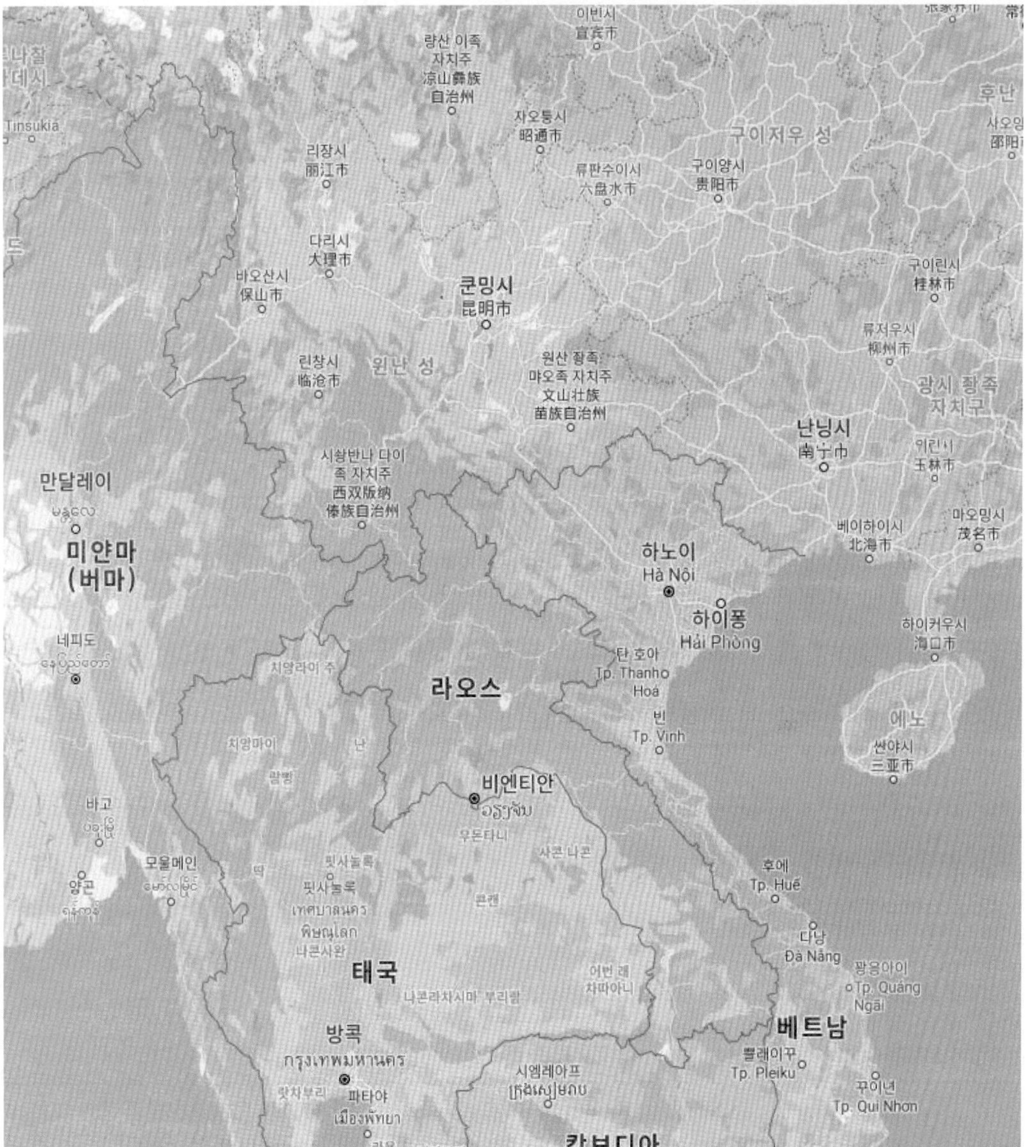

자료: 구글 지도(2021)

(12) 카자흐스탄, 哈萨克斯坦共和国(The Republic of Kazakhstan)

카자흐스탄은 중국 신강위구르자치구와 국경을 마주하고 있다. 카자흐스탄은 옛 소련에서 독립한 국가이다. 1991년 12월 27일, 중국은 카자흐스탄의 독립을 승인했으며, 1992년 1월 3일, 양국은 외교관계를 수립했다. 2005년 7월에 양국은 '전략적 파트너 쉽'을 체결한 이후 우호 관계를 이어오고 있다.

카자흐스탄은 북쪽으로 러시아, 동쪽으로는 중국, 남쪽으로는 중앙아시아 국가와 '스탄'(페르시아어로 '나라' 혹은 '땅'이라는 의미) 국가들에 둘러싸여 유라시아 대륙의 중앙부에 위치하고 있다. 카자흐스탄은 지금까지 러시아, 중국, 미국을 중심으로 협력관계를 강화하는 균형적이고 전 방위적인 대외정책을 펼쳐왔다.

최근 들어서는 원유 수출루트 다양화를 위해 에너지 부문을 중심으로 중국과의 정치경제 협력관계가 눈에 띠게 강화되는 추세를 보이고 있다. 1990년대 후반 이후, 중국석유천연가스집단공사(CNPC) 등이 카자흐스탄 서부의 악토베州, 망기스타우州, 남부의 키질로르다州에서 다수의 유전개발권을 획득, 카자흐스탄 전체 생산의 20%를 중국이 차지하게 되었다.

2006년 카자흐스탄과 중국을 잇는 아타수-알라산코우(Atasu-Alashankou) 송유관(960㎞)이 완공된 후 연간 4백만 톤의 원유가 중국에 수출되고 있다. 2009년 CNPC는 국내에 36개 유전 및 가스전의 개발권을 갖고 있는 망기스타움나이가스사(생산량 국내 제 4위) 주식을 국가석유기업 카즘나이가스와 공동으로 매수하기로 하여, 중국의 영향력은 더욱 강화되고 있다. [54)]

'경제발전 전략 2050'의 일부로서 카자흐스탄이 추진하고 있는 인프라 구축사업 '누를리 졸(Nurly Zhol)'과 중국의 '일대일로'의 공통 목적성으로 인해 중국의 카자흐스탄 투자가 활발해지고 있다. '누를리 졸'은 카자흐스탄의 경제안정과 위기예방 산업개발 및 사회·산업 인프라 구축을 목표로 2015~2019년까지 시행되는 정부정책이다. 카자흐스탄 정부는 우선 2015~2017년간 총 5000억 텡게(26억9188만 달러)를 해당 프로그램에 투자할 예정이며, 금융권 회복, 중소기업 진흥, 교통 · 운송 분야 개발에 지원할 예정이다.

'누를리졸'과 '일대일로'의 협력과 관련하여 먼저 2013년 9월, 시진핑 국가주석이 카자흐스탄을 방문해서 처음으로 '신 실크로드' 프로젝트에 대해 언급한 바 있다. 2014년 12월, 리커창 총리의 카자흐스탄 방문 중 140억 달러의 협정 조약이 체결되었다. 카자흐스탄의 총리

---

54) 김영진(2012), 「중앙아시아 지역:카자흐스탄」, e-Eurasia, Vol.2012, No.38, 한양대학교 아태지역연구센타, 39-42쪽.

카림 마시모프는 2015년 3월 베이징에서 리커창 총리와 함께 236억 달러 규모의 산업 협력에 서명한 바 있다. 2015년 5월 7일에는 시진핑 국가주석이 카자흐스탄을 다시 방문하여 일대일로 참여에 지지를 요청했다. '누를리 졸'의 카자흐스탄 도로, 철도등의 교통 · 운송 인프라 구축에 대한 부분과 중국의 '일대일로' 프로젝트의 유라시아 대륙 교통·운송 인프라 연결과 대륙노선을 따라 각종 인프라 구축에 대한 목표가 같다.

[그림 2-19] 중국-카자흐스탄-키르기스스탄-타지키스탄 국경 지역

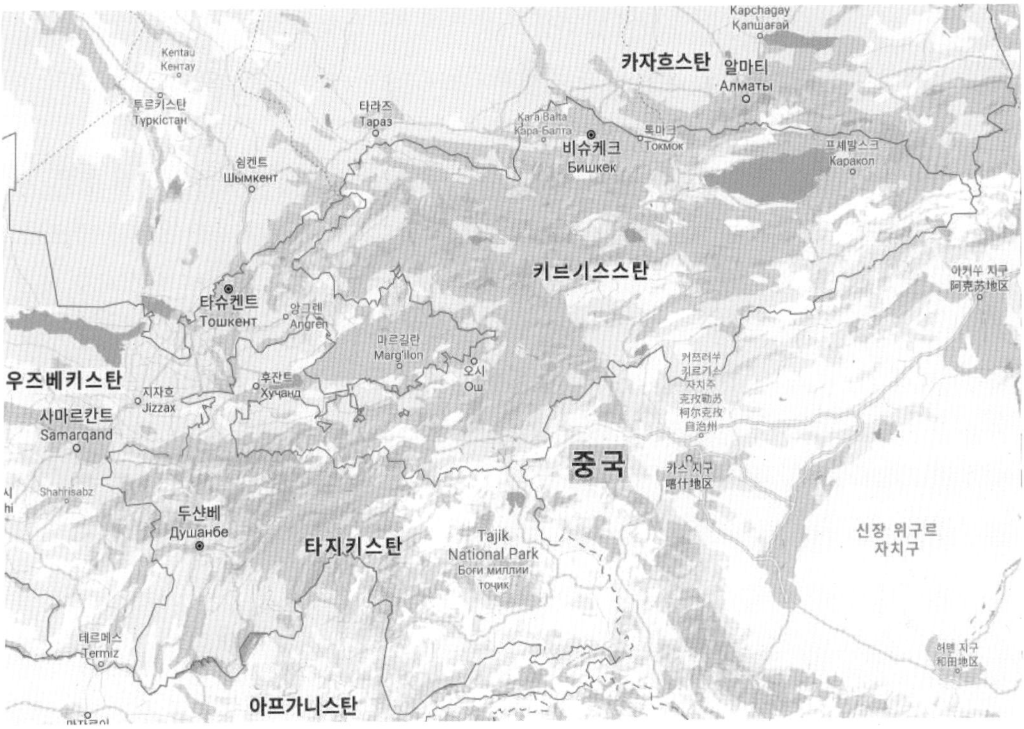

자료: 구글지도 (2021)

'일대일로'는 중국의 유라시아 대륙의 육상실크로드 지역 개발과 남중국해에서부터 유럽까지를 잇는 21세기 해상실크로드 지역 개발을 의미한다. 이중 중앙아시아를 통과하는 철도에 있어 카자흐스탄은 일대일로 노선 중 제1·2노선의 교차로 역할을 하며 카자흐스탄을 기점으로 각각 러시아와 서아시아로 갈려나간다.

최근 양국간 교역 현황을 보면 다음과 같다. 먼저 중국의 대카자흐스탄 투자(FDI) 실투자액은 2013년, 2014년 감소 추세이기는 하나 2012년 이후부터 약 20억 달러 규모의 외국인 직접투자를 하고 있으며, 2014년 기준으로 네덜란드, 미국, 스위스 다음으로 약 18억 달러

규모의 4위 투자국이다. 이러한 중국의 카자흐스탄 투자액은 현재 카자흐스탄의 경제에 많은 영향을 끼치는 러시아와 비교해볼 때 2008년 이후부터 중국의 순투자 유입액이 러시아에 비해 평균적으로 약 45% 이상 높은 수준이다. 또한, 2015년 초 고속도로, 도시철도, 수력, 풍력 발전소 건설, 자동차, 승강기 제조 등 총 33건의 항목 등이 포함된 산업협력으로 236억 달러 규모의 투자를 협의한 바 있다.

카자흐스탄과 중국은 국경을 맞대고 있는 인접국으로서 상호 간의 활발한 교역활동을 하고 있다. 카자흐스탄의 대중국 대외교역액은 전체 교역국 중 2위로 2014년 전체 대외교역액의 약 14%를 차지하는 약 170억 달러를 기록하며, 약 15%를 차지하는 러시아 다음으로 많은 교역을 하는 국가이다. 또한 높은 카자흐스탄의 대러시아 교역 의존도를 낮추기 위한 출구로 인지되고 있다. 55)

2019년 9월 11일, 카심-조마르트 토카예프 카자흐스탄 대통령이 중국을 공식 방문, 시진핑 국가주석과 '일대일로' 건설 협력 이행 등에 합의했다. 또, 카자흐스탄에서 중국으로 수출되는 농산물, 유제품, 양모, 아마 등에 대한 검역 및 위생, 세관통관 관련 의정서도 체결했다. 한편, 같은 시기에 열린 카자흐스탄-중국 비즈니스 포럼에서 토카예프 대통령은 중국의 대(對)카자흐스탄 투자는 200억 달러에 이르고 있다며, 카자흐스탄의 투자 환경이 더욱 나아질 수 있도록 많은 혜택을 제공할 것이라고 말했다.

카자흐스탄의 5개 철로와 6개 도로를 통해 중국이 유럽으로 상품 수출입을 할 경우 15일 정도가 소요되는 데 비해, 해상운송은 두 세배 더 길어진다며 양국 협력 강화를 통해 실크로드의 부활이 가능하다는 자신감을 나타냈다. 이와 함께 토카예프 대통령은 중국 측에 카자흐스탄에 중국관광센터를 설립할 것을 요청해 중국 관광객 유치가 본격화될 전망이다. 지금까지 중국인의 불법체류가 극심했기 때문에 공무원이나 대기업 직원이 아닐 경우 사실상 중국인의 카자흐스탄 관광은 어려웠다. 56)

□ CIS 현황

1991년 12월 21일, 독립국가연합의 출범으로 소비에트 연방(옛 소련)이 공식 소멸됐다. 발트 3국(에스토니아 · 라트비아 · 리투아니아)과 그루지야(조지아)를 제외한 소련 내 11개 공화국 대표들이 카자흐스탄의 수도 알마아타에서 회동을 갖고 알마아타 선언 등 6개 협정에 서명, 독립국가연합(CIS·Commonwealth of Independent States)을 출범시켰다. 1922년

55) KOTRA 해외정보, '카자흐스탄 Nurly Zhol과 중국의 일대일로'. 알마티무역관 (2015.6.19.) (2015.5.29).
56) 연합뉴스 (2019.9.12.)

소비에트연방 형성 이후 70년간의 사회주의 연방국가 한 구성원의 위치에서 벗어나 실제적으로 독립을 성취한 독립국 자격으로 새로운 형태의 연합체가 탄생한 것이다. CIS는 1993년 12월 그루지야(조지아)가 가입함으로써 12개 공화국으로 확대되었다.

결성 당시의 11개국은 러시아 · 우크라이나 · 벨라루스 · 몰도바 · 카자흐스탄 · 우즈베키스탄 · 투르크메니스탄 · 타지키스탄 · 키르기스스탄 · 아르메니아 · 아제르바이잔공화국(1992.10월 탈퇴후 1993.9 복귀)이다. 조지아는 1993년 10월 가입하였다가 2008년 러시아와의 전쟁 후 탈퇴하였고, 투르크메니스탄은 2005년 탈퇴한 후로 준회원국으로 참가한다. 우크라이나는 2018년 5월 19일 탈퇴하였다. 2015년 현재 9개 공화국으로 구성되어 있다.

[그림 2-20] 소련의 해체와 CIS 회원국 현황

자료: http://eurodialogue.org (2021), 두피디아 (2021)

(13) 키르기스스탄, 吉尔吉斯斯坦(Kyrgyzstan)

키르기스스탄은 중국의 신강위구르자치구와 국경을 마주하고 있다. 키르기스스탄 역시, 소련으로부터 독립한 CIS 일원이다. 중국과는 1992년 1월 5일자로 외교 관계를 수립했다. 키르기스스탄은 대중국 관계에 있어 역내 다자안보협력체를 통한 안보협력을 추진하고 있다. 850㎞에 달하는 국경을 접하고 있는 중국과는 접경 공유지역 내 위구르족의 분리독립운동 및 이슬람 근본주의 확대를 저지하기 위해 상하이협력기구(SCO) 등 역내 다자안보협력체를 통한 안보협력을 강화하고 있다.

□ 중국-카자흐스탄-키르기스스탄-우즈베키스탄-타지키스탄 철도망 구상

키르기스스탄은 면적이 200㎢로 한반도보다 작은데. 90%가 산으로 이루어졌다. 천산산맥과 파미르 고원으로 둘러싸여, 중앙아시아의 스위스라고 불린다. 북으로는 카자흐스탄, 동으로 중국, 남으로 타지키스탄, 서로는 우즈베키스탄과 마주한다. 이란 앞바다로 나가려면 3000㎞를 넘어야 한다. 인구는 640만 명이고 키르기스계가 73%. 우즈벡계가 15%. 러시아계가 5% 등을 차지하는 다민족국가다. 비슈케크(Bishkek)는 키르기스스탄 북부에 위치한 인구 100만 명의 수도로, 카자흐스탄과 국경을 맞댄 국경 도시다. 키르기스스탄은 동쪽, 남쪽, 서쪽으로 험준한 산으로 둘러싸여 있는데. 북쪽의 카자흐스탄 방향이 평지에 속한다. 따라서 키르기스스탄은 관문인 비슈케크를 거쳐서 카자흐스탄을 통해, 러시아, 중국, 우즈베키스탄, EU 등과 교역한다. 카자흐스탄의 알마티와 비슈케크는 200㎞ 거리인데, 차량으로 3시간 걸린다.

키르기스스탄은 러시아, 카자흐스탄, 벨라루스, 아르메니아와 함께 유라시아경제연합(EEU)에 속해 있다. EEU 가입 후 카자흐스탄 자본이 유통에 진입했고, 러시아·카자흐스탄·벨라루스·EU 등과 철도가 아닌 대형 트럭으로 수출입 물류가 진행됐다. 키르기스스탄 철로는 424㎞가 깔려(역 16개)있으나 소련시절인 1924년 인프라이다. 따라서 자동차와 항공기는 발전한 반면 적은 인구로 철도 운송 분담률은 5%도 되지 않는다. 비슈케크와 오쉬(Osh)는 산으로 막혀 있어서 철로를 깔 수 없다. 비슈케크는 카자흐스탄 철로와, 오쉬는 우즈베키스탄 철로와 연결된다. 모스크바에서 보았을 때, 카자흐스탄 방향의 종점역이 비슈케크역이고 우즈베키스탄 방향의 종점역이 오쉬가 된다. 오쉬는 실크로드 시절의 중요 교통로였다. 오쉬에서 동쪽으로 260㎞를 가면 중국 국경이 나오고, 국경에서 160㎞를 가면 중국 남서부 지역 관문도시인 카스(Kashgar. 喀什)가 나온다. 중국정부는 오쉬~카스 간 400㎞에

왕복 4차선 산악도로를 만들었으며, 키르기스스탄 구간에 왕복 4차선을 건설을 위해 차관을 제공하였다. 중국은 오쉬~카스에 철로를 깔려고 한다. 이 구간에 철로가 연결된다면 중앙아시아의 최대 영토를 가진 카자흐스탄을 거치지 않는 철로가 생긴다. 키르기스스탄과 우즈베키스탄은 이 구간 철로가 절실한 반면 카자흐스탄과 러시아는 중국 주도의 경쟁 루트가 반갑지 않다. 이 동서횡단철도가 개설되면, 키르기스스탄은 산악 내륙국이라는 고립에서 벗어날 수 있다. 57)

[그림 2-21] 중국-키르기스스탄-우즈베키스탄 간 물류망 및 오쉬-카스 간 철도망(구상)

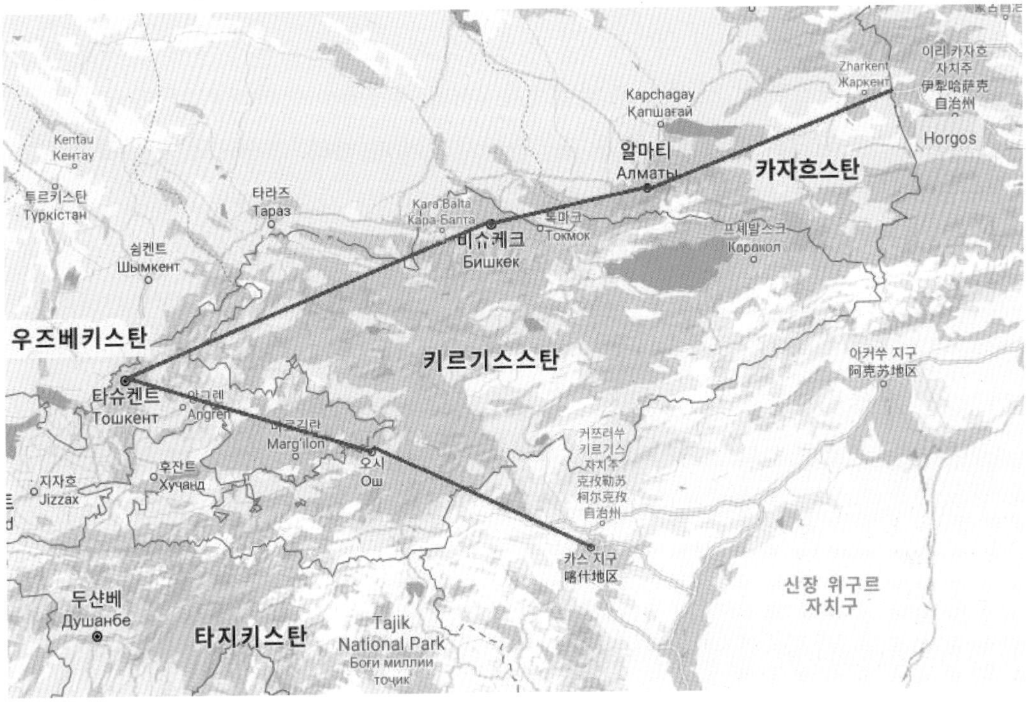

자료: 구글 지도(2021)

실제 이 철도망을 실현할 수 있는 키르기스스탄-중국-우즈베키스탄 간 물류 신노선이 개통되었다. 2020년 6월 5일, 중국 간쑤성 란저우에서 출발해 우즈베키스탄 수도 타슈켄트로 이어지는 물류 노선 운행이 시작되었다. 신노선은 철도와 도로 복합운송으로 운영하며 총연장 4,380㎞이다. 중국에서 철도로 출발한 화물은 중국과 키르기스스탄 국경도시인 이르케슈탐(Irkeshtam)에서 하역하여, 트럭으로 오쉬(키르기스스탄)까지 이동, 다시 열차로 타슈켄트(우즈베키스탄)까지 이동한다. 기존에는 중국에서 카자흐스탄 호르고스(Khorgos) 자

57) 정성희의 유라시아 물류이야기 28 (물류신문. 2019.11.19)

유무역지대를 통과해 우즈베키스탄으로(12~15일 소요) 향했다. 신 노선은 300㎞ 짧으며 5일 더 빠르게 중국-우즈베키스탄을 연결한다. 물류 전문가들은 신노선이 중국과 중동, 터키, 남유럽을 잇는 주요 노선이 될 것으로 평가했다. 58)

중국의 문화외교의 디딤돌은 비쉬켁인문대학과 키르기스국립대학에 설치된 유교연구소들이다. 중국정부 지원으로 연구소들은 지방 거주 3천명 학생들의 중국어 학습을 위해 교사와 교재를 제공한다. 많은 키르기스 학생들이 대학 졸업 후 석·박사학위를 받기 위해 중국으로 가고 있다. 중국은 상하이협력기구를 통하여 유학 프로그램을 제공하고 있다. 59)

2013년 9월 16일, 시진핑 국가주석은 키르기스스탄을 방문하여 양국간 관계를 '전략적 동반자관계'로 격상했다. 시 주석은 비슈케크에서 알마즈벡 아탐바예프 키르기스스탄 대통령과 회담을 가지고, 동투르키스탄을 포함한 3가지 세력(테러·분열·극단)을 척결하고 공동안보와 안정을 수호하기로 했다. 중국과 중앙아시아 천연가스관 D선 사업을 추진해 무역을 확대하고, 전력, 에너지, 교통, 농업, 인접지역 협력강화는 물론 교육, 학술, 문예 방면 교류를 제고하기로 했다. 아탐바예프 대통령은 중국의 실크로드 경제권에 찬성한다며, 중국과 더불어 경제무역, 에너지, 상호연계, 인문 등 분야 협력을 확대하기로 했다. 양국 정상은 상하이협력기구(SCO) 내 협력과 공조를 강화해 회원국 간 협력과 본 기구의 안정적 발전을 추진하고 이 지역의 평화와 안정 및 번영을 수호해 나가자는 데 의견을 함께 했다. 60)

시진핑 국가주석은 2019년 6월 12일부터 14일까지 키르기스스탄을 국빈 방문하고, 제19차 SCO 정상회의에 참석했다. 양국 정상회담 결과, 전면적 전략 동반자 관계를 심화시켰다고 평가했다. 또 양국이 농업, 무역, 금융 등 분야에서 달성한 협력 성과들을 인정했다. 전 키르기스스탄 외교부 SCO 책임자는 키르기스스탄과 중국의 협력은 양국에 이익이 된다며, 중국 소비자들은 시장에서 우수한 품질의 키르기스스탄 친환경 농산물을 편리하게 살 수 있고, 키르기스스탄인도 중국의 투자로 국내에서 취업할 수 있다고 지적했다. 61)

---

58) KIEP EMERiCs (2020.6.18.)

59) 강봉구(2012), 「중앙아시아 지역:키르기스스탄」, e-Eurasia, Vol.2012, No.38, 한양대학교 아태지역연구센타, 39-42쪽.

60) 인민망 (2013.9.16.)

61) 新华网 (2019.6.16.)

(14) 타지키스탄, 塔吉克斯坦共和国(The Republic of Tajikistan)

타지키스탄은 중국의 신강위구르자치구와 국경을 마주하고 있다. 타지키스탄 역시, 소련으로부터 독립한 CIS 일원이다. 중국과는 1992년 1월 4일자로 외교 관계를 수립했다. 타지키스탄은 인구 893만 명의 산악국가로, 타지크인 84%, 우즈베크인 14%, 키르기스인 0.5%, 러시아인 0.5% 으로 구성돼 있다. 2017년 GDP는 61억 달러로 키르기스스탄(75억 달러)와 비슷하며 구 소련국가 중 최빈국이다. 1인당 GDP는 750달러로 국민 상당수가 일자리를 찾아 러시아 등으로 떠난다. GDP는 농업(23.3%), 제조업(22.8%), 서비스업(53.9%) 순이다. 견과류를 비롯한 농산품, 섬유, 전력 등을 카자흐스탄, 우즈베키스탄, 터키 등으로 수출한다.

타지키스탄은 경제성장에 불리한 지리적 요건과 석유, 가스 등의 천연자원이 없어 주변 국가에 비해 경제가 성장하지 못했다. 하지만 최근 7년간 평균 경제성장률이 6.5%에 달하고 유럽부흥개발은행(EBRD), 아시아개발은행(ADB) 주관의 인프라 건설 사업이 활기를 띠면서 2019년에는 7.2% 성장을 기록했다.

중국은 타지키스탄 독립 후 외교관계를 맺은 최초 수교국들 중 하나이며, '전면적인 전략 동반자 관계'이다. 양국 지도자들은 일대일로 구상과 타지키스탄의 '2030년 국가발전전략'을 동반 발전시키고자 했다. 에모말리 라흐몬 타지키스탄 대통령은 2019년 4월, 인터뷰에서 타지키스탄은 중국과의 협력이 전략적 의미를 가진다며, 타지키스탄은 인력, 농업, 광산과 수력발전 등 자원을 보유하고 있다고 강조했다. 2018년 중국-타지키스탄 교역액은 15억 400만 달러로 전년비 11.6% 증가했다. 중국은 타지키스탄의 최대 직접 투자국이자 세 번째로 큰 무역 파트너이며, 타지키스탄에 투자한 중국기업은 300여 개에 달한다.

중국기업이 타지키스탄 남부 하틀론주에 투자한 방직산업단지는 현지 면화재배 방식을 바꾸었고, 중국기업이 건설한 시멘트 공장은 타지키스탄을 시멘트 수입국에서 수출국으로 변모시켰다. 양국은 30억 위안 규모의 통화 스와프 협정을 체결했다. AIIB는 타지키스탄 프로젝트에 융자를 제공해 지원하고 있다. 타지키스탄에는 공자학원 두 곳과 공자학당 한 곳이 있는데, 중국은 러시아에 이어 타지키스탄인이 유학하는 2대 국가이다.[62)]

중국과 타지키스탄과의 협력은 양국 수교(1992.1.4) 직후 시작되었다. 중국은 타지키스탄의 도로와 전기 전송망의 개량을 위하여 사회 기반시설 개발 차관을 공여했다. 2001년에 창설된 SCO 시절부터 지원이 체계화·본격화 되었다. 발전소(Khingob강 수력 350MW '누라바드-1' 5.6억달러, 200MW 두샨베 열병합 4억달러), 전력망(Lolazor-Khatlon 및 남북

---

62) 新华网 (2019.6.13.)

송전선 6,100만 달러)과 도로(고속도로 Dushanbe-Dangara 구간 5,100만달러)가 있다. 2009~2010년간 중국정부 및 기업들의 전력부문 총 투자액은 10억 달러로 예상된다.[63)]

카자흐스탄, 우즈베키스탄, 키르기스스탄, 투르크메니스탄 그리고 타지키스탄 중앙아시아 5개국은 석유와 가스 및 광물자원이 풍부하다. 그러나 상대적으로 빈약한 나라가 타지키스탄이다. 타지키스탄은 독립 직후 1992년부터 1997년까지 이슬람 반군과 내전을 겪으면서 산업시설 대부분이 파괴되었다. 타지키스탄은 아프가니스탄과 1,000㎞ 이상 국경을 맞대고 있어 미국에는 대테러 작전 수행에 의미가 있고, 러시아는 마약 및 불법무기 유입을 막기 위한 전초기지와 대미 영향력 견제 차원에서 중시하고 있다. 현재 타지키스탄에 대사관을 설치한 나라는 미국과 러시아, 영국 · 독일 · 프랑스 등 EU 주요국, 인근 아랍국들이며 아시아는 중국과 일본, 인도와 파키스탄 그리고 한국이 있다. 중국은 중앙아시아 국가와의 통로로 타지키스탄을 중시하고 있으며, 이들 나라들을 잇는 도로 건설에 지원을 아끼지 않고 있다.[64)]

시진핑 주석이 2014년 5월 19일, 상하이에서 에모말리 라흐몬 타지키스탄 대통령과 회동하였다. 2013년 양국이 전략적 파트너관계를 맺은 이후, 여러 분야에서 협력이 이루어지고 있다. 양측은 '중국-타지키스탄 2015-2020년 전략적 파트너관계 협력강요'를 제정하여 중국과 중앙아시아를 잇는 천연가스관 건설사업과 타지키스탄의 수송전선로 개조, 교통 및 국경연안의 인프라 건설, 공업단지 · 농업기술시범지역 등 협력프로젝트를 추진하기로 했다.[65)]

□ 중국-타지키스탄 천연가스 수송관 착공

2014년 9월부터 공사에 들어간 중국-중앙아시아 가스관의 타지키스탄 구간은 중국에서는 중국-중앙아시아 가스관 D선이라고 부른다. 이 구간은 기존의 A·B·C선과 마찬가지로 투크르메니스탄을 기점으로 하지만 타지키스탄과 키르키즈스탄, 파미르 고원을 지나 중국 서부의 신장으로 천연가스를 운송한다. 파미르 고원을 관통하고 76개의 터널을 건설해야하기 때문에 중국-중앙아시아 가스관 공사 중에 기술적으로 가장 어려운 구간이다. 1,000㎞에 달하는 타지키스탄 구간이 완공되면 매년 300억㎥의 천연가스 운송이 가능하다.

앞선 2009년 12월 14일, 중앙아시아~중국 가스관이 개통되어, 서기동수 프로젝트를 통해 상하이와 광저우에 공급이 시작되었다. 이 가스관은 투르크메니스탄 사만데페 가스전에서 우즈베키스탄과 카자흐스탄을 경유하여 중국 서부와 남부연안까지 연결되는 세계 최장(10,533㎞), 최대 용량(400억㎥), 최대 투자(730억 달러) 가스관이다. 투르크메니스탄 가스

63) Prime-Tass News Agency(2009.06.05), http://blog.daum.net/kazakhstan2030 에서 재인용
64) 서울신문, '중앙아 전략요충 타지키스탄을 다시 보자' (2008.8.11)
65) 人民网 (2014.5.23.)

생산전에서 우즈베키스탄까지는 188㎞, 우즈베키스탄 경유 노선은 530㎞, 카자흐스탄 경유 노선은 1,115㎞이며, 중국 서부지역에서 최종 소비지인 중국 남부까지는 지선과 간선을 포함해 8,700㎞로 생산지에서 최종 소비지까지 가스관 총 길이는 10,533㎞이다.

[그림 2-22] 중국-중앙아시아 간 천연가스 수송망 현황

자료: Geopolitical Intelligence Service (검색일자: 2021.7.7.)

중국은 2019년 상반기 중국-중앙아시아 가스관을 통해 230억㎥ 규모의 천연가스를 수입했다. 매년 중앙아시아 국가로부터 중국에 수송되는 천연가스는 총소비량의 15%를 차지하고 있으며 중국 내 5억이 넘는 인구가 사용하고 있다. 2009년 12월 상업운영 개시 이래 2019년 6월 말까지 세 라인을 통해 누적 2,774억㎥의 천연가스를 수입했다. 중국-중앙아시아 가스관은 투르크메니스탄에서 출발해 우즈베키스탄 중부와 카자흐스탄 남부지역을 통과하고 중국 신장 훠얼궈쓰에 도착한 후, 서기동수 2라인 및 3라인과 연결된다. 중국 국영석유가스기업 CNPC가 추진한 이 사업 중 3개 라인은 각각 2009년, 2010년, 2014년에 완공됐다. 투르크메니스탄-우즈베키스탄-타지키스탄-키르기스스탄-중국으로 연결되는 D라인의 총 투자비는 67억 달러, 수송능력은 연간 300억㎥이며 2021년 이후에 완공될 예정이다. D라인이 완공되면 중국-중앙아시아 가스관의 수송능력은 연간 850억㎥로 늘어나 2020년 중국 천연가스 소비 전망치(4,000~4,200억㎥)의 20%를 확보할 수 있을 것으로 전망되고 있다. [66]

□ 양국간 영토 문제 해결

2011년 1월 13일, 타지키스탄이 중국에 영토 일부를 할양함으로써 19세기부터 이어져 온 영토 분쟁을 마무리했다. 타지크 국회는 동부 파미르 고원 영토 1천100㎢를 중국에 넘겨주는 '타지크-중국 국경 획정 협약'을 비준했다.[67] 2010년 4월, 타지키스탄 에모말리 라흐몬 대통령이 중국을 공식 방문했을 때 체결한 이 협약이 비준됨에 따라 양국은 130년 동안 이어져온 영토분쟁을 끝내고 새로 획정된 국경에 101개의 국경 표지를 세우게 되었다. 이번에 할양된 영토에 대한 분쟁은 19세기말 제정 러시아 시절까지 올라간다. 이번 협약은 타지크스탄이 1991년 소련으로부터 분리된 이후 이웃 나라들과의 영토분쟁을 처음으로 해결한 것이다. 타지키스탄은 우즈베키스탄 및 키르기스스탄과도 국경 획정 협상을 진행 중이다.

[그림 2-23] 타지키스탄의 영토 할양 현황

자료: 매일경제(2011.1.13)

66) 에너지 데일리 (2019.8.13.)
67) 연합뉴스, 靑島新聞網 (2011.1.13)

Ⅲ. 중국 지역별 환경

Ⅲ. 중국 지역별 환경

1. 화북권

(1) 북경시

북경시(北京. 베이징)는 하북성에 둘러싸여, 화베이(華北)평원 서북 쪽에 위치한다. 동남쪽은 발해만로부터 150㎞떨어져 있다. 북경은 여러 왕조의 수도였으며, 옌징(燕京), 징두(京都), 다두(大都) 등으로 불리다가 명조때 베이핑(北平)에서 북경(北京)으로 개칭됐으며, 징(京)으로 약칭한다. 춘추전국시대 연(燕)나라의 수도, 진(秦)나라 때 광양·어양·상곡 등과 함께 군이 되었다. 한(漢)나라 때 유주의 착사부에 속했고, 당(唐)나라 때에는 유주에 속했다. 요(遼)나라 때는 제2의 수도가 되어 연경(燕京)이라 불렸으며, 금(金)나라 때 정식으로 수도가 되면서 중도(中都)라고 했다. 명 성조(영락제)가 황제가 된 후, 수도를 옮기기를 결심, 1420년에 자금성(紫禁城)을 완공하여 1421년에 수도를 북경으로 옮겼다. 베이징은 한자 그대로 '북쪽의 수도' 라는 뜻이다. 시안(西安), 난징(南京), 뤄양(洛陽)과 함께 중국 4대 고도(古都)이다.

중국을 통일한 몽고 쿠빌라이 칸(원세조)은 베이징을 새 수도로 삼고 '대도(大都)'라 불렀다. 마르코 폴로가 쓴 동방견문록 속의 중국도 원나라 때 당시 베이징의 모습을 소개한 것이다. 이후 명 나라를 세운 주원장(명 태조)은 수도를 지금의 난징으로 옮겼으며, 원나라를 함락시킨 후 북쪽을 평정했다는 뜻으로 베이징을 북평(北平)이라 부르며 폄하했다. 하지만 명 영락제가 다시 수도를 난징에서 북평으로 옮긴 후 북쪽의 수도라는 뜻으로 베이징(北京)이라 지었다. 이후 베이징은 명·청 왕조 수도로 명맥을 이어왔다. 베이징 중심에 위치한 자금성도 영락제가 수도를 옮기며 건설한 것이다. 자금성에는 1911년 청나라의 마지막 황제 선통제가 물러나기까지 모두 24명의 명·청 황제가 머물렀다.

1860년 제2차 아편전쟁 때 영국과 프랑스의 군대에 의해 여름황궁인 원명원이 방화되는 등 수도 베이징은 열강에 유린당했다. 이어 1912년 신해혁명으로 쑨원이 중화민국 임시정부를 난징에 설립했으며, 이어 1928년 장제스는 난징을 수도로 국민당 정부를 세웠다. 이 당시 베이징은 구경(舊京 옛 수도), 라오(老)베이징으로 불렸다. 베이징은 1949년 10월 1일 중화인민공화국 수립 때 다시 수도의 지위를 되찾았다.

□ 면 적: 1.7만㎢, 산지 62%, 평원 38%
□ 인 구: 2,189만명(2020년)
□ 지 형: 북경의 서, 북, 동북은 산으로 둘러싸여 있고, 동남부는 발해를 향해 완만하게 경사진 화베이(華北)대평원임. 베이징평원의 해발고도는 20~60m이고, 산지는 해발고도가 1,000~1,500m이며, 하북성과 잇닿은 둥링산(東靈山)의 해발고도는 2,303m로 북경시의 최고봉임.
□ 기 후: 난온대 반습윤 대륙성 계절풍 기후임. 여름에 덥고 비가 많으며, 동절기는 춥고 건조하며, 봄과 가을은 짧음. 연평균 기온 10~12℃, 1월 평균기온 -2.2℃, 7월 평균기온 25.5℃, 연평균 강수량 700㎜. 강수 계절의 분포가 균일하지 않음. 한 해 강수의 75%가 하기에 집중됨.
□ 행정구역: 직할구 16개: 东城区、西城区、朝阳区、丰台区、石景山区、海淀区、顺义区、通州区、大兴区、房山区、门头沟区、昌平区、平谷区、密云区、怀柔区、延庆区
□ 국가급 개발구: 北京天竺수출가공구, 中關村과학기술원구, 北京경제기술개발구

2020년 기준 북경의 3치산업 비중은 83.9%로 중국 내에서도 3차산업 비중이 가장 높은 곳이다. 주요 공업으로는 7대 주력산업인 통신설비 및 컴퓨터, 자동차, 화학, 석유가공, 코크스·핵연료 제조, 철강업 등이 있다. 최근 베이징은 IT와 서비스산업 위주로 산업구조를 개편하고 있다. 베이징을 중심으로 전통적인 경공업 중심의 산업구조에서 탈피해 자동차, IT, 전자, 의약, 기계 등 첨단산업 및 친환경 고효율 그린산업으로 구조조정 추진하고 있다.

중국의 실리콘밸리라 불리는 중관촌을 중심으로 IT와 전자산업이 발달했고, 서비스 산업과 결합하여 고부가가치 산업으로의 이전이 가속화되는 상황이다. 중관촌 6대 중점 첨단기술영역(전자 정보화 영역, 신소재 및 응용기술, 선진제조, 신에너지와 고효율 에너지절약 기술, 바이오의약품, 환경보호기술)의 실현 총수익은 중관촌 총 수익의 3/4 이상을 차지하고 있다.

베이징은 글로벌 500대 기업 진출해 있는 중국 경제정책 입안지이다. 중국의 수도인 베이징은 정치·경제·사회·문화 중심도시로써 중국경제의 통합 및 조정기능 수행하고 있다. 2019년 기준으로 베이징은 글로벌 500대 기업 중 71개 기업의 '헤드쿼터(본사)'가 소재한 도시이다. 글로벌 500대 기업 중 베이징에 진출해있는 기업은 약 179개사로 이중 3분의 1 이상이 베이징에 지역본부를 두고 있다. 베이징은 '비즈니스와 중관촌, 비즈니스와 문화의

융합발전 계획'을 통해 8개 의 본부경제집중구, 4개의 본부경제발전신구, 6개의 비즈니스서비스집중구를 지정하였다. 2013년 기준으로 베이징에 소재한 외국계 글로벌 기업본부 및 R&D센터 역시 704개사에 육박한다. 베이징 시정부는, 베이징이 세계 제1의 글로벌 헤드쿼터 소재지로 자리매김할 수 있도록 다양한 외투기업 지원정책을 추진하고 있다.

[표 3-1] 북경시 경제지표 (2020년)

GRDP*	산업구조			1인당 GRDP	
	1차산업	2차산업	3차산업	위안	US$
3.57%	0.3	15.83	83.87	164,889	23,905
인구(만명)	인구 중국내 비중	도시화율(%)	부동산 개발투자*	수출*	수입*
2,189.3	1.55%	85.16	2.78%	2.59%	13.04%
수출입*	외상기업 투자액*	공업생산액*	소비품판매액*	중국 평균 1인당GDP 대비	
7.21%	6.78%	1.36%	3.5%	227.6% (72,447元. U$10,503)	

주: * 표기는 중국 내 비중을 나타냄. 도시화율 및 공업생산액은 2019년도 수치 기준임.
자료: 국가통계국 国家数据 (2021.6.22.)

북경시는 경제개발계획 및 산업정책 입안지이다. 또한 중앙정부 주요 부처 및 산하기관이 밀집된 지역이다. 주요 경제정책 및 정보의 중심지로서 글로벌 500대 기업이 모두 진출해 있다. 또한 중국 북부지역 최대 IT메카 및 고급 소비재 집중지역이기도 하다. 중국의 실리콘밸리인 중관촌이 북경시에 소재하고 있다. 자산 1천만 위안 이상 부자 인구는 14만 3천명으로 중국 최대인 것으로 판단되며, 장강 이북에서는 최대 규모의 고급 소비재 테스트마켓이다. [68]

베이징시 정부는 《베이징시 전국 문화중심 건설추진 중장기 계획(2019~2035년)》을 발표했다. 이를 통해 개성과 특색이 있는 관광상품을 개발하여 관광객의 체험감을 개선하고 만족감을 높이겠다고 밝혔다. 2035년 관광 소비가 베이징시 총소비에서 차지하는 비중이 30%를 넘도록 하고, 베이징 인바운드(외국인의 국내관광) 관광객 수가 연간 1천만명에 이르도록 한다는 목표를 제시했다. 베이징은 스마트 · 시티 · 관광지 · 호텔 · 농촌관광을 육성하는데 주력할 계획이며, '원클릭 베이징 관광(一键游北京)'이라는 모바일 앱을 개발하기로 했다. 2019년 베이징시를 방문한 관광객은 3억 2,200만 명, 관광 총수입은 6,224억 6,000만 위안이었고, 그중 인바운드 관광객은 376만 9,000명(연간)에 달했다.

2019년 베이징 서비스업이 GRDP에서 차지하는 비중은 83.5%로 전국 평균보다 29.6%p

68) KOTRA(2010), KOTRA가 바라본 중국 성시별 비즈니스 기회와 진출전략, 38쪽.

높았다. 베이징시 외자 유치 규모는 818.8억 달러로 중국 전체의 12.5%를 차지했다. 그 중 서비스업의 외자는 762억 달러로 전체 중 95%로 7.3%p 상승했고 서비스 무역도 빠르게 성장했다. 향후 베이징은 '자유무역시험구' 토대 위에 서비스업 개방을 확대하고, 자유무역구역, 중관춘(中关村) 국가자주혁신시범구, 종합보세구 등의 개방과 혁신을 추진할 계획이다. 과학기술, 인터넷 정보, 금융은 베이징시가 외자를 가장 많이 유치한 분야로 2019년 3개 분야의 외자 유치 규모는 베이징시 전체의 75%를 차지했다.

□ 베이징 14·5 규획(2021~2025)

14·5 규획기간 베이징시 정부는 ①과학기술 혁신역량 강화, ②비수도 기능 이전 및 징진지 역내 혁신자원 연계 강화, ③첨단기술과 미래산업 육성 등에 중점을 두고 있다. 과학연구기관 체계 재편 및 기술혁신센터 설립을 통해 기초연구 · 핵심기술 경쟁력을 제고하고, 혁신산업 클러스터 시범지역을 중심으로 과학기술 성과사업화를 추진해 혁신역량을 강화할 계획이다.

베이징의 교육 · 의료기관을 하북성 허베이 슝안신구(雄安新区)[69]로 이전하는 프로젝트를 추진하고, 베이징 퉁저우구(通州区)에 부도심 건설을 가속화해 행정기능을 분산하려 한다. 베이징의 혁신자원이 집적된 중관춘(中关村) 과학기술단지의 지부를 톈진(빈하이신구)과 허베이(슝안신구)에 건설하고, 징진지 국가 기술혁신센터를 설립해 역내 산업사슬[70]과 공급망 연계를 강화할 계획이다. 또한 인공지능 · 양자정보 · 산업인터넷 등 첨단기술을 산업화하기 위한 스마트산업 클러스터를 구축하고, 디지털 화폐 및 핀테크 시범지역 등을 건설할 계획으로 금융서비스업 등 기존 산업에 첨단기술 응용을 촉진할 방침이다.

69) 슝안신구는 허베이성 바오딩시 3개 현(雄县, 容城县, 安新县)을 포함하는 지역이고, 시진핑 국가주석이 2017년 4월 건설을 결정한 후, 2018년 허베이성 정부는 종합적인 건설계획이 담긴 「허베이 슝안신구 규획강요」를 발표함. 중국은 징진지 협동발전의 일환으로 2035년까지 슝안신구를 친환경 스마트시티로 건설할 계획임. ① 베이징의 비수도 기능 중 교육 및 의료 기능 승계, ② 베이징 중관춘 과학기술원의 분원을 허베이에 설립해 첨단기술기업 이전, ③ 첨단화된 친환경 스마트 시티 구축 사업이 중심임. 상세 내용은 본고 하북성 부분을 참고할 것.

70) 원재료의 구매, 가공, 판매 및 A/S 등으로 이루어진 순환사슬구조의 산업 체제.

[표 3-2] 14·5규획 기간 북경시 주요 과제

주요 과제	세부 내용
수도 핵심기능 강화: 과학기술 혁신에 집중	• 국제 과학기술 혁신 중심도시 건설을 위한 전략 마련 • 베이징 국가중점실험실 체계 재편, 국가급 산업·기술 혁신센터를 설립, 과학기술 성과전환 촉진을 통해 기초연구에서 산업화까지 연결 • 중관춘 국가자주혁신시범구, 중관춘·화이러우(怀柔)·가오훠(搞活) 미래 과학단지, 혁신산업 클러스터 시범지역의 융합발전 • 첨단 칩, 기초소재·부품, 핵심기술, 신소재 영역의 부처-시정부, 중앙-지방의 협력체계 완비 • 인공지능, 양자정보, 뇌과학, 블록체인, 나노에너지, 응용수학, 줄기세포·재생의학 기초 및 핵심기술 연구
징진지 협동발전 추진	• 비수도 기능 해소: 「베이징시 신규산업 금지·제한목록」 완비, 부도심 건설 심화 추진 • 징진지 세 지역 간 협력 구도 강화: 허베이 슝안신구와의 연계 강화(허베이 학교 및 의료기관 건설 공정 지원, 베이징·허베이 정부가 공동으로 슝안신구 중관춘 과학기술단지 규획 제정), 톈진 빈하이신구-중관춘 과학기술원 건설, 징진지 국가 기술혁신센터를 건설해 산업사슬과 공급망 연결, 징진지 역내 교통인프라 연계 강화 및 환경문제 공동 대응 • 2022 베이징 동계올림픽 및 패럴림픽 개최 준비: 올림픽 중심구역, 옌칭경기구역, 서우강단지 건설
현대 경제체계 구축	• 현대산업체계 발전: 선진 제조업과 서비스업의 융합 - 전략적 신흥산업: 집적회로, 신에너지 스마트 자동차, 신에너지, 신소재, 바이오의약 - 미래산업: 양자정보, 인공지능, 산업인터넷, 위성인터넷, 로봇산업 육성, 스마트산업 클러스터 구축 - 선진 서비스업: 금융서비스(디지털화폐, 핀테크 시범지역 건설), 과학기술, 양로·출산·육아, 스포츠서비스 등 • 디지털 경제 발전 / · 베이징 빅데이터 계획 추진 - 5G, 빅데이터 플랫폼, 차량연결 네트워크 등 신형인프라 구축, 전통인프라의 디지털화 - 부도심(퉁저우구), 올림픽 단지, 다싱국제공항 등을 중심으로 디지털 경제 시범응용 • 신수요 창출: 소비 증진(플랫폼기업 육성, 온·오프라인 소비융합 등 신소비 모델 창출), 유효투자 확대(첨단산업·부도심 건설·교통인프라 분야 투자)

자료: KIEP(2021), 중국 환발해지역의 14·5 규획기간 경제정책 방향 및 전망, 기초자료 21-07(2021.5.24.).

□ 베이징 자유무역시험구 설치(北京自由贸易试验区. Beijing. Free Trade Zone. FTZ)

2020년 9월 21일, 국무원은 베이징 자유무역시험구를 설치하여 디지털 경제 · 무역 분야의 개혁을 중점 추진할 방침이다. 2020년 9월 국무원은 베이징을 비롯한 후난(湖南), 안후이(安徽), 저장(浙江, 범위확대)지역을 5기 FTZ로 추가 지정했다. 시정부는 FTZ 구역 내 국경 간 데이터 이동 · 데이터 거래 규범화, 디지털 무역시험구 건설, 디지털 무역 편리화 조치, 디지털 화폐 시험구 조성을 통해 디지털 경제·무역의 경쟁력을 강화해가려한다. 이를 위해 정보기술 보안, 데이터 개인정보 보호, 데이터 거래, 국경 간 데이터 이동 등의 규범을 제정하고, 국제협력을 강화해 나갈 방침이다. 베이징 FTZ 다싱공항 구역을 디지털 무역시험구로 지정하고, 국경간 데이터의 이동·관리감독·거래 등 디지털 무역의 종합서비스 플랫폼을 조성할 예정이다. FTZ 구역뿐만 아니라, 중관춘 소프트웨어 파크 내 국가 디지털 서비스 수출기지(디지털 무역항 및 디지털 경제 신흥산업 클러스터 조성)와 차오양진잔 국제협력서비스 지구(디지털 경제·무역의 국제교류기능구)도 디지털 무역 시험구로 지정했다. 베이징 FTZ는 중국의 디지털 화폐 시범지역으로 추가 지정되었는데, 인민은행은 2019년 8월 선전을 시작으로 쑤저우, 슝안, 청두를 디지털 화폐 시범지역으로 선정한 후 시범운영 중이다.

[표 3-3] 중국 자유무역시험구 개설 현황(2020년 9월 현재)

时间	所在省市
2013年9月	上海
2015年4月	广东、天津、福建
2017年3月	辽宁、浙江、河南、湖北、重庆、四川、陕西
2018年10月	海南
2019年8月	山东、江苏、广西、河北、云南、黑龙江
2020年9月	北京、湖南、安徽、浙江自贸区扩区

자료: 중국 내 공개자료 참조 (2021.7)

□ 디지털 경제와 베이징 경제 발전

2016~2019년간 베이징시 총 GDP는 연평균 6.6%씩 증가했다. 2015년 2.5조 위안에서 2019년 3.5조 위안으로 1조 위안 증가했다. 신중국 건립(1949년)부터 2007년 베이징시 GDP가 처음으로 1조 위안 늘어나는 데에는 58년이 소요되었는데, 2013년까지 두 번째로 1조 위안이 늘어나는 데에는 6년이, 2018년 세 번째로 1조 위안이 늘어나기 까지 5년이 소요됐다. 시 전체 주민소득도 해마다 증가하여, 2015~2019년 주민의 1인당 가처분소득은 4.8만 위안에서 6.8만 위안으로 증가해 연평균 실질 증가율이 6.6%에 달한다.

13·5규획 기간(2016~2020) 베이징에는 고급·정밀·첨단 산업이 밀집되고 산업의 디지털화와 첨단화 경향이 두드러졌다. 그중 정보서비스업으로 대표되는 디지털 경제가 경제성장의 주요 버팀목이 되었다. 현재 시 전체 디지털 경제가 GDP에서 차지하는 비중은 40%에 달해 전국 최고 수준이다. 2019년 베이징 디지털 경제 부가가치는 1.3조 위안을 돌파했으며

GDP의 38%를 차지했다. 산업구조 조정도 심도 있게 진행돼, 시 전체에서 2,154개의 일반 제조기업이 퇴출하고 첨단기술산업과 전략적 신흥 산업 부가가치 비중은 각각 24.4%와 23.8%을 차지했다. 차세대 정보기술과 의약 · 건강 산업이 성장 엔진으로 자리 잡고, 스마트 제조업이 베이징의 산업 전환 및 고도화에 새로운 동력을 제공한 것이다.[71]

현재 베이징의 디지털 신형 인프라가 꾸준히 정비되고 있으며 국가 산업인터넷 빅데이터 센터(国家工业互联网大数据中心)가 시범 운영되고 있다. 5G 상용화, 차세대 스마트 커넥티드카로 대표되는 기술 응용이 전통산업과 디지털 기술의 융합을 가속화 해, 새로운 기업과 주체의 탄생을 촉진하고 있다. 2020년 말 기준, 베이징 전체 규모이상(연매출 2,000만 위안 이상) 기업의 생산설비 디지털화 비율은 65%에 달하고, 핵심공정 디지털 제어율은 70%에 달한다. 디지털 생산설비 인터넷 연결 비율은 60%에 달한다.

베이징시는 오는 2022년까지 디지털경제 규모를 GRDP의 55% 수준까지 끌어올리겠다는 목표이다. 이 목표를 실현하는 관건은 '디지털무역시범구' 사업에 달려있다. 디지털무역은 인터넷 정보통신기술 등 디지털 기술을 활용한 국가간 교역활동을 의미하는데, 전자상거래, 디지털자산, 국경간 정보이전 등이 포함된다. 베이징시 디지털무역시범지구는 중국의 실리콘밸리로 불리는 중관춘 소프트웨어파크(中關村軟件園) 국가디지털서비스 수출기지, 차오양진잔(朝陽金盞) 국제협력서비스존, 따싱공항 자유무역지대 등을 기반으로 추진할 계획이다. 베이징시는 중국의 디지털경제 · 무역 핵심 거점으로 도약하는 경제, 산업기반을 갖추고 있다.

베이징은 서비스산업 비중이 83.5%에 달할 정도로 서비스업 주도형 경제구도가 뚜렷하다. 금융, 정보서비스업, 과학기술 서비스의 지역경제성장 기여도는 50%를 웃돈다. 베이징의 서비스업 개방 6대 분야는 과학기술, 인터넷정보, 문화교육, 금융, 비즈니스 및 관광, 건강의료이다. 이 분야의 개방확대는 디지털무역 발전 촉진, 디지털경제 전환의 추진력으로 작용한다.

중관춘을 중심으로 IT와 전자산업이 발달했으며 클라우드 컴퓨팅, 인공지능(AI), 빅데이터, 블록체인 등 4차산업 기술 수준도 전국 평균을 앞서고 있다. 2019년 기준 하이테크 산업

71) 디지털 경제(digital economy, 数字经济)는 인터넷을 기반으로 이루어지는 모든 경제활동을 의미한다. 국가통계국의 '디지털경제와 핵심산업통계분류표(数字经济及其核心产业统计分类2021)'를 보면, 개념은 '산업의 디지털화, 디지털의 산업화'로 요약된다. 디지털 산업을 5종류(①디지털 제품 제조업, ②디지털 제품 서비스업, ③디지털 기술 응용업, ④디지털 요소 구동업, ⑤디지털 효율향상업)로 구분한다. 대중소로 구분된 156개 업종별 유형을 보면, 첫 번째는 컴퓨터 및 통신설비 제조업, 두 번째는 도소매 및 리스, 세 번째는 유지보수업·SW개발 등, 네 번째는 인터넷 금융 및 전자상거래업, 다섯 번째는 스마트제조·금융·물류 등이다. (国家统计局. 2021.5.27.)

이 베이징 GDP에서 차지하는 비중은 24.4%로 나타났다. 중관춘내 하이테크 기업의 매출 총액은 6.6조 위안, 생산액은 1조 위안을 넘어섰다. 2019년 베이징 GDP 3조 5371억 위안에서 디지털 경제비중이 50%를 상회하며 중국 전체 1위를 기록했다. 72)

[사진 3-1] 중국 수도 베이징의 천안문

자료: 김동하© 2015.

[그림 3-1] 베이징 위치도

자료: 두피디아 (2021.6)

72) KOTRA 베이징무역관(2020.10.12.). 베이징, 디지털경제 1+3 정책 패키지 발표.

1) 징진지 발전 규획

징진지(京津冀) 발전 규획은 직할시인 베이징, 톈진(天津)시 전역과 하북성(河北) 내 주요 도시들인 스좌좡(石家莊), 탕샨(唐山), 친황다오(秦皇島), 바오딩(保定), 장쟈커우(张家口), 청더(承德), 창저우(滄州), 랑팡(廊坊) 등 8개 지급시로 구성된 권역을 발전시키려는 발전전략이다. 또한 징진지 도시군내 퉁저우 신도시(通州新城), 순이 신도시(順義新城), 빈하이신구(濱海新區), 차오페이뎬구(曹妃甸)등 주축 신도시도 육성 중이다. 이들 지역 면적은 21.6만㎢로 중국전체 면적 중 2.3%를 점유하고 있으며, 총 인구는 1억 860.5만명(중국 전체 중 7.9%)이 거주하고 있다. 2013년 기준으로 징진지 GRDP는 약 6조 위안으로 중국 전체의 10.9%에 해당하며, 무역총액은 6,125.3억 달러로 중국 전체 무역규모의 14.7% 수준이다. 73)

징진지를 하나의 권역으로 묶어 발전시키려는 시도는 1986년부터 있었으나, 실질적으로 정부차원에서 추진된 계기는 2004년 2월, 중앙부처인 국가발전개혁위원회가 허베이 랑팡에서 개최한 '징진지 지역 경제발전 전략회의'가 기점이다. 2010년 8월에는 〈징진지 도시권 지역 규획〉을 통해 징진지 일체화에 대한 지역편성 방안이 제시되기도 했다. 이처럼 징진지 통합 계획은 30년 가까이 추진해 왔음에도 불구하고, 지역간의 경쟁, 통합 원동력 부족, 비효율적 산업구조 등 문제로 더디게 진행되어 왔다. 2015년 4월 30일, 시진핑 국가주석 주재로 열린 중앙정치국 회의에서 '징진지 협동발전규획강요(京津冀協同發展規劃綱要)'가 통과됐다.

징진지 프로젝트를 통해 중국 수도권의 다양한 산업, 교통, 환경 문제들을 통합적으로 해결한다는 구상이다. 그 핵심은 지역간 경제 격차를 줄이고 산업 기능을 재배치하는 것인데, 베이징, 톈진, 허베이의 산업 재배치와 지역일체화를 실현해 '중국의 수도권'으로 키울 방침이다. 2015년 2월 10일, 중앙재정경제영도소조에서 시진핑 주석은 베이징에 과도하게 집중된 기능과 인구를 분산하고 역내 산업 재배치를 통해 산업구조 최적화, 지속가능 발전을 목표로 할 것을 강조했다. 동 '규획'은 베이징에 집중된 인구 분산, 징진지 교통 일체화, 생태환경 보호, 산업 이전 등 부분에 초점을 맞춰 추진되고 있다. 구체적으로는 2020년까지 베이징에 거주하는 인구를 2300만 명으로 통제하고 일부 전통 제조업과 도매업, 대형 국유기업 및 일부 행정기관을 베이징 밖으로 이전한다. 이외 수도권 내 9,000㎞ 고속도로 건설, 9500㎞ 역내 철도 건설, 수도권 대기오염 방지를 공동협력 등도 포함돼 있다.

73) KIEP 북경사무소(2014.11.27), 징진지 공동발전 추진 동향.

이에 따라 베이징은 정치·문화·국제교류·과학기술 도시로, 톈진은 국제 항구도시 및 북방 금융 중심으로, 허베이는 북방 첨단 제조업 기지·물류기지·전략자원 비축 중심지로 특화되고 있다. 현재 베이징에 집중돼 있는 교통허브로서의 역할을 광역 교통망의 구축을 통해 톈진, 허베이로 분산시킬 계획이다. 허베이 역내 교통망 구축 가속화를 통해 공항, 항구와 허베이의 도시들의 연결을 강화하려 한다. 즉 현재 건설 중인 탕산(唐山)과 차오페뎬(曹妃甸) 항구를 이어주는 철도, 총길이는 92.5㎞, 투자예산은 93억4,000만 위안에 달한다.[74]

최근 베이징시가 밝힌 징진지 공동 발전의 구체적인 상황은 다음과 같다. 교통, 생태, 산업은 징진지 합동 발전이 주력한 3개 중점 분야이다. 13·5규획 기간(2016-2020)에 징진지 핵심구 1시간 교통권 형성, 공기 질 개선을 실현했다. 베이징에서 톈진·허베이로 흘러 들어간 기술 협력 체결 규모는 1,200억 위안을 돌파하였다. 징진지 합동 발전의 관건 부분이자 베이징의 '대도시병' 해소를 위한 돌파구로 비(非) 수도기능 완화가 실시되어 13·5규획 이래로 2020년 10월까지 총 2,154개 제조 기업이 베이징 밖으로 이전되었다.

14·5규획 기간(2021-2025)에 비수도기능을 이전하고 베이징시 부중심(副中心)과 슝안신구(雄安新区)의 동시 발전을 추진할 것이다. 2022 베이징 동계 올림픽, 동계 패럴림픽의 성공적인 개최에 전력을 다하고, 세계적인 광역 도시권 건설을 추진할 것이다. 산업 협력은 징진지 공동 발전의 관건이다. 첨단 장비와 중화학공업을 기반으로 베이징 현대화 산업 발전 시범구역을 중점적으로 건설하였다. 시우강(首钢), 진위(金隅) 등 시 산하 12개 주요 기업이 차오페이뎬(曹妃甸. 하북성 당산시 권역)에 자리를 잡았다. 빅데이터 산업 5개 프로젝트가 이미 가동되었으며 계약이 체결된 22개 프로젝트가 건설 중으로 산업집적화가 이루어졌다. 대건강(大健康), 전자상거래 전문 산업 클러스터와 국가 시범지역이 속속 조성되고 있다. 향후 징진지는 차세대 IT, 신에너지 지능형 커넥티드카, 바이오 산업 등 분야에서 상호 협력의 산업사슬 발전을 공동 추진할 것이다.

---

74) 글로벌 윈도우 KOTRA 해외정보(2015.5.11), 42조 위안이 투입될 징진지 프로젝트.

[그림 3-2] 징진지 위치도

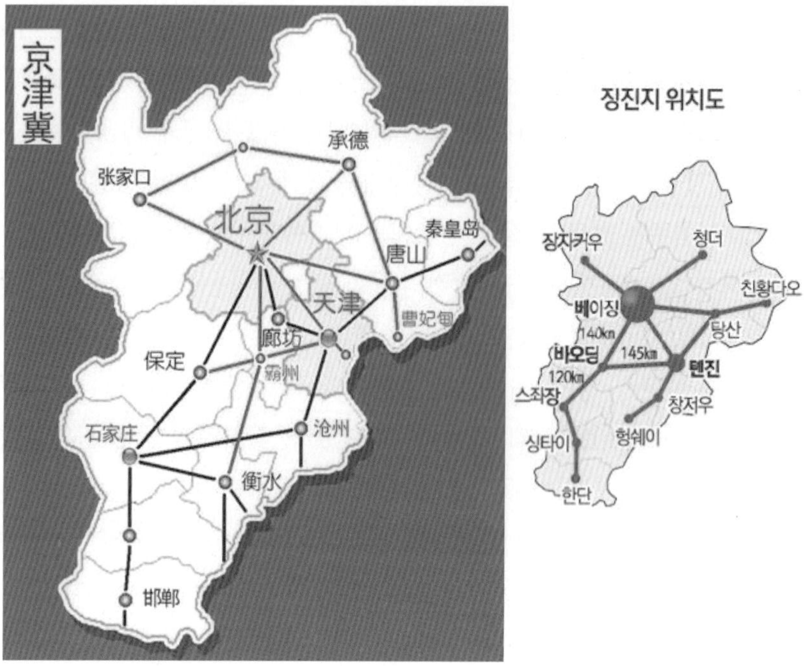

자료: 京津冀协同发展数据库 (www.jingjinjicn.com) (검색일자:2021.7.7)

(2) 천진시

천진시(天津. 톈진)의 옛 명칭은 직고(直沽)이며, 지리적으로 해하 · 위하 · 자아하의 교착점에 위치, 삼차구라고도 한다. 원대(수도: 북경)에는 직고성이 강남에서 오는 곡물을 운반하는 중심이 되었고, 이로 인해 직고 해운미창이 설치되었다. 1316년에는 '해빈진도'의 칭호를 얻어 해진이 설치되었다.

일설에는 명태조 주원장의 넷째 아들 주체(朱棣)가 조카의 손에서 황위를 찬탈할 당시, 군사를 이끌고 이곳 나루터를 건너게 됐는데 나중에 황제가 된 후 천자(天子)가 지났던 나루터라고 해서 천진(天津)이라고 했다. 천진항(天津港)은 강과 바다를 겸비한 항구로, 중국 최대의 인공항구이다. 남북길이는 10㎞이고, 동서길이는 67㎞이며, 면적은 200㎢이다.

'천자의 나루터'답게 톈진은 물의 도시다. 화이허(淮河)강 하구와 보하이(渤海)만 연안에 자리 잡고 있어 강과 바다에 동시에 맞닿아 있다. '중국의 젖줄'이라 불리는 황허(黃河)도 한때 톈진을 통해 바다로 흘러나가기도 했다. 수 나라 때 징항대운하(京杭大运河)가 완공된 이후 톈진은 남방의 식량과 물자의 운송을 위한 항구로서의 기능을 하기 시작했다. 특히 베이징이 수도가 된 원 나라 때부터는 징항대운하를 통한 조운과 해운의 급속한 발전으로 톈진은 강남 지역의 소금·차·식량·비단 등을 베이징으로 운송하는 물류의 중심으로 떠올랐다. 동시에 톈진은 베이징으로 통하는 해상관문으로 군사적 요충지로 여겨졌다.

하지만 톈진은 근대화 시기 파란만장한 역사 굴곡을 겪었다. 톈진은 1858년 영·불 연합군에 이어 1900년 러시아·이탈리아 등 8개국 연합군에 침략당해 서구 열강의 손아귀에 들어갔다. 톈진엔 최대 영·프·미·독·일 등 9개국 조계지가 들어섰다. 당시 총 조계면적은 1,541ha로 여의도 2배 면적에 가까웠다. 하이허 강변과 마창다오(馬場道) 등지로 조계지 흔적이 남아있다. 개항 후 톈진은 중국 북방 최대 개방도시가 됐다. 톈진은 당시 서구 문물을 수용해 부국강병하자는 양무(洋務)운동의 중심지였다. 군사·철로·전보·우편 등 방면에서 근대화가 진행되며 중국 제2대 상공업도시 및 북방 최대 금융 및 무역 중심도시가 됐다. 하지만 톈진은 중국 최초의 근대화 선봉도시였음에도 불구하고 신중국 설립 후 중국 경제발전에서 소외돼 장기간 침체돼 있었다. 개혁개방 이후 베이징·상하이·선전 등 경쟁도시가 빠르게 성장할 때에도 톈진은 여전히 직할시에 걸 맞는 경제력을 갖추지 못했다.

톈진시가 성장가도를 달리기 시작한 것은 후진타오·원자바오 4세대 지도부 출범 이후다. 특히 2006년 톈진 빈하이(濱海)신구가 11차 5개년 계획 국가발전전략에 포함되며 중국 경제 발전의 새로운 성장 축으로 부상했다. 첨단제조업·첨단기술산업·화공·항만물류·우주항공·레저휴양·비즈니스센터지구 등 8개 지구로 나뉘어 개발되고 있는 빈하이신구는 복합신도시 형태를 띠고 있다. 총면적 2,270㎢, 인구 263만명의 빈하이신구 GRDP는 2013년 8,020억 위안에 달해 2009년(3810억 위안)의 배 이상으로 늘었다. 1인당 GRDP는 5만 달러에 달한다. 삼성전자, 도요타, 모토로라, 에어버스 등 글로벌 500대 기업 중 150여곳이 소재하고 있다. 이는 세수우대, 행정 간소화, 투자유치 등과 같은 적극적인 정책이 뒷받침됐기 때문이다.

빈하이신구 발전에 힘입어 꾸준히 두자릿수 성장률을 기록하며 2011년 처음으로 GDP 1조 위안을 돌파했다. 2013년 12.5% 성장률을 기록하며 중국 31개 성시 중 1위를 기록했다. 톈진시 1인당 GRDP는 2013년 1만5,383달러로 2011년 베이징·상하이를 추월해 1위를 기록한 바 있다. 2014년초 베이징·톈진·허베이성을 하나로 묶는 수도권 개발계획 '징진지(京津冀) 개발 계획'이 발표되면서 톈진은 또 한 차례 도약하게 된다. [75]

2020년 기준 천진시 1인당 GRDP는 101,614위안으로 14,732달러에 달한다. 이는 중국 5위 수준이며, 높은 2차 산업 및 3차 산업 비중에서 견인되는 경제발전의 결과이다. 천진시 주요 공업으로는 우주항공, 석유화공, 장비제조, 전자정보, 생물제약, 에너지신소재, 방직과

75) 아주경제(2014.11.5), [중국도시를 읽다(25)] 황제의 나루터에서 제3 성장축으로 – 톈진.

국방 등 8대 중점 산업이 있다. 1994년에 설치된 빈하이신구가 2006년에 국가급신구로 승격되고, 다시 2014년에 승인된 톈진자유무역구 안에 포함되면서, 천진시는 금융, 물류, 서비스, 항운, 항공우주 등 산업을 중심으로 발전을 도모할 수 있게 되어 제2의 도약기를 맞이하고 있다.

□ 면적: 1.13만㎢ (중국전체 면적의 0.12%)
□ 인구: 1,387만명 (도시화율 94.15%)
□ 행정구역: 區15개, 縣 3개
□ 국가급 개발구: 天津경제기술개발구(1984년), 天津濱海하이테크산업개발구(1988년)

천진시는 중국 북방의 물류 허브로 세계 180개국 400여 개 항만과 연결(북경 대외무역 화물의 90% 이상을 처리)하고 있다. 북경, 하북성 및 중서부 14개 성시가 배후 경제권이며, 환발해만 경제권 중심축이다. 또한 북경-랑팡-텐진-탕샨 경제산업벨트의 해안 축이기도 하다. 천진시 도시개발계획(2005~2020년)에 따르면 천진은 북중국 물류허브의 단계를 뛰어넘어 유라시아 대륙횡단철도의 동쪽 출발점이란 장점을 이용, 국제물류허브 도약 추진하고 있다.

[표 3-4] 천진시 경제지표 (2020년)

GRDP*	산업구조			1인당 GRDP	
	1차산업	2차산업	3차산업	위안	US$
1.39	1.49	34.11	64.4	101,614	14,732
인구(만명)	인구 중국내 비중	도시화율(%)	부동산 개발투자*	수출*	수입*
1,387	0.98%	94.15	1.84%	1.71%	3.0%
수출입*	외상기업 투자액*	공업생산액*	소비품판매액*	중국 평균 1인당GDP 대비	
2.28%	3.51%	1.4%	0.91%	140.26% (72,447元. U$10,503)	

주: * 표기는 중국 내 비중을 나타냄. 도시화율 및 공업생산액은 2019년도 수치 기준임.
자료: 국가통계국 国家数据 (2021.6.22.)

천진시에는 21세기 중국의 신성장동력이 될 '빈하이신구'가 위치하고 있다. 중국 중앙정부는 상해 푸둥신구에 버금가는 국가급개발구를 이곳에 육성할 방침이다(빈하이신구 면적: 서울의 3.8배). 빈하이 신구내에서는 자동차, 장비제조, 석유화학, 무선통신, 기초소재, 친환경, 서비스 아웃소싱 등 분야가 중점 육성되고 있다. 또한 대형 건설 프로젝트가 추진되고 있는데, 베이장(北疆)발전소, 동장(東疆)항구, CBD(중심상무구), 임해산업구, 에어버스여객기 조립공장, 시노펙 정유공장 등이 있다. 중국 북부 최대항구인 텐진항 개발도 가속화 되고 있다. 텐진항은 세계 6위 규모로, 세계 20대 심수항 중 하나이다. 세계 16위 컨테이너 항구이며, 180여개국 400여 항만과 연결되어 있다. 중국정부는 12.5규획기간 중 텐진항을 북중국 해운물류허브로 육성할 계획이다.

천진시 내 무역업체들은 '브랜드'보다는 '가격'을 선호한다. 소규모 무역업체가 많아 가격경쟁력 높은 품목을 많이 찾는 편이다. 특히 북경-천진간 고속철(편도 30분) 개통으로 인해 물가가 비싼 북경 소비자들에게는 천진시가 실속 쇼핑족의 환영을 받는 원거리 시장이다. 의류, 화장품 가격이 북경에 비해 저렴해 명절, 휴일의 북경 쇼핑객 방문이 많은 편이다. [76]

[표 3-5] 천진시의 13·5 및 14·5 규획 핵심 정책 방향

13·5 규획	14·5 규획
① 신 현대신업체계 구축(징진지 산업 연계 협력) ② 혁신주도발전전략 심화 실시(징진지 국가급 대학 혁신기지, 징진지 인재 일체화 발전 시스템 구축) ③ 현대화된 도시 건설(징진지 도시권 건설) ④ 양질의 생태환경 조성 ⑤ 기본 공공서비스 균등화 촉진 등 민생 개선	① 징진지 협동발전 심화 추진 ② 과학기술 분야 혁신역량 강화 ③ 현대공업산업체계 구축 등 제조업(制造强市) 집중 육성 ④ 소비중심도시 건설 등 소비와 유효투자 확대를 통한 내수시스템 구축 ⑤ 개혁개방 심화

자료: KIEP(2021), 중국 환발해지역의 14·5 규획기간 경제정책 방향 및 전망, 기초자료 21-07(2021.5.24.).

1) 빈하이 신구(滨海新区)

빈하이 신구는 국가급 종합개혁 시범구이다. 빈하이 신구는 1994년에 출범하였으나, 2006년 국가급 발전 전략으로 승격하면서부터 본격적인 개발 및 개방 궤도에 올라서게 된다. 중국정부는 기존 경제개발이 동남부 연해지역에 치중되면서 상대적으로 다른 지역의 발전이 뒤처졌다고 보고 북경시와 천진시 및 하북성 탕산시(唐山)로 대표되는 환발해 경제권을 주목했다. 그 결과, 빈하이 신구를 국가급 종합 개혁시범구로 지정하게 된다.

2009년 9월에는 국무원의 비준 하에 탕구(塘沽), 한구(漢沽), 다강(大港)의 세 개 행정구역을 하나의 '빈하이 신구' 행정구로 재편성하여, 행정관리 체제를 개혁하였다. 이를 통해 행정효율을 높혔으며, 지역 자원의 통합으로 빈하이 신구 발전의 새로운 활력소가 되고 있다. 금융기업, 금융업무, 금융시장, 금융개방과 관련된 20대 중점 금융개혁이 완성 되었고, 새로운 20대 중점 금융개혁이 추가로 실시될 계 획이다. 금융 개혁의 추진으로 천진 증권거

76) KOTRA(2010), KOTRA가 바라본 중국 성시별 비즈니스 기회와 진출전략, 42쪽.

래소와 보하이 증권거래소가 운영되고 장외시장(OTC)이 설립 되었으며, 펀드사·펀드관리사·창업투자사가 잇따라 들어섰다. 중국 금융개혁의 시범무대로서의 빈하이 신구는 중국 정부의 적극적인 지원하에 동북아 금융허브 구축을 목표로 하고 있다.

또한 중국과 싱가포르가 공동으로 추진하고 있는 중신(中新)생태신도시 건설이 한창이며, 동쟝(東疆)보세항구 1기공사가 준공되고, 2기공사가 착공되었다. 동쟝보세항구는 중국에서 규모가 제일 크고 개방도도 가장 높다. 위자푸(于家堡)금융구와 샹뤄완(响螺湾)상업구, 국가 애니메이션 종합시범구, 하이테크산업구, 항구물류구, 항공산업구, 임해산업구, 관광구 등의 건설도 가속화 되고 있다.

[표 3-6] 천진시 빈하이 신구 개황

설립시기	1994년
종합개혁시범구 비준시기	2006년
위치	텐진시 동부 연해지역(도심에서 40㎞, 베이징에서 170㎞)
면적	2,270㎞2(텐진시 20%)
상주인구	202.8만 명(텐진시 17%)
주요 산업	전자·정보, 자동차, 제약, 석유화학
주요 입주기업	모토로라, 도요타 등 세계 500대 기업 중 208개 사 입주
GRDP(성장률)	3,810.76억 위안(23.5%↑)
누적 FDI(도착 기준)	300억 달러

자료: KIEP(2010), 천진시 빈하이 신구의 개발 및 개방을 중심으로, 중국 성별동향 브리핑 10-10호, 5쪽.

[그림 3-3] 텐진 빈하이 신구 위치 및 행정구역도

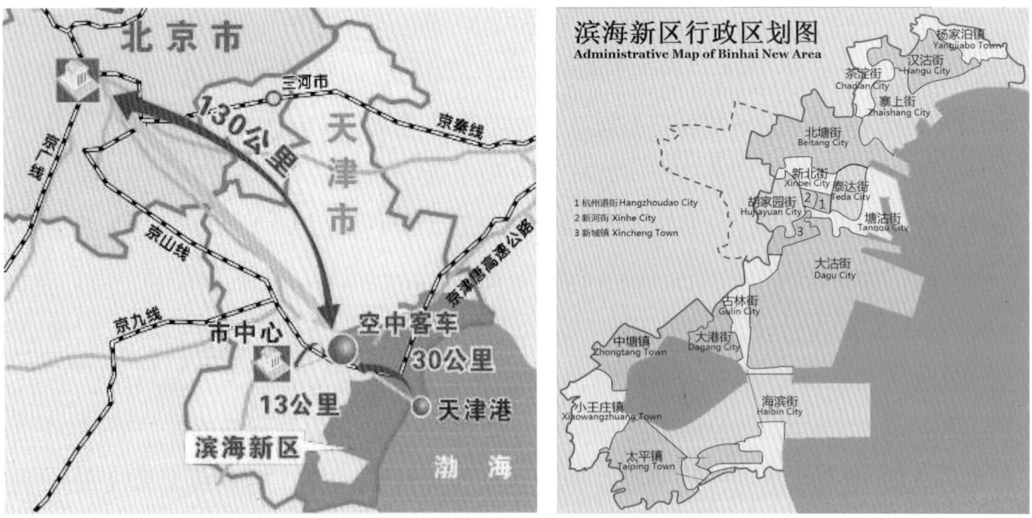

자료: 빈하이신구 인민정부 홈 페이지 (www.tjbh.gov.cn) (2021.7)

2) 톈진 자유무역시험구(天津自由贸易试验区)

자유무역구(FTZ: Free Trade Zone)는 한 국가 내에서 일반 관세지역에서 분리된 항구의 일정 지역으로 선박이 관세 수속을 거치지 않고 입항, 화물을 양육(揚陸), 환적할 수 있으며 세관의 수속 없이 화물을 장치(藏置), 재포장 및 가공해 재수출할 수 있는 지역을 말한다.

중국정부는 2014년 최초 설치한 상하이 자유무역시험구에 이어, 2014년 12월에 톈진(天津), 광둥(广东), 푸젠(福建)에 자유무역시험구 추가 설립을 결정했다. 추가 FTZ 선정에 있어서 중국 북방경제 발전 주도지역으로 지리적 전략적 요충지인 톈진을 선택했다. 톈진은 수도권광역발전프로젝트(징진지 일체화), 빈해신구개발프로젝트 등 국가급 주요 개발 프로젝트가 진행되는 지역이다. 아울러 중국 대외교역의 북방 중심지로서 뛰어난 제조업 생산 인프라와 해운·항만 등 발달된 물류 설비를 갖추고 있기 때문이다.

톈진FTZ는 중심상무구(CBD), 톈진항보세구(동강보세항구 포함), 톈진공항경제구로 구성되어 있다. 동강보세항구는 톈진항보세구의 핵심지역이며 외교 관련 체제와 금융체제 개혁의 요충지이다. 2011년 5월부터 동강은 국무원으로부터 북방 국제항운중심의 핵심기능구로 인정받았다. 공항경제구는 공항보세구의 핵심으로, 자유무역시험구에서 항공우주산업, 선진제조업과 물류업에 치중하여 기타 구역 산업과 상호 보조할 예정이다. 실제 베이징과 허베이의 물류산업이 이곳으로 이동하는 추세이기도 하다. 중심 상무구(CBD)는 금융 혁신의 시험무대로 발전할 계획이다. 베이징-톈진의 제2의 금융가로 조성하여, 베이징 금융산업 전이를 시도하고 동시에 리스, 팩토링 등의 신금융 중심지로 발전시킨다는 구상이다.

[표 3-7] 톈진 자유무역시험구 개황

지역	설립 시기	면적(㎢)	기능
빈하이신구 중심상무구	2010년 12월	46.9	금융혁신 중심 현대 서비스업
톈진항보세구 (동강보세항구)	1991년 5월 12일	30	국제항운 및 물류 핵심기능구
톈진공항경제구	2010년 2월 8일	43.1	항공우주산업, 선진제조업과 물류업

자료: KOTRA(2015.3.17), 글로벌 윈도우 KOTRA 해외정보, 톈진 자유무역구 추진 현황과 시사점.

2014년 12월 12일 국무원 상무위원회에서 톈진빈하이신구를 자유무역시험구로 정식 승인한 후, 2015년 4월 21일 중국 북방지역 유일의 자유무역시험구인 '중국톈진자유무역시험구'가 출범했다. 톈진은 북방 최대의 항구로, 세계 180여 개국과 400여 개 항만과 연결되는 해운 허브이다. 베이징 대외 무역액의 90% 이상을 톈진항에서 처리하고 있으며, 톈진항 처리 수출입 화물의 50% 이상이 톈진 이외의 지역에서 발생한다. 톈진공항은 중국 북부에서 가장 큰 항공화물운송센터로, 30여 개의 운항 노선 보유하고 있다. 77) 징진지 지역의 협력 개발을 위해 톈진에 고속도로, 철도 등 교통 인프라 투자가 본격적으로 이루어지고 있다. 현재 건설 중인 베이징-톈진 빈하이 도시간 철도(전장 171.74㎞ 최고속도 350㎞/h)는 2022년에 개통할 예정이며, 특히 빈하이신구의 교통망을 획기적으로 개선할 전망이다.

톈진은 중국 동부 연안지역뿐만 아니라 내륙지역으로의 진출을 도와주는 교두보 역할을 하고 있다. 톈진은 중국정부가 외자유치를 위한 다양한 투자우대정책을 펴며 국가중점 전략 개발지로 키워가는 곳이다. 현재 코카콜라, 에어버스 등 포천(Fortune) 글로벌 500대 기업 중 절반 이상의 외국기업과 삼성, 현대모비스, 금호타이어 등 한국 주요 기업 100여 곳이 톈진자유무역시험구에 위치해 있다. FDI기업들은 중국 내수시장 및 중앙아시아로의 진출을 위해 톈진FTZ를 물류운송의 관문으로서 이용 가능하다.

[그림 3-4] 톈진 자유무역시험구 위치도

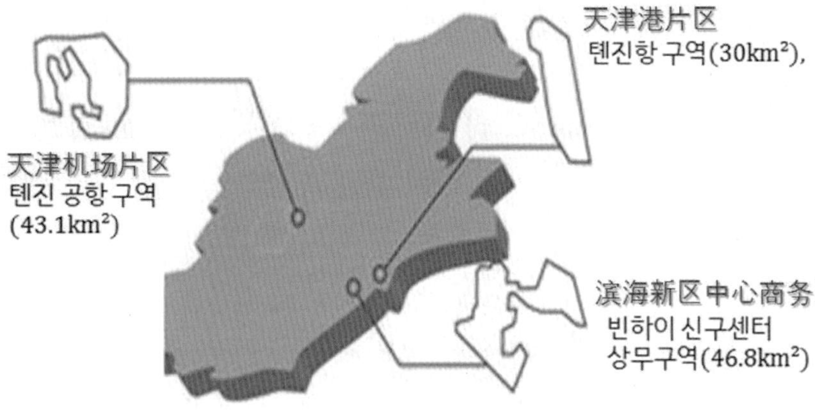

자료: KOTRA 해외시장뉴스 (2015.1.16.)

(3) 하북성

하북성(河北. 허베이)은 화베이(華北)평원 북부에 위치하며 내몽고 고원에 걸쳐있다. 북경과 천진을 둘러싸고 북쪽은 요녕성과 내몽고자치구, 서쪽은 산서성(山西省), 남쪽은 하남성 및 산동성과 인접하고 동으로는 발해만과 마주하고 있다. 화동, 화남, 서남 등의 지역이 이어지는 삼북(三北: 東北, 西北, 華北)의 중추지역이다. 기원전 중국을 9개 주(州)로 나눠

77) KOTRA 톈진무역관(2015.3.17./ 2015.9.24), 글로벌 윈도우 KOTRA 해외정보.

던 시기에 하북성은 기주(冀州)에 속하였다. 이를 연유로 지금도 하북성의 약칭을 지(冀. Ji)로 쓴다.

하북성은 동부 연해지역에 위치하였음에도 불구하고 장기간 중부지역과 비슷한 경제발전 수준에 머물러 있었으나, 최근 '연해강성(强省)'을 목표로 연해경제벨트를 구축하고 있으며, 성장 잠재력이 큰 지역으로 평가받고 있다. 최근 친황다오(秦黃島), 탕산(唐山), 창저우(滄州) 등 연해지역의 개발에 주력하고 있으며, 새로운 경제성장축이 형성되고 있다. 또한 중앙정부의 보하이만 육성정책의 일환으로 북경(京), 천진(津) 및 하북(冀)를 하나로 묶는 징진지(京津冀)경제권의 배후기지 역할을 담당하고 있다.

□ 면적: 19만㎢(중국 내 면적 12위)
  산지 37.4%, 고원 12.97%, 평원 30.49%, 해안선 487㎞
□ 성도(省都): 석가장(石家莊)
□ 지형: 중국에서 유일하게 해변, 평원, 호수, 구릉, 산지, 고원 등이 함께 있는 지세를 가지고 있다. 관할지역이 동부 연해지역 화베이평원에 위치하고, 내몽고 고원에 걸쳐있다.
□ 기후: 온대 대륙성 계절풍 기후, 연평균 0~13℃, 강수량 300~800㎜
□ 행정구역: 地級市 11개, 區 36개, 縣級 130개(市 22개, 縣108개)
□ 국가급 개발구: 친황다오(秦皇島)경제기술개발구(1984년), 석가장(石家莊)하이테크산업개발구 (1991년), 바오딩(保定)하이테크산업개발구(1992년), 슝안신구(2017년).

2020년 인구 7,461만명의 하북성은 베이징시와 톈진시에 인접해 있음에도 도시화율이 58.74%로 중국 평균치(60.88%)보다 2.14%포인트나 낮은 수준이다. 특히 허베이성의 1인당 GRDP 수준은 중국 평균치의 67%에 불과하다. 동북권과 화북권에서 허베이성 보다 낮은 지역은 흑룡강성 한 곳 뿐이다.

하북성의 주요 산업은 장비, 철강, 석유가공, 식품, 방직, 하이테크, 에너지 등이다. 하북성은 중국 최대 철강, 선철(쇳물), 강재 생산기지로서 중국 생산의 1/5을 차지하고 있다. 해외관광객은 연 97.7만명 수준이며, 관광외화수입은 3.5억 달러이다. 성내에 국가급 역사문화유명 도시로 한단(邯鄲), 바오딩(保定), 청더(承德), 정딩(正定), 산하이관(山海關) 등이 있다.

주요 교역상품을 보면 수출로는 철강제품(철 및 비합금), 열연강판, 플라스틱, 피혁·의류와 가죽제품, 자동차 부품 등이며, 수입으로는 철광석, 원유, 대두, 면화, 실리콘, 선박, 철강재 등이 있다.

[표 3-8] 하북성 경제지표 (2020년)

<table>
<tr><th rowspan="2">GRDP*</th><th colspan="3">산업구조</th><th colspan="2">1인당 GRDP</th></tr>
<tr><th>1차산업</th><th>2차산업</th><th>3차산업</th><th>위안</th><th>US$</th></tr>
<tr><td>3.58%</td><td>10.72</td><td>37.55</td><td>51.73</td><td>48,564</td><td>7,040</td></tr>
<tr><th>인구(만명)</th><th>인구 중국내 비중</th><th>도시화율(%)</th><th>부동산 개발투자*</th><th>수출*</th><th>수입*</th></tr>
<tr><td>7,461</td><td>5.29%</td><td>58.74</td><td>3.25%</td><td>1.41%</td><td>1.33%</td></tr>
<tr><th>수출입*</th><th>외상기업 투자액*</th><th>공업생산액*</th><th>소비품판매액*</th><th colspan="2">중국 평균 1인당GDP 대비</th></tr>
<tr><td>1.37%</td><td>1.8%</td><td>3.62%</td><td>3.24%</td><td colspan="2">67%
(72,447元. U$10,503)</td></tr>
<tr><th colspan="2">석가장 GRDP**</th><th colspan="2">석가장 인구(만명)</th><td colspan="2" rowspan="2"></td></tr>
<tr><td colspan="2">16.4%</td><td colspan="2">1,123</td></tr>
</table>

주: *중국 내 비중을, **성내 비중을 나타냄. 도시화율 및 공업생산액은 2019년도 수치 기준임.
자료: 국가통계국 国家数据 (2021.6.22.)

하북성의 발전전략은 북경시와 천진시의 배후 기지로서의 역할을 수행하여 지역간 협력을 강화함과 동시에, '환수도 경제권'을 구축하는 것이다. '환수도 경제권'은 청더(承德), 장자커우, 랑팡(廊坊), 바오딩 등 4개 지급시 권역을 포함하고 있으며, 북경시와 맞닿아 있고, 교통이 편리한 14개 현으로 구성되어 있다. 이들 14개 현에 양로, 건강, 레저, 웰빙, 관광 농업, 유기농 채소를 테마로한 6대기지를 설립하여 新산업지대로 육성할 계획이다.

연해경제벨트와 지중난(冀中南) 경제구의 발전 가속화, 천억 위안급 산업단지 개발구 및 기업그룹의 육성도 12·5규획 기간, 하북성의 중요한 지역 발전전략이다. 연해경제벨트는 친황다오(秦皇島), 탕산(唐山), 창저우(滄州) 3개 도시를 가리키며, 지중난 경제구는 하북성 중부 및 남부 도시인 스자좡(石家庄) 헝수이(衡水) 싱타이(邢台) 한단(邯鄲) 4개 도시를 가리킨다.

이밖에 교통 인프라면에서 스좌좡 공항을 수리 확충하여 지역내 중추공항 및 북경시 예비공항으로 건설하며, 각 시에 모두 고속철도를 개통해 북경시를 중심으로 1시간 경제권을, 스자좡을 중심으로 2시간 경제권을 형성하고 있다.

베이징시, 톈진시와 비교하여 허베이성의 낮은 도시화율은 허베이 내 지역발전이 매우 불균형한데 기인한다. 허베이성의 11개 도시의 발전수준이 매우 불균형하다. 도시화발전종합순위는 탕산(唐山), 친황다오(秦皇岛), 스자좡(石家庄), 랑팡(廊坊), 한단(邯郸), 창저우(沧州), 바오딩(保定), 청더(承德), 싱타이(邢台), 장자커우(张家口), 헝수이(衡水) 순이다.

COVID-19 영향에서 벗어난 2021년 상반기 허베이성 경제성장률은 9.9%를 기록했다. 공업생산 실적은 전년동기비 8.7% 증가했으며, 이중에서 첨단기술산업과 첨단 장비제조업

생산실적은 각각 19.2%, 18.3% 증가했다. 서비스업의 경제성장 공헌율은 66.4%까지 제고되었다. 도시민 가처분 소득도 11.5% 증가했으며, 무역액과 소매판매총액은 각각 29.9%, 13.2% 증가했다. 78)

[그림 3-5] 하북성 위치도 및 주요 도시

자료: 두피디아 (2021.6)

□ 하북성 14·5 규획(2021~2025)

허베이성 정부는 향후 5년간 ① 슝안신구 건설 가속화, ② 중점·미래산업 산업사슬 구축 및 공급망 안전 관리 강화, ③ 혁신 플랫폼 조성에 집중할 계획이다. 허베이는 슝안신구를 2035년까지 친환경 스마트시티로 건설할 계획으로, 14·5 규획기간 주요 개발구역을 중심으로 스마트시티·스펀지시티79)·교통네트워크·환경보호·공공서비스 등의 영역에서 중대 프로젝트가 추진될 예정이다.

수소에너지 산업을 비롯한 18개 중점산업과 블록체인·양자통신 등 미래산업의 산업사슬을 구축하고, 'R&D 설계-생산제조-A/S' 전 단계의 공급체계를 완비하고자 한다. 슝안신구에 '과학기술 자유항(科技自由港)'을 건설하고 국가중점실험실 등 국가급 혁신 플랫폼을

78) 河北经济日报 (2021.7.25.)

79) 스펀지시티는 저수지, 여과시설, 습지 등 침투 가능한 노면을 개발해 빗물이 지하로 침투되도록 하고, 배수시스템을 통해 침투된 물을 빼내어 저장한 뒤 수시로 사용할 수 있게 하는 방식을 적용한 도시를 의미하고, 스펀지시티의 조성은 홍수를 예방하는 동시에 물 부족을 해결하는 방안으로 활용됨.

집적시켜 자체 과학기술역량 강화할 계획이다. 동시에 베이징과 톈진의 풍부한 원천기술과 연계해 허베이에 중간시험기지를 건설하고, 징진지 '과학기술 성과전환 프로젝트 데이터베이스(项目库)'를 공동 구축해 역내 기술시장 통합 추진하려 하고 있다.

[표 3-9] 하북성의 14·5 규획 주요 과제

주요 과제	세부 내용
징진지 협동발전 추진: 슝안신구 건설 가속화	• 징진지 협동발전의 새로운 구도 구축 - 산업 전환·업그레이드, 신형도시화, 생태환경, 상업·무역·물류 관련 시범지역 건설 - 허베이성 랑팡(廊坊市)과 베이징시 부도심(퉁저우) 간 협력 강화 - 징진지 역내 베이징의 산업이전, 교통네트워크(교통·물류체계), 환경보호, 요소시장(인력·물류·정보)연계 협력 추진 • 슝안신구 건설: 초기·중점 개발구역을 중심으로 스마트시티, 스펀지시티, 교통네트워크, 수자원, 환경보호, 공공 서비스 영역 중대공정 추진 - 베이징의 '비수도 기능 이전 프로젝트 리스트' 중 대학, 의료 및 금융기관 등을 슝안신구로 이전하는 사업 공동 추진 • 2022년 베이징 동계올림픽 및 패럴림픽 개최 준비 - 올림픽 경기장 건설·홍보, 동계올림픽 이후 경기장 활용(컨벤션, 포럼 개최) 계획 수립, 빙설산업 육성 - 올림픽 경기장이 위치한 장자커우에 국가 신재생에너지 시범지역 건설, 국가급 수소산업 시범도시 조성
현대산업 체계 발전과 경제시스템 최적화	• 산업사슬, 공급사슬 현대화 수준 제고 - 수소에너지 산업을 비롯한 18개 중점산업과 미래산업(블록체인, 테라헤르츠파, 양자통신)의 산업사슬 구축 - 공급사슬의 안전관리 강화, 업종별 전략 설계, 'R&D 설계-생산제조-A/S' 전 단계의 공급체계 완비 • 전략적 신흥산업: 스마트 정보기술, 바이오의약, 첨단장비제조, 신에너지, 신소재, 철강, 석유화학, 식품, 문화·체육·관광, 도시농업 등 산업의 클러스터 구축 • 선진 서비스업: 금융, 공업설계, 선진물류, 비즈니스·자문 등 생산자 서비스업 전문화, 건강, 양로, 출산· 육아,가사, 택배 등 소비자 서비스업 업그레이드 • 디지털 경제 발전: '클라우드 컴퓨팅·빅데이터 응용·스마트화(上云用数赋智)' 계획 추진, 인프라의 디지털화, 통일된 데이터 공유·개방 플랫폼 구축, '디지털 농촌' 프로젝트 시행, 슝안신구·스자좡(石家庄)·장자커우 화이라이(怀来)에 각각 디지털 경제 관련 시범·산업단지, 빅데이터 산업기지 구축
혁신주도 발전 견지	• 과학기술자원 역량 최적화: 과학기술 핵심지역(科技强省) 계획 추진, 허베이성 실험실 건설(기초 및 응용연구), 기술 및 지식재산권 시장체계 구축, 인공지능, 생명과학, 공간기술 등 분야 과학기술 프로젝트 추진 • 혁신 플랫폼 조성: ①슝안 '과학기술 자유항' 건설(국가중점실험실 등 국가급 혁신 플랫폼 배치, 국제 과학기술 혁신 협력시범지역 육성) ②베이징과 톈진의 원천혁신 기술과 연계해 허베이성에 중간시험기지 건설 ③징진지 지역 '과학기술 성과전환 프로젝트 데이터베이스(项目库)' 공동 구축, 역내 기술시장 통합 추진 • 기업 기술혁신 역량 제고: 산학연 융합 추진(과학기술·교육·산업·금융이 융합된 혁신 체계 구축), 기업 주도의 혁신 연합체 조성 지원(신기술 대규모 응용, 기술 교체

주요 과제	세부 내용
	및 업그레이드), 혁신 기업 육성 • 혁신 인재 육성: '허베이 인재 강화(人才强冀)' 전략 추진, 직업기술대학 건설, 엔지니어 집중 육성 • 과학기술혁신 체계 구축: 종합 서비스 체계 마련(과학기술·산업·재정·금융정책 유기적 연계, 전문 공공서비스 플랫폼 구축), 과학기술 프로젝트 관리방식 개선1), 민군융합(민군 양측 핵심기술 R&D와 혁신성과 공유지원)

자료: KIEP(2021), 중국 환발해지역의 14·5 규획기간 경제정책 방향 및 전망, 기초자료 21-07(2021.5.24.).

1) 슝안신구(雄安新区)

2021년 4월 1일, 슝안신구(雄安新区)가 건설 4주년을 맞이했다. 베이징에서 남서쪽으로 105㎞ 떨어진 슝안신구는 선전경제특구와 상하이 푸둥신구(浦东新区)의 뒤를 잇는 국가급 경제특구로서, 과밀화된 수도 베이징의 기능을 분산하기 위해 시진핑 지도부가 2017년 4월부터 추진해온 프로젝트이다. 2017년 4월 1일, 중국 공산낭 중앙위원회와 국무원은 허베이 슝안신구 건립을 결정했다. 2018년 12월에는 국무원이 《허베이 슝안신구 총체계획, 2018~2035년》을 발표하고, 초기 100㎡ 규모로 추진되던 계획은 범위가 점차 확대돼 2035년까지 2,000㎡ 면적에 걸쳐 녹색 · 혁신 · 스마트 3대 기능을 갖춘 특구를 완공할 계획이다.

'총체계획'이 발표된 후, 슝안신구에는 시정(市政) 인프라, 생태 공정, 공공서비스 등을 포함한 중대 프로젝트가 추진 중이다. 최근 개최된 국가발전개혁위원회 브리핑에서 멍웨이(孟玮) 대변인은 슝안신구의 다음 단계에는 상징성을 갖는 비(非) 수도 기능 이전 프로젝트가 자리 잡도록 할 것이라고 밝혔다. 슝안신구는 인프라 건설을 우선 진행하고, 도시 건설 단계에서 '디지털 도시'를 함께 구축할 예정이며, 2,035억 위안을 투입해 125개의 중대 프로젝트를 가동할 계획이다. 2021년 연내 입주를 앞두고 내부공사가 한창인 아파트가 총 830여 개 동에 달하고, 외곽선과 주요 도로망이 점차 모습을 갖춰가고 있다.

2020년에는 징슝(京雄, 베이징-슝안) 도시 간 철도가 개통돼 베이징서(北京西)역에서 슝안역까지 50분이면 도착할 수 있다. 또한 징슝상(京雄商, 베이징-슝안신구-상추시) 고속철도, 징슝고속도로, 룽우고속도로(荣乌高速新线) 신노선, 징더고속도로(京德高速) 1기 등이 완공을 목표로 추진중이다. 4개 시장화 지역의 종합개발이 빠르게 추진 중이며 시정 인프라, 공공서비스, 공원녹화, 비즈니스 사무실 등 시설 프로젝트의 추진이 가속화되고 있다. 2021년 4월, 비즈니스 서비스센터 프로젝트(컨벤션센터)의 전기설비 완공률은 97%, 비즈니스 오피스 · 상업빌딩 · 아파트 · 비즈니스호텔 · 유치원 등의 전기설비 완공률은 65%에 달한다.

슝안신구의 생태환경 관리도 가시적 성과를 거두고 있다. 바이양뎬(白洋淀, 허베이 최대 담수호) 생태환경 관리 및 보호를 강화하기 위해 '바이양뎬 관리 14·5규획 실시방안'과 '2021년 행동계획'을 제정했다. 2021년 4월부터는 슝안신구 첫 번째 지방법규인《바이양뎬 생태환경 관리 및 보호조례》가 시행되었다. 바이양뎬 복원 및 보호를 통해 슝안신구의 홍수예방과 생태안전을 보장하는 것을 목표로 한다. 슝안신구는 최근 홍수방지 및 배수 시스템 구축을 서두르고 있다. 현재 슝안신구에 5G가 개통되어 천 · 지 · 바이양뎬호(天地淀) 일체화 모니터링이 가능하다. 드론이나 무인 배와 5G 통신기술을 결합한 5G/VR 모니터링으로 실시간 수질환경을 분석하고 있다. 현재까지 606개의 오염된 저수지가 정비되었고, 바이양뎬 중심의 수질은 기존의 V등급에서 IV등급으로 개선되었다.

슝안신구의 공공관리 서비스품질도 개선되었다. 2018년 5월 30일에 설립된 슝안신구 공공서비스센터(雄安新区政务服务中心)는 기업의 투자 프로젝트 허가, 시장주체 진입, 공공자원거래 및 면허수령, 세무, 통신, 우편, 전력 등 편의 서비스를 처리할 수 있는 34개의 창구를 개설했다. 슝안신구는 산업 포지션에 부합하는 베이징 출신 기업에 '그린 통로'를 개설하고, 기업을 위한 '원 윈도우' 플랫폼을 개설해 '도장 한 번으로 끝내는 1일 기업 설립 시스템'을 실현했다. 아울러 슝안신구 '즉시 처리' 판공실도 설립했다.

[그림 3-6] 슝안신구 위치도 및 현황

자료: 중앙일보(2019.5.27.)

(4) 산서성

현재 산서성(山西. 산시) 지역은 상고(上古)시대에 요(堯)·순(舜)·우(禹) 황제가 서남부에 堯都平陽(현재 臨汾), 舜都蒲阪(현재 永濟), 禹都安邑(현재 夏縣)에 도읍을 정했다. 춘추전국시대(B.C.770~B.C.221)에 산서성 대부분 지역이 진(晉)나라의 관할이었으며, 전국시대 초기 한(韓)·조(趙)·위(魏)씨 집안이 晉나라를 분할하여 三晉이라고도 불린다. 산서성은 진(秦)·한(漢)·위(魏)·진(晉)시대에 정치, 군사, 경제, 문화 등 각 방면에 중요한 역할을 수행했던 고도(古都)이다.[80] 약칭은 춘추시대 진나라의 땅이었으므로 진(晉)이라 한다.

수나라 말 이세민(당태종)이 타이위안(太原)에서 군사를 일으켜 당나라를 건국했으며, 원대(元)에는 11개 성 중 산서, 산동, 하북을 '복지(腹地- 중심지역)'로 지정하고, 다퉁(大同), 핑양(平陽, 현재 臨汾), 타이위안이 황허(黃河) 유역의 수도가 되었다. 명(明)대에 이르러서는 진상(晋商)이라 불리우는 산서상인이 중심이 되어, 상업이 흥성하였다. 대동시 운강석굴(雲崗石窟), 평요고성(平遙古城), 오대산(五台山) 등은 UNESCO 세계유산으로 지정되어 있다.

동으로 하북성, 서로 섬서성, 남으로 하남성, 북으로 내몽고자치구와 인접, 북경에서 500여㎞ 떨어져 있다. 산서성의 지명은 타이항산(太行山)의 서쪽에 위치하여 기원된 지명으로, 산동(山東)은 타이항산 동쪽에 있다하여 산동이 되었다. 산서성은 7대경제구 구분법에서는 화북권에 속하지만, 중부굴기 정책 해당지역인 6개 성 중 하나이다.

2020년 산서성의 1·2·3차 산업 비중을 보면, 5.36:43.48:51.15로 중국 31개 지역 중 2차산업 비중이 두 번째로 높았다. 이는 석탄 및 관련 산업 비중이 높은 것에 기인한다. 그러나 최근 수년간 석탄업 비중을 줄이기 위해 노력한 결과, 2차산업 비중은 2014년 49.3에서 대폭 낮아진(5.82 포인트) 수준이다. 그러나 2020년 중국 전체 1·2·3차 산업 비중은 7.7:37.8:54.5로, 이와 비교하면 산서성의 2차산업 비중은 5.68포인트나 높은 것을 알 수 있다.

이외에도 산서성은 밀, 쌀, 조, 수수, 감자, 고구마, 포도, 면화, 사탕무, 황기, 상당인삼 등을 생산하며, 大同, 太原, 忻州, 臨汾, 運城 등 분지지역이 주요 농산물 생산지이다. 중국 최대의 석탄 생산지(중국전체의 27.6%. 2020년)로, 석탄, 철강, 기계, 전력, 화학을 근간으로 제강, 시멘트, 전력, 합금 등 에너지 소모가 높고 오염이 많이 발생하는 낙후산업이 중심에 있다. 4대 전통공업인 석탄공업, 야금공업, 코크스공업, 전력공업이 발달해 있다.

---

80) 陝西省(섬서성)과 山西省(산서성)의 중국어 발음(한어병음)은 모두 동일하게 'ShanXi'로 표기된다. 그러나 혼동을 피하기 위해 우리 일부 언론에서 陝西省은 '샨시성'으로, 山西省은 '산시성'으로 표기하는 바, 이에 따랐다. 〈中國統計年鑑〉 영문판 역시, 산서성은 'ShanXi' 로 섬서성은 'ShaanXi' 로 달리 표기하고 있다.

□ 면적: 16만㎢, 동서 290㎞, 남북 550㎞, 한국의 1.5배 크기

□ 성도(省都): 타이위안(太原)

□ 지형: 산지, 구릉, 고원, 분지, 대지 등 다양한 지형. 산지와 구릉이 총면적의 80%를 차지, 대부분이 해발 1,000m이상이며, 황허(黃河)가 山西省 19개縣, 954㎞를 관통한다.

□ 기후: 연평균 기온 3~14℃, 연평균 강수량 400~650㎜. 대륙성 온대기후, 여름철 폭염과 겨울철 혹한이 없음

□ 행정구역: 地級市 11개, 縣級 96개(市 11개, 縣 85개)

□ 국가급 개발구: 타이위안 하이테크산업개발구(1991년), 타이위안경제기술개발구(1992년)

[표 3-10] 산서성 경제지표 (2020년)

GRDP*	산업구조			1인당 GRDP	
	1차산업	2차산업	3차산업	위안	US$
1.74%	5.36	43.48	51.15	50,528	7,325
인구(만명)	인구 중국내 비중	도시화율(%)	부동산 개발투자*	수출*	수입*
3,492	2.48%	63.51	1.29%	0.49%	0.44%
수출입*	외상기업 투자액*	공업생산액*	소비품판매액*	중국 평균 1인당GDP 대비	
0.47%	0.79%	2.11%	1.72%	69.74% (72,447元. U$10,503)	
태원시 GRDP**		태원시 인구(만명)			
23.5%		446.19			

주: *중국 내 비중을, **성내 비중을 나타냄. 도시화율 및 공업생산액은 2019년도 수치 기준임.
자료: 국가통계국 国家数据 (2021.6.22.)

□ 타이위안

산시성은 황하문명의 발원지이자 불교 성지이기도 하다. 근대 역사를 보려면 베이징을 5,000년 역사를 보려면 산시로 가라는 말이 있을 정도로 중국 문화 발전사에서 산시성이 가지는 의미는 크다. 특히 산시성의 수도인 타이위안은 중원의 군사 요충지로 중요한 역할을 담당했다. 산시성은 춘추전국 시대 진(晉) 나라의 발원지다. 당시 타이위안은 진양(晉陽)이라 불리며 진 왕조에 속해 있었다. 오늘 날 산시성을 약칭할 때 '진'이라는 글자를 쓰는 것도 이 때문이다. 춘추전국시대 이후 진은 한(漢) 위(魏) 조(趙) 삼국으로 분열됐으며, 당시 조나라는 타이위안을 수도로 삼았다. 수 나라 때 타이위안은 수도 장안(현재 시안)과 함께 양대 도시로 불렸다. 훗날 당 나라를 세운 이양(당 고조)-이세민(당 태종) 부자가 봉기한 곳도 타이위안이다. 당 나라 때 타이위안은 수도 장안과 동쪽의 뤄양(洛陽)과 함께 당나라 삼도(三都)로 불렸을 정도로 번성했다.

타이위안을 비롯한 산시성 지역 경제가 본격적으로 발전하기 시작한 것은 명(明)·청(淸)나라 때 이르러서다. 당시 '산시상인'이라 불리던 진상(晉商)의 역할이 크다. 진상은 후이상(徽商 안후이성 상인)과 함께 당시 중국경제를 장악했다. 진상은 소금, 차, 상품 및 화물 운송 등에서 두각을 나타냈으며 전국 및 해외에까지 지점을 둔 사영 금융기관인 표호(票号)를 운영했다. 청말 8국 연합군이 원명원을 불태운 후 중국에 배상금을 요구할 때 서태후가 돈을 빌리려 했던 곳도 바로 진상이었을 정도로 경제력이 막강했다. 그러나 중화민국 초기 물밀듯 들어오는 현대적인 은행 시스템과의 경쟁에서 밀려난 진상의 금융업은 몰락하고 말았다.

풍부한 광물 자원에 힘입어 타이위안은 신중국 초기부터 주요 공업생산 기지 역할을 하며 안정적인 경제성장을 이어갔다. 하지만 그 동안 석탄에 의존해 경제 발전을 이어온 타이위안도 최근 들어 경제 발전모델 구조조정에 따른 과도기적 어려움을 면하지 못하고 있다. 2020년 산서성은 3.6% 성장을 기록하여, COVID-19에도 불구하고 비교적 양호한 실적을 보였다. 그럼에도 불구하고 석탄에 대한 높은 의존도로 인해 석탄 및 철강업 경기에 큰 영향을 받는다. 따라서 COVID-19에 따른 경기둔화와 구조조정에 따른 어려움에 직면하고 있다. 게다가 무차별하게 이뤄진 탄광 개발에 따른 도시 환경오염도 해결해야 할 문제이다.[81)]

□ 산시성의 자원 중심 발전 전략

산서성은 광물자원의 보고이다. 산서성은 '매해(煤海, 석탄의 바다)'로 지칭되며, 석탄 매장량은 전국 1위이다. 반면, 환경정비 및 산업고도화 위해 탄광산업 구조조정을 추진하고 있다. 2007년에 산서성 린펀(臨汾)과 천진(天津)이 전세계 10대 오염도시로 선정되는 등 오염이 심각하다.

전체 면적의 40% 이상이 석탄 산지인 산서성은 중국 최대의 석탄 생산 및 공급기지로 석탄산업에 대한 의존도가 매우 높다. 중국 건국 이래 60여 년간 120억 톤(중국 누적 총생산량의 1/4)이상의 석탄이 산서성에서 생산되었으며, 이중 68%에 달하는 80여억 톤이 중국 내 타지역으로 운송되었다.

중국의 1차 에너지 소비량 중에서 석탄이 차지하는 비중은 76%로 중요한 에너지 자원이며, 이에 대한 산서성의 기여는 매우 크다. 내몽고자치구도 석탄 생산 대성(大省)이다. 2020년에는 산서성이 생산 1위(10.6억톤)였지만, 2019년에는 내몽고자치구 생산량(10.8억톤)이 1위였다. 두 지역 간의 격차는 크지 않다.

· 매장량: 석탄 1,055억 톤, 철광 6.2억 톤(전국 7위), 동 156만 톤(전국 7위)

---

81) 아주경제(2014.10.1), [중국도시를 읽다(22)] 오염·비리로 얼룩진 타이위안의 새로운 도전.

[표 3-11] 산서성의 주요 광물자원

광 물	매 장 량	광 물	매 장 량
석 탄	1,055.5억 톤	철광	5.8억 톤
망간광	12.9만 톤	동광	272.5만 톤
유철광	1,996.8만 톤	보크사이트광	11,472.4만 톤
카올린광	160.2만 톤	납	1.5만 톤

자료: 산서성 통계연감(2009)

2019년에는 과잉 석탄 생산능력을 3,090만 톤 감축했다. 산서성 정부에 따르면 2017~2019년 3년 간 누적된 감축량은 8,841만 톤에 달했다. 또한 코크스(철강용 석탄)와 철강의 과잉생산능력을 각각 691만 톤, 225만 톤 감축했으며, 203만 3,000킬로와트(kW)에 달하는 석탄 발전설비를 폐쇄했다. 또한, 량자오이즈(两交一直)[82] 특수고압 전력수송 파이프를 구축해 외부 수송 능력이 3,830만 킬로와트에 달했다.

러우양성 산서성 성장은 석탄층 가스, 태양광 발전, 풍력 발전, 수소 에너지 등 청정에너지와 신에너지의 발전을 가속화한 결과, 석탄층 가스의 지면 추출량이 중국 전체의 90%가 넘는 비중을 차지하고 있으며, 신에너지 발전소 설비의 성(省) 전체 전력설비 비중이 30%를 돌파했다고 밝혔다. 또한, 태양광 선두기업의 발전 규모가 중국 전체 1위를 차지했으며, 수소 에너지 산업 육성에도 박차를 가하고 있다. 2020년에 산서성은 풍력 에너지, 태양 에너지, 바이오 에너지, 지열 에너지 등 신에너지 개발을 대대적으로 추진하고, 수소 에너지의 개발과 이용을 가속화하며, 신에너지의 지속가능한 발전 능력을 확대하겠다는 목표를 제시했다.

2010년 산서성 내 연간 매출액 500만 위안 이상의 공업기업이 달성한 총이윤은 845억 위안이며, 그중 석탄 관련기업이 달성한 이윤은 744억 위안으로 총이윤의 88%를 차지하고 있다. 또한 산서성의 대다수 사람들이 직·간접적으로 석탄과 관련된 업종에 종사하는 상황이다.

산서성의 발전전략은 이러한 석탄 관련산업에서 탈피하여 새로운 성장동력을 찾는 것과 석탄 연관산업을 저오염, 저에너지 소비, 고효율 산업으로 전환시키는데 초점을 맞추고 있다. 2008년말 미국발 글로벌 금융위기의 타격이 컸던 산서성은 기존의 자원 의존적인 단일화된 경제구조를 다원화하고 구조조정을 본격적으로 추진하여 왔다. 산서성의 2008~2009년 GRDP 성장률은 중국 31개 성 중에서 가장 낮았으며(8.5%, 5.4%), 이는 석탄자원에만 의

82) 량자오이즈(两交一直): 량자오(两交)는 네이멍구 서부(蒙西)~진베이(晋北)~톈진 남부(天津南)와 수헝(榆横)~진중(晋中)~산둥(山东)~웨이팡(濰坊)을 잇는 2개의 전력수송 파이프를 지칭하며, 이즈(一直)는 산시(山西)·장쑤(江苏)를 잇는 1개의 전력수송 직류파이프를 가리킴.

존하는 산서성의 독특한 산업구조 때문이다. 산서성 2차 산업의 80%이상, 중공업의 90% 이상이 석탄 관련산업이고 산서성의 119개 현급 도시 중 91개 지역에서 석탄 생산을 하고 있으며, 산서성 재정수입의 40~50% 이상이 석탄 등에 기인하기 때문이다.

[그림 3-7] 산서성(산시성) 위치도

자료: 두피디아 (2021.6).

(5) 내몽고자치구

내몽고자치구(內蒙古自治區. 네이멍구)는 당(唐)대 돌궐족(突厥)이 거주했고, 송(宋)대에 몽고부락이 등장하였으며, 원(元)대에는 중서성(中書省) 영북행성(嶺北行省)에 직속되었다. 명(明)대에 단달(韃靼)족 혹 와랄(瓦剌)족으로 나뉘었다. 청(淸)대에 내몽고지역이 통일되고, 漠南몽고 거주구역을 내몽고, 漠北몽고 거주구역을 외몽고라 칭하고, 이번원(理藩院: 淸대 몽고, 티베트 구역을 관장하던 관서) 관할에 속하였다. 중화민국 초기 열하(熱河), 차하얼(察哈爾), 수원(綏遠) 등 특별구역으로 분할되고 나중에 모두 성(省)으로 바뀌었다. 신중국 건국전 중국 공산당은 현 내몽고 동부에 내몽고자치구를 설립하였고, 1947년 5월 내몽고 인민대표회의가 왕야묘(王爺廟)에서 개최되어, 5월 1일을 내몽고자치구 성립 기념일로 지정하고 있다.

내몽고자치구는 중국 북부 내륙지역 지역에 위치, 북으로 몽골, 동북으로 러시아, 동으로 흑룡강 · 길림 · 요녕성, 남 · 서남으로 하북 · 섬서 · 산서성 · 영하자치구 등 4개성, 서로 감숙성과 인접해 있다. 중국 내에서 외몽고(外蒙古)라고 부른 지역은 몽골공화국을 의미한다. 내몽고자치구의 약칭은 蒙(몽)이다.

□ 면적: 118.3만㎢(중국 전체면적의 12.3%, 중국내 3번째 크기, 한반도의 5배)
  동서길이 1,700㎞, 남북길이 400㎞, 국경선 길이 4,221㎞
□ 인구: 2,481만명. 49개 민족으로 구성, 그중 몽골족 인구 421.12만명(17%)
□ 성도(省都): 후허하오터(呼和浩特)
□ 지형: 고원 및 초원지역. 동남지역을 제외한 나머지가 고원으로 전 면적의 약 50%를 차지(평균해발 1,000m의 고원이 동북에서부터 서남까지 3,000㎞이어져 있음). 고원지대는 대부분 초원, 목장, 사막으로 이루어져 있음. 수자원 총량은 515.5억㎥, 면적 300㎢이상의 강 258개, 큰 호수 295개, 담수면적 85.7만㏊, 이용가능한 수원 면적은 51.1만㏊.
□ 기후: 온대 대륙성 계절풍 기후. 연평균 기온 0~8℃, 기온 평균연교차 34-36℃, 평균일교차 12~16℃. 연평균 강우량은 50~450㎜(동북지역이 비교적 많음)
□ 행정구역: 地級市 12개(市 9개, 盟3개), 縣級 81개(市 12개, 縣 17개, 旗 52개)
□ 광산 자원
  금속광산 32종, 비금속광산 49종, 그중 41종의 매장량이 국내 5위 이내, 석탄 매장량이 6,583억 톤. 희토 세계 1위, 질석·크롬광·석고 국내 2위, 운모·형석·건축용 모래 국내 3위, 그외 철광, 은, 망초 등 풍부함.
  주요공업은 에너지·야금·화공·설비제조·농축산품가공·하이테크산업이 6대 주력산업임. 해외관광객 연 143만명, 관광업 외화수입 6.02억 달러 수준임.
□ 국가급 개발구: 후호하오터 경제기술개발구(1995년), 바오터우(包頭) 희토하이테크산업개발구(1992년), 얼리엔하오터(二連浩特) 국경경제합작구(1993년), 만저우리(滿洲裏) 국경경제합작구(1992년), 만저우리 중국·러시아무역구(1992년)

2020년 내몽고 자치구의 1인당 GRDP는 10,447달러로 서부대개발 대상 12개 지역 중 중경시 다음으로 2위에 위치하고 있다. 중국 내 1인당 GRDP 1만달러를 초과한 지역은 12곳에 불과한데, 이중 내몽고자치구가 포함되어 있다. 다만 2020년 GDP 성장률은 0.2%로 수년 전부터 성장세가 둔화되고 있다. 이는 석탄을 포함한 광물자원에 대한 의존도가 너무 높은 결과이며, 고부가가치형 성장 모델로의 전환이 시급한 시점이다.

[그림 3-8] 내몽고 자치구 위치도

자료: 두피디아 (2021.6).

[표 3-12] 내몽고 자치구 경제지표 (2020년)

GRDP*	산업구조			1인당 GRDP	
	1차산업	2차산업	3차산업	위안	US$
1.71%	11.67	39.56	48.77	72,062	10,447
인구(만명)	인구 중국내 비중	도시화율(%)	부동산 개발투자*	수출*	수입*
2,405	1.71%	66.63	0.83%	0.19%	0.49%
수출입*	외상기업 투자액*	공업생산액*	소비품판매액*	중국 평균 1인당GDP 대비	
0.32%	0.66%	1.75%	1.21%	99.47% (72,447元. U$10,503)	
후허하오터 GRDP**		후허하호터 인구(만명)			
16.1%		344			

주: *중국 내 비중을, **성내 비중을 나타냄. 도시화율 및 공업생산액은 2019년도 수치 기준임.
자료: 국가통계국 国家数据 (2021.6.22.)

내몽고 최대의 석탄생산지는 어얼둬쓰(鄂爾多斯)로 내몽고 전체석탄의 약 55.4%가 이 지역에 집중되어 있으며, 8년 연속 중국 전체 석탄생산지역 중 1위를 차지했다. 내몽고는 중국 제 1의 전력 공급지이기도 하다. [83] 11·5 기간 내몽고는 교통 인프라를 확충하는 성과를 거두었다. 지난 5년간 새로 건설된 도로는 3.3 만㎞, 철로는 3,100㎞에 달하며, 이외에도 3개의 민간용 공항과 500KV 규모의 송전선 8개를 건설한 바 있다.

경제구조조정 일환으로 내몽고의 비교우위 산업인 광물산업을 지속적으로 육성하는 반면, 지나친 자원의존도를 줄이기 위해 신산업을 균형 있게 발전시키려 한다. 신에너지, 현대석탄화학공업을 위주로 하는 신산업의 발전은 석탄제조유, 석탄제조탄화수소, 석탄제조디메틸에테르, 석탄제조메탄 및 석탄제조에틸렌글리콜 등 5대 석탄제조 시범공정에서 진전을 이룬 바 있다. 대표적 비자원산업인 장비제조업 부가가치는 연평균 23%이상 증가해 왔다.

내몽고는 경제발전방식 전환의 일환으로서 내수확대와 공업화, 도시화 및 농목축업 현대화를 제시하며 2020년까지 전면적인 샤오캉사회(小康社會)를 실현한다는 목표이다. 또한 도시주민소득증가, 산업구조조정, 서비스업발전, 도·농간균형발전, 지속가능한 발전, 공공서비스 확대와 복지사회 건설, 대외개방도 강화 등에도 중점을 둘 계획이다. 에너지, 화학공업, 농축산, 가공제품 등 내몽고의 비교우위산업을 상품화해 시장경쟁력을 확보할 것이다. 경제발전방식 전환의 일환으로 1·2·3차 산업간 균형적 발전을 강조하고 있다. 1차산업에서 내몽고가 주력하는 부분은 목축업으로 목축민의 소득증가와 육류 및 유제품의 안정적인 생산체계 확립은 농목축업 현대화의 핵심이다.

2차 산업에서는 광물산업을 공고히 하는 한편 비자원 산업 및 신산업도 함께 지속적으로 성장시키고자 한다. 광물산업에서는 에너지 산업과 농산품 가공업의 기술수준과 경쟁력을 향상시키고 신형석유화학과 야금 기자재 산업을 발전시킨다. 비자원 산업은 전자정보, 바이오, 의약 등의 첨단산업을 포함한다. 방직, 경공업등 대도시에서는 이미 퇴출중인 노동집약적산업의 유치에도 긍정적인 태도를 보이고 있다. 이 밖에 풍력, 태양광, 바이오, 의약, 희토류, 신소재, 환경보호, 신에너지 자동차 등 신산업 발전을 가속화한다.

3차 산업에서는 물류·관광 등 서비스업 발전을 강조하고 있다. 내몽고는 중국의 동북과 서부에 걸쳐 있다는 광활한 지리적 특징을 토대로 전국·지역간 물류 연결지로서 위상을 구축하고자 한다. 내몽고는 광활한 초원지대를 활용해 관광업을 기간산업으로 발전시킬 계획이다.

교통 인프라 확충은 내몽고 중점사업으로 추진될 예정인데 특히 주변지역과 수송로 및 에너지 운송을 위한 수송 인프라 건설에 박차를 가할 것이다. 러시아 몽골과의 대외통로 및 동북3성 등 주변지역과의 연결통로를 확충한다. 특히 에너지 수송 인프라 건설은 내몽고 물류

83) KIEP(2011), 주요 성별 12차 5개년 규획의 주요 내용과 평가(6): 네이멍구자치구, 중국 성별동향 브리핑 11-07호, 4-8쪽.

에서 가장 중요한 부분으로, 내몽고는 잉여에너지를 동북, 화북, 화동 및 화중 등 전국으로 운송하는 에너지수송 인프라 건설에 박차를 가하고 있다.

내몽고의 에너지 수송 프로젝트는 서전동송(西電東送), 서매동운(西煤東運) 및 서기동수(西氣東輸)이며, 각각 서부지역의 풍부한 전력과 석탄, 천연가스를 수요가 많은 동부지역으로 조달하는 것이다. 이는 지역 내 전력망 배치 효율화, 멍시(蒙西. 내몽고 서부)지역의 전력망 건설 및 멍둥(蒙東. 내몽고 동부)지역과의 전력시스템 일체화, 천연가스와 석탄가스 수송을 위한 도로·철로 건설을 포함한다. 내몽고는 중국에서 최초로 서전동송 프로젝트를 실시한 지역으로, 현재 북경에 공급되는 전력의 1/5을 조달하고 있다.

내몽고 서부지역에는 중국 에너지자원이 집중적으로 분포되어있는데 그중 석탄(전국 1위)을 비롯해 풍력(전국 1위), 태양에너지(전국 2위), 천연오일가스 등 친환경 에너지 자원의 비중이 높다. 특히 풍력발전은 2015년 현재 네이멍구가 중국 1위의 풍력발전 저장량을 보유하고 있다. 네이멍구는 풍부한 풍력자원, 광활한 대지, 우수한 전력 계통시스템 등 풍력발전에 유리한 환경을 갖추고 있어 중국의 주요 풍력발전 생산지로 꼽힌다. 네이멍구는 개발 가능한 자원량이 중국 전체의 50%에 달하는 약 1억 5,000만kW이다. 현재까지 누적된 계통연계(그리드타이) 설치용량은 2,070만kW로, 중국내 부동의 1위를 지키고 있다.

2015년 1월 8일, 네이멍구에 고속철이 개통 되었다. 후허하오터 동역에서 바오터우(包頭)로 출발하여 고속철 시대 개막을 알렸다. 이 고속철은 지바오선(集包線:지닝남(集宁南)-바오터우) 총연장 323㎞로, 후허하오터와 바오터우, 우란차푸(烏蘭察布)를 연결한다. 시속 200㎞로 후허하오터에서 바오터우까지의 소요시간이 50분으로 단축되었다. 지바오선이 위치한 후허하오터는 '베이징-후허하오터-바오터우-인촨' 도시 발전축의 중간지점으로 800만여 명의 인구가 거주하는 잠재력 있는 도시경제권이다. 이번 고속철 개통으로 네이멍구 중서부지역과 징진지(京津冀) 등 주변 경제권과의 무역·관광·문화 교류가 촉진될 것으로 판단된다.[84]

중화전국공상업연합회가 발표한 2020년 중국 500대 민영기업 순위에서 네이멍구의 4개 기업이 순위에 올랐다. 먼저 중국의 대표적 유제품 생산업체인 네이멍구 이리실업그룹(内蒙古伊利实业集团)으로 902억 2,300만 위안(16조원)의 매출로 70위에 오르며 식품 업종 중 1위를 차지했다. 둘째, 부동산 개발 사업을 하고 있는 네이멍구 어얼뒤쓰 투자홀딩스그룹(内蒙古鄂尔多斯投资控股集团)이 매출 620억 1,200만 위안(11조원)으로 123위에 올랐으며, 석탄생산을 주요 사업으로 하는 네이멍구 이타이그룹(内蒙古伊泰集团)이 588억

84) 中國網 (2015.1.8.)

1,300만 위안(10조원)으로 140위에, 생태복원 및 청정에너지, 환경보호 사업을 하는 이리자원그룹(亿利资源集团)이 316억 5,800만 위안(6조원)으로 291위에 올랐다. 네이멍구는 최근 경제성장 동력의 전환기를 맞이하고 있으며, 산업 고도화를 위해 민영기업에게 정책적 지원이 이어지고 있다.[85)]

1) 자원 개발

내몽고에는 전 세계에서 발견된 150여 가지 종류의 광산자원 가운데 135종이 분포돼 있으며, 이미 매장량이 확인된 광물자원만 83종에 달해 광물자원의 보고(寶庫)라 불린다.

2009년 내몽고의 석탄 기본 매장량은 산서성(山西省)에 이어 중국에서 두 번째로 많지만, 2011년 4월 현재 확인된 매장량(2,857억 톤)은 중국 1위이다.[86)] 생산량을 보면 2019년에는 산서성 9.82억톤, 내몽고 10.8억톤으로 내몽고가 1위를 차지한 바 있다.

전 세계 희토류 매장량의 절반을 차지하는 중국의 희토류는 대부분 내몽고에 분포되어 있다. 중국의 희토류는 내몽고, 산동, 강서, 광동, 광서, 사천을 비롯한 20여 개 지역에 분포되어 있으며, 85%가량이 내몽고에 있다. 내몽고의 희토류는 바오터우의 바이윈어보(白雲鄂博)광산에 집중 되어 있는데, 바오터우시 정부에 따르면 바오터우 내 확인된 희토류 매장량은 7,900만 톤으로 중국 총매장량의 85%이상, 전 세계 총매장량의 40%를 차지한다.[87)]

희토류 종류를 보면 내몽고 등 북부지역에는 경(輕)희토류가, 남부지역에는 중(中)/중(重)희토류가 분포되어 있다. 중국의 희토류 생산량 또한 내몽고가 60% 정도로 압도적이며, 주로 바오터우의 바이윈어보 광산에서 생산되고 있다. 2005년 이래 중국의 희토류 생산량은 5년 연속 10만 톤을 초과하였으며, 2010년 생산량은 10만 톤을 넘어섰다. 중국 국토자원부는 당초 2010년 채굴량을 8만 9,200톤(경희토류 7만 7천 톤, 중/중희토류 1만 2,200톤)으로 제한한 바 있다. 현재 중국정부는 희토류 관리를 강화하고 있으며, 내몽고에서는 바오강희토그룹(包鋼稀土集團)의 통일관리 체계가 완성될 전망이다.[88)]

---

85) 证券日报网 (2020.9.16.)

86) 기본 매장량이란 확인된 매장량 중 현행 채굴기술과 생산이 요구하는 각종 기준을 만족시켜 바로 이용가능한 매장량을 가리킴. 중국에서는 광산자원 매장량을 기본매장량(basic reserve), 확인매장량(extractable reserve), 자원량(resource), 예측자원량(혹은 예측 매장량, predicted resources) 네 가지로 구분함. 예측자원량은 확인매장량과 잠재매장량을 통틀어 가리키는 것으로 경제성 유무와는 무관함. 그중 연구가치가 있으며, 가격이 대폭 상승하거나 생산비용이 대폭 절감되었을 때 경제적 의미를 갖게 되는 부분을 자원량이라고 함.

87) 희토류(Rare earth resources, 稀土類). 희토류란 란탄(lanthanum), 세륨(cerium), 디스프로슘(dysprosium) 등의 원소를 일컫는 말로 희귀 광물의 한 종류다. 희토류는 화학적으로 안정되면서도 열을 잘 전달하는 성질이 있어 삼파장 전구, LCD 연마광택제, 가전제품 모터자석, 광학렌즈, 전기차 배터리 합금 등의 제품을 생산할 때 쓰인다.

[표 3-13] 내몽고 주요 광물자원 현황(2009년)

항 목	기본 매장량	중국 내 순위
천연가스(억㎥)	6,721.3	2
석탄(억 톤)	772.7	2
철광석(억 톤)	15.8	4
크롬 광석(만 톤)	126.7	2
동(만 톤)	290.0	2
납(만 톤)	385.8	1
아연(만 톤)	1,005.8	1
유황석(만 톤)	17,485.5	3
희토류 산화물(만 톤)	7,646.6	1

자료: 내몽고통계연감(2010)

2. 동북권

(1) 요녕성

요녕성(遼寧. 랴오닝)은 기원전 3세기에는 연(燕)에 속했으며, 당나라 때 안동도호부가 설치되었다. 요(遼), 금(金), 원(元)대 때는 행정 중심지였고, 명대 초기에 봉천부(奉天府)로 개명되었다. 1898년, 뤼순·다롄이 러시아에 의해 점령되었으나, 러·일전쟁후 일본이 요녕 전지역을 점령하였고, 1929년 요녕성으로 개명되었다. 요녕성 구석기시대의 유적에서 드러나듯이, 24만 년 전부터 사람이 거주하였다. 한나라 초기에는 랴오둥·랴오시·현도(玄菟) 등 3개 군의 인구가 70여만 명에 이르렀다. 청대 초기에 랴오둥 지역을 개간하여 화북(華北)지역에서 많은 사람들이 이주해오면서, 인구가 급속히 늘어났다.

요녕성은 동북으로는 길림성에, 서북으로는 내몽고자치구와 서남으로는 하북성과 인접, 동남으로는 북한과 압록강을 사이에 두고 마주하고 있으며, 남으로는 황해와 발해에 연해있다. 중국 동부에 흐르는 강인 랴오허(辽河)유역이 영원히 평안(安宁)하라는 뜻에서 요녕이라는 명칭을 얻게 됐으며, 이로 인해 약칭은 랴오(辽)이다.

□ 면적: 14.58만㎢(중국 전체 면적의 1.5%차지)

□ 민족: 한족(84%) 외 만주족, 몽고족, 회족, 조선족 등 44개 민족이 거주

□ 성도(省都): 선양(沈陽)

88) KIEP(2011), 네이멍구자치구의 광물자원 개발현황과 전망, 중국 성별동향 브리핑 Vol.2 No.18, 7-8쪽.

□ 지형: 산지와 구릉지가 60%를 차지하고 있으며, 평원이 33%, 호수, 하천 및 기타지역이 약 7% 차지함. 해안선은 동북의 압록강 입구에서부터 서부 산해관의 老龍門까지 총연장 2,178㎞ 달해 전국의 12% 차지함. 연해에는 506개의 해안도서(섬)가 있으며, 하천으로는 遼河, 渾河, 太子河, 鴨綠江, 大陵河, 大洋河 등 360여 개가 있음. 산맥으로는 千山산맥이 총 340㎞에 걸쳐 요동반도를 가로지르고 있으며, 장백산맥 일부분이 요녕성 동북 저산 지대를 이루며 뻗어있음.

□ 기 후: 온대 대륙성 계절풍 기후, 연평균 기온 9.4℃, 강수량 597.4㎜

□ 행정구역: 地級市 14개, 縣級 44개(市 17개, 縣19개, 自治縣 8개)

□ 광산자원: 보유 광물은 110여종이며, 매장량 전국 10위 이내는 30여종. 철광(전국 매장량의 26.2%), 마그네사이트(84.8%), 금강석(54.5%), 붕광 (58%), 옥석(62.8%) 등은 전국 1위. 석유 및 천연가스는 전국 매장량 3위, 활석, 망간석 등은 전국 매장량 5위임. 산림자원도 풍부한데, 임업용지 면적은 5.46만㎢(성전체 토지면적의 37.5%)이며, 이중 유림지는 3.92만㎢로서 임업용지 면적의 71.7%차지함. 수자원은 성내 유역면적이 14.55만㎢임(요하강 6.35㎢, 압록강 1.66㎢).

[그림 3-9] 요녕성 및 주요 도시 위치도

《랴오닝성 주요 거점도시》

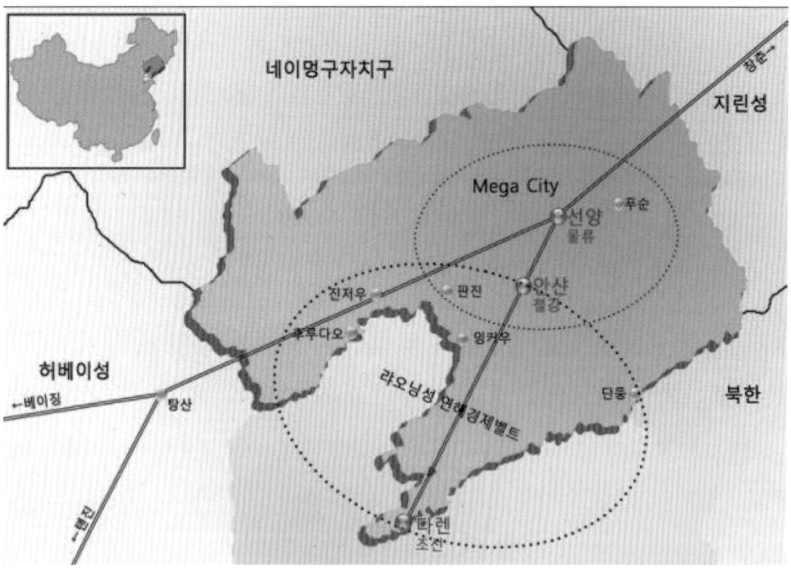

자료: KOTRA(2010), KOTRA가 바라본 중국 성시별 비즈니스 기회와 진출전략, 71쪽.

요녕성은 1990년대 이후 1차산업 비중은 축소되고 2차산업과 3차산업의 비중이 지속적인 상승세를 유지하여 산업구조 고도화가 급속히 진행되고 있다. 그 결과, 2020년 요녕성 1·2·3차 산업 비중을 보면, 9.1:37.43:53.47로 같은 해 중국의 1·2·3차 산업 비중(7.7:37.8:54.5)

과 유사하다. 요녕성의 주력 산업은 철강, 섬유, 석유가공, 화공, 장비제조, 식품 등으로 공업 생산의 과반수를 차지한다.

2020년 랴오닝성의 도시화율은 69.3%로 중국 전체 성(省) 가운데 5위를 차지했다. 특히 베이징·톈진·상하이 등 직할시를 제외하면 중국 내 2번째로 높은 수준을 보이고 있다. 이는 요녕성 내 도시 인구의 지속적인 증가에 기인한다. 이에 따른 랴오닝성 내 도시들의 종합 수용능력(도시 인프라, 공공서비스 시설 등)도 향상되고 있다.[89]

2015년 랴오닝 성정부는 「랴오닝성 전략적 신흥산업 육성 실시방안」을 발표했다. 이를 통해 랴오닝의 전략적 신흥산업 발전을 위한 계획을 마련한 것이다. 동 방안에 따르면 2020년까지 일정규모 이상 기업(매출 2,000만 위안 이상)의 주력사업 매출에서 차지하는 전략적 신흥산업 주력사업 매출 비중이 20%를 상회하도록 할 것이다. 동 방안이 제시한 7대 중점 분야를 보면, 첨단장비제조, 차세대 정보 기술, 바이오, 신소재, 신에너지, 에너지 절약 및 환경보호, 신에너지 자동차 등이다.

[표 3-14] 요녕성 경제지표 (2020년)

GRDP*	산업구조			1인당 GRDP	
	1차산업	2차산업	3차산업	위안	US$
2.48%	9.1	37.43	53.47	58,872	8,535
인구(만명)	인구 중국내 비중	도시화율(%)	부동산 개발투자*	수출*	수입*
4,259	3.02%	69.3	2.11%	1.48%	2.73%
수출입*	외상기업 투자액*	공업생산액*	소비품판매액*	중국 평균 1인당GDP 대비	
2.03%	4.56%	2.58%	2.29%	81.26% (72,447元. U$10,503)	
선양 GRDP** 및 인구(만명)		다롄 GRDP** 및 인구(만명)			
26.1% / 907		28% / 745			

주: *중국 내 비중을, **성내 비중을 나타냄. 도시화율 및 공업생산액은 2019년도 수치 기준임.
자료: 국가통계국 国家数据 (2021.6.22.)

2020년 랴오닝성의 주요 경제 이슈는 공급측 개혁 추진, 혁신역량 강화, 개방수준 제고, 구역 협조 강화 등이었다. 특히 샤오캉 사회의 전면적 달성을 위해 민생정책을 적극 추진하였다. 먼저 1만 4,200명의 빈곤 탈출을 지원했으며, 농촌지역의 소득증진을 위해 현대화 농업 산업단지 건설, 정원경제(庭院经济, 주택주위 영농경영)·민박경제(民宿经济) 등 농촌 산업 육성과 함께 농촌 주거환경 개선을 추진했다. 주요 분야 추진 현황은 다음과 같다.

[공급측 개혁] 낙후·과잉 생산능력의 지속적 축소를 통해 산업구조 개편을 추진하며 비

89) 遼寧日報 (2015.10.19.)

즈니스 환경개선, 국유기업 개혁, 민간기업 지원 등을 통해 지역경제 활성화를 도모함.

[혁신역량] 기술 혁신 지원과 지적재산권 보호를 강화하며, IC장비 · 항공설비 · 로봇 등 첨단산업의 육성과 디지털 경제 · 5G 네트워크의 발전을 적극 추진함.

[개방수준] 일대일로 전략에 적극 참여해 성내 일대일로 종합시험구, 중국-중 · 동부 유럽 17+1 경제무역협력시험구, 동북아경제무역협력선도구를 건설하고 일본 · 한국 · 러시아와 경제 · 무역 · 교육 · 기술 · 인적 등 분야에서의 협력을 강화함.

[구역 협조] 선양 · 다롄 등 중심도시의 경제 견인역할을 강화하며, 연해경제벨트(沿海经济带) · 선푸개혁창신시범구(沈抚改革创新示范区) · 랴오닝서북부(辽西北) · 국경지역 등 지역별로 특화산업을 육성함.

[표 3-15] 요녕성 주요 국가급 개발구 현황

개발구명	설립일	면적(㎢)	주요산업
沈陽경제기술개발구	1993.4	444	설비제조·자동차·의약화공·식품
沈陽하이테크산업개발구	1991	34	IT산업·신자재·생물제약
大連경제기술개발구	1984.9	56	관광·항구운수
大連長興島경제기술개발구	2010.4	349	항구운수 및 임항공업
大連하이테크산업개발구	1991.3	40	IT산업·신자재·생물제약
大連보세구	1992.5	250	수출가공·국제무역·중계무역
大連수출가공구	2000.4	2.95	가정전기·경공업·기계·건재
大連金石灘관광구	1992	112	관광업
大連大窯灣보세항구	2006.8	6.88	항구운수·화물유통·중계무역
營口경제기술개발구	1992.10	268	항구운수·관광업·석유화공
鞍山하이테크산업개발구	1992	32.5	신자재·에너지절약설비·IT산업

자료: 주중국대한민국대사관(2011),『한·중 지방정부 교류백서』, 267쪽.

요녕성 지역발전은 요녕연해경제벨트(遼寧沿海經濟帶), 선양경제구 및 랴오서북전략(遼西北戰略)을 중점으로 추진되고 있다. 다롄을 중심으로 한 연해경제벨트는 동북3성 중 유일하게 해안선을 따라 형성되었다는 지리적 장점을 살려 항구건설과 선박제조를 발전시킬 계획이다. 연해경제벨트는 대외개방 측면에서도 전략적 중요성이 커지고 있는데, 2010년 6월 본 벨트 남단에 위치한 창싱다오(長興島) 임항공업구(臨港工業區)가 국가급 사업으로 격상된 것은 이 같은 추세를 반영한 것이다. 선양을 중심으로 하는 선양경제구는 도로인프라 건설을, 요녕성의 낙후지역인 랴오서북지구는 우수한 생태조건을 활용한 친환경 건설을 중점으로 지역간 균형발전을 도모하고 있다. 특히 랴오서북지역은 수자원 공급과 관련된 건

설항목을 추진, 지역내 홍수방지 기능을 강화하고 수자원 관리의 효율성을 높이고자 한다.[90]

요녕성은 생산, 소비 모두 경쟁력이 있다. 다롄, 선양 등 동북지역 대표적 소비도시가 있어 프리미엄 제품 진출이 유망하다. 동북 지역 내 대표적 중공업 기지를 보유하고 있는데, 중국 최대 원유 가공능력을 가지고 있다. 푸순(撫順), 진저우(錦州), 다롄 등지에 원유가공 기지가 있다. 중국에서 9번째 규모 유전인 랴오허(辽河)유전이 요녕성에 있다(매장량 5천만 톤). 이와 관련된 화학공업도 발달되어, 랴오양(遼陽)은 석유화학, 안산은 코크스화학이 발달되어 있다. 또한 요녕성은 철강생산량 전국 2위인데, 이는 안산(鞍山)강철, 번시(本溪)강철 같은 중점철강사가 성내에 있기 때문이다. 비철금속 주요 기지도 선양, 푸순, 후루다오(동, 납, 알루미늄 가공)에 소재해 있다. 광물·해양자원의 보고이기도 한데, 철광은 전국 매장량의 22%, 다이아몬드 50%, 마그네사이트 80% 차지하며, 다롄이 전국 전복생산량의 70% 점유하고 있다.[91]

2020년 랴오닝성 경제성장률은 0.6%로 COVID-19에 따른 영향을 고려하더라도 다른 지역보다 감소세가 크다. 랴오닝성의 경제 성장률 둔화 원인으로, 공업생산시설의 노후화, 국유기업 개혁 지체, 자원 의존형 경제구조, 낮은 대외개방 수준 등이 꾸준히 지목되어 왔다. 또한 부동산 및 조선업 경기 침체도 성장률 둔화의 원인이다. 해외 선박수주량 급감, 선박제조업체 연쇄 도산 등 조선업의 지속된 불황으로 랴오닝성 경기 침체가 심화되었다.

□ 요녕성 14·5 규획(2021~2025년)

랴오닝성은 14·5 규획기간에 핵심과학기술 역량 강화를 기반으로 한 혁신주도 발전을 추진할 계획이다. 또한 비즈니스 환경 및 국유기업 개혁 심화, 산업의 디지털화·스마트화를 강조했다. 과학기술 혁신 플랫폼 및 개발구 건설과 인공지능, 첨단장비, 정밀화학, 신소재, 집적회로, 청정에너지, 바이오의약 관련 핵심기술에 대한 투자를 중시했다. 랴오닝성의 고질적 문제로 지적되는 경직된 비즈니스 환경을 개선하고, 국유기업 개혁 및 민영경제 발전을 지원하며, 토지·노동력·자본·기술·데이터 등 생산요소의 시장화 개혁을 추진할 방침이다. 주요 중점 산업으로는 장비제조, 소비재, 정보 등 기존 전통산업과, 석유화학, 야금 등 자원산업 그리고 첨단제조, 바이오 등 신흥산업의 스마트화·디지털화를 도모할 계획이다.[92]

---

90) KIEP(2011), 주요 성별 12차 5개년 규획의 주요 내용과 평가(2)-동북3성, 중국 성별동향 브리핑 11-03호, 6-7쪽.
91) KOTRA(2010), KOTRA가 바라본 중국 성시별 비즈니스 기회와 진출전략, 70쪽.
92) KIEP(2021), 중국 동북지역의 14·5 규획기간 경제정책 방향 및 전망, 기초자료 21-03(2021.4.28.).

[표 3-16] 14·5규획 기간 요녕성 주요 과제

주요 과제	세부 내용
혁신주도 발전	[과학기술교육 진흥] 과학기술 혁신 플랫폼 및 국가급 시범구·성급 이상의 개발구 건설, 산학연을 연계하여 과학기술의 중간 단계실험기지(中试基地) 건설, 과학기술 금융서비스 강화를 통한 신기술의 산업화·규모화 [기업 혁신역량제고] 기업주도혁신연합체·산학연연합회구성,R&D·기초연구에 투입되는세제우대, 과학기술형중소기업육성,가치사슬내대기업–중소기업간 협업으로 혁신역량 강화 [인재육성] 랴오닝영재진흥계획,선양·다롄에 인재관리개혁시범구 조성, 창업환경 최적화
전면개혁 심화	[비즈니스 환경 개선] 절차 간소화·정부권한 명확화·서비스형 정부 건설 [국유기업개혁심화] 「국유기업개혁3년계획」 실시로 국유기업혼합소유제 개혁심화, 핵심기술을 보유한 글로벌 경쟁력이 있는 기업 육성, 책임·효율경영을 위한 시스템 조정 [민영경제발전] 민간기업 및 외자기업 정책적 지원, 민간기업의시장진입 및 산업사슬공급망 협업 지원, 중소기업에 대한 금융서비스 공급강화, 정부–기업간 긴밀하고 청렴한 관계 구축 [재정금융개혁심화] 예산관리제도개혁, 금융시장주체 육성, 다롄상품거래소 지원, 국경간 금융서비스촉진, 디지털 화폐시범 응용사업 추진, 농촌신용조합 개혁, 도시상업은행 재편·통합 [고수준 시장체제 구축] 통일·개방된 요소시장 조성, 토지·노동력·자본·기술·데이터 등 요소시장화 개혁추진, 거래규칙과 서비스체계 정비, 토지 유통과 개발이용 추진, 노동력 및 인재의 사회적 이동경로 원활화, 다층적 자본시장체계 완비, 데이터 자원화·자산화·자본화촉진
디지털 랴오닝·스마트제조 강성건설	[전통산업 업그레이드] 차세대 정보기술과의 융합발전 및 산업 디지털화를 가속화하여 스마트·친환경·첨단제조업으로 전환, 글로벌 영향력을 가진 선진장비제조업기지 육성, 장비제조업의 디지털화·네트워크화·스마트화 추진, 중점분야 중심으로 스마트공장·스마트작업장·스마트생산라인 등 IT를 활용한 스마트제조모델 구축, 고수준의 지능형 제조생태계형성 [자원산업개발] 석유화학산업 첨단화·녹색화·스마트화 추진으로 글로벌 석유화학단지 육성하고,산업사슬 내 전문화 된 중소기업 육성, 야금산업의스마트제조 수준 제고. [신흥산업육성] 첨단제조업 등 신흥산업, 첨단장비제조업, 집적회로산업, 바이오의약, 환경보호 및 청정에너지, 신재료 산업, FlexibleElectronics·제3세대 반도체 등 미래산업 육성 [디지털 랴오닝건설] 5G이동통신·산업용인터넷·빅데이터센터 등 디지털 인프라 구축, 인공지능 연구개발 및 응용 플랫폼건설, 선도기업의 산업용 인터넷 플랫폼 건설, 디지털 산업클러스터육성, 디지털정부 건설 [군민융합발전] 군민융합기술협동혁신추진, 군민융합산업특화산업 단지 조성 등
쌍순환	[내수 확대] (소비 확대) 야간경제·휴일경제·플랫폼경제·공유경제 장려 및 선양·다롄 국제소비중심 도시 건설, (투자확대) 신형인프라 및 도시기초인프라 건설·시장주도의 투자 내생적성장 체제 형성 [대외무역 경쟁력 강화] 일대일로 연선국가 신흥시장 개척, 브랜드·품질·서비스 중심의 수출경쟁력 형성, 첨단기술장비 및 핵심부품수입 증대, 자원용 제품과 중요 소재 수입, 선양·다롄·푸순·잉커우 등 다국적 종합시험구 건설, 단둥호시(互市)무역 신발전 추진

주: 쌍순환은 외적으로 수출·개혁개방을 지속하면서 대내적으로는 내수를 활성화시켜 내순환(국내시장)과 외순환(해외시장)을 유기적으로 성장시키려는 전략이다. 2020년부터 국가 발전계획으로 채택되었다.
자료: KIEP(2021), 중국 동북지역의 14·5 규획기간 경제정책 방향 및 전망, 기초자료 21-03(2021.4.28.).

1) 다롄시

2014년 6월, 중국의 열 번째 국가급 신구가 랴오닝성 항구도시 다롄(大連)에서 탄생했다. 다롄 진푸신구(金普新区)이다. 총 면적 2,299㎢인 다롄 진푸신구는 동북지역 개방협력의 전략적 중심지로 동북 노후공업단지의 발전모델을 전환하는 역할을 하고 있다. 랴오닝성 랴오둥반도 남단에 위치한 해변의 어촌 마을이었던 다롄은 제국주의 열강들에게는 전략적 요충지였다. 청·일전쟁과 러·일전쟁에서 다롄은 주요 전장(戰場)이었고, 러시아와 일본의 점령지로 약 50년의 세월을 보냈다. 이후 1945년 다롄은 일제에서 해방된 후 다시 소련군에 의해 점령됐다가 1951년 중국에 반환됐다. 러시아와 일본은 다롄의 함대 기지화와 무역 거점항구로 발전시키기 위해 도시 건설에 나섰다. 러시아는 다롄을 프랑스 파리를 본뜬 계획도시로 만들었고, 일본은 관동도독부와 남만주 철도와 같은 인프라를 구축했다. 현재 다롄 거리 곳곳에 러시와 일본의 근대 건축물이 아직도 남아 있다.

다롄은 1978년 개혁개방 이후 대외개방도시로 지정돼 발전을 이어왔다. 현재 랴오닝싱에서 다롄의 경제규모는 성수도인 선양시보다 크다. 다롄은 북쪽으로는 선양과 하얼빈으로, 서쪽으로는 베이징과 톈진, 남쪽으로는 칭다오로 이어지고, 바다 건너로 우리나라 인천이나 북한의 남포와 마주하고 있어 천혜의 지리적 조건을 갖추고 있다. 다롄이 '북방의 홍콩'으로 불리는 이유다. 다롄은 이 같은 지리적 이점을 활용해 물류뿐만 아니라 조선업, IT, 석유화학, 금융업을 발전시키고 있다. 다롄시 GRDP는 동북3성 도시 중 1위를 고수하고 있으며, 소비규모도 최대이다. 2020년 다롄시 1인당 GRDP는 94,367위안으로 랴오닝성의 1.6배에 달했다.

다롄의 해안선 길이는 2,211㎞에 달한다. 아름다운 해안풍광을 가진 다롄은 휴양 관광도시로도 유명하다. 매년 동북 3성의 부자들이 소비를 위해 다롄을 자주 찾는다. 다롄은 아시아태평양 지역 최대 크루즈 항구가 되겠다는 목표도 가지고 있다. 2013년 다롄을 거친 크루즈선은 모두 18대로 연간 크루즈 관광객 수는 3만300명에 달했다. 이곳엔 고구려가 요동 지방을 지키기 위해 세웠던 천혜의 요새 비사성의 흔적이 남아있다. 또한 안중근, 신채호 등 많은 애국선열들이 순국한 뤼순(旅順) 감옥도 남아있다. 현재 다롄에는 3만명의 교민과 1,300여개의 한국기업이 진출해있다.[93]

다롄시는 동북아 물류 중심지이다. 중국의 선박제조기지가 위치해 있고, 조선기자재 수요가 크다. 단일규모로는 중국최대인 다롄조선소(연간 150만 톤 건조, 중국전체 25%)가 있다.

93) 아주경제(2014.7.9), [중국도시를 읽다(16)] "은퇴자의 로망" 북방의 홍콩 '다롄'.

한국STX 역시 다롄(장흥도)에 투자(550만㎡ 면적)한 바 있다. 다롄에는 일본수출용 임가공품 생산기업 많다. 다야오만 보세항은 상해 양산항 다음으로 중국 내 2위 보세항으로 면적 6.9㎢ 규모이다. 우리나라는 2012년 8월에 주선양총영사관 다롄영사사무소를 개관하였다.

요녕 연해경제발전 5점(點)1선(線) 계획이 2009년 국가사업으로 추진되면서 다롄이 요충지로 부상하고 있다. 이는 5개 지역 중점개발, 6개 도시 해안선을 잇는 해안도로 건설 계획이다. 5개 지역은 다롄 창싱다오 임항공업구(大連長興島臨港工業區), 잉커우 연해산업기지(營口沿海産業基地), 랴오시 진저우만 경제구(遼西錦州灣經濟區), 단둥 산업원구(丹東産業園區), 다롄화위안커우공업원구(大連花園口工業園區)이다. 이를 다롄, 단둥, 진저우, 잉커우, 판진(盤錦), 후루다오(葫蘆島) 6개 해안선 도시로 연결(도로망)하려는 것이다.

2) 선양시

주장(珠江)삼각주 · 창장(長江)삼각주 · 보하이(渤海)만 경제권에 이어 동북3성이 경제 성장축으로 떠올랐다. 그 중 가장 주목 받는 곳이 동북 3성 최대 도시 선양(瀋陽)이다. 면적 1만2948㎢에 서울시 면적의 21배 크기로 인구 907만명을 보유한 선양은 중국에서 5위 규모 면적이다. 동북3성 진흥책이 적극 추진되며 선양은 동북아 물류거점으로 떠오르고 있다.

선양이라는 이름은 선수이(瀋水) 북쪽에 위치한 데에서 유래했다. '볕 양(陽)'이 들어간 지명은 강의 북쪽을 의미한다. 북한·러시아·몽골과 국경을 맞대고 있는 동북3성의 방위를 책임지는 선양군구 중추도시 선양은 동북지역의 군사·전략적 요충지였다. 선양이 버드나무 울타리를 둘렀다는 뜻의 '묵던(Mukden)'이라 불린 것도 만주족의 청나라가 이민족을 막기 위해 조성한 유조변(柳條邊 버드나무 울타리)이 선양에서 시작됐기 때문이다.

선양은 청나라가 19년간 수도로 삼은 곳이다. 청태조 누르하치는 선양을 점령한 후 1625년 랴오양에서 천도해서 도읍으로 삼고 '번성한 수도'라는 뜻으로 성경(盛京)이라 불렀다. 1644년 베이징으로 천도한 이후에도 선양은 '하늘(천자)을 받들다'는 뜻의 봉천(奉天)이라 불리며 '제2 수도'로 대접받았다. 일본군은 1931년 9월 18일 선양 근교의 남만주 철도를 폭파한 것을 계기로 동북지역에 대한 본격적인 침략에 나섰다. 일제 패망 후 국공내전 때에도 선양을 놓고 국민당과 공산당은 치열한 전투(遼瀋전투)를 벌인 바 있다.

신중국 설립 후 선양을 비롯해 창춘(長春) · 하얼빈(哈爾濱) 등 동북3성 주요 도시들은 중공업 도시로 육성됐다. 소련과 가까워 경제 · 기술적 원조를 받기 수월했고 풍부한 지하자원과 일제 강점기 건설된 공업기반이 있었기 때문이다. 선양 제일공작기계공장, 창춘 제일자동차, 안산철강 등이 당시 육성된 기업들이다. 하지만 동북3성 지역은 개혁개방의 혜택을 받지 못한 채 상하이·선전 등 주장·창장 삼각주 지역에 밀리며 경제도 급격히 기울었다.

선양이 다시금 빛을 보기 시작한 것은 2003년에 들어서면서 원자바오(溫家寶) 전 총리가 제창한 동북진흥(동북지역 노후공업기지 진흥)정책 때문이었다. 2009년부터는 다롄을 국제 물류 기지로 육성하는 것을 축으로 한 랴오닝연해경제벨트와 창춘(長春)-지린(吉林)-투먼(圖們)을 연결한 '창지투' 개발 프로젝트가 가동되면서 하얼빈·창춘·선양·다롄 등 동북3성 주요도시를 잇는 고속철이 개통되는 등 교통 인프라도 확충됐다. 덕분에 선양은 동북3성 물류기지로 비약적으로 발전하며 두 자리 수 성장세를 이어갔다. 여기에 랴오닝성 정부는 선양 주변 100㎞ 이내에 위치한 안산(鞍山), 잉커우(營口), 랴오양(遙陽), 테링(鐵嶺) 등 인근 8개 도시를 묶어 총 면적 7만5,000㎢, 인구 수 2,000만명 이상의 거대한 '선양경제구'를 육성 중이다. 94)

요녕성의 성도인 선양은 동북3성 소비재 집결지이다. 고급재보다는 중저가 위주로 시장 규모는 동북최대이다. 선양은 동북3성 최대 유동인구 지역이다. 자체 소비보다는 선양에서 타 지역으로 팔려나가는 소비재가 많다. 즉 동북지역 유통거점으로 활용성이 크다. 삽화 노매시장(24개)이 발달해 있고, 우아이(五愛)시장은 중국 2위의 의류 도매시장이다. 선양시 역시 동북의 물류거점이다. 국가급 간선철도 5개, 4개 고속도로가 선양을 통과하며, 북경-선양간 600여㎞ 고속도로가 구축되어 있다. 2021년에는 북경 선양간(811㎞) 고속철도가 개통되어 2시간 45분 만에 도달이 가능하다.

'요녕연해경제벨트' 형성에 선양시는 주축도시이다. 선양시 반경 150㎞이내 소재한 안산(鞍山), 푸순(撫順), 번시(本溪), 푸신(阜新), 판진(盤錦) 등 주요 공업도시와 연계해 인구 2,400만명 규모의 경제권 형성을 추진하고 있다. 안산강철, 본계강철 등 철강생산기지를 배후에 두어, 철강 물류 유통중심지로 부상하고 있으며, 중국 전체 철광석 매장량의 1/4인 100억톤이 선양 인근 안산에 매장되어 있다. 우리 나라는 1999년 7월에 선양총영사관을 개설하였다.

3) 랴오닝성 연해경제벨트 발전 계획

2009년에 '랴오닝성 연해경제벨트 발전계획'이 국가전략사업으로 격상됐다. 2005년에 랴오닝성은 연해경제벨트 개발에 대한 '5점1선(五点一线)' 프로젝트를 제출했으며, 2009년 7월 국무원 비준을 받아 국가전략사업으로 격상된 것이다. 그 결과, 다롄(大连), 잉커우(营口), 단둥(丹东), 진저우(锦州), 판진(盘锦), 후루다오(葫芦岛) 등 6개 성 내 주요 연해 도시

94) 아주경제(2015.1.28), [중국도시를 읽다(34)] 롯데가 선택한 동북3성 '맏형도시' 선양.

를 단일 벨트로 묶은 랴오닝성 연해경제벨트가 이루어졌다.

5점1선(五点一线) 중 5점은 보하이(渤海)와 맞닿아있는 다롄 창싱다오(长兴岛) 린강(临港) 공업구, 잉커우 연해산업기지, 판진 랴오빈(辽滨) 연해경제구, 랴오시(辽西) 진저우(锦州)만 연해경제구, 판진 시하이(西海) 공업구, 후루다오 베이강(北港) 공업구와 황해와 맞닿아 있는 단둥 산업원구, 다롄 화웬커우 공업원구를 포함한다. 1선은 후루다오시 쑤이중(绥中)현에서 시작해 단둥 둥강(东港)시로 이어지는 총길이 1,443㎞의 해변도로를 뜻한다.

랴오닝성 경제벨트 GRDP는 랴오닝성 총 GRDP의 51%를 차지하고 있다. 랴오닝 연해경제벨트는 동북 4성(네이멍구 포함)의 유일한 연해구역이며, 개발구 84개, 국가급 개발구 12개가 있다. 2012년 랴오닝성 연해경제벨트 GDP(지역 총생산액)는 동북3성 GRDP의 25%를 점유했다. 2012년 랴오닝성 항구 화물 물동량은 전국 3위를 차지한 바 있다.

동 연해 경제벨트 6개 도시 42개 공업클러스터 판매액이 1조 위안을 돌파했으며, 2012년 연해 6개 도시의 외자이용액은 179억 달러였다. 이 곳에는 연 매출액 500억 위안 이상의 산업클러스터 7개가 위치하고 있는데, 판진 석유화학 및 정밀화학공업, 다롄 소프트웨어 및 정보기술 서비스, 진저우 장비제조, 다롄 다구(大孤)산 석유화학공업, 다스차오(大石桥) 마그네슘 상품 및 심가공, 진저우 전자정보, 후루다오 폴리우레탄 산업클러스터 등이다.

동 연해 경제벨트는 황해와 보하이(渤海)만과 맞닿아 있어 한국, 일본, 북한 바다를 이어 태평양을 향해 있으며, 러시아, 몽골과 육로로 이어져 태평양과 유라시아 지역을 잇는 중요한 다리 역할을 한다. 동 연해경제벨트는 육지지역 해안선 2,290㎞로 중국의 1/8을 차지하고 항구로 적합한 해안선은 1,000여 ㎞, 그 중 심수 해안선은 400여㎞이다. 2012년 랴오닝성 항구 총 계선장(泊位, 배를 메어 놓는 정박장)은 379개로 그 중 1만 톤 급 이상 계선장은 187개, 종합 하역능력은 5억1,840만 톤이다.

[그림 3-10] 랴오닝성 연해경제벨트 발전 계획 구상도

자료: KOTRA 선양무역관 (2015.8.7)

4) 랴오닝성 단둥시와 북한과의 관계

단둥시(丹東)는 북한과 국경을 마주하고 있는 요녕성 내 국경도시이다. 인구는 243만명이며 이중 32%가 만족(滿族)이고, 면적은 1.52㎢ 규모이다. 단둥의 옛 이름은 안동(安東)이었는데, 1965년에 단둥으로 개명했다. 1992년에 국가급 경제합작구인 단둥 변경경제합작구가 설치되었다. 이후 북한과의 교역이 확대되어 오고 있다. 북한은 선양총영사관 산하 단둥영사판공실을 2009년 8월에 개설하여 운영하고 있으며, 이는 단둥시 최초의 외국기관이기도 하다. 최근 단동-북한간 교류 현황을 보면 다음과 같다.

2012년 10월 12~16일간 단둥시에서 열린 중국-북한 경제·무역·문화박람회에서 12.6억 달러의 MOU가 체결됐다. '단동 대북경제무역협력 설명회 및 중북 경제무역프로젝트 체결식'도 개최됐다. 북한압록강무역회사와 황금산무역회사, 명라도무역총회사 등 북한기업들과 단둥시의 관련 기업간에 수산물과 의류, 화공제품, 풍력발전설비, 철강, 호텔 건설 등에서 MOU가 체결됐다. 20여개국에서 6천여명의 바이어들이 참가해 2백여개 경제무역 프로젝트 상담이 이뤄졌다. 북한 무역성과 외무성, 문화성 등 6개 중앙부처 관계자를 비롯해 각종 단체에서 500여명이 참가했고, 북한 미술품과 공예품, 양국 관광상품 등이 전시됐다. 단둥시에 소재한 대북한 국경무역기업들은 500여개이며 이들은 북·중 무역액의 40%를 차지하고 있다. [95]

중국과 북한은 두 번째 '중 · 조(북한) 경제무역문화관광박람회'를 2013년 10월 10~14일 단둥에서 열기로 합의했다. 압록강을 사이에 두고 북한 신의주와 마주한 단둥은 북 · 중 교역의 70% 가량을 차지하며 대표적인 북 · 중 경협사업으로 꼽히는 황금평 · 위화도 경제특구 개발과 신압록강대교(단둥-신의주) 건설 현장이기도 하다. 단둥시는 북한 인력 도입 절차 간소화와 외환관리제도 완화, 개인여권 소지자의 비자면제 등 문제 해결에도 주력하기로 했다. 96)

2015년 10월, 단둥시에 북-중 호시무역구(互市貿易區)가 설립되었다. 제4회 북-중 경제무역문화관광박람회(2015.10.15~18)를 계기로 북 · 중 단둥시 호시무역이 재개된 것이다. 2015년 6월, 랴오닝성 정부는 북한의 접경지인 단둥시 궈먼(國門)항에 호시무역구를 설립했었고, 동 박람회에서 단둥시 궈먼항 북 · 중 호시무역 개장을 선언한 것이다. 양국 국경지역에서는 600여 개 무역 업체가 활동 중이다. 북 · 중 호시무역은 압록강을 사이에 두고 접경지역에 거주하는 중국과 북한주민들이 신분증을 소지하고 자유롭게 국경을 드나들며 상품교환 등의 경제 활동을 하도록 허용하는 무관세 민간교역을 의미한다. 호시무역구는 단둥신구(新區) 궈먼완과학기술오금성에 위치해 있으며, 면적 4만㎡ 규모이다. 랴오닝성 정부의 지원으로 총 10억 위안을 들여 건물 내에는 전시 · 교역, 공간과 창고, 주차장, 검역소, 관리서비스 등 5개 구역으로 설계되었다. 이번 조치로 단둥으로부터 20㎞이내에 거주하는 북한과 중국 주민(호구 혹은 신분증 등 관련 신분증명서에 명시된 주소)들에 한해 증명서를 제시할 경우 1인당 하루 8천 위안 이하 내에 수입관세와 과징금 면제로 민간 교역을 허용할 예정이다. 97) 단동 호시무역의 교역품목 및 특징을 보면, 중국의 대(對)북 수출품으로는 과학기술, 장비 및 의류, 장식품, 민속문화 관련상품, 가전제품, 건축재료, 농업물자, 금속 화학공업 등이 있다. 또한 북한 대(對)중 수출품으로는 꿀, 인삼, 담배, 화장품, 약품 등 경공업 위주이다.

랴오닝성 단둥시는 중국과 한반도를 연결하는 주요 '내륙교역' 통로로, 대북 무역량 중에서 중국 전역의 80%를 차지한다. 중국의 '11.5규획'(2006~2010년)기간 당시 북 · 중 변경무역 총액은 80억 달러를 기록했으며 2011년 대북무역수출입 무역총액은 18.6억 달러에 달

95) 中國新聞網(2012.10.12), 노컷뉴스(2012.10.15),

96) 연합뉴스(2013.8.9.)

97) 변민호시무역관리방법(邊民互市貿易管理辦法)에 따르면 호시무역은 국경 20㎞ 이내에 거주하는 중국주민으로 제한하며, 면세 범위는 생활용품에만 해당하고, 당국이 별도로 규정한 리스트에 있는 상품은 관세와 기타 수입과정의 세금을 부과한다. 교역액은 1인당 하루 8천 위안을 초과할 수 없으며 초과한 부분에 대해서도 중국 해관은 관세 및 기타 수입세를 부과하도록 규정돼 있다. 중국은 2010년 길림성 투먼시에 첫 번째 호시무역구를 설립한 적 있다. 시장, 광시, 윈난, 헤이룽장, 신장, 지린, 네이멍 등 국경 지역에 70여개 호시무역구가 분포되어 있다.

했다. 북한과 교역하는 중국기업은 600여 개에 달했으며, 대북 무역액은 단둥시 전체 무역량의 40%를 차지하고 있었다. 북한의 대중국 무역 의존도 대외무역 전체의 80%이상을 차지하며, 그 중 단둥 교역 점유율은 70%에 육박한다. 2014년 북한의 대(對)중 무역 수입은 35억 2천만 달러, 수출 28억 4천만 달러를 기록했었다. 2011년에 착공된 신압록강대교는 2014년 중국 측 구간이 완공되었으나 개통이 연기되었다. 그간 지체되던 북한 측 구간도 완공되어 2021년 4월 15일 개통된 것으로 알려졌다. 98)

현재 북경-평양간에는 국제열차(K27, K28)가 운행되고 있으며, 북경에서 오후 5시 30분에 출발하는 열차는 선양, 단동을 거쳐 신의주, 평양에 다음날 저녁 7시 30분에 도착한다(거리 1,364㎞, 소요시간 13시간 38분).

[사진 3-2] 단동-신의주-평양간 국제열차

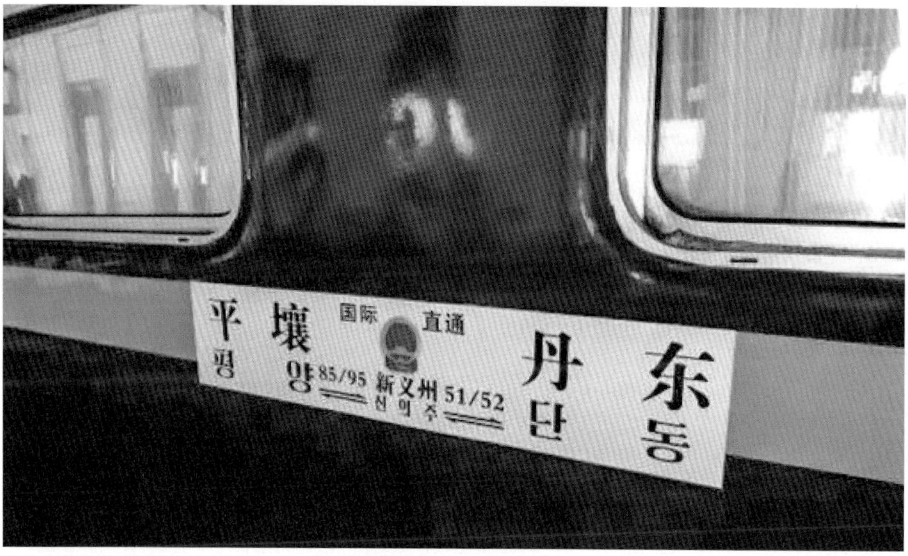

자료: 베이징 관광국 visitbeijing.or.kr (검색일자: 2015.12)

98) SPN (2021.03.14.) 신의주와 단둥을 잇는 압록강 제1철교는 6.25전쟁 당시 붕괴되어 북·중은 압록강 제2철교(현재 명칭은 조중우의교)를 통해 육상무역을 진행하고 있다. 하지만 비좁은 교차로로 화물운송에 어려움을 겪는 반면 중국 지원으로 신축된 신압록강대교는 왕복 4차로로 원활한 육상운송에 도움이 될 전망이다.

[사진 3-3] 주단동 북한영사관 사무소

자료: www.zgcpxxw.com.cn/hzqy4.asp (검색일자: 2021.7.23.)

(2) 길림성

길림성(吉林.지린)에는 3천년전 주(周)나라부터 말갈족이 백두산 북부 일대에 거주한 것으로 전해진다. 기원전 37~688년간 고구려가 집안(集安) 일대에 건국하여 활동했고, 고구려 멸망 후 발해국 건국되었다. 10세기 초 요(遼)나라가, 12세기 초 금나라가 건립되었다. 청나라가 1740~1803년까지 일반인의 이주를 금지하였으며(封禁政策), 1907년에 길림성으로 명명했다.

길림성은 중국 동북지역의 내륙 중심부에 위치하며 중국에서 동해 및 태평양으로 통하는 유일한 통로인, 투먼장(圖們江.도문강), 야뤼장(鴨綠江.압록강)을 두고 북한과 접경하고 있다. 길림성의 국경선은 1,430㎞인데, 이중 1,100㎞는 북한과 연해 있으며, 330㎞는 러시아와 연해 있다. 동서지역은 산지, 중부지역은 평원이다. 동부는 장백산지, 서부는 다싱안링(大興安嶺)으로 모두 해발 1,000m를 넘는다. 동부는 산지와 구릉이 36%로 고산 지형이며, 서부는 평원이 30%에 달하는 평원지형으로 곡창 지역이다. 길림성은 자동차, 석유화공, 식품, 정보, 제약, 야금과 건자재, 장비제조 등이 6대 중점산업이다.

□ 면적: 19만㎢(중국 전체 면적의 2%)
□ 인구: 2,407만명. 한족, 만족, 몽고족, 회족, 조선족, 시보어(錫伯)족 등 49개 민족 거주(소수민족은 총 인구의 10%)
□ 성도(省都): 창춘(長春)
□ 지형: 평지 30%, 산지 36%,구릉 5.8%,기타 28.2%

□ 기후: 대륙성 계절풍 기후, 연평균 기온 4.9℃, 연평균 강수량 729.3㎜

□ 행정구역: 地級市 8개, 自治州 1개, 區 20개, 縣級 40개(市 20개, 縣 17개, 自治縣 3개)

□ 자원: 광물 종류는 136여종으로서, 이중 매장량이 중국내 10위에 달하는 것은 39여종임. 규회석, 이판암, 부석, 화산토 등은 중국내 1위, 그 외 비금속, 몰리브덴 등 광물의 매장량이 풍부함. 임업용지 면적은 928.6만㎢임. 성내 유역면적이 20㎢이상의 하천이 1,648개이며, 松花江, 遼河, 鴨綠江, 圖們江, 綏芬河 등이 5대 하천임.

□ 국가급 개발구: 長春하이테크산업개발구(1991년), 琿春국경경제합작구(1988년), 吉林하이테크산업개발구(1992년), 長春경제기술개발구(1993년), 吉林경제기술개발구(1998년)

□ 길림성 연변조선족자치주 (吉林省 延邊朝鮮族自治州)

청대 말기 '북간도'라 불렀음. 일본은 대한제국의 외교권을 박탈(1905)하고 청나라와 간도문제에 관한 교섭시 남만주철도 부설권과 푸순(撫順)탄광 채굴권을 대가로 간도를 청나라에 넘겨주는 간도협약을 체결(1909.9.4.)함. 일제 강점기 우리나라 독립운동 근거지였음. 1952년 9월 3일, 중국 옌볜조선민족자치구 설치, 1955년에 옌볜조선족자치주로 변경되었음.

○ 위치·면적: 길림성 동부, 중국·러시아·북한 경계지대, 43,474㎢

○ 인구: 217만명, 조선족 80여만명으로 36.6% 차지, 중국내 유일한 조선족 자치주.

○ 행정구역: 縣級市 6개, 縣 2개

[표 3-17] 길림성 경제지표 (2020년)

<table>
<tr><td rowspan="2">GRDP*</td><td colspan="3">산업구조</td><td colspan="2">1인당 GRDP</td></tr>
<tr><td>1차산업</td><td>2차산업</td><td>3차산업</td><td>위안</td><td>US$</td></tr>
<tr><td>1.22%</td><td>12.61</td><td>35.14</td><td>52.25</td><td>50,800</td><td>7,365</td></tr>
<tr><td>인구(만명)</td><td>인구 중국내 비중</td><td>도시화율(%)</td><td>부동산 개발투자*</td><td>수출*</td><td>수입*</td></tr>
<tr><td>2,407</td><td>1.71%</td><td>64.05</td><td>1.03%</td><td>0.16%</td><td>0.7%</td></tr>
<tr><td>수출입*</td><td>외상기업 투자액*</td><td>공업생산액*</td><td>소비품판매액*</td><td colspan="2">중국 평균 1인당GDP 대비</td></tr>
<tr><td>0.4%</td><td>0.73%</td><td>1.07%</td><td>0.98%</td><td colspan="2">70.12%
(72,447元. U$10,503)</td></tr>
<tr><td colspan="2">장춘시 GRDP**</td><td colspan="2">장춘시 인구(만명)</td><td colspan="2" rowspan="2"></td></tr>
<tr><td colspan="2">54%</td><td colspan="2">906</td></tr>
</table>

주: *중국 내 비중을, **성내 비중을 나타냄. 도시화율 및 공업생산액은 2019년도 수치 기준임.
자료: 국가통계국 国家数据 (2021.6.22.)

길림성은 2020년 경제성장률 2.4%를 기록하여, COVID-19에 따른 영향에도 불구하고 중국 전체 성장률보다 0.1%포인트 양호한 실적을 기록한 바 있다. 다만 성 전체 경제규모 중 장춘시 비중이 2014년 38.7%에서 2020년 54%로 15.3% 포인트나 급등하였는데, 이는 각 도시간 균일한 성장이 이루어지지 못했음을 방증(傍證)한다.

길림성은 농업비중이 높은 식량생산 기지(장춘평원)이다. 길림성 역시, '동북진흥정책'이 본격 착수됨에 따라 경제발전을 도모하게 된다. 그러나 요녕성, 흑룡강성보다 더딘 산업화로 인해, 동북3성 중 GRDP는 중간 수준을 나타내고 있다. 2010년부터 본격 추진되고 있는 두만강 유역(창춘·지린·투먼) 개발계획으로, 경제성장 계기가 마련되고 있다. 길림성은 이 지역에 생산 및 교역 인프라를 집중 건설하여, 인접국(러시아·북한)과의 교역확대 거점으로 활용할 계획이다. 또한 북한 나진-선봉지역 통로를 통한 동북아 해운물류망 구축을 추진하려 한다. 길림성은 연변조선족자치주가 설치되어, 조선족이 가장 많이 분포한 지역이기도 하다.

길림성의 수도는 창춘(長春)이며, 중국 최대 자동차메이커인 중국일기(中國一汽)가 창춘에 있는 연유로, '자동차 도시'라는 별칭을 가지고 있다. 2020년 일기그룹의 자동차 판매량은 370.6만대를 기록했는데, 이는 중국 자동차 판매량(2,531만대)의 14.6% 수준이다. 이는 상해기차 그룹(553.4만대)에 이은 중국 내 2위 수준이다. 자동차 클러스트가 창춘을 중심으로 조성되어, 자동차 R&D 기지, 자동차 부품단지 등이 조성되어 있다. 창춘은 중국 내 기차(객차 및 기관차)생산 본거지이기도 하다. 중국 객차의 50%, 궤도열차 70%가 창춘에서 생산된다. 창춘객차공장은 중국최대 철도(전동)객차 생산기지이다.

[사진 3-4] 창춘에 있는 중국일기 (구사옥 정문)

자료: 김동하 © 2013.

창춘시가 중심이 되어 '두만강유역개발사업'이 2010년부터 본격추진 되었고, 창춘시-지린시-투먼시를 잇는 '창지투'발전전략이 국무원 승인을 획득한 바, 훈춘을 전진기지로 북한, 러시아와의 교역 확대를 꾀하고 있다. 또한 수출가공구, 보세구, 첨단산업단지가 조성돼 동북지역의 신성장 동력 역할을 기대하고 있다. 아울러 길림성은 공업화와 도시화 및 농업 현대화, 창춘시-지린시 일체화, 러시아·북한과의 경제협력 심화에 중점을 두고 있다. 공업화는 과거 중화학공업 위주에서 기술집약적 산업으로의 전환을 의미하며, 첨단기술 산업단지 조성을 통한 발전을 꾀하고 있다. 첨단기술 산업분야의 업체들이 특정 산업단지에 밀집해 R&D에서 생산·조립·운반에 이르기까지 전 과정을 일괄 처리해 효율을 높이겠다는 계획이다. 길림성에서 추진하는 대표적인 산업단지는 자동차산업단지, 석유화학산업단지 및 농산품가공기지가 있다. [99] 석유산업기지는 채굴에서 가공, 정밀화공에 이르기까지 생산라인을 일률적으로 개선하고 완제품 생산비중을 높일 계획이다. 또한 백두산 임산 자원을 비롯한 각종 농작물이 풍부하다는 지리적 특징을 살려 농산품가공기지를 설립, 자원이용 효율성을 제고하고자 한다.

[그림 3-11] 길림성 및 주요 도시 위치도

자료: 두피디아 (2021.6).

99) KIEP(2011), 주요 성별 12차 5개년 규획의 주요 내용과 평가(2)-동북3성, 중국 성별동향 브리핑 11-03호, 8-10쪽.

□ 길림성 14·5규획(2021~2025)

14·5 규획기간 길림성은 과학기술과 산업 간 연계를 통한 혁신주도 발전, 현대산업체계 구축, 쌍순환 발전을 중시하기로 했다. 이를 위해 과학기술교육과 산업인재를 연결하는 혁신형 경제시스템을 구축하고, 핵심기술의 연구개발 역량을 확대할 계획이다. 특히 스마트 제조, 핵심광전자 부품 및 첨단 칩, 전략적 선진 소재, 신에너지 고효율 이용, 바이오의약, 현대농업 분야의 핵심기술 연구 및 응용을 강조했다. 또한 로컬 자동차 브랜드 육성, 쌀 · 인삼 · 녹용 등 식품산업 육성, 빙설 및 생태관광 활성화를 추진하여, 교통장비 제조, 농특산품 및 식품가공업, 여행업 등 우위 산업을 집중 육성할 방침이다.

지역발전전략인 창지투(长吉图) 개발개방전략의 중점을 핵심기술부족 문제 해결과 기술경쟁력 강화에 둘 계획이다. 이는 13·5 규획 시기 창지투 개발개방전략의 핵심 방향이 인프라 구축을 통한 주변국가와의 경제협력 강화인 것과 비교해 변화를 보인 것이다. 길림성의 14·5규획 기간 주요 과제의 세부 내용은 다음 표와 같다.

[표 3-18] 14·5규획 기간 길림성 주요 과제

주요 과제	세부 내용
혁신주도 발전	[자주혁신능력 강화] 과학기술 프로젝트와 산업망 연결(搭桥) 프로젝트, 핵심기술 연구, 과학기술 혁신 플랫폼 체계 완비 및 창춘 국가혁신센터 건설 [기업 기술혁신] R&D 성과 제고 및 과학기술기업의 상장 프로젝트, 과학기술 소기업 육성, 대기업의 중소기업기술혁신 공공 플랫폼 건설 [인재육성 및 혁신 생태계 조성] 학교 설립, 과학기술 인재 평가시스템 완비, 창업 촉진, 혁신 인센티브 체제 정비 [인재유치 프로젝트] 장비제조, 빅데이터, 의약, 환경보호, 금융, 기업경영관리 등 중점 분야에서 창바이산인재공정(长白山人才工程) 실시 ·장비, 자동차, 신에너지, 전자통신 등 분야 연구개발 투입, 세금공제, 정부조달, 지식재산권 보호 등 정책 지원 강화 및 R&D 투자 확대
현대산업 체계 구축	[5대 산업고지(高地) 선점] 교통장비 제조, 농특산품 및 식품가공 산업, 여행업, 의약건강, 전자통신 및 디지털산업 [전략적 신흥산업 육성] 차세대통신 네트워크·클라우드 컴퓨팅과 빅데이터·인공지능 등의 분야에서 핵심경쟁력을 갖춘 브랜드 제품과 기업 육성, 수소에너지·풍력·태양에너지·바이오매스 등 신에너지 개발 및 관련 장비 제조업 발전, 산업 융합에서 파생된 신기술·신제품·신업태·신모델 육성, 글로벌 정밀기기 및 첨단장비산업 단지 조성 ·신에너지와 스마트 커넥티드카 R&D 및 산업화, 위성장비 및 응용기술 설비제조 양산, 로봇 및 스마트 장비, 인공지능 시스템, 정밀기계, 첨단센서 등의 고도화 추진 [현대서비스업 발전] 생산성 서비스업은 전문화와 가치사슬의 고도화, 생활형 서비스업은 고품질과 다양화로 현대서비스형 경제 형성, 과학기술정보·비즈니스컨벤션·전자상거래 등 성장형 서비스업의 표준화 추진, 현대서비스업 클러스터 구성, 서비스업의 디지털화 추진, 서비스 기업 지원, 관광 및 빙설경제 발전

주요 과제	세부 내용
	[디지털 지린] 디지털 산업화의 속도를 높이고, 전통산업의 디지털 산업화 추진 [디지털 산업화 가속] 빅데이터·클라우드컴퓨팅·인공지능 등 신산업 선도기술 R&D, 정보기술(IT)과 소프트웨어 산업 단지 조성 [산업의 디지털화] 자동차·석유화학·농업 고도화, 산업용 인터넷의 중점산업 활용
신발전 구도 추진	[국내 대형시장 적극 진출] 생산·유통·소비의 전국 통합을 위한 생산요소 시장화, 동북지역 공동시장 건설, 저장성과 지역간 협력 강화, 징진지·장삼각·웨강아오·서부 등 지역발전 전략과 연계 확대 [국제 협업 및 분업] 창지투 개발개방전략의 중점을 조정하여 글로벌 시장에서 내수 시스템과 시장우위를 강점화, 산업 클러스터 및 산업망 투자 등으로 산업 발전의 단점 보완, 주요 기업 및 상품의 해외진출 지원 [소비촉진] 전통소비 안정화, 야간경제 활성화, 자동차·가전 등 소비확대 및 주택 소비 발전, 서비스 소비 발전, 도농소비 시장 개척, 현대비즈니스 유통체계 완비, 온라인 구매·모바일 지불 등 신업태 발전, 온오프라인 소비 융합 추진, 유급휴가 제도 정책으로 공휴일 소비 확대, 소비환경 개선 및 소비자 권익 보호 [유효투자 확대] 신형인프라 761 프로젝트 추진, 교통 인프라 구축, 투자금융체제 개혁, 민간주도의 투자 내생성장체제 형성

자료: KIEP(2021), 중국 동북지역의 14·5 규획기간 경제정책 방향 및 전망, 기초자료 21-03(2021.4.28.).

지린성 신인프라 761공정 시행방안(吉林省新基建761工程实施方案)은 2020년부터 시작하여 14·5규획 기간(2021~2025년) 동안 완성하는 것을 목표로 한다. 주요 내용으로는 5G 인프라, 특고압, 도시간 고속철 및 궤도교통(철도교통), 친환경차 충전시설, 빅데이터 센터, 인공지능, 산업인터넷 등 7대 신형 인프라 건설이 있다. 또, 전면적으로 스마트 정보망, 교통망, 수도망, 전력망, 오일가스망, 도시 행정 인프라망 등 6가지 네트워크(6网)를 전면적으로 개선할 계획이다. 신인프라 761공정은 2,188개 프로젝트 시행 계획을 담고 있으며 총 투자 규모는 1조 962억 위안에 달한다. [100]

그중 스마트 정보망 개선과 관련해 2020년 5G 기지국 7,500개가량을 추가로 구축, 지급시(地级市 · 성과 현(县) 사이의 행정구역)의 5G 네트워크 커버리지를 실현하려 한다. 2025년까지는 지린성 전체 현과 향진(乡镇·지방 소도시)으로 5G 커버리지를 확대할 계획이다. 또한 2025년까지 지린성 전체 철도 총구간이 5,400㎞를 넘기고, 그 중에서 고속철 운영 구간이 1,400㎞를 돌파하도록 한다는 계획이다. 고속도로 차량 통행 구간도 5,000㎞로 늘리고 농촌도로 3,500㎞를 개조하기로 했다.

길림성은 2015년에 한국과 체결된 한중 FTA를 적극 활용하여 경제발전을 도모하는 전략

100) 신인프라(新基建)는 주로 5G, 인공지능(AI), 산업인터넷, 사물인터넷(IoT)을 대표로 하는 신흥 인프라를 가리킴. 중국에서 특고압은 ±800킬로볼트(kV) 이상의 직류전압, 1,000kV 이상의 교류전압을 가리킴.

을 펼치고 있다. 옌벤자치주는 지린성 정부에 옌벤 한중산업단지(中韓産業園)를 한중 양국 정부의 중점 지원사업으로 편입시켜 줄 것을 요청한 바 있다. 옌벤자치주는 훈춘(琿春) 포스코를 중심으로 한 국제물류산업단지와 옌지(延吉) 한정인삼(韓正人參)을 중심으로 한 헬스과학기술산업단지(健康科技産業園)를 조성할 계획이다.

2011년 5월 30일, 한국 가전사 휴롬(hurom)은 중국진출의 교두보로 도문시를 선택하고 5억원을 투자해 도문휴롬전자유한회사를 설립했다. 이 회사는 다기능 식품가공기계와 원액기를 주로 생산하고 있다. 2012년 9월, 가동에 들어가 월생산량 5만대를 기록하고 있으며 5년내 28개 부품설비 관련 제조업체유치를 계획하고 있다. 이 회사는 전자기술산업단지 신설에 박차를 가하고 있는데 투자 계획이 90억원에 달한다. 2013년에 조성된 도문시 휴롬전자기술산업단지는 길림성 중점산업단지에 진입했고, 연변조선족자치주의 8대 산업단지 중 하나로 지정됐으며, 2015년에 중한산업단지 공동 추진 관리프로젝트에 편입됐다. 101)

2014년 6월 기준, 길림성에 투자한 한국기업은 이미 700개가 넘어 길림성의 해외투자국 가운데 1위 수준이다. 한국의 대길림성 투자가 급증한 주된 요인은 포스코와 현대그룹이 공동 건설하는 투자규모 12억 위안의 훈춘 현대국제물류사업의 일부 투자금과 농심의 백두산 광천수 사업자금 유입에 따른 것으로 분석된다. 102)

□ 장춘시

지린성 성도 창춘(長春)은 과거 일본 침탈 역사의 현장이다. 창춘 시가지를 거닐다 보면 일본식 건물이 눈에 띈다. 1932년 일본에 의해 만주국이 성립되고 청나라 마지막 황제 푸이가 꼭두각시 노릇을 하며 만주국 황제로 머물었던 곳이 창춘이다. 오사카성을 본딴 옛 관동군 사령부 건물(현 지린성 공산당위원회), 지금은 웨이만황국박물원이 된 옛 만주국 궁전, 위만 중앙은행 건물 등이 대표적이다. 이제 창춘은 중국 자동차 · 영화의 중심지로, 동북아 물류 허브 중심지로 떠오르고 있다.

창춘은 과거에 흉노 · 말갈 · 거란 · 여진 · 몽골 · 만주족 등이 번갈아 다스렸다. 1800년 청나라 때부터 비로소 '긴 봄'이란 뜻의 창춘이라 불렸다. 1904년 러 · 일 전쟁 결과로 맺어진 포츠머스 조약으로 창춘은 러시아 · 일본 두 제국주의 세력의 국경이 됐다. 일본의 중국 대륙 침략 신호탄이었던 1931년 9·18 만주사변으로 창춘은 일본군의 지배를 받게 됐다. 일본은 만주를 중국 침략을 위한 전쟁의 병참 기지로 만들고 식민지화하기 위해 만주국을 세우

101) 연변일보 (2016.10.12.)
102) 吉林省商務廳, 吉林省縣域網 (2015.4.30.)

고 창춘을 수도로 세웠다. 그리고 창춘을 '새로운 수도'라는 뜻의 신경(新京)이라 명명했다.

일본은 창춘을 현대화된 계획도시로 건설하기 위한 '대신경 도시계획'을 구상했다. 19세기 파리 계획도시를 본따 설계된 창춘은 당시 대동광장(지금의 인민광장)을 중심으로 방사형 도로가 건설됐다. 도시는 상업·군사·주거·문화오락지구 등 기능별로 구획을 나눴다. 대규모 녹지가 조성되고 상·하수도 시스템이 완비됐으며, 전신주와 통신선을 지하에 매설하는 등 창춘은 현대화된 도시로 면모를 갖췄다. 이에 따라 인구도 팽창했다. 1932년 12만명이었던 창춘 인구는 1945년 71만명까지 늘었다. 특히 유동인구까지 더하면 120만명에 달해 한때 일본 도쿄 인구를 초월하기도 했다. 그러나 1949년 신중국 설립 후 국유기업 위주로 발전했던 이곳은 개혁개방의 물결과 함께 떠오른 상하이·선전 등 주장·창장 삼각주 지역에 밀려 낙후 지역으로 밀려났다.

창춘에 경제발전이 시작된 것은 2003년에 동북진흥전략이 추진되면서 부터이다. 여기에 2009년부터 두만강 유역 경제 벨트인 '창지투(長吉圖·창춘-지린-두만강) 개방 선도구' 개발사업이 추진되자 창춘은 동북아 물류허브로 각광받으며 지역경제도 빠르게 고속성장하고 있다. 창춘시는 '동북의 디트로이트'로 불릴 만큼 자동차가 지역경제를 뒷받침하고 있다. 창춘시 대표 자동차 기업은 바로 이치(一汽) 자동차다. 1956년 중국의 첫 번째 자동차를 생산한 이래 중국의 3대 자동차 그룹 중 하나로 급성장한 이치자동차는 현재 창춘시 산업의 50%를 담당하고 있을 만큼 지역경제에 이바지 하고 있다. 특히 훙지(紅旗)는 이치자동차가 1958년부터 생산하기 시작한 세단으로 마오쩌둥, 덩샤오핑, 장쩌민, 후진타오, 시진핑 등 중국 역대 수뇌부가 천안문 광장에서 군대사열을 할 때 탔던 차종으로 중국의 국력을 상징해왔다.

창춘은 중국 최초 영화활영소인 창춘영화제작소로 유명하다. 과거 일본인이 일제 중국 대륙침탈을 정당화하는 선전용 영화를 제작하기 위해 1937년 설립한 만주영화주식회사가 전신이다. 창춘에서는 1992년부터 2년에 한 번씩 창춘국제영화제도 열린다. 창춘은 이러한 콘텐츠를 활용하여 최근엔 관광지로 부상하려 하고 있다. 103)

1) 길림성 국경지역 개발 전략 (창지투 개발 계획)

길림성은 동북3성 중 유일하게 러시아·북한과 접경하고 있다. 2009년 9월, 비준한 「중국 동북지역과 러시아극동 및 동시베리아지역협력규획강요」에 근거해 길림성과 러시아의 국경지역을 둘러싼 협력이 시작되었다. 본 강요는 2009~2018년까지 중·러 접경지대의 주요

103) 아주경제(2014.7.1), [중국도시를 읽다(15)] 일제침탈 상처 딛고 경제발전 이루는 창춘.

협력내용을 명시하고 있으며, 접경지역의 기초인프라 건설, 물류협력, 중·러 협력단지 조성 및 노무협력 등을 포함하고 있다.

두만강 유역을 둘러싼 북한과의 경제협력을 위해 '창지투 개발계획(長吉圖)'을 추진하고 있다. 2009년 8월, 비준된 창지투 개발계획은 길림성 내륙에 위치한 창춘시, 길림시와 북한으로 이어지는 통로 도시인 투먼시(圖們市)를 연결해 역내 지역개방을 촉진하려는 정책이다. 창춘시와 길림시에는 길림성 인구의 45%가 거주하고 있으며, 省전체 GRDP의 60% 이상을 점유하고 있다. 이는 길림성이 러시아, 북한, 남한, 일본 등 동북아 주요 국가의 중심지로서 포지셔닝 하고, 특히 중국의 대북한 경제협력 거점지 기능을 부여하려 하고 있기 때문이다. 2010년 1월 제정된 '창지투 개발계획 실시방안'에 따르면, 길림성은 국가간 경제협력단지, 종합보세구 및 수출가공단지 건설과 항구 확보를 통한 동해 진출방안 등을 주요 프로젝트로 제시하고 있다.

[그림 3-12] 창지투 개발 계획의 주요 지역

자료: 「〈창지투의 거점 지린성〉 중 새로운 경제 중심지로 부상하는 지린성」 (2012.6.18.), 「아주경제」.

창지투 개발사업은 산업구조 업그레이드와 교통 인프라 개선을 통해 2020년까지 창지투 지역의 경제규모를 2008년의 4배까지 확대하고, 국제협력과 개방 수준을 향상 시키는 것을 목표로 하고 있다. 자동차, 석유화학, 농산물가공, 전자정보, 합금 및 건자재, 장비제조, 바이오, 신소재 등 8대 산업단지 건설을 계획하고 있다. 현재 북한과의 접경지대인 훈춘(渾春)에 보세물류단지를 설립하고 국내외 기업유치에 힘쓰고 있으나, 인프라를 포함한 물류기반이 미비해 쉽지 않은 상황이다. 2012년 4월에는 국무원이 훈춘에 '중국 두만강지역(훈춘) 국제협력 시범구' 설립을 비준한 바 있다. 2020년 완공을 목표로 하는 훈춘 시범구는 총 면적 90㎢로 국제산업협력구, 국경무역협력구, 중·북한경제협력구, 중·러경제협력구 등 4개 구역으로 구성될 계획이다.

1992년부터 유엔개발계획(UNDP)은 두만강 일대의 개발을 동북아 지역의 최우선 사업으로 분류했다. 이 사업에 중국이 참여하면서 가시적인 성과들이 나타나긴 했지만 각국 간 교통로가 원활하지 못하다는 난관에 봉착하면서 애초에 계획했던 목표에는 미치지 못했다. 이러한 상태에서 등장한 것이 중국의 창지투 개발 전략인 것이다.

2009년 중국은 새로운 두만강 지역 개발 계획을 포함한 장춘-길림-두만강 개발구 설립 전략을 발표했다. 2012년에 두만강 국제협력 시범지역 설립 결정을 통해 동북아 지역 관련 국가들이 두만강 지역 경제발전에 참여할 수 있는 길을 마련했다. 두만강 지역 국제협력 개발 계획을 통해 구축된 협력 시스템은 다음과 같다. ① 두만강 지역 사업 사무처, ② 중국-러시아-북한 3개국 협력 위원회, ③ 중국-러시아-북한-몽골-한국 5개국 협상위원회, ④ 중국-러시아-북한-몽골 4개국 협력 시스템, ⑤ 중국-러시아-몽골-한국-일본 환동해(環東海)지역 정상회담.

몽골은 이미 초이발산과 중국의 아얼산(阿爾山)을 잇는 철로를 자국의 철도개발 핵심 계획에 포함시켰으며, '범동북아 교통로' 사업을 주요 국책사업으로 정했다. 한국과 러시아 등은 이미 중국과 육로와 해로를 왕복할 수 있는 교통로를 구축해 정기적으로 운영하고 있다. 중국-몽골 간 육상운송로나 중국 위안딩(元汀)항-북한 나진항 간 고속도로 및 환동해 노선 구축이 진행되고 있다. 길림성에서 동해까지 이어지는 도로, 철로, 항구 등 육로 시설이 완비되어 있으며 러시아, 북한과 협력해 훈춘에서 나진항을 거쳐 동해로 연결되는 역내무역용 다국적 운송 항로 역시 개통되어 있는 상태다. 또한 길림성발 북한행 전세여객기 및 옌지발 러시아 블라디보스토크행 항공 노선도 운영 중이다. 중국-러시아-일본-한국을 잇는 다국적 육상-해상 환동해 운송로가 이미 개통을 한 상태이다.[104] 길림성의 수륙 연계형 물류 인프라 건설은 창지투 개발계획의 일환이기도 하다. 길림성은 바다로 이어지는 직접적인 통로가 없는 지리적 폐쇄성을 극복하기 위해 주변국과 협력을 강화하고 대외개방을 확대하고 있는 것이다.

2011년 설립된 훈춘 포스코현대국제물류유한회사는 포스코가 80%, 현대가 20%의 지분을 보유하고 있으며 훈춘의 두만강지역국제합작시범구 비준을 통해 2012년 물류단지를 착

104) 新華網 (2013.1.27)

공했다. 물류단지 건설에는 총 11억위안(한화 약 2,000억원)이 투입된다. 포스코현대국제물류단지 개발사업은 훈춘시의 국제물류부지를 2014년부터 50년간 임차하여 물류센터와 야적장, 배송시설 등을 건설한 뒤 중국 국내외 물류기업에 임대하는 것을 골자로 하고 있다.

사업기간은 개발기간이 2013년부터 2020년까지, 운영은 2015년부터 2064년까지이며 훈춘국제물류개발구(12㎢)내 150만㎡ 규모의 부지를 활용하게 된다. 주요 취급품목은 소비재(73%), 사료(13%), 자동차/부품(6%), 곡물(5%), 목재, 수산물 등이며 교역범위는 중국은 동북2성(길림, 흑룡강)과 상해, 해외는 한국과 러시아, 조선, 일본 등이며 주요 고객은 글로벌 화주기업과 물류기업이다. 단지 개발계획은 크게 3기로 나뉘는데 1기는 2014년 10월에 완료될 계획이다. 2기는 2015년부터 2016년 12월, 3기는 2017년부터 2019년 12월로 예정되어있다.

3기까지 개발이 완료되면 창고시설은 일반창고가 16개, 저온창고는 4개, CFS(컨테이너화물조작장)는 3개가 들어선다. 부대시설로는 관리동과 주유소, 정비소, 숙소 등이며 6만 1,000㎡에 근린 생활시설도 개발된다. 여기에는 사무시설과 아파트형 공장(가공 및 유통), 전시실과 편의시설 등이 들어설 계획이다.

[표 3-19] 창지투 개발사업의 주요 내용

대상지역	창춘시: 창춘시 도시지역, 더후이(德惠)시, 지우타이(九臺)시, 눙안(農安)현 지린시: 지린시 도시지역, 자오허(蛟河)시, 융지(永吉)현 두만강 일대: 연변조선족자치주(면적은 3만㎢, 인구는 770만명, 각각 지린성의 1/3을 차지. GRDP는 길림성의 절반가량)
발전목표	1단계: 2012년까지 2008년 GRDP의 2배 달성. 대외통로 건설의 현저한 성과 취득 2단계: 2020년까지 2008년 GRDP의 4배 달성. 종합 운송통로 구축 완료 및 물류의 원활화 달성. 동북지역의 중요한 성장거점으로 자리매김
개발구도 개발구도	• 중심도시인 창춘시와 지린시를 지역발전의 배후지로 함. - 창지 일체화 추진, 중국 내에서 경쟁력 있는 선진 제조업기지로 육성, 대외 개방의 플랫폼 역할 수행 • 연변조선족자치주에 속한 옌지(延吉), 룽징(龍井), 투먼(圖們)을 개방의 전초지로 함. - 옌룽투 일체화 추진, 가공, 물류, 관광 및 첨단기술을 중심으로 하는 산업시스템 구축 - 국가급 개발구 건설 • 국경도시 훈춘(琿春)을 대외개방의 창구로 함. - 러시아, 일본, 한국 및 홍콩 산업단지 건설, 주변국과 연결하는 인프라 건설 - 투자, 무역 및 인원 왕래 절차 간편화
10대 중점임무	국제운송통로 구축, 산업협력단지 건설, 국제협력과 교류 플랫폼 구축, 종합보세구와 수출가공구 건설, 초국경 경제협력구 건설, 현대적인 산업체계 구축, 과학기술 혁신, 체제와 메커니즘 혁신, 정책시스템 완비, 길림성 발전 견인

자료: KIEP(2012), 창지투 개발의 현황과 시사점, 중국 성별동향 브리핑 Vol.3 No.17, 5쪽

[그림 3-13] 길림성 국경지역 구조도

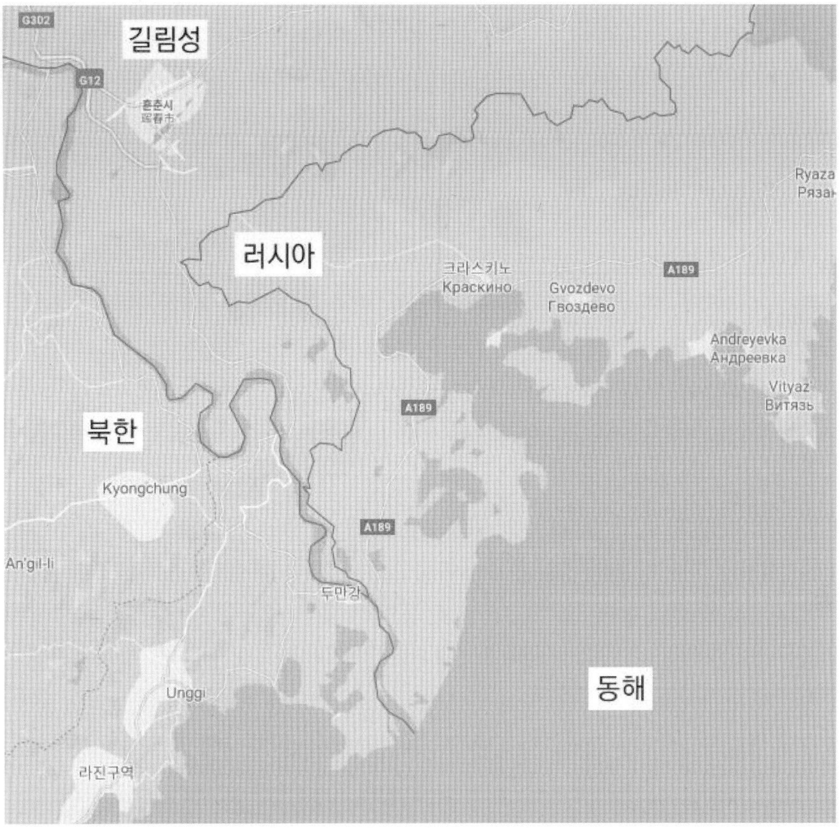

주: 두만강(도문강)에서 남쪽이 북한, 북쪽은 러시아, 가운데가 길림성. 중국 영토(길림성)는 두만강 중류에서 끝나 동해로 못나감. 동해와 만나는 두만강 하류는 북한과 러시아 국경. 중심도시는 연변조선족자치주 훈춘시임.

(3) 흑룡강성

흑룡강성(黑龍江. 헤이룽장)은 기원전 2세기경 부여(夫餘)에 소속된 지역이었으며, 당(唐)나라 시대에는 흑수도독부(黑水都督府)를 설치하였다. 7세기경 발해가 국가를 건립하였으며, 이후 요(遼)나라를 거쳐 금(金)이 건립되었다. 원(元)나라 시대에는 요양행성(遼陽行省)에 속했으며, 명(明)나라 시대에는 요동지휘사사(遼東指揮使司)에 속했다. 19세기 말부터 20세기 초 흑룡강성 이북지역이 러시아에 의해 점령되었으며, 1932년에는 일본이 점령하여 7개성으로 분할된 바 있다. 1945년 국민당정부는 흑룡강성과 송강성(松江省)으로 분리하였으나, 신중국 성립후인 1954년에 흑룡강성으로 통합했다.

흑룡강성은 중국 동북부 최북단에 위치한다. 북동쪽은 우수리(烏蘇裏)강을 경계로 러시아와 3,045㎞ 접경하며 25개 대외 통상구가 있다. 서쪽은 내몽고자치구, 남쪽은 길림성과 인접하고 있다. 러시아와 접경하고 내륙에 위치하면서도 개방적이며 국경중심으로 변경무역 활발하다. 러시아와 국경을 가르며 흐르는 黑龙江이라는 강 이름을 따서 흑룡강이라는 이름이 유래되었다.

□ 면적: 46만㎢(중국 전체 면적의 4.9%)
  평지 37%, 산지 24.7%, 구릉 35.8%, 기타 2.5%
□ 인구: 3,834만명. 한족(94.8%), 만족, 조선족, 회족, 몽고족 등 48개 민족 거주
□ 성 도(省都): 하얼빈(哈爾濱)
□ 지형: 서북부와 동남부지역은 산지, 동북부와 서남부는 평원지형. 평원은 해발 50~200m, 산지는 500~1,000m, 흑룡강성 삼림 복개율은 42.9% 수준임.
□ 기후: 한·온대 대륙성 계절풍 기후, 연평균 3.2℃, 강수량 533.5㎜
□ 행정구역: 地級市 12개, 地區 1개, 區 64개, 縣級 64개(市18개, 縣45개, 自治縣1개)
□ 자원: 흑룡강성내 광물의 종류는 111여종으로서, 이중 매장량이 이미 조사된 것은 석유, 석탄, 금, 흑연, 동, 아연, 납, 보크사이트 등임. 석유는 중국내 매장량의 1위, 석탄은 중국 총생산량의 10%를 차지함. 금은 중국내 2위, 사금은 중국내 1위, 흑연은 중국내 2위이며, 양질의 흑연광이 모두 흑룡강성에 집중되어 있음. 임업용지 면적은 21.6만㎢ 규모임.
□ 국가급 개발구: 하얼빈경제기술개발구(1991년), 하얼빈하이테크산업개발구(1988년), 다칭(大慶)하이테크산업개발구(1992년), 헤이허(黑河)국경경제합작구(1992년), 쑤이펀허(綏芬河)국경경제합작구(1992년), 흑룡강 자유무역시험구(2019년)

흑룡강성은 농업대성(大省)이다. 중국 내 경지면적은 중국 전체에서 그 비중이 7.39%로 하남성(8.69%)에 이어 두 번째로 높다. 또한 2020년 기준 1차산업 비중은 25.1로 중국 최고 수준을 보이고 있다. 4대 곡물로는 벼, 옥수수, 밀, 콩 등이 있다. 주요 공업으로는 장비, 석유화학, 에너지, 식품가공산업이 있다.

흑룡강성은 대러시아 국경무역이 전체 교역액의 60%를 점유하고 있다. 러시아와 철도, 도로, 수로로 연결되어 있어, 대러시아 무역이 성 교역액의 60%를 차지하게 된 것이다. 대러시아 주요 수출품으로는 식품, 의류 등이 있으며, 주요 수입품으로는 원유, 목재 등이다.

흑룡강성의 광물자원 역시 풍부하여, 석탄, 금, 은 매장량이 풍부하다. 흑룡강성은 중국 최대의 경지면적 보유한 곡창지대(北大荒·북대황)이다. '동북진흥정책'의 본격적인 추진으로 경제부흥 전략을 추진중이다. 2003년부터 노후공업기지 혁신을 추진해오고 있으나, 부실국유기업 처리가 성장과 개혁의 관건으로 부상하고 있다. 흑룡강성 주요 산업기반 중 하

나는 기계·설비 생산이다. 주로 발전설비, 광산기계, 대형농업기계, 공업용 보일러 등을 생산하고 있다. 흑룡강성 성도인 하얼빈시는 '중국 동력의 고향(動力之鄉)'이라는 별칭을 가지고 있다. 이는 하얼빈발전, 하얼빈보일러, 하얼빈증기터빈 등이 생산한 설비가 중국 발전설비 시장의 60%를 차지하는데 기인한다.

[표 3-20] 흑룡강성 경제지표 (2020년)

<table>
<tr><th rowspan="2">GRDP*</th><th colspan="3">산업구조</th><th colspan="2">1인당 GRDP</th></tr>
<tr><th>1차산업</th><th>2차산업</th><th>3차산업</th><th>위안</th><th>US$</th></tr>
<tr><td>1.35%</td><td>25.1</td><td>25.43</td><td>49.47</td><td>42,635</td><td>6,181</td></tr>
<tr><th>인구(만명)</th><th>인구 중국내 비중</th><th>도시화율(%)</th><th>부동산 개발투자*</th><th>수출*</th><th>수입*</th></tr>
<tr><td>3,185</td><td>2.26%</td><td>70.17</td><td>0.69%</td><td>0.2%</td><td>0.83%</td></tr>
<tr><th>수출입*</th><th>외상기업 투자액*</th><th>공업생산액*</th><th>소비품판매액*</th><th colspan="2">중국 평균 1인당GDP 대비</th></tr>
<tr><td>0.48%</td><td>0.52%</td><td>1.07%</td><td>1.3%</td><td colspan="2">58.85%
(72,447元. U$10,503)</td></tr>
<tr><th colspan="2">하얼빈 GRDP**</th><th colspan="2">하얼빈 인구(만명)</th><td colspan="2" rowspan="2"></td></tr>
<tr><td colspan="2">37.8%</td><td colspan="2">1000.9</td></tr>
</table>

주: *중국 내 비중을, **성내 비중을 나타냄. 도시화율 및 공업생산액은 2019년도 수치 기준임.
자료: 국가통계국 国家数据 (2021.6.22.)

2020년 흑룡강성 경제성장률은 1.0%에 그쳐 같은 해 중국 성장률(2.3%)보다 1.3%포인트 낮은 수준을 기록했다. 그 결과 1인당 GRDP도 중국 전체의 59% 수준으로 떨어졌다. 이에 중국정부는 2019년 8월, 제5차 자유무역시범구 제정시 흑룡강성을 포함시켜 발전을 꾀하고 있다. 흑룡강 자유무역시범구(黑龙江自由贸易试验区)는 총면적이 119.85㎢로, 하얼빈(哈尔滨. 79.86㎢), 헤이허(黑河. 20㎢), 쑤이펀허(绥芬河, 19.99㎢) 지역을 포함하고 있다. 중국 정부는 이 지역을 러시아 및 동북아 지역과의 상호 협력을 위한 중심 지역으로 육성할 계획이다.

[그림 3-14] 흑룡강성 위치도

자료: 두피디아 (2021.6).

한국 기업들은 2008년부터 본격적으로 흑룡강성 농업분야에 투자를 확대해 오고 있다. 풀무원은 유기농 최적의 산지인 중국 길림성 돈화시 내의 화은 대산농장(550만평)과 흑룡강성 흑하 지역(30만평)에서 연간 2,000t, 500t의 유기농콩을 계약재배해 들여오고 있다. 풀무원 만주 유기농콩은 국제식품규격위원회(CODEX)로부터 유기농 인증을 받은 콩으로 국내산에 비해 고소한 맛을 내는 루타민산과 아미노산 함량이 높다.

CJ제일제당은 아시아 최대 곡물기업인 중국 북대황(北大荒)그룹과 곡물 가공사업 합자법인을 하얼빈 현지에 설립(2008년 8월)한 바 있다. '북대황CJ식품과 기유한책임공사(이하 '북대황CJ')' 지분은 북대황 51%, CJ제일제당 49%이고 총경리, CFO 등 회사에 관련된 주요 경영은 CJ제일제당측에서 담당한다. 양사는 이번 합자 법인 설립에 총 322억원을 투자했다. '북대황CJ'는 흑룡강성 지역에서 생산되는 곡물을 원료로 미강 단백질, 현미유, 식이섬유 등을 연간 1만4,000톤 생산하고 향후 콩, 옥수수 등 기타작물에 대한 제휴도 강화할 계획이다. 북대황그룹은 흑룡강성 농간총국이 소유한 곡물 재배 전문기업으로 자산규모가 64억 달러에 이르는 아시아 최대 곡물 생산기업이다. 흑룡강성 농지를 토대로 재배면적 5만 4,400㎢(약 164억평)이고 양곡 생산량 1,132만톤으로 연간 매출액이 40억 달러에 달한다. 보유한 농장만 103개가 있으며 곡물재배와 관련된 215개 기업 및 18개 R&D단지를 갖고 있는 곡물 그룹이다. 105)

□ 흑룡강성 14·5규획(2021~2025)

헤이룽장성이 발표한 14·5 규획기간 경제 발전 계획을 보면, 먼저 식량생산 확대 및 농촌 진흥을 통한 농업현대화, 장비제조 및 신산업 육성을 통한 산업 고도화를 중점 추진할 계획이다. 이를 위해 토양 보호 및 과학기술에 기반한 식량생산 확대방안을 모색하고, 농산품의 현대적 유통체계를 구축하며, 농업과 1·2·3차 산업 간 융합발전을 추진하고자 한다.

헤이룽장 최대 개간지역인 베이다황(北大荒) 내에 효율적인 거버넌스를 구축하고, 농업 및 농산물 정밀가공 관련 대규모 산업단지(생산액 2조 위안)를 조성하여 현대농업의 중심지로 육성하고자 한다. 헤이룽장성 토지의 1/5을 차지하는 중국 최대 개간지 베이다황(北大荒)에서는 중국의 중 · 대두 30%, 옥수수 45%, 쌀 25%가 생산되고 있다.

이외에도 원자력발전 장비, 항공기 제조, 자동차 제조능력 확대를 도모하고, 풍부한 매장량을 바탕으로 흑연 등 탄소기반 소재 및 복합소재 산업을 육성할 계획이다. 선진제조(생산액 1조 위안), 석유·천연가스 등 광물자원 개발 및 정밀가공(생산액 2조 위안) 분야의 대규모 클러스터를 조성할 계획이다. 주요 발전 과제의 세부 내용은 다음 표와 같다.

[표 3-21] 14·5규획 기간 흑룡강성 주요 과제

주요 과제	세부 내용
농업 현대화	[농업생산능력 제고] 토양보호와 과학기술에 기반을 둔 식량생산 확대, 농경지 개량 및 고표준 농경지 건설, 三江농업첨단기술시범구 조성, 농업생산 표준체계 완비, 흑토지대 보호 [산업가치사슬의 융합] 녹색식품 가공 산업사슬 확장, 수출지향 등으로 농업 및 농산품 정밀가공업 클러스터 육성, 신상품·신업태 발전, 농산품 현대유통체계 완비, 국가급 농촌 산업융합 선도구 건설, 농촌의 1차, 2차, 3차 산업 융합발전 추진 [농촌건설사업] 농촌 공공서비스 보완·강화, 물·전기·도로·가스·통신·방송·물류 등 인프라 정비, 현성(县城)의 종합서비스 능력 강화, 농촌오염 관리, 농민 과학기술·문화자질 제고 및 직업농민 육성 [농업농촌 개혁] 도농 융합발전체제 완비, 도농간 요소의 평등·쌍방향 이동 추진, 농촌 기본경영제도 정비, 농촌 토지개혁 심화, 도농 통일된 건설용지 시장 완비, 공익사업용 토지 인증으로 토지 징수범위 축소, 신형 농업경영 주체 육성, 농촌 금융서비스체계 완비, 농촌 집단재산권제도 개혁 심화 [탈빈곤] 정책 연속성 유지 및 고용 창출 등 후속 지원, 관련 자산감독 강화 [베이다황을 현대농업 중심으로 육성] 농지 개간 메커니즘의 혁신, 현대기업제도 수립, 대규모 산업단지 건설 및 대기업 유치로 농업장비 현대화, 경영관리 현대화, 농업 정보화, 자원이용의 지속가능성 강화

105) 아시아경제(2008.8.11)

주요 과제	세부 내용
현대산업 체계 구축	[산업기반 고급화·산업사슬 현대화 추진] 기초인프라 재건, 기초연구 및 공공기술 R&D 강화, 첨단장비 제조 분야에서 핵심 부품 기술 획득, 복합소재 분야에서 핵심기초재료 획득, 고효율 증재(增材, 재료추가) 제조 등의 영역에서 선진기술 확보, 스마트 제조 육성, 산업사슬·공급사슬·혁신사슬·자금사슬의 융합 촉진 [선진제조업 클러스터 조성] 농업 및 농산품 정밀가공(2조 위안), 석유·천연가스 등 광물자원 개발 및 정밀가공 분야(2조 위안), 선진제조업(1조 위안) 클러스터 육성 [산업사슬 공급망의 안정성·경쟁력 향상] 첨단부품·중간재·기초원재료의 안정적 공급 강화, 국내외 산업사슬 공급망 협업 및 성 내 공급망 확대, 표준·계량·특허 등의 체계 완비, 주력제품의 현지 조립능력 강화 [전략적 신흥산업 육성] 차세대 정보기술·항공우주·첨단장비·신에너지차·신소재·신에너지·바이오기술·친환경 산업 육성, 탄소기반 소재(흑연) 및 복합소재 산업을 우위산업으로 육성, 항공기·첨단헬기·드론·센서·동물백신·철도통신·안전운영기술 수준 제고로 하얼빈신구에 전략적 신산업 클러스터 및 항공우주산업 기지 건설, 군민융합 발전 [현대서비스업 발전] 생산성 서비스업 전문화와 가치사슬 고도화 추진으로 선진제조업·현대농업과 융합발전 추진, 산업설계·연구개발 아웃소싱·프로세스 진단·기술 테스트 및 분석, 법률·서비스 분야의 업종 전문화 및 고도화 발전, 물류·금융 등 현대서비스업과 제조업 융합 발전 추진, 생활형 서비스업 고품질·다양화 추진, 건강·노후·문화·관광·체육 등 산업 육성, 서비스 표준화·브랜드화 추진 [디지털 경제 발전] 디지털 산업화·산업디지털화 추진으로 디지털 경제와 실물경제 융합 촉진, 디지털 경제의 신산업·신업태·신모델 육성, 디지털 기술을 현대농업·스마트제조·스마트시티·유통 체계에 응용·개발, 디지털 응용 및 제품개발 가속화, 플랫폼 경제·공유경제·미래경제 발전, 데이터 요소시장 육성 및 데이터 요소가격 결정체제 확립, 시장화 된 공공데이터 자원관리 서비스체계 구축, 공공정보 데이터 개방 확대, 정부 데이터 통합 및 공유 플랫폼 구축, 데이터 보완제도 정비

자료: KIEP(2021), 중국 동북지역의 14·5 규획기간 경제정책 방향 및 전망, 기초자료 21-03(2021.4.28.).

□ 하얼빈

헤이룽장성 하얼빈(哈尔濱)은 한국인에게 역사적 의미를 갖는 곳이다. 1909년 10월 26일 안중근 의사가 이토 히로부미를 저격한 곳이 바로 하얼빈 기차역이다. 중국은 2014년 1월, 하얼빈에 안중근 의사 기념관을 세웠다. 하얼빈은 중국인에게도 역사적 상처가 어린 곳이다. 제2차 세계대전 당시 일본은 하얼빈에서 731부대를 만들고 생화학전에 대비해 전쟁포로 등을 상대로 바이러스, 독가스 등에 관한 잔혹한 실험을 했다.

하얼빈의 어원은 만주어로 '그물을 말리는 곳', 몽골어로 '평지', 러시아어로 '커다란 공동묘지', 여진어로 '명예', 퉁구스어로 나루터, 하얼빈 원시어로는 백조라는 뜻으로 매우 다양하다. 하얼빈은 '동방의 모스크바'로 불리기도 한다. 러시아 정교회인 성소피아 성당을 비롯해 하얼빈에는 유난히 러시아풍 건물이 많기 때문이다. 하얼빈이 현대도시로 거듭날 수 있었던 것은 러시아의 영향력이 컸다. 하얼빈은 러시아가 만주를 지배하기 위한 거점도시였다. 1986년 중·러 밀약으로 러시아가 중동 철도 부설권을 획득해 1903년 만주를 가로 지르는 총 2430㎞ 길이의 중동철도를 부설했다. 중동철도 완공 후 하얼빈은 러시아인과 중국인들이 모여들며 국제도시로 탈바꿈했다. 20세기 초 하얼빈은 이미 국제적인 상업도시로 번성했다. 당시 미국·독일·프랑스 등 33개국 출신의 16만명의 외국인이 이곳에 모여 살았다. 19개국의 영사관이 개설되고 수백개 공장 기업 은행이 세워지며 만주 중심도시로 성장했다.

러·일전쟁 당시 만주에서 러시아의 군사작전 기지였던 하얼빈은 전쟁이 끝날 무렵 일시적으로 중국과 일본이 공동 관리했다. 러시아 혁명 뒤에는 러시아에서 도망친 사람들의 피난처가 돼 러시아인 사회가 형성됐다. 러시아식학교와 러시아어신문도 발행됐다. 1931년 일본이 만주사변을 일으키고 1932년 만주국을 설립하면서 일본인 수도 늘어났다. 하얼빈은 러시아와 일본의 야욕이 만나는 제국주의의 교차로였던 셈이다. 이후 1945년 일제에서 해방된 후 다시 소련군에 의해 점령됐다가 1년 후인 1946년 중국에 반환됐다.

[사진 3-5] 하얼빈에 소재한 성 소피아 성당

자료: 김동하 © 2011.

마오쩌둥은 신중국 수도 후보지로 하얼빈을 염두에 뒀을 정도로 중요시 여겼다. 하얼빈이 러시아와 가까워 소련의 지원을 받기 편리한 위치라는 전략적 판단에서다. 하얼빈은 예로부터 군수공업 중심지였다. 인근에 중국 최대인 다칭유전과 안산(요녕성) 등 대규모 철강산지 등을 토대로 석유화학 · 철강 · 기계 · 발전설비 · 자동차 · 조선업 등 중국의 근대화를 꽃피웠다. 그래서 하얼빈 대부분 기업은 국유기업이다. 그러나 개혁개방 이후 시장경제에 적응하지 못해 이 지역은 노후 공업기지로 전락했다.

하얼빈 경제가 다시 활기를 찾기 시작한 것은 2003년부터 시작된 동북진흥정책 덕분이다. 2004년 헤이룽장성의 대표적 공업도시인 하얼빈, 다칭, 치치하얼을 묶은 '하다치(哈大齊) 공업벨트 개발계획'이 발표됐다. 이 지역을 헤이룽장성의 핵심 성장엔진으로 만들겠다는 강력한 의지가 반영됐다. 하얼빈에서는 동북지역 최대규모의 소비재 박람회인 '하얼빈 박람회'도 매년 열린다. 하얼빈 박람회는 2014년부터 러시아와의 통상교류 확대를 위해 국가급 박람회로 승격시켰고 명칭도 '하얼빈 중국-러시아 박람회'로 변경했다. 하얼빈은 1월 평균 기온이 영하 30도까지 내려가는 혹한으로 유명하다. 2013년 9월에는 영하 38도의 혹한에서도 견딜 수 있는 지하철이 중국 최초로 개통되기도 했다. 풍부한 강설량 덕분에 겨울철마다 화려한 얼음과 눈, 빛의 향연으로 불리는 '빙등제'도 열린다. 106)

하얼빈과 독일 함부르크를 연결하는 국제화물철도(9820㎞)가 2015년 6월에 개통되었다. 하얼빈에는 송화강 수로와 창빈(長濱:창춘-하얼빈), 빈저우(濱洲:하얼빈 - 만저우리[滿洲里])선, 빈베이(濱北:하얼빈-베이징)선, 빈쑤이(濱綏:하얼빈-쑤이펀하 및 무단장[牧丹江])선, 빈라(濱拉:하얼빈-지린성 라파[拉法])선 등 철도가 사통팔달로 뻗어있다. 이번 국제화물열차의 개통은 동철철도의 동쪽 끝 쑤이펀허에서 하얼빈으로 이어지는 구간이 기존의 블라디보스톡에서 시작되는 시베리아 횡단열차보다 구간이 짧기 때문에 유리하다.

1) 물류망 구축

헤이룽장성과 네이멍구 자치구 동부지역은 러시아에 대한 개방을 중심으로 하는 계획을 세운 바 있다. 2012년 5월 헤이룽장성은 '헤이룽장과 네이멍구 동부 일부지역의 변경 개발 개방벨트 규획'(이하 '규획')을 제정했다. 헤이룽장성은 러시아와의 무역비중이 가장 크며 지리적인 이점으로 인해 대 러시아 개방의 교두보로 성장했다. 헤이룽장성과 러시아의 인접 국경선은 3000㎞에 달하며 25개의 개방 관문이 있어 이를 기반으로 변경 개방벨트를 형성할 계획이다. 헤이룽장성과 네이멍구자치구는 이미 공동으로 중국-러시아 변경을 선도지역, 쑤이펀허(綏芬河)-만저우리(滿洲里. 내몽고자치구) 철도 연결지대를 받침지역으로 지정하여 변경 개방개발경제벨트를 형성하고 협력해 국가전략으로 추진할 계획이다.

106) 아주경제, [중국도시를 읽다(17)] 한중 항일 투쟁의 시초지 '하얼빈, 헤이룽장 성장엔진 (2014.7.16)

네이멍구자치구의 만저우리는 중국-러시아 국경의 가장 큰 관문이다. 흑룡강성과 내몽고자치구가 보유하고 있는 러시아와의 국경선 길이는 중국의 러시아 국경선 전체 길이의 93%를 차지하고 있다. 먼저 쑤이펀허(흑룡강성)~만저우리(내몽고자치구) 국경개발개방벨트의 면적은 45만 3,000㎢, 총 인구 2,500만 명의 대규모 지대이다. 동 벨트에 포함되는 지역은 헤이룽장성 전체 면적과 인구의 60%를 포함하고 있으며 GRDP의 80%를 차지해 헤이룽장성 전체를 아우르는 계획이라고 볼 수 있다. 국경개발 선도지역은 쑤이펀허, 둥닝(東寧), 푸위안(撫遠), 퉁장(同江) 등 변경 항구도시를 창구로 하고 무단장(牧丹江), 지시(鷄西), 자무쓰(佳木斯), 이춘(伊春), 헤이허(黑河) 등 변경의 중심도시를 기반으로 변경지역의 무역합작구, 종합보세구, 통상무역구, 경제개발구 등 변경 경제개방의 배치를 형성할 계획이다. 107)

하얼빈-독일 함부르크를 잇는 새로운 중-EU열차(中欧班列)의 첫 화물은 2015년 6월 13일 하얼빈에서 출발했다. 이 열차는 내몽고자치구의 러시아 접경도시인 만저우리(滿洲里)와 러시아 측 접경도시인 자바이칼스크를 거쳐 동시베리아의 치타에서 시베리아 횡단철도(TSR)에 진입한 뒤 러시아의 예카테린부르크와 모스크바, 브레스트, 말라셰비치를 거쳐 15일만인 6월 28일 종착역인 독일 함부르크에 도착했다. 새로 개통한 하얼빈-함부르크 열차 노선은 기존의 육로와 해상을 이용한 화물운송로보다 두 배나 이동시간을 단축시켜 물류비용은 낮출 수 있게 됐다. 108)

[사진 3-6] 북경-울란바토르(몽고)-모스크바 국제열차

자료: 바이두 이미지 D/B (2013.3)

107) KOTRA(2012.5.16), 글로벌 윈도우 KOTRA 다롄무역관 해외정보, 中, 헤이룽장성 러시아 개방의 교두보로 개발.

108) 투코리아 (2015.7.10)

2) TSR (시베리아 횡단열차)

Trans Siberian Railroad(TSR) 는 1891년 시베리아 개발과 극동의 군사력 강화를 위해 시공되었다. 전 노선의 개통은 1904년에 블라디보스토크에서 모스크바 간을 매일 1편씩 '러시아'호가 운행되기 시작했고, 열차는 통상 17~18량이 식당차와 함께 편성된다. 완공은 1916년에야 되었고 전구간이 전철이며 세계에서 가장 긴 철도로 9,297㎞에 달한다. 연간 이용객은 1억 5,424만명이며, 화물 수송은 1억톤이다.

종착역인 모스크바에 도착 하기까지는 블라디보스톡에서 출발하여 밤낮으로 6박 7일을 60여개의 역에 정차하며 달린다. 주요 정차역을 보면, 아시아 대륙의 동쪽 끝인 블라디보스토크-하바로브스크-울란우데-중국 북부 바이칼 호수를 남으로 끼고-이르쿠츠쿠-끄라스노야르스크-노보시비리스크-옴스크-예까쩨린부르크-페롬-야로슬라블-모스크바 등이다.

중국은 TSR과 연결되는 두 개의 국제열차 노선이 있는데, 먼저 북경-선양-창춘-하얼빈(흑룡강성)-만저우리(내몽고자치구)-Chita-모스코바 연결 노선(K19.토23시-금18시.7일소요)이 있고, 다음으로 북경-다통(산서성)-얼롄하오터(내몽고자치구)-울란바토르(몽고)-이르쿠츠쿠-모스코바 연결 노선(K03.수8시-월14시.6일소요)이 있다.

[그림 3-15] TSR 개황도

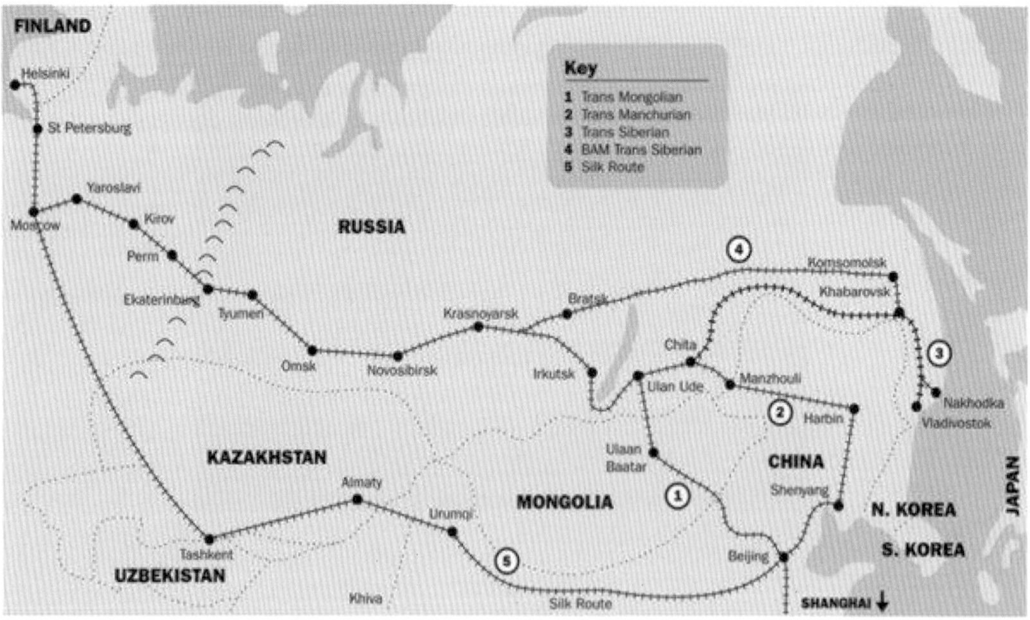

자료: 바이두 이미지 D/B (2021.7)

3. 화동권

(1) 상해시

상해시(上海. 상하이)는 당(唐)대에 청룡진(靑龍鎭)이 설치되면서부터 무역항으로 발전했고, 1267년 남송(南宋) 시대에는 상해진(上海鎭)이 설치되면서 행정구역상 '上海'라는 지명이 처음으로 등장했다. 1842년 아편전쟁 후 체결된 남경조약으로 영국, 미국, 프랑스의 조계(租界)[109]가 설치되었으며, 그 결과 상해는 외국자본의 중국진출 교두보 역할을 시작하게 된다. 1927년, 현(縣)에서 특별시로, 1930년 직할시로 승격되었다. 상해는 1921년 중국공산당이 탄생한 지역이며, 문화대혁명의 진원지이자 사인방(四人幇)의 근거지, 중국 개혁·개방의 선도지로서 다수의 국가지도자를 배출하는 등 그 정치적 위상도 공고히 해왔다.

1980년대 개혁·개방 정책의 도입과 1990년 포동신구 개발 이후 상하이는 비약적인 경제적 발전을 거두어 왔다. 중국의 첫 번째 증권거래소가 같은 해(1990) 상하이에 개설되었고, 홍콩의 중국반환(1997) 이후 국제금융센터 역할을 이어받으며 금융 중심지로도 도약해 왔다. 이후 상하이는 국제적인 메트로폴리탄(대도시)으로 부상하며, 중국의 경제수도라는 별칭에 어울리는 자격을 갖게 되었다.

상하이는 중국 동남부의 장강삼각주(長江三角州)에 위치, 동으로는 동해(東海), 남으로는 항주만(杭州灣), 서로는 강소성·절강성과 접하고 있으며, 북으로는 장강(長江)과 맞닿아 있다. 남북거리는 120㎞, 동서거리는 100㎞이다.

상하이에는 춘추전국시대(B.C.8-3세기) 초기에는 오나라 지역이었다가, 후기에는 월나라, 초나라에 속했다. 초나라(B.C.223) 때 왕은 황헐(黃歇.BC.314-BC.238)을 춘신군(春申君)이라는 제후로 책봉하고 봉읍지를 주었는데, 그 곳이 지금의 상하이 지역이었다. 이런 연유로 상하이 별칭 중 하나는 신(申)이다. 진(晋. 266-420)나라 때에는 송강(松江)과 해변가 일대 주민들 대부분이 어민들이었다. 이들은 대나무로 고기를 낚는 통발을 만들었는데 이것을 호(扈)라고 했다. 옛 송강은 지금 쑤저우허(苏州河)인데, 상하이 중심을 흐르는 강으로 와이탄과 만나 바다로 이어진다. 이런 연유로 당시 상하이 중심 지역을 호라고 불렀고, 이후 호(扈)가 호(沪)로 바뀌어 지금 상하이 약칭인 호(중국어로는 후)가 되었다. 지금도 상하이 자동차 번호판 앞에는 상하이 약칭인 후(沪)가 남아있다.

---

109) 조계(租界. concession): 조계는 다른 나라 안에서 자치 행정권을 인정받는 외국인 거주구역을 의미하며, 치외법권 지역에 준하는 자치권을 가진다.

751년 당나라 때 상하이는 화정현(지금의 송강구)에 속했다. 991년 북송 시기에는 송강 상류가 계속 침적되고 해안선이 동쪽으로 이동되어 큰 배가 드나들 수 없었다. 따라서 큰 배들은 송강의 한 지류에 정박해야 했는데, 이곳을 상해포(上海浦)라고 불렀다. 이 시기에 처음으로 '상하이'가 지명에 등장하게 된 것이다. 1267년 남송 시기 상해포 서쪽에 도시를 건설하면서 이름을 상해진(上海镇)이라고 바꾸게 된다. 1292년 원나라 때 상해진을 화정현에서 분리하여, 상해현(上海县)을 따로 승격하여 설치하였는데, 이때부터 상하이라는 도시가 단독으로 조성되기 시작했다.

□ 면적: 6,369㎢ (중국 전체 면적의 0.06%. 31개 성·직할시·자치구 중 최소)
중국에서 3번째 큰 섬인 충밍다오(崇明島, 1,041㎢)가 있음
□ 지형: 長江三角州에 위치해 있으며 충적평원 위주
□ 기후: 북아열대 계절풍 기후, 연평균 17.6℃, 강수량 1,302㎜
□ 행정구역: 區 18개, 縣級 1개(縣 1개)
□ 국가급 개발구: 漕河涇新興기술개발구, 閔行경제기술개발구, 張江하이테크단지, 陸家嘴 금융무역단지, 상하이자유무역시범구(2013)

1900년 상하이는 이미 중국 내 최대 도시로 부상했다. 1936년 상하이 공업생산량은 전국의 51%에 달했으며, 1950년부터 1976년까지 26년간 중국 GDP의 1/6은 상하이에서 창출되었다. 철강재, 선반, 면사 생산량은 전국 1/4 수준이었고, 재봉틀의 2/3, 시계의 90%는 상하이에서 제조되었다. 1959~1978년간 지방재정수입의 15.4%는 상하이에서 창출되어 황금알을 낳는 거위 역할을 했다. 개혁개방이 시작되고 1980년대부터 경제발전 중심이 광동, 복건 등 화남지역과 기타 연해지역으로 고루 분산되었지만, 여전히 상하이는 중국경제의 중심지이다.

신중국이 성립된 1949년, 베이징의 1인당 GRDP는 66위안, 상하이는 274위안으로 4배에 달했다. 이러한 우위는 2010년까지 61년간 이어졌다. 개혁개방 정책이 막 시작된 1979년 1인당 GRDP는 상하이 2,556위안, 베이징 1,358위안으로 여전히 2배 가까운 격차였다. 1992년 포동신구가 설치되고 포동개발이 시작된 해 상하이 1인당 GRDP는 8,208위안, 베이징은 6,458위안으로 격차가 줄어들기 시작한다. 2011년 베이징 1인당 GRDP는 86,365위안 상하이는 86,061위안으로 처음으로 1위 자리를 베이징에 내어준 후, 줄곧 2위를 유지하고 있다. 그럼에도 불구하고 상하이를 중국의 경제 수도라 부르기에 손색이 없다. 2020년 상하이의 1인당 GRDP는 22,583달러로 베이징에 이어 근소한 차이로 2위를 점유하고 있으

며, 2019년도 국가별 1인당 GDP 기준으로 보면 그리스($19,582)를 앞선 38위 수준(중국은 59위. $10,261))이다.

자동차, 발전설비, 철강, 정보통신, 석유화학, 생물제약 등이 6대 주력 산업이다. 2020년, 상해VW과 상해GM 등 자회사를 포함한 상해기차그룹은 553.4만대의 자동차를 생산·판매 하였는데, 이는 중국 전체 판매량의 22%로 중국내 1위 수준이다. 첨단산업에 대한 외국인 투자유치와 적극적인 지원정책으로 컴퓨터, 반도체 등 IT산업의 제품 생산량이 중국내 최고이다.

2020년 상해시 수출액은 중국 전체의 7.65%를 점유했으며, 수입액은 14.8%를 점유한 바 있다. 컴퓨터, 전자제품, 바이오기술, 방직, 철강재 등이 주요 수출품이며, 집적회로, 컴퓨터 및 부품, LCD, 항공기, 철광석 등 첨단 혹은 IT제품 생산 위한 부품이 주요 수입품이다. 2020년 중국 전체 FDI기업 투자액 중 10.8%가 상해에 투자되었으며, 이는 광동성·강소성에 이어 중국 내 3위 수준이다. GE 코닥 바이엘 알카텔 유니레버 MS NEC 폭스바겐 등 305개 다국적기업의 지역본부가 상해에 소재하고 있다. 319개의 다국석기업 R&D센터가 상해에 설립되었으며, 글로벌 500대 기업 중 47개사가 상해에 지역본부를 설립하였다. 한국정부는 한중수교 다음해인 1993년 5월에 상하이 총영사관을 개설하였다.

[표 3-22] 상해시 경제지표 (2020년)

GRDP*	산업구조			1인당 GRDP	
	1차산업	2차산업	3차산업	위안	US$
3.82%	0.27	26.59	73.14	155,768	22,583
인구(만명)	인구 중국내 비중	도시화율(%)	부동산 개발투자*	수출*	수입*
2,487	1.76%	86.42	3.32%	7.65%	14.84%
수출입*	외상기업 투자액*	공업생산액*	소비품판매액*	중국 평균 1인당GDP 대비	
10.83%	10.81%	3.06%	4.07%	215% (72,447元. U$10,503)	

주: *중국 내 비중을, **성내 비중을 나타냄. 도시화율 및 공업생산액은 2019년도 수치 기준임.
자료: 국가통계국 国家数据 (2021.6.22.)

상해항은 물동량 세계 1위로 중국경제 유통망의 중심지역이다. 항주만대교(35.7㎞)로 절강성 및 화남경제권 연결되어 있다. 2005년 이후 화물처리량 기준, 싱가포르를 제치고 세계 1위 항구로 부상한 바 있다. 2017년 컨테이너 물동량이 처음 4,000만 TEU를 넘어선 상하이항은 2020년 4,350만 TEU를 처리해 연속 11년째 세계 1위 컨테이너 항만 순위를 유지했다. 특히, 양산항은 2020년 1~11월 전년 동기 대비 0.6% 증가한 1,851만 TEU를 처리해 2020년 연간 처리실적이 처음으로 2,000만 TEU를 넘어섰다. 신항인 양산항(洋山港)은 등하이대교(32.5㎞)로 연결된 수심 16m의 심수항이다. 110)

상하이가 세계적인 도시로 부상한 계기는 무엇일까? 그중 하나는 2010년에 개최된 상하이 엑스포(上海世界博览会)이다. 2010년 5월부터 10월까지 상하이에서 열렸으며 주제는 'Better City, Better Life' 였다. 240개 국가(지역)에서 참가했고, 투자액은 450억 위안, 전시장 면적은 5.28㎢, 관람객은 7,308만명을 기록했다. 상하이 엑스포는 1851년에 열린 런던엑스포 이후 최대 규모로, 189개국과 57개 국제기구가 참가했고, 18개 기업관과 50개 도시관이 들어섰다. 관람객 수도 역대 최다였던 1970년 오사카 엑스포의 6,400만 명을 추월했다. 엑스포와 관련한 예산은 엑스포 건축물 조성 등 직접투자비 180억 위안과 운영예산 106억 위안을 합해 모두 286억 위안(42억 달러)이다. 여기에 엑스포를 준비하기 위한 도로 건설과 공항 증·개축, 도시정비 사업, 환경사업 등 관련 간접비용을 모두 더하면 4천억 위안(586억 달러)에 달한다.

세계경제 올림픽인 엑스포는 신기술과 미래에 대한 비전을 제시하는 장이며, 개최기간이 길고 방문자 수가 많아 개최국가의 경제에 미치는 파급 효과가 직접적이고 크다. 2,205만 명의 방문객을 기록한 2005년 일본 나고야엑스포는 입장권 수입 670억 엔과 7조 7천억 엔의 경제적 효과를 거두었다. 상하이 엑스포 이후 경제효과를 분석한 논문들을 보면 약 1천억 위안(150억 달러)의 직접적이 수익(식음료 · 입장료 · 여행 · 숙박 · 관광 등)을 거둔 것으로 나타났다.

포괄적 경제효과는 개최지역을 중심으로 도로, 항만, 교량 등 SOC 확충에 따른 것이다. 엑스포 관련 및 인프라 건설 투자액(4천억 위안)을 고려할 때, 상하이 GRDP의 3%포인트, 중국 GDP의 0.2%포인트를 상승시키는 효과를 유발했다. 또한 엑스포를 계기로 상하이 경제모델 전환이 가속화했다. 상하이는 1990년대 이후 서비스 중심지로 부상하기 위해 국제경제센터, 국제금융센터, 국제무역센터, 국제해운센터 등 4개 국제센터 기능을 육성했지만 주변 지역과의 기능적인 연계가 취약해 제조업을 두고 경쟁하는 공업도시형 모델에서 탈피하지 못했다. 그런데 엑스포를 개최함으로써 대규모 인프라 정비, 주변 지역과의 긴밀한 통신, 교류, 협력체제, 첨단기술들을 도입하게 되면서 일시에 미래 발전모델 도시로 전환 된 것이다.

110) TEU(Twenty-foot equivalent units). 일반적으로 많이 사용되는 길이 20ft의 컨테이너 박스 1개를 나타내는 단위이며, 컨테이너 전용선의 적재용량은 주로 TEU단위로 나타낸다.

[사진 3-7] 2010년 상해 엑스포, 중국관

자료: 김동하© 2011.

1) 상하이의 14·5 규획(2021~2025)

상하이는 해외자원의 국내 공급능력 강화, 혁신 인프라 투자 및 기술공급 강화, 첨단산업 육성을 통한 경제구조 고도화, 대외개방을 통한 국제협력 및 경쟁에서의 우위 확대, 국제 문화도시로서의 문화적 영향력 강화 등 국제 경쟁력 향상에 중점을 둘 계획이다. 이를 위해 상하이는 ① 국제경제 중심지로서 시장수요를 바탕으로 한 대외협력 강화, ② 국제금융 중심지로서 위안화 국제화와 외국자본 유입 원활화, ③ 국제무역 중심지로서 공급망 안정화, ④ 국제운송의 중심지로서 해운 및 항공 서비스 강화 등 4대 중심기능을 통한 해외자원 활용 확대를 추진하고 있다.

R&D 기초연구 투자액의 비중을 12%까지 올리고, 핵심 소프트웨어 및 저탄소 기술 등 국가 중점기술에 대한 기업 지원과 인재 양성 등을 통해 원천기술을 확보하고 국내시장을 확장하는 역할을 수행하려 한다. 인공지능·바이오 의학·반도체 등과 관련된 핵심 영역에서의 혁신 네트워크 구축, 상하이의 6대 중점산업의 클러스터 조성과 공급망 다각화, 산업 안전에 관한 국제협력 추진, 해외 혁신 성과의 국내 활용 등을 통해 첨단산업 업그레이드를 추진할 계획이다. 상하이 6대 중점산업은 ① 전자통신 제조업 ② 자동차 제조업 ③ 정밀화학공업 ④ 고급철강 제조업 ⑤ 설비 제조업 ⑥ 바이오 의약 제조업을 의미한다.

아울러 푸동신구(浦东新区)의 개혁·개방 수준 강화, 자유무역시험구와 린강신구(临港新片区)를 통한 제도혁신, 홍차오(虹桥)지구를 국제 비즈니스의 중심지로 건설할 계획이다. 외자기업들에게는 정부 구매, 경쟁 입찰, 재산권 거래 등에 평등하게 참여할 수 있도록 보장하는 등 대외개방 정책을 개선하려 한다. 주요 국제 문화제를 통해 상하이의 국제 문화적 영향력을 높이고, 문화 크리에이터 산업의 디지털화 전략을 추진하여 글로벌 문화산업 및 소비시장을 육성할 계획이다.

[표 3-23] 14·5규획 기간 상해시 주요 과제

주요 과제	세부 내용
해외자원의 국내 배치 기능 강화	- 온라인 신소비 발전을 추진하여 온·오프라인 융합을 추진 - 아시아·태평양의 산업 가치사슬에서의 서비스 공급 능력 제고를 통해서 세계경제 내 통합·조정기능 강화 - 해외 금융 서비스를 개선하여 'RCEP' 협정국간의 금융 교류 및 협력 강화 - 디지털 무역, 클라우드 서비스, 디지털 콘텐츠, 해외 전자 상거래 등의 발전 추진[111)] - 창장삼각주 지역의 항구와 연계를 통해 상하이 항구의 물동량을 확대
과학기술 혁신 인프라 및 기술 공급 능력 강화	- 경질 X선(hard X-rays), 해저 관측망, 고효율 저탄소 터빈 등 과학기술 인프라 투자 - 해외 및 민간기업의 중대 과학기술 프로젝트 참여 및 새로운 연구시설 건설을 지원 - 국유기업의 혁신 투자 개선과 14·5 규획기간 R&D 투자액 증가율 5% 이상 유지 - 해외 인재 양성을 위한 비자와 장기 체류 및 영주권 제도 개선
첨단산업 육성 추진	- 차세대 칩, 핵심 부품·장비·재료, EDA(반도체 설계 자동화) 등 반도체 산업 사슬의 핵심 영역 개발 가속화 - 6G, 뇌 융합, 수소에너지, 줄기세포 등 연구를 통해 미래 산업의 원천기술 확보 - 2025년 친환경 자동차 생산액에서 수소자동차의 비중을 35% 이상 수준으로 육성 - 산업 공급망 관리 최적화 및 관련 표준 구축 강화, 스마트 공급망 구축을 추진
대외개방을 통한 국제협력 및 경쟁에서의 우위 확대	- 서비스업과 첨단 제조업의 대외개방 확대, 국제 수준의 지식재산권 보호제도 구축 - 국경간 데이터 유통에 관한 시범정책 추진을 위한 해외 데이터 이전 감독제도 구축 - 국제 디지털 무역과 국제 허브공항 기능 강화, 자유무역시험구의 해외 서비스 경쟁력 강화
국제 문화 도시로서의 문화적 영향력 강화	- 상하이 방송매체의 선전 능력을 강화하여 중국 국가 이미지 제고 - '상하이 국제 예술제', '상하이 국제 영화제' 등 국제 문화제 개최 추진 - 천억 위안 규모의 예술품 거래시장 건설, 주요 국제 예술품 중심지 구축 - 문화와 산업 간의 융합을 추진하여 경쟁력 있는 문화 크리에이티브 기업을 육성

주: 역내포괄적경제동반자협정(RCEP)은 아세안+6 FTA로, ASEAN 10개국과 한·중·일, 호주·뉴질랜드 등 15개국이 참여한 지역경제통합 협정이다. 2020년 11월 15일에 최종 타결 됐다.
자료: KIEP(2021), 중국 화동지역의 14·5 규획기간 경제정책 방향 및 전망, 기초자료 21-04(2021.5.4.).

2) 경제수도 상하이의 면모

2020년 상하이는 1인당 가처분소득 7만 2,232위안을 기록하여 중국 내 가장 부유한 도시에 올랐고, 베이징이 6만 9,434위안으로 그 뒤를 이었다. 이는 같은 해 중국 실적(3만 2,189

111) 디지털 무역은 정보통신기술에 기초한 온라인 홍보, 무역, 결제 등 현물상품뿐만 아니라 정보통신망(음성과 데이터망 등)을 통해 디지털 서비스를 전송하는 데이터, 데이터 제품, 디지털화 서비스 등 정보통신기술이 중요한 역할을 하는 무역 형태를 의미함.

위안)보다 124% 높은 수준이다. 2020년 중국의 주민 1인당 가처분소득은 전년도 명목성장률 대비 4.7% 증가했고, 가격요인을 공제한 실질 성장률은 2.1%였다.[112)]

국가통계국에 따르면 중국의 2019년 R&D 투자액은 2조 2,143.6억 위안으로 전년비 12.5% 증가했다. 이는 중국 GDP의 2.23%를 차지하는 비중이다. 2019년 베이징 · 상하이 · 광저우 · 선전의 R&D 투자액은 5,764억 위안으로, 중국 전체 R&D 투자의 26%를 차지했다. 이들 4개 도시는 중국 혁신 구도에서 리더 역할을 하고 있음을 알 수 있다. 베이징은 R&D 투자액이 2천억 위안 이상인 유일한 도시였다. 이는 3대 과학기술활동 주체(과학기술연구기관, 고등교육기관, 규모 이상 기업) 중 연구기관과 교육기관이 밀집된 결과였다. 상하이의 2019년 R&D 투자액은 1,524.6억 위안으로 2위를 차지했다.

상하이는 '국제무역센터 건설 14·5규획(2021~2025년)' 제정과 동시에 상하이 쇼핑(上海购物) 브랜드 新3년 액션플랜을 추진하고 있다. 상하이를 국제소비중심도시로 발전하기 위한 구체 계획으로는 난징루 보행자거리(南京路步行街)를 '전국 목적지', 낮과 밤이 없는 '24시 LOHAS지역'[113)] 조성, 난징시루(南京西路), 루자주이(陆家嘴)를 세계 유명 우수상품 집결지로 만드는 것 등이 포함된다. 상하이시는 글로벌 신제품 온라인 첫 출시 센터 건설을 계획 중이며, 라오쯔하오(老字号)[114)]의 공항 및 고속철, 서비스구역, 면세점, 관광지, 호텔 입점 등도 고려 중이다. 이와 함께 훙차오(虹桥)국제공항 터미널 면세쇼핑장 확대, 푸둥(浦东)공항 종합면세점 건설이 속도를 내고, 신설 시내 면세점 유치 노력도 전개하고 있다.

'상하이 쇼핑' 브랜드화는 대외무역과 경제 발전에 동력이 되었다. 2019년 상하이의 의류·화장품·자동차 수입액은 각각 전국의 69.9%, 47.3%, 36.3%를 차지했다. 상하이는 다수 국제 고급 브랜드의 중국지역본부 · 아태지역본부 소재지로서 글로벌 소매기업 밀집도 부문 글로벌 2위를 차지하고 있다. 2020년 1~9월 상하이의 실질 외자 이용액은 155억 1,500만 달러로 전년동기비 6.1% 증가했다. 한편, 상하이시 사회소비재 총매출액은 3년 연속 전국

---

112) 2위 베이징은 6만 9,434위안, 3위 저장성은 5만 2,397위안을 기록함. 톈진, 장쑤, 광둥은 각각 4만 3,854위안, 4만 3,390위안, 4만 1,029위안을 기록함. 베이징, 톈진, 랴오닝, 상하이, 장쑤, 저장, 푸젠, 산둥, 광둥 등 9개 지역은 전국 평균치를 상회했고, 간쑤성은 2만 335위안으로 최저 수준을 보임. 주민가처분소득은 최종 소비와 저축에 사용할 수 있는 소득의 총합으로 근로소득·사업 순소득·재산 순소득·이전 순소득 등이 포함됨. 2020년 중국 1인당 근로소득은 1만 7,917위안으로 가처분소득 중 55.7%를, 이전 순소득(연금 등)은 19.2%를 차지함.

113) LOHAS : lifestyles of health and sustainability'의 약자로, 웰빙에 사회와 환경을 추가해, 친환경적이고 합리적인 소비패턴을 지향하는 생활방식 또는 이를 추구하는 사람들을 지칭한다.

114) 老字号: 100년 이상 역사를 가진 브랜드, 상점, 상표를 의미한다. 라오쯔하오는 동인당, 동래순, 전취덕 등 주로 청나라 시대 베이징에 생겨난 전통 상점들이다. 중국정부(상무부)가 수여하는 中华老字号 (China Time-honored Brand)라는 상표를 달고 있으며, 현재 1000곳이 지정되어 있다.

주요 도시 1위를 차지했다. 상하이의 2019년 사회소비재 총매출액은 1조 3,500억 위안에 달했다.

2019년 상하이는 다국적 기업 지역본사를 710곳 유치했다. 최근 상하이시 상무위원회가 발표한 통계에 따르면, 2019년 10월말 기준 상하이가 유치한 다국적 기업 지역본사(아시아 태평양 본사 144곳 포함)와 연구·개발(R&D)센터가 각각 710곳, 453곳에 달했다. 상하이 정부는 2002년 중국에서 처음으로 다국적 기업 지역본사 유치 정책을 출범했으며, 18년간 장족의 발전을 이뤄냈다. 또, 2019년 7월에는 《상하이시의 다국적 기업 지역본사 발전 촉진에 관한 의견》, 《상하이시의 다국적 기업 지역본사 설립 장려 규정(개정)》를 잇달아 발표하면서 상하이에 다국적 기업 지역본사 기능이 한층 더 집결되었다.

2019년 1~10월 상하이가 유치한 신규 제조업 외자 사업이 100개에 달했으며, 실제 외자 유치 규모는 전년동기비 6.9% 증가한 16억 900만 달러로 집계되었다. 특히, 첨단기술 제조업 분야에서 유치한 외자는 6억 1,900만 달러로 상하이 제조업이 유치한 전체 외자 중 38.5%를 차지했다. 동 기간 상하이 서비스업이 유치한 외자 역시 전년동기비 12.6% 증가한 145억 2,900만 달러로 지속적인 증가세를 보였고, 전체 외자유치에서 차지하는 비중은 89.8%에 달했다.

2019년 베이징과 상하이의 1인당 소비 규모가 3만 위안을 돌파했다. 국가통계국이 발표한 2019년 1~3분기 31개 지역의 1인당 소비 순위에서 상하이가 3만 3,557위안으로 1위를 차지했다. 베이징과 톈진의 1인당 소비가 각각 3만 1,542위안, 2만 3,751위안으로 2위와 3위에 올랐다. 이 세 지역을 비롯해 저장, 광둥, 장쑤, 푸젠, 랴오닝 등 9개 지역의 1인당 소비가 중국 전체 평균 소비액(1만 5,464위안)을 넘어선 것으로 집계됐다.

항목별 지출을 보면, 소비 비중이 가장 큰 항목은 식품과 담배·술로 1인당 4,310위안을 지출했고, 두 번째로는 주택으로 1인당 3,607위안이 사용되었다. 소비 증가율이 가장 높은 항목은 교육·문화·엔터테인먼트로 증가율이 13.5%에 달했으며 1인당 지출은 1,766위안이었다. 특히 외식 횟수가 늘어나고, 배달 업계가 고속 성장하면서 주민의 요식 서비스 지출이 전년동기비 15.6% 증가했으며, 자유여행 수요가 늘어나면서 1인당 관광지 입장권 지출과 숙박 지출이 전년 동기 대비 각각 31.5%, 20.1% 증가했다.

2019년 1~3분기 최종소비의 경제성장 기여도는 60.5%로, 소비가 여전히 중국경제 성장을 견인함을 증명했다. 중국 상무부에 따르면 공급 측 구조개혁(생산효율 개선)이 심화되면서 감세 및 비용 인하 정책, 팡관푸(放管服, 행정 간소화와 권한 이양) 개혁, 유통업 육성을 통한 상업 소비 촉진 등 정책 조치가 이행되고, 신(新)모델, 신(新)업태가 고속 성장하고 있다.

3) 상하이 자유무역시범구(上海自由贸易试验区)

2013년 9월 29일에 정식 출범한 상하이 자유무역시범구(China [Shanghai] Pilot Free Trade Zone)는 상하이외고교보세구, 외고교보세물류원구, 양산보세항구, 푸동공항종합보세구 등 4개의 세관 특수 감독구역을 포함하며, 총면적은 28.78 ㎢에 달한다. 상하이 FTZ 도입배경을 살펴보면 다음과 같다. 첫째, 제도의 혁신이다. 외자기업 투자에 대해 원칙적으로 자유화하되 예외적으로 금지, 제한하는 내용을 열거하는 '네거티브 리스트' 제도를 시행했다. 둘째는 높은 편리성이다. 통관수속 간소화와 무역 편리화 등을 실시하고 있다. 이제는 통관 일체화로 발전해 중국 전역으로 확대되고 있다. 셋째는 혁신 및 개방 확대다. 금융 분야 등에서 혁신 제도 도입과 함께 철옹성처럼 닫혀 있던 서비스 시장을 자유무역구를 통해 열고 있다. 상하이 FTZ 설치의 핵심은 서비스업을 외국기업에 추가 개방하는 것에 있다. 또한 중국기업의 해외투자를 간소화하는 것도 중요 조치 중 하나이다.

자유무역구는 무역, 투자, 금융, 서비스, 정부 관리, 사법 제도 등 여러 분야를 광범위 하게 포괄하고 있다. 신경제 정책의 백화점이라고 할 수 있을 정도로 양자 FTA 보다 내용이 훨씬 많다. 중국경제가 기존의 저임금 경제성장모델이 한계에 달하면서 새로운 경제성장 동력의 발굴이 필요하게 되었다. 제조업에 비해 크게 낙후된 금융서비스업 육성을 통해 제조업의 경쟁력을 더욱 향상시킬 필요가 생기게 된 것이다.

상하이시 발전전략으로 2006년부터 자유무역구 논의가 됐으며, 미개발 지역이던 푸둥 지역은 1990년대부터 경제특구로 지정돼 외자를 유치하기 시작했다. 푸둥신구 개발계획의 일환으로 와이까오차오(옛 상하이항 배후), 푸둥공항, 양산항 등을 단계적으로 보세구역으로 앞서 지정했다. 이를 토대로 2013년 9월 29일, 상하이 푸둥신구 내 기존 보세구역을 그대로 승계해 상하이FTZ가 출범한 것이다. 상하이 FTZ 면적은 28㎢로 상하이시 면적 6,340㎢의 0.45%에 해당된다. 이에 따라 자유무역시험구는 보세구의 성격을 유지하고 있다. 실제 철망으로 보세구를 구분하고, 다수 출입문을 두고 있다. 사람, 차량의 보세구 출입은 자유로우나 물품 반출은 통제된다. 근로자들은 보세구역 밖에 거주하며 보세구역 내에는 호텔만 있다.

상하이 보세구역은 페이퍼 컴퍼니 정책을 채택하고 있다. 상하이 보세구역에 이미 등록(법인설립등기)된 업체는 1.4만개로 무역업체, 물류업체가 중심이다. 이 중 1만 여개는 무역업체로서, 보세구역에 '등록'만 하고, 실제 업무는 상하이 도심에서 수행한다. 보세구역 내 사무공간은 책상 하나면 충분해 몇몇 대형 오피스 빌딩이 1만 무역업체를 모두 수용하고 있다.

이와 달리, 제조업체는 넓은 공간을 차지하므로 숫자가 많지 않다. 이들을 위한 대형 발전소도 설치되어 있다. 상하이시 당국은 제조업을 상하이 밖으로 이주하도록 유도하고 있다.

낮 시간 상하이FTZ 상주인구는 20만명이며, 푸동신구 거주인구는 100만 명에 달한다. 상하이FTZ 면적이 28㎢로 좁다는 지적에 대해 자유무역구에 등록만 하고 업무는 상하이 다운타운에서 하면 된다는 것이 상하이시 정부 주장이다. 기존 상하이 보세구역 관리위원회의 건물, 인력은 그대로 상하이FTZ 관리위원회로 변신했다. 관리 인력은 모두 공무원으로 100명 정도이며, 해관(즉, 세관)은 관리위원회와 별도로 설치되었다.

[표 3-24] 상하이 자유무역구 운영 및 최근 변화 현황

구분	신/구	면적(㎢)	기능	특징
와이까오차오(外高橋) 보세구	기존 '13년 9월 설립	1.03	물류창고, 수출가공, 전시판매	매출 1위 보세구
와이까오차오(外高橋) 물류원구		10.00	물류창고, 국제배송, 재수출	
양산보세항구		14.15	물류창고, 보세가공, 국제배송	중국 내 1위 보세항구
푸동공항보세구		3.59	보세물류(항공),수출가공	
루자쭈이 금융구	신규 '14년 12월 결정	34.26	금융 중심	
진차오 개발구		20.48	선진제조업, 생산서비스업	
장장가오 과학기술구		37.2	벤처산업	

자료: 상하이 자유무역실험구(www.china-shftz.gov.cn) (검색일자: 2015.12).

상하이 FTZ 내 외국기업의 투자에 대한 네거티브 리스트를 시행하고 있다. 기존에는 외국인투자를 장려, 허용, 제한, 금지 등으로 구분하되 모두 중국정부의 심사를 거쳤으나, 18개 업종에서의 190개 제한, 금지조치 이외에는 상하이 FTZ 내 외국인투자의 경우 사전심사를 없에고 전면 허용한 것이다. 다만, 금지조치로는 정보통신, 방송, 영화, TV에 대한 외국인투자 제한, 온라인 뉴스포털, 온라인게임에 대한 외국인투자 금지, 은행, 보험에 대한 외국인투자 제한적 허용, 자동차산업에 대한 외국인투자는 50% 이내 등이 있다.

한편, 2014년 12월자로 상하이 FTZ 확대가 결정되었는데, 기존 지역에서 루자쭈이(陸家嘴)금융구, 진차오(金橋)개발구, 장장가오(張江高)과학기술구를 포함하게 되어, 총 면적이 기존 28.78㎢에서 120.72㎢로 확대되었다.

2018년 9월 29일 상하이 자유무역시험구(FTZ)가 설립 5주년을 맞이했다. 중국 최초 네거티브리스트가 탄생한 상하이 FTZ에 현재까지 신설된 외자기업은 1만여 곳에 달해 외자기업의 비중이 5년 전 5%에서 20% 안팎으로 확대됐고, 테슬라(전기차) 등 글로벌 기업이

잇따라 입주했다. 중국은 FTZ 운영에 네거티브리스트 관리를 핵심으로 하는 투자 관리 제도를 적용해 국제 통용 규칙과 일치된 시장 진입 방식을 취했다. 2013년 상하이 FTZ에 첫 번째 네거티브리스트 출범 후 지금까지, 네거티브리스트 조항은 190개에서 45개 조항으로 축소되었다.

네거티브리스트 외에도 기업설립 등록제를 허용하여 상하이 자유무역 시험구 내에서 외자 투자에 걸리는 시간은 근무일 기준 8일에서 1일로 축소되었고 제출해야 하는 서류도 10건에서 3건으로 줄어들었다. 또한, 상하이 FTZ의 외국자본 사업 중 95%가 등록제 방식을 통해서 추진되었다. 통관 편리화 개혁을 추진으로 보세구역[115]의 출국 및 입국에 소요되는 시간을 기존 수준보다 각각 78.5%와 31.7% 단축시켰다.

[표 3-25] 상하이 자유무역구 제도 개혁 계획

구분	내용
투자관리	개방역량 강화를 위해 두 차례에 걸쳐 네거티브 리스트를 발표하여, 제한금지 이외 업종에 대한 투자를 사전승인 없이 전면 허용
무역관리감독	통관시스템 간소화로 수출입 증가와 함께 통관시간을 단축
금융혁신	51개 금융지원정책 및 자유무역 계좌, 위안화 국제화, 투융자 외환 업무 간소화, 금리 시장화, 외환관리제도 5개 분야 금융제도 및 관리감독 방식을 구축하여 기업 활성화를 적극 도모 * 투융자가 원활하게 이루어지도록 어떤 성격의 자본이든 자유롭게 필요한 국가의 통화로 환전할 수 있는 자본항목 환전을 허용. 위안화 자본계정 및 금융개방 가속화
관리감독	사중사후(事中事後) 관리감독제도를 강화하고, 사회 신용시스템 건설을 가속화
외국인 투자 장려	금융: 은행업, 의료보험, 리스
	전문직업: 법률 서비스, 신용 조사, 여행사, 투자 관리, 건설업
	운송: 해운 및 관리(연안항 환적 서비스 등)
	상업: 부가가치 전신서비스, 게임기계의 제조, 판매, 서비스
	문화: 공연기획, 공연장 설치, 운영
	사회: 교육훈련 및 직업훈련, 의료 서비스

자료: 상하이 자유무역실험구(www.china-shftz.gov.cn) (검색일자: 2015.12).

상하이 FTZ 내에 자유무역 계좌 시스템도 구축하여, 많은 기업들이 자유무역계좌를 통해 자금을 융통할 수 있게 되었다. 일례로, 상하이황금거래소도 자유무역 계좌를 통해 서비스를 제공했다. 2018년 6월, 56개 금융기관에 개설된 자유무역계좌는 7.2만개이며 해외융자 총액을 위안화로 환산하면 1조 2,500억 위안에 이른다. 2015년 상하이 루자쭈이(陆家嘴)

115) 보세구역: 외국물품을 보관하거나 물품의 수출에 따른 통관절차를 이행하기 위하여 수출물품을 일정기간 보관하거나 또는 외국물품을 가공, 제조, 전시 등을 하기 위한 장소로서 세관장이 지정하거나 특허한 구역.

금융지구로 상하이 FTZ의 범위가 확대되면서 금융 · 항운 · 전문 · 사회서비스 등의 개방이 확대되었다. 현재 글로벌 Top 10 자산운용사 중 9개가 입주했으며, 39개 세계적인 자산운용사 역시 루자쭈이에 57개 단독투자 자산관리기업을 설립했다. 특히, 2018년 중국 당국의 금융서비스 전면 대외개방 정책, '상하이 개방확대 100조'등 정책에 힘입어 많은 외자 금융기관을 유치했다.

[그림 3-16] 상하이 자유무역구 위치도

주: 2014년말에 루자주이금융구, 진차오개발구, 장장하이테크 단지 등 3개 지역이 확대됨.
자료: 연합뉴스(2014.9.25.)

장장첨단과학기술단지(张江高科技园区)도 2015년 4월 상하이 FTZ에 편입되면서 상하이 FTZ 범위가 확대됨에 따라, 2015년 한 해 동안 2014년에 비해 45.9% 늘어난 124개 외자기업을 유치했다. 외자 계약 규모도 183.9% 늘어난 29억 2,700만 달러를 달성했으며, 실제 외자유치 규모는 9억 8,900만 달러로 2014년에 비해 45.4% 늘어났다. 특히 국제 혁신 · 창업 인큐베이팅 네트워크를 구축함으로써 마이크로소프트, 인텔 등 기업이 단지 내에 혁신센터를 설립했다. 동 단지 내에 현재 158개 외국자본 R&D기관과 50개 다국적기업의 지역본부가 입주해 있다. 장장 첨단과학기술단지는 종합형 국가과학센터, 자유무역시험구 및 국가자주혁신시범구, 상하이과학혁신센터건설핵심구 등 중대 국가전략을 포함하고 있다.

상하이 FTZ의 면적은 상하이 전체의 2% 불과하지만, GRDP의 25%와 무역 총액의 40%를 창출하고 있다. 2017년 상하이 FTZ의 무역총액은 1조 3,500억 위안으로 전년비 14.7%

급증하며, 상하이시 전체 대외무역 총액의 42%를 차지했다. 특히 제일 처음 상하이 FTZ로 지정된 푸둥(浦东)지구의 2017년 GRDP 성장률은 8.7%로 9,651억 위안에 달했으며 3차 산업의 비중은 74.7%나 된다. 2018년 6월 말 기준, FTZ의 신설 외자기업 규모는 1만여 곳에 달해 그 비중이 초기의 5%에서 20%로 증가했으며 실제 외자유치 규모는 230억 달러에 달한다.

□ 린강신구(临港新区)

중국정부가 상하이 자유무역구를 현재(2014년 말 기준 120.72㎢) 두 배 규모로 확대한다는 계획을 발표했다. 국무원은 2019년 8월 6일, 상하이 자유무역구에 린강(臨港)신구 119.5㎢ 구역을 추가해 자유무역구 규모를 늘린다는 내용의 '상하이자유무역시범구린강신구 총제방안'을 발표했다.

린강신구는 상하이 동남쪽에 위치해 있고, 미국 전기차 업체 테슬라가 20억 달러를 투자해 첫 해외공장을 지은 지역이다. 린강 남부 76.5㎢, 사오양다오 18.3㎢, 푸둥공항 남쪽 24.7㎢ 지역이 새로 포함됐다. 상하이시는 향후 5년간 린강 지역에 1,000억 위안의 투자 자금을 지원할 계획이다. 아울러 자유무역구를 통해 수입된 제품에는 감세나 면세 혜택을 주고 반도체, 인공지능, 바이오 분야를 집중 육성하며 2035년까지 완전한 투자무역 체계를 구축할 방침이다.

2019년 상하이 자유무역시험구(FTZ)의 외자유치 규모가 1,271억 달러를 돌파한 가운데, 린강신구의 외자 투자가 급증했다. 실제로 유치한 외자는 2018년 221억 3,300만 달러에서 2019년 318억 1,600만 달러로 급증했다. 특히, 린강신구는 상하이 FTZ에서도 외자기업 입주 열풍이 가장 뜨겁다. 2005년부터 2019년 11월 말까지 린강신구에 설립된 외자기업은 총 1,018곳으로, 36억 달러의 외자유치 계약을 체결했다. 실제로 유치한 외자는 14억 달러(누계)를 돌파했다. 2019년 1~11월, 린강신구에 설립된 외자기업은 총 117곳으로 계약 외자는 4.8억 달러에 달했다. 미국 테슬라(TESLA), 독일의 최대 전기·전자기기 제조회사인 지멘스(SIEMENS), 미국 중장비 제조사 캐터필러(Caterpillar) 등 글로벌 기업을 유치했다.

2019년 8월 6일 '상하이 FTZ 린강신구 종합방안(上海自贸区临港新片区总体方案)'이 발표된 후 설립된 외자기업 수가 뚜렷하게 증가했다. 2019년 9월부터 11월까지 린강신구가 유치한 외자기업은 49곳으로, 2019년 1~11월 상하이 FTZ 전체 신규 외자기업 내 비중은 41.9%에 달했다. 세계 500대 기업인 독일 화학회사 바스프(BASF)는 3,200만 달러를 투자해 린강신구의 양산보세항구(洋山保税港区) 구역 내에 외상독자무역회사인 '바스프 국제

무역(상하이) 유한공사'를 설립했다. 바스프사는 역외무역, 중계무역 등 사업을 추진하기 원한다고 밝혔다.

2018년 외국인 투자 진입 제한을 완화하는 '외자 진입 네거티브 리스트'가 발표된 이후, 상하이 FTZ는 외자 독자병원, 인증기구, 직업 훈련 등 38개 개방 분야에서 중국 최초로 가동되는 외자 사업을 유치했다. 일례로 테슬라 사업은 상하이가 유치한 역대 최대 규모의 외자 투자 제조업 사업이자, 중국 최초의 해외 자동차 제조업체 단독투자 공장조성 사업이다. 테슬라 사업은 협상부터 토지 확보, 심사 비준, 착공까지 이례적인 빠른 속도로 진행되었다.

이밖에 2019년에는 상하이 FTZ의 서비스업 개방이 확대되며 집결 효과가 지속적으로 확대되었다. 상하이 FTZ에 부가가치 통신서비스, 공연·매니지먼트, 여행사, 공정 설계, 직업 훈련 등 분야의 314개 서비스 기업이 입주한 것으로 집계되었다.

[그림 3-17] 상하이 자유무역구 내 린강신구 위치도

자료: 상하이 자유무역실험구(www.china-shftz.gov.cn) (검색일자: 2021.7).

(2) 산동성

산동성(山東. 산둥)의 명칭은 태행산(太行山)의 동쪽에 있다는 의미이다. 춘추전국시대(B.C.770~B.C.221)에 이곳에 제(齊)나라, 노(魯)나라 2개 제후국이 소재하였기에 지금도 이 지역을 제노(齊魯)지역이라 부르며, 산동성 약칭을 노(魯)로 표기하고 있다. 서주(西周)시대(B.C.11~B.C.771) 약 40여개 제후국이 있었으며, 그중 제나라와 노나라는 정치, 경제, 문화적으로 중국 고대역사에 커다란 영향을 미쳤다. 춘추전국시대 제나라와 노나라를 중심으로 여러 제후국이 공존하다가 전국시대 말기 노나라가 초나라에 의해 멸망되고 제나라의 세력이 강화되었으며, 진(秦)시대(B.C.221~B.C.207) 제나라도 진시황에 의해 멸망되고 중국이 통일되었다. 한(漢)시대부터 북송(北宋)이전(B.C.206~1127)까지만 해도 산동성은 독립적인 행정구역으로 인정받지 못했다.

금(金)시대(1115~1234년) 전국이 19개로(路)로 분할되어 산동동로(山東東路)와 산동서로(山東西路)가 설치되면서 산동성이 최초로 행정구역으로서 인정받았다. 청나라 말기 산동성은 10개 부(府), 3개 직속 주(州), 8개 주(州)의 96개 현(縣)을 관장했다. 1945년, 산동성 정부가 수립되었다. 산동성은 한국 중부이남 지방과 동일 위도상인 북위 34° ~38° 사이에 위치한다. 西로 하남성, 北으로 하북성, 南으로 안휘성 · 강소성과 인접하고 있다.

□ 면적: 15.7만㎢(중국 전체면적의 1.6%)
  동서길이 700㎞, 남북길이 420㎞, 한국의 1.5배 크기
□ 인구: 1억 153만명(2020년). 중국 총인구의 7.2%, 광동성에 이어 2위
□ 성도(省都): 지난(濟南)
□ 지형: 평원 5%, 산지 및 구릉지 28.7%, 하천 및 호수 8.5%, 기타 7.8%. 중화문명 발원지인 황하(黃河)는 산동성 내 610㎞를 횡단하여 발해로 유입된다.
□ 기후: 온대대륙성 계절풍기후. 연평균 기온 11~14℃, 한국과 유사, 혹한·혹서는 없으며, 연평균 강수량은 500~950㎜
□ 행정구역: 地級市 17개, 縣級 91개(市 31개, 縣60개)
□ 국가급 개발구(17개): 칭다오경제기술개발구(1984년), 칭다오수출가공구(2003년), 칭다오하이테크공업단지(2006년), 칭다오보세구(1992년), 칭다오石老人관광구(1992년), 지난하이테크산업개발구(1990년), 지난수출가공구(1991년), 웨이하이경제기술개발구(1992년), 웨이하이수출가공구(2000년), 웨이하이하이테크산업개발구(1991년), 옌타이경제기술개발구(1984), 옌타이하이테크산업개발구(1994년), 옌타이수출가공구(1992년) 등

2020년 기준, 산동성의 1차산업 비중은 7.33%로 같은 해 중국 평균치인 7.7%보다 오히

려 낮은 편이다. 그럼에도 불구하고 산동성이 농업대성(大省) 중 하나로 불리우는 것은 넓은 경작지에 있다. 중국 전체 경작지 중 6.67%가 산동성에 있으며, 이는 흑룡강성·하남성에 이어 3위 수준이다.

산동성은 중국 주요 작물인 밀, 면화, 땅콩의 중국 최대 산지이다. 사과(전국 1위), 배, 포도(전국 2위), 복숭아 등 과수 재배농업 발달했다. 산동성 壽光市(웨이팡시 현급도시)는 유명한 채소 재배단지로, 미국 캘리포니아와 함께 세계 3대 채소 생산기지이다. 3천㎞의 해안선과 근해의 양식가능 해수 면적이 넓어 수산업 생산량도 전국 1위 수준이다. 산동성의 주요 산업은 석유화학업·IT·자동차·기계전자 등이 있다.

[표 3-26] 산동성 경제지표 (2020년)

GRDP*	산업구조			1인당 GRDP	
	1차산업	2차산업	3차산업	위안	US$
7.22%	7.33	39.13	53.54	72,151	10,460
인구(만명)	인구 중국내 비중	도시화율(%)	부동산 개발투자*	수출*	수입*
10,153	7.2%	61.29	6.68%	7.3%	6.3%
수출입*	외상기업 투자액*	공업생산액*	소비품판매액*	중국 평균 1인당GDP 대비	
6.85%	6.51%	7.28%	7.46%	99.59% (72,447元. U$10,503)	
제남시 GRDP**/인구(만명)		청도시 GRDP** / 인구(만명)			
13.8% / 681		17% / 949			

주: *중국 내 비중을, **성내 비중을 나타냄. 도시화율 및 공업생산액은 2019년도 수치 기준임.
자료: 국가통계국 国家数据 (2021.6.22.)

산동성의 발전전략은 기존 가공무역기지를 내수시장 중심으로 전환하는 것이다. 산동성은 2020년 GRDP 전국 순위 3위의 경제대성이다. 석유, 농산물이 풍부하다. 전국 2위 규모의 셩리(勝利)유전이 동영시(東營)에 소재하고 있다. GS칼텍스는 산동성을 중심으로 석유화학 및 주유소 사업을 전개하고 있다. 양호한 기후조건을 기반으로 유기농 재배가 발달하여, 중국 최대 채소도매 시장 소재하고 있다. 전통산업에서 신성장동력산업으로 산업 업그레이드를 추진하고 있다. 피혁, 섬유, 금속가공 등 전통산업 이외에도 태양광, IT 등 신성장동력 산업 빠르게 성장하고 있다. 메가시티 조성을 위해 해양대교를 건설하고 있다. 2020년에는 청도 교주만(膠州灣)의 동쪽, 서쪽, 북쪽을 연결하는 총 길이 35㎞의 해양대교와 함께 길이 9.47㎞ 해저터널도 동시에 완공돼 칭다오 지역간 유기적 통합이 가속화 됐다. 최근엔 지난과 칭다오를 잇는 고속철도 개통돼 두 도시간 거리가 한 시간 이내로 단축됐다.

산동성 주요산업 중 전통 산업으로는 방직의류, 석유화학, 타이어, 비철금속, 농기계, 제지, 가전, 가구, 건축자재 등 9개 분야가 있다. 新성장동력 산업으로는 첨단장비제조, 첨단화학공업, 정보산업, 신에너지재로, 해양경제, 현대농업, 문화산업, 의료바이오보건, 관광, 현대금융 등 10개 분야가 있다.

산동성 소재 주요 항구로는 칭다오항, 르자오항, 옌타이항, 웨이팡항, 빈저우항, 둥잉항 등이 있다. 2020년 기준, 산동성 연해항구 화물물동량은 전년비 6.2% 증가한 16.9억 톤이며, 컨테이너는 3,191만 TEU로 전년비 6.0% 증가하여 중국 내 2위를 기록했다. 중국 항구 화물물동량 10위권 중, 칭다오항 5위, 르자오항 9위, 옌타이항 10위를 점유하고 있다.

[그림 3-18] 산동성 위치도

자료: 두피디아 (2021.6).

□ 산둥자유무역시험구

2019년 8월, 지난, 칭다오, 옌타이 등 3개 지역을 통합하여 산동자유무역시범구가 출범했다. 총 면적은 119.98㎢이다. 산둥과 함께 국무원이 자유무역시범구로 지정한 지역은 장쑤(江苏), 광시(广西), 허베이(河北), 윈난(云南), 헤이룽장(黑龙江)이 있다. 출범이후 2개월 만에 2700개의 신규 기업이 설립되었으며, 무역투자 편리화, 금융서비스 최적화, 첨단기술 산업 집결지 조성을 설치 목표로 하고 있다. 산둥자유무역시험구의 특화 산업을 보면 지난

지역은 인공지능, 금융, 문화산업, 차세대정보기술, 물류 등이다. 칭다오지역은 국제무역, 물류, 금융, 선진제조업 등 산업 위주이다. 옌타이지역은 첨단설비 제조, 신소재, 바이오의약 등 산업 위주이다. 특히 한중일 3개국간의 경제 합작 및 교류의 교량 역할을 담당하고 있다.

[사진 3-8] 다롄-옌타이 열차페리

자료: 바이두 이미지 D/B (2013.3)

□ 산둥성 14·5 규획(2021~2025)

산둥성은 14·5 규획기간 발전 방향을 ①과학기술 인재 양성을 통한 혁신 발전, ②10대 육성산업 중심의 성장동력 전환 전략 추진, ③국내 · 국제순환(쌍순환) 원활화에 초점을 맞추고 있다. 산둥성 정부는 연구형 대학을 지원해 기초연구 분야 인재 양성, 산둥성 인재 프로젝트(齐鲁人才工程) 추진, 과학기술 인재 평가체계 구축 등 종합적인 인재육성 정책을 시행할 방침이다. 화학공업 · 농업 · 문화창의 · 관광 · 금융 등 전통산업 기술을 업그레이드하면서, 차세대 정보기술 · 첨단장비 제조 · 신에너지 · 신소재 · 의료헬스 · 첨단 해양산업을 비롯한 신산업을 육성하는 성장동력 전환 전략을 지속 추진하기로 했다.

특히 '10대 육성산업 클러스터+인공지능' 프로젝트 시행, 저부가가치 제조업 중심의 산업인터넷 플랫폼 응용 등 주요 산업의 디지털 전환을 추진할 예정이다. 산둥성은 쌍순환 전략에서 국내 및 국제 순환의 원활화를 위해 유통·물류시스템을 완비하는 데 방점을 두고 있다. 구체적으로 복합연계운송센터, 황해 연안도시 간 공동 해상 · 철도 복합운송 중계기지, 지난 · 칭다오 · 린이 중국-유럽 철도 물류센터를 건설하고, 전자상거래 택배열차를 발전시킬 계획이다.

[표 3-27] 14·5규획 기간 산동성 주요 과제

주요 과제	세부 내용
과학기술 인재 육성을 통한 혁신도시 건설	• 과학기술 혁신역량 강화: 과학연구기관 및 기술혁신센터 설립·발전(국가중점실험실, 중국과학원 지난 과학혁신성, 국가과학기술혁신센터, 제조업 혁신센터 등), 기업의 R&D 투자 확대 지원, 기업 혁신연맹 조성 및 범용기술플랫폼 구축 지원 • 인재 육성: 인재 양성교육 강화(연구형 대학을 지원해 기초연구 분야 인재 육성, 전문 직업학교 설립), 산둥성 인재 프로젝트 및 차세대기업가 역량제고 계획 시행, 과학기술 인재 평가시스템 구축 • 과학기술 혁신체제 완비: 산업을 중심으로 중대과학기술 프로젝트 배치 최적화, 정·산·학·연 혁신공동체 조성, 지식재산권 보호 강화, 종합적인 기술성과 거래 플랫폼 구축
성장동력 전환 전략 추진: 현대산업의 새로운 우위 확보	• 산업체계 현대화·업그레이드 추진 - 전통산업의 기술개선: 전통산업 기술의 첨단화·스마트화·녹색화 추진, 기계, 경공업, 화학공업, 야금, 방직, 건축자재 등 우위산업의 산업사슬 확장(가공제조-R&D-디자인-브랜드 마케팅 전 영역) - 신산업 육성: 차세대 정보기술, 첨단장비, 신에너지, 신소재, 신에너지 자동차, 에너지 절감·환경보호, 바이오 의약 중점분야 산업클러스터 발전, 생명과학, 양자정보, 항공우주 등 미래산업 발전 • 디지털 경제 발전 - 디지털 산업화: 집적회로, 광전자, 첨단소프트웨어 등 기초영역 발전, 스마트단말·초고화질 동영상 분야 등 디지털산업 클러스터 구축 - 산업의 디지털화: '10대 육성산업 클러스터+인공지능' 프로젝트 추진, 기업의 '클라우드 컴퓨팅·빅데이터 응용·스마트화' 지원, 산업인터넷 발전 시범구 건설(전자기업 하이얼(海尔)의 카오스(卡奥斯), IT기업 랑차오(浪潮)의 윈저우(云洲) 등 산업인터넷 플랫폼 발전), 칭다오(青岛)를 국제적 산업인터넷 도시로 건설 • 선진 서비스업 발전: 생산자 서비스 발전(R&D 디자인, 물류, 법률, 전자상거래 서비스 등 육성, 서비스+제조업+농업의 융합 추진), 소비자 서비스 육성(양로, 출산·육아, 문화·관광, 스포츠 등 서비스업 중점 육성) • 중점산업 배치 최적화: 철강산업 연해지역으로 배치, 위룽다오(裕龙岛) 첨단석

주요 과제	세부 내용
	유화학기지 구축, 르자오(日照)-린이(临沂) 첨단철강기지 조성, 국제 알루미늄 밸리와 산둥반도 '수소회랑(氢动走廊)' 조성 • 인프라 강화: '네트워크·클라우드·단말' 디지털 설비, 5G기지국, 데이터센터 건설, 고속철 등 교통인프라 건설, 재생 에너지 및 신에너지 관련 설비 발전(수소, 원자력, 해상풍력), 석유가스 저장 네트워크 완비
내수확대 전략 추진	• 소비 확대: 온·오프라인 소비 융합, 신소비 관련 모델·시범도시·기업 육성, 소비 집적구 조성(현(县)급 지역), 농촌지역 전자상거래·택배서비스 확산 • 유효투자 확대: 10대 육성산업 클러스터, 신형인프라, 신형도시화, 교통·수자원·에너지원 인프라 관련 중대공정, 기업 설비교체·기술개조, 전략적 신흥산업, 방역 등 민생보장 분야 투자 확대, 민간투자 확대 • 국내·국제 쌍순환 원활화: 제품의 질적 제고(质量强省)와 브랜드 전략 시행, 생산·분배·유통·소비 각 분야의 유기적 결합을 통한 거래비용 절감, 선진적 유통시스템 구축 및 유통기업 육성, 국내외 무역 품질표준·인증·허가 연계, 무역 대통로 구축(복합연계운송센터, 황해 연안도시 간 공동 해상·철도 복합운송 중계기지, 지난·칭다오·린이에 중국-유럽 철도 물류센터 건설, 항공·고속철 운송과 전자상거래 택배열차 발전)

자료: KIEP(2021), 중국 환발해지역의 14·5 규획기간 경제정책 방향 및 전망, 기초자료 21-07(2021.5.24.).

□ 지난시

지난은 옛 지(濟)강의 남쪽에 위치한다 하여 붙여진 이름이다. 지강은 황허 · 창강과 함께 4대 강 중 하나로 꼽힌다. 이후 본래 허난(河南)성 지위안(濟源)에서 발원해 산둥성을 지나 발해만으로 흘러들어갔지만 훗날 황하가 강줄기를 북쪽으로 틀면서 황하와 합쳐졌다. 4대 강이 흐르던 지역인만큼 지난에는 유난히 물이 많아 예로부터 '샘의 도시(泉城)'로 불렸다. 지난 일대에는 72개 유명한 샘이 이었다고 전해진다. 지난의 표돌천(趵突泉)은 '천하제일천'이라 불린다. 청 나라 건륭제가 이곳의 샘물로 차를 끓여 마신 후 붙여졌다.

산둥성은 치루(齊魯) 지역으로 불린다. 춘추전국시대 제(齊) · 노(魯) 나라가 위치해 있었기 때문이다. 특히 지난은 춘추전국시대 가장 강성했던 제나라의 땅이었다. 제 나라는 당시 최고의 번성기 누렸으나 진 나라에 의해 멸망했다. 제 나라 옆에 있던 노 나라는 공자의 유교문화를 낳은 곳이다. 지난에서 100㎞ 정도 떨어진 곳에 바로 공자의 고향인 취푸(曲阜)가 있다. 산둥성 지역 자동차 번호판의 지역표시 글자가 '노(魯)'인 것은 여기에 기인한다. 공부가주(孔府家酒)와 삼공맥주(三孔:孔廟·孔林·孔府)는 모두 바로 공자 마케팅으로 성공한 취푸 특산 술이다.

지난은 삼국지의 조조가 한때 다스렸던 땅이다. 황건적의 난을 진압한 공로를 인정받은 조조는 황제로부터 제남의 승상 직을 하사받았다. 이후 위진남북조 시기 지난은 한때 전란의 소용돌이에 휘말리기도 했으나 수당시대에는 불교의 중심지로 번성했다. 금 나라 때 지난 북쪽에 바다까지 이어지는 소청하(小青河)를 뚫으면서 지난은 중국의 소금 집산지로 번성하며 지역 경제는 활황을 띠었다. 청나라 말기엔 본격적으로 자본주의가 싹 트기 시작했다. 1904년 위안스카이의 제안으로 지난은 중국 근대 역사상 최초로 외세 개입 없이 자주적으로 외국과 제일 먼저 통상한 항구가 됐기 때문이다. 또 서구 열강의 침입은 오히려 지난 지역경제 발전을 촉진했다. 서구 열강에 의해 지난~칭다오를 잇는 자오지(膠濟) 철도에 이어 톈진에서 장쑤성 푸커우(浦口)에 이르는 진푸(津浦)철도가 개통되고 황하대교까지 완공되며 지난은 중국 남·북을 잇는 교통 허브로 자리 잡았다. 이곳에선 방직·의복·제분·시멘트·성냥 등 산업이 발달하기 시작했다. 중국 비단의 대표적인 전통명가 루이푸샹(瑞臘祥)을 만든 맹자의 후손 맹락천(孟洛川)도 바로 지난 출신이다. 116)

□ 칭다오

인구 949만명의 칭다오시(青岛)는 우리에게 잘 알려진 칭다오 맥주(TsingTao Beer) 본시가 있는 곳이다. 중국인들이 은퇴 후 살고 싶은 도시 Top3 안에 매년 선정될 정도로 주거 환경, 기후, 먹거리 등이 훌륭한 곳이다. 인천과는 직선거리가 550㎞로 한국인들에게는 심리적으로 가까운 중국 내 도시 중의 하나이다. 인천공항에서 1시간반이면 칭다오 류팅국제공항에 도착할 수 있고, 인천에서 출발하는 페리(위동항운)를 서녁 8시 30분에 타면 다음날 아침 9시면 칭다오에 도착할 수 있다. 칭다오는 산동성 성도인 제남시보다 경제규모가 크다. 이러한 경제 규모는 칭다오맥주, 세계 최대 가전업체인 하이얼(海尔), 또 다른 대형 가전업체인 하이센스(海信), 금호타이어를 인수한 더블스타(双星集团) 등 대기업이 모두 칭다오에 있기 때문이다.

칭다오의 대표적인 상품인 맥주는 칭다오의 역사와 무관하지 않다. 1897년 11월 14일(청 광서제 23년) 독일은 선교사 살해 사건을 빌미로 칭다오를 침략하여, 1898년 3월 칭다오를 99년간 조차하는 '교오조차조약(胶澳租借条约)'을 청나라 정부와 체결하였다. 이로써 칭다오는 독일의 식민지가 된 것이다. 1914년 세계1차 대전이 발발하자, 일본이 독일 대신하여 칭다오를 점령하였고, 1919년에 이르러 5·4운동의 영향으로 칭다오의 주권을 찾아올 수 있었다. 칭다오 맥주가 탄생한 시기가 바로 독일 식민지 시기이다.

1903년 8월 15일, 홍콩에 있던 앵글로게르만 맥주회사의 독일 및 영국상인이 합작으로 칭다오에 게르만맥주 칭다오주식회사를 설립하였다. 물론 칭다오 지역의 수질이 맥주 생산

---

116) 아주경제(2014.11.26), [중국도시를 읽다(27)] 유교 발원지에서 소프트웨어 기지로 발돋움 '지난'.

에 적합했기 때문에 결정한 것이었다. 이후 이 회사는 연산 2천만톤의 맥주를 생산·판매했다. 1906년에는 뮌헨박람회에 출품하여 금메달을 수상함으로써 칭다오산 맥주 품질을 인정받기도 하였다. 다시 칭다오가 일본 식민시대에 접어들자 1916년 9월, 일본의 '대일본맥주 주식회사'가 게르만맥주 칭다오공장을 인수하였고, 우리에게도 잘 알려진 삿포로, 기린 등 브랜드를 붙여 맥주를 생산했다. 1936년에 이르러 이 공장의 연산 능력은 4,663만톤까지 늘어났다. 1945년 8월, 일본이 항복하자 이 공장을 접수한 중국정부는 회사명을 칭다오맥주(青岛啤酒公司)로 바꾸게 된다. 1949년 신중국이 성립되자 칭다오맥주는 국유화 되었으며 발전을 거듭하여 1993년에는 상하이, 홍콩증시에도 상장되었다. 2018년에는 생산량 803만리터, 매출액 265억 위안을 달성하여, 세계 맥주시장 점유율 4%로 세계 6대 맥주회사로까지 발전하여 지금에 이르렀다. 우리에게도 널리 알려진 칭다오 국제맥주축제(青岛国际啤酒节)는 1991년에 시작되었으며, 매년 8월 둘째주에 개막하여 16일 동안 열리게 된다.

□ 옌타이

옌타이시(煙臺)는 환발해 조선업 거점이다. 항만, 조선업 집중으로 중장비 및 기계류 수요가 크다. IT, 식품, 귀금속, 조선업 위주로 발달되어 있으며, 경기회복시 선박엔진, 기자재, 철강 등 수요가 확대될 전망이다. '환발해 경제권' 통합은 가속화 될 전망인데, 현재 구상중인 다롄-옌타이간 해저터널이 완공되면, 동북 3성 물류흐름과 연결되는 거점이 될 전망이다. 현재 해상 직선거리가 160㎞인 다롄시(요녕성)-옌타이시(산동성)간에는 기관차와 화물차를 통째로 운반하는 열차페리(铁路轮渡)가 운행중이다. 다롄과 옌타이를 잇는 123㎞해저 고속철 터널 건설안(발해해협해저통로. *渤海海峡跨海通道*)이 2016년에 정식으로 검토 절차에 들어갔다. 또한 2019년에는 '환발해지구 합작발전강요'와 산동성 13·5규획 내 '산동성 종합교통망 중장기 발전규획(2018-2035)'에 편제되기도 하였다.

1) 한국과의 교류

산동성은 한·중 수교 이래 지리적 근접성과 문화적 유사성으로 인해 한국기업의 최다 및 최대 투자지역으로 부상 하였으며, 한국은 2002년 이후 산동성 최대 교역 상대국이 되었다. 경제적 교류 외에 인적 교류도 활발히 이뤄져 2010년 산동성을 방문한 한국인 수가 129만 여명에 달했으며, 산동성 거주 재외국민은 중국 전체 재외국민의 24.1%에 해당하는 8만 8,800명 규모로 집계 되었다. 한국정부는 1994년 9월 주칭다오총영사관을 개관하였다. 2011년 한국과 산동성의 무역규모는 1992년 대비 약 69.5배 증가하였으며 산동성은 중국

31개 성·시·자치구 중 세 번째로 한국과 교역이 많은 지역이다.

2000년대 들어 중국의 산업구조 고도화가 진행되고 노동임금이 빠르게 상승하면서 저임금을 활용한 품목의 비중이 감소하고 전자기기, 기계, 석유화학, 철강 등의 품목으로 대체되었다. 2005년 한국의 對산동성 수출의 62.6%가 가공무역 형태로 이뤄졌으나 그 비중이 점차 낮아져 2011년에는 수출의 49.9%가 가공무역 형태로 이뤄졌다.

한국의 對산동성 투자는 제조업 편중, 중소기업 중심, 산동성 연해지역 중심, 저임금 활용 목적이라는 특징을 가지고 있다. 2010년말 기준으로 산동성에 총 6,226개의 한국기업이 진출해 있으며, 칭다오시에 3,319개사, 웨이하이시에 1,300개사, 옌타이시에 998개사가 등록되어 있다. 이외에도 르자오시에 280개사, 웨이팡시에 86개사, 쯔보시에 49개사 지난시에 41개사 등 기타 12개 지역에 609개사가 진출해 있다. 對산동성 투자 중 제조업이 89.1%의 비중을 차시하고 있으며 우리나라의 전체 대중국 투자보다 중소기업의 투자비중(51.3%)이 높고 저임금 활용을 목적(37.8%)으로 한 투자비중이 높다. 지역적으로는 연해에 위치한 칭다오, 웨이하이, 옌타이의 3개 지역에 대산동성 투자의 85%가 집중 되어 있다. 117)

최근 통계를 보면 2018년 기준, 산둥성 진출 한국기업수는 4,363개로 다소 줄어 들었다. 산둥성의 주요 투자 제조업종은 여전히 섬유, 봉제, 식품, 피혁, 완구, 주얼리, 경공업품, 기계, 화공, 전자 등 다업종군에 고루 분포해 있다. 도시별로는 칭다오 지역에 총 투자법인이 50% 이상 집중되어 있으며, 옌타이, 웨이하이 지역을 포함한 3개 도시에 한국기업의 90%가 진출해 있었다. 최근 한국기업 진출 트렌드를 보면, 제조업 신규 투자는 감소 추세이며, 투자패턴이 기존의 제조업 위주에서 기술 집약 및 서비스, 유통 분야 등으로 전환되는 경향을 보이고 있다.

117) KIEP(2012), 한·중경제협력 20년 회고와 전망:산둥성, 「중국 성별동향 브리핑(Vol.3 No.13)」, 2쪽.

[사진 3-9] 산동성 청도시 5·4광장

자료: 김동하 ⓒ 2011.

2) 웨이하이시, 한중 FTA 시범지역으로 지정

2015년 한중 FTA 체결이후, 합의에 따라 인천경제자유구역(IFEZ)과 산둥성 웨이하이시(威海市)를 한중FTA 시범협력지역으로 지정했다. 이후 한중 FTA의 무역·투자·서비스·산업협력 사항이 두 지역에서 추진되고 있다. 산동성의 최동단에 위치한 웨이하이시(威海市)는 삼면이 황해에 둘러싸여 있는 해양도시로 한반도와 마주하고 있다. 해안선은 985.9㎞이며, 웨이하이항(威海港), 스다오항(石岛港), 롱옌항(龙眼港), 리다오항(俚岛港)등이 있다. 도시면적은 5,797㎢이며 2020년 기준 상주인구는 290만명이다. 웨이하이시 GRDP는 3,017억 위안(2020년)으로 산동성 전체의 4.1% 수준이다.

웨이하이 세관에 따르면 2019년 말 기준 한중FTA 시행 4년 동안 웨이하이시의 대(對) 한국 무역액은 2015년 373억 위안에서 427억 위안으로 14.5% 증가했다. 웨이하이 항구를 통해 진출한 한국 상품 총액은 1,640억 위안에 달했다. 2016년 웨이하이시는 국가 서비스·무역 혁신 발전 시범도시, 웨이하이 종합 보세지구, 산동성(웨이하이) 크로스보더 전자상거래 종합 시험지구 등을 비준 받았다. 또한 한중 미술국제교류전, 한중 혁신대회, 한중 로봇산업 협력대회 등 행사를 주최하기도 했다.

한중 FTA 시범구 건설을 심화하기 위해 2018년 웨이하이시는 '웨이하이 한중FTA 지방경제 협력시범지구 건설심화를 위한 3년 행동계획(2018-2020)'을 발표하고 '3호(정보 상호교환, 관리감독 상호인정, 법집행 상호협력)과 4항(웨이하이항, 웨이하이공항, 인천항, 인천공항), 5연통(정책소통, 인프라연통, 무역창통, 자금융통, 민심상통)' 목표를 제시했다. 2019년 1월 17일, 두 도시 부시장은 지역정부와 웨이하이항 그룹, 웨이하이 공항그룹 및 인천항만공사, 인천공항공사를 대표해 '웨이하이-인천 동북아 물류 중심 조성 MOU'를 체결하기도 했다.

2019년 웨이하이의 무역 규모는 1,400여 억 위안에 달했고, 국경간 전자상거래는 20억 위안으로 전년비 2배 증가했다. 이 해에 웨이하이 항구의 대한국 무역 규모는 1,171억3,000만 위안에 달해 대 한국 무역총액이 산둥성 1위, 전국에서는 상하이와 선전 뒤를 이어 3위를 기록했다. 2019년까지 웨이하이에 823개 한국기업이 설립됐고, 이는 위해시 외자기업의 57.1%를 차지하고 있다. 한국 자본 이용액은 15억6,000만 달러로 전체 외국인 투자 총액의 26.1%를 차지힌다. 또한, 2019년 위해시의 대한국 무역 총액은 전체 시 수출입 총액의 31.1%를 차지했다. 118)

(3) 강소성

강소성(江蘇. 장쑤)의 성도인 난징(南京)은 삼국시대에 오나라 손권(孫權)이 도읍을 정한 이후 東吳, 東晉, 남북조 시대의 宋, 薺, 梁, 陳 등 고대의 6개 왕조의 도읍이 됨에 따라 6조의 고도(古都)로 불린다. 수나라 문제(文帝) 시대에 소주, 양주, 서주가 설치되었으며, 양제(陽帝) 시대에 강소성을 통과하여 항저우-화북지역을 연결하는 경항대운하가 완성된 이후 강소성은 장강과 대운하의 교차점으로써 경제적으로 번영을 구가하였다. 주원장(洪武帝)이 난징을 수도로 명나라를 건국한 이후 강소성은 농업 생산력이 증진되고 도자기, 차, 비단 등을 중심으로 한 상공업이 급속히 발전했다. 청나라 시대 강소성은 일시적으로 강남성(江南省)에 속하였다가 1667년 강희제가 강남성을 강소, 안휘 두 개의 성으로 분할하였다.

중일전쟁시대 난징은 국민당 정부의 수도였으며, 1937년 일본군이 난징을 함락시킨 후 30만명의 중국인을 대상으로 비극적인 난징대학살을 자행한 곳이다. 1949년 수난(蘇南), 수베이(蘇北) 두 개의 행정구가 설치되었고, 난징은 직할시가 되었다. 중국정부는 1953년 두 행정구를 다시 합쳐 강소성을 설치하고 난징을 성도로 하였다.

---

118) 노컷뉴스 (2020.8.16.) / M이코노미뉴스 (2019.5.23)

강소성은 동쪽으로 바다를 접하고 있고, 서쪽과 남쪽으로는 호수를 끼고 있으며, 장강(長江)이 중부를 관통한다. 운하가 남에서 북으로 가로지르고, 기후가 따뜻하고 토양이 비옥하여 예로부터 魚米之鄕(물고기와 벼가 풍성한 곳)이라고 불리기도 했다. 1년 내내 수산물과 육류, 야채류가 넘쳐나, 음식재료가 풍부해 요리법들이 발전하였다. 강소성 지방의 요리인 화이양차이(淮揚菜)는 난징, 양저우, 쑤저우(揚州,蘇州)지역 요리를 위주로 한다.

중국 동부연해의 중심에 위치, 동쪽으로 황해(黃海), 서쪽으로 안휘성, 북쪽으로 산동성, 동남쪽은 절강성·상해와 인접해 있다. 현재의 난징(南京) 옛이름인 장닝(江寧)과 쑤저우(蘇州) 두 도시 이름의 첫 글자를 따서 강소성(江蘇省)으로 불리게 되었다. 약칭은 쑤(蘇)이다.

□ 면적: 10만㎢(중국 전체 면적의 1.06%)
□ 성도(省都): 난징(南京)
□ 지형: 평원이 전체 68.8%를 차지
□ 기후: 아열대 온난기후로 온대 계절풍 기후와 아열대 습윤 기후가 교차, 연평균 기온 13~16℃, 강수량 800~1,000㎜
□ 행정구역: 地級市 13개, 區 54개, 縣級 52개(市 27개, 縣 25개)
□ 국가급 개발구 12개, 성급 개발구 115개, 개발구內수출가공단지 9개
南京, 昆山, 南通, 連雲港(경제기술개발구), 常州, 南京, 蘇州, 無錫(하이테크개발구), 蘇州공업원구, 蘇州太湖국가관광레저구(國家旅遊渡假區), 無錫太湖국가관광레저구, 張家港보세구 등이 12개 국가급 개발구임.

강소성은 2020년 기준으로 중국 내 경제 규모(GRDP) 2위의 경제대성(大省)이다. 강소성의 1차산업 비중은 4.42, 2차산업은 43.06%, 3차산업 52.53% 수준이며, 특히 중국의 WTO 가입이후 한국기업을 비롯한 외국기업의 투자가 확대되어 오고 있다. 2020년에도 외자기업의 투자 비중은 광동성에 이어 중국 내 2위 수준이다. 이러한 외자기업 투자에 힘입어 2020년 강소성 수출과 수입은 중국 전체에서 2위 수준을 유지한 바 있다.

장강삼각주(長江三角州)를 구성하는 핵심 省으로 개혁개방 이후 급속한 경제발전을 이룩했다. 성내 지역간 불균형이 심한 편이나, 점차 완화되고 있는 추세이다. 성 전체 도시화 수준은 67.3%로, 소북(蘇北), 소중(蘇中), 소남(蘇南)으로 분리되어 발전해오는 등 지역내 경제수준 차이가 적지 않은 편이다. 전자산업은 기업 수 및 매출액 모두 중국 2위 수준이며, 화공원료 생산량은 중국내 1위로 중앙정부에서 전략적으로 화학단지를 조성하고 있다. 주요 공산품으로는 컴퓨터, 반도체, 가전제품, 석유화학, 철강 등이 있으며, 특히 첨단산업에

외국인 투자를 적극유치하고 있다. 곤산(昆山), 소주(蘇州), 무석(無錫) 등이 중국의 첨단 IT기지로 떠오르면서 반도체, 컴퓨터 등의 생산이 중국 전체의 30% 수준이다.

[표 3-28] 강소성 경제지표 (2020년)

GRDP*	산업구조			1인당 GRDP	
	1차산업	2차산업	3차산업	위안	US$
10.15%	4.42	43.06	52.53	121,231	17,576
인구(만명)	인구 중국내 비중	도시화율(%)	부동산 개발투자*	수출*	수입*
8,475	6.01%	67.28	9.31%	15.3%	12%
수출입*	외상기업 투자액*	공업생산액*	소비품판매액*	중국 평균 1인당GDP 대비	
13.83%	13.28%	11.92%	9.46%	167.34% (72,447元. U$10,503)	
남경 GRDP**/ 인구(만명)		소주 GRDP**/ 인구(만명)		장쑤 난징, 쑤저우	
14.4% / 931		19.6% / 1274			

주: *중국 내 비중을, **성내 비중을 나타냄. 도시화율 및 공업생산액은 2019년도 수치 기준임.
자료: 국가통계국 国家数据 (2021.6.22.)

□ 난징

'남쪽의 수도'라는 뜻의 난징은 '육조고도(六朝古都)'로 불린다. 동오(東吳), 동진(東晋), 남북조시대 송(宋), 제(齊), 양(梁), 진(陳) 등 과거 6대 왕조의 수도였기 때문이다. 여기에 남당(南唐), 주원장(朱元璋)의 명(明), 태평천국, 중화민국까지 합치면 난징은 모두 10개 정권의 수도였을 정도로 중국 역사의 중심이었다. 아편전쟁 참패가 낳은 불평등조약인 난징조약, 태평천국운동, 신해혁명 후 쑨원을 임시총통으로 하는 중화민국 건국, 일제 만행인 난징 대학살까지 모두 이곳에서 벌어졌다. 수 천년 역사 속에서 난징은 베이징의 라이벌 도시로 역사의 중심도시였지만 근·현대 들어서 정치수도 베이징, 경제수도 상하이에 눌려 빛을 발하지 못했다. 최근 난징은 경제 중심도시로 도약하고 있다.

난징시 산업경제가 본격적으로 발전하기 시작한 것은 1991년 국무원이 난징 최첨단기술 산업개발구가 국가급 기술구로 지정하면서 부터다. 특히 이곳엔 주로 소프트웨어 · 시스템 통합 · 바이오의약 · 신에너지 · 신재료 등 주요 하이테크 기업 190곳이 입주돼 있다. 2011년 기준 산업생산액이 1,284억 위안으로 총 265억 위안의 경제적 효과를 창출했다. 난징시 경제발전의 중심에는 글로벌 기업들이 자리잡고 있다. 주요 투자기업으로는 BASF, GE, 모토로라, 월마트, 미쓰비시, 혼다, 샤프 등이다. 금호타이어, LG, 삼성 등의 한국 기업도 자리잡고 있다. LG그룹은 LG전자와 LG필립스 LCD, LG 화학공장이 밀집해있는 복합단지를

'LG산업단지'로 이름짓고 투자를 집중하고 있다.

역사 문화고도인 난징의 관광업도 성장동력이다. 2012년 기준 난징시 관광수입은 1,272억 위안으로 중국 도시 10위권에 랭킹됐다. 난징은 중국의 '항일 국가 교육장'이기도 하다. 그 중심에 난징학살추모관이 있다. 난징대학살이 발생한 12월 13일을 중국 국가기념일로 지정하고 난징대학살 증거물을 세계기록유산으로 등재하려는 움직임도 일면서 난징 지역 관광업도 주목을 받고 있다.[119]

[그림 3-19] 강소성 위치도

자료: 두피디아 (2021.6).

□ 쑤저우

1994년 중국과 싱가포르가 공동개발한 쑤저우 공업단지(蘇州工業園區)는 중국이 중앙정부 차원에서 시도한 첫 외국과의 합작 프로젝트다. 오늘날 중국의 개혁·개방정책과 외자유치의 상징 모델로 통한다. 중국은 토지를, 싱가포르는 자본과 기술력을 제공해 외자기업을 유치함으로써 지역경제발전을 이끈다는 이른바 '쑤저우 모델'이다.

쑤저우가 중국 대표 공업도시로 발돋움한지는 20여년에 불과하다. 쑤저우는 2500년 전 춘추전국시대 오(吳) 나라 수도로 유서 깊은 역사고도(古都)다. 수(隨) 나라 때 베이징에서

119) 아주경제(2014.2.28), [중국도시를 읽다(2)]난징 '역사 고도'에서 '경제도시'로.

항저우를 잇는 약 1,700㎞의 징항(京杭)대운하가 완공되면서 쑤저우는 창장(長江) 지역 수상교통 중심지로 발달했다. 덕분에 쑤저우는 물자교류가 활발하고 문물이 크게 번성했다.

징항대운하로 둘러싸인 쑤저우 곳곳에는 인공하천들이 마치 실핏줄처럼 뻗어있다. 원 나라 때 이곳을 방문한 마르코폴로가 '동양의 베니스'라 극찬한 이유다. 옛 관리들은 물길을 따라 곳곳에 아기자기한 정원도 지었다. 중국 4대 정원으로 꼽히는 졸정원(拙政園)은 고전 홍루몽의 배경이 된 곳으로 유네스코 문화유산으로 지정됐다.

쑤저우는 예로부터 토지가 비옥해 '어미지향(魚米之鄉)'이 유래가 된 곳이다. 양잠도 발달해 쑤저우 송금(宋錦)은 중국 4대 비단으로 꼽힌다. 2014년 베이징 아시아태평양경제협력체회의(APEC) 회의때 각국 정상들이 입은 전통 복장도 쑤저우 비단으로 만든 것이었다. 쑤저우 경제의 고속성장은 개혁개방과 함께 시작됐다. 특히 창장 유역에 위치한 쑤저우는 상하이에서 80㎞ 밖에 떨어져 있지 않은 유리한 지정학적 경쟁력을 바탕으로 소규모 향진기업이 발달하면서 빠른 시간 내에 부자 도시로 성장했다. 개혁개방 총 설계사 덩샤오핑이 '샤오캉(小康) 사회'의 이상적 모델로 쑤저우를 꼽았을 정도였다. 쑤저우는 덩샤오핑이 1979년 당시 20년 후인 2000년까지 샤오캉 사회 건설을 통해 달성하기로 한 1인당 소득 800달러 목표를 이미 1982년에 실현했기 때문이다. 그 뒤 1990년대 들어 쑤저우가 본격적으로 공업도시로 변모하게 된 것도 덩샤오핑의 지원 덕분이었다. 오늘날 쑤저우 경제를 지탱하고 있는 쑤저우공업원구는 바로 덩샤오핑이 싱가포르 리콴유(李光耀) 전 총리와 함께 빚어낸 작품이다.

쑤저우공업원구는 중국 중앙정부가 싱가포르를 모델로 외국자본 투자지역을 조성하기 위해 1994년 시범적으로 개발한 곳이다. 중국의 값싼 토지와 노동력, 싱가포르의 자본과 기술이 결합해 만들어졌다. 자국 기업의 중국 진출 거점 확보를 원했던 싱가포르와 외국인 투자유치 과정에서 싱가포르의 선진 노하우 확보가 필요했던 중국의 이해관계가 맞아떨어졌던 것이다. 도시계획, 기반시설, 물류시스템부터 채용과 급여, 사회보험제도까지 싱가포르의 방식을 그대로 도입해 건설됐다.

쑤저우공업원구는 279㎢ 규모로 서울시 절반 정도 면적을 차지하고 있다. 이곳에는 현재 삼성과 히타치, 지멘스, 파나소닉, 노키아 등 세계 기업 130여 개가 입주해 있다. 인구는 30만여 명에 달한다. 2014년말 기준 GRDP는 2,000억 위안을 기록했다. 쑤저우공업원구는 쑤저우시 면적의 3.4%, 인구 7.4%를 차지하고 있지만 쑤저우 전체 GRDP의 15%를 차지할 정도로 쑤저우 경제의 중심이라 할 수 있다. 현재 쑤저우 GRDP 순위는 상하이 베이징 광저우 선전 톈진에 이은 6위다. 하지만 공업도시로의 발전은 필연적으로 환경오염을 동반할 수밖에 없었다. 공업화 과정에서 쑤저우 도심 곳곳을 흐르던 하천이 심각한 오수로 오염되어 갔다. 이에 2006년부터 쑤저우는 농업생산기지 건설 사업을 추진하며 생태도시로의 변모를 꾀하고 있다. 식량, 원예, 수산물, 생태숲 등 4개 생태기지를 각각 6.6만ha씩 조성해 '어미지향'이라는 쑤저우의 옛 명함을 되살린다는 뜻에서 시작됐다. 120)

1) 강소성 발전전략

강소성은 중국 최대 도시경제벨트권을 형성하고 있다. 쑤저우(蘇州)-장자강(張家港)-우시(無錫)-창저우(常州)-창수(常熟)-난징 등 장강연안 대규모 도시경제 산업벨트를 형성하고 있다. 중국 최대 소비도시인 상해와 연결된 대규모 시장을 가지고 있어서, 물류 인프라 확충에 주력하고 있다. 상해-창저우 고속도로, 상해-난퉁(南通)고속도로(수퉁대교, 세계최장 사장교) 구축으로 장강삼각주 경제일체화에 박차를 가하고 있다. 강소성 난징과 쉬저우가 상해-북경 물류라인 연계역할을 하고 있다. 롄윈강(連雲港)은 대륙횡단철도(CTR)의 기점이기도 하다.

강소성은 지역 내 경제발전 격차가 큰데, 장강이남 쑤난(蘇南)위주 경제발달이 이루어졌다. 이에 반해 장강이북지역은 낙후되어 있다. 쑤베이(蘇北) 지역은 롄윈강, 난퉁(南通), 쉬저우(徐州)위주로 발전을 추진하고 있다. 강소성은 외자유치를 통해 GRDP를 급속히 끌어올리는 발전모델을 지칭하는 '쑤저우 모델'로 선두권 형성하고 있다. 중국 성시별 GRDP는 2위 수준이며, 중국 전체 GDP의 10.2%를 점유하고 있다. 이는 절강성 원저우 상인들이 국내자본으로 경제성장을 이끈 '원저우 모델'과 비교된다. 쑤저우 모델은 세계의 공장만 육성할 뿐 현지경제와 일체화되기 어렵고 주민소득을 제고하지 못한다는 의견도 있다.

쑤저우(蘇州)는 강소성 성도인 남경시보다 경제규모가 크다. 쑤저우는 외자기업 러시를 통해 발전을 도모했다. IT, 전자, 반도체, 산업재 수요가 높다. 쑤저우원구는 싱가포르 원구와 쑤저우신구로 구성되어 있는데, 외자기업 500여개사가 입주해 있다. 우시, 난징에 인접, 대형 소비시장(상해)과도 가깝고 해운, 육상물류가 편리하며 토지가격이 낮다는 것이 투자유인요인이다. 삼성전자는 쑤저우원구에 2조 6천억원을 투자해, 8세대 LCD패널 생산공장을 설립하고 있다. 쑤저우는 물류, 소프트웨어아웃소싱, 금융, 비즈니스서비스 확대 주력하고 있다.

우시(無錫)는 중국 최대 실리콘밸리를 모색하고 있다. 부품소재, 기자재 수요가 급증할 전망이다. 관련 클러스터를 적극 육성하여 I-Park(소프트웨어), T-Park(하이테크아웃소

120) 아주경제(2015.1.21), [중국도시를 읽다(33)] 개성공단·새만금이 벤치마킹하는 '쑤저우'.

싱), D-Park(공업디자인), B-Park(생물의약) 등 산업별 경제원구를 신규 설립할 계획이다. 또한 우시에는 중국 최대의 태양광 에너지발전기지도 조성되고 있다.

난징(南京)은 자동차 생산 중국 3위 도시로 난징서공자동차, 창안마즈다, 창안포드, 이베코 등 자동차 생산기업 및 200여개 자동차 부품기업 소재하고 있다. 또한 전자제품, 화공제품 생산능력은 중국 2위 수준이다. 난징에는 강소성 최대의 서비스업이 발달해 있는데, 장강삼각주 무역, 금융, 여행 물류 대표 도시중 하나이다. 따라서 상해, 항저우 뒤이은 소비상권으로 부상하고 있다.

또한 난징시에 장강삼각주지역의 핵심과학기술혁신센터를 건설하고 강소성 남부지역에 자주혁신시범단지를 건설하며, 과학기술관련 대출규모 확대, 지적재산권 담보대출 및 과학기술보험, 과학기술기업채권 등 금융상품개발, 과학기술 관련기업의 증시상장 장려 등을 추진할 계획이다. 신에너지, 신소재, 바이오 및 의약, 에너지 절약 및 환경보호, 소프트웨어 및 서비스 아웃소싱, 사물간 인터넷(Internet of Things) 및 차세대 기술 등 6대 신흥 IT전략산업을 적극 발전시키려 하고 있다. 121)

□ 장쑤 자유무역시험구 (江苏自由贸易试验区)

장쑤 자유무역시험구는 2019년 8월에 난징지구(南京片区), 쑤저우지구(苏州片区), 롄윈강지구(連云港片区) 등 3지역을 지정하여 119.97㎢ 면적으로 출범했다. 주요 발전 목표로는 정부기능 전환, 투자영역개혁 추진, 무역 업그레이드 추진, 금융시장 개방 확대, 혁신 발전 추진 등을 목표로 하고 있다. 특히 2030 정책(2일내에 기업 설립, 3일내에 부동산 등록증 취득, 30일내에 공업 시공허가증 취득)을 시행하고 있다. 아울러 '하나의 창구 수리, 데이터 공유, 병합 처리, 대리 신청 위주' 의 심사 제도를 시행하고 있다.

이곳의 특화 산업을 보면, 먼저 난징지역은 국제영향력이 있는 독자혁신 선도구, 현대산업시범구, 대외합작플랫폼 건설이 위주이다. 쑤저우지역은 세계일류 첨단기술산업구 건설이 위주이다. 롄윈강지역은 국제교통허브, 일대일로 연선국가의 합작교류 플랫폼 건설이 위주이다.

121) KIEP(2011), 주요 성별 12차5개년규획의 주요내용과 평가(5): 장강삼각주지역, 중국 성별동향 브리핑 11-05호, 8쪽.

[그림 3-20] 장쑤 자유무역시험구 현황

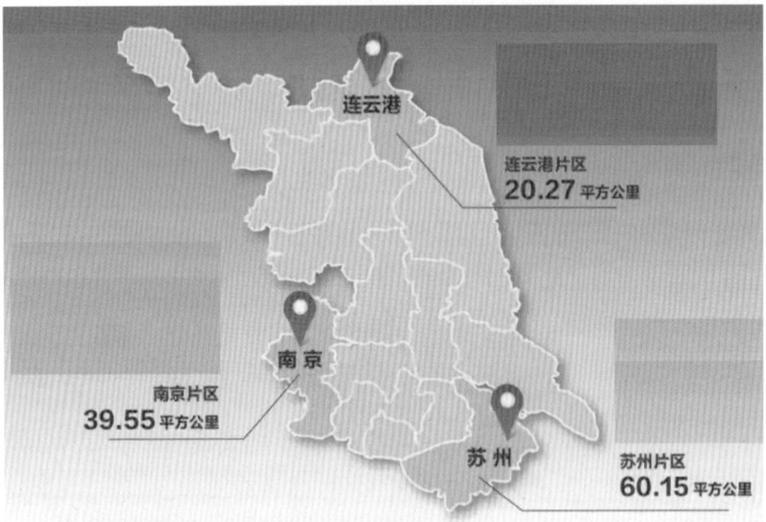

자료: 장쑤성 인민정부 상무청 장쑤 자유무역시험구 홈 페이지 (http://swt.jiangsu.gov.cn)

□ 장쑤성 14·5 규획(2021~2025)

장쑤성은 과학기술 발전 가속화, 현대산업체계 구축, 경제순환 원활화와 내수시장 확장, 국내외 개방 추진, 디지털 경제 육성을 주요 과제로 제시했다. 장쑤성은 기초연구 강화와 더불어 2025년까지 ① 신형 전기발전(신형에너지) 장비 ② IoT ③ 공정장비 ④ 소프트웨어 및 정보 서비스 ⑤ 나노 신소재 등 성(省)급 첨단 제조업 클러스터의 생산액을 6조 위안 이상까지 확대할 계획이다.

반도체, 인공지능 등 중점 기술개발을 통해 주요 첨단산업단지의 경쟁력을 높이고, 지역 간 인력이동 등 혁신요소의 이동 자유화 관련 제도 개선을 통해 혁신역량을 강화할 계획이다. 산업 기반 재건 프로젝트를 실시하여, ① 핵심 기초 부품 ② 핵심 기초 소재 ③ 선진 기초 공정 ④ 산업 기반 기술 ⑤ 기초 소프트웨어 등 다섯 개 기초분야의 취약점을 개선하기 위한 가치사슬을 구축할 방침이다. 내수 확대 전략과 생산 · 유통 · 소비 단계의 효율화를 위한 '공급 측 개혁'을 기반으로 한 경제발전을 추진하려 한다. 대외개방 · 개혁을 통한 경제발전을 추진하고, 국내 · 국제 대순환 전략의 통로로서 국제상품과 세계자원을 국내에 도입하여 '경제 안정'을 추구할 계획이다. 디지털 경제를 전면적으로 발전시키고, 중국 디지털 경제 혁신 발전의 중심지이자 국제정보 네트워크의 중요한 거점으로 성장시키고자 한다.

장쑤성은 첨단 제조업 클러스터 조성을 통해 제조업 경쟁력을 확보하고, 중국 내 공급사슬 강화를 추진하려 한다. 장쑤성은 14·5 규획기간 창장삼각주의 풍부한 인력자원과 제조업

기반 등을 활용하여 더 높은 부가가치를 생산할 수 있는 산업 가치사슬을 구축하고자 한다. 장쑤성은 2025년까지 13개 첨단 제조업 클러스터를 조성하고, IoT, 공정장비, 나노 신소재 등 주요 클러스터의 수준을 세계적 수준까지 높이겠다고 밝혔다. 산업 가치사슬 구축을 위해서 성(省) 내에서 경쟁을 강조하며, 시와 현 및 개발구간 우위를 활용하여 중점영역을 발전시키고, 관련 산업을 육성하고자 한다.

장쑤성은 창장삼각주에서의 산업 가치사슬 구축전략인 'G60 크리에이터 회랑(G60科创走廊)' 건설에서 중추 역할을 수행하겠다고 밝혔다. 'G60 크리에이터 회랑'은 금융서비스업, 정보서비스업, 신소재, 선진 제조업 등 50여 개 국가급 산업단지의 집적효과를 통해 대규모 산업 가치사슬을 조성하는 것이다.

장쑤성은 일본·싱가포르·한국·유럽 등과의 산업협력을 강화하기 위한 플랫폼인 국제협력 산업단지 정책 지원을 확대할 계획이다. 장쑤성은 14·5 기간 '중·일 쑤저우 지방발전 협력 시범단지(中日苏州地方发展合作示范区)', '한·중 옌청 산업단지(韩中盐城产业园)' 등을 통해 더 높은 수준의 대외개방을 추진하겠다고 밝혔다. 국무원은 2020년에 옌청 한·중 산업단지를 중심으로 한 '해외 전자상거래 종합 시험구(跨境电子商务综合试验区)' 건설을 허가하였으며, 옌청시 정부는 2021년까지 해외 전자상거래 기업 100개를 유치하고, 해외 전자상거래 성장률 20% 이상을 목표로 제시했다. 옌청시 정부는 한·중 산업단지를 양국의 전자상거래 중심지로 조성하는 것을 목표로 하고 있으며, ① 항공 산업단지 ② 순펑(顺丰) 그룹 스마트 전자상거래 물류단지 ③ 다펑구(大丰区) 전자상거래 산업 인큐베이터 센터, ④ 옌청 빅데이터 산업단지 등 4개의 디지털 산업단지를 조성하고자 한다. 옌청시는 B2B 수출 활성화, 해외 창고 건설, 해외 공급망 혁신을 중점적으로 추진하고 있으며, 옌청 종합보세구(保税区)와 해외 전자상거래 종합 시범구를 연계하여 활용할 계획이다.

[표 3-29] 14·5규획 기간 강소성 주요 과제

주요 과제	세부 내용
과학기술 발전 가속화	• 산업단지의 경쟁력 강화 및 상하이·장쑤 산업혁신지대(沪宁产业创新带) 건설을 가속 – 반도체, 바이오의약, 인공지능, 양자과학기술, 항공, 소프트웨어, 신소재 등 중점 영역에서의 핵심기술개발 추진 • 해외인재영입과 다국적기업의 R&D센터 투자 지원, 상하이·장쑤인재혁신회랑 추진
현대산업체계 구축	• 산업 가치사슬에서의 종합 경쟁력 제고를 통한 예비 산업 공급망 구축 • 차세대정보통신,고급장비제조,신소재,저탄소,신약개발등첨단산업육성가속화 • '인터넷+', '인공지능+', '블록체인+' 전략을 통한 서비스업 업그레이드
경제순환의 원활화와 내수시장확장	• 내수 소비 증진을 위한 소비 업태 다양화 추진(보세구 활용, 해외상품 직접 구매 등) • 장쑤 산업가치사슬의 협동을 통한 혁신수준 업그레이드 • 도시군의 물류통합발전과 해상물류의 효율성 증대와 더불어 전자상거래 물류, 콜드체인 등 전문물류체계발전과 스마트물류 플랫폼 구축 • 중국-유럽열차운행기업,해상운송기업,국제항공기업육성
국내외 개방 추진	• 쑤저우(苏州)를 대외개방의 중점지역으로 삼아, 쑤저우 산업단지의 혁신 수준을 제고하고, 국제 일류 비즈니스 공간으로 구축 • 제도·관리·표준 등 제도를 통한 개방추진, 글로벌 무역규범에 상응하는 시스템구축 • 장쑤자유무역시험구를 통한 서비스업 개방과 금융과 디지털경제에서 경쟁력제고를 위한 제도 모색 • 생산요소시장의 개방성을 제고하고, 토지·노동·자본·기술·자원·데이터등의 요소시장화추진
전면적 디지털 전환 추진	• 산업 인터넷 발전전략 추진방안 모색과 국내 굴지의 공업 소프트웨어 기업 클러스터 구축 • 생태계조성을 통한 전국산업인터넷 선도지역, '디지털화폐시험구'건설 • 디지털사회 구축을 통한 신형스마트시티와 스마트농촌 건설추진 • 쑤저우중앙은행 디지털화폐시범 사업을 지원

자료: KIEP(2021), 중국 화동지역의 14·5 규획기간 경제정책 방향 및 전망, 기초자료 21-07(2021.5.4.).

2) 한국과의 교류

강소성은 한국기업이 2006년에서 2017년까지 가장 많이 투자한 지역(성, 직할시, 자치구)이다. 강소성 내 한국기업은 모두 2610개사로 이는 중국 전체의 9.7%에 해당하는 비중이다. 또한 같은 기간 총 132억달러(누적)가 강소성에 투자되었으며, 이는 한국의 대중국 전체 투자의 22.1%에 해당하는 비중이다. 이는 강소성에 삼성전자(쑤저우), 포스코(장자강), 유니온스틸(장인), LG전자 및 LG화학(난징), 현대중공업(창저우), 기아자동차(옌청), SK하이닉스(우시), 금호석유화학(난징) 등이 대규모 투자를 집중했기 때문이다.

한국의 對강소성 최대 수출품목은 전기기기 및 TV · VTR, 광학 · 의료 · 측정 · 검사 · 정밀기기, 유기화합물이다. 한국은 1998~2002년간 강소성에 유기화합물을 가장 많이 수출하였으나, 2003년년부터 전기전자 제품을 더 많이 수출하고 있다. 반면, 한국의 對강소성 최대 수입 품목은 전기전자 제품과 보일러·기계류, 철강이다.

한국의 對화동지역 주요 수출입 품목 변화는 이 지역에 대한 한국의 투자추이와도 관련이 있다. 즉 2000년대 들어 삼성, LG, 기아 등 대기업을 중심으로 화동지역 진출이 활발해지면서 전자·음향·통신장비 제조업, 자동차 및 트레일러 제조업, 화학제품 제조업을 중심으로 투자가 이루어졌고, 이에 따라 관련 품목의 무역이 주를 이루게 되었기 때문이다. [122)]

[사진 3-10] 강소성 남경시, 남경학살추모관

자료: 김동하© 2011.

(4) 절강성

춘추시대에 절강성(浙江. 저장)은 주로 월(越)나라에 속하였으며(일부는 吳나라 영토), 전국시대에는 초(楚)나라, 삼국시대에는 손권(孫權)의 오(吳)나라에 속했다. 越나라 왕 구천(勾踐)이 와신상담(臥薪嘗膽) 끝에 미인 西施를 이용하여 吳나라(현재 강소성 지역)왕 부차(夫差)를 멸망시킨 고사에서 나타나듯, 절강성은 서시로 대표되는 미인의 고장으로도 유명하다. 송나라 때는 몽고의 중국정복에 끝까지 저항한 남송의 중심지이며, 당시의 충신열사인 악비(嶽飛)의 묘가 항주 서호(西湖)에 위치하고 있다. 명나라 때 절강포정사사(浙江

122) KIEP(2012), 한·중경제협력 20년 회고와 전망:화동지역, 「중국 성별동향 브리핑(Vol.3 No.14)」, 9-10쪽.

布政使司)가 설치되었고, 청나라 때 절강성이 성립되었다.

절강성은 동남 연해안에 위치하며, 장강삼각주 남쪽지역으로, 동북쪽으로는 중국 최대 도시인 상해와 인접하고 있다. 해안선 6,486㎞로 중국에서 가장 긴 해안선을 가진 지역이다. 면적 500㎡ 이상인 섬이 3,061개로, 저우산군도(舟山群島)가 있어서 중국에서 섬이 가장 많다. 삼국시대 손권(孙权)이 오(吴)나라를 세운 곳으로 省내에 흐르는 첸탕장(錢唐江)의 옛 이름인 저장(浙江)에서 절강성의 이름이 유래되었다. 절강성의 약칭도 저(浙)이다.

- □ 면 : 10만㎢
- □ 성도(省都): 항저우(杭州)
- □ 지형: 산지와 구릉 70.4%, 평원과 분지 23.2%, 강과 호수 6.4%. 지세는 남쪽이 높고 북쪽이 낮은 형태, 산지와 구릉이 많음
- □ 기후: 아열대 계절풍 기후, 연평균 기온 15~18℃, 연간 강수량 1,482㎜
- □ 행정구역: 地級市 11개, 區 32개, 縣級 58개(市 22개, 縣 35개, 自治縣 1개)
- □ 국가급 개발구: 金華經濟技術開發區(1992년), 湖州經濟技術開發區(1992년), 嘉興經濟技術開發區(1992년), 長興經濟開發區(1992년), 湖州經濟技術開發區(1992년)

절강성은 항저우(杭州), 쟈싱(嘉興), 닝보(寧波), 원저우(溫州), 이우(義烏) 등 해안지역 도시들을 중심으로 공업과 상업이 발달했다. 전통적으로 섬유, 방직, 의류(신발, 피혁, 넥타이)산업 위주이며, 닝보(의류), 이우(소상품), 원저우(피혁, 라이터), 성저우(嵊州·넥타이) 등 지역별로 경공업 제품 생산지가 군집을 이루어 발전하고 있으며, 대부분 세계 최고의 가격경쟁력을 보유하고 있다. 절강성은 '시장의 성(市場大省)'이라 불릴 정도로 많은 전문시장, 도소매시장이 있으며, 특히 이우(義烏)의 경공업 시장과 사오싱(紹興)의 경공업 방직시장이 유명하다. 절강성은 중국 최대의 차(茶)생산지로, 2010년 한해 중국 전체 생산량의 16.2%가 생산되었다.

절강성은 방직업 비중이 높다. 절강성 GDP에서 방직업이 차지하는 비중(2008)은 22.9% 수준이다. 또한 산업연관성 높은 도시가 인접해 높은 경제시너지 효과가 창출되고 있다. 진화(金華)시는 소상품 시장인 이우(義烏)시가 속해 있으며, 항저우(杭州)시는 고급품 소비시장이다. 닝보(寧波)시는 OEM 수출용 방직품 생산에 중점을 두고 있으며, 원저우(溫州)시는 의류부자재 생산, 고가 내수용 의류시장이 발달해 있다. 샤오싱(紹興)시는 중저가 원단시장이 유명하다. 지리적 인접성을 기반으로 제품공급 기지 역할을 하고 있는데, 이는 최대 소비도시인 상해와 시장이 연결되어 있기 때문이다.

절강성은 중국 내 가장 높은 민영기업 비중을 보이고 있다. 절강성 민영기업수(2008)는 52만개사(절강성 전체 기업의 76%)이다. 1인당 GRDP는 14,588달러로, 두터운 중산층을 보유하고 있다. '시장이 있으면 절강상인이 있고, 시장이 없으면 절강상인이 만든다'라는 말처럼 절강상인은 뛰어난 상술로 유명하다. 해운·물류분야는 닝보·이우상인, 부동산은 원저우상인이 강세를 보이고 있다. 절강성 내에는 4천여개 도매시장이 소재하고 있다.

[표 3-30] 절강성 경제지표 (2020년)

GRDP*	산업구조			1인당 GRDP	
	1차산업	2차산업	3차산업	위안	US$
6.38%	3.36	40.88	55.76	100,620	14,588
인구(만명)	인구 중국내 비중	도시화율(%)	부동산 개발투자*	수출*	수입*
6,457	4.58%	64.24	8.07%	14.02%	6.06%
수출입*	외상기업 투자액*	공업생산액*	소비품판매액*	중국 평균 1인당GDP 대비	
10.5%	5.66%	7.21%	6.8%	138.89% (72,447元. U$10,503)	
항저우 GRDP**/ 인구(만명)		닝보 GRDP**/ 인구(만명)			
24.9% / 1193		19.2%/ 940			

주: *중국 내 비중을, **성내 비중을 나타냄. 도시화율 및 공업생산액은 2019년도 수치 기준임.
자료: 국가통계국 国家数据 (2021.6.22.)

[그림 3-21] 절강성 위치도

자료: 두피디아 (2021.6)

항저우(杭州)시는 명품 소비왕국이다. 중국내 명품 매출 1위 백화점이 항저우에 소재하고 있다. 장강삼각주지역중 상해, 난징 다음으로 소비품판매가 많다. 최근 불황에도 불구, 중국 3대 사치품 시장으로 부상했다. 최근 항저우내 자동차, 가구류, 웰빙제품 구매도 증가하고 있다.

절강성 성도는 항저우지만 경제규모(GRDP)는 절강성 최대 항구도시인 닝보(寧波)시 역시 적지 않다. 닝보시는 화동지역 물류 허브로 거듭나고 있다. 닝보 저우산항(舟山港)의 물동량은 중국내 2위 수준이며, 전세계로 3위 수준으로 물류서비스업이 동반 성장하고 있다. 컨테이너 물동량은 1,000만TEU를 초과(2008)했다. 닝보시는 어업기지 역할도 하고 있다. 화동지역의 패션 및 학용품 생산 거점이다. 화교상인 자본은 닝보 의류업에 투자를 집중하고 있어서, 총 4천여 개 의류기업이 소재하고 있다.

이우(義烏)는 세계 최대 소상품시장(제품수 40만개) 메카이다. 물류센터 건설로 지역 소상품 판매량이 확대되고 있다. 이우의 중국내 소상품판매 시장점유율은 30~70% 수준이다. 이우 액세서리 생산기업은 3,800개로 생산량과 생산액은 중국 내 액세서리 산업의 70% 이상을 점유하고 있다. [123]

1) 절강성 14·5 규획(2021~2025)과 2020년 경제실적

절강성은 14·5 규획기간 중 ① 인재를 통한 혁신 수준 제고, ② 국제경쟁력을 갖춘 현대산업체계 건설, ③ 쌍순환의 전략거점 구축, ④ 전면적 디지털 전환 추진, ⑤ 개혁개방 심화 및 시장경제 시스템 구축 등을 중점 추진할 계획이다. 또한 청년 및 고급 연구인력의 창업지원과 혁신 생태계 구축을 중심으로 혁신발전을 추진하려 한다. 아울러 클라우드 서비스를 중심으로 디지털 경제 생태계 조성과 디지털 정부 종합시스템 구축 등을 중점 추진할 계획이다.

2020년 저장성의 GRDP는 6조4613억 위안으로 전년비 3.6% 성장하였다. 이는 전국 평균치 2.3%를 상회한 수준이다. 2020년 주요 성시별 경제규모 순위에서 저장성은 광둥성, 장쑤성, 산둥성 다음으로 4위를 기록하며 양호한 성적을 보여주었다. 산업별로 살펴보면 전년비 1차 산업은 2,169억위안(1.3%), 2차 산업 2조6,413억 위안(3.1%), 3차 산업은 3조6,031억 위안(4.1%) 증가했다. 그 중 첨단기술 산업의 성장이 두드러졌다. 인공지능 산업은 전년비 16.6% 성장하였으며, 정보기술은 21.0%, 신재생에너지는 14.8%의 성장률을 보였다.

2020년 저장성 성회(省会)인 항저우 GRDP는 1조6106억 위안으로 전년비 4.8% 성장하였다. 항저우는 전국 도시별 경제규모 순위에서 8위를 기록하였다. 특히 디지털 경제 핵심산업(전자상거래, 클라우드 컴퓨팅 및 빅데이터, IoT, 디지털 컨텐츠, 소프트웨어 및 정보

123) KOTRA(2010), KOTRA가 바라본 중국 성시별 비즈니스 기회와 진출전략, 27쪽.

서비스, 로봇 등)이 도시 성장을 이끌었다. 디지털 경제 산업의 증가액은 4,290억 위안으로 전년비 13.3% 증가하였다. 디지털 컨텐츠, 소프트웨어 및 정보서비스, 전자상거래 성장률은 각각 16.3%, 15.7%, 14.6%를 기록하였다. 현재 항저우에는 전국 1/3 이상의 인터넷 회사뿐만 아니라 알리바바나 Hikvision(海康威视, CCTV제조)과 같은 대형 IT 및 전자상거래 선도기업이 집결해있다. 항저우는 '전국 디지털 경제 제1도시'를 목표로 하여 경제성장을 이루고 있다.

항저우 다음으로 닝보가 저장성 내 도시 경제순위 2위를 차지하였다. 닝보는 지리적 이점으로 경제발전을 이루어왔다. 닝보는 중국 해안선 중간, 장강 삼각주의 남부에 위치한 중국 최고의 항만이다. 닝보는 항공, 수로, 철도로 형성된 운송망이 체계화되어 있어 교통운수 산업이 닝보 전체 경제의 발전 동력으로 자리매김하고 있다. 닝보·저우산항의 화물 하역량은 11.72억 톤으로 연속 12년간 전세계 1위를 기록하였다.

[표 3-31] 절강성 주요 도시 GRDP 규모 (2020년)

순위	도시명	2020년 GDP(백억 위안)	경제성장률(%)
1	항저우[杭州]	161	3.9
2	닝보[宁波]	124	3.3
3	원저우[温州]	69	3.4
4	사오싱[绍兴]	60	3.3
5	쟈싱[嘉兴]	55	3.5
6	타이저우[台州]	53	3.4
7	진화[金华]	47	2.8
8	후저우[湖州]	32	3.3
9	취저우[衢州]	16	3.5
10	리쉐이[丽水]	15	3.4
11	저우산[舟山]	15	12.0

자료: 각 도시 통계국, KOTRA 항저우무역관 정리(2021.4.23.)

2020년 저장성의 교역액은 3조3,808억 위안으로 전년비 9.6%가 증가하였다. 이중 수출은 2조5,180억 위안으로 전년비 9.1% 성장, 수입액은 8,628억 위안으로 11.2% 성장률을 보였다. 이중 전기·기계 제품과 첨단기술 제품의 수출이 빠른 성장을 이루었다. 2020년 저장성 전기·기계 제품과 첨단기술 산업 수출액은 각각 1조1,361억 위안, 2,028억 위안으로 전년비 14.9%, 26.4% 성장했다. 수입 측면에서는 철광석, 원유와 같은 원자재가 큰 비중을 차지하였다. 2020년 저장성 철광석 수입액은 711억 위안으로 전년비 15.5%, 원유의 수입액은 548억 위안으로 전년비 147.9% 증가했다. 이외 소비재 수입액은 546억 위안으로 전년비 18.6% 증가하였다. 그 중 화장품과 세면용품의 수입액은 전년비 40.9% 성장하였다.

저장성의 주요 교역국은 유럽, 미국, 아세안, 일본, 한국, 러시아이다. 그 중 저장성의 대한국 수출액은 723억 위안으로 전년비 18.8% 증가, 대한국 수입액은 694억 위안으로 3.9% 성장하였다. 저장성은 광둥성과 장쑤성 다음으로 한국과 가장 많이 교역하는 지역 중 하나이다. 저장성이 한국으로 주로 수출하는 제품은 의류, 방직물, 해산물이다. 저장성이 한국으로부터 수입하는 제품은 기초 및 색조 화장품, 자일렌(Xylene) · 에틸렌(Ethylene) 등 중화학공업용 화학제품이 큰 비중을 차지하고 있다. 124)

[표 3-32] 절강성 자유무역시험구 현황

명칭	면적(㎢)	기능
저우산 리다오 구역 (舟山离岛片区)	78.98	• 국제 친환경 석유화학 중심지 • 대종상품 저장, 환승, 무역산업 요충지 • 보세연료 공급 서비스 제공
저우산 섬 북부 구역 (舟山岛北部片区)	15.62	• 대종상품 교역 및 보세연료 공급 서비스 제공 • 항공산업, 석유화학업 장비 보세 물류, 창고, 제조업 중점 발전
저우산 섬 남부 구역 (舟山岛南部片区)	25.35	• 대종상품교역, 항공기 제조, 부품 물류, 연국개발 디자인 및 관련 부대산업 등 중점 발전 • 저우산 항공산업단지 건설 • 수산품무역, 해양관광, 해수활용, 현대적인 비즈니스 건물, 금융서비스, 항운, 정보자문, 첨단기술 산업 중점 발전

자료: 절강성 자유무역시험구 홈 페이지 (http://china-zsftz.zhoushan.gov.cn)

□ 절강자유무역시험구(浙江自由贸易试验区)

절강자유무역시험구는 2017년 4월 출범하였으며, 저우산의 3개 지역(저우산 리다오, 저우산다오 북부, 저우산다오 남부)으로 구성되어 있다. 총 면적은 119.95㎢ 이며, 각 지역 현황을 보면, 舟山离岛片区 78.98㎢(저우산항 종합보세구 3.02㎢ 포함), 舟山岛北部片区 15.62㎢(저우산항 종합보세구 2.83㎢ 포함), 舟山岛南部片区 25.35㎢ 로 이루어져 있다.

출범 後, 2018년 기준 신규설립기업은 11,580개, 실제 외자이용액은 2.9억달러 수준이다. 중국 최대 석유제품 무역 중심지를 목표로 하고 있으며 석유 관련, 다양한 정책조치 및 관리감독제도를 도입하고 있다. 이외에도 석유산업을 핵심으로 한 무역자유화 조치 및 유류 관련 조치를 시행하고 있다.

124) KOTRA 해외시장 뉴스 (2021.4.23. 항저우무역관)

[그림 3-22] 절강성 자유무역시험구 현황

자료: 절강성 자유무역시험구 홈 페이지 (http://china-zsftz.zhoushan.gov.cn)

실제, 2017년 6월 말까지 동 시범구에 803개 기업이 새로 등록했으며, 등록자본은 642억 위안에 달한다. 그 중 석유제품 기업은 202개이며, 등록자본은 319억 위안이다. 2017년 1월부터 5월까지 석유제품 수출 수익은 49억5,900만 위안이며 전년동기비 77.2% 성장했다. 그중 가공유 수출 수익은 35억1200만 위안이며, 전년동기비 116.4%가 성장했다. 석유제품 수입액은 97억1,200만 위안이며 전년동기비 37.4%가 성장했고, 그중 가공유 수입액은 64억8,700만 위안이며, 전년동기비 56.6%가 성장했다. 같은 해 1월부터 6월까지 저우산 항구에 공급된 석유량은 78만 톤에 달한다.

자유무역시범구가 저우산 시에 배치되면서, 저우산 시는 국가적으로 해양경제의 신구역이 됐으며, '일대일로' 정책의 중요한 거점이 됐다. 동 시범구는 현재 친환경 석유화학산업 거점 건설을 빠르게 추진하고 있으며, 위산 국제 친환경 석유화학 산업의 투자액은 730억 위안에 달한다. 5,500만㎡의 석유제품 보관장소과 6개 30만 톤급 이상의 정박 구역, 그리고 151㎞가량의 송유관을 건설 예정이다. 또한 동 시범구는 저우산 항공산업단지 건설에 박차를 가하고 있다. 미국 보잉사는 2017년 5월 11일 첫 해외공장 건설을 시작했으며, 2018년 말에 첫 비행기를 출고할 예정이고, 2020년에 약 100대 비행기를 출고할 수 있을 예정이다.

□ 항저우

'하늘에 천당이 있다면 지상에는 쑤저우와 항저우가 있다(上有天堂,下有蘇杭)'이라는 말은 항저우의 아름다운 절경을 지상낙원으로 묘사한 말이다. 항저우는 중국 7대 옛 도읍 중 하나로 2,200년의 유구한 역사를 가지고 있는데, 오, 월, 남송(南宋) 등이 이 곳을 도읍으로 정했다. 항저우가 한때 베니스에 버금가는 상업도시가 될 수 있었던 이유 중 하나는 베이징에서 항저우를 잇는 경항대운하(京杭大运河) 덕분이다. 위·촉·오 삼국시대부터 건설돼 수·당나라 때 확충된 징항대운하는 2,500여년의 역사를 가진 세계에서 가장 오래된 운하로 총 길이가 1,442㎞에 달해 세계 최장 길이의 운하로 기록된다. 2014년에 유네스코 세계문화유산에 등재 되었다. 대운하는 중국의 북동부와 중동부 평야를 관통하는 방대한 규모의 수로 체계이다. 기원전 5세기 이래로 각 구간별로 건설되었는데, 애초에는 서기 7세기경 수(隋) 왕조 시대에 제국의 통일된 통신 수단으로서 고안되었다. 대운하는 중국의 내륙 통신 체계, 곡물과 전략 물자의 운송, 백성을 먹여 살릴 쌀의 운송에 꼭 필요한 중요한 기간시설이었다. 13세기에 이르러는 2,000㎞가 넘는 인공 수로를 완성하여 대운하와 중국의 주요 하천 5개를 이었다.

징항대운하 건설로 항저우 문물은 크게 번성해 예로부터 중국 남·북부 지역의 경제 발전과 문화 교류를 촉진하는데 큰 공헌을 했다. 13세기 무렵 이탈리아 탐험가 마르코폴로는 항저우를 세계에서 가장 아름답고 호화로운 도시라고 불렀다.

[그림 3-23] 경항대운하 개황도

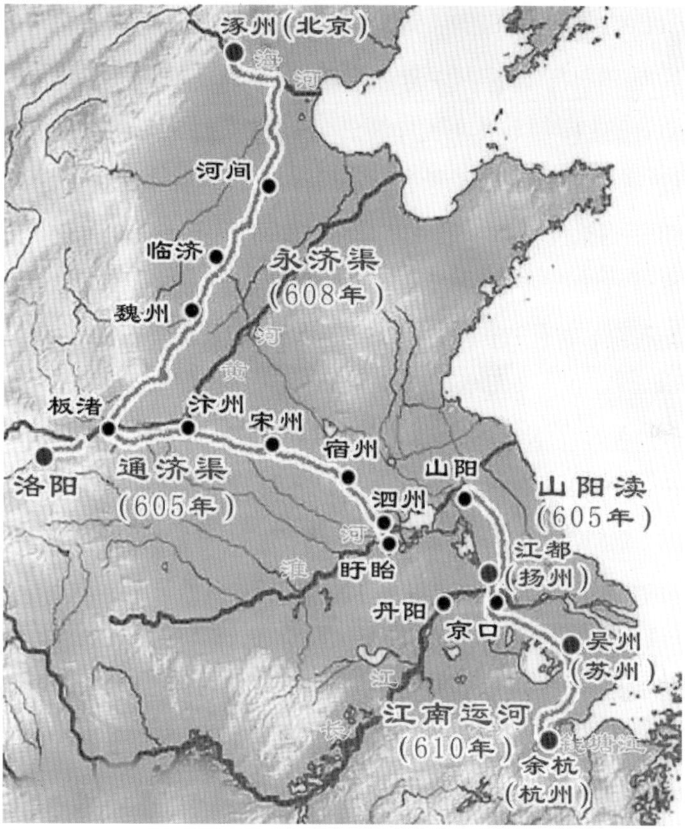

자료: 중국지리출판사 중국사고지도집(中国史稿地图集), 1985.

항저우 경제는 1978년 개혁개방의 물결을 타고 빠르게 발전하며 중국의 대표적인 민영기업 요람으로 성장했다. 2014년 후룬 글로벌 부자 순위(총 1,867명)에는 중국인 358명의 부자 중 항저우 출신 부자 기업인 19명이 포함됐다. 와하하 그룹 쭝칭허우 회장(1,200억 위안, 중국 3위)과 알리바바 마윈 회장(425억 위안, 중국 28위), 완샹 루관추 회장(270억 위안, 중국 61위)이 대표적이다. 2013년 기준 항저우 소재 민영기업은 모두 22만5,200곳에 달하고 있다. '부자들의 도시' 항저우는 명품 소비도 왕성하다. 항저우 대표적인 명품숍 밀집지역인 항저우다샤(杭州大厦), 후빈(湖濱)명품거리, 럭셔리 쇼핑몰 완샹청(萬象城)이 대표적이다. 2006년 항저우에 진출한 에르메스는 2013년 11월, 후빈 명품거리 매장의 면적을 4배로 확장했다. 2004년 항저우에 첫 매장을 오픈한 루이비통도 2013년 항저우 다샤 매장을 리모델링해 한 개층에서 3층으로 늘렸다. 오메가는 2013년 세계 최대 매장을 항저우에 오픈했다.[125)]

□ 닝보시

닝보(宁波)지역은 7세기 당대(唐)부터 도시가 형성되었다. 북송 때는 도시명이 명주(明州)였으며, 남송 때 명칭은 경원부(庆元府)였다. 명대에 원래 명주부(明州府)였으나, 국호와 겹친다는 이유로 1381년부터 영파부(宁波府)로 호칭하기 시작한 것이다. 항구로서 닝보는 당대(唐)인 752년에 개항했다. 닝보항은 당시 신라-일본큐슈를 잇는 동북아 중심항이었다.

중국의 개혁개방 정책이 시작되면서 닝보시는 1984년에 14대 연해개방도시 중 하나로 지정되어 경제적으로 발전할 계기를 맞이하게 된다. 1984年에 지정된 연해개방도시로는 다롄, 친황다오(秦皇岛), 톈진, 옌타이, 칭다오, 롄윈강(连云港), 난통(南通), 상하이, 닝보, 원저우(温州), 푸저우(福州), 광저우, 잔장(湛江), 베이하이(北海) 등 14개 가 있었다. 국무원은 닝보시 경제가 현저한 실적을 거두자 1987년에 닝보시를 계획단열시로 지정했다. 1986년말 기준, 중국 내 8대 계획단열시(중경 · 무한 · 심양 · 대련 · 광주 · 하얼빈 · 서안 · 장춘)가 있었고, 1987년에 영파시가 지정되었다. 이후 성의 수도(省会)는 계획단열시에서 제외되고, 다롄, 칭다오, 샤먼, 선전, 닝보 등 5개만 잔존하게 된다. 중국정부는 1994년에 이전의 계획단열시 제도를 취소하고, 부성급 도시(副省级城市)를 지정하였는데, 닝보시 역시 부성급 도시로 지정되었다.[126)]

닝보 약칭은 甬(용.Yong)인데, 고대 큰 종을 걸어 놓은 상형문자를 의미한다. 또한 닝보 지역 산과 강 이름이 용산, 용강이었던데서 유래되었다. 닝보 면적은 9,714㎢ 로 서울(605.2㎢)의 16배 수준이다. 시중심 면적은 2,456㎢ 이며, 해안선 총길이는 1,594.4㎞에 달한다. 절강성 전체 해안선 중 24%를 닝보가 점유하고 있다. 닝보시 관할 총 614개 섬이 있으며 그 면적은 262.9㎢ 이고, 총 해역면적은 8,232.9㎢ 수준이다.

닝보항만 특징은 내수면과 연결된 항만에 있다. 주요 항만은 베이룬항, 전하이항, 닝보항, 다시에항, 촨산항 등으로 구성된다. 베이룬항과 전하이항은 도심을 관통하는 용장(甬江)과 연결되어 있다. 닝보는 2013년, 화물처리량 세계 4위, 컨테이너 세계 6위 항만으로 성장했다. 닝보 항만들은 총 326개 선석을 보유하고 있으며, 이중 1만톤급 이상 심수선석은 99개

125) 아주경제(2014.3.26), [중국도시를 읽다(5)] 중국 민영기업의 요람지 항저우.

126) 부성급 도시는 1994년 기준 14개의 계획단열시(중경, 심양, 대련, 장춘, 하얼빈, 남경, 영파, 하문, 청도, 무한, 성도, 광주, 심천, 서안)를 부성급 도시로 지정하였으며, 여기에 항주와 제남을 추가함 (총 16개). 자료: 「중국경제론(2판)」(2015. 박영사. 곽복선 외).

수준이다. 최대 규모 선석은 30만톤 규모 원유전용 선석이며, 철광석 전용선석도 20만톤급 이다.

[그림 3-24] 상하이-항저우-닝보간 물류망 구조도

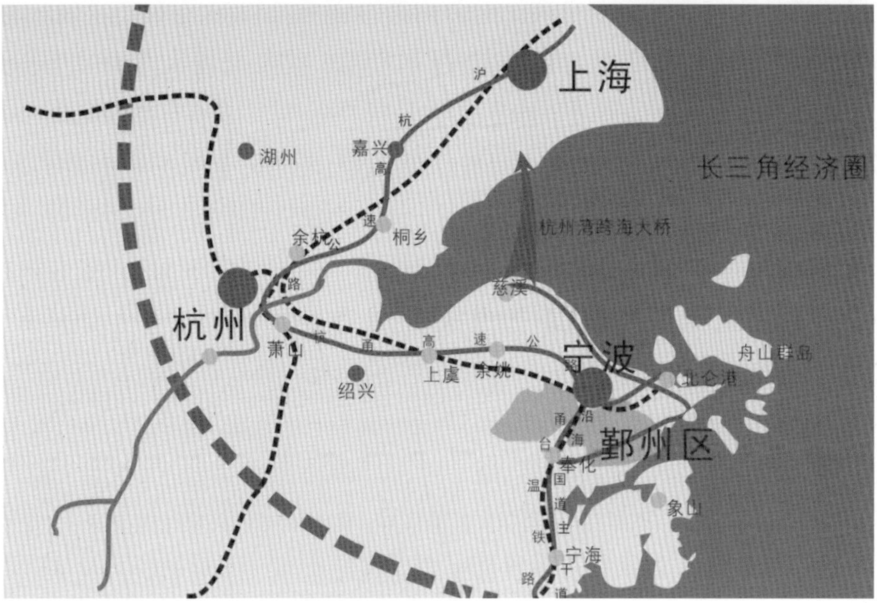

자료: 닝보시정부 홈 페이지 www.ningbo.gov.cn (2015.2)

닝보시는 저장성 내에서 가장 대외개방이 빠르고 수준이 높은 지역으로 특히 국가급 개발 · 개방 기능이 집중된 지역이다. 장강삼각주지역(저장 · 상하이 · 장쑤)은 중국 공업단지가 밀집된 지역으로 관련 인프라가 발전된 지역인데, 닝보개발구는 장강삼각주의 핵심지역 중 하나이다. 닝보에 위치한 각종 개발구의 지리 · 입지적 강점은 다음과 같이 요약될 수 있다.

상하이 및 화동지방 연안 근교의 모든 고속도로가 닝보를 관통하며 화동 및 남부지역의 이동에도 편리한 조건이다. 상하이와 닝보 사이의 항저우만에 항저우만 대교(杭州湾跨海大桥)가 건설되어 닝보-상하이 간 차량이동 시 2시간 내외로 이동 가능하다. 해상운송 분에에서는, 닝보개발구의 북쪽에는 항저우만(杭州湾)이, 동북쪽에는 중국 내 물동량 2위 규모의 닝보베이룬항(宁波北仑港)이 위치하여 해상운송이 편리하다. 닝보베이룬항은 중국 4대항구 중 하나로 월 운송량은 평균 900회를 초과하며 원양선로를 118개 운용 중임. 세계 1~20위 해운회사가 입주해 있다. 닝보시와 인접한 상하이의 상하이항(上海港)과 연계도 가능한 지역이다.

상하이-항저우-닝보 고속철이 2013년 6월 개통되어 운영 중이며 상하이에서 2시간, 항저우에서 1시간 정도 소요된다. 상하이 1시간, 항저우 26분의 '1시간 교통 여행권' 형성을 계획 중이다. 소용(萧甬)철로복선, 저간(浙赣)선, 후항(沪杭)선, 선항(宣杭)선 등 전국 철로망과 연결되어 화물운송이 편리하다. 항공으로는 닝보시에 위치한 리셔(栎社)공항은 40㎞ 거리, 주변도시의 주요공항인 항저우 샤오샨(萧山)공항 150㎞, 상하이 홍차오(虹桥)공항 230㎞, 상하이 푸동(浦东)공항 250㎞ 거리에 위치하고 있다. 항저우, 상하이 등은 고속철과 연계 시 모두 2시간 내에 이동 가능하며 상하이-항저우-닝보 고속철은 홍차오 고속철 전용 기차역(上海虹桥火车站)과 같이 위치하여 상하이에서의 이동 역시 편리한 편이다.

유니레버, 도요타, 루이 드레퓌스(Louis Dreyfus), JP모건체이스앤드컴퍼니, P&G 등이 투자하고 있으며, 상하이 폭스바겐은 190억 위안을 투자하여 닝보항저우완신구(杭州灣新區: 상하이, 항저우, 닝보 사이에 위치)에 중형승용차 완성차 2기 공장 건설을 추진하고 있다.[127]

□ 원저우

저장성 동남부 연해안에 위치한 원저우(溫州)는 '온화한 지역'이라는 뜻으로 여름은 무덥지 않고 겨울은 혹한이 없다 하여 붙여졌다. 이곳에는 신석기 시대부터 도자기가 많이 났기 때문에 작은 사발이라는 뜻의 '어우(甌·구)'라는 약칭도 있다. 원저우를 가로지르는 강 이름도 어우강이다. 송나라 때 해상무역으로 번성했던 원저우에는 외세 침입이 빈번했다. 농사 이외 마땅한 벌이가 없었던 원저우 사람들은 먼 곳으로 장사를 하러 떠나는가 하면 가내수공업으로 돈을 벌며 비즈니스 감각을 익혔다. '동방의 유태인' 원저우 상인(원상·溫商)이 탄생하게 된 계기다.

원저우 상인들이 실력을 발휘하게 된 것은 개혁개방 이후이다. 원저우 상인들은 맨손으로 시작해 억척스럽게 일하며 막대한 부를 일궈냈다. 대부분은 안경 · 구두 · 가죽 · 벨트 · 라이터 등을 만드는 가내 수공업으로 시작했다. 차츰 규모의 경제의 필요성을 인식하며 지역 주민끼리 자금을 모아 공장의 규모를 확대하고 투자를 증대하는 오늘날 주식합작제 경영방식의 모델인, '원저우 모델'을 만들어냈다. 1990년대 원저우는 최고 번성기를 맞이했다. 원저우 4대 명품인 구두 · 복장 · 장식등(조명) · 라이터는 전 세계에로 수출 되었다. '메이드 인 원저우' 라이터는 한때 연간 생산량 5.5억개로 세계시장의 80% 이상을 점유했다. 발모제 101 발명자 자오장광(趙章光), 구두수선공에서 원저우 거상이 된 난춘후이(南存輝) 정타이(正泰)그룹 회장이 모두 원저우 출신이다.

---

127) 中新浙江網 (2015.1.6.)

1997년 원저우엔 민영기업이 5616곳, 자영업자가 19만호에 달해 민영경제가 전체 원저우 경제의 80% 이상을 차지했다. 원저우 경제는 1978년~2000년까지 평균 15.6%의 GDP 성장률을 기록했다. 이는 같은 기간 중국 평균인 9.5%는 물론 저장성 평균인 13.2%를 웃도는 수치다. 수출로 번 돈으로 원상들은 부동산 · 석탄 · 광산 · 황금 등에 투자하며 부를 늘려 나갔다. 원저우 투기단이라는 말까지 생겼을 정도다. 돈을 번 원저우 상인들은 고리대금에도 눈을 돌리기 시작했다. 원저우 상인들은 예로부터 '신용'을 중시해 가족·친지들에게 돈을 빌려 사업하는 사금융 관행이 발달했다.

하지만 2008년말 미국발 금융위기에 따른 세계 수출경기둔화는 2011년 원저우발 금융위기를 초래하며 총체적인 난국에 빠졌다. 대외 수출시장 부진과 부동산 시장 둔화에 이어 신용경색 위기까지 겹치면서 원저우 기업들이 줄도산에 직면하게 되었다. 이에 중앙정부는 2012년에 '금융종합개혁 시범구' 계획을 내놓는 등 원저우발 금융위기에 대응하고 있다.[128]

[사진 3-11] 절강성 항주시 서호(西湖)

자료: 김동하© 2010.

128) 아주경제(2014.12.24), [중국도시를 읽다(30)] 중국 자본주의 요람 원저우, 기업 줄도산 집값 폭락에 허우적.

4. 화남권

(1) 광동성

광동성(廣東. 광둥)은 춘추(春秋)시대에는 百越이라고 칭하고, 明나라 때부터 현재의 '광동'으로 칭했다. 광동성 대외무역은 서한(西漢)초기에 형성되고 〈漢書·地理志〉에는 광저우(廣州) 항구의 해상 실크로드 노선이 구체적으로 기록되어 있다. 당·송시대부터 급속히 발전하여 페르시아 및 아라비아와 교역이 이루어졌다. 明말기와 淸초기에 유럽 각국으로 교역을 확대하고 廣州府治를 세워 중국 최대의 무역항으로 발전했다. 당·송 때 교통이 발전하면서 북방인구가 남방으로 이동, 明나라 때는 中原지역에서 많은 인구가 광동으로 이동했으며, 이들 중 일부는 객가인(客家人)이었다. 청나라때, 총독제를 신설, 광동성과 광서장족자치구에 兩廣총독을 두었으며, 1746년에 총독부를 광저우에 설치했다.

근현대에는 아편전쟁, 태평천국운동, 신해혁명, 북벌전쟁, 광저우 봉기 등 중대한 역사적 사건이 광동성에서 발생하였다. 1911년 신해혁명으로 중화민국이 건국, 중화민국 국민정부를 광저우에 설립했다. 1938년 일본의 중국침략으로 광저우가 일본에 점령된 바 있다. 서구 문물을 가장 먼저 받아들여 중국의 선진지역으로 발전하였지만, 1842년에 홍콩섬, 1860년에 구룡시(九龍市)를 영국에 할양하였으며, 1898년에는 구룡반도가 영국의 조계지로 되었다. 1887년에 조차하였던 광주만(廣州灣)은 1946년에, 홍콩섬은 1997년에, 마카오는 1999년에 중국에 반환되었다. 1988년에는 광동성에서 관할하던 해남도를 분리시켜 해남성으로 승격시켰다.

광동성은 중국 최남단에 위치해, 복건, 강서, 호남, 광서, 홍콩, 마카오와 인접해 있고 바다는 남해와 인접해 있으며, 북회귀선이 광동성 중부를 지난다. 송나라때 이곳에 광남동로(廣南東路)를 설치, 줄여서 광동로라고 부르기도 했는데 이 연유로 '광동'이라 부르게 됐다. 춘추시대 이 지역에서 살고 있던 소수민족이 바이위에(百粤)였으므로 광동성을 위에(粤)로 약칭하게 됐다.

□ 면적: 17.98만㎢(해안선 3,368㎞). 중국 전체의 1.9% 수준
□ 인구: 1억 2601만 명으로 중국 1위(8.94%). 전체 인구의 절반 가량이 주강삼각주(홍콩 마카오와 인접한 지역)에 거주함.
□ 행정구역: 地級市 21개, 市轄區 54개, 縣級市 23개, 縣41개, 自治縣 3개
□ 성도(省都): 广州(광저우)

□ 지 형: 북쪽이 남고 남쪽이 낮은 지세, 경내에는 산지, 평야, 구릉이 교착됨. 산지 31.7%, 구릉 28.5%, 대지 16.1%, 평야 23.7%. 북부의 남령산맥(南嶺山脈)은 장강과 주강(珠江)의 분수령을 이루고, 주강은 東江, 西江, 北江의 3대 지류로 광저우 부근에서 합류하여 대규모의 삼각주 형성하고 있음. 삼각주에는 惠州西湖, 潼湖 등 호수, 海南島 외에 東沙, 中沙, 南沙 등 170여개 섬이 분포함. 광동성 4대 명산으로는 자오칭시 정호산, 소관시 단하산, 남해시 서초산, 혜주시 라부산 등이 있음.

□ 기 후: 아열대계절풍기후, 강수가 풍부함. 연평균 기온 22℃(1월 평균 8~16℃, 7월 평균 28~29℃), 연평균 강수량 1,500~1,600㎜

□ 국가급 개발구: 국가급 25개, 성급 69개. 국가급 개발구 중 경제기술개발구는 5개, 첨단기술산업구 6개, 보세구 7개, 수출가공구 4개, 보세물류단지 2개, 국경공업구 1개, 보세항 2개 수준임.

[그림 3-25] 광동성 위치도

자료: 두피디아 (2021.6)

[표 3-33] 광동성 경제지표 (2020년)

GRDP*	산업구조			1인당 GRDP	
	1차산업	2차산업	3차산업	위안	US$
10.94%	4.31	39.23	56.46	88,210	12,788
인구(만명)	인구 중국내 비중	도시화율(%)	부동산 개발투자*	수출*	수입*
12,601	8.94%	65.87	12.24%	24.26%	19.23%
수출입*	외상기업 투자액*	공업생산액*	소비품판매액*	중국 평균 1인당GDP 대비	
22.03%	22.1%	12.53%	10.26%	121.76% (72,447元. U$10,503)	
광저우 GRDP** / 인구(만명)		선전 GRDP** / 인구(만명)			
22.6% / 1530		25% / 1756			

주: *중국 내 비중을, **성내 비중을 나타냄. 도시화율 및 공업생산액은 2019년도 수치 기준임.
자료: 국가통계국 国家数据 (2021.6.22.)

광동성은 '세계의 공장' 중국에서 '중국의 공장'으로 불리울 만큼 제조업이 밀집되어 있다. 광동성의 산업별 비중을 보면, 1차산업 4.31%, 2차산업 39.23%, 3차산업 56.46% 수준이며, IT · 기계 · 석유화공 · 방직 · 식품 · 건재 · 제지 · 제약 · 자동차 등이 9대 주력산업이다. 2020년 기준 광동성 수출액은 4조 3,497억 위안(6,306억 달러)으로 중국 전체 수출 중 24.26%를 점유하여 1위를 차지하고 있고, 수입액은 2조 7,347억 위안(3,964억 달러)이며 19.23%로 역시 1위 수준이다. 중국 전체 GRDP의 10.94%를 점유하고 있는 광동성은 중국 전체 교역(수출입)의 1/4을 책임지고 있다. 최근 자본집약적 해외기업의 투자급증으로 광동성의 공업생산액(2019)은 중국 내 12.53%로 다시 1위 자리를 차지했다. 2위는 강소성(11.92%), 3위는 산동성(7.28%)이었다. 소비 · 유통의 중심인 광동성의 소비품 소매판매액은 중국 전체 중 10.28%로 여전히 중국 내 1위를 유지하고 있다. 한국정부는 2001년 8월에 주광저우 총영사관을 개설했다.

1) 광동성 웨강아오 대만구(粤港澳大湾区)

웨강아오 대만구(Guangdong-Hong Kong-Macao Greater Bay Area)는 광동성 내 9개 도시와 홍콩특별행정구 및 마카오특별행정구를 범위로 하는 권역을 의미한다. 또한 웨강아오 대만구 발전규획(粤港澳大湾区规划)은 동 대만구의 발전계획이다. 웨강아오 대만구와 연관되어 먼저 제시된 권역은 주강삼각주(珠江三角洲·Pearl River Delta)인데, 광동성을 흐르는 주강 주위 9개 도시와 삼각주 주변 권역을 의미한다. 광동성 정부는 2008년에 동 지역의 발전계획인 주강삼각주지구 개혁발전규획강요(2008-2020)를 공포하여, 광동성 정부 차원의 발전전략 내 권역으로 정식 편입시키고 발전을 도모해 오고 있다. 또한 2003년 6월 29일 홍콩과 체결한 중국·홍콩 경제협력동반자 협정(CEFA: Closer Economic Partnership Arrangement) 내용도 동 '발전강요'에 포함한다고 명시하고 있다.

웨강아오 대만구와 웨강아오 대만구발전규획이 중국 중앙정부 차원에서 공식적으로 언급된 것은 2017년 3월 5일, 제12기 전인대 5차회의에서 국무원 총리 리커창의 정부업무보고에서였다. 리 총리는 대륙(본토)과 홍콩 및 마카오와의 합작을 추진하기 위해 웨강아오 대만구 도시군 발전규획(粤港澳大湾区城市群发展规划)을 연구하여 제정할 것을 밝혔다. 1년 후인 2018년도 정부업무보고(2018.3.5)에서 리커창 총리는 다시 한번 웨강아오 대만구 발전규획강요(粤港澳大湾区发展规划纲要)를 제정하여 실시할 것을 천명한 바 있다. 이후 대만구 발전규획강요는 국가급 권역발전 계획으로 격상되었다.

웨강아오 대만구 규획은 중국이 현재 실시하고 있는 권역 발전전략과는 전혀 다른 특성을 가지고 있는데, 권역 내 중국과 다른 자본주의 시스템을 허용한 일국양제(一國兩制)를 운영 중인 홍콩특별행정구와 마카오특별행정구가 포함되어 있는 점을 들 수 있다. 따라서 실제 웨강아오 대만구가 활성화 되고 권역 내 지역간 유기적인 경제·사회 활동이 일어날 경우 그 파급 효과는 중국 내 타 권역발전 정책과는 전혀 다른 양상을 보일 것이다.

2019년 7월 5일, 광둥성 정부는 〈광둥성 웨강아오 대만구 건설추진 3개년 행동계획〉을 발표, 기존보다 구체적이고 체계적인 대만구 개발 건설 로드맵을 제시했다. 동 계획에는 광저우, 선전, 홍콩, 마카오, 포산, 둥관 등 11개 도시에 관한 9개 중점 개발방식과 100개 추진 세부조치가 포함되어 있다. 광둥성 전역은 전국개혁개방의 선행지역, 경제발전과 과학기술 개발 견인지역, 제조업 혁신의 중심지로, 홍콩은 국제금융 및 물류와 무역의 중심지, 그리고 마카오는 국제적인 문화관광지역으로 발전시켜 나갈 것임을 공포했다.

웨강아오 대만구는 중국 내 가장 성장 속도가 빠른 지역이다. 2018년 기준, 웨강아오 대만구 소재 11개 도시의 GDP 총액은 10조 8,000억 위안(1조 6,400억 달러)을 돌파하였고, 그 중에서도 선전, 홍콩, 광저우는 GDP가 각각 2조 4,222억 위안, 2조 4,001억 위안, 2조 2,859억 위안에 달하며 대만구 지역 내에서 1,2,3위를 차지했다. 2019년 7월 22일, 미국 Fortune이 발표한 글로벌 500대 기업에 속한 129개 중국 기업 중 텐센트를 비롯한 20개 기업은 대만구 경제권역 내에 소재(선전 및 홍콩 각 7개, 광저우 3개, 포산 2개, 주하이 1개 기업 소재 중)하고 있다.

웨강아오 대만구 지역을 주강을 중심으로 서쪽과 동쪽으로 구분하였을 때, 서쪽지역에는 전자 및 반도체 등 장비제조 클러스터가 있고 동쪽은 IT등 전자정보산업 클러스터가 형성되어 있다. 홍콩은 대표적인 금융과 무역, 마카오는 관광업 중심지이다. 광동성 정부는 스마트화 및 디지털화를 표방하면서 대만구 지역 내 산업고도화 추진하고 있다. 또한 웨강아오 대만구를 국제적 연구개발 혁신 허브로 건설한다는 계획이다. 〈행동계획〉에서 2020년까지 대만구 내 신형 연구개발(R&D)기관을 200곳으로 늘리고 대만구 전체 GDP에서 R&D가 차지하는 비중을 2.8% 이상, 1만명당 발명 특허 보유량이 2.6건에 이르도록 한다는 목표를 세우고 있다. 선전에는 텐센트 등 IT 대기업이 다수 소재하고 있으며 연구개발 투자비용이 도시 전체GDP의 4.4%에 달한다. 특히 선전에 본사를 둔 화웨이는 2018년 기준 1,015억 위안을 연구개발에 투자하였는데 동 규모는 전 세계 기업순위 중 5위에 해당한다.

[그림 3-26] 웨강아오 대만구 위치도

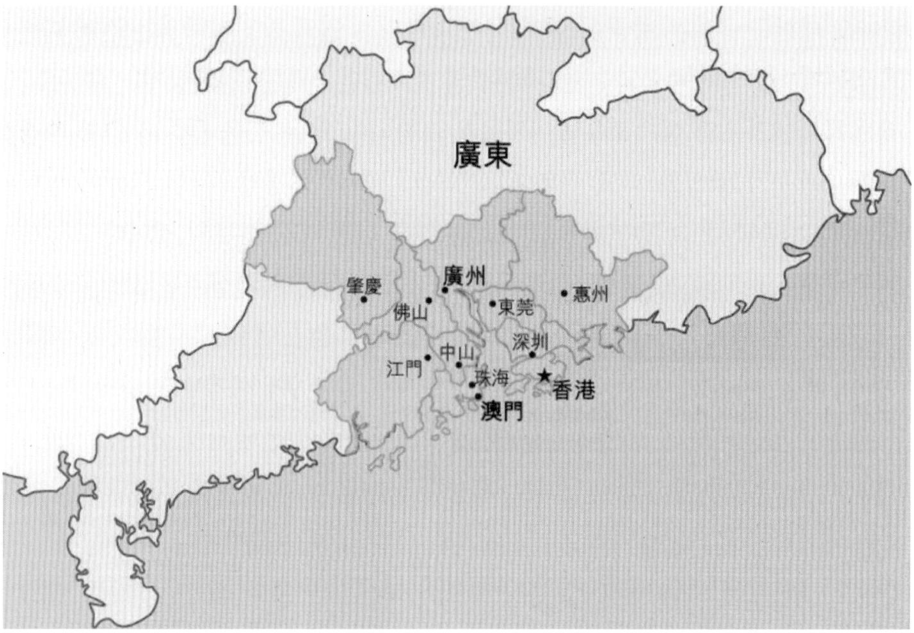

자료: 광동성 정부 홈 페이지 (www.gd.gov.cn) [검색일: 2019.1.4.]

□ 광동성 2020년 경제실적 및 현황

2020년 광둥성은 GDP 성장률 2.3%를 달성하여, GDP 규모는 연속 32년 동안 중국 내 1위를 유지했다. COVID-19로 타격을 입은 2020년도, 광둥성 GDP 증가율은 중국 전체 평균 GDP 성장률과 같은 수준 2.3%로 주요 성시 중에서도 양호한 발전 수준을 보였다. 2020년도 광둥성 GDP 규모는 최초로 11조 위안을 돌파한 11조760억 위안으로 중국 31개 성시 중 연속 32년 1위를 차지했다. 달러로 환산하면 약 1조6058억 달러로 한국 GDP 규모(약 1조5800억 달러)를 추월한 수준이다. 인당 GDP는 약 1만3938달러로 집계된다. (*주: 달러당 6.8974위안으로 환산)

산업 형태별로 살펴보면 2020년도 광둥성의 1차 산업 비중이 4,770억 위안으로 3.8% 증가했고, 2차 산업은 4조3450억 위안으로 1.8% 증가했으며, 3차 산업은 6조2541억 위안으로 2.5% 증가했다. 산업별 비중은 1차:2차:3차의 비중이 각 4.3 : 39.2 : 56.5이다. 산업구조의 서비스화가 진전되면서 3차 산업의 비중이 점점 확대되는 추세다.

반면, 광둥성 내 지역 간 발전 불균형은 여전하다. 주삼각지구는 광둥성 경제의 중심으로 2020년 광둥성 GDP의 80.8%를 차지했으나, 동익(东翼), 서익(西翼), 북부생태발전구(北部生态发展区)는 각각 6.4%, 7.0%, 5.8%에 불과해 지역 간 격차가 큰 편이다.[129] 광둥성 내 주요 도시의 GDP 순위를 보면, 선전시(2조7,670억 위안)와 광저우시(2조5,019억 위안), 포산시(1조816억 위안), 둥관시(9,650억 위안)이 각 1~4위를 차지하고 있다.

광둥성의 도시 주민 1인당 평균 가처분 소득은 4만1,029위안으로 전년비 5.2% 증가했다. 도시 주민의 1인당 평균 가처분 소득은 전년대비 4.4% 증가한 5만257위안에 달했고, 농촌 주민의 1인당 평균 가처분 소득도 2만143위안으로 전년비 7% 증가했다. 또한, 중국의 대외무역 및 경제협력에 있어 중추 역할을 담당하는 광둥성의 2020년도 해외직접투자(FDI) 규모는 1,620억 위안(약 235억 달러)로 전년비 6.5% 증가했다.

공업 생산을 살펴보면, 2020년 광둥성 공업생산가치 규모는 3조3,100억 위안으로 전년비 1.5% 증가했다. 선진제조업과 첨단기술제조업 생산가치는 전년비 각각 3.4%, 1.1% 성장했으며 규모이상 공업증가치의 56.1%, 33.1%를 차지했다. 그중 광둥성 기간산업인 전기기계 및 기자재 제조업, 자동차 제조업의 생산가치가 각각 전년비 8.0% 6.6% 성장했다. BYD,

129) ▶ 주강삼각주(珠三角): 광저우(廣州), 신진(深圳), 주하이(珠海), 포산(佛山), 둥관(東莞), 중산(中山), 장먼(江門), 후이저우(惠州) 및 자오칭(肇慶) 등 9개 도시가 포함된 지역. ▶ 동익(东翼): 산터우(汕頭), 산웨이(汕尾), 차오저우(潮州) 및 제양(揭陽) 등 4개 도시가 포함된 지역. ▶ 서익(西翼): 양장(陽江), 잔장(湛江) 및 마오밍(茂名) 등 3개 도시가 포함된 지역. ▶ 북부생태발전구(北部生态发展区): 사오관(韶关), 허위엔(河源), 메이저우(梅州), 칭위안(清远) 및 윈푸(云浮) 등 5개 도시가 포함된 지역.

도요타, 닛산 등의 완성차 브랜드 생산 기지를 보유한 광둥성의 2020년도 자동차 누계 생산량은 313만2,300대로 전년비 0.6% 증가했고, 그중 신에너지 자동차 생산량은 20만8,700대로 전년비 27.6% 증가했다.

[표 3-34] 광동성 주요 도시 경제규모 (2018년 기준)

순번	도시	GRDP (억 위안)	증가율 (%)	1인당GRDP (만 위안)	지역
1	선전(深圳)	24221.98	7.6	19.33	주삼각
2	광저우(广州)	22859.35	6.2	15.77	주삼각
3	포산(佛山市)	9935.88	6.3	12.98	주삼각
4	둥관(东莞)	8278.59	7.4	9.92	주삼각
5	후이저우(惠州)	4103.05	6	8.59	주삼각
6	중산(中山)	3632.7	5.9	11.14	주삼각
7	마오밍(茂名)	3092.18	5.5	4.98	웨시(粤西)
8	잔장(湛江)	3008.39	6	4.12	웨시(粤西)
9	주하이(珠海)	2914.74	8	16.51	주삼각
10	장먼(江门)	2900.41	7.8	6.36	주삼각
11	산터우(汕头)	2512.05	6.9	4.48	웨둥(粤东)
12	자오칭(肇庆)	2201.8	6.6	5.35	주삼각
13	제양(揭阳)	2152.47	5.3	3.54	웨둥(粤东)
14	칭위안(清远)	1565.19	4	4.05	웨베이(粤北)
15	양장(阳江)	1350.31	4.1	5.31	웨시(粤东)
16	사오관(韶关)	1343.91	4.3	4.51	웨베이(粤北)
17	메이저우(梅州)	1110.21	2.4	2.54	웨둥(粤东)
18	차오저우(潮州)	1067.28	5.3	4.03	웨둥(粤东)
19	허위안(河源)	1006	6.3	3.25	웨베이(粤北)
20	산웨이(汕尾)	920.32	8	3.01	웨베이(粤北)
21	윈푸(云浮)	849.13	3.9	3.39	웨베이(粤北)

자료: 광동성 통계국 (http://stats.gd.gov.cn)

2020년 기준, 광둥성 연간 사회소비판매총액은 4조207억 위안으로 전년비 6.4% 감소했다. 민생과 밀접한 품목인 식용유 및 식품류, 음료류, 일용품류, 의약품류의 소매 판매 증가율이 각 전년비 9.4%,14.4%, 7.8%, 21.6% 성장했다. 또한 프리미엄 소비 품목인 주얼리, 스포츠용품, 신문잡지류의 매출 성장률도 6.4%, 1.5%, 25.2%를 기록했다. 온라인 판매 활성화로 인해 2020년 온라인 소매 판매규모는 전년비 19.3% 증가해 전체 소매 판매규모의 26.5%를 차지하며 전년비 5.9%p 증가한 것으로 나타났다.

2020년 기준, 광둥성 수출입 교역액은 7조844억 위안으로 전년대비 0.9% 하락했으나, 광둥성이 중국 전체 교역 규모에서 차지하는 비중은 22%로 여전히 31개 성시 중에서 1위를 차지했다. 이중 수출은 4조3,497억 위안에 달하여 0.2%의 플러스 성장세로 돌아섰으며, 이는 연속 4년째 플러스 성장을 기록한 것이다. 수입액은 2조7,347억 위안으로 전년대비 2.6% 감소했다. 그중 국경 간 잔자상거래 수출입 규모가 1726억 위안으로 전년대비 51.5% 성장하며 온라인 시장의 저력을 과시했다.

ASEAN과 광둥성의 교역규모는 약 1조860억 위안으로 동남아가 홍콩을 제치고 광둥성의 가장 큰 교역 파트너로 부상했다. 광둥성의 대한국 수출액 및 수입액은 각 전년대비 14.6%, 7.9% 감소한 988억 위안, 2,894억 위안으로 집계된다. 품목별로 보면 2020년 광둥성 방역물자 수출규모가 약 2,279억 위안으로 전년대비 81.7% 성장했고 그중 마스크를 비롯한 방직품 수출액이 100% 이상이다. 의약품, 의료기기 및 관련 기구의 수출액은 각 전년대비 41.5%, 35.8% 증가했다. 코로나로 인한 글로벌 언택트 수요 확대로 컴퓨터 및 부품의 수출규모도 전년대비 9.2% 증가한 것으로 나타났다.

2) 광동성 14·5 규획(2021~2025)

광둥성은 14·5 규획에서 전략·미래 산업 기술혁신 강화, 공급망 강화 및 디지털화 중심의 산업발전, 쌍순환 전략의 거점지, 시장 기능 강화를 통한 개혁개방 심화, 웨강아오대만구 및 '선전 선행시범구 건설' 심화 등에 중점을 둘 계획이다. 집적회로·신소재·첨단설비 및 5G·디스플레이, AI·블록체인·양자과학·바이오 분야의 기술개발 및 R&D 투자 강화 등을 통해 혁신 수준을 제고하고자 한다. 주력산업 및 신산업의 공급망을 안정·강화시키고, 제조업 고도화 및 서비스업 발전을 추진하며, 홍콩·마카오와 협력하여 국제금융허브 구축 및 금융의 디지털화·스마트화 전환을 적극 추신할 계획이다.

한편 무역의존도가 높은 광둥성은 쌍순환 전략 추진을 위해 생산·분배·유통·소비의 내수의존도를 제고하면서 중국의 대외무역 창구로서 국내외 시장의 상품표준·품질기준 등의 통합발전을 추진할 방침이다. 내수확대를 위해서 국제 소비 중심도시 구축, 특색상권 조성, 온오프라인·비대면 등 신소비 모델 발전, 교육·의료·관광 등 고급소비의 역내 회귀 유도, 도농 조화발전 및 에너지·신형인프라 건설, 신산업 관련 투자 확대 등 추진하려 한다.

로컬기업이 세계 최고 가공무역기업 및 서비스 아웃소싱 기업으로 성장하도록 지원할 것이다. 토지·노동·자본·기술·데이터 등 생산요소의 시장화, 시장·정부 간 기능 효율화를 통해 비즈니스 환경을 국제 수준으로 개선하고, 산업·공급망 국제협력 및 제3국 시장 협력을 중심으로 일대일로 참여를 확대하고자 한다. 웨강아오대만구의 시장 통합 수준을 제고하여 세계적 도시군으로 육성하고, 선전 선행시범구 건설정책을 통해 선전을 세계적 혁신도시로 발전시키고자 한다. 선전과 함께 광둥성 성도(省都)인 광저우를 서비스 중심도시로 성장시키고, 광저우·선전의 협력을 제고하여 광둥성의 성장 동력을 더욱 강화할 계획이다.

대외의존적 경제구조로 해외 충격에 취약한 광둥은 대외 불확실성의 장기화 및 중앙정부의 경제자립 방침에 대응하여 원천 혁신역량 강화 및 기업 주도적 기술혁신을 통해 역내 공급사슬의 확대·연장을 본격화할 방침이다. 기초연구·원천혁신 분야의 기업투자 우대 및 인재지원을 확대하고, 혁신시스템 관리제도 및 지재권 보호를 강화하면서 주강삼각주에 과학기술 성과 전환 시범구를 건설할 계획이다. 전략산업의 공급망 강화정책을 업종별로 정교하게 추진하면서 공급망 핵심기업 및 산학연 혁신연합 조직을 육성하고, 기업의 글로벌 가치사슬(GVC) 재편 참여를 적극 지원하여 세계적인 첨단제조 클러스터를 구축하고자 한다.[130)]

2020년 5월, 코로나19 팬데믹으로 GVC가 불안정해진 시기에 광둥성은 역내 공급망 안정화를 위해 20개 전략산업의 클러스터 육성계획을 발표하였고, 5G·반도체칩 및 소프트웨어·첨단장비 관련 프로젝트를 추진했다. 광둥의 제조혁신 우위와 홍콩·마카오의 글로벌 자금·인재·서비스 우위를 활용하여 웨강아오대만구에 국제 과학기술 혁신센터를 설립하고 혁신요소의 국경·지역 간 이동을 촉진하는 정책을 모색하고 있다. 또한 디지털 기술·인프라 수준을 제고하면서, 데이터의 소유권 거래·유통·국경간 전송·보안 관련 기본제도 및 표준 규범을 수립하고, 디지털 위안화 시범사업을 지속할 계획이다. 2020년 기준 광둥에 107개의 산업클러스터가 구축되어 있었고, 그중 9개 클러스터가 생산·가공·자재공급 등에서 디지털 전환을 시작하였으며 1만 5,000개 기업이 산업 인터넷을 통해 디지털 전환을 추진하고 있다.

일국양제를 성공적으로 추진하고 웨강아오대만구를 세계적 도시군으로 육성하기 위하여 광둥은 경제·사회 시스템이 상이한 홍콩·마카오와의 시장 통합 수준을 제고하고 생산요소의 효율적 이동을 지원할 방침이며, 특히 선전에 높은 수준의 개혁자율권을 부여한다. 식품·의약품 안전, 친환경, 통신, 교통, 통관, 건설 분야에서 우선적으로 시장 통합 수준을 제고하고 시장접근, 표준인정, 재산권 보호 분야로 확대 적용할 계획이다.

전문인력의 웨강아오대만구 내 업무 효율성을 향상시키기 위하여 이동 편의성 제고 및 소득세 감면 등을 지속 추진할 예정이다. 광둥에서 근무하는 홍콩·마카오 인재의 통행증 및

130) 글로벌 가치사슬 (GVC. Global Value Chain): 하나의 상품이나 서비스가 여러 나라를 거쳐 다양한 생산 단계를 통해 최종 소비자에게 전달되고 소비되는 활동의 총체.

차량등록증 조건을 완화하고, 개인소득세를 자기지역에서 납부했던 기준으로 납부토록 한다. 웨강아오대만구 내 종합 교통허브를 구축하여 1시간 생활권을 실현하고자 한다. 선전은 자체 조례를 개정하여 홍콩·마카오를 대상으로 하는 별도의 서비스무역 네거티브리스트를 운용하면서 법률, 의료, 금융 서비스의 개방도 및 국제경쟁력을 제고하고자한다. 역내 홍콩기업은 민·상사 계약 체결 시 적용할 법률(홍콩법)을 선택할 수 있으며, 홍콩·마카오에 등록된 의약품·의료기기를 웨강아오대만구 내 지정병원에 공급할 수 있다. 선전에서 위안화 국제화 및 디지털 위안화 시범사업을 지속하고, 국제적 금융시스템을 구축할 계획이다.

□ 광동성 10대 전략적 지주산업: 차세대 전자정보, 친환경 석유화학, 스마트가전, 자동차, 첨단소재, 경공업 및 고급방직, 소프트웨어와 정보서비스, 초고화질 영상서비스, 바이오 의약품 및 헬스, 현대농업 및 식품

□ 광동성 10대 전략적 신산업: 반도체 집적회로, 첨단설비 제조, 스마트로봇, 블록체인과 양자정보, 첨단신소재, 신에너지, 레이저와 3D 제조, 디지털 콘텐츠, 안전보안 및 환경보호, 정밀기기.

[표 3-35] 14·5규획 기간 광동성 주요 과제

주요 과제	세부 내용
혁신발전 견지, 과학기술 혁신 수준 제고	• 과학기술역량 강화: 선전을 중심으로 웨강아오 대만구에 종합 과학센터 구축, 기초연구 강화 및 원천혁신 강화, 세계적인 과학기술 연구소·대학 육성, 과학기술 분야 국제협력 및 글로벌 네트워크 참여 강화 • 전략·미래 산업 관련 핵심기술 개발, 기업의 기술혁신 역량 제고(기업 주도, 산학연 융합, 혁신요소 기업 집적), 과학기술 혁신시스템 개혁 심화 • 인재혁신 활성화(인재정책 개방제고, 혁신·응용·과학기술 인재육성, 인재 평가시스템 정비 및 혁신 인센티브 시스템 정비, 혁신 기반의 수익분배 메커니즘 구축 가속화 등)
경제·산업 체계의 현대화 수준 제고	• 공급망 전략 강화, 주력 산업사슬 보강 및 신산업사슬 구축, 중요 제품 및 핵심기술의 독자적 관리능력 제고, 산업생태계 주도 기업 및 산업사슬 주요 기업 육성, GVC 재편에 기업의 적극적 참여 독려 • 제조업 질적 발전(10대 전략적 지주산업 및 10대 전략적 신산업 클러스터 육성), 고급 서비스업 발전(생산자 서비스업 전문화/고도화, 서비스업의 디지털화, 국제금융허브 구축, 다층적 자본시장 발전) • 디지털 발전 가속화, 실물경제와 융합 촉진, 디지털 데이터 입법 모색, 데이터 소유권/거래 유통/국경간 전송/보안 등 기본제도 및 표준규범을 수립하며 기업이 디지털 분야의 규칙/표준 제정에 참여토록 지원
새로운 발전패턴 (쌍순환)의	• 국내대순환: 국내수요 의존도 제고, 공급구조 개선 및 공급수준 제고, 요소이동 및 유통 거래비용 절감 • 쌍순환: 웨강아오대만구 시장우위를 활용하여 글로벌 자원요소 유입, 내·외수/

주요 과제	세부 내용
전략거점	수출입/FDI/ODI 조화발전, 로컬기업을 세계적 가공무역기업 및 서비스 아웃소싱 기업으로 성장 유도, 국내외 무역 통합 발전 추진 • 소비수준 제고, 효율적 투자 적극 확대(신형인프라, 에너지/천연가스 프로젝트, 국가급 종합과학센터/고속철/해상풍력발전 기지/원자력기지 건설, 기업의 설비/기술 개선 유도, 전략적 신산업 관련 투자 확대) • 현대적 물류시스템 구축, 중요 경제권(징진지, 창장경제벨트, 창장삼각주, 하이난 자유무역항, 황하 유역, 청위 경제권)과 역내 지역 간 전략적 협력 강화
개혁개방 강화	• 시장의 생산요소 배분기능 강화, 혁신사슬/산업사슬 융합 발전, 시장주체 활력 제고, 경영환경 최적화 • 토지/노동/자본/기술/데이터 등 생산요소의 시장화 메커니즘 완비, 무역 자유화/편리화 제고, 국내/국제 개방 플랫폼 혁신발전, FDI/ODI 질적발전, 외자기업의 합법적 권익 보호 • 일대일로 참여 확대: 전략적 허브/경제무역 협력, 제3국 시장 협력, 산업망/공급망 국제 협력(장비/기술/브랜드/서비스/표준 등 수출 및 대외투자), 공공위생/디지털경제/녹색발전/과학기술/인문 교류 협력
웨강아오대만구 및 선전선행시범구 추진	• 웨강아오대만구를 세계적 도시군으로 육성: 시장 통합수준 제고, 생산요소 이동 촉진, 인프라 상호연결, 운항서비스 수준제고, 도시군/도시발전시스템 정비, 글로벌 시장시스템에 편입 강화 • 선전 선행시범구 발전, 선전을 국제 혁신도시로 발전, 글로벌 우수인재 클러스터 구축, 전략적 신산업 우위 강화, 종합개혁 시범추진 지원(높은 수준의 개혁자율권 부여), 국제 금융시스템 구축 가속화, 위안화 국제화 선행실험, 신경제 선행실험, 광둥성 전체 개혁의 추진 심화 및 중국 제도 개혁의 시범 역할 수행 • 광저우 국제대도시 건설, 성도 기능강화, 광저우-선전 연계심화로 성장동력 강화, 두 도시간 고속철 추가로 30분 교통권 건설, 과학기술 인프라 배치 및 전략적 신산업 협력 • 국제과학기술 혁신센터 구축, 홍콩/마카오와 과학기술혁신 교류협력 심화, 국제혁신자원 집적역량 및 과학기술 성과전환 능력 강화, 혁신요소의 국경간 이동 및 지역간 유통 촉진정책 모색

자료: KIEP(2021), 중국 화남지역의 14·5 규획기간 경제정책 방향 및 전망, 기초자료 21-07(2021.4.19.).

□ 강주아오 대교 완공

홍콩-주하이(珠海)-아오먼(澳門·마카오)를 Y자 형태로 연결하는 세계최장 해상교량인 강주아오(港珠澳)대교 공사가 2009년 12월 15일 착공됐으며, 2018년 10월 24일자로 개통되었다. 이를 통해 주강(珠江)삼각주와 홍콩, 마카오를 하나로 묶는 거대한 교통인프라가 탄생, 세 지역간 단일경제권 조성이 가속화될 전망이다.

강주아오대교 건설에는 720억위안이 투입되어 해저터널 구간 6.648㎞를 포함해 홍콩 란타우섬 산섹만(灣)과 주하이 공베이(拱北)지역, 마카오의 아페롤라(明珠台)지역을 Y자 형태로 연결한다. 대교 전체길이는 49.968㎞이며 이중 바다 위를 지나는 해상교량의 길이는 35.578㎞로 현재 세계에서 제일 긴 항저우(杭州)대교를 넘어서게 된다. 강주아오대교의 가장 난공사는 해저터널로 공사비용만 211억위안에 달한다. 해저터널의 최고 수심은 해수면으로부터 40m 아래에 있어 30만t급 유조선도 운항할 수 있도록 만들어진다. 대교의 사용수명은 일반 교량수명이 50~60년인데 비해 120년에 달하며 8급 지진에도 견딜 수 있도록 설계됐나.

강주아오대교는 인구 5,100만명에 달하는 주장삼각주 지역을 단일경제권으로 잇는 최대 교통인프라로 부상했다. 대교 완공으로 육로이동이 가능해져 홍콩에서 주하이 또는 마카오까지의 이동시간이 기존 1시간에서 15~20분 정도로 단축됐다. 또한 중국의 값싼 노동력이 홍콩으로 보다 빠르게 유입되고 있다.

[그림 3-27] 강주아오대교 위치도

자료: 중앙일보(2008.3.1.)

□ 광저우

아시아 최대 규모의 종합박람회인 '캔톤페어'가 매년 열리는 곳이 광저우(廣州)이다. '세계 경제 바로미터'로 불리는 캔톤페어는 1957년 1회를 시작으로 57년의 역사를 자랑하며, 문화대혁명 시기에도 빠지지 않고 열렸다. '넓은 고을'이라는 뜻의 광저우는 양의 도시(洋城), 이삭의 도시(穗城)라고도 불린다. 고대 이곳에 극심한 가뭄이 이어졌을 때 하늘에서 다섯 마리 양이 다섯 색깔의 벼 이삭을 전해주었다는 데에서 유래했다. 따뜻한 기후 덕분에 꽃이 많아 꽃의 도시(花城)로도 불린다. 광저우는 중국 남부 베이장·둥장·주장 등 세 강이 합류하는 주장삼각주 하구에 위치해 예로부터 항구도시로 널리 이름을 떨쳤다.

광저우는 진시황이 점령한 후 남해군(南海郡)을 설치했었고, 당나라 때 페르시아 지역까지 교역했던 해상실크로드 발상지였다. 당나라 말기 광저우 연간 입항 선박이 40,000여척에 달했으며, 광저우 거주 외국인 상인 수가 12만명에 달했다. 해금령(海禁令)을 실시했던 명나라 때도 광저우는 동남아시아 각국의 조공선이 입항하는 중국의 유일한 통상항구의 관문 역할을 담당했다. 131) 청나라 때 광저우는 중국 도시 최초로 유럽과 교역을 시작하며 항구도시로서의 명성은 절정에 달했다. 강희제는 1685년 중국 4개 세관, 월해관(광저우), 민해관(푸저우), 절해관(닝보), 강해관(상하이)을 대외 개방해 외국 상선이 입항하도록 했다. 이후 1757년 건륭제가 다른 3곳 세관 폐쇄할 때에도 월해관은 그대로 남아 대외무역을 독점하며 청나라 황실에 진귀한 서양 문물과 비자금을 공급하는 역할을 수행했다. 청나라는 광저우에 '광저우 13행(13行)'을 만들고 외국상인들과 거래할 수 있도록 독점허가를 주었다. 이곳에서 수출된 차와 비단, 도자기가 유럽으로 흘러들어갔다. 그러나 아편전쟁 패배 후 상하이가 개항하며 광저우의 대외무역 독점 메리트도 사라지면서 광저우 13행도 몰락했다.

아편전쟁 이후 침체된 광저우 경제가 다시 번성한 것은 개혁개방 이후다. 그 결과, 광저우는 오늘날 베이징·상하이와 경제력을 견주는 중국 3대 도시로 떠올랐다. 2013년 중국 광저우 지역 GRDP는 1조 5420억 위안으로 전년비 11.6% 증가했다. 이는 같은 시기 7%대 성장률에 머문 베이징 상하이를 훨씬 웃도는 것이다. 광저우는 경제력을 바탕으로 2010년 광저우 아시안게임도 성공적으로 치뤘다. 당시 광저우는 아시안게임을 위해 70여개 경기장과

131) 명나라의 해금정책은 明太祖인 洪武帝 4년(1371년)부터 시작되었다. 명나라 초기에는 원나라의 해외무역의 발전추세를 이어받아 廣州·泉州·明州 등지에 市舶司가 설치되어 무역이 장려되었다. 원나라 때에는 廣州와 泉州는 남해무역의 거점으로 번성하였고 13-14세기에는 남중국해로부터 인도양 아라비아해에 걸친 해역에 교역권이 형성되었다. 하지만 홍무 7년(1374) 시박사가 폐지되고 '조각배도 바다에 띄울 수 없다'는 엄격한 해금정책이 실시되면서 明朝는 일체의 해상활동을 금지시켰다. 그 이유는 첫째, 국가에 의한 국제무역의 관리와 독점, 둘째, 해상군사 세력 및 왜구의 활동 및 違禁物資 유출방지, 셋째 해금을 통한 조공시스템의 형성 등이 있다 (자료: 이준태(2010), 중국의 전통적 해양인식과 海禁政策의 의미, 「아태연구」17권2호, 241~253쪽).

각종 도로인프라를 건설하는 데 우리 돈 20조원을 투입했다.

중국 근대화 과정에서 광저우는 중국 역사상 최초의 민주혁명인 신해혁명이 촉발된 혁명 요람지이다. 1911년 4월, 중국혁명동맹회가 청나라 타도 거병을 일으킨 광저우 황화강 사건이 그해 10월 후베이성 우창(武昌)의 신군 봉기로 이어졌기 때문이다. 1911년 신해혁명으로 청조는 무너지고 1912년 2월, 쑨원이 중화민국 임시정부를 광저우에 수립했다. 132)

□ 선전시

선전은 1970년대까지만 해도 광둥성 보안(寶安)현에 속한 인구 2만의 작은 농어촌 마을이었다. 선전이라는 지명도 '깊은 논두렁(深圳)'에서 유래됐다. 선전이 오늘날 1인당 소득이 2만2000달러로 베이징 · 상하이를 제치고 중국 대륙 1위의 '부자 도시'로 성장할 수 있었던 것은 개혁개방 덕분이다. 선전은 지난 1980년 8월 개최된 중국 제5기 전국인민대회 3차회의에서 중국 '개혁개방의 총설계사' 덩샤오핑에 의해 주하이(珠海), 산터우(汕頭), 샤먼(厦門)과 함께 중국 4대 경제특구로 지정돼 외자유치 첨병 역할을 담당했다. 덩샤오핑은 자본주의든 공산주의든 상관없이 중국 인민을 잘 살게 하면 그것이 제일이라는 '흑묘백묘론'을 외쳤다. 선전특구는 중국식 사회주의 시장경제의 실험장이었다. 덩샤오핑은 직접 선전을 찾아 개혁개방을 지지했다. 그 유명한 '남순강화'다. 선전 중심부가 한 눈에 내려다보이는 롄화산(蓮花山) 꼭대기에는 전국 최초의 덩샤오핑 동상도 세워져 있다. 선전은 그야말로 '덩샤오핑의 도시'였다.

선전은 홍콩과 강 하나를 사이에 두고 붙어있다. 홍콩 주룽역에서 지하철을 타면 45분만에 닿는다. 홍콩과 마카오, 글로벌 자본, 그리고 선전의 저렴한 노동력이 결합돼 선전은 현대 공업도시로 급속히 변모했다. 경제특구 지정과 함께 선전시는 빠르게 경제력을 불려나갔다. 1980년부터 1992년까지 선전시 GDP는 평균 47%씩 성장했다. 23만명에 불과했던 선전시 인구도 10년만의 250만명에 육박하는 거대한 도시로 탈바꿈했다. 베이징뿐만 아니라 전국에서 개혁개방을 학습하기 위해 수십만명의 시찰단이 선전으로 몰려들었다. 1990년대 들어 중국 다른 지역에서도 서서히 외자에 문을 개방하면서 선전은 더 이상 외국인 투자의 매력이 되지 못했다. 여기에 고도성장 과정에서 고임금과 부동산 가격 급등, 관료부패 등 문제점 노출되고 노동집약적 산업 역시 한계에 달하며 '경제특구'라는 의미는 크게 상실됐다.

이에 선전은 노동집약산업을 고부가가치를 창출하는 하이테크 산업으로 전환하는 제2의 개혁개방 도약 꿈꾸고 있다. 2010년엔 기존의 327.5㎢에 불과했던 선전특구 면적도 1,948

132) 아주경제(2014.11.2), [중국도시를 읽다(24)] 황제의 보물창고에서 세계의 시장으로 '광저우'.

㎢까지 늘리며 도시 전체를 특구로 지정했다. 금융·물류 서비스 부문을 특화한 첸하이(前海)특구도 만들었다. 선전의 튼튼한 인프라와 홍콩의 글로벌 경쟁력을 바탕으로 첸하이에서는 금융서비스 부문에서 파격적인 실험이 이뤄지고 있다. 첸하이 특구에는 세계 각지 기업들이 몰려오고 있다. 세계 500대 기업도 11곳에서 53곳으로 4배 늘었다. KOTRA 선전무역관도 2014년 12월, 선전시에 문을 열었다. [133)]

선전항은 6년 연속 세계 4위 컨테이너 항으로, 〈선전항 총체적 발전계획〉에 따라 홍콩항만과 공동으로 국제항운 센터 및 물류센터 구축계획을 수립했다. 또한 '첨단기술산업원'을 주축으로 첨단산업을 육성하고 있는데, 레노보, TCL, 필립스 등이 입주해 전기전자, IT부품 소싱이 유망하다. 문화산업도 전략적으로 육성하고 있다. 2008년 12월 유네스코 지정 '디자인의 도시'로 선정되었고, 평면디자인과 산업디자인 분야 경쟁력 인정받았다. 선전시 정부는 2005년 문화산업을 4대 지주산업의 하나로 선정하여, 디자인, 게임, 디지털컨텐츠, 뉴멀티미디어, 인쇄, 문화관광, 공연예술에 대한 지원을 확대해오고 있다. 세계 500대 기업 중 181개사가 선전에 투자했으며, 선전은 중국내 발전 잠재력이 가장 큰 도시로 꼽히고 있다.

□ 둥관시

19세기 중반, 영국으로부터 대량의 아편이 수입돼 청나라에 아편쟁이들이 급속도로 늘어나자 1839년 광둥성 둥관(東莞) 후먼(虎門) 백사장에서는 영국 상인들에게서 몰수한 아편 2만여 상자가 불태워졌다. '아편전쟁' 발발의 원인이 된 이른 바 임칙서의 '호문소연(虎門銷煙 호문에서 아편을 소각한다)'이다. 중국 '개혁개방 1번지' 광저우와 선전을 양 옆으로 끼고 있는 둥관은 1980년대 이후 중국 개혁개방의 첨병 역할을 했다. 1980년대 외자를 유치해 저가 노동력과 수출에 기대어 지역 발전을 이룬 '둥관 모델'은 중국 제조업 발전의 상징이 됐다. 듀퐁, 필립스, 삼성, 히타치, 신일본제철, 소니, 노키아, IBM 등 글로벌 전자 IT 기업들이 이곳에 공장과 회사를 세웠다. 둥관에서 선전으로 가는 고속도로가 막히면 전 세계 컴퓨터산업 70%가 마비된다는 말까지 나왔다.

둥관은 세계 제1의 컴퓨터 부품산업 생산지이자 피혁, 봉제완구, 가구 분야에서도 '세계의 공장' 역할을 담당해왔다. 개혁개방 이래 금융위기 발발 직전인 2008년까지 둥관시 GDP는 매년 평균 18%씩 성장하며 '황금기'를 누렸다. 2006년 제조기업 수만 2만5,000여개에 달해 노동인구가 한때 1,000만명까지 달했다. 이중 5분의 4는 타지에서 유입된 유동인구로 둥관은 중국 전역의 노동자들을 블랙홀처럼 빠르게 흡수했다. 그러나 2000년대 중반부터

133) 아주경제, [중국도시를 읽다(29)] 홍콩과의 '화학적 결합' 모색하는 선전 (2014.12.10.)

인건비의 급격한 상승, 원자재값 고공행진, 위안화 환율 등 문제로 위기에 봉착했고 결국 2008년말 금융위기 발발로 인한 세계경제 침체로 대외수출 경기까지 위축되면서 리스크가 확대되었다.

2001년 설립돼 2010년 국가급 하이테크산업단지로 승격한 72㎢ 면적의 쑹산후(松山湖) 과학산업공원은 고부가가치 하이테크 도시로의 발전하려는 둥관의 미래다. 차세대 첨단정보기술산업, 바이오, 문화창작 및 금융서비스 등 4대 산업과 컴퓨터, 신소재, 신에너지 자동차 등 전략성 신흥산업 관련 업체들이 유치 대상이다. 최대 네트워크 통신 장비업체인 화웨이를 비롯해 중국무선테크놀러지, Amperex 테크놀로지, 셀레스티카 테크놀로지(天弘) 등이 있다. 삼성, 노키아, 필립스 등 45개 다국적 기업 투자했고, 저임금의 풍부한 노동력이 장점이다. 134)

□ 포샨시

포샨시(佛山)는 주강삼각주의 대표적인 자동차 생산기지를 보유하고 있다. 주강삼각주 경제개발구 중심에 '광포경제권'을 형성하여, 광저우시와 기초시설·교통망·금융자본·인재·교육·과학기술과 시장서비스 등 자원을 공유하고, 지역경제 일체화 및 도시화 추진하고 있다. 포샨은 광저우 3대 완성차 생산기지(도요타, 닛산, 혼다)와 한시간 거리에 있다. 이러한 지리적 위치와 튼튼한 공업기초, 상대적으로 저렴한 투자자본 등이 특징으로 외국투자기업 7천여개사가 진출해 있다. 글로벌 500대 기업 중 39개사가 진출했다. 135)

최근 포산시는 '인터넷플러스(互联网+)' 행동계획을 통한 개혁발전 방향을 모색하고 있다. 포산은 현재 주강 서안의 선진장비 제조산업을 중점으로 전략적 신흥산업의 발전에 만전을 다하고 있다. 광에너지, 신재료, 현대 서비스업, 신의약, 에너지 절약, 에너지 차량 등 6대 전략적 신흥산업 클러스터 운영을 추진중이다. 포산은 광둥성의 전체 시 중 전통산업의 비중이 비교적 크다는 특징을 활용해, 공업기술의 개조를 핵심으로 전통산업을 최적화하는 방향으로 발전 태세를 취하고 있다. 현재 포산시 정부는 '포산 제조업 2025 계획'을 출범해 화남 지능로봇 혁신 연구원과 '인터넷 플러스' 연구원을 건설하고, 세계 로봇 및 지능 장비 산업박람회 기획에 만전을 다하고 있다. 포산은 이외에도 산학연 연계를 강화 및 지식산권 보호에 힘쓰고 있고, 포산 국가 첨단구(佛山国家高新区), 중너공업서비스구(中德工业服务区), 광둥금융첨단구(广东金融高新区) 등의 혁신지역 건설에 힘쓰고 있다.

---

134) 아주경제, [중국도시를 읽다(1)] 중국 경제의 현주소 '세계의 공장' 둥관, (2014.2.19)
135) KOTRA(2010), KOTRA가 바라본 중국 성시별 비즈니스 기회와 진출전략, 54쪽.

3) 광동자유무역시험구(广东自由贸易试验区)

2015년 4월 21일, 난샤(南沙)에서 광동자유무역시험구의 출범식이 거행되었다. 동 무역구의 전체 면적은 116.2㎢로서, 난샤신구(南沙新區, 60㎢), 첸하이서커우(前海蛇口, 28.2㎢), 주하이헝친신구(珠海橫琴新區, 28㎢) 등 3개의 지역(片區)로 구성된다. 동 무역구의 주요 기능은 마카오·홍콩과의 협력 강화로, 특히 두 지역에 대한 서비스산업의 개방과 연계 강화에 힘을 쏟고 있다. 무역구에는 외국인투자 네거티브리스트 제도가 도입되며, 외국인투자자의 진입 제한은줄이거나 폐지되고 서비스업과 제조업에 대한 대외개방은 더욱 확대할 예정이다.

2018년 7월 기준, 광동자유무역시험구내 신규 설립기업은 25만개이며 이중 외자기업은 1.33만개이며 글로벌 500대 기업 중 270개 기업이 입주했다. 특히 금융기업은 5.8만개에 달해 중국내 최대 금융기업 집결지로 부상했다.

광동자유무역시험구와 홍콩·마카오는서비스 무역의 자유화를 중심으로 협력이 전개될 것이다. 현재 광둥성과 홍콩, 마카오는 포괄적 경제동반자 협정(CEPA)을 통해 이미 기본적인 서비스무역의 자유화가 이루어진 상태로, 현재 광둥의 서비스무역 부문 160개 가운데 153개가 홍콩에 개방되어 있다. 현재 광둥성-홍콩 간 교역액이 전체 교역액에서 차지하는 비중, 광둥성 FDI 중 홍콩의 투자 비중, 광둥성-홍콩 기업의 공동 해외투자가 광둥성 해외투자에서 차지하는 비중이 모두 60% 이상에 달한다.

실제 광둥성 정부는 홍콩기업의 광동자유무역시험구 투자 편의조치를 시행하고 있는데, 이로 인해 투자 진입규제가 완화되고 있다. 진입조건, 지분비율 제한, 경영범위 등에서 홍콩·마카오 기업의 무역구 진입장벽이 낮아졌다. 무역 간소화도 진행되어, 중국 내륙과 홍콩·마카오 간 서비스산업 표준규정을 연결해 무역시장의 상호 연계, 사업자금의 상호 유통, 서비스제품의 상호 인증이 이루어지도록 한다. 홍콩 취업률 증대를 위해서는 무역구의 3개 지역에 홍콩·마카오 청년창업단지(港澳青年創業園)를 설립하고, 청년 창업에 대해 인큐베이팅 지원을 제공할 예정이다. 향후 홍콩·마카오 인재에 대한 '인증제'를 마련하고, 프로젝트 신청, 창업혁신, 평가와 인센티브, 지원 및 보장 분야에서 문턱을 낮춰 홍콩마카오 지역의 인재들이 무역구에서 일자리와 창업의 기회를 획득할 수 있도록 플랫폼을 마련해 줄 계획이다. 광동자유무역구의 지역별 산업 배치와 육성 계획을 보면 다음과 같다. [136]

136) 中國經濟網 (2015.4.20)

[그림 3-28] 광둥자유무역시범구(GPFTZ) 현황

포지션	홍콩 · 마카오 대상 서비스 무역 자유화
총 면적	116.2㎢
구역	총 3개 구역 – 광저우 난사신구 (60㎢) – 선전시 첸하이신구 (28.2㎢) – 주하이시 헝찬신구 (28㎢)
대상지역	홍콩, 마카오, 아세안
중점산업	서비스업

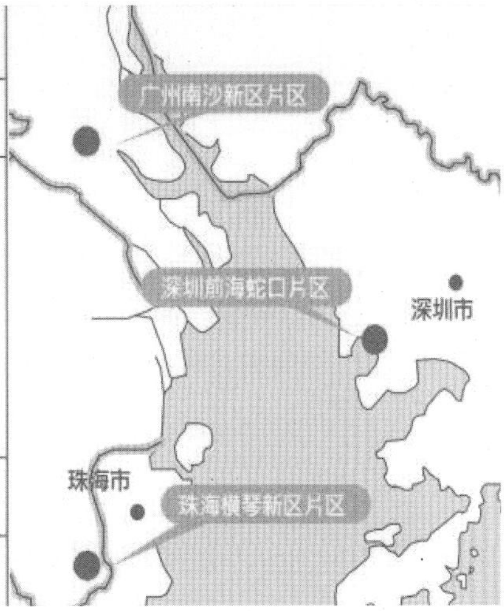

자료: KOTRA(2016), 「중국자유무역시범구 운영현황 및 시사점」.

- 첸하이: 금융혁신과 위안화 국제화에서 큰 역할 담당
- 헝친신구, 난샤: 각각 7대 전략적 신흥산업과 가공제조업, 물류업, 무역, 항구, 교육, 관광 등의 산업을 중심으로 육성될 계획
- 바이윈(白雲)공항: 보세, 컨벤션 등 분야에서 '국경 내 관세 예외구역(境內關外)' 방식으로 세금 우대정책 시행
- 광저우(廣州)난샤신구: 해운 물류, 테마금융, 국제 무역거래, 첨단제조업 등 생산성 서비스업을 핵심으로 하는 현대 산업 집중 육성, 세계적 수준의 종합 서비스 허브로 부상
- 선전(深圳)첸하이서커우: 금융, 물류, 정보서비스, 과학기술서비스 등 전략적 신흥서비스업 집중 육성, 금융업 대외개방의 시범창구와 글로벌 서비스무역의 중요 기지, 국제적 허브항으로 육성
- 주하이헝친신구: 관광·레저·헬스, 비즈니스 금융서비스, 문화·과학·교육, 첨단기술산업 육성, 문화교육의 개방선도지구, 국제 비즈니스서비스 레저관광기지로 건설

[사진 3-12] 광저우 Canton Fair (광저우박람회) 전경

자료: 김동하© 2009.

(2) 복건성

복건성(福建. 푸젠)은 733년 당나라 시대에 복건경략사(福建經略使)를 설치하고, 복건(福建)으로 부르기 시작했으며, 남송(南宋) 때는 바민(八閩)이라고도 불렸다. 원나라 초기에는 강절행성(江浙行省)의 복건도(福建道)가 되었다가 나중에 다시 성(省)을 설치했다. 복건은 중국 해상 실크로드의 발원지이며, 상업무역 집산지이다. 복건 푸저우(福州), 샤먼(廈門)은 일찍 중국의 5개 통상항구에 속하였으며, 마웨이(馬尾)항은 중국 근대 조선공업의 첫 항구이다.

복건은 역사적으로 일찍부터 경제 문화가 발달한 지역이다. 송 · 원나라 시대 항구의 대외개방, 해상 실크로드의 개통 및 해외무역 교류의 빈번함으로 인해 경제의 전성기에 들어섰다. 이를 통해 중국에서 중요한 해상무역 위치를 차지했다. 명 · 청대에 견직물 · 제당 · 찻잎 생산 · 조선 · 제지 등 업종이 발전했다. 그러나 청대말 '해상통행금지(해금정책)' 등 쇄국정책이 시행되어, 복건의 경제는 심각한 영향을 받았다.

복건성은 1978년 덩샤오핑의 개혁개방 정책 추진 후 샤먼에 경제특구를 설치하면서 중국에서 제일 먼저 개혁개방을 실시한 지역이다. 중국 동남부 해안에 위치, 타이완(臺灣)해협을 사이에 두고 타이완(Taiwan)과 마주하고 있다. 푸저우(福州)와 젠저우(建州)에서 각각

한자씩 따서 복건으로 불렸다. 진(秦)나라때 민중군(閩中郡)이라는 행정구역이었고, 오대(五代) 때 민(閩)나라 땅이었으므로 민(閩)으로 약칭한다.

□ 면 적: 12만㎢(중국의 1.26%), 해역면적 13.6만㎢, 해안선 길이 3,324㎞

□ 성 도(省都): 푸저우(福州)

□ 지 형: 서북이 높고 동남이 낮으며, 산지 75%, 구릉 15%, 평원 10% 수준임. 연해에 1,400여 개 섬이 있고, 5~10만톤급 부두가 6개 있음. '八山一水一分田'으로 불릴 정도로 해발 80m이상인 구릉과 산지가 전 성 토지면적의 89.3%에 달함. 4대평원으로 푸저우(福州)·장저우(漳州)·취안저우(泉州)·싱화(興化)평원 등이 있음.

□ 기 후: 아열대 해양성 계절풍 기후, 연평균 17~21℃, 강수량 1,400~2,000㎜

□ 행정구역: 地級市 9개, 區 26개, 縣級 59개(市 14개, 縣45개)

□ 국가급개발구: 福州경제기술개발구(1985년), 福州보세구(1992년), 福州하이테크산업개발구(1991년), 廈門火炬하이테크개발구(1990년), 福淸融僑경제기술개발구(1987년)

2020년 기준 복건성의 산업별 비중을 보면, 1차산업 6.22%, 2차산업 46.3%, 3차산업 47.47% 수준으로, 기계장비, 전자정보, 석유 화학가공 등이 3대 주력산업이다. 특히 31개 성, 직할시, 자치구 중 2차 산업비중이 가장 높다. 이는 중국 전체 2차 산업비중인 37.8%보다 8.5%포인트나 높은 수준이다.

복건성의 수도인 푸저우시(福州)는 대만과의 ECFA 체결로 제2의 도약을 꿈꾸고 있다. 2010년 1월부터 양안간 경제통합을 위한 경제협력기구협정(ECFA. Economic Cooperation Framework Agreement) 체결을 위한 협상을 개시하였다. ECFA는 실질적인 의미의 FTA 협상으로, 2009년 말까지 4차례에 걸친 양안회남을 통해 경세 이슈에 관한 12개 협징을 이미 체결하였다. 중국과 대만은 2010년 6월 29일 열린 제5차 양안회담에서 중·대만 경제협력기본협정(ECFA)에 서명했다. 중국과 대만은 대만해협을 사이에 둔 실체를 뜻하는 '양안(兩岸)'이 아닌 차이완(China+Taiwan)으로써 경제영역에서 통합하게 된 것이다.

복건성은 항구 통합 정비작업을 착수했는데, 물류서비스 개선을 위한 것이다. 지역별로 두 개 항구를 통합하고, 성내 항구를 총 3개로 정비할 계획이다. 북부는 푸저우-닝더(寧德) 통합, 중부는 푸텐(莆田)-취안저우(泉州) 통합, 남부 샤먼-장저우(漳州) 등이다. 방직, 화학섬유, 전자정보, 야금, 자동차부품 등이 주요 산업이다.

[표 3-36] 복건성 경제지표 (2020년)

<table>
<tr><th rowspan="2">GRDP*</th><th colspan="3">산업구조</th><th colspan="2">1인당 GRDP</th></tr>
<tr><th>1차산업</th><th>2차산업</th><th>3차산업</th><th>위안</th><th>US$</th></tr>
<tr><td>4.34%</td><td>6.22</td><td>46.3</td><td>47.47</td><td>105,818</td><td>15,341</td></tr>
<tr><th>인구(만명)</th><th>인구 중국내 비중</th><th>도시화율(%)</th><th>부동산 개발투자*</th><th>수출*</th><th>수입*</th></tr>
<tr><td>4,154</td><td>2.95%</td><td>63.86</td><td>4.26%</td><td>4.72%</td><td>3.9%</td></tr>
<tr><th>수출입*</th><th>외상기업 투자액*</th><th>공업생산액*</th><th>소비품판매액*</th><th colspan="2">중국 평균 1인당GDP 대비</th></tr>
<tr><td>4.36%</td><td>3.37%</td><td>5.01%</td><td>4.75%</td><td colspan="2">146%
(72,447元. U$10,503)</td></tr>
<tr><th colspan="2">푸저우 GRDP**/ 인구(만명)</th><th colspan="2">샤먼 GRDP**/ 인구(만명)</th><th colspan="2">취안저우 GRDP**/ 인구(만명)</th></tr>
<tr><td colspan="2">22.8% / 829</td><td colspan="2">14.5% / 516</td><td colspan="2">23.1% / 878</td></tr>
</table>

주: *중국 내 비중을, **성내 비중을 나타냄. 도시화율 및 공업생산액은 2019년도 수치 기준임.
자료: 국가통계국 国家数据 (2021.6.22.)

□ 취안저우

취안저우시(泉州)는 해협서안경제구의 현대화된 공업무역항이며, 복건성의 수도인 푸저우시보다 인구와 경제규모(GRDP)가 더 크다. 경공업과 중공업이 발달한 수출중심 항구도시로 복건성 동남부에 위치하며, 중형 규모 항구 4개를 보유하고 있다. 경공업-중공업 모두 발달해 있으며, 자동차제조, 조선업, 석재, 석유화공, 건축자재(도자기), 방직(신발, 의류) 산업 위주로 발전해왔다. 해외수출이 큰 비중을 차지한다. 수입비중은 수출의 50% 미만이다.

[그림 3-29] 복건성 위치도

자료: 두피디아 (2021.6)

최근 취안저우시는 중국 내 3번째 '금융개혁 시범구'로 지정되면서, 금융업 발전을 위한 기틀을 마련했다. 2012년 12월, 취안저우시가 제출한 '실물경제 금융서비스 종합개혁 시범지구 방안'이 중앙정부 공식 비준을 받았다. 취안저우시는 민영기업 발전을 지원하는 다양하고 역동적인 금융 시스템을 마련할 예정이다. 취안저우시는 앞서 금융개혁 시범구로 지정된 두 지역(절강성 원저우, 광동성 주강삼각주)과 마찬가지로 민영기업의 요람으로 알려져 있다.

중국의 개혁 · 개방 이후 지난 30년간 취안저우의 민영기업은 매년 30% 이상 증가해 지금은 13만개에 달한다. 이들 중 77개사가 증시에 상장됐다. 취안저우시는 민간자본이 취안저우 경제에서 더 많은 역할을 할 수 있도록 금융 시스템을 개혁할 예정이다. 또한 취안저우는 지역적 특성을 살려 홍콩과 마카오, 대만 자금을 금융사와 민영기업에 연결하는 방안을 적극 추진할 계획이다. 취안저우는 지리적으로 대만과 가까운 데다 이곳 출신 화교가 760만여 명에 달한다. 대만과 화교 자본을 포함한 민간자본이 2조 위안에 달하는 것으로 알려져 있다. 취안저우시는 이들 자금이 각종 금융사 설립에 활용되는 한편 민영기업에 대한 지분투자로 이어질 수 있도록 한다는 방침이다.

2020년 기준, 취안저우 세금수입의 80%, 지역내총생산의 80% 이상, R&D 혁신의 90% 이상, 도농 근로 고용의 90% 이상, 전체 기업의 90% 이상이 모두 민영경제에서 창출되고 있다. 취안저우는 견실한 민영경제를 기반으로 제조업 및 대외무역 수출에서 역량을 발휘하며 2020년 경제의 플러스 성장을 일궜다. 또한, 22년 연속 푸젠성 GDP 1위 도시에 올랐으며, 푸저우(福州)와 함께 GDP 1조 위안(약 172조 원) 클럽에 진입했다.

시와 현(县)에서부터 농촌에 이르기까지 각 지역은 해외 화교들과 손잡고 '삼래일보(三来一补, 수탁가공 · 주문식 가공 · 부품수입조립 및 보상무역 방식)를 실행했다. 이에 따라 화교들이 자금 · 기술을 제공하고 현지인은 토지 · 공장 · 노동력을 제공하는 향진기업과 외자기업이 잇따라 생겨났고, 이후 화교의 투자를 유치해 토지를 개발하면서 취안저우의 경제는 빠른 성장의 길로 접어들었다. 2020년 기준 취안저우시는 중국 유명 상표 156개, 상장사 104개를 보유하고 있다. 13차 5개년 계획 기간(2016~2020), 취안저우는 시급(市级) 이상의 기업 기술센터 194개를 건설했고 국가급 디지털 · 스마트 제조 회의 10여 건을 성공적으로 개최했다. 지난 5년간 취언저우시 기업은 기술혁신에 3,388억 위안을 투자했다. 기업 고용은 20% 가량 감소한 반면, 효율은 50% 높아졌고, 산업의 안정적인 성장과 구조전환 및 고도화 성과가 가시화 되었다. COVID-19 에도 불구하고 전자상거래 매출이 2,500억 위안을 기록하는 등 각 지표에서 푸젠성 1위, 전국 상위권에 올랐다.

□ 샤먼

샤먼은 진나라 때 진안(晉安)군 통안(同安)현, 송나라 이후엔 취안저우(泉州)에 속했다. 명나라 때 이곳에 성이 축조되면서 지리적으로 주룽(九龍)강 하구에 위치한 샤먼을 '낮은 문'이라는 뜻의 '下門'이라 명명했지만 이후 '廈門'으로 바뀌었다. 샤먼을 푸젠성 방언인 민난어로는 '아모이'라고 발음한다. 샤먼은 청조에 저항하여 명나라 부흥 운동을 꾀하던 정성공 장군이 한때 최후의 저항을 하던 곳이다. 청조때 대외무역의 바람을 타고 샤먼은 동남아 무역 창구로 번창했다. 특히 샤먼은 당시 우룽차 수출항으로 전 세계에 이름을 알렸다. 1842년 아편전쟁후 난징조약으로 개항된 다섯개 도시에 샤먼이 포함됐다. 1862년 영국 조계가 1902년엔 13개국의 공동조계가 구랑위(鼓浪嶼)에 설치돼 외국 상사와 기업들이 몰려왔다.

[사진 3-13] 샤먼(중국)과 소금문도(타이완)에 마주보고 있는 통일 선전문

자료: 샤먼시 및 금문현 정부 홈 페이지 www.xm.gov.cn / www.kinmen.gov.tw

신중국(1949) 성립후, 샤먼이 다시 부흥한 계기는 1980년 경제특구로 지정되면서부터다. 샤먼은 1980년 10월 선전·주하이·산터우와 함께 4대 경제특구로 지정돼 개혁개방의 선도 지역이 됐다. 초기 2.5㎢에 불과했던 경제특구 면적은 4년 후 131㎢로 늘어났다. 2010년엔 샤먼 섬뿐만 아니라 섬밖 북쪽 육지 지역도 경제특구로 편입해 전체면적은 1,565㎢로 확대됐다. 2010년 4월엔 샤먼 섬과 북쪽 육지를 잇는 길이 8,695m 해저터널이 개통됐다. 중국의 WTO 가입전(2001)에 샤먼 경제특구에서는 외자기업에 대한 세금감면, 보조금 정책이 지원되었다. 이에 따라 샤먼시 입주 외자기업 수도 늘어나 지난 2013년말 기준 총 5,674개에 달했으며,총 기업 등록자금은 257억 달러에 달했다. 2013년에만 총 289개 외자 기업이 신규 설립됐다. 샤먼시 외자유치액도 2013년말 기준 18억7,000만 달러에 달해 5년래 최고치를 기록했다. 현재 샤먼에는 파나소식, 델, LG디스플레이 등 글로벌 기업이 입주해있다.

샤먼은 섬과 북쪽 육지로 이뤄져 있다. 샤먼 섬 바로 코앞 바다 건너에는 대만 진먼(金門)섬이 자리잡고 있다. 샤먼섬 동쪽 순환로 옆에 세워진 '일국양제 통일중국(一國兩制 統一中國)'이라는 대형글씨가 쓰여진 간판은 양안(중국-타이완) 관계를 보여준다. 진먼섬은 대만 영토로 과거 공산당과 국민당이 격전을 벌였던 곳이며, 이후에도 양안관계가 악화될 때마다 포격을 주고 받았던 곳이었다. 하지만 2010년 중국-대만 양안경제협력기본협정(ECFA) 체결로 샤먼은 양안 경제협력 발전의 상징적인 장소로 탈바꿈했다. 대만과 경제통합을 가속화하기 위해 푸젠성을 중심으로 국가급 개발지역인 해협서안경제구도 조성했다. 137)

1) 푸젠자유무역구(福建自由贸易试验区)

2014년 12월, 중국정부는 푸젠을 비롯한 광둥, 톈진 총 3개 지역에 자유무역구 추가건설 계획을 확정했다. 2015년 3월, 중앙정치국회의에서 광둥, 톈진, 푸젠 자유무역구 종합 추진 방안이 통과되었고, 이로써 상하이 자유무역구 경험을 토대로 각 지역적 특색을 살려 한층 더 발전된 대외개방이 추진될 전망이다. 푸젠 자유무역구는 대만과 마주보는 지리적 특성을 활용해 양안 간 무역(서비스 및 금융 포함) 자유화와 협력 중점 시범구로 육성하고 있다.

2015년 4월 20일, 국무원은 '중국(푸젠)자유무역시험구 규획'을 발표했다. 푸젠자유무역구의 가장 큰 특징은 타이완지역과의 투자·무역 자유화를 선도한다는 데 있다. 규획에서는 푸젠자유무역구를 양안 경협의 시범구로 건설하려하며, 21세기 해상실크로드의 핵심구로 육성하고, 나아가 관련 국가에 대한 개방 및 협력의 거점으로 조성할 계획이다.

푸젠 자유무역구는 핑탄(平潭. 43㎢), 샤먼(厦門. 43.78㎢), 푸저우(福州. 31.26㎢)으로

137) 아주경제(2014.5.21), [중국도시를 읽다(12)] 집값 4위 도시 '중국의 지중해' 샤먼.

구성되며 총면적은 118.04㎢이다. 이 중 샤먼 구역은 푸젠 자유무역시범구 중 가장 크며, 동남 국제 항운중심 하이창(海沧) 핵심항구(24.41㎢)와 양안(两岸)무역중심 핵심구(19.37㎢)로 구성된다. 샤먼 포함 구역으로는 양안무역센터 핵심구, 샹위(象屿) 보세구, 샹위 보세물류항구, 동남국제항운중심 하이창 항구, 하이창 보세항구가 있다. 핑탄 포함 구역으로는 항구 경제 무역단지, 첨단기술 산업단지, 관광레저 단지가 있다. 푸저우 포함 구역으로는 경제기술 개발구, 푸저우 보세구, 푸저우 수출가공구, 푸저우 보세항구가 있다.

푸젠 자유무역구 대상구역은 외자기업에 대해 허가제로 운영되던 행정심사 승인 업무는 전반적으로 신고제로 변경되고, 각종 제도 개혁에 따른 절차가 간소화 될 전망이다. 행정 심사승인제도의 경우, '단일창구접수(一口受理)' 및 '단일 문서보고(一表申报)' 형태의 간소화된 승인시스템 실행된다. 무역관리 서비스에서는 단일창구(单一窗口)서비스와 동시에 전자통관서비스 실행된다. 특수관리구역에서는 항구 간 통관시스템 일체화 및 통관관리 절차 모델 최적화 될 예정이다.

핑탄구역은 중국 대륙에서 대만과 가장 가까워 역사적으로 대만과의 해상무역거래 플랫폼이었다. '이중 화폐제도(双币制)'를 시행해 위안화와 대만달러의 동시 유통 허용 및 대만자본을 통한 은행 등의 금융기관 설립을 허가하며 대만달러-위안화 자유태환을 실현할 전망이다. 샤먼구역은 항운물류, 항구수출입, 보세물류, 아웃소싱 서비스, 대량상품거래 등 현대임항산업발전을 목표로 하고 있다. 고효율, 편리함, 우수서비스를 갖춘 녹색저탄소 물류망 및 원스톱 현대 항운 서비스 체계를 구축해 아태지역의 주요 허브항구로 자리매김할 전망이다. 샤먼구역 양안무역중심 핵심구는 첨단기술연구개발, 정보소비, 임항산업, 국제무역서비스, 금융서비스, 전문화, 크루즈 경제 등 신흥산업과 고급서비스업 발전에 집중할 계획이다. 138)

2018년 푸젠 FTZ에 입주한 기업이 8,618곳에 달했다. 2017년과 2016년 신규 입주기업은 각각 1만 8,202개, 3만 4,984개로 줄어드는 양상이다. 반면, 신규 기업의 질은 향상된 것으로 나타났다. 2018년 푸젠 FTZ 신규기업의 등기자본은 3,016억 위안에 달했다. 창설 이후 푸젠 FTZ는 제도 혁신을 핵심으로 339항의 혁신 조치를 잇달아 시행했으며, 사물인터넷, 금융리스, 전자상거래 등 新업태, 新 플랫폼이 크게 발전하는 성과를 거뒀다.

개방 수준과 투자의 편의성을 높인 덕에 국내외 기업이 푸젠 FTZ에 입주하고 있다. 창설 이후 2018년 12월까지 푸젠 FTZ의 신규 기업은 7만 5,370개에 달했으며, 총 등기자본은 1조 6,998억 위안으로 집계됐다. 푸젠자유무역시범구에 따르면, 푸젠 FTZ의 샤먼구는 '브랜

138) KOTRA 글로벌 윈도우(2015.4.8), 中 푸젠 자유무역구 운영방안 및 특징, 김진경(KOTRA 샤먼무역관).

드'를 핵심으로 한 '국경 간 전자상거래 브랜드 행동계획'을 마련 중이며, 아마존 등 전자상거래 유명기업을 유치하는 방식을 통해 샤먼과 주변 지역의 패션, 신발 · 모자, 욕실, 스포츠 용품 등 경쟁력 있는 산업의 구조 조정과 고도화를 이끌 계획임을 밝혔다.

[그림 3-30] 푸젠 자유무역시범구 현황

포지션	대만 대상 양안경제무역 협력 도모
총 면적	118.04㎢
구역	총 3개 구역 - 샤먼시廈門 - 푸저우福州신구 - 핑탄시平潭
대상지역	대만(양안)
중점산업	선진제조업, 해양산업

자료: KOTRA(2016), 「중국자유무역시범구 운영현황 및 시사점」.

2) 복건성 14·5 규획(2021~2025)

복건성은 14·5 규획 기간, 다음 분야에 정책 중점을 둘 계획이다.

① 과학기술혁신 강화, ② 산업고도화, 현대산업체계 구축, ③ 내수확대, 공급측 구조개혁 심화(쌍순환), ④ 농업 · 농촌 현대화, ⑤ 역내 조화 발전 및 신형도시화 추진, ⑥ 문화번영, 문화산업 발전, ⑦ 생태 · 녹색 발전, ⑧ 해상 실크로드 핵심구 구축 심화, 개방수준 제고, ⑨ 주민생활 수준 제고, 통합발전 및 안전 보장, ⑩ 대만과 협력 발전 모색.

푸젠성은 천혜의 자연 조건에서 비롯된 농업, 연해 양식, 원양어업, 석재 가공 등 1차 산업이 주력이었다. 그러나 ① 기존 전통산업의 고도화, ②첨단산업의 클러스터화, ③ 환경보호와 자연환경의 산업화로 변화하고 있다. 푸젠성은 지역마다 특정 산업이 두드러지는데 자연환경적 요인 때문이다. 연해 양식업 환경 덕분에 닝더의 대황어는 중국 전역 생산량의 80%를 차지한다. 푸저우에서는 중국 전복의 35%를 생산한다. 생태관광지 우이산(武夷山)으로도 유명한 난핑(南坪)에서는 중국 차(茶)의 18%를, 촨저우는 중국 석재의 60%를 생산한다.

이에 더해 개혁개방 당시 성행했던 가공무역이 계기가 되어 지역산업화로 발전했다. 푸젠은 나이키 신발을 위탁 생산하면서 얻은 노하우와 설비를 발전시켜 신발 제조기지로 탈바꿈했고, 인근 촨저우에서는 신발업체 3천여개가 전 세계 신발의 8.5%를 만들고 있다. 스스(石獅)시는 방직의류, 가구, 운동복 등 특정 산업군이 자리잡고 있다.

또한 푸젠성 정부는 IT, 소프트웨어, 전기전자, 인공지능, 반도체, 물류 등에서 선두기업을 육성하고, 후방효과를 통해 산업 클러스터를 조성한다는 계획이다. 자동차 배터리 제조업체인 닝더스다이(CATL) 역시 2011년 설립 이후 7년 만에 글로벌 배터리시장 점유율 3위에 올랐다. LED는 전 세계 판매량의 30% 이상이 메이드 인 샤먼(Made in Xiamen) 제품이다. 신분야 글로벌기업 출현은 디스플레이 · 소프트웨어 · 전시컨벤션 산업에서 진행되고 있다. 샤먼은 1천억위안 규모의 산업 클러스터 12곳을 2020년까지 집중 육성할 계획이다.

(3) 해남성

해남성(海南. 하이난)은 삼국시대 오나라 때부터 珠崖라고 불리기 시작했으며, 그때 주애군(珠崖郡)이 설립되었다. 송대 때는 광서장족자치구 관할에 속했었고, 명 · 청 때는 경주부(琼州府)가 설치되었다. 1858년, 주요 항구인 하이커우(海口)와 충산(琼山)의 대외무역이 개방되었다. 중화민국 초기에 경애도(琼崖道)로 바뀌었으며, 이후 광동성에 편입되었다. 1949년, 신중국이 성립될 때도 국민당 정권 하에 있다가 1950년 해남 상륙작전을 통해 중국 영토로 편입되었다.

1988년 4월, 광동성에서 분리되어, 중국의 22번째 성(省)인 해남성으로 승격 되면서 성 전역이 경제특구로 지정되어, 외국기업에게 투자문호가 개방되었다. 2010년 1월 4일에는 '해남 국제관광섬 건설발전에 대한 국무원 의견'이 발표되어, 국제관광섬(国际旅游岛) 건설에 착수했다. 동 '의견'에 따라 해남성을 국제적인 관광 및 쇼핑 섬으로 조성하기 위해 부가세 환급과 26개국 비자 면제, 대형 면세점 건설을 통한 쇼핑객 면세 등 다양한 정책이 도입되었다. 중국 대륙 최남단에 있는 섬으로, 북으로 경주(瓊州)해협을 사이에 두고 광동성의 뇌주(雷州)반도와 마주보고 있다. 성 명칭은 해남도(海南島)에서 유래되었으며, 당나라 정관 5년에 이곳에 충저우(琼州)를 설치했던 관계로 琼(충. Qiong)이라 약칭한다.

□ 면적: 3.54만㎢(중국 전체면적의 0.35%), 그 중 섬면적 3.39만㎢, 해역면적 200만㎢, 해안선 길이 1,528㎞. 海南岛과 西沙, 南沙, 中沙 등 3개 군도의 섬과 그 영해를 포함

□ 인구: 877만명. 한족외 黎·回·苗·藏族 등 30여개 소수민족이 거주.

□ 성도(省都): 하이커우(海口)

□ 지형: 중앙부분인 五指山, 鹦歌岭을 핵심으로 중간이 높고 주위가 낮은 지세로, 산지·구릉·대지·평원으로 이뤄져 있음

□ 기후: 열대계절풍기후, 천연대온실로 불림. 연평균 기온은 22~26℃, 연평균 강수량 1,639㎜, 연간 일조량 1,780~2,600시간임. 바나나·여지·망고·파인애플 등 열대과일의 종류가 다양하고 생산량이 풍부함. 싼야(三亚) 주변의 해안은 해수욕하기에 적합한 기후로, 중국의 하와이라고도 불림. 대부분 연중 따뜻한 기후를 유지하고 있으나 우기와 건기의 구분이 뚜렷함.

□ 행정구역: 地級市 2개, 縣級 16개(市 6개, 縣 4개, 自治县 6개)

□ 국가급 개발구: 海南洋浦경제개발구(1992년), 海口보세구(1992년), 三亚亚龙湾국가관광구(1992년), 海南하이테크산업개발구(1991년)

[표 3-37] 해남성 경제지표 (2020년)

GRDP*	산업구조			1인당 GRDP	
	1차산업	2차산업	3차산업	위안	US$
0.55%	20.53	19.07	60.39	55,131	7,993
인구(만명)	인구 중국내 비중	도시화율(%)	부동산 개발투자*	수출*	수입*
1,008	0.72%	56.28	0.95%	0.15%	0.46%
수출입*	외상기업 투자액*	공업생산액*	소비품판매액*	중국 평균 1인당GDP 대비	
0.29%	1.18%	0.19%	0.5%	76.1% (72,447元. U$10,503)	
하이커우 GRDP**		하이커우 인구(만명)			
32.4%		287			

주: *중국 내 비중을, **성내 비중을 나타냄. 도시화율 및 공업생산액은 2019년도 수치 기준임.
자료: 국가통계국 国家数据 (2021.6.22.)

2020년 해남성 산업구조를 보면, 1차산업 20.53%, 2차산업 19.07%, 3차산업 60.39% 로 어업 및 농업 비중이 높으며, 관광업 등 서비스업 비중이 높다. 또한 2차산업은 석유화학·기계전자·음료식품·방직 등이 주요 산업군으로 구성되어 있다. 2020년에는 COVID-19 영향으로 하이난 방문객은 전년비 감소한 6,455만 회차(전년비 -22.3%)였으며, 그중 외국인은 17.6만회차(-83.7%)에 그쳤다. 이에 따라 관광업 수입은 872.86억 위안으로 전년비 17.5% 하락했다. COVID-19 이전 해남성의 총 GRDP 중 관광업 비중은 15% 수준을 보였다.

중국 최남단에 위치한 해남성은 일년 내내 아열대 기후를 보이는 열대우림의 섬이다. 특히 '동방의 하와이'라고도 불리는 중국 최고의 휴양관광지로 중국정부의 '국제관광 휴양섬 조성 계획'에 따라 세계적 휴양지로 부상하고 있다. 해남성 수도인 하이커우와 싼야(三亚)를 중심으로 많은 관광객이 찾고 있다. 싼야는 하와이 남쪽 지역과 거의 같은 위도상에 위치

하는데 1년 내내 따뜻하고 온화하다. 하이커우 주요 관광지로는 오공사가 있다. 옛날 해남에 유배되었던 관리 5명을 모시는 곳이다. 명대에 처음 세워졌고 청대에 복원되면서 지금 모습을 갖추게 되었다. 해서묘원 역시 16세기에 살았던 관리 '해서'의 묘지로 아름다운 단청이 인상적이다.

해남성에서 가장 남쪽에 위치한 싼야는 온화한 날씨와 아름다운 바다 덕분에 세계적인 휴양지로 발전하고 있다. 싼야 대동해는 싼야시에서 3㎞ 떨어진 곳에 위치하며 초승달 모양을 이루고 있다. 소수민족인 이족과 묘족이 마을을 이루고 생활하는 모습을 볼 수 있다.

[그림 3-31] 해남성 위치도

자료: 두피디아 (2021.6)

□ 내국인 면세 정책 출범과 하이난 면세업

2011년 4월 20일부터 해남성을 찾는 국내외 쇼핑객들에게 면세정책을 실시했다. 해남성은 2011년초부터 외국 관광객이 구입한 화장품, 의류 등 21개 품목에 대해 세금 환급제도를 실시한 데 이어, 4월부터 국내 쇼핑객들에게도 도입했다. 면세쇼핑은 관광객 수를 증가시키고 1인당 소비액을 끌어 올렸다. 2011년부터 하루에 한 쇼핑몰에서 800위안 이상을 쇼핑한 대만, 홍콩, 마카오를 포함한 해외 여행객들에게 소비액의 11% 세금을 출국 때 환급하도록 했다.

이러한 리다오 면세(离岛免税·내국인 면세) 정책을 발표한 이후 10년간 하이난 면세 산업은 비약적인 발전을 거두었다. 2011년 9월 8,600만 위안에 불과했던 하이난 리다오 면세 매출은 2019년 134억 9,000만 위안으로 급증했다. 쇼핑객 수 역시 2011년 48만 3,600명(연인원)에서 2019년 384만 명으로 증가했으며, 구매량은 2011년 153.7만개에서 2019년 1,819.9만개로 증가했다. 면세 구매 한도액은 5,000위안에서 10만 위안까지 늘어났고, 항공 승객은 물론 여객선, 기차 등을 이용한 승객으로까지 확대되었다. 면세점은 4곳으로 증가했다. 2014년 9월에는 12만㎡에 달하는 전 세계 최대 시내 면세점 '싼야국제면세성(三亚国际免税城)'이 오픈했다. 2020년 7월 이후 싼야국제면세성은 하루 평균 8,000만 위안의 매출을 올리고 있다. 또한 2020년 9월 이후 프라다, 까르띠에 등 명품 브랜드 7개가 입점했다.

2020년 6월, 하이난 자유무역항 출범으로 면세점 사업은 더욱 발전할 전망이다. 2020년 7월부터 1인당 연간 면세 구매 한도가 10만 위안으로 상향 조정되었고 면세품 상품 종류도 45종으로 증가했다. 8,000위안 이상 상품에 대한 행우세(行邮税 · 개인배송품 징수 수입세)가 폐지됐고 1회 구매 한도 역시 제한을 두지 않았다. 2020년 1~6월 하이난 리다오 면세 매출액은 74억 9,000만 위안이었는데, 신정책 출범 후 7~9월 매출은 86억 1,000만 위안으로 늘었다.

면세 쇼핑의 폭발적인 성장세가 하이난 관광의 쇼핑 판도를 바꾸었다. 면세점 개점 이후 COVID-19에도 불구하고 2020년 7,8월 관광객 증가율은 －10.1%에서 -1.6%로 감소 폭을 줄여나갔다. 세계 면세업계 1위와 2위의 Dufry와 롯데면세점 매출이 모두 급감한 가운데, 중국 최대 면세점 기업으로 중국 시장의 80% 이상을 점유하고 있는 싼야국제면세성(중국면세품그룹유한책임공사.中国中免)은 2020년 상반기 193.1억 위안의 매출을 올리며 세계 1위를 차지했다. 중국중면의 매출 중 47% 이상이 하이난에서 창출됐고, 싼야와 하이커우에서의 매출이 각각 12.2%, 136% 증가했다. 전문가에 따르면 전 세계 4대 면세 지역(하이난, 제주도, 일본 오키나와, 대만의 진먼·마주) 중 하이난은 면세 정도와 면세품 종류에서 경쟁력을 갖추고 있다. 향후 하이난 면세 매출이 3,000억 위안(54조원)을 돌파할 것이라고 전망했다.

하이난 동부와 서부 해안선을 따라 섬 전체를 잇는 시속 200㎞의 '반지형 고속철도로 하이커우-싼야 이동 시간은 이선 3시간에서 1시간 50분으로 단축되었다. 동 고속철은 2015년 12월말에 개통(12개 시·현 통과)하게 되어 하이난다오는 전 세계 열대 섬 중 처음으로 해안선 고속철도 순환 노선이 생기게 되었다.

□ 하이난 자유무역시험구(海南自由贸易试验区)

2018년 4월, 해남도 전역(3.54만 ㎢)을 자유무역시험구로 지정했다. 이는 중국 내 최대 자유무역시험구이다. 발전 방향은 국제개방도 제고, 법치환경 규범화, 금융 서비스 최적화, 관리감독 고효율화, 생태환경 일류화이다. 특화 산업으로는 여행업, 첨단기술업, 의료, 교육, 정보통신, 인터넷, 문화, 금융, 항공, 물류, 해양경제, 신에너지 자동차 제조 등을 둘 수 있다. 특히 야채 씨앗 생산, 인터넷, 생명보험, 선박 및 비행기 생산, 디자인, 수리, 국제해운, 국제선박대리 등 산업의 외자투자 비중 제한을 취소하면서 외자 유치에 박차를 기울여 왔다.

최근 2년 동안 하이난성은 관광업, 현대서비스업, 첨단기술산업 발전을 토대로 하이난 산업 구도를 과학적으로 편성해왔다. 세관 특수 관리감독구역을 증설함은 물론 국제투자무역, 보세 물류, 보세 유지보수 등 업무를 추진할 계획이며 싼야에 부지를 선정해 세관 감독관리 격리 구역을 설치하고 세계 동식물 유전물질 도입 및 중개 등 업무를 펼칠 계획이다.

이를 통해 전면적이고 심도 있는 개혁개방시험구, 국가생태문명시험구, 국제관광소비센터, 국가중대전략서비스보장구 건설이라는 전략적 포지셔닝을 설정했다. 향후 일대일로(一带一路) 연선국가가 하이난에 영사기관 설립을 지지하고 크루즈 기업이 동남아 등 지역에 크루즈 항로를 개설하는 데에 지원하며 동 무역구와 일대일로 이니셔티브 및 범남해지역협력(范南海地区合作) 사업을 연계해 국가 중대 전략 실현에 이바지할 계획이다.

실제 동 무역구 출범으로 팡관푸 개혁(放管服改革, 행정 간소화·권한 이양), 투자 관리 체제, 무역 편리화, 금융 개방 혁신 등 여러 방면에서 진전을 거두었다. 이밖에도 하이난은 위안화의 국경간 사용 확대, 외환 관리 개혁 심화, 금융업 개방 확대 등 금융 일괄 정책을 출범해 무역 투자 편리화에 양질의 금융서비스를 제공할 계획이다.

□ 하이난 자유무역항 출범(2020.6)

중국정부는 하이난 자유무역시험구의 자유무역항 조성을 위해 2020년 6월 1일 '하이난 자유무역항건설 총체방안'을 공포했다. 자유무역항의 3가지 특징으로 ① 항만에 설치, ② 독립관세구역, ③ 상품·자본·인력의 자유로운 이동을 꼽을 수 있다. 대표적인 자유무역항으로 홍콩, 싱가포르가 있으며, 자유무역항의 발전 초기에는 그 기능이 무역, 물류에 국한되었으나 점차 금융, 관광, 전문 서비스 등 다방면으로 확대되고 있다.

중국정부는 하이난을 홍콩·마카오와 같은 독립 관세지역으로 운영하여 향후 제정될 리스트를 기반으로 상품 및 서비스 무역 자유화를 추진할 계획이다. 하이난에 적용되는 별도의 관세부과 수입상품 리스트를 제정하여 목록 이외의 상품에 대해서 관세 및 쿼터 제한과 같은 비관세 조치가 면제될 예정이다. 하이난을 거쳐 중국 본토로 상품을 수입 할 때는 중국 국내법에 따른 통관의무와 관세가 부과되며, 반가공 상태로 수입되어 하이난에서 가공된 상품의 부가가치가 30% 이상일 때는 무관세로 수입 가능하다. 또한 서비스 무역 네거티브 리스트를 제정하여 리스트 이외의 영역에 대해 내국민 대우를 적용할 계획이다.

하이난에 단독적용되는 투자 관련 네거티브 리스트를 마련하여 투자 자유화를 추진하는 한편, 조세제도를 간소화하고 세율을 인하할 계획이다. 하이난에 적용되는 별도의 시장진입 네거티브 리스트와 외국인투자 네거티브 리스트를 제정하여 시장진입 장벽을 보다 완화할 계획이다. 이공(理工)·농업·의학 분야의 대학 및 직업학교 설립에 대하여 100% 외국인 지분 투자를 허용할 예정이다. 투자장려에 속하는 법인의 법인세를 15%(현행 최대 25%)로 인하하고, 2025년부터는 등록 후 실질운영 법인에게 모두 15% 법인세율을 적용할 예정이다.[139)]

금융 분야에서는 기존에 상하이 자유무역시험구에서 운영되던 '자유무역계좌' 제도를 도입한다. 향후 금융업 개방 확대정책을 선도적으로 추진할 계획이다. 관광소비를 촉진하기 위하여 면세 구매한도를 늘리고 의료·문화 등 관광과 연계된 서비스업을 육성하는 한편, 하이난의 부존자원을 활용한 해양 분야의 과학기술연구 및 관련 서비스업을 발전시키고자 한다.

면세구매 상품과 액수의 제한을 완화할 예정이며, 2025년까지 구매 한도액을 기존 1인당 연간 3만 위안에서 연간 10만 위안으로 상향 조정한다. 2013년 출범한 '보아오러청 국제의료관광 선행구(博鳌乐城国际医疗旅游先行区)'를 중심으로 의료기관 설립과 운영 관련 규제를 완화하고 국내외 의료서비스 투자를 유치해, 자국민의 해외 의료서비스 수요를 충족시킬 뿐 아니라 세계적인 의료관광단지를 조성할 계획이다. 해운, 해양관광, 해양정보 관련 서비스업, 해양과학기술, 해양산업과 연관된 금융서비스 및 비즈니스 컨설팅 등 해양산업 분야에서 세계적인 경쟁력을 갖춘 산업 클러스터를 조성할 계획이다.

□ 해남성 14·5 규획(2021~2025)

하이난은 우선순위를 자유무역항 관련 제도 혁신에 두면서 관광·금융·의료 중심의 산업 고도화, 개방협력 및 지역우위 강화, 농업·농촌 현대화 등에 중점을 둘 계획이다. 무관세·저세율 정책 확대, 무역·투자의 자유화·편리화, 재산권·지재권 보호강화, 국경간 자본이동 자유화, 특수 관세구역 추진 등 자유무역항의 기능 강화를 위한 제도 혁신 및 개방을 추진한다. 관광소비도시 건설로 중국인의 해외소비를 국내 전환하고 무역·물류·금융·비즈니스 및 교육·의료·헬스·문화관광·환경 등 서비스업과, 지역특화 금융업 및 하이테크 산

139) 김홍원(2020), 중국 「하이난 자유무역항 조성방안」의 주요 내용과 전망, KIEP(2020.7.2.).

업의 발전을 추진한다.

국제에너지 · 항운 · 재산권 · 지분 · 탄소배출권 등 거래소의 국제화 수준 제고, 무역 · 생태환경 · 과학기술 · 해양 관련 금융업 육성, 보아오 국제의료관광단지 의료기술 · 설비 · 의약품의 국제화 및 세계적 의료그룹 육성을 추진한다. 각종 국제회의 개최, 해상 실크로드 관련 문화 · 교육 · 농업 · 관광 교류 플랫폼을 조성하여 개방협력을 강화하고 국제 항운 · 항공 허브 구축, 해양산업 및 탐사개발 등 해양경제 발전을 통해 하이난의 협력 우위를 제고할 방침이다.

보아오 포럼, 세계관광포럼 총회 등을 발전시킨다. 과학기술 혁신체제를 정비하면서 하이난 특색의 해양기술, 열대 특화 고효율 농업, 우주과학기술, 생태환경보호, 신에너지, 생명 · 건강, 인공지능, 빅데이터 분야 중심으로 혁신플랫폼을 구축하고, 데이터 공유 · 거래 · 관리체계 구축을 통해 스마트 하이난을 건설할 계획이다. 농업 비중이 20%를 상회하는 하이난은 열대 고효율 농업의 규모화·산업화·브랜드화 발전을 중시하면서 농촌인프라 확충, 도농통합 발전 및 자유무역항 건설 성과 공유 등을 통해 농촌 진흥을 추진하고자 한다.

2018년 중국 유일의 자유무역항 조성이 공표된 후 2020년에 조성방안이 발표된 만큼, 하이난은 14·5 규획기간에 무역 · 투자 자유화 시스템 구축을 위한 다양한 제도 개선이 필요하다. 자유무역항 조성방안에 따르면, 2050년까지 하이난이 자유무역항으로 도약하기 위해 2025년까지 무역 · 투자자유화를 위한 시스템을 구축하고, 2035년까지 무역 · 투자 · 자본 · 인력 · 데이터 이동의 자유화를 실현한다. 이에 하이난은 14·5 기간 상품무역 무관세, 소득세 · 법인세 우대, 서비스무역 제도 혁신, 데이터 요소시장 육성, 재산권 보호 강화, 독립관세구역 조성에 중점을 둔다. 기업의 생산용 설비, 하이난 역내 교통 · 관광업에 사용되는 교통수단(선박 · 항공기) 및 요트, 역내 생산 혹 서비스무역 관련 생산가공 활동에 사용되는 원부자재, 하이난 지역민이 소비하는 수입품 등에 무관세 적용을 확대할 방침이다.

서비스무역 분야에 네거티브 리스트를 적용하고, 강제표준 영역에서 '표준제+책임보증제'를 운용한다. 국경간 데이터 전송 · 보안관리 시범사업을 추진한다. 국제기준의 지식재산권 보호시스템 및 지재권 침해에 대한 징벌적 배상제도를 확립하고 부가세, 소비세, 차량취득세, 도시 유지 · 보수 건설세 등 세금을 간소화할 계획이다. 2021년에는 면세 쇼핑 택배배송 등 무관세 정책의 활용도를 높이고, 자유무역항법 및 관련 법규·제도를 제정할 예정이며, 2023년 말까지 독립관세구역의 인프라를 완비할 방침이다.

국경간 자본 이동의 자유화 및 편의성을 제고하고 기업의 금융 수요를 충족시킬 수 있는 새로운 해외채무 관리시스템을 확립할 계획이며, 자유무역항 건설 투자펀드 설립 등 중국 최고의 비즈니스 환경을 조성하고자 한다. 역내외 및 해외 금융거래에 모두 사용할 수 있는 다기능 자유무역계좌 시스템을 도입하여 자금의 유출입 편의성을 제고할 계획이다. 비금융 기업의 해외 부채비율을 높이고, 자연자원 · 생태상품 등 자원자산의 자본화 사업을 모색한다. 기업의 피드백 시스템, 정부 · 기업가 간 정례 소통시스템, 기업인이 기업정책 제정에 참여하는 시스템 등을 구축하여 정부서비스의 표준화·규범화를 추진할 방침이다.

[표 3-38] 14·5규획 기간 해남성 주요 과제

주요 과제	세부 내용
자유무역항 정책 제도 혁신	• '무관세, 저세율' 정책 시행: 일부 상품에 대한 무관세 시행, 면세 품목/브랜드/가격 등을 국제 수준으로 제고, 일용소비재 면세, 개인소득세/법인세 우대정책 시행 • 무역/투자 자유화/편리화 추진: 상품무역/서비스무역 제도 혁신, 강제표준 영역에 '표준제+책임보증제' 추진, 국경간 데이터 전송 보안관리 시범사업 추진, 재산권 보호 강화 • 금융/재정 제도 혁신: 국경간 자본 이동 자유화/편리화 추진, 다기능 자유무역계정 체계 도입, 새로운 외채관리체제 확립, 자유무역항 건설 투자펀드 설립, 자원자산의 자본화 사업 모색 • 중국 최고의 경영환경 조성, 특수관세구역 추진 가속화
질적 발전, 제체계 현대화 추진	• 국내대순환 적극 참여, 내수확대, 소비의 성장기여도 제고, 관광/고급 서비스/하이테크 산업 발전 • 세계적 관광소비 도시 건설, 중국인 해외소비 국내 전환, 크루즈 항로 확장 및 크루즈 관광시험구, 요트산업 혁신발전 시험구 건설, 중의학 건강 관광 브랜드 육성 • 서비스 중심의 산업구조 구축, 금융서비스의 발전역량 강화, 하이테크 산업 육성(국제 의료관광 단지/의료그룹 육성, 레저 설비/부품 생산 및 보석가공 육성, 전통 장비제조업의 정보화/스마트화)
개방수준 제고, 새로운 발전 패턴 추진	• 개방협력 강화: 국제기구/국제회의 적극 유치, 일대일로 해상 실크로드 관련 교류 플랫폼 조성 • 국제 항운항공 허브 구축: 선박/항공기 역외금융규제 철폐, 국제 항공 허브 구축 및 공항관리체제 정비, 국제항공물류센터 건설, 글로벌 공급망 서비스 관리 능력 제고 • 해양강국 전략 참여: 남해자원 환경 조사 및 해양산업 발전 추진, 신규 해양산업 육성 및 해양자원 탐사개발 확대, 해상 유전 생산서비스단지 건설, 해양 과학기술 발전을 통해 스마트 오션 추진
혁신주도 발전전략 추진	• 과학기술 혁신체제 완비: 과학기술 R&D 투자 정산/평가/문책 시스템 구축, 혁신성과 전환 메커니즘 정비, 혁신펀드 설립, 중소기업의 하이테크 산업 혁신 참여 장려 • 특색 있는 혁신 플랫폼 구축: 해양기술, 열대 특화 고효율 농업, 우주과학기술, 생태환경보호, 신에너지, 인공지능과 빅데이터 분야의 혁신 플랫폼 구축; 성과 인큐베이팅 전환 기지, 세계 열대농업센터, 국제 우주과학 기술혁신 및 성과 전환 기지, 신약 개발 성과 전환 시범기지 건설 • 스마트 하이난 건설: 지역/부처 간 데이터 공유 추진, 국제 인터넷 데이터 상호거래 시범사업 추진, 모든 요소의 디지털화/가상화/실시간관리 시행, 원격의료/원격교육의 국제화 발전 모색

주요 과제	세부 내용
중국 특색의 자유무역항 농업·농촌 현대화 추진	• 열대 고효율 농업 강화, 농촌의 현대화/산업화/관광화 추진, 도농 융합 발전, 도농간 생산요소의 평등한 교환 및 쌍방향 이동, 농촌 공유 재산권 제도 개혁 가속화, 경지 보호 및 보상 제도 완비 • 농민과 자유무역항 건설 성과 공유: 농민의 자유무역항 건설 참여 메커니즘 구축, 신규 일자리 확보, 탈빈곤 유지 위한 재빈곤 방지 모니터링 및 지원시스템 정비

자료: KIEP(2021), 중국 화남지역의 14·5 규획기간 경제정책 방향 및 전망, 기초자료 21-07(2021.4.19.).

(4) 광서장족자치구

광서장족자치구(廣西壯族自治區. 광시좡주)는 기원전 214년 진시황제가 南嶺을 통일하면서 계림군(桂林郡)을 포함하여 3개의 행정구역을 설치하였는데, 계림군이 지금 광서의 대부분 지역을 포함하였다. 전국시기에는 백월(白越), 진대(秦代)에는 남해군(南海郡), 한대(漢代)에는 교주(交州)가 설치되었다. 당나라 때 영남도(嶺南都)로, 송나라는 광남(廣南)으로 불리고, 廣南西路(현재 광서지방) 및 廣南東路(현재 광동지방)로 나누어 廣西라는 지명이 유래되었다. 원대(元代)에는 湖廣行書省, 명대(明代)에 廣西布政使士로 불렀으며, 청대 초기에 廣西省이라고 지칭되다가, 1958년에 광서장족자치구로 지정되었다.

중국 화남지구(광동, 복건, 해남)의 서쪽에 위치한다. 베트남(서남), 운남성(서), 귀주성(서북), 호남성(동북), 광동성(동)과 인접하고 있다. 약칭 구이(桂)는 진시황이 이곳을 통일하고 구이린쥔(桂林郡)이라고 명명한데서 유래한다.

□ 면적: 23.67만㎢(중국 면적의 2.46%)

□ 인구: 5,013만명. 한족 62%, 장(壮)족 33%, 요(瑶)족 3%.

□ 성도(省都): 난닝(南宁)

□ 지형: 북서부는 雲貴고원에 속하고, 그 외 대부분 지역은 사암(砂岩), 석회암으로 되어 있음. 산지 38%, 구릉 10%, 평지 27%, 카르스트지형 25% 수준임. 주강(珠江)은 광서장족자치구 가장 큰 하천임.

□ 기후: 아열대계절풍 기후임. 여름이 길고 기온이 높고 강수가 많으며, 겨울이 짧고 날씨가 건조하고 따뜻함. 연평균 기온 21.1℃(1월 평균 6~14℃, 7월 평균 23~29℃), 연평균 강수량 1,835㎜.

□ 행정구역: 地級市 14개, 縣級 75개(市 7개, 縣 56개, 自治县 12개)

□ 국가급 개발구: 난닝경제기술개발구(2001년), 南宁하이테크산업개발구(1988년), 北海수출가공구(2003년), 北海银滩관광구(1992년), 东兴국경경제합작구(1992년), 桂林하이테크산업개발구(1988년), 凭祥국경경제합작구(1992년)

2020년 기준, 광서장족자치구의 1차산업 비중은 16%나 되며, 농·어업이 발달해 있다. 2차산업 비중은 32%로 식품·유색금속·석유화학·금속제련·자동차·기계·전력 등이 7대 주력산업이다. 건축자재·제지·IT·조선·방직·목재가공·제약업 등은 7대 특색산업에 속한다.

광서장족자치구는 구이린(桂林)으로 대표되는 카르스트 지형으로 이름이 높은데, 고온다습한 기후에 탄산칼슘 매장량이 많아 세계 최대 카르스트 지형 가운데 하나이다. 석회석이 녹아 탄산수소칼슘으로 변하면서 마치 한 폭의 산수화와도 같은 독특하고 진귀한 지형이 생겨났다. 여기에는 종유석과 석순으로 장관을 이룬 칭성동굴 등이 포함된다. [140] 관광업은 광서장족자치구 GDRP의 10% 이내를 점유했으나, 2020년에는 COVID-19 영향으로 방문 외국인 관광객은 24.68만 회차(전년비 -96%), 외국인 관광객 소비액 0.79억 달러(-97.8%), 국내 관광객 6.61억 회차(-24%), 국내 관광객 소비액 7,262.08억 위안(-27.4%)를 기록한 바 있다.

광서장족자치구는 베트남으로 통하는 중국의 관문이다. 2010년 중국-아세안 FTA가 발효된 이후부터, 광서장족자치구의 무역량이 급증하고 있다. 중국-아세안 FTA는 태국, 말레이시아, 인도네시아, 필리핀, 싱가포르, 브루나이 등 6개국 우선 대상이며, 베트남, 미얀마, 캄보디아, 라오스는 2015년 발효되게 되었다.

아세안과의 FTA 체결시, 중국 내 가장 큰 수혜를 볼 지역으로 베트남과 국경을 마주하고 있는 광서장족자치구가 지목 되었는데, 실제 2013년 1~4월간 광서장족자치구와 아세안간 무역액은 42.1억 달러로 전년동기비 33.7%나 증가하는 등 역대 최고치를 기록했다. 이중 수입액은 8.3억 달러로 전년동기비 -8.5%, 수출액은 33.8억 달러로 증가했다.

140) 人民网(2012.12.28), 中华工商时报(2012.4.16).

[표 3-39] 광서장족자치구 주요 경제지표 (2020년)

GRDP*	산업구조			1인당 GRDP	
	1차산업	2차산업	3차산업	위안	US$
2.19%	16.05	32.08	51.87	44,309	6,424
인구(만명)	인구 중국내 비중	도시화율(%)	부동산 개발투자*	수출*	수입*
5,013	3.56%	50.86	2.72%	1.51%	1.51%
수출입*	외상기업 투자액*	공업생산액*	소비품판매액*	중국 평균 1인당GDP 대비	
1.51%	1.04%	1.68%	2.0%	61.16% (72,447元. U$10,503)	
난닝 GRDP**		난닝 인구(만명)			
21.3%		874			

주: *중국 내 비중을, **성내 비중을 나타냄. 도시화율 및 공업생산액은 2019년도 수치 기준임.
자료: 국가통계국 国家数据 (2021.6.22.)

[그림 3-32] 광서장족자치구 위치도

자료: 두피디아 (2021.6)

광서장족자치구와 아세안간의 무역증대 배경은 두 지역간 산업구조상 보완성이 강했기 때문이다. 두 지역 간에는 산업화수준, 산업구조, 자원보유 등에서 차별성이 있어 교역시 보완적 특성을 보이고 있다. 아세안에는 석탄, 석유 등 자원이 풍부한데 이는 최근 급격한 경제발전 드라이브를 걸고 있는 광서장족자치구가 필요로 하는 부분이다. 광서장족자치구의 기계·전자제품들은 아세안에 비해 상대적으로 제품 및 가격 경쟁력이 있어서 수출로 이들 국가의 수요를 충족시키고 있다. 또한 중국과 아세안 간 관세율 인하가 무역 확대를 촉진했다. 141)

2013년 1~4월 광서장족자치구의 對베트남 교역이 42.1억 달러로 자치구 전체 교역액의 46.1%, 또한 대 ASEAN 교역액의 81.8%를 차지하고 있다. 베트남이 광서장족자치구의 최대 교역대상국이다. 對베트남 국경무역중점도시인 핑샹(凭祥)시가 소재하고, '위안화 국제화' 정책의 심화로 인해, 아세안국가와 위안화 거래가 가능하다. 즉 아세안 10개국은 이미 2009년 7월부터 광서장족자치구, 운남성과의 무역거래 대금에 대해 위안화 결제를 허용 받았다.

난닝시(南寧)는 광서장족자치구 수도로써 아세안으로 가는 길목 역할을 하고 있다. 환적항 기능이 위주이며, 공업기반은 취약한 편이다. 화남, 서남을 잇는 교차점이다. 샹구이(湘桂)선, 치엔구이(黔桂)선, 리짠(黎湛)선, 난쿤(南昆)선 같은 서남권 주요 간선철도가 난닝시를 통과한다. 이를 통해 호남성, 귀주성, 광동성, 운남성 등과 연결되고 있다.

난닝시는 '광서북부만경제구'의 대표적 도시이다. 중국정부는 남서지역 개발을 위해 추진 중인 광서북부만경제구는 난닝과 베이하이(北海), 친저우(欽州), 팡청항(防城港) 3대 항구도시로 구성되어있다. 현지인보다는 관광객, 투자가 등 외지인 소비가 주류를 이루고 있다. 광동성의 가공무역기능이 점진적으로 광서장족자치구로 이전되고 있다. 중앙정부 지원책으로 광동성의 가공생산기능이 '광서북부만경제구'로 일부 이전하면서 물동량 증가가 예상된다.

11개국과 교류 관계를 맺고 있는 광서북부만경제구는 '일대일로' 건설에 적극 참여해 對아세안 개방 창구이자 경제협력의 허브로 거듭날 계획이다. 범북부만경제협력, 메콩강경제권(GMS) 협력을 지속 이행하고, 중국-말레이시아 공동산업단지, 중국-인도네시아 해외경제무역협력구, 난닝-싱가폴 경제회랑 건설을 가속화할 예정이다. 금융 혁신을 통해 광시자치구의 서부와 변경지역 최대 국제위안화결제 지역으로서의 명성을 유지하고 있다.

광서장족자치구 주요 무역항 중 하나인 친저우에는 보세항이 건설되었다. 서남해안 유일의 보세구역이 친저우에 조성되었으며, 아세안과의 접근성으로 교역중심으로 육성할 계획이다. 베이하이는 광서장족자치구의 또 다른 무역항이다. 무역업·물류업 발전에 유리하며, 지리적으로 우대정책 수혜를 받고 있다. 베이하이는 베트남 등 동남아를 잇는 교차점에 있으며, 광서장족자치구 남쪽에 위치한 중국서부 최대 연해도시로서 동남아, 서아시아, 유럽과 가장 가까운 거리에 위치하고 있다. 수역 깊고 천혜의 항만이 다수 있어 무역업·물류업 발전에 유리하다. 도시 지역의 70% 이상이 평원지대로 공업 발전에 유리하며, 지리적 위치로 인해 중국동부 및 서남부의 우대정책과 소수민족지역, 연해개방도시 우대정책도 적용된다.

141) 中財網, 廣西日報(2010.5.17)

□ 광서장족자치구 무역 및 경제 발전 현황

광시좡족자치구의 대외무역 성장세가 중국 서부지역 중 가장 빠른 것으로 나타났다. 1980~2017년까지 광시의 대외무역이 600.2만 달러에서 572.1억 달러까지 9,535배 급증하며, 중국 서부지역 중 대외무역 성장세가 가장 빨랐다. 광시는 중국에서 유일한 연해, 연강, 연변 경쟁력을 갖춘 소수민족자치구이며, 광시북부만경제구(广西北部湾经济区)와 시강-주강경제벨트(西江-珠江经济带)로 구성된 발전전략으로 국경무역 규모가 선두를 차지하고 있다.

2010년 세계 최대 아이폰 조립업체인 폭스콘을 유치하면서 광시 전자정보 산업이 빠르게 발전하고 있는 가운데, 산하 기업이 다년간 광시 수출입 기업 1위 자리를 지키고 있다. 광시는 18년 연속 최대 무역파트너인 아세안 시장에서 굳건한 위치를 유지하고 있다. 또한 적극적으로 무역 파트너 다원화 전략을 추진한 결과, 광시의 무역 파트너는 1985년 90개에서 2017년 217개로 대폭으로 증가했으며, 일대일로 연선국가와 밀접한 무역 관계를 맺고 있다. 광시의 주요 무역 품목은 대나무 공예품, 송진, 시멘트 등 1차 제품이나, 최근에는 기술혁신과 국제육해무역신통로(国际陆海贸易新通道. 귀주성 귀주와 광시 연해, 싱가포르, 아세안으로 향하는 육상·해상 인프라) 구축에 힘입어 전자정보 산업 클러스터를 조성하면서, 칩, 디스플레이 등 첨단기술 제품의 대외무역 비중이 높아졌다.

2020년 들어 광시좡족자치구는 질적 성장을 위한 성장동력 전환에 박차를 가하고 있다. 광시 정부는 자동차 산업의 스마트화, 신에너지로의 발전 방향 전환을 추진하며, 전자 제조산업의 첨단화를 위해 매진하고 있다. 자동차 산업은 광시의 전통적인 경쟁우위 산업 중 하나이다. 기업의 신형 차종 R&D와 구조전환 · 고도화를 지원하고 있으며, 신에너지차 응용을 확대해 자동차 업계 발전을 친환경으로 유도했다. 신에너지차 발전 지원을 위해 광시는 '광시 신에너지차 보급 응용 박차에 관한 행동방안'을 공포하고 전용 주차장 건설, 충전시설 구축, 심사비준 가속화 등 방면에서 신에너지차 보급 · 응용을 위한 양호한 환경을 조성하고 있다.

신흥 산업도 중요한 성장 엔진이 되었다. 전자기기 제조업체인 베이하이후이커전자(北海惠科电子)와 난닝루이성 과학기술산업단지(南宁瑞声科技产业园) 등의 전자정보 프로젝트가 광시에서 추진되고 있으며, 2019년 광시의 전자정보 산업 투자 증가율이 47%에 달했다. 2019년 말까지 누계 기준으로 80개의 중대기술을 개발했고 고급 알루미늄, 설비 제조, 신에너지차, 고성능 신소재 등 분야에서 산업 중대 과학기술 성과를 얻었다.

2021년 상반기 광시는 COVID-19에도 불구하고 대외무역액이 전년동기비 33.9% 증가한 2,902억 위안을 달성했다. 일대일로 연선 국가와의 수출입액은 전년동기비 34.1%(1,554.8

억 위안) 늘어났다. ASEAN, 홍콩, 미국과의 무역은 각각 36.4%, 23.1%, 105.2% 증가하였다. 이는 민영기업의 활력 증대, 일부 우위 품목의 수출 잠재력이 발현된 덕분이며, 광시 자동차 산업의 구조전환·고도화 발전을 지원하고, 부품 제반 체계 구축, 자동차 브랜드 구축, 자동차 기술혁신, 자동차 수출 확대 등 여러 방면에서 지원을 강화한 게 효과가 컸다. 이와 동시에 찻잎, 한약재(中药材) 등 특산품의 수출 증가세도 두드러졌다.

국경 무역, 국경 소액무역, 변경 호시(互市)무역[142] 발전을 촉진하기 위해 광시는 호시 신고 시스템 고도화, 호시 상품 신고 방식 개혁, 호시 상품 품목 확대, 우의관 변경(友谊关口岸) 정체 문제 해결, 현지 가공 기업의 원자재 수입 보장, 생산 중단 기업의 생산 재개를 추진했다. 또한 광시를 시발점으로 하는 중·유럽 직항로를 개통해 주요 기업의 수출을 지원하고 있다. 무역업의 융합과 전통기업의 온라인화 속도에 박차를 가하고, 난닝에 ASEAN을 위한 물류센터 건설을 지원하며, 국경간 전자상거래 라이브 인프라 건설 속도를 높였다.

□ 일대일로 전략과 광시 자치구

광시자치구는 바다와 강을 끼고 있고 다른 나라와 국경을 맞대고 있으며, 특히 아세안 지역과 육지·해상 모두 교역로가 이어져 있어 최상의 입지조건을 지니고 있다. 게다가 광시자치구는 중국-아세안 자유무역구의 거점이자 화남, 서남, 아세안 3대 경제권이 만나는 곳에 있어, 중국과 아세안 국가 간의 교류·협력의 장이자 교통물류 허브, 경제무역의 교두보 역할을 하고 있다. 일대일로가 국가 전략으로 승격된 후, 광시자치구는 입지 우위를 기반으로 북부만경제구(北部灣經濟區)와 서강경제벨트(西江經濟帶)를 주축으로 성장엔진을 가동하고 있다. [143]

주강(珠江)-서강경제벨트도 광시자치구 발전 전략 중 하나이다. 광시자치구는 서강에 억톤 규모의 수로를 조성하고, 난닝, 류저우(柳州), 우저우(梧州) 등 7개의 서강 연안도시를 중심으로 서강경제벨트의 기본 구조를 형성하고 있다. 현재 마카오, 홍콩, 광동 등지에서 온 기업이 서강 연안에 자리를 잡으면서 기계, 전자, 제약, 건자재, 전력 등의 기간산업을 중심으로 고속 성장을 보이고 있다. 2014년 7월 국무원이 '주강-서강경제벨트발전규획'을 승인함에 따라 광시자치구는 본격적인 '양대 성장엔진' 시대에 진입한 바 있다. 3,000톤급 선박이 광둥, 홍콩, 마카오로 직항 운행되고 있으며, M/S 혁신센터, 궈광(國光)서부산업단지 등

142) 호시(互市)무역: 국경지역에 거주하는 양국 주민들이 통행증만으로 자유롭게 무관세 교역을 하는 것.
143) 광시자치구를 관통하는 서강(西江 2214㎞)은 주강(珠江)의 지류이다. 서강-주강경제벨트는 광동과 광서자치구의 협력을 의미한다. 2014년 국무원은 주강-서강경제벨트발전규획(珠江-西江经济带发展规划)을 공포했다.

대형사업이 입주하면서 2014년 33억 7,000만 위안의 투자유치를 달성했다.[144)]

광시자치구는 아세안 국가와의 호연호통(互聯互通, 서로 연결되고 통합)을 가속화 하고 있으며, 난닝과 하노이 간 고속도로가 2020년 전까지 전 구간 완공 될 예정이다. 광시-베트남간 철도, 고속도로 등 국경 지역을 왕래하는 통로 건설이 성과를 거두고 있다. 모든 항구에는 2급 도로가 개통되어 있으며, 광시 지역 국제항구 네 곳은 모두 고속도로로 연결된다. 우의관(友誼關)과 둥싱(東興) 항구는 고속도로가 개통되었으며, 룽방(龍邦)과 수이커우(水口) 항구를 왕래하는 고속도로도 완공 예정이다. 베트남 하노이와 핑상 우의관을 잇는 고속도로가 이미 건설되고 있으며, 중국은 이 사업에 3억 달러의 우대 차관을 지원한 바 있다. 현재 건설중인 하노이~우의관 고속도로는 2020년에 개통될 전망이다.

철도의 경우, 난닝~핑샹(憑祥. 베트남과 국경도시) 구간을 시속 250㎞로 왕복하는 고속철도 건설이 2020년 9월에 착공되었으며, 4년 후에 개통 될 예정이다. 아세안과의 호연호통을 강화하기 위해 광시자치구는 중국-베트남 국경 다리 건설을 적극 추진하고 있다. 중국-베트남 베이룬허 제2교(北仑河二桥)가 2019년 3월 완공 되었다. 해상운수의 경우, 중국과 아세안 항구 도시와의 협력 네트워크 기지 건설이 속력을 내면서 광시 친저우(欽州)항도 아세안 직항인 '중국 친저우항-한국-인도네시아-태국-베트남' 컨테이너 정기선을 개통했다. 현재 광시는 브루나이, 인도네시아, 말레이시아 등 아세안 7개 국과 해상운수 통로를 건설한 바 있다. 항공의 경우, 브루나이를 제외한 아세안 모든 국가와 항공 노선이 개통됐다.

□ 광시 자유무역시험구(广西自由贸易试验区)

2019년 8월, 난닝지구(南宁片区), 친저우항지구(钦州港片区), 충주어지구(崇左片区) 등 3개 지여을 통합하여 출범했다. 총 면적은 119.99㎢ 규모이다. 주요 발전 목표는 정부기능 전환, 투자영역개혁 추진, 무역 업그레이드 추진, 금융시장 개방 확대, 혁신 발전 추진, 동남아 국가를 대상으로 한 신규 무역통로 구축 등이다. 특히 출범이후 산업발전, 세금 징수, 금융, 전자상거래, 인재유치, 산업도시 건설 등 분야의 지원정책인 '광시자유무역시험구의 고질량 발전을 촉진하기 위한 지원 정책' 을 발표한 바 있다.

동 무역시험구의 특화 산업을 보면, 난닝지역은 현대금융, 스마트 물류, 디지털경제, 신흥제조업 등 산업 위주이다. 친저우지역은 국제무역, 친환경, 화공업, 신에너지자동차, 바이오, 의약 등 산업 위주이며, 충저우지역은 국경간 무역, 국경간 물류, 국경간 금융, 국경간 여행 등 산업 위주이다. 특히 동남아 국가를 대상으로 한 지원정책이 많이 있다.

144) 廣西新聞網, 廣西日報 (2015.3.24.)

[그림 3-33] 광시 자유무역시험구 위치도

자료: 광시 자유무역시험구 홈 페이지 (https://gx.zhaoshang.net)

□ 구이린(桂林. 계림)

'굽이굽이 흐르는 리강은 푸르른 비단 폭 같고, 우뚝 솟은 산봉우리는 초록빛 옥비파 같다(江衣靑羅帶 山依碧玉琵)'. 당나라 시인 한유가 구이린(桂林)의 산수(山水)를 노래한 시다. 이처럼 구이린 산수는 예부터 유명했다. 석회암지대가 융기 풍화작용을 받아서 형성된 풍광이 그림 같은 리장(漓江)과 어우러져 한 폭의 산수화 같은 천하절경을 자랑한다. 산수가 천하제일이라는 뜻으로 계림산수갑천하(桂林山水甲天下)는 남송 문인 왕정공이 남겼다.

구이린은 2000년이 넘는 역사를 자랑하는 고도(古都)이다. 구이린이란 이름은 이곳에 계수나무가 많아 9~10월 하얀 계수나무 꽃이 핀다 하여 붙여졌다. 구이린은 과거 월 나라 땅이었다. 이후 중국 대륙을 통일한 진 나라 시황제가 정복을 하여 계림군에 편입시키고 도시를 세웠다. 당 나라 때 구이린엔 거대한 성벽이 세워지고 화려한 건물로 가득했다. 송 나라 때는 광시 지역과 지금의 하이난(海南)까지 아우르는 지역의 행정수도로 역할을 했다. 명 나라가 세워진 후에는 명 태조 주원장의 조카손자(질손) 정강왕(靖江王)이 다스렸다. 그가 세운 궁궐이 구이린의 자금성이라 불리는 정강왕성이다. 지금은 광시사범대의 캠퍼스로 활용되고 있다.

이처럼 구이린은 광시 지역의 역사, 경제, 정치, 문화의 중심지로써 오랜 시간 동안 성도(城都)였지만 1949년부터는 난닝(南寧)에 자리를 내주었다. 구이린은 그 동안 자연보호에 힘쓰느라 지역 산업발전에 많은 재원을 투자하지 못했다. 구이린은 리장을 보호하기 위해 각종 규제를 실시했다. 1970년대부터 인근 수십 개 환경오염기업을 폐쇄했다. 리장 주변 건축물은 7층 이상 높이 아파트나 12층 이상 호텔 빌딩은 엄격한 심사를 거쳤다.

이제 구이린은 산수보호와 경제개발 두 마리 토끼를 잡는 데 주력하고 있다. 구이린이 모델로 삼고 있는 것은 항저우이다. 항저우는 시후(西湖) 인근 지역을 보호하는 한편 첸장신청(錢江新城)과 같은 비즈니스 업무지역을 개발하였다. 구이린도 신도심 개발에 나서고 있다. 2014년 7월, 구이린시는 리장에서 11㎞ 떨어진 린구이(臨桂)신구로 정부청사를 옮겼다. 이곳을 비즈니스 중심으로 육성하며, 현재 도심 면적도 2배로 확장한다는 계획이다.

구이린은 리장 유람 등 단순한 관광모델에서 벗어나 선진 수준의 리조트와 레저 설비를 갖춰 세계적인 관광도시로 거듭난다는 계획이다. 특히 중국 구이린을 거쳐가는 고속철도 잇달아 개통되며 구이린 관광·경제 발전에 날개를 달아주고 있다. 2014년 12월 26일에는 구이양(구이저우)과 광저우(광둥성)를 잇는 857㎞ 길이의 구이광(貴廣) 고속철이 개통되면서 후난(湖南)성 창사(長沙), 광둥성 광저우, 광시자치구 난닝, 구이저우성 구이양은 모두 3시간 내 생활권이 됐다. 2013년 12월엔 샹구이(湘桂,후난성-광시자치구) 고속철이 개통했다. 145)

145) 아주경제(2015.3.5), [중국도시를 읽다](38) 관광·경제 두 마리 토끼 잡는 구이린.

[사진 3-14] 남녕시 아세안 거리에 있는 미얀마 비즈니스 센터

자료: 김동하 © 2016.

[사진 3-15] 계림시 리강 전경, 계림시 정강왕부

자료: 김동하 © 2016.

5. 화중권

(1) 하남성

하남성(河南省. 허난)은 세계 4대 문명 가운데 하나인 황허(黃河)문명이 탄생한 지역이다. 중국 최초의 왕조라고 할 수 있는 하(夏)나라 때부터 북송(北宋)에 이르는 장구한 세월 동안, 20여개 왕조가 이 지역에 도읍을 정하였다. 중국 8대 고도(古都)중 네 곳이 하남성에 위치, 상(商) 도읍지 정저우(鄭州), 은(殷) 도읍지 안양(安陽), 7개 왕조의 도읍지 카이펑(開封), 9개 왕조의 도읍지 뤄양(洛陽)등이 있다. 중원문화의 발상지로서 멘츠현(澠池縣)에서 발굴된 양사오문화(仰韶文化)와 옌스시(偃師市)에서 발굴된 하(夏)·은(殷)·주(周)시대의 얼리터우문화(二裏頭文化) 유적이 이곳에서 발굴 되었다. 한(漢)나라에서 수(隋)나라에 이르는 600여년 동안 이 곳의 인구가 중국 총인구의 5분의 1을 차지할 정도로 번성하였다.

하남성은 황허(黃河)의 남쪽 중하류 지역에 위치한다. 동으로 안휘성·산동성, 북으로 하북성·산서성, 서로 섬서성, 남으로 호북성과 접해 있다. 황허의 남쪽에 위치했기 때문에 하남이라 불렸다. 옛날에는 위저우(豫州)라고 불렸던 연유로 위(豫)로 약칭한다.

- □ 면적: 17만㎢(중국 전체 면적 중 1.74%)
- □ 인구: 9,388만명. 한족 외에도 회족(回族), 만족(满族), 몽고족(蒙古族), 고산족(高山族), 위구르족(维吾尔族) 등 6대 소수민족이 거주
- □ 성도(省都): 정저우(鄭州)
- □ 지형: 北으로 황허(黃河), 西로는 쑹산(嵩山), 東과 南으로 황훼이하이(黃淮海)평원과 인접
- □ 기후: 온대 계절풍 기후, 연평균 14.4℃, 강수량 640.9㎜
- □ 행정구역: 地級市 17개, 區 50개, 縣級 109개(市 21개, 縣 88개)
- □ 국가급 개발구: 鄭州경제기술개발구(1993년), 鄭州하이테크산업개발구(1988년), 鄭州수출가공구(2002년), 洛陽하이테크산업개발구(1992년) 등

2020년 기준 하남성 산업구조를 보면, 1차산업 9.73%, 2차산업 41.59%, 3차산업 48.67% 수준이다. 특히 하남성의 도시화율은 51.8%에 불과하여, 4,789만명의 농민이 거주하고 있는 농업대성(大省)이기도 하다. 식품, 야금, 에너지, 자동차, 장비 제조, 제약 등이 중점 산업이다. 하남성은 곡물생산 1위(최근 14년 연속), 식용유 2위, 면화 생산량 2위, 채소 재배면적 2위, 생산량 3위, 육류 생산량 3위를 차지하며 식량 생산 핵심기지로서 중국의 '식량창고'로 불린다. 하남성은 중국 전체 경지의 1/6을 보유하고도 주요 양식의 1/10을 생산하고 있으

며, 특히 밀(小麦)의 1/4을 생산하고 있다. 하남성은 2020년 6,825만톤의 양식 생산량을 기록하여 중국 내 주요 곡물의 23.1%를 생산한 바 있다.

하남성은 농업생산 규모는 크지만 수년 전까지만 해도 전통농업 경작방식 비중이 컸다. 2014년 기준 하남성 농업 기계화율은 63%로 전국 평균 52%보다 높은 수준이지만 다른 농업대성에 비해 상대적으로 낙후됐었다. 이후 하남성 정부는 대규모 지원을 통한 농업현대화에 박차를 가하여 기계화 비중을 제고하였다. 2018년말 기준 하남성 농업 기계화 수준은 전국 1위로 올라섰으며, 파종-수확 종합기계화 수준은 80.8%로 전국 평균 수준보다 14% 포인트 높다. 특히 밀 파종과 수확은 98% 이상 기계화가 이루어졌다. 옥수수 파종은 95% 수확은 83% 수준이며, 벼 수확은 83% 기계화를 이루었다.

[표 3-40] 하남성 경제지표 (2020년)

GRDP*	산업구조			1인당 GRDP	
	1차산업	2차산업	3차산업	위안	US$
5.43%	9.73	41.59	48.67	55,435	8,037
인구(만명)	인구 중국내 비중	도시화율(%)	부동산 개발투자*	수출*	수입*
9,937	7.05%	51.8	5.5%	2.29%	1.83%
수출입*	외상기업 투자액*	공업생산액*	소비품판매액*	중국 평균 1인당GDP 대비	
2.09%	1.32%	5.74%	5.74%	76.5% (72,447元. U$10,503)	
정저우 GRDP**		정저우 인구(만명)			
21.8%		1,260			

주: *중국 내 비중을, **성내 비중을 나타냄. 도시화율 및 공업생산액은 2019년도 수치 기준임.
자료: 국가통계국 国家数据 (2021.6.22.)

□ 2020년 하남성 경제 실적

코로나19로 경제활동에 타격을 입은 2020년도, 허난성 GRDP 총액은 54,997.07억 위안이며 전년대비 1.3% 증가했다. 허난성 성회(省会)인 정저우시는 12,003.04억 위안으로 성내 GRDP 1위를 차지하여 전년비 3.57% 증가하였는데 특히 수출입 총액은 6,654.82억 위안으로 전년비 7.5% 증가했다. 2020년 중국 GDP TOP5 지역은 광동, 쟝쑤, 산동, 저쟝, 허난 순이다. 산업별로 살펴보면 1차산업 증가치는 5,353.74억 위안으로 전년비 2.2% 증가했고, 2차산업 증가치는 22,875.33억 위안으로 0.7% 증가했으며, 3차산업 증가치는 26,768.01억 위안으로 1.6%를 증가했다. 향후에는 3차 산업 비중이 더욱 확대할 것으로 예상된다.

2020년 허난성 수출입총액은 최초로 6,500억 위안을 돌파한 6,654.82억 위안으로 4년 연속 수출입 규모 5,000억 위안 이상을 유지하였다. 2020년 허난성 화물수출입 총액은 전년비 16.4% 증가했으며, 그중에서 수출총액은 4,074.95억 위안으로 8.5% 증가했고 수입총액은 2,579.86억 위안으로 31.7% 증가했다.

[그림 3-34] 하남성 위치도

자료: 두피디아(2021.7)

허난성 주요 수출입상품은 허난성 경제에 막강한 영향력을 가지고 있는 폭스콘(FOXCONN)의 주력제품인 핸드폰과 집적회로이다. 2020년 핸드폰 수출총액이 2,314.8억 위안으로 허난성 총 수출액의 56.8%를 차지하였으며, 집적회로 수입액은 42.4% 증가하여 989.9억 위안으로 수입액의 38.4%를 차지하였다. 2020년 기준, 對허난성 외국인 투자는 200억 달러 돌파, 1,200.6억 달러에 달하며 7.1% 증가했다. 신설 외국인 투자기업은 266개 사이며 전년비 23.7% 증가했으며 홍콩, 대만, 영국, 싱가포르, 미국, 일본, 태국, 케이맨 제도 소재 기업의 대(対) 허난성 투자는 모두 3억 달러를 돌파했다.

허난성은 디지털경제 발전을 적극적으로 추진하고 있다. 이를 기초로 허난성은 디지털 도시 건설을 다각적으로 추진하고 있으며, '2021년 허난성 디지털경제발전계획'을 통해 디지털 기술과 농업 농촌의 융합 발전을 적극적으로 모색하려 한다. 또한 농업 디지털화를 추진하기 위해 스마트 팜 시범지역을 건설 등을 진행할 예정이다.

1) 하남성 14·5 규획(2021~2025)

허난성은 제조업 규모는 크나 전통산업 비중이 높으며, 첨단기술과 핵심부품의 외부 의존도가 높아 산업사슬이 잘 구축 되지 못한 점이 제조업 발전을 저해하고 있다. 2019년 기준 허난성의 공업부가가치는 2.1조 위안으로 중국 성급단위 중 5위 수준이다. 철강 · 유색금속 · 화공 · 건자재 · 경방직 등 전통산업이 전체 공업에서 차지하는 비중이 46.7%에 달하고, 첨단기술산업의 비중은 약 10% 수준으로 전국 평균보다 5% 포인트 낮다.

허난성은 중국 내 스마트폰 생산량이 전국 2위이나 허난성의 폭스콘 등 기업은 단순 조립가공을 하고 있으며, 허난성 대표 장비제조 회사인 중톄장비(中铁装备)는 실드 굴진기(shield machine·연약지반용 터널 굴착기) 핵심 부품인 베어링 생산기술이 없어 이탈리아 · 프랑스 등 해외기업에서 납품받았으나 2020년 코로나19 발발 시 부품을 공급 받지 못해 어려움을 겪은 바 있다. 이에 허난성 정부는 14·5 규획기간 첨단기술 발전에 주력하고, 지주산업·신산업을 중심으로 산업 클러스터를 양적 · 질적으로 발전시킬 계획이다.

2025년까지 신규 첨단기술기업을 5천 개 이상 유치하고, 제조업 혁신센터를 30개 이상 구축하며, R&D 기관을 120개 설립하고, 기술개조 분야 투자가 연평균 20% 이상 증가하도록 할 예정이다. 허난성이 비교우위를 가진 장비제조, 녹색식품, 전자정보, 금속소재, 건자재, 방직 6개 지주산업에 각각 경쟁력을 갖춘 1조 위안 규모(연간 공업총생산액 기준) 산업 클러스터를 조성하고, 신산업인 바이오의약, 에너지 절약 및 환경보호, 나일론신소재, 스마트장비, 신에너지 및 커넥티드카, 신형 디스플레이 및 스마트단말기, 스마트 감응신호장치, 네트워크 안전, 차세대인공지능, 차세대이동통신(5G) 분야에 각각 1,000억 위안 이상의 산업 클러스터를 조성하고자 한다.

이 중 신에너지 및 커넥티드카 · 스마트단말기 분야에는 각각 5천억 위안의 대형 산업 클러스터를 조성하고, 차세대인공지능 및 5G 분야는 초보적인 단계의 클러스터를 조성할 계획이며, 10개 산업 클러스터에 별도의 발전정책을 마련해 3~5년 내에 성과를 만들어낼 예정이다. 이를 통해 2025년 신산업이 허난성 전체 공업 부가가치에서 차지하는 비중을 19%에서 25%로 늘리고, 전통산업의 비중은 46.7%에서 30%로 줄일 계획이다.

또한 산업 클러스터 조성 시, 허난성의 제조업 산업사슬에서 결여된 핵심 부품 공급능력 및 첨단기술 관련 분야 육성에 특히 주력할 계획이다. 장비제조업 클러스터는 허난성에 부족한 기초 핵심부품 공급 능력 및 스마트화 관련 기업 유치를 강화할 계획이다. 영상 인식 · 디스플레이 패널 · 반도체 등 핸드폰 핵심부품 공급 능력을 강화하기 위해, 정저우에는 '스마트감응밸리(智能传感谷)' 등을 조성해 R&D를 활성화하고 뤄양(洛阳) · 신샹(新乡) 등지에는 부품 제조기지를 구축할 계획이다. 2021년부터 각 클러스터 조성에 돌입하여, 특히 10개 신산업 클러스터 관련 지원정책을 마련하고 클러스터 발전을 이끌 선도기업 100개 육성 및 혁신 플랫폼 100개 구축에 노력할 계획이다.

허난성은 과학기술 인프라 · 인재 확대 중심의 과학기술 혁신, 제조업 첨단화 및 인프라 확대, 유통시스템 강화를 중심으로 하는 내수 확대, 농촌 · 농업 환경 개선에 주력할 계획이다. 다른 지역 대비 혁신 수준이 낮은 허난성은 과학기술 연구기관 유치에 힘쓰고, 첨단장비 · 차세대IT · 신소재 · 바이오의약 등 분야를 중심으로 과학기술을 강화하는 한편, 세수우대 조치로 기업의 R&D 투자를 촉진하고 보조금·주거 지원 등 혜택으로 인재 유치를 도모할 예정이다.

장비제조 · 전자제조 · 식품 등 6대 지주산업 및 신형 디스플레이 · 스마트단말기 · 바이오의약 등 10대 신산업 분야 산업 클러스터를 조성하고, 부품 · 소재 · 기초공업을 발전시켜 단순 조립 가공 중심의 산업구조를 탈피하고자 하며, 5G · 공업인터넷 · 빅데이터센터 및 고속철 · 공항 등 교통 인프라 · 수리시설 투자를 확대하고자 한다. 전국 3위 규모의 인구수(2019년 기준 9,640만 명)를 기반으로 온 · 오프 융합 소비 및 자동차 · 가전 소비 등 소비를 촉진하고, 항공운수와 전자상거래 플랫폼을 기반으로 전국을 커버하는 수입상품 구매 · 배송 시스템을 구축하는 등 교통 · 유통망을 확충하여 상품 유통 허브 기능을 강화하고자 한다. 주요 곡창지대 중 하나로서 농업 R&D 강화와 수리시설 확충, 바이오 육종산업 육성 등을 통해 곡물 생산을 확대하고자 하며, 농촌 생활환경 개선을 위해 인프라 및 문화시설을 늘리고 빈곤에서 탈피한 이들이 다시 빈곤해지지 않도록 사후관리 · 지원을 지속할 계획이다.

[표 3-41] 하남성 14·5 규획 주요 과제

주요 과제	세부 내용
혁신 지속으로 중부지역 혁신거점 조성	• 과학기술혁신능력 제고: 국가 중요 과학기술 연구 인프라 유치, 첨단장비제조·차세대 IT·신소재·바이오의약·신에너지·바이오육종 등 분야 과학기술강화, 정저우-뤄양자주혁신시범구발전 • 기업혁신강화:산학연협력 확대, 세수우대조치로 기업의 R&D 투자촉진 • 인재육성:중원인재계획(中原英才计划)시행, 빅데이터·소프트웨어 개발·스마트제조·국제무역·현대물류·전자상거래·생태·문화관광·가사서비스·의료헬스 등 인재육성, 보조금지급 및 주거지원 등으로 해외인재유치
제조업 고품질 발전 및 현대산업 체계 구축 가속화	• 선진제조업 발전: 6대 지주산업(장비제조·녹색식품·전자제조·금속소재·건자재·방직) 클러스터 강화, 10개 신산업(신형디스플레이·스마트단말·바이오의약·에너지절약 및 환경보호·신에너지 및 커넥티드카·차세대인공지능·스마트장비 등)클러스터육성, 산업첨단화·스마트화·친환경화·서비스화,부품·소재·기초공업보완 • 서비스업발전:서비스업과제조업·농업융합발전, 고속철화물운송확대로 물류개선, 가사·육아·체육 등 서비스업육성, 문화관광·헬스·양로분야 1조위안 규모 산업조성, 서비스디지털화·표준화 • 인프라확대:5G·공업인터넷·빅데이터센터 등 건설 강화, 정저우·뤄양·상치우·난양 등주요도시 교통허브 기능강화, 고속철노선확대 및 역내교통연계 강화,정저우공항 3기(三期)건설, 황허관광통항추진, 신규전력수송통로마련, 10대수리공정실시 • 디지털허난건설:디지털산업화·산업디지털화추진, 빅데이터종합시험구 건설, 디지털공공서비스확대
중원(中原) 지역특성을 강화해 쌍순환 발전에 융합	• 경제순환 강화: 거대한 시장을 활용해 소비 촉진 및 투자 확대, 전국 산업 공급망 협력 강화, 교통 우위 활용 및 유통시스템강화로 생산요소시장배치 및 상품서비스유통기능강화, 전국을 커버하는 수입상품구매·배송시스템강화 • 유효투자확대:인프라·농촌·생태·공공보건 등 분야투자 확대, 기업설비·기술개조·신산업투자촉진, 신형인프라·신형도시화·교통·수리 등 중대공정건설 • 소비확대:다원화·개성화·고품질화, 온·오프 및 도농소비융합, 신형소비 및 스마트소비 확대, 도농소비시장 확대, 자동차·가전 및 주거소비 확대, 서비스소비·휴일소비육성
개혁 심화 및 활력 있는 시장경제 체제 구축	• 시장주체 활력 촉진: 국유기업 개혁 및 구조조정, 현대기업제도 구축, 민영경제 발전환경 개선 • 요소시장배치개선:시장진입네거티브리스트제도 전면실시, 도농통일 건설용지시장구축, 원활한 노동력이동촉진, 지방금융기관강화 • 정부기능개선:행정서비스간소화,인터넷활용관리,시장법치화
농촌진흥 및 농업·농촌 현대화	• 곡물 생산 확대: 주요 농산품 공급·교역·가공 및 농업장비제조·농업 R&D 강화, 농촌 수리시설 확충, 국가바이오육종산업혁신센터,농기계장비혁신센터구축 • 농업품질제고:친환경·고급화로 농업경쟁력 제고, 특색농산물생산기지 구축, 스마트농업육성 • 농촌환경개선 및 농촌개혁: 농촌인프라확충, 농촌종합문화서비스센터설립, 도농융합발전촉진, 토지계약생산책임제(承包制)연장, 도농건설용지시장통일, 농촌보험발전 • 탈빈곤 지속 추진:이주민보조 등 탈빈곤 사후관리 지속

자료: KIEP(2021), 중국 중부지역의 14·5 규획기간 경제정책 방향 및 전망, 기초자료 21-07(2021.5.20.).

2) '중원도시군'과 하남성 발전 전략

하남성의 주요 발전 전략은 '중원(中原)도시군' 건설에 있다. '중원도시군'이란 하남성의 정저우를 중심도시, 뤄양(洛阳))을 부중심도시로 해 카이펑(開封), 신샹(新乡), 자오쥒(焦作), 쉬창(许昌), 핑딩산(平顶山), 뤄허(漯河), 지웬(济原) 등 근접지역에 소재한 9개 지방도시로 구성된 도시권역이다. 이 지역의 인구밀집도는 665명/㎡으로 중국 내 인구밀도가 가장 높은 지역이다. 미개발지역에 속하는 중원도시군에 중앙정부 및 지방정부는 경제벨트를 구축, 권역소재 도시산업과 각 도시기능의 밀접한 연대를 통해 시너지 발전효과를 누리려고 한다.

중국정부는 중원도시군 발전계획을 통해 2020년까지 해당지역의 비농업산업의 비중을 전체의 95%, 도시인구 비중을 60%까지 올리려는 발전목표 제시했다. 발전계획에서는 이 같은 목표달성을 위하여 지역을 제조업기지, 에너지기지, 현대물류중심, 지역금융센터로 육성하여 경제요소를 집적하고 산업경쟁력을 제고시키고자 하는 전략방향을 담고 있다.

중부개발계획 지원책 중 하나는 교통문제 해결에 있다. 하남성의 경우 2003년부터 개발계획을 세웠으나 상주인구 9,360만 명으로 대량인구 보유에 비해 미비한 교통체제와 보유자원 부족으로 개발계획 진행에 차질을 빚어왔으며, 장강·주강삼각주 소재 도시들의 서북쪽 경제통로로서의 역할수행을 하지 못했다. 이에 따라 하남성은 2007년에 '중원도시군 도시간교통망규획'을 발표했다. 특히 중앙정부 철도부와 50:50으로 출자해 철도체제 정비 및 신규건설을 통해 정저우를 중심으로 제남 등 각 지방 주요도시와 소규모 도시들을 묶을 수 있는 '반일교통권' 혹은 '일일교통권' 형성을 목표로 하고 있다.[146]

현재 하남성에서는 정저우-정동신구(鄭東新區) 건설, 정저우-카이펑 신구(鄭汴新區) 개발, 도시별 특화산업육성이 이루어지고 있으며, 모델은 장강삼각주인 것으로 알려졌다. 2020년까지 중원도시군에 소속된 도시들 GRDP가 하남성 총 GRDP의 70%까지 이르게 할 계획이며, 1인당 GDP는 5,000달러 이상을 목표로 하고 있다. 도시화율 목표는 60%이며, 중요 제조업기지, 에너지 기지, 물류 중심지, 금융중심지(중서부 권역 내)를 조성할 계획이다.

146) 유예진(2009), 中과연 중원(中原)에서 답을 얻을 수 있을까, 동향보고서, KOTRA.

[사진 3-16] 하남성 박물관 (춘추전국시대 유물)

자료: 김동하 © 2012.

□ 하남성 중점 발전 산업 및 해당 지역

○ IT산업: 정저우, 낙양, 신양시에 스마트 단말(핸드폰) 산업클러스트 건설. 폭스콘(Foxcon), 알리바바, 텅쉰(Tencent) 등

○ 장비제조산업: 낙양(洛阳)현대장비, 정저우 첨단장비, 신샹(新乡)첨단장비, 쟈오주어(焦作)첨단장비 산업클러스트를 발전

○ 자동차 및 부품 산업: 우통(宇通) 버스, 둥펑닛산(东风日产), 정저우닛산, 해마(海马)자동차, 사오린(少林) 버스, 치루이(奇瑞) 등 완성차와 부품산업을 유치로 클러스트 형성

○ 식품업: 친환경, 브랜드 이미지를 제고하고 냉동식품, 레저식품, 음료수 등 3대 우세 산업 라인을 확대·보강함. 뤄허(漯河), 저우커우(周口), 정저우, 주마댄(驻马店), 신양(信阳) 등 지역에 식품산업 클러스트를 형성

○ 현대가구산업: 디자인 · 전시교역 · 제조 · 물류 등을 취급하는 시장건설(정저우 중심)

○ 의류산업: 의류가공기지에서 탈피하여 브랜드 이미지를 제고하고 부가가치를 높여 중국 신흥 방직제품 산업기지로 부상. 정저우, 저우커우, 상치우, 난양 등 중점 발전

○ 바이오의약신업: 징저우항공항구, 주마댄, 탕인(汤阴), 시샤(西峡), 신샌(新县) 등

3) 정저우(郑州)

정저우시는 허난성의 성도로, 중국 내륙지역의 중요한 교통 허브 중 하나이다. 징광 철도(京广: 베이징과 광저우를 남북으로 잇는 철도), 룽란 철도(陇海兰新: 롄윈강과 우루무치를 동서로 잇는 철도)가 교차하는 곳이다. 징강아오 고속도로(京港澳: 베이징과 홍콩을 잇는 고속도로), 롄훠 고속도로(连霍: 롄윈강과 후허하오터를 잇는 고속도로)가 지나간다. 정저우는 1950년대 주요 철도 노선이 지나게 되면서 발전하기 시작해 1954년 허난성 성도로 지정됐다.

1940년대까지 허난성의 중심지는 카이펑(开封)으로, 정저우에는 제분공장만 있을 뿐 발전 기반이 약했다. 1950년대 징광철도, 룽하이철도(陇海: 롄윈강과 란저우를 잇는 철도) 등이 정저우시를 지나면서 철도 요충지로 자리 잡았다. 이에 1954년 허난성 성도가 카이펑에서 정저우로 변경된 것이다. 정저우는 하(夏)·상(商)·주(周) 문명의 발원지로 역사·문화유산이 풍부해 시민들은 자부심이 크다. 정저우 남단 신정(新郑)은 중화민족의 시조의 고향이며, 시중심에는 상(商)대 성벽이 남아 있다. 당대 문인 두보(杜甫)와 백거이(白居易)는 정저우 출신이다.

정저우시는 6개의 구(区)와 6개의 현(县)·현급시(县级市)로 이뤄졌으며, 이중 진수이(金水)구가 인구도 가장 번화한 지역이다. 정저우시 서쪽은 저산 구릉지대, 동쪽은 평원지대로, 동편에 시중심이 형성되어 있다. 서편의 싱양시와 덩펑시는 석탄 산지로 광산업이 발전해 있으며, 덩펑시에는 중국 5악 중 하나인 숭산(嵩山)과 소림사가 위치해 관광산업도 발달해 있다. 상제(上街)구는 알루미늄 산지로 1950년대 중국 최대 알루미늄 회사인 허난알루미늄(河南铝业公司)이 설립되며 발전한 곳이다. 진수이구는 오랜 기간 성정부 소재지로서 발전해왔으며, 2003년 신도시인 정둥신구(郑东新区)가 조성되면서 더욱 발전하고 있다.

정둥신구는 허난성 정부가 1,500억 위안을 투자하여 주거, 상업, R&D 기능을 갖춘 첨단 신도시로 조성하는 곳으로, 핵심 비즈니스지구 등 대부분 진수이구에 있다. 2010년 폭스콘이 정저우에 진출하면서 투자·수출이 이뤄져 2011년 GRDP 성장률이 13.8% 에 달했다. 2013년 정저우시 GRDP는 상하이의 30% 수준이며, 중국 27개 성·자치구의 수도 중 8위 수준이다.

무역액의 증가는 애플 아이폰과 아이패드를 OEM 생산하는 폭스콘의 영향을 받은 것으로, 2012년의 경우 폭스콘의 수출액은 정저우시 전체 수출액의 78%를 차지했다. 미국, EU에 대한 수출은 각각 91억 9,000만 달러(37%), 62억 9,000만 달러(25%)이며, 한국에 대한 수출은 2억 8,000만 달러로 많지 않은 편이다. 2013년 정저우시 전체 수출의 88%가 전자기계제품 수출(219억 7,000 만달러)이며 이는 주로 가공무역 방식이다. 공업 중에서는 식품가공업, 자동차·장비제조업의 비중이 높게 나타나며, 전자정보업이 최근 빠르게 성장하고 있다.

정저우시에는 냉동식품, 인스턴트 식품, 밀가루 및 식용유 가공업이 발전해 있으며, 대표기업으로 싼취안(三全), 스넨(思念) 등이 있다. 싼취안은 중국 대표 냉동식품 제조회사로, 중국인들이 즐겨먹는 쭝즈(粽子), 탕위안(汤圆)을 중국에서 최초로 만들어 판매했으며, 2013년 중국 냉동식품 시장점유율이 35%에 달한다. 정저우는 버스, 승용차, 픽업트럭을 생산하는 자동차산업과 탄광·방직기계, 교통설비 등을 생산하는 장비제조업이 발달해 있으며, 대표기업으로는 정저우위퉁(郑州宇通), 정저우닛산 등이 있다. 정저우위퉁은 1963년 설립된 민영 자동차회사로 중대형 버스를 생산하고 있으며, 중국 내 버스 10대 중 4대는 위퉁의 제품일 정도로 시장점유율이 높다. 정저우닛산은 1993년 설립된 중일 합자사로 픽업트럭, SUV를 주로 생산하며, 아프리카와 중동 등지에 픽업트럭을 수출하고 있다.

IT업은 최근 시정부가 주력하는 산업으로, 2010년 폭스콘이 정저우에 공장을 세우면서 발전하기 시작하여 공업 분야 중 가장 빠른 성장세를 보이고 있다. 대만 훙하이(鸿海)정밀공업 자회사인 폭스콘은 2010년 정저우시에 설립한 공장에서 애플의 아이폰과 아이패드를 OEM 생산하고 있다. 중국의 주요 알루미늄 제품(알루미늄판·밴드·호일) 제조기지 중 하나로, 상제구와 궁이시 등 알루미늄 산지를 중심으로 알루미늄 심가공업이 발전해 있다.

정저우시에는 정저우 항공경제종합시험구, 정저우 경제기술개발구, 정저우 첨단기술산업개발구 3개의 국가급 개발구가 있다. 정저우 항공경제종합시험구는 2010년 신정(新郑)공항 부근에 신설된 개발구이다. 폭스콘과 차이냐오(菜鸟) 등의 전자정보, 항공소재, 항공물류 기업이 모여 있다. 정저우 경제기술개발구는 가장 처음 설립된 개발구로, 자동차 및 장비제조, 물류 산업을 중심으로 위퉁(宇通), 폭스콘, 하이얼(海尔), 필립스, 정저우닛산 등 국내외 다양한 기업이 입주해 있다. 정저우 첨단기술산업개발구는 IT, 광전자, 문화창의 산업이 발전해 있으며, '정저우기계연구소'와 같은 정저우시 주요 R&D 기관이 모여 있다. 코카콜라, 스다가오커(思达高科) 등의 기업이 입주하였으며, 한국의 CJ사료가 2004년 입주했다.

정저우시에는 600여 개의 외자기업이 진출해 있으며, 이중 45개가 세계 500대 기업에 해당하는 글로벌 기업이다. 주요 투자국(지역)은 홍콩과 대만이며, 제조업과 서비스업, 전자정보산업 관련 투자가 많은 편이다. 2013년 전체 FDI(33억달러)중 홍콩(83%)이 가장 많으며, 대만(10.9%), 필리핀(4.9%), 일본(0.5%)이 그 뒤를 잇고 있다. 투자 업종별로 제조업(30%)과 서비스업(24.2%)에 많은 투자가 이뤄졌으며, 그중 IT(14.9%), 에너지 공급업(10.9%)에 대한 투자가 많은 편이다. [147]

(2) 호북성

호북성(湖北. 후베이)은 춘추전국시대에는 초(楚)나라의 영토로 봉읍인 '악(鄂)'이 있던 곳이다. 한(漢)나라 때는 형주(荊州)에 속하였고, 송(宋)나라 때는 형호북로(荊湖北路)였으며, 청(清)나라에 이르러 성(省)이 설치되었다. 호북성 윈시현(鄖西縣)과 윈현(鄖縣)에서 발견된 원인(猿人)과 창양(長陽)에서 발견된 초기 호모사피엔스가 증명하듯이 이미 수십만 년 전에 이곳에 인류가 살았다. 또 징산현(京山縣)에서 발굴된 4,600여년 전의 취자링(屈家嶺) 유적지, 장링현(江陵縣)에서 발굴된 2,700년 전 초나라의 유적지 장링추묘(江陵楚墓)가 설명해주듯이 오래 전부터 이미 인류 문명이 발달한 지역이었다.

중국 중부, 장강 지류인 양쯔강(揚子江) 하류, 둥팅후(洞庭湖) 북쪽에 위치한다. 동정호의 북쪽에 있기 때문에 호북으로 불리며 삼국시기 초나라 악왕(鄂王)의 봉지였으므로 악(鄂. 어. e)로 약칭한다.

□ 면적: 185,900㎢ (중국전체 면적의 1.94%)
□ 성도(省都): 우한(武漢)
□ 지형: 산지 56%, 구릉과 언덕 24%, 평원 20%로 이루어짐. 동쪽과 서쪽, 북쪽의 3면이 산으로 둘러싸여 있으며, 중간지대가 낮고 평탄함. 지형은 4개 지역으로 나뉨. 鄂西산지-秦嶺山脈의 동쪽 연장 부분인 1,612m의 武當山, 大巴山脈의 동쪽 부분인 神農架와 荊山, 巫山 등을 포함하며 해발 1,000m임. 江漢평원-호남성의 洞庭湖평원과 연결되어 있으며, 이 둘을 합쳐 兩湖평원이라 불리며 평원 위 수많은 호수들은 고대 대호수였던 雲夢澤의 잔존 부분임. 동북 낮은 산지와 구릉-하남성과 호북성의 경계 부분에 있으며, 친링산맥의 여맥인 桐柏山과 大別山 등을 포함함. 양쯔강과 長江과 淮河수계의 분수령이며, 대부분 해발 500m이하임. 동남 낮은 산지와 구릉-幕阜山脈에 속하고 平行嶺穀이 뒤섞여 있으며, 해발 700m이하임.
□ 기후: 아열대 계절풍의 습한 기후. 연평균 기온 15~22℃. 연평균 강수량 800~1,600㎜. 지형영향으로 神農架 남부는 다우성지역으로 漢江평원은 홍수재해가 빈번히 일어남.
□ 행정구역: 地級市 12개, 自治州 1개, 縣級 64개(市 24개, 縣38개, 自治縣2개)
□ 국가급 개발구: 武汉경제기술개발구(1991년), 武汉东湖하이테크산업단지(1988년), 襄樊하이테크산업개발구

2020년 기준 호북성의 산업구조는 1차산업이 9.51%, 2차산업 39.19%, 3차산업 51.3% 수준이다. 철강 · 자동차 · 야금 · 기계류 · 발전소 · 식품가공 · 하이테크 등이 주요 산업군이

147) KIEP(2014), 중국 도시 정보 시리즈, 허난성 정저우시, 「중국 권역별·성별 기초자료」, 2014.12.30.

다. 호북성은 중부권 경제를 이끌고 있는 대표적인 공업지대이며, 장장 중류에 위치하여 6개 省, 市에 둘러싸인 중부내륙의 물류 요충지이기도 하다. 대외거래보다는 내수위주로 발달되어 왔다. 호북성 대외교역액은 중국 전체의 1.34%에 불과하여, 대외개방도가 낮음을 알 수 있다. 호북성의 중국 GRDP 비중은 4.29% 수준이다.

호북성은 6개 성·시에 둘러싸인 중부 내륙 물류요충지이다. 호남성, 강서성, 안휘성, 하남성, 섬서성, 중경시 등 6개 성·시의 중앙에 위치한다. 중부지역 중앙에 소재한다는 지리적 이점으로 소매유통시장 성장 가능성이 상대적으로 높다. 한국정부는 2010년에 주무한총영사관을 개관하여 우리기업의 중부권 진출을 지원하고 있다.

[표 3-42] 호북성 경제지표 (2020년)

GRDP*	산업구조			1인당 GRDP	
	1차산업	2차산업	3차산업	위안	US$
4.29%	9.51	39.19	51.3	74,440	10,792
인구(만명)	인구 중국내 비중	도시화율(%)	부동산 개발투자*	수출*	수입*
5,775	4.1%	60.99	3.46%	1.51%	1.12%
수출입*	외상기업 투자액*	공업생산액*	소비품판매액*	중국 평균 1인당GDP 대비	
1.34%	2.11%	5.03%	4.59%	102.75% (72,447元. U$10,503)	
우한 GRDP**		우한 인구(만명)			
35.9%		1,232			

주: *중국 내 비중을, **성내 비중을 나타냄. 도시화율 및 공업생산액은 2019년도 수치 기준임.
자료: 국가통계국 国家数据 (2021.6.22.)

호북성은 장강연안의 최대 내륙항구를 보유하고 있는데 바로 중국 최대의 내하항인 무한항(1만톤급, 선석 28개)148)이 소재한다. 연간 화물운송량은 2,500만톤 규모(50만 TEU)로 러시아, 일본, 태국, 말레이시아, 싱가포르 등 14개 항로를 운항하고 있다. 장강삼협댐 건설로 중경과 대형하운 화물운송이 연결 되었다. 149)

호북성은 수백 개의 호수를 보유하여, 수질오염 개선이 시급한 상황이다. 호북성 셴닝(咸寧)시는 에코시티 건설을 추진하고 있으며, 지멘스-셴닝시간 전략적 협력 MOU 체결한 바도 있다. 셴닝시에는 친환경 빌딩, 고효율 발전소, 농촌지역 특화 헬스케어 시범시스템을 구축하고 있으며, 그린빌딩 기술을 접목한 랜드마크도 건설되고 있다.

148) 선석(berth, 船席): 항내에서 선박을 계선시키는 시설을 갖춘 접안장소를 말한다. 표준선박 한 척을 직접 계선시키는 설비를 지닌 수역을 뜻한다. 통상 선박을 접안시킬 수 있는 부두 수에 따라 몇 선석이라고 부르기도 한다.
149) KOTRA(2010), KOTRA가 바라본 중국 성시별 비즈니스 기회와 진출전략, 109쪽.

[그림 3-35] 호북성 위치도

자료: 두피디아(2021.7)

□ 2020년 후베이성 경제 현황

COVID-19 사태로 후베이성과 우한시는 2020년 한 해 세계의 주목을 받게 되었다. 2020년 후베이성 GDP 성장률은 코로나19의 타격으로 사상 최저인 -5% 를 기록하였다. 2020년 1분기 대부분의 투자와 소비가 정지되어 후베이성 경제성장률은 39.2% 감소하였으나, 이후부터는 경제가 급격히 회복하면서 'V자형' 경제성장을 하였다. 경제규모는 전체 31개 성시자치구 중 9위를 차지하여 예년(2019년 8위) 수준을 유지하였다.

최근 5년(2015~2019) 후베이성 경제성장률을 보면, 2015년 8.9%, 2016년 8.1%, 2017년 7.8%, 2018년 7.8%, 2019년 7.5%로 5년 평균 8.02%의 성장세를 보였다. 후베이성의 성도 우한도 2020년 4.7% 감소를 기록하여 최근 수년 중 가장 낮은 경제성적표를 받았다. 다만, 경제규모는 중국 주요도시 중 9위를 차지하여 예년 수준을 유지하였으며, 상하이 베이징 선전 광저우 외에 충칭, 쑤저우, 청두, 항저우 다음 순위를 차지하였다. 분야별 현황은 다음과 같다.

1차 산업은 1분기 25.3% 급감하였다가 작년 수준으로 회복되었으며, 2차 산업은 1분기 48.2% 하락하였다가 최종 40.8%p 급회복하여 7.4% 감소로 마감하였다. 3차 산업도 1분기

33.3% 감소하였다가 최종 29.5%p 회복하여 3.8% 감소로 마감하였다.

무역은 1분기 20.9%까지 감소하였다가 점차 회복하면서 전년비 오히려 8.8% 증가하였다. 수출은 1분기 38.1%까지 급감하다가 점차 회복하면서 전년비 증가한 8.7%를 기록하였으며, 수입도 전년대비 9.1% 증가하였다. 2020년 호북성과 한국과의 교역량은 코로나19 타격에도 불구하고 42억6,200만 달러로 전년비 24.8% 증가하였다. 수출은 29억2,900만 달러로 전년비 10억 달러 증가하여 34.2% 증가하였으며, 수입도 13억3,300억 달러로 전년비 8.1% 증가하여 가장 높은 증가율을 기록하였다.

후베이성의 외국인직접투자액은 103억 달러로 전년비 19.8% 감소하였으며, 투자가 거의가 없었던 1분기 대비 76.5% 회복하였다. 후베이성은 코로나19의 직격탄을 맞으면서 도시 전체가 봉쇄되는 상황을 겪으면서 소비가 급격히 위축되어 전년비 20.8% 급감하였다. 1분기 44.9% 감소라는 최악의 감소세를 기록하였으나, 4월초 우한 봉쇄가 해제되면서 상승하기 시작하여 12월에는 0.2% 증가하여 처음으로 플러스 전환하였다. 분야별로 살펴보면 도매업이 11.0%, 소매업이 12.2%, 숙박업이 27.2%, 요식업이 16.5% 각각 감소한 반면, 스마트폰은 18.8%, 에너지효율 1,2급 가전제품은 17.3%, 온라인소비는 4.6% 각각 증가하였다. 소비자 물가지수는 전년대비 2.7% 상승하였으며, 도시는 2.5%, 농촌은 3.5% 각각 상승하였다.

14차 5개년계획 기간(2021~2025) 중, 후베이성은 연간 6.5% 이상의 성장을 목표로 하며, 이는 중부지역에서 가장 높은 성장률이다. 반도체, 자동차, 바이오, 항공, 스마트제조 등 분야에서 글로벌 경쟁력을 갖추어 RVC(로컬 가치사슬) 뿐만 아니라, GVC(글로벌 가치사슬)에서도 중요한 역할을 하려한다. 2021년은 후베이성이 추진하는 '10대 공정' 시행 원년으로 총 4,274개의 1억 위안 이상의 프로젝트가 새롭게 시행될 예정이며, 이미 시행중인 4,881개의 1억 위안 이상의 프로젝트는 더욱 속도를 낼 전망이다. 또한, 중앙정부의 新SOC 정책에 따라 전기차 저장소 건설, 고속철 건설 등 관련 분야의 프로젝트도 탄력을 받을 것이다. 150)

내 · 외수 쌍순환 경제발전 정책의 일환으로 발표한 장강경제벨트 발전계획은 기존의 일대일로 및 권역별 발전정책 등과 연동되며, 중앙정부가 추진하는 발전계획(서부대개발, 도시화율 제고, 산업 업그레이드, 환경보호, 대외개방, 지역간 협력 등)과 연결된다. 향후 장강

150) 후베이성, '10대 공정' 3년 행동방안(2020년-2022년): 후베이성은 2020년 8월 11일, 후베이성 전염병 후 재도약을 위한 도시 보완 및 기능 강화 '10대 공정' 3년 행동방안(2020년-2022년)을 공표했다. '10대 공정 행동방안'에 따르면 후베이성은 10대 핵심분야에 초점을 두고 향후 3년간 인프라 건설, 기능 강화, 민생 등의 중대 프로젝트를 추진 예정이다. 앞으로 3년간 총 4,572개 프로젝트에 총 약 2조3천억 위안을 투자할 예정이다. (참고: KOTRA 해외시장뉴스 . https://news.kotra.or.kr). [검색일자: 2021.9.1].

경제개발 정책은 기존 내륙의 단점(물류, 통신, 교통)을 보완하고, 산업 공급망 체인을 개선시킬 것으로 기대되며, 이는 중서부 내륙의 IT, 환경, 에너지, 통신 등 분야에서 신규 비즈니스 기회를 다수 창출할 것으로 기대된다.

[사진 3-17] 호북성 무한시 내륙항 현황

자료: 바이두 이미지 D/B(2013.3)

1) 무한도시군 발전전략과 무한시

우창(武昌), 한커우(汉口), 한양(汉阳)을 아우르고 있는 우한시는 후베이성의 성도(省會)로서 화중지역의 정치·경제·사회 중심 도시이다. 창장(长江)과 한장(汉江)의 교차점으로 창장평원의 동쪽에 자리잡고 있다. '아홉 개 주의 통로'로 불리우는 우한은 많은 철로와 도로, 고속도로가 통과하는 교통요지이다. 13개 시할구로 구성되어 있는 우한시의 면적은 8,494㎢이고, 인구는 936만명에 달한다. 우한경제기술개발구, 둥후신기술개발구(东湖), 우자산타이완투자구 (吴家山台商投资区) 등 산업단지를 운영하고 있다.

창장(長江)과 한수이(漢水)강의 합류점에 입지한 우한은 강 줄기를 따라 각각 우창(武昌), 한커우(漢口), 한양(漢陽) 3개 지역으로 나뉜다. 우한은 창장 중상류 지역에 위치해 예로부터 수로 교통이 발달해 상업무역이 번성했다. '십리에 걸쳐 돛이 늘어서있고 수만개 가게 등불로 불야성을 이룬다'는 말로 우한을 묘사했을 정도다. 특히 우한은 청조말 양무운동 이래 공업중심지로 집중 육성됐다. 톈진조약에 따라 한커우항이 개방된 이후 외국조계지가 들어서면서 더욱 번영을 구가했다. 중국 최고 철강기업과 군수기업인 한양철강, 한양군수기업이 세워졌으며, 우한은 상하이와 함께 제2 상업금융중심지로 불렸다. 외국인들 사이에서는 '동방의 시카고'로 불렸다. 1911년 10월 신해혁명의 도화선이 된 우창봉기가 발발하며 우한은 한때 중국의 혁명중심지였다.

그러나 1949년 신중국 건설 이후 상하이, 선전, 톈진 등 연해지역의 고속경제 발전에서 소외됐다. 하지만 최근 중국 정부의 중부 굴기전략과 함께 우한이 중국 내수시장의 거대 소비도시로 탈바꿈 중이다. 2013년 우한시 소매판매액은 중국 도시중 4대 직할시(베이징·상하이·톈진·충칭), 광저우, 선전에 이은 전국 7위를 기록했다. 2008년 루이비통을 시작으로 구찌, 베르사체, 보네가베네타, 아르마니, 까르띠에, 발리, 불가리, 티파니, 디올, 에르메스 등 세계적인 명품 업체가 모두 우한에 매장을 오픈했다. 산업 육성에도 적극적이다. 현재 우한은 '중국의 디트로이트'를 꿈꾸며 자동차 산업을 적극 육성하고 있다. 현재 우한시에는 중국 3대 자동차 기업인 둥펑자동차를 비롯해 프랑스 시트로앵, 푸조, 닛산, 혼다 등 8대 자동차 제조업체가 진출했다. 자동차 기업의 연간 생산량은 135만대에 달한다.

우한은 베이징, 상하이와 어깨를 나란히 하는 연구·교육기지로서 대학생 수가 120만명에 이른다. 1952년 구 소련의 원조로 우한강철을 설립했고, 우한, 황스(黃石), 어저우(鄂州)에 다수의 철강기업이 분포하고 있다. 중국 3대 철강사 중 하나인 우한강철은 세계 5대 철강사로 성장했다. 1969년 설립한 동펑(东风)자동차의 본사가 있는 우한은 중부지역 자동차 산업의 메카이기도 하다. 동펑자동차는 일본 닛산, 프랑스 시트로엥, 한국 현대·기아 등과 합작하여 승용차, 트럭 등 다양한 모델을 생산중이며, 2020년 동풍기차 그룹 자동차 판매량은 345.8만대로 중국 전체의 15.3%를 점유하고 있다. 이는 상해기차, 중국일기에 이은 3위 수준이다.

미국의 실리콘밸리를 벤치마킹하여 조성된 우한시의 '광밸리(光谷,Optical Valley)'는 중국 최고의 광산업 메카로 성장 중이다. 현재 세계 500대 기업인 인텔, 노키아, IBM, 필립스 등을 포함한 2,000여개의 첨단기업이 입주해 있는 광밸리의 광케이블 생산량은 중국1위, 세계2위 수준으로 세계 시장의 12%를 차지하고 있다. 중국정부는 2007년에 우한도시군 발전의 마스터플랜인 《우한도시군총체발전계획강요》 발표하여, '우한도시군' 발전 전략을 착수했다. 이를 통해 2020년까지 해당지역의 2·3차 산업의 비중을 전체의 96%까지, 도시인구 비중은 61.2%까지 끌어올리려는 발전목표를 제시했다.

우한도시군 지역을 창장경제벨트를 주축으로 하는 동·중·서부를 상호 발전시키는 연계점으로 육성하고 있다. 내륙지구의 선진제조업과 현대서비스업 중심지를 동력으로 하여 '중부굴기' 정책을 촉진시키는 중요 전략거점 육성을 목표로 하고 있다. 우한도시군 권역은 후베이성 성도인 우한을 중심으로 하고 황스(黄石)를 부중심으로 하며 어저우(鄂州), 황강(黄冈), 샤오간(孝感), 셴닝(咸宁), 셴타오(仙桃), 텐먼(天门), 첸장(潜江)의 9개 도시를 포함하고 있다.

우한의 공업 체계는 다양하게 분포되어 있으며, 2개 산업단지가 공업 발전을 견인하고 있다. 우한시의 주요 공업으로는 철강, 자동차, 광전자, 화학공업, 제련, 방직, 제조, 조선, 의약 등 완정된 공업체계를 갖추고 있다. 그 가운데 중공업의 비중이 75% 수준이며 발전속도는 경공업이 더 빠르게 증가하고 있다. 둥후고신기술개발구 및 우한경제기술개발구의 공업생산 비중이 40%가 넘으며, 증가속도가 24% 수준으로 우한시 공업생산의 발전을 주도하고 있다.

중국 4대 철도축, 6대 철로여객운송센터, 4대 기차검수기지가 우한에 구축되어 있다. 2012년 현재, 우한시를 통과하는 철도노선이 8개에 이른다. 우한시는 창장(長江)과 인접하여 주요 내하항 및 여객 운송의 중심지로서 기능을 하고 있다. 우한시는 중국 최초의 연강(沿江)대외개방도시 중 하나이며, 중국 중서부 지역에서 FDI 투자가 처음으로 시작된 도시이기도 하다.

세계 500대 기업 중 98개 기업이 우한시에 투자했으며, 홍콩, 프랑스 기업들의 투자비중이 높다. 우한은 대외개방도 제고를 위해 도시간 다양한 국제 교류를 수행하고 있으며, 상당히 높은 수준의 국제교류 역량을 보유하고 있다. 우한시는 1979년 일본 오이타시를 시작으로 총 20개의 도시간 자매우호 교류를 체결하였으며, 이러한 자매우호 수준은 전국에서 가장 높은 수준이다. 한국과는 2000년 10월 청주시와 자매우호 교류를 체결했고, 우한시에는 프랑스 총영사관, 미국 총영사관에 이어 세 번째로 2010년 10월에 대한민국 총영사관이 설치되었다. 151)

2) 호북성 14·5 규획(2021~2025)

후베이성은 거점도시 중심의 도시군 육성에 중점을 둔 지역발전 및 조화발전을 가장 중요한 정책과제로 설정하고, 혁신 및 산업구조 고도화, 내수시장 조성 등에 노력할 계획이다. 거점도시인 우한 · 샹양(襄阳) · 이창(宜昌)을 지속적으로 발전시키는 한편 이들을 중심으로 도시군을 조성하여 각 지역별로 산업을 육성하고 지역간 교통연계를 강화하는 한편 각 현(县)의 경제를 활성화함으로써, 후베이성의 성장동력을 확대하고자 한다.

각 현마다 대표 브랜드 · 산업을 발전시킬 수 있도록 특색산업과 산업 클러스터를 육성하

151) 김수한·김현수(2014), 「중국도시정보 Ⅷ」중부 핵심 거점도시, 우한시 발전현황 분석, 인천발전연구원, 한중Zine INChinaBrief, Vol.266, 2014.5.12.

고자 하며, 현 정부 소재지의 낙후한 도로교통 및 쓰레기 · 오수처리 시스템 등을 개선하는 3개년 계획을 시행해 현의 인프라를 개선할 계획이다. 지역 대표 첨단산업인 광통신 · 집적회로 · 신형 디스플레이 · 바이오의약 등 분야의 경쟁력 제고를 위해 핵심기술 개발과 산업화에 주력하고, 인재 유치를 위해 주거 · 자녀교육 등 혜택을 확대하고자 한다.

1조 위안 규모의 자동차산업 클러스터, 4대 신산업(집적회로 · 신형 디스플레이 · 차세대 IT · 바이오의약) 분야 클러스터를 조성하고, 철강 · 유색금속 · 화공산업의 친환경 발전을 추진하고자 한다. 우한이 베이징, 상하이와 같은 소비도시로 발전할 수 있도록 온 · 오프 융합 소비를 활성화하고 문화 · 관광 · 보양섭생(养生) 분야 소비가 확대될 수 있는 환경을 조성하며, 국제경쟁력 있는 유통기업을 유치하고 물류 인프라를 확대해 중국 안팎을 연결하는 물류 대통로를 구축하고자 한다.

우한시는 일대일로 전략의 내륙거점도시, 자유무역시험구, 서비스무역 혁신발전시범지능으로 지정되어 여러 발전정책이 추진되었고, 후베이성 전체 GRDP 대비 우한시 비중도 2015년 23.8%에서 2019년 35.4%로 증가했다. 우한시 다음으로 발전한 샹양(襄阳)·이창(宜昌)시는 후베이성 전체 GRDP 대비 비중이 10% 정도에 불과해, 후베이성은 중국 내 경제가 발전한 주요 지역들과 달리 성내 경제성장 동력 거점이 부족하다는 문제가 지적되었다.

가장 낙후한 지역인 후베이성 서북편의 션농자(神农架) 지역은 GRDP가 우한의 1/500에 불과할 정도로 발전 불균형이 후베이성의 경제성장을 저해한다는 문제가 두드러졌다. 또한 2020년 코로나19를 겪으며 특정 지역 한 곳에만 경제발전이 집중된 구조가 지역경제에 리스크를 줄 수 있다는 인식이 커졌다. 우한이 봉쇄되자 성 전체 경제에 큰 영향을 미쳤고, 일자리가 많은 우한에 집중된 후베이성 농민공이 춘절 귀향 시 우한에서 감염된 바이러스를 성 전체에 퍼뜨리는 현상도 발생했기 때문이다.

14·5 규획기간 후베이성은 우한의 발전을 지속적으로 강화하는 한편 우한도시권(武汉城市圈)의 발전을 위해 도시권 내 지역의 교통 연계를 확대하고, 샹양 · 이창을 중심으로 선진 제조업과 녹색경제·신산업을 육성할 도시군을 새롭게 조성할 계획이다. 우한시에는 과학기술 혁신 및 금융, 유통 등 서비스 기능을 강화하고 자본 · 노동집약적 산업은 다른 지역으로 이전시키며, 우한을 중심으로 샤오간(孝感) · 셴닝(咸宁) · 황강(黄冈)과 같은 우한도시권 주요 도시간 고속도로 연결을 확대해 1시간대 통근권을 구축하는 교통인프라를 구축할 계획이다.

우한시에 첨단바이오의학 영상시설 · 4세대 방사광 가속기 등 8개 과학기술 기초시설을 설립하고, 전통산업 분야 기업 100개 이상을 첨단기술기업으로 업그레이드하며, 매년 전략적 과학기술 분야 고급인재 10명을 우한시로 영입하고 35세 이하 청년 과학기술 인재를 지원하는 등 인재 육성에 힘써 국가 과학기술혁신중심지로 성장할 수 있도록 한다.

후베이성 정부는 2020년 '우한도시권 대통로(武汉城市圈大通道)' 구축 계획을 발표하였으며, 이에 따라 14·5 시기 우한도시권 고속도로 연결사업에 총 700억 위안을 투자해 총길이 360㎞의 고속도로를 완공할 예정이다. 후베이성 북쪽 지역에는 샹양을 중심으로 산업이전 및 선진제조업을 집중 발전시키는 샹스수이션(襄十随神)도시군을, 남쪽 지역에는 이창을 충심으로 녹색경제와 신산업 발전에 초점을 맞춘 이징징언(宜荆荆恩) 도시군을 조성해, 샹양과 이창 두 거점도시를 발전시키고 두 도시군을 각각 경제규모 1조 위안 수준의 도시군으로 성장시키고자 한다. 이전에도 샹양 · 이창을 중심으로 하는 도시군 발전계획이 있었으나, 이번에는 그동안 후베이성의 도시군 발전전략에서 제외되었던 성 서쪽 지역(션농자 · 神农架, 언시투자주먀오족자치주·恩施土家族苗族自治州)을 도시군 발전계획에 포함하였고, 이전과 달리 두 도시군에 어느 산업 분야를 집중 육성시킬지를 명확히 했다.

샹스수이션 도시군에서 샹양은 스마트제조기지와 교통허브로, 스옌(十堰)은 자동차산업기지 및 문화관광중심지로, 수이저우(随州)는 특장차 제조와 현대 농업기지로 발전시키며, 션농자는 글로벌한 생태관광지로 조성할 예정이다. 이징징언 도시군에서 이창과 징먼(荆门)은 신산업과 현대서비스업, 징저우(荆州)는 친환경 산업을 발전시키고, 언시자치주에는 산업이전 시범구를 조성하고 전국적인 관광지로 육성할 계획이다. 특히 2021년에는 2020년 착공한 우한도시권 대통로 사업(교통인프라 개선 프로젝트)을 대대적으로 추진할 예정이다.

[표 3-43] 호북성 14·5 규획 주요 과제

주요 과제	세부 내용
지역 발전구도 개선 및 조화발전 추진	• 우한의 과학기술혁신·금융·국제화 기능을 강화해 거점도시 역할 강화, 우한도시권(武汉城市圈) 내 연계 강화 • 샹양(襄阳)·이창(宜昌)을 부(副)중심도시로 육성 및 이들 도시를 중심으로 도시군 발전 • 전지역 발전촉진: 도시화·농산품 주산지·생태공능구의 3대 지역으로 공간구조 형성, 현(县) 경제발전 강화, 인프라 및 공공자원배치개선, 신형도시화 및 스마트도시 조성
혁신 지속으로 발전 신동력 증대	• 혁신시스템 강화: 우한을 국가 과학기술혁신중심지로 육성, 샹양·이창 등지에 혁신 거점 조성, 기초연구 강화 및 국가실험실발전, 국제과학기술협력강화 • 핵심기술개발: 광통신·집적회로·신형디스플레이·스마트단말기·디지털경제, 바이오의약, 신에너지 및 신에너지자동차, 항공우주, 장비제조 등 분야 핵심기술개발 및 산업화 • 기업혁신강화:기업의 R&D 투자강화, 산학연협동확대 • 인재육성: 혁신창업인력유치, 고급인재에 주거·자녀교육 등 혜택 제공

주요 과제	세부 내용
실물경제 발전 및 현대산업 체계강화	• 선진제조업 발전 및 전통산업 첨단화·스마트화·친환경화로 산업기초·산업사슬 개선, 1조 위안 규모 자동차산업 클러스터조성, 철강·유색금속·화공 등 분야 친환경 발전, 식품·방직공업 브랜드 품질제고 • 신산업육성: 집적회로·신형디스플레이·차세대IT·바이오의약 4대산업클러스터조성, 스마트카·항공우주·신소재 등 분야 발전 • 서비스업발전: 금융·물류·R&D설계·검측·첨단비즈니스 등 현대서비스업 육성, 헬스·양로·육아·문화·관광 등 생활서비스업 발전 • 디지털 후베이 건설: 디지털산업화 및 산업디지털화 추진, 스마트도시 및 디지털 향촌건설
강대한 내수시장 조성 및 내륙개방 거점구축	• 소비 촉진: 신형소비 육성 및 공공소비 확대, 자주 브랜드 강화, 자동차 소비·주거 소비 확대, 온·오프 융합 소비활성화, 농촌전자상거래활성화, 서비스소비·휴일 소비확대, 우한에 문화·관광·보양섭생 소비 활성화로 소비중심도시 구축 • 유효투자확대: 인프라·농촌·생태·공공보건 등 분야보완, 기업설비·기술개조·신산업투자확대 • 유통시스템개선: 상품·서비스 지역산 유통확대, 내수·수출용상품품질통합, 국제경쟁력있는 유통기업 유치, 물류인프라 확대로 국내외 물류 대통로 구축 • 대외개방확대: 해외진출(走出去)확대 및 국제에너지·장비제조협력확대, 국제전자상거래확대, 항구기능강화로 무역환경개선 및 종합보세구 업그레이드, 후베이 자유무역시험구 발전
개혁 심화 및 고품질 발전	• 비즈니스 환경 개선: 행정서비스 간소화 및 규범화 • 국유기업개혁 및 민영기업발전: 현대기업제도 도입, 국유기업분포개선·구조조정, 민영기업재산권보호 • 금융시스템개혁: 정부채무관리제도 건전화, 금융기관유치, 우한에 과학기술금융 혁신센터 및 탄소배출권교역 등록센터 구축

자료: KIEP(2021), 중국 중부지역의 14·5 규획기간 경제정책 방향 및 전망, 기초자료 21-07(2021.5.20.).

□ 호북 자유무역시험구(湖北自由贸易试验区)

2017년 4월, 우한, 이창, 샹양 등 3개 지역을 통합하여 출범했다. 총 면적은 119.96㎢ 규모이다. 출범이후 2019년말 기준 신규설립 기업은 4.1만개에 달했으며 특히 우한지역의 전자산업 규모는 중국 전체의 50%를 차지하고 있다. 이창지역의 화학공업, 식품바이오산업, 첨단설비제조업 규모는 각각 천억위안 규모를 초과했다.

현재 무역편리화, 투자자유화, 행정시스템 혁신, 과학기술 체제 혁신, 금융제도 혁신, 서비스업 확대 개방, 온라인 세수정책 등 7개 분야에서 시범 업무를 진행중이다. 동 무역시험구의 주요 지역별 특화 산업을 보면, 먼저 우한은 차세대 정보기술, 스마트제조 등 신흥산업, 금융서비스 물류 연구개발 등 산업 위주이다. 샹양은 첨단설비제조업, 신에너지자동차, 빅데이터 클라우드 등 산업 위주이다. 이창은 바이오의약, 신소재, 본사경제, 전자상거래 등 산업 위주이다. 특히 장강중류에 위치한 교통수운의 이점을 활용하여 복합운송네트워크와 서비스를 구축하여 중부지역과 장강경제벨트 산업전환 및 업그레이드 추진 정책을 실행하고 있다.

[그림 3-36] 호북 자유무역시험구 현황도

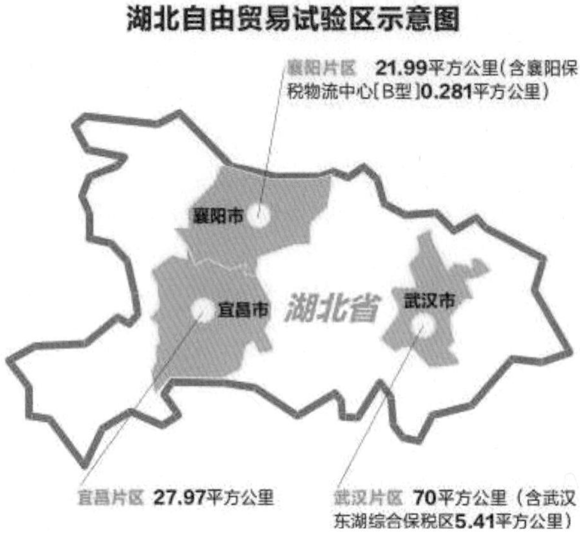

자료: 후베이 자유무역시험구 홈 페이지 (www.china-hbftz.gov.cn)

(3) 호남성

호남성(湖南. 후난)은 춘추전국시대에 초(楚)나라의 영토였으며, 진(秦)나라 때는 대부분이 장사군(長沙郡)에 속했다. 한(汉)나라 때는 형주북로(荆州北路)에 속하였고, 당(唐)나라 때는 호남관찰사(湖南观察使)를 설치했다. 송(宋)나라 때는 형호남로(荆湖南路)와 형호북로(荆湖北路)에 속하였고, 원(元)나라 때는 호광행성(湖广行省)에 속하였으며, 청(清)나라에 이르러 湖南省이 설치되었다.

장장(長江) 지류인 양쯔강(揚子江) 중류의 남쪽강변에 있으며, 대부분이 둥팅후(洞庭湖) 남쪽, 湘江 양쪽 연안에 있으며, 湖北省의 남쪽에 있다. 동정호(洞庭湖)의 남쪽에 있기 때문에 호남으로 불리게 됐으며, 이곳에 상강(湘江)이 흐르기 때문에 상(湘)이라는 약칭을 얻게 됐다.

□ 면적: 21만㎢ (중국전체 면적의 2.21%)

□ 인구: 6,644만명. 소수민족 수는 639만명. 토가족, 묘족, 동족, 요족, 백족, 회족, 장족, 사족 등이 거주.

□ 성도(省都): 창사(長沙)

□ 지형: 북쪽을 향하여 열려 있는 말굽 모양의 분지 형태로 동쪽과 남쪽, 서쪽의 3면이 산으로 둘러싸여 있음. 해발고가 가장 높은 곳은 2,099m. 주요 강으로는 湘江, 호수로는 중국에서 3번째로 큰 담수호인 동정호(洞庭湖)가 있음.

□ 기후: 아열대 습윤계절풍. 연평균 기온15~18.5℃, 연평균 강수량 1,200~1,700㎜. 겨울철 추위가 짧고 사계절이 분명함. 1월 평균기온 3~8℃, 7월 27~30℃.

□ 행정구역: 地級市 13개, 自治州 1개, 縣級 88개(市 16개, 縣65개, 自治县7개)

□ 국가급개발구: 長沙경제기술개발구(1992년), 長沙하이테크산업개발구(1988년), 株洲하이테크산업개발구(1992년), 郴州수출가공구(2005년)

2020년 기준 호남성의 산업구조를 보면, 1차산업 10.15%, 2차산업 38.15%, 3차산업 51.71% 수준이다. 1차산업 비중이 높은 편이어서 벼·참깨·차유·동유의 생산량 중국 1위, 돼지고기 생산 중국 2위, 찻잎은 중국 4위, 담수어 생산량 중국 상위 10위권이다. 2차산업으로는 석탄채굴·농산품가공·화학원료 및 화학제품·실비제조·자동차 등이 주요 산업이다.

호남성은 중부굴기 정책을 기점으로 새로운 성장 동력을 모색하고 있다. 호남성 주요 산업군은 방직, 부품조립 등 경공업 위주이다. 주저우시에는 중국 최대 대출력 반도체 R&D 공장이 소재한다. 3억 5천만 위안 투자해 면적 2만㎡의 반도체 부품연구개발 단지인 주저우난처스다이전기(株洲南車時代電氣)가 가동했다.

외국문화에 대한 개방도 높은 편이다. 한류에 대한 선호도 높은 편이며 중국에서 '대장금' 드라마를 최초 방영한 곳이 호남성 창샤 TV방송국이다. 1990년대 중반 LG전자는 창샤에 판다TV와 함께 TV공장을 합작설립한 바 있다. 호남성 출신 상인들은 검증된 품목만 취급하려는 바이어 특성을 보인다. 중부지역은 외국과의 직접교역 경험이 적고, 세심한 비즈니스 특성 때문에 1선도시나 연해지역에서 유통된 제품을 취급하려는 경향이 강하다.152)

호남성 창사에서 차로 4시간 걸리는 장가계의 자연경관은 영화 '아바타' 촬영지로 선택됐을 정도로 경관이 수려하다. 그래서 일찍부터 여행지로 개발됐다. 최근에는 일본·미국·유럽 등 관광객도 많이 찾고 대규모 국제회의도 자주 열린다. 굴원, 유종원, 두보, 도연명 등 관료이면서 많은 문학작품을 남긴 이들은 후난성과 관련 깊은 인물이다. 창장 지류인 상강 뱃길을 이용해 후난성 일원을 여행하거나 거처하면서 시를 남겼다. 후난성은 춘추전국시대 초나라 변방으로 개척되면서 중원 문화를 일방적으로 수용했으나, 송대 말에 이르러서는 서원 같은 민간 교육기관이 많이 생기고 학문 수준도 높아져 주돈이 같은 저명한 유학자를 배출하였다.

152) KOTRA(2010), KOTRA가 바라본 중국 성시별 비즈니스 기회와 진출전략, 111쪽.

중국 근대사에서 후난을 뺄 수 없다. 청말 상군을 조직해 태평천국운동을 진압한 증궈판·쥐종탕, 신중국을 설립한 마오쩌둥·류사오치·펑더화이 등이 이곳 출신이다. 중일전쟁 국민당과 일본군과의 대규모 전투(22회) 중 여섯 차례가 후난성 일원에서 치러졌고, 창사의 옛 도심 대부분이 파괴됐다. 2차 세계대전 일본이 무조건 항복(1945.8.15.)하고, 중국 내에서 처음 항복한 곳이 후난성 화이화시 즈장현(怀化市芷江)인데, 항복기념관(受降纪念馆)이 이곳에 있다.

후난성은 전통적으로 농업 분야에서 중요한 역할을 했다. 강수량이 많고 고온다습해 벼가 자라기 좋은 날씨다. 중국 대표적인 양식창고이며, 개혁·개방시기에는 중요한 노동력 공급처 구실을 했다. 후난성 사람이 제일 많이 진출한 곳이 선전을 비롯한 광둥성이고, 그다음이 비교적 가까운 상하이 인근 장강삼각주 지역이다. 춘절기간에는 선전, 광저우 일대 귀성객을 후난성으로 수송하기 위한 특별 열차가 증편 운행될 정도다. 농업경제 시기 후난에서의 상업 활동은 성 서남쪽 경계 지역에 집단으로 사는 먀오족, 투자족 등 소수민족과의 교역이 주를 이뤘다. 20만 명 가까운 후난성 사람이 라오스 시장의 오토바이, 휴대전화, 의류, 가방 등 거래를 독점하다시피 하고 있다. 이 영향으로 2017년 창사에 유일한 외국공관인 라오스 영사관이 세워졌다. 최근 국경간 전자상거래 시범도시에 창사가 추가되면서, 창사와 태국 방콕 간 전자상거래 전용 화물기 운행을 시작했다.

후난성 사람들은 기후 특성으로 매운 것을 좋아한다. 샹차이 대부분 요리에 고추가 많이 쓰인다. 후난성 사람은 독립심이 강하고 논쟁하는 것을 좋아하며, 다른 지역보다 상방(商帮)의 영향력이 약한 편이다. 타지에 나간 후난성 출신 상인들간의 유대를 강화하기 위해 2007년부터 샹상대회(湘商大会)를 열고 있다. 후난성 14개 도시에서 돌아가며 여는데 첫해는 창사에서 열었고 2015년 사오양, 2017년 천저우, 2019년에는 이양에서 열렸다. 현재 후난상회가 전국적으로 형성됐고 20여 개국에도 지회가 있다.

후난성에는 중국 56개 민족 가운데 55개 민족이 살고 있으며, 소수민족 비중이 전체 인구의 10%를 웃돈다. 투자족과 먀오족이 다수를 차지하며 주로 후난성 서남부에 집단 거주하고 있다. 중원에서 이주한 한족이 현지 소수민족과 부단히 교류하면서 개방과 다양성의 문화를 형성했다. 후난TV가 중국 연예오락 프로그램에서 두각을 나타내는 원인으로 이러한 지역 기질이 발현됐기 때문이라는 설이 있다. 후난성은 복잡한 지형만큼 사투리도 다양하다. 후난성 주요 도시마다 제각각 언어적 특성이 있다. 대략 8종류 지방 방언이 있는데 같은 후난성 사람조차 알아듣기 어려울 정도다. [153]

---

153) 김종복(2019.4.10), 「후난성 비즈니스 문화 엿보기」, KOTRA 중국 창사무역관, 한겨레 이코노미 인사

[표 3-44] 호남성 경제지표 (2020년)

<table>
<tr><td rowspan="2">GRDP*</td><td colspan="3">산업구조</td><td colspan="2">1인당 GRDP</td></tr>
<tr><td>1차산업</td><td>2차산업</td><td>3차산업</td><td>위안</td><td>US$</td></tr>
<tr><td>4.13%</td><td>10.15</td><td>38.15</td><td>51.71</td><td>62,900</td><td>9,119</td></tr>
<tr><td>인구(만명)</td><td>인구 중국내 비중</td><td>도시화율(%)</td><td>부동산 개발투자*</td><td>수출*</td><td>수입*</td></tr>
<tr><td>6,644</td><td>4.71%</td><td>59.62</td><td>3.45%</td><td>1.85%</td><td>1.1%</td></tr>
<tr><td>수출입*</td><td>외상기업 투자액*</td><td>공업생산액*</td><td>소비품판매액*</td><td colspan="2">중국 평균 1인당GDP 대비</td></tr>
<tr><td>1.52%</td><td>2.08%</td><td>3.84%</td><td>4.15%</td><td colspan="2">86.82%
(72,447元. U$10,503)</td></tr>
<tr><td colspan="2">창사 GRDP**</td><td colspan="2">창사 인구(만명)</td><td colspan="2" rowspan="2"></td></tr>
<tr><td colspan="2">29%</td><td colspan="2">1004.7</td></tr>
</table>

주: *중국 내 비중을, **성내 비중을 나타냄. 도시화율 및 공업생산액은 2019년도 수치 기준임.
자료: 국가통계국 国家数据 (2021.6.22.)

[그림 3-37] 호남성 위치도

사료: 두피디아(2021.7)

이트(2019년 4월호).

□ 2020년 후난성 경제발전 목표

주요 산업인 공정기계, 철도교통 장비, 중소형 항공기엔진 등의 글로벌 산업 클러스터 건설을 가속화 한다. 지역 전통산업인 식품, 석유화학, 비철금속 산업에 인공지능, 5G네트워크, 블록체인을 접목한 스마트 플러스(智能+) 실현, 스마트공장 건설을 추진한다. 전자정보산업, 신소재산업, 에너지산업, 조립식 건축 산업클러스터의 질적 향상, 소비재 공업단지 확대한다. 인터넷 안전(보안)산업원 건설, 군민 융합 국방기술공업 발전과 군민융합시범기지를 건설한다. 산업가치 100억 위안 이상인 중요 산업단지에 대한 투자 확대한다. 국가급 신구(新区)와 경제개발구역(开发区) 등 1,000억 위안 이상의 산업단지 14개 이상 조성할 계획이다.

창주탄(长株潭) 도시군 개발을 가속화 한다. 창주탄 도시군은 후난성 주요 도시이자 인접 도시인 창사시(长沙市), 주저우시(株洲市), 샹탄시(湘潭市) 3개 도시로 일체화 사업 진행 중이다. 창주탄 지역의 30분 경제권 조성을 위해 삼간량궤(三干两轨, 성 내 3개 간선도로+2개 철도)를 건설한다. 창사시 주요 산업클러스터인 마란산문화창업원(马栏山文化创业元)과 위에루산대학과학기술구(岳麓山大学科技城) 즉 '양산(两山)' 발전 프로젝트의 일환으로 위에루산 공업혁신센터와 선진 철도교통장비와 바이오종자 기술혁신센터 건립을 추진한다.

기업육성 및 서비스업을 강화한다. 중소기업 지원정책을 도입해 샤오쥐런(小巨人, 강소기업)을 육성하며 R&D 재정지원, 기술개발지원 및 세제혜택을 제공한다. 제조업과 서비스업의 융합 발전 추구하며, '서비스업 발전 3년 행동계획'을 실행한다. 모바일 인터넷, 클라우드 컴퓨팅, 블록체인, 사물 인터넷 등 발전을 가속화한다. 기업 및 지역간 기술이전을 통해 중소기업 기술보완, 스타트업 인큐베이팅과 지식재산권 보호 등 창업 서비스에 중점을 둔다. 법률·회계·신용중개·박람회 등 상업서비스를 지역 기업에 적합하게 전문화한다. 여행서비스, 숙박, 음식 등 문화여행 분야와 건강, 양로, 탁아 서비스 등 생활형 서비스 기업의 서비스 공급 효율화 방안 마련 및 서비스산업의 품질 제고를 통한 해외 수출 추진한다. 금융업 개방도를 높여 기술·문화·녹색 금융을 실현하고 상강신구(湘江新区) 지역 금융센터 건설 가속화한다.

소비경제의 안정적 성장을 도모한다. 소비재 및 서비스 소비의 질적향상을 유도한다. 자동차, 가전, 가구 등 중점산업의 소비잠재력을 발굴하고 체험형 소비와 온라인 소비를 확대한다. 야간소비경제(夜经济)와 관련한 1000개 이상 신규기업을 육성한다. 생산자 품질책임제도 및 서비스품질 보장제도를 마련하고 불법 위조품, 불법 광고에 대한 단속을 강화한다.

농촌문제 및 농업환경을 개선한다. '농촌환경개선 3년행동계획'을 수립한다. 빈곤 퇴치와 농촌진흥정책을 연계해 실행하고 행정관리체제 개혁 등 농촌경제의 질적 발전을 위한 정책을 마련한다. 농산품 콜드체인 구축 등 성 내부의 유통 인프라를 정비해 농업제품의 유통기반을 마련하고 이를 통해 농촌경제 소비활력을 제공한다. 지역 농산품 브랜드 등 성급 특성화 산업을 육성, 농산품 청정생산 표준화 기준 도입을 통해 농산품에 대한 식품안전 감독 강화한다. 식량안보와 책임제도 도입으로 곡물재배면적과 생산량 안정화시킨다. 19.9만의 농촌 빈곤인구 해소를 위해 공공서비스를 강화하여 거주민 최저생활을 보장한다.

빈곤해소와 민생을 개선한다. 70만 일자리 공급, 미취업가구 정보확보, 고용보장시스템 개선, 창업 선도형 취업, 구직차별 방지 등 정책을 실행한다. 모니터링을 강화해 병·재해로 인한 빈곤인구 발생시 즉각적인 구제 조치 방안을 마련한다. 국공립유치원 보급률 80% 확보, 쌍일류(双一流, 세계최고 대학과 학과를 만드는 중국정부 대학육성 프로젝트) 고등교육기관 건설을 가속화 한다. 각 시에서 관리하는 기본의료보험과 양로서비스, 산업재해보험을 성 단위로 일체화한다. 성내 외부 유입 정착 규제 완화, 유입인구에 대한 사회보장, 주택 보장, 공공서비스 편입을 지원한다.

□ 창사

창사는 3,000여년이나 되는 역사와 문화를 간직한 도시다. 1970년대에는 2,200년전인 한나라때 남녀 시신과 부장품이 출토된 마왕퇴 묘(미이라)가 발굴되면서 고고학계의 주목을 받았다. 대한민국 임시정부 소재지이자 백범 김구 선생이 반대파에 의해 저격을 당했던 곳, 2005년 드라마 '대장금'을 중국 내에서 가장 먼저 수입해 방영한 이후 중국판 '아빠어디가', '나는 가수다' 등을 잇달이 제작 방영한 후난위성TV가 소재한 한류 메카이기도 하다. 창사는 모래가 길게 분포되어 있다 하여 지어진 이름이다. 창사가 소재한 후난성은 중국 남농부에 위치한 척박하고 빈곤한 땅이었다. 후난성을 기준으로 그 아래 지역인 광둥·하이난 등은 과거 황제에게 버림받은 신하가 유배당한 곳이었다. 초 나라 굴원은 이곳에 유배돼 비통함에 인근 멱라강(汨羅江)에 몸을 던졌다. 당 나라 두보 역시 벼슬직을 버리고 창사 일대를 떠돌다가 객사했다. 두보는 창사에서 '담주를 떠나며(發潭州, 담주는 창사 옛 명칭)'라는 작품을 남겼다.

창사는 중국 성리학의 고향이다. 창사시 후난대학에 위지한 악록서원(岳麓書院)은 송나라 시절인 976년 창건돼 주희(朱熹)가 강학을 했던 유서 깊은 곳으로 중국 4대 서원 중 하나다. 악록서원은 명나라 말부터 청나라 때까지 왕부지(王夫之), 위원(魏源), 증국번(曾國藩), 좌종당(左宗棠) 등 많은 선비와 애국지사를 길러냈다. 창사는 혁명의 고장이다. 마오쩌둥을 비롯해 류샤오치(劉少奇), 펑더화이(彭德懷), 리리싼(李立三), 차이허썬(蔡和森) 등을 배출했다. 마오쩌둥이 태어난 곳은 후난성 사오산(韶山)이지만 창사는 그의 정치적 고향이었다. 마오쩌둥은 창사 제1사범대에서 수학하고 이후 창사 초·중학교 역사 교사로 근무했다. 마오쩌둥이 1927년 9월 후난성 창사에서 농민들을 모아 봉기를 일으켰다가 실패한 곳이기도 하다.

하지만 1949년 신중국 설립후 창사는 중국 내륙지역에 위치한 탓에 개혁개방 이후 동부 연해지역에 비해 발전이 더뎠다. 창사가 본격적으로 발전하기 시작한 것은 2006년 들어 중국 당국이 중부내륙 지역 발전을 위한 '중부굴기' 정책을 추진하면서부터다. 과거 농업중심이었던 이곳이 변화를 맞게된 것은 지난 2007년부터다. 국무원은 창사와 인근 도시인 주저우(株州), 샹탄(湘潭)을 잇는 산업 클러스터 건설계획을 승인했다. 창주탄(長株湘) 공업지구가 빠르게 성장하며 후난성은 중국 경기둔화 속에서도 꾸준히 두 자릿수 성장률을 유지하고 있다. '창주탄 도시군'은 오는 2020년까지 인구 2,400만명의 메가시티로 발전해 지역 경제 견인차 역할을 한다는 계획이다. 154)

1) 창주탄 도시군과 호남성 발전 전략

2007년 12월, 호남성의 '창주탄(長株潭)도시군'이 자원절약형·친환경 사회건설을 위한 종합개혁시범구(兩型社會)로 국무원의 비준을 받았다. 창주탄도시군(3+5)은 창사(長沙), 주저우(株洲), 상탄(湘潭) 등 3개 도시를 중심으로 구성되며, 광의의 창주탄도시군은 주변지역인 위에양(岳陽), 창더(常德), 이양(益陽), 헝양(衡陽), 로우디(婁底) 등 5개 도시를 포함한다. 창주탄을 잇는 도시간 철도는 2012년 1월에 착공되어, 2016년에 완공 되었다.

호남성은 선진장비제조업, 신소재, 신에너지, 환경보호, 정보, 바이오, 우주항공 등 7대 산업을 신전략산업으로 선정하였으며, 현재 선진장비제조업, 신에너지, 신소재 등에서 좋은 성과를 거두고 있다. 실제 선진제조업 분야에 있어서 대형 덤프트럭의 중국시장 점유율은 90%, 콘크리트기계 80%, 압축항타기 70%에 달한다. 신에너지 분야에 있어서 자동차 동력전달시스템은 중국시장의 70% 이상, 태양전지 설비는 국내시장의 80%를 차지하고 있고, 풍력장비 생산규모는 100억 위안을 돌파한 바 있다. 반면, 호남성은 노후공업기지로 인한 환경문제가 심각하며, 도시 인프라 미비로 인해 환경보호 관련 프로젝트의 수요가 커질 것으로 예상된다.

창주탄 지역은 개발구와 제조업이 집중된 지역으로 호남성에서 가장 오염이 심각한 지역이다. 창주탄 3개 도시는 철강, 유색금속, 화공 등 중공업 비중이 크며 종합오염지수는 호남

154) 아주경제 (2015.1.7.), [중국도시를 읽다(31)] 성리학고장·혁명성지 후난성 창사.

성 14개 도시 중에서 하위를 기록한 바 있다.

상주인구 704만명 장사시(长沙市)는 호남성 수도이며, 주주시(株洲市. 인구 491만)는 14개 호남성 도시 중 경제규모 5위, 상담시(湘潭市 인구 288만)는 7위 수준이다. 장사시와 주주시 및 상담시간 거리는 40㎞이며, 주주시와 상담시간 거리는 10㎞이다. 세 도시 사이에는 상강(湘江)이 흐르고 있으며, 다른 행정단위(鎮)가 있어서 인접해 있지 않다. 창주탄도시군 면적은 전체 후난성의 13.3%를 차지하며, 인구는 1,383만명으로 전체성의 20.8%를 차지하고 있다. 2012년 도시군 전체의 GRDP는 9,443억 6천만 위안이었으며, 후난성 전체의 42.6%를 차지했다. 도시군의 2차산업 비중은 성 전체의 51.6%로 높았으며, 1차산업은 17.6%, 3차산업이 40.4% 의 비중을 차지했다. 이중 창사가 6,400억 위안, 주저우 1,761억 위안, 샹탄 1,282억 위안으로 각각 성내 1, 5, 7위를 점유했다. 도시군의 1인당 GRDP는 68,506위안으로 성 전체 33,480위안보다 약 2배 가량 높은 수준을 보였다.

세 도시의 공동발전을 위한 노력은 1984년, 〈창주탄 경제구선립방안〉이 호남성 성정부에서 마련되면서 착수되었다.[155] 1985~1986년간에는 중국 최초로 세 도시간 은행결제 및 어음교환시스템, 은행간 콜시장을 설립·운영하여 폐쇄적으로 운영되던 자금관리체제를 통일한 적도 있다. 이후 세 도시간 전화망 통합 등 일체화를 위한 계획이 추진되었으나, 이해 당사자(관련 국유기업)들의 반대로 이루어지지 못했다.

2002년 6월, 호남성 정부는 〈창주탄 산업일체화규획〉을 공포하고, '정책의 통일화, 과당경쟁방지, 산업일체화 환경조성'이라는 목표를 제시하였다. 그러나 2001년 WTO 가입후 이어진 고성장으로 원래 현대화 대형물류배송기지를 주주시에만 건설하기로 했으나, 다른 두 도시 역시 자신 지역 내 독자적인 물류체계를 건설하는 등 '일체화'에 역행되는 조치를 취한 바 있다. 이후에도 세 도시는 환경보호, 지역협력, 공업·과학기술협작과 관련된 협의서를 체결했으나, 실질적인 일체화를 이루었다고 보기 어렵다.

세 도시 일체화의 걸림돌은 산업구조가 너무 유사하다는 점을 들 수 있다. 세 도시에는 모두 비슷한 규모의 철강사가 있으며, 기계산업, 비철금속 산업 역시 유사한 규모이다. 또한 이들 업종 대부분은 국유기업이 절대비중을 차지하고 있다. 따라서 각 도시간 복잡한 이해관계로 과감한 통폐합을 전제로 한 산업일체화 추진에 저항이 불가피하게 된 것이다. 지리적으로 인접하고 있음에도 불구하고 세 도시의 유통망은 단절되어 있다. 따라서 상호시장간에 진입장벽이 존재하며, 이는 유통부문 일체화 추진에 방해요인이다. 2007년에는 창주

155) '창주탄(長株潭)'은 세 도시명 중 한 글자씩을 추출하여 세 도시를 부르는 중국어 명칭이다. 일체화 계획 공포후, 중국 내에서 세 도시를 지칭하는 고유명사로 쓰이고 있다.

탄 도시군이 전국 자원절약 및 환경우호형 사회건설종합개혁시범구(全国资源节约型和环境友好型社会建设综合配套改革试验区)로 지정되기도 했다.

□ 창주탄 도시간 열차

창주탄 도시군 일체화에 가장 상징적 의미를 가진, 창주탄 CRH6F' 도시열차가 운행을 시작했다. 도시열차는 50~200㎞ 거리에서, 최대 속도 200㎞ 수준으로 운행하는 열차로 창주탄 지역에서는 20개역을 운행 중이다. 동 열차는 후난성 창사(长沙), 주저우(株洲), 샹탄(湘潭)를 잇는 중국 도시열차로 '人' 모양의 철도로 건설됐다. 2010년 9월 30일 시공, 2016년 12월 14일 시운행 실시, 총 투자액은 240억5,000만 위안이다. 총 노선은 104.36㎞(서쪽 연장선 포함)이며, 시속 200kmm로 창사역~주저우역 약 24분, 창사역~샹탄역 약 25분이 소요된다. 총 24개 역 중 창사 14개, 주저우 5개, 샹탄 7개이다.

이 도시철도 배경은 2006년 후난성에서 3+5 도시군(3:창사·주저우·샹탄. 5:웨양(岳阳)·창더(常德)·이양(益阳)·로우디(娄底)·헝양(衡阳)) 형성에 기인한다. 그 이후에 창주탄을 중심으로 후난성 주요 도시의 결합을 계획했다. 2015년 창주탄 GRDP는 후난성 전체의 44%를 차지함으로써 창주탄 일체화(一体化) 중요성이 부각되었다. 2016년 12월 26일에 승객 탑승 운행을 시작했고, 주저우와 창사 서쪽 7개역을 제외한 17개의 역만 운행을 개시했다.

[그림 3-38] 창주탄 도시간 열차 노선도

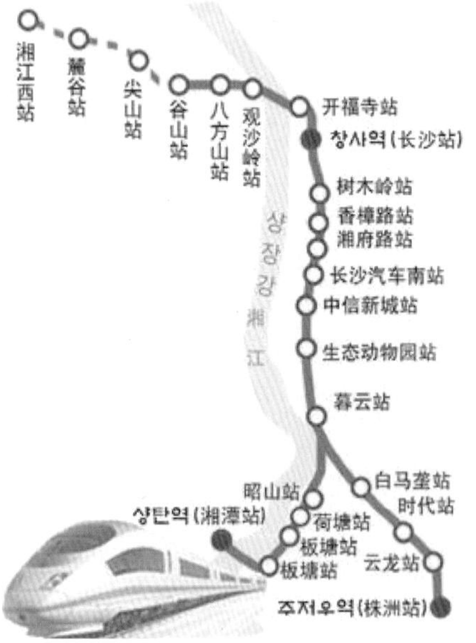

자료: 长沙晚报 재구성. KOTRA 해외시장뉴스 (2017.2.27)

현재까지 건설 완료된 전기철도(98.99㎞)는 매연 배출을 감소시켜 친환경적이며 에너지 절약적이다. 또한, 소음도 거의 발생하지 않아 대중교통으로 적합하다.

다른 교통수단에 비해 소요시간 짧고 도시철도역에 쉽게 접근할 수 있어 경제적이다. 창사지역의 8개 역인 구산(谷山), 바방산(八方山), 관샤링(观沙岭), 카이푸스(开福寺), 슈무링(树木岭), 샹장루(香樟路), 샹푸루(湘府路), 동징(洞井)을 지하철역과 연결했다. 또한 창주탄 이동시간 감소로 물류 운송비용 축소 및 효율적 물류활동 진행이 가능하게 되었다. 철로건설, 열차설비 등 관련 항목 투자가 증가할 것이다. 도시 간 편리한 이동, 샹탄의 비교적 저렴한 부동산 가격으로 창사 출근, 샹탄 주거형태를 형성해 부동산 시장 또한 활발해지고 있다.[156]

[사진 3-18] 후난성 창사 귤자주(橘子洲)에 있는 마오쩌둥 석상

자료: 김동하© 2014

(4) 강서성

강서성(江西. 장시)은 춘추전국시대에는 주로 초(楚)나라에 속하였고, 진(秦)나라가 중국을 통일한 뒤 구강군(九江郡)이 설치되었다. 한(漢)나라 때는 양저우(揚州), 당(唐)나라 때는 강남서도(江南西道)에 속하였으며, 원(元)나라에 이르러 강서행성(江西行省)이 설치되었다. 명(明)나라 때 경덕진(景德鎭) 도자기가 활발하게 생산되어 해외에까지 수출된 바 있다. 경덕진은 2,000년의 역사를 자랑하는 중국 제일의 도자기 마을로, 도자기를 뜻하는 영어 china가 국가명칭 China가 된 유래가 여기에서 기인한다.

강서성에는 중국에서 2번째로 큰 호수인 파양호(鄱陽湖·포양후)가 있다. 포양후는 중국 최대 담수호(freshwater lake, 淡水湖)이기도 하다.[157] 동으로 절강성 · 복건성과 이웃하고, 남으로는 광동성, 서로는 호남성, 북으로는 호북성 · 안휘성과 맞닿아 있다. 강남(장강의 남

156) KOTRA 중국 창사무역관 이준청(2017.2.27). KOTRA 해외시장뉴스.

157) 염분의 함유량이 1 ℓ 중 500mg 이하인 민물 호수가 담수호이다. 용존성분(溶存成分)의 다소를 기준으로 해서 호수를 분류한 것으로 500mg 이상의 함유량을 가진 것은 염호(鹽湖)라고 칭한다. 중국 최대 호수인 청해호는 염호이다. 대체로 호수에는 유입구와 유출구가 있고, 그 때문에 호수의 성분은 거의 일정한 농도를 유지한다. 담수호는 수질적으로 특이성이 없으므로 보통 생물이 서식하며 종류도 풍부하다.

쪽)의 서부에 있다고 해서 강서라는 이름이 붙었으며, 강서를 가로질러 흐르는 깐장(赣江의) 이름을 따서 깐(赣. Gan.감)으로 약칭했다.

□ 면 적: 17만㎢(중국 전체 면적의 1.74%를 차지)
□ 성 도(省都): 난창(南昌)
□ 지 형: 대부분 지역이 평원이며, 동·서·남부 삼면이 산에 둘러있으며 중부는 구릉임. 중국 내 유일하게 장강삼각주-주강(珠江)삼각주-민남(閩南)삼각주가 교차하는 곳임.
□ 기 후: 아열대 습윤 기후, 연평균 기온 18℃, 강수량 1,341~1,940㎜
□ 행정구역: 地級市 11개, 區 19개, 縣級 81개(市 11개, 縣70개)
□ 국가급 개발구: 南昌하이테크산업개발구(1991년), 南昌경제기술개발구(1992년)

2020년 기준 강서성의 산업구조를 보면, 1차산업 8.73%, 2차산업 43.15%, 3차산업 48.13% 수준이다. 주요 산업군으로는 자동차 및 자동차 부품, 비행기 및 비행기 부품, 텔레커뮤니케이션 및 가전, 생물 및 신제약, 소프트웨어 및 서비스산업 등이 있다.

중국에서 두번째로 큰 호수(포양후. 담수호 중에서는 1위)를 보유하여 생태환경의 비교우위를 지닌 강서성은 최근 5년 동안 리튬전지, 반도체조명, 바이오, 원자력, 하이테크 세라믹 산업 등 중점 프로젝트를 '포양후생태경제구(鄱阳湖)'를 중심으로 추진해 왔다. 또한 신에너지, 신소재, 신에너지 자동차, 민간항공, 바이오 의약 등의 신산업을 육성하고, 유색금속, 철강, 자동차 등의 전통산업 고도화를 추진했다. 이 밖에도 수운을 통한 물류 및 관광산업 발전을 촉진하여 경제규모 및 소득수준을 증대시킨다는 계획을 실행에 옮겼다.

[표 3-45] 강서성 경제지표 (2020년)

GRDP*	산업구조			1인당 GRDP	
	1차산업	2차산업	3차산업	위안	US$
2.54%	8.73	43.15	48.13	56,871	8,245
인구(만명)	인구 중국내 비중	도시화율(%)	부동산 개발투자*	수출*	수입*
4,519	3.21%	59.32	1.68%	1.62%	0.77%
수출입*	외상기업 투자액*	공업생산액*	소비품판매액*	중국 평균 1인당GDP 대비	
1.24%	1.14%	2.81%	2.65%	78.5% (72,447元. U$10,503)	
난창 GRDP**		난창 인구(만명)			
22.4%		625			

주: *중국 내 비중을, **성내 비중을 나타냄. 도시화율 및 공업생산액은 2019년도 수치 기준임.
자료: 국가통계국 国家数据 (2021.6.22.)

□ 장시성 경제 발전 현황

최근 장시성에서 발표한 자료에 따르면, 개혁개방 40년 동안 장시성의 GDP 규모는 1978년 87억 위안에서 2017년 2조 819억 위안으로 238배나 급증했다. 가격 요인을 제외하면 장시성의 연평균 GDP 성장률은 10.3%로 중국 전체 수준보다 0.8%p 높은 수치를 기록했으며, 1인당 GDP는 276위안에서 162배 늘어난 4만 5,000위안으로 증가했다. 개혁개방 이후, 장시성의 산업화와 도시화 수준이 크게 높아졌다.

통계에 따르면, 2006년 장시의 공업부가가치는 1,000억 위안을 돌파했으며, 2013년에는 5,000억 위안, 2017년에는 8,000억 위안을 넘어섰다. 주요 사업 매출이 1,000억 위안을 돌파한 산업 분야는 11개로 그 중 유색금속(비철금속)이 6,000억 위안을 넘어 중국 전체 1위를 차지했다. 특히, 개발구(开发区)는 장시성 산업 및 프로젝트의 중요한 한 축을 담당하고 있다. 2018년 현재, 장시성에 있는 각종 개발구는 총 106곳으로 중부지역 1위를 차지했으며, 개발구는 장시성 전체 경제규모의 84.3%, 수출입 총액의 70.8%, 산업 세수입의 83.5%를 차지하고 있다. 2018년 장시성은 산업은 규모화, 고급화, 클러스터화라는 추세를 보였다. 2017년 1~10월 장시성이 외부에서 유치한 사업 자금은 5,192억 8,300만 위안으로, 그 중 장강삼각주와 주장삼각주, 푸젠(福建)의 사업자금 비중이 65.63%에 달했다. [158]

2020년 들어 장시성의 대외무역 증가율이 중국 전역에서 계속해 '선두'를 유지하고 있다. 2020년 1~8월 장시성 대외무역 규모는 2,711억 2,000만 위안으로 작년동기비 23.9% 증가한 것으로 나타났다. 이 중 수출은 1,990억 1,000만 위안으로 26.5% 증가했고, 수입은 721억 1,000만 위안으로 17.4% 증가했다. 수출입, 수출, 수입 증가율은 같은 기간 전국 평균 수준 대비 각각 24.6%p, 25.7%p, 19.7%p씩 상회했고, 수출입 증가율은 중국 전체 1위 자리를 유지하고 있으며, 수출 증가율은 전국 2위, 수입 증가율은 전국 3위를 차지했다.

장시성의 대외무역 상품 구조를 보면, 수출 방면에서는 블루투스 이어폰, 휴대폰, 노트북, 태블릿 PC 등 신종 코로나바이러스 감염증(코로나19) 여파로 인한 '집콕' 소비재와 마스크 등 방역 물품 수출이 꾸준히 증가하고 있는 것으로 나타났다. 수입 방면에서는 집적회로가 가장 많이 수입되고 있으며, 수입 증가율이 전체 수입 증가율을 웃돈 것으로 드러났다. 사실상 주변 지역 특히, 연해 지역 성(省)과 비교할 때 장시성의 대외무역 지수는 매우 낮은 수준이다. 2020년 1~8월 장시성의 대외무역 규모는 2,711억 2,000만 위안이었으나, 같은 기간 푸젠(福建)은 8,700억 위안을, 저장(浙江)은 2조 1,200억 위안을 기록했다.

다만 전문가들은 장시는 여전히 발전에 한계점을 보이고 있다고 지적했다. 장시의 혁신발

158) 第一财经 (2018.10.11.)

전 수준이 비교적 떨어진다. 최근 장시로 이전되는 산업 중에는 노동집약형 산업이 비교적 많고, 혁신 기술, 최첨단 기술이 포함된 산업은 비교적 적다. 게다가 장시는 혁신 분야에 대한 투자도 적은 편이다. 이 외에 최근 장시의 인재 유실이 비교적 많은 것도 문제이다.[159]

□ 장시성 고속철 경제

장시성(江西省)이 고속철 경제 육성에 힘을 쏟고 있다. 중국에서 고속철은 시간과 공간에 큰 변화를 가져오고, 생산요소 배치 방식과 지역경제의 지리적 구도에 큰 영향을 미치는 질적 성장을 위한 중요한 물질 매개체이자 통로로 부상했다. 현재 중국 각지에서는 고속철을 활용한 '고속철 경제벨트' 조성을 적극 추진해 중심 도시와 도시권 발전을 뒷받침하고 있다.

장시성은 2019년 10월, 《장시성 고속철 경제벨트 발전 계획(2019~2025년)》을 발표했다. 《계획》은 2025년까지 장시성 고속철 운영구간 2,100㎞ 이상을 달성해 중국 전체 고속철 운영 구간의 5%가 넘는 비중을 차지한다는 목표이다. 2035년에는 고속철 운영 구간 3,000㎞ 돌파를 목표로 하며 '5종4횡(五纵四横)'의 고속철 경제 통로를 기본적으로 구축하기로 했다.

고속철도 밀도를 1만㎢당 120㎞로 높여, 난창(南昌)에서 각 시 관할 구(区)를 둔 비(非)직할시(直辖市)[160], 우한, 창사, 허페이 등 장강중류 도시권에 도달하는데 1~2시간이 소요되도록 한다. 난창에서 상하이, 항저우, 난징, 광저우, 선전 등 주변 주요 도시까지 3~4시간, 난창에서 베이징, 시안, 충칭 등 중점 도시에는 5시간 남짓이 소요되는 교통권을 구축한다는 방침이다.

2025년까지 고속철 경제벨트 중점지역에 비철금속, 전자정보 등 2곳의 조 위안대 산업 클러스터를 조성하려한다. 자동차, 항공, 중의약, 모바일 사물인터넷, 반도체 조명, 가상현실(VR) 등 분야에서 1,000억 위안 규모의 산업 클러스터도 구축할 예정이다. 장시성 유치 관광객은 10억명(연인원)을 넘도록 하고, 관광 매출 1조 5,000억 위안을 달성한다. 20개 물류 시범산업 클러스터 양적·질적 발전 추진, 고속철 연선 도시 간 문화·관광 협력을 통한 고속철 관광 노선 개발, 장시와 주변 지역 간의 '지역협력시범구' 건설 가속화 등의 내용을 담았다.

2018년 기준 장시성의 철도 운영구간은 4,134㎞인데, 그중 시속 250㎞ 이상 고속철 구간

159) 第一财经 (2020.9.16.)

160) 시 관할 구(区)를 둔 비(非)직할시(直辖市): 대부분의 지급시(地级市)는 시 관할 구를 두고 있지만, 일부 지급시는 시 관할 구가 없음. 광동성 중산시와 둥관시, 감숙성 자위관시, 해남성 단저우시(儋州市) 등이 여기에 해당함. 이들 지급시는 '향급행정구(乡级行政区)'를 관할로 두고 있음.

은 917㎞이다. 후난, 후베이와 비교해 장시 고속철은 상대적으로 낙후된 상황이다. 장시성 남부와 경제·무역 관계가 밀접한 주강삼각주 간에는 아직 고속철이 개통·운영되지 않았다. 지리적으로 볼 때, 후난 천저우(郴州)~장시 간저우(赣州)~주강삼각주에 이르는 거리가 비슷하지만 고속철로 인해 광저우~천저우는 1시간 반밖에 소요되지 않는 반면, 광저우~간저우는 5시간 이상이 소요된다. 따라서 고속철 건설에 속도를 내고 고속철 경제벨트를 조성해 중심 도시 규모를 키우고 질적으로 발전시키는 것이 장시성의 발전에 매우 중요한 과제가 되었다.

장시성 주변의 주강삼각주, 장강삼각주, 민삼각지역(闽三角)[161]이 더욱 발달한 데다, 장시성 성도인 난창(南昌)이 중심으로서의 견인 작용이 부족한 탓에 장시 동부와 북부, 남부 등지의 인력과 자원 등 요소가 장강삼각주, 주강삼각주, 민삼각지역으로 흡수되는 현상이 뚜렷하다. 최근 몇 년간 난창은 주변의 20여 개 현(县)과 시(市)에 영향력을 미쳤을 뿐 이 범위를 넘어서면 영향력이 약하다.[162]

[그림 3-39] 강서성 위치도

자료: 두피디아(2021.7)

161) 민삼각지역(闽三角): 푸젠성(福建省)의 샤먼(厦门), 장저우(漳州), 취안저우(泉州)를 중심으로 하는 지역을 가리킴.

162) 第一财经 (2019.10.14.)

□ 난창시

장시성의 성도인 난창시는 인구 518만명의 중부 내륙 대도시이다. 창장(長江) 지류인 간장(贛江)이 시중심을 남북으로 흐르고, 시 동북쪽에는 중국 최대 담수호인 포양후(鄱陽湖)가 자리잡고 있어 수자원이 풍부하다. 베이징과 홍콩 지우룽(九龍)을 연결하는 징지우(京九) 철도와 저장성 항저우와 후난성 주저우(株州)를 잇는 저간(浙贛) 철도의 교차지에 위치한 중국 중남부 지역의 교통 요충지(Hub)로 항저우, 광저우, 구이양 등과 6시간 생활권을 형성하고 있다.

인근 광저우, 우한처럼 역내 정치 경제의 중심지는 아니나 난창봉기와 같은 굵직한 역사적 사건이 일어났던 지역으로 영웅의 성(英雄城)이라 불리며 중국 국민의 사랑을 받는 도시이다. 1927년 국민당의 상하이 쿠데타로 1차 국공합작이 붕괴되자 이에 대한 반발로 주더(朱德) 저우언라이(周恩來) 등이 난창에서 3만명의 병사를 모아 무장봉기를 일으켰다. 비록 봉기는 실패로 돌아갔으나, 공산당이 세력을 규합하고 독자적 전투력을 확보할 수 있는 계기가 마련되었고, 중국은 이를 기념하고자 봉기일인 8월 1일을 건군기념일로 지정했다. 또 문화혁명 시기 덩샤오핑(鄧小平)이 1969년부터 3년간 트랙터 공장의 노동자로 유배 생활을 한 곳이다. 이를 연유로 도시를 대표하는 다리인 남창8.1대교 입구에 는 덩샤오핑의 흑묘백묘론(黑猫白描)을 상징하는 두 마리의 고양이 석상이 다리 양쪽에 세워져 있다.

[사진 3-19] 흑묘백묘 석상이 세워진 강서성 남창 8.1대교

자료: 김동하© 2014

난창시는 자동차·항공 제조, 농부산품 가공, 전자정보, 태양광 산업이 발전해 있다. 장링자동차(江鈴)가 Ford와 협력해 SUV와 중소형 트럭을 생산하고 있으며, 홍두항공(洪都)을 중심으로 항공산업 기지가 형성되어 있다. 쌀, 땅콩, 유채, 참깨 등의 농작물이 많이 생산되고 수자원이 풍부해 식품 가공 및 음료 제조업이 발전해 있다. LED 웨이퍼와 칩이 생산되고 있으며, 난창대학 등지에서 관련 연구개발이 이루어져 규소기판 반도체 발광 원천 기술을 보유하고 있다. LDK솔라를 중심으로 다결정 실리콘, 실리콘 칩, 박막 태양전지가 생산되고 있다.

난창시는 국가급 개발 프로젝트인 '포양후 생태경제구 규획'의 핵심 도시이며 중국정부가 지정한 저탄소 시범도시이다. 포양후 생태경제구 규획은 중국 2대 담수호인 포양후유역의 환경을 개선하고 경제를 발전시키기 위한 프로젝트로 중앙정부의 지원 하에 난창시 등에 습지 공원 조성, 도시 오수처리시설 건설, LED, 바이오 의약 등 환경친화적 산업육성, 역내 철도 수운 인프라 확대 사업이 추진되고 있다. 난창시는 또한 저탄소 시범도시로서 에너지 효율이 높은 건물 확대, 전기자동차 사용 장려, 녹화사업과 같이 에너지 절약과 오염물질 배출 절감 사업에 노력을 기울이고 있다.

본래 난창이라는 지명은 '남쪽지역이 번성하라'는 뜻의 '남방창성(南方昌盛)'에서 유래했다. 창장 이남에 위치한 난창은 수륙 교통의 교차점으로 한 나라 때부터 줄곧 주요 정치 · 경제 중심지였다. 한 고조 유방이 부하 장수에 명해 이곳에 토성을 쌓게 하면서 난창의 도시역사가 시작됐다. 근대화 시기 들어 난창은 공산당 혁명기지로 탈바꿈했다.

난창은 1만5,000여㎞에 달했던 중국 공산당 대장정의 시작점이다. 공산당은 난창봉기후 국민당 반격을 피해 인근 징강산(井岡山)으로 피신해 1여 년간 험난한 대장정 길에 올랐다. 중국 개혁파의 상징적 인물인 후야오방의 묘소는 난창에서 북쪽으로 약 70㎞ 떨어진 궁칭청(共靑城)이라는 마을에 자리 잡았다. 궁칭청은 공산주의청년단의 마을이라는 뜻이다. 1995년 상하이 공청단 청년 98명이 이곳으로 건너와 황무지를 개간해 만들었다 하여 붙여졌다. 궁칭청에서 북쪽으로 50㎞ 올라가면 명산 중 하나인 루산(廬山)도 있다. 중국 공산당 지도부의 피서지로 유명한 '루산회의'가 열린 곳이다. 1959년 여름 열린 루산회의에서 펑더화이(彭德懷) 등이 마오쩌둥의 대약진 운동의 문제점을 비판했다가 실각했다. 루산회의는 향후 중국 문화대혁명의 불씨를 제공했다.

혁명도시 난창은 신 중국 설립 후 공업기지로 육성됐다. 중국 최초 비행기(1954년)를 시작으로 최초 오토바이(1957년), 최초 트랙터(1957년), 최초 미사일(1966년)이 모두 난창에서 제조됐다. 중국 제1차 5개년 계획의 중공업 진흥사업 '156 프로젝트'에 따른 결과물로 중국

공업발전의 씨앗이 됐다. 하지만 난창은 광둥성, 푸젠성, 저장성 등 부유한 지역을 주위에 끼고 있으면서도 내륙 지역에 위치한 탓에 개혁개방 이후 경제발전에서 뒤쳐지기 시작했다.

난창이 다시 경제발전의 날개를 편 것은 베이징에서 홍콩 주룽(九龍)반도를 잇는 징주(京九)철도가 1996년 개통되면서부터다. 총 2536㎞ 길이 징주철도가 난창을 지나면서 지역 경제는 활기를 띠었다. 특히 창장삼각주와 주장(珠江)삼각주가 만나는 지리적 이점을 살려나가면서 중부굴기 전략도시가 되고 있다. 미국 포드자동차, 월마트, 까르푸 등 외자기업들이 속속 난창에 진출했다. 163)

1) 환포양후 도시군

환포양후도시군은 중국의 최대 담수호인 포양후(鄱阳湖)를 둘러싼 도시군으로 경제성장과 도시화율이 빠른 지역이다. 환포양후도시군은 난창 9개 구역, 주장(九江) 12개 구역, 징더전(景德镇) 4개 구역, 잉탄(鹰潭) 3개 구역, 상라오(上饶) 3개 구역, 푸저우(抚州) 2개 구역, 신위(新余) 1개 구역, 지안(吉安) 1개 구역, 이춘(宜春) 3개 구역, 총 38개 현·구·시를 포함하고 있다. 환포양후 도시군의 면적은 5.12만㎢이며, 8개 주요 도시(난창, 징더전, 잉탄, 지우장, 신위, 푸저우, 이춘, 상라오)면적은 장시성의 70%에 달하며 인구는 66.3%를 차지하고 있다.

2013년 환포양후도시군 8개 주요 도시의 GRDP는 1조 745.6억 위안으로 장시성 전체인 1조 4,338.5억의 75%에 달하고, 1인당 GRDP는 41,841위안 수준이다. 산업비중은 10.3 : 53.4 : 36.3으로 2차 산업 비중이 가장 높다. 장시성의 성도인 난창시는 첨단산업, 과학기술, 문화 및 서비스업이 집중되어 있다. 난창경제개발구와 첨단기술개발구, 수출가공구가 위치하고 있으며, 자동차, 항공, 바이오, 식품, 전자정보, 신재료 등의 중점산업을 육성해 선진제조업기지를 조성하고 있다. 또한 금융, 비즈니스, 물류, 여행, 서비스 아웃소싱 등 현대서비스업이 빠르게 발전하고 있다.

환포양후도시군의 난창과 함께 중심축인 지우장은 장강(長江)을 통해 바다로 향하는 지리적 우위로 임항산업이 발달되어 비즈니스와 여행업이 발전했다. 지우장항은 1980년도 국무원의 비준을 받아 대외무역을 시작했으며, 중국의 동과 서를 이어주는 항으로 물류 크러스트와 창장 연안의 중요 공업기지가 위치하고 있다. 상라오, 신위, 이춘 등은 선진제조업이 주로 발달되었고, 푸저우, 징더전, 지안, 잉탄은 전통제조업 및 지역특산품가공업 등 중심으로 한 제조업기지가 위치하고 있다. 164)

---

163) 아주경제(2015.3.12), [중국도시를 읽다](39) 혁명성지 난창, 창장 경제벨트 중심 공업기지로 탈바꿈.

[그림 3-40] 환포양후 도시군 위치도

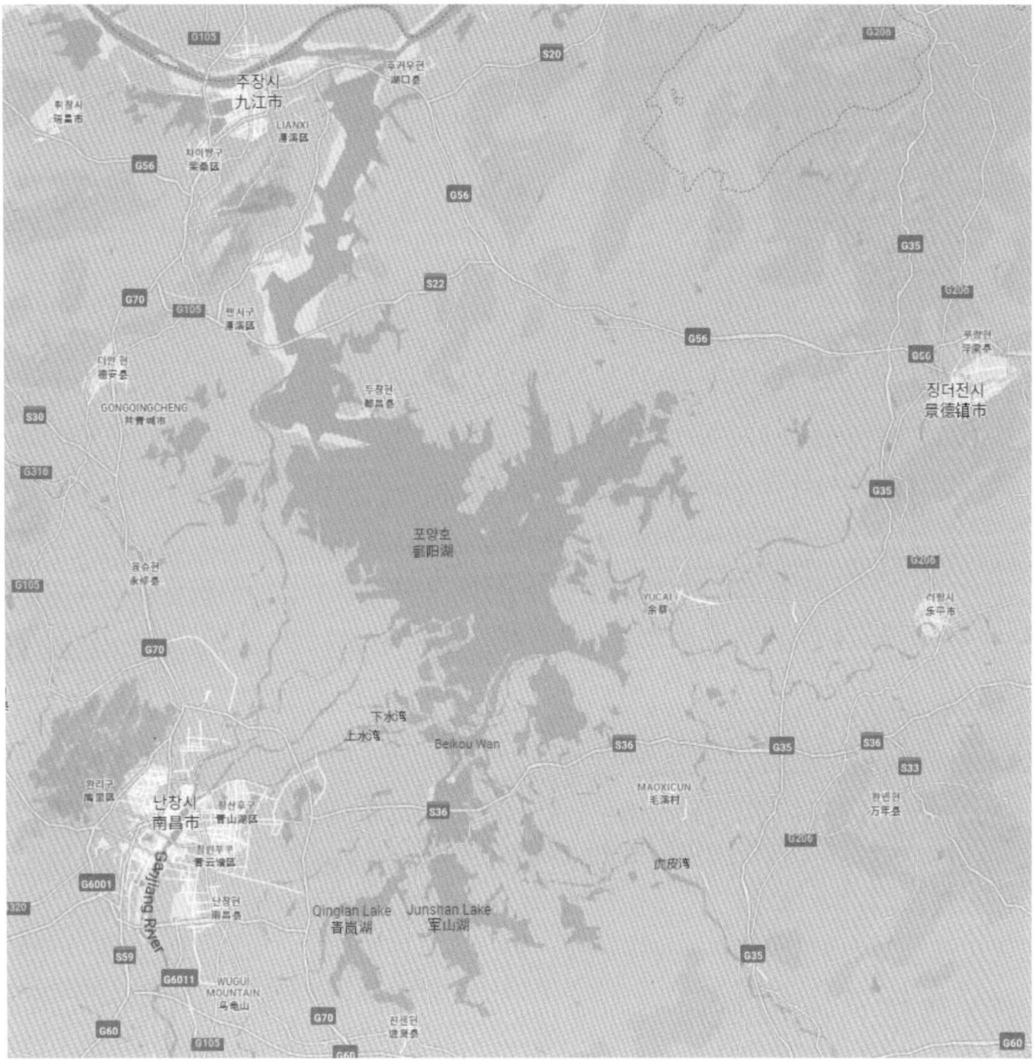

자료: 구글지도 (검색일자: 2021.7)

164) 김수한 ·유다형(2015), 중국 창장중역도시군 발전계획의 주요 내용 및 시사점, 「중국도시정보11」, 인천발전연구원, 한중Zine INChinaBrief (Vol.290), 2015.5.11.

(5) 안휘성

안휘성(安徽. 안후이)은 춘추전국시대에는 초(楚)와 오(吳)나라의 땅이었으며, 한(漢)나라 때는 강소성 양저우(楊州), 하남성에 속하였다. 원(元)나라 때에는 하남성과 절강행성(浙江行省)에 속했다. 안휘성은 철학가 장자, 삼국시대의 조조 및 의학자 화타, 송나라 유학자 주희, 청백리 포청천(包靑天), 명나라를 건국한 주원장(朱元璋)등 역사상 유명한 인물들을 다수 배출한 곳이다. 안휘성은 오래전부터 상업 활동이 활발했던 지역으로, 특히 명청 시대 이후 휘상(徽商)으로 일컬어지는 유명한 안휘상인들이 활동했으며, 현재까지도 전 세계에 퍼져있는 휘상들이 1년에 한번씩 허페이(合肥)시에 모여 휘상대회(中國國際徽商大會)를 개최하고 있다.

중국 동부내륙지구, 장강(長江)하류에 위치한다. 동으로는 강소 · 절강, 북으로는 산동, 서로는 호북 · 하남과 인접하고 있다. 동서길이 450㎞, 남북길이 570㎞이다. 청(淸)나라 강희제 때 안경부(安慶府)와 휘주부(徽州府)의 첫 글자를 따서 동쪽 지역을 안휘성(安徽省)으로 명명했다. 청나라 초 이전에는 안휘와 강서 및 현재의 상해까지 포함해 강남성(江南省)으로 분류 됐었다. 그 후 안휘와 강소 두개 성으로 나뉘었고 안휘성의 관청은 안칭(安庆)부였다. 안칭에는 환산(皖山), 환수(皖水)등이 있었고 춘추시기에는 환국(皖国)까지 있었으므로 안휘를 환(皖. Wan. 완)으로 약칭하게 됐다.

□ 면적: 14만㎢ (중국 전체 면적 중 1.46%)
□ 성도(省都): 허페이(合肥)
□ 지형: 지세는 서남이 높고 동북이 낮음. 성내 최고봉으로 黃山蓮花峰, 해발 1,873m. 평원, 구릉은 각각 총 면적의 30%정도 차지함.
□ 기 후: 온대와 아열대 기후가 교차, 연평균 14~17℃, 강수량 1,250㎜
□ 행정구역: 地級市 17개, 區 44개, 縣級 61개(市 5개, 縣56개)
□ 국가급 개발구: 合肥경제기술개발구(1993년), 馬鞍山경제기술개발구(1995년), 蕪湖하이테크산업개발구(1991년), 蚌埠하이테크산업개발구(1994년) 등

2020년 안휘성의 산업구조를 보면, 1차산업 8.23%, 2차산업 40.52%, 3차산업 51.25% 수준을 보이고 있다. 2차산업의 주요 산업군으로는 철강, 자동차, 건설기계, 가전, 화학공업이 비교적 발달해있다. 안휘성의 지하자원을 개발하기 위한 광산설비와 건설기계도 주력산업이다.

[표 3-46] 안휘성 경제지표 (2020년)

GRDP*	산업구조			1인당 GRDP	
	1차산업	2차산업	3차산업	위안	US$
3.82%	8.23	40.52	51.25	63,426	9,195
인구(만명)	인구 중국내 비중	도시화율(%)	부동산 개발투자*	수출*	수입*
6,103	4.33%	58.32	4.98%	1.76%	1.58%
수출입*	외상기업 투자액*	공업생산액*	소비품판매액*	중국 평균 1인당GDP 대비	
1.68%	1.87%	3.58%	4.68%	87.6% (72,447元. U$10,503)	
허페이 GRDP**		허페이 인구(만명)			
26%		936			

주: *중국 내 비중을, **성내 비중을 나타냄. 도시화율 및 공업생산액은 2019년도 수치 기준임.
자료: 국가통계국 国家数据 (2021.6.22.)

장강삼각주(长三角) 지역의 산업이전 효과로, 안후이 지역의 상주인구 증가 규모가 중국 전체 3위를 차지했다. 최근 몇 년간 장강삼각주 등 지역의 산업이전 속도가 빨라지면서 중국 중부지역 인구와 농업대성(農業大省)인 안후이의 타 도시로 유출되었던 인구가 다시 돌아와 이 지역의 상주인구가 빠른 속도로 증가하고 있다.

2017년 안후이성 전체 상주인구는 6,254만 8,000명으로 6,200만 명을 넘어섰다. 2016년 대비 59만 3,000명이 증가해 0.96%의 증가율을 보였으며, 2017년 한해 인구 증가 규모는 광둥(广东), 저장(浙江)에 이어 중국 3위를 차지한 것이다. 이처럼 높은 증가율을 보인 원인은 기존에 안후이성의 인구 증가율이 낮아 기저효과가 크게 작용했고 정부의 '1가구 두 자녀 정책'으로 인한 효과가 가시화된 것도 있지만, 최근 안후이의 외부로 빠져나갔던 인구가 지속적으로 귀환하는 현상과도 관련이 있는 것으로 분석된다.

2013년 안후이에 처음으로 외부 유출인구 귀환 현상이 나타났으며, 이후 5년간 지속되었다. 2017년 한 해 동안 안후이의 외부 유출인구 중 8.5만명이 돌아 왔다. 안후이성 사회과학원은 안후이 외부 유출인구 중 70% 이상이 절강, 강소, 상하이로 유입됐다고 했다. 이 도시들이 세계적으로 발전하는 과정에서 안후이가 장강삼각주 발전을 위한 분업과 협력에 참여함에 따라, 저장과 장쑤, 상하이의 많은 생산설비가 안후이로 이전되어 안후이 경제를 견인하는 효과를 불러왔으며, 이 지역으로 빠져나갔던 인구가 다시 안후이로 돌아오기 시작했다.

[그림 3-41] 안휘성 위치도

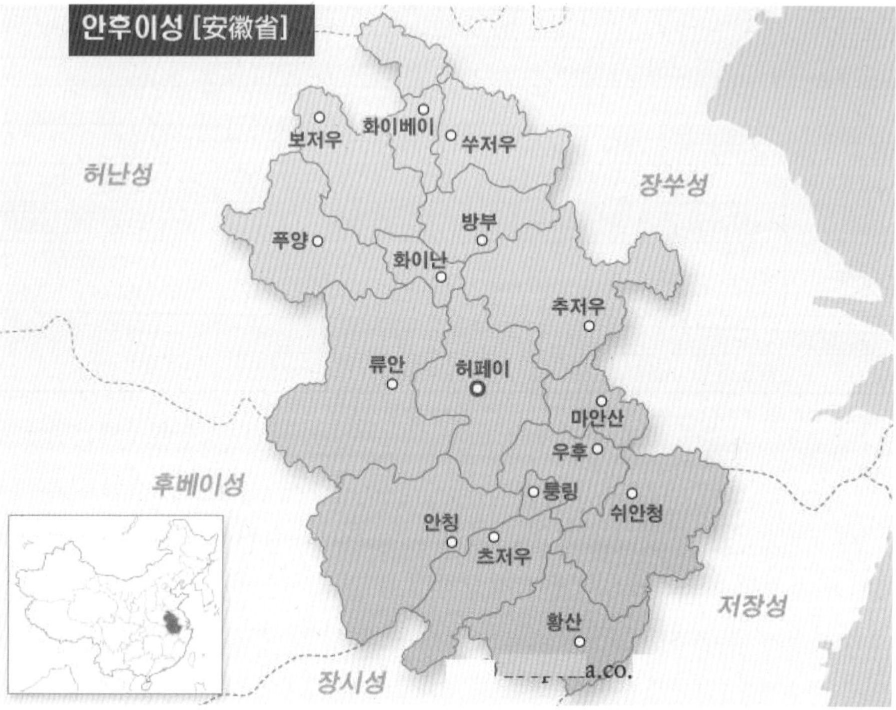

자료: 두피디아(2021.7)

2018년 1~7월 안후이성의 수출입 규모가 15.6% 급증했다. 동 기간 안후이의 수출입 총액은 전년동기비 15.6% 급증한 2,326.5억 위안에 달했다. 그 중 수출은 전년동기비 12.8% 증가한 1,303.2억 위안이었으며, 수입은 전년동기비 19.3% 늘어난 1,023.3억 위안으로 집계되었다. 수출 품목으로는 첨단기술 제품의 수출액이 전년동기비 34.9% 급증한 353.8억 위안으로, 안후이 전체 수출에서 차지하는 비중이 27.1%에 달했다. 기계 · 전자 제품의 수출은 전년동기비 17.7% 늘어난 760억 100만 위안으로 안후이 전체 수출의 58.3%를 차지했다.

이러한 실적은 적극적으로 대외무역의 구조 전환과 고도화를 추진한 결과로 판단된다. 특히 수출 분야에서 기계 · 전자, 태양광, 가전, 자동차 등 경쟁력이 있는 기존 산업의 핵심 경쟁력을 강화한 결과이다. 수입 분야에서는 철, 동, 농산품 초벌 가공에 대한 의존도를 축소했으며, 원자재 수입시장을 다원화 한 결과로 판단된다.

1) 안휘성 14·5 규획(2021~2025)

안후이성은 14·5 규획기간 과학기술 연구기관 확대 및 핵심기술 개발을 통한 과학기술혁신, 신산업 클러스터 조성 및 역내외 교통망 · 유통시스템 개선에 주력할 계획이며, 중국의 핵심 발전전략인 창장삼각주 통합 발전에 부응하고자 상하이 · 장쑤(江苏) · 저장(浙江)성과의 협력을 특별히 강조하고 있다. 안후이성이 강점을 가지고 있는 양자과학 · 자기구속핵융합 · 흉부과학 등 첨단 과학기술 연구를 활성화하고, 국내외 유명 대학 · 연구기관 분원을 유치해 글로벌 경쟁력을 갖추고자 한다. 차세대 IT · 인공지능 · 커넥티드카 · 스마트가전 등 신산업 클러스터를 조성하고 신산업 분야 기업 유치에 노력할 계획이다.

성도인 허페이(合肥)와 안후이성 및 전국 주요 도시간 1~3시간 교통망을 구축하고, 온라인 쇼핑몰 징둥(京东)의 글로벌 항공화물 운송 허브항을 마련하는 등 화물운송 능력을 확대하여 국내외 상품 유통의 거점으로 성장하고자 한다. 창장삼각주 지역과 과학기술 협력 및 산업사슬 · 교통 · 사회보장서비스 연결을 강화하고, 안후이성 내 발전이 더딘 북부지역(완베이·皖北)에 산업이전 클러스터를 조성해 창장삼각주지역 기업 유치를 도모하려 한다.

안후이성은 창장삼각주 통합 정책을 활용한 혁신을 강화하려 한다. 그동안 안후이성과 상하이 · 장쑤 · 저장 간에는 주로 교통 인프라 연계, 공공서비스 통합 조치와 같은 하드웨어적 통합이 추진되어 왔다. 안후이성 주요 도시와 항저우(杭州)를 잇는 고속철로서, 중서부지역과 화동지역을 연결하는 주요 통로 역할을 하는 상허항(商合杭·샹치우-허페이-항저우) 고속철이 2020년 개통되었다. 2019년에는 안후이성과 상하이 · 장쑤 · 저장 41개 도시는 지역간 분절되어 있던 의료보험 정보 공유 네트워크를 구축해, 주민이 거주지 외 지역에서 의료기관 방문 시 의료비를 바로 결산할 수 있는 서비스를 중국 내 최초로 도입하기도 했다.

14·5 규획기간에는 창장삼각주 통합 정책이 본격 시행됨에 따라 산업 · 시장 통합과 같은 소프트웨어적 통합도 추진될 예정으로, 안후이성은 과학기술 혁신능력 제고를 중심으로, 신산업 · 농산품시장 육성, 산업이전 등에서 상하이 · 장쑤 · 저장과 협력을 강화해 창장삼각주 지역과의 경제발전 격차를 줄이고자 한다. 창장삼각주 지역공동발전기금을 활용해 허페이에 기초연구 · 산업혁신 플랫폼을 구축하고 역내 과학기술 협력을 강화한다. 상하이 · 장쑤 기술교역소 등과 협력해 안후이성이 중국 동부지역의 주요 기술이전 시장이 되도록 하며, 안후이성 과학기술혁신기업이 자금투자를 원활히 받을 수 있도록 커촹반(科创板 · 상하이 증권거래소 기술 · 벤처기업시장) 상장을 지원할 계획이다.

[표 3-47] 안휘성 14·5 규획 주요 과제

주요 과제	세부 내용
혁신지속으로 영향력 있는 과학기술 혁신 기지조성	• 과학기술역량강화: 양자과학·자기구속핵융합·흉부과학·Bio·바이오육종·우주 등 분야 기초연구 지원, 양자정보산업발전클러스터 및 산업혁신 체인구축으로 글로벌 영향력 있는 양자센터조성, 연구소·대학교·기업간 과학연구인력 및 자원공유 확대, 과학기술협력확대 및 국내외유명대학·연구기구 분원유치, 과학연구논문 및 기술정보교류플랫폼 구축 • 핵심기술개발:인공지능·양자정보·집적회로·바이오의약·선진구조소재 등 분야 과학기술 중대프로젝트 실시 • 기업기술혁신:선두기업의 산학연협력강화, 기초연구 및 응용기술개발에 세수우대정책을 도입해 기업의 R&D 투자장려, 중소과학기술기업육성으로 산업사슬개선 • 인재활력제고: 영재계획·인재혁신창업기금 등으로 해외인재유치, 과학기술연구인력의 성과소유권 보완 • 과학기술성과전환강화: 기술이전기구 및 기술경영인육성, 허우벙(合芜蚌) 과학기술 성과전환 시범구 구축지원, 과학기술성과 전환금융 지원강화 • 빈후(滨湖)과학성 건설: 흉부과학·초전도응용·신소재 등 분야 첨단 연구 플랫폼 구축, 국제과학교류센터 조성
현대산업 체계 발전 및 영향력 있는 신산업 클러스터 조성	• 산업사슬·공급망 강화: 신산업 클러스터 조성, 석탄·철강·유색금속·화공 등 전통산업 첨단화·스마트화·친환경화, 국내외 신산업 이전유치 • 신산업육성:10대신산업(차세대IT·인공지능·신소재·에너지절약 및 환경보호·신에너지자동차 및 커넥티드카·스마트가전·첨단장비제조·생명헬스·녹색식품·디지털창의)발전 및 지역별 산업육성 프로젝트실시 • 서비스업 발전가속화:금융·과학기술·R&D설계·물류·비즈니스컨설팅·전자상거래·법률등 서비스업육성, 서비스업과 제조·농업융합, 헬스·양로·육아·문화·관광·스포츠·가사 등서비스 다양화 및 고급화 • 인프라 건설 강화: 신형 인프라 구축 확대, 허페이 도시권 교통망 확대, 각 현(县)의 고속철·고속도로 연결확대, 창장삼각주 석탄저장기지·물류시스템건설 • 디지털화발전: 디지털산업화 및 산업디지털화 추진, 차세대인공지능 혁신발전시험구건설, 디지털 공공서비스확대, 안후이 빅데이터 교역센터 건설
내수 확대 및 특성 강화로 쌍순환 발전에 기여	• 국내 대순환 요충지 및 국내외 쌍순환 전략 연결지 구축: 생산요소시장 배치 개선 및 상품서비스 유통 병목현상개선, 교역비용감축, 가공무역부가가치확대, 서비스무역혁신발전, 우수상품 수입확대, 국내외 무역온·오프융합발전 • 소비수요확대: 자동차·주거소비확대, 소비신업태육성 및 도농소비시장개척, 유급휴가제실시 및 휴일소비확대, 스마트상권조성 및 문화관광 특색거리·야간문화관광 소비 클러스터건설 • 유효투자확대: 인프라·농촌·생태·공공보건등분야투자확대, 기업설비·기술개조·신산업투자촉진, 신형인프라·신형도시화·교통·수리 등 중대공정건설 • 현대유통시스템구축:허페이-안후이성내도시간1시간교통망,허페이-주변성도2시간교통망, 허페이-전국주요도시3시간교통망구축, 철도 및 국제항공화물운송능력제고, 허페이국제물류허브건설, 우후(芜湖) 공항에 징둥(京东) 글로벌 항공화물 운송 슈퍼 허브항 건설, 연 매출 100억 위안 이상의 대형상무유통기업 20개 이상 육성

주요 과제	세부 내용
개혁 심화	• 시장주체 활력제고:국유기업개혁·구조조정, 경쟁시장환경조성, 민영경제 발전환경개선 • 시장시스템강화: 공정한재산권보호제도구축, 가격의 시장결정시스템 강화 정부직능전환: 행정서비스 간소화, 규범화
농업·농촌 우선 발전 및 농촌진흥 모델조성	• 농업 경쟁력 강화: Bio육종·중형 농기계·스마트농업 발전, 친환경 농산품 생산기지 건설 • 향촌환경개선: 인프라확대, 홍수방지공정실시, 농촌디지털화 및 의료보건·교육·문화·양호 등 서비스 확대, 도시인재의 귀농장려 • 농촌개혁심화: 도농융합발전시범구건설, 토지계약생산책임제(承包制)연장, 도농건설용지시장통일 • 탈빈곤지속추진: 농촌저소득층지원, 재빈곤방지
창장삼각주 통합 발전추진 및 발전 거점지역 공동조성	• 창장삼각주 지역과의 협력 전면 추진: 과학기술혁신 공동체·성과이전 시범·국가기술혁신센터 공동 건설 및 과학기술자원 공유확대, 산업사슬연결확대, 친환경농산품 가공공급기지 건설 협력, 인력자원시장융합, 철도·도로연결강화 및 글로벌항구 클러스터 공동건설, 환경오염방지협력, 과학기술혁신형 기업의 상하이교역소 커창반 상장지원, 세관통관통합, 정무·사회보장서비스 타지역이용 원활화 • 지역간연계확대: 창장삼각주생태·녹색통합발전시범구 공동 건설, 인접지역에 산업·도시융합구역조성, 산업협력단지공동건설 • 완베이(皖北) 산업이전 클러스터 조성: 용지 보장, 인재 유치 조치 도입, 단지 내 단지·위탁관리·투자협력 등 방식으로 협력단지공동건설, 창장삼각주 중심지역의 산업이전 가속화로선진소재·바이오의약 등 신산업 클러스터발전,장비제조업강화, 소비품공업 업그레이드,현대서비스업 육성,고효율생태농업발전

자료: KIEP(2021), 중국 중부지역의 14·5 규획기간 경제정책 방향 및 전망, 기초자료 21-07(2021.5.20.).

□ 중국과학기술대학(中国科学技术大学. USTC)

안휘성 허페이시에는 중국 최고의 과학 인재들이 모인 중국과학기술대학이 있다. 1958년 9월 베이징에서 창립되었으며 현재는 중국과학원 소속으로 1970년에 안후이성 허페이시로 옮겼다. 선진과학 및 첨단기술 중심으로 경영관리 등 15개 단과대, 30개 학과가 있다. 양자통신, 철기반 초전도체 등은 세계적 원천기술 확보했으며, 나노기술, 화재과학, 바이오의학공학, 재생가능에너지, 음성인식, 지구환경 분야는 세계 선진 수준이다. 2015년 기준, 교직원은 1,812명이며, 저명학자로는 欧阳钟灿(액정, 바이오막), 郭光灿(양자물리, 양자통신), 潘建伟(양자물리), 谭铁牛(모델인식과 컴퓨터시각) 등이 있고, 왕양 부총리가 이곳 출신이다.

연구기관은 총 45개가 있으며 국가급, 성급, 부급 연구기관이다. 973, 863 등 중대 과제를 수행한다. 11·5계획(2006~10년)부터 60억 위안 연구비 받았다. 국가급 과학기술상 17건, 성 · 부급 과학기술상 102건을 수상했다. 중국과기대 소년반(少年班)은 1978년 3월부터 개설됐다. 노벨물리학상 수상자 리정다오(Tsung-Dao Lee. 美국적) 건의 및 지원으로 만들어졌으며, 학생 연령은 12~18세이다. 37년 동안 2910명 본과생이 졸업했고, 90%는 외국 대학원 진학했다. 대표적 인물로는 张亚勤(12세 입학, 34세 MS 아시아연구원 MSRA 창립, 현 바이두닷컴 총재), 庄小威 (1987학번, 하버드대 최연소 교수, 미국과학원 원사 당선) 등이 있다.

□ 허페이(合肥)

허페이시는 동부 연해지역에서 중서부지역으로 나아가는 길목에 위치한 도시로 중국을 종횡으로 가로지르는 고속도로와 철도가 지나는 교통의 요충지이다. 난징과 우한의 중간에 있으며 상하이, 항저우, 정저우 같은 동부 연해 및 중부 주요 도시들이 반경 500㎞내에 있다. 베이징-푸저우 고속도로와 상하이-청두 고속도로가 허페이를 지나며, 206국도(옌타이-산터우)와 312국도 (상하이-훠얼궈쓰)가 허페이를 경유한다. 동부 연해와 내륙을 잇는 난징-시안 철도, 상하이-우한-청두 고속철도가 지난다. 화이허(淮河)와 창장 사이에 자리잡은 허페이시는 군사적 요충지로서 중원과 강남 세력이 격돌하는 무대였다. 허페이는 삼국시대 위나라 명장 장료가 800여 명의 군사로 오나라 손권의 10만 대군을 물리친 곳으로 현재 시 중심부에는 당시 전투지 중 하나였던 샤오야오진(逍遙津)이 공원으로 조성되어 있으며, 인근에는 조조가 병력을 정비하고 궁술을 가르치던 교노대(喬弩臺)가 남아 있다. 판관 포청천과 청말 정치가 리훙장 같이 중국인들이 존경하는 역사적 인물의 출생지이기도 하다.

허페이시는 일찍 개혁개방의 수혜를 입은 동부연해 도시들과 오랜 공업도시인 우한시 사이에 위치하여 발전 과정에서 상대적으로 적은 관심을 받았으며 경제발전도 뒤처졌다. 2010년, 허페이의 1인당 GRDP는 상하이의 45%, 난징의 67%, 우한의 82% 수준이었다.

허페이시는 중국의 주요 과학 교육도시 중 하나로 주요 과학연구시설의 수가 베이징시 다음으로 많을 정도로 과학연구기반이 튼튼하다. 한국의 KAIST에 해당하는 중국과학기술대학(USTC) 및 허페이공업대학교 같은 이공계 대학이 소재하고 있다. 이 때문에 과학기술분야 인력 풀이 풍부하여 기술인력 채용이 수월한 편이다. 마이크로 스케일 물질과학 국가실험실, 국가고성능컴퓨터센터 같은 국가급 핵심과학연구시설 및 중국과학원 물질과학연구원 등의 연구개발 기관이 680여개 소재해 있다. 이러한 과학연구 기반을 통해 중국 최초의 마이크로컴퓨터, 창문형 에어컨이 허페이시에서 개발될 수 있었다.

허페이시에는 장화이(江淮)자동차, 안카이(安凱)자동차 등 규모 이상 자동차 회사가 10개, 자동차부품 회사가 300여개 자리잡아 자동차산업 클러스터를 형성하고 있다. 허페이시 소재 기업 중 매출 1위를 기록하고 있는 장화이자동차는 2020년 완성차 판매량이 45.3만대로 중국 내 상용차(버스, 트럭) 메이커 중에서 7위 수준을 기록했다.

허페이시가 집중육성하고 있는 분야는 자동차, 장비제조, 가전, 화공 · 고무타이어 · 제조, 신소재, 전자정보, Bio · 의약, 식품가공 등 8대산업이다. 가장 핵심을 이루는 산업은 장비제조, 가전, 자동차 산업으로 이들 산업의 공업기업 생산액은 허페이시 전체 생산액의 50%를 점유하고 있다. 생산액이 가장 높은 산업은 장비제조업이다. 허페이는 전국 최대 굴삭기 지게차 생산기지 중 하나로 히타치, 허리(合力) 지게차, ABB, 자퉁(佳通) 타이어 등 기업이 소재해 있다. 또한 2000년대 후반 메이디, 하이얼 등 연해지역의 주요 대형 가전사들이 이전해와 현지 기업인 메이링(美菱), 룽스다(榮事達)와 산업체인을 형성하며, 중국 백색가전 제조기지로 부상했다. 현재 허페이의 냉장고, 에어컨, 컬러TV, 세탁기 생산량은 중국 전체의 1/4 수준이다.

전자정보 및 식품가공업도 빠른 발전을 보이고 있다. 2010년 중국 1위 LCD 업체인 징둥팡(京東方.BOE)이 허페이로 이전해오면서 평판디스플레이 산업도 발전하고 있다. 징둥팡은 2010년 9월, 6세대 공장 생산을 시작하였고, 최근에 완공된 8.5세대 공장으로 허페이의 평판디스플레이 산업발전이 가속화 되고 있다. 안후이성은 중부지역 최대 곡창지대로 허페이시에는 이리(伊利), 멍뉴(蒙牛), 와하하(娃哈哈) 등 유명 농산품 가공회사들이 모여 있다.[165]

□ 안휘성 '완장 도시벨트(皖江城市带)'

안휘성은 '완장도시벨트'를 중심으로 중국 동남부 연해지역 기업의 이전을 적극 유치하고, 8대 중점산업을 발전시켜 고속성장과 함께 소득증대 및 복지향상을 목표로 하고 있다. 지리적 이점을 활용하여 장강삼각주 지역과의 분업에 참여하고 산업기반을 확충하여 연해지역의 산업이전을 유도하려 한다. 완장(皖江. 환강)은 강 이름이 아니라, 안휘성을 관통하는 장강 유역 혹은 연안에 있는 도시 지역을 의미한다. 완장 도시벨트는 허페이(合肥), 우후(芜湖), 마안산(马鞍山), 동링(铜陵), 안칭(安庆), 츠저우(池州), 추저우(滁州), 쉔청(宣城) 등 8개 지급도시와 리우안시(六安市)의 금안구(金安区), 서성현(舒城县)을 포함한다.

2010년 1월, 안휘성 '완장(皖江)도시벨트 산업이전 유치시범구 규획(皖江城市带承接产业转移示范区规划)'이 공포되면서, '완장 도시벨트'가 중국 최초의 국가급 산업이전 유치시범구로 승격되었다. 이후 타 연해지역에서 안휘성으로의 산업이전이 활발하게 이루어지고 있다. 동 시범구는 국가치원에시 실시되는 지역균형발선 조지이다. 전자정보, 환경, 신에너지, 바이오의약, 첨단장비 제조, 신소재, 신에너지 자동차, 공공안전 산업 등에 1조 위안 이상을 투자하여 이들 산업을 지주산업으로 전환 발전시킬 계획이다.

165) KIEP(2012), 중국 도시 정보 시리즈, 안후이성 허페이시, 「중국 권역별·성별 기초자료」, 2012.8.9.

[그림 3-42] 완장 도시벨트 위치도

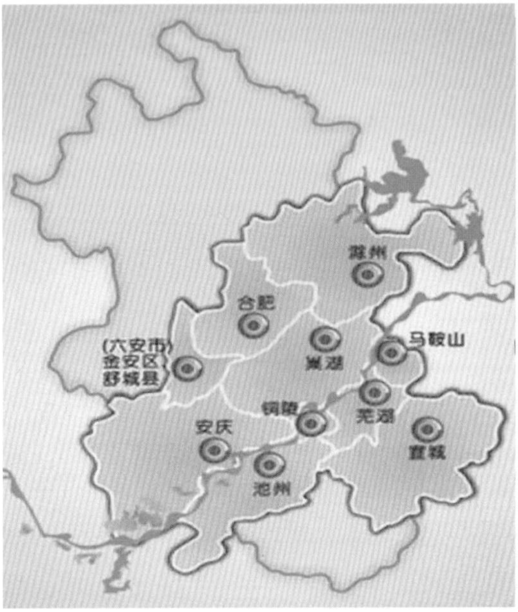

자료: 안휘성 인민정부(www.ah.gov.cn)

[사진 3-20] 안휘성 합비시 포청천 사당

자료: 김동하ⓒ 2012.

6. 서북권

(1) 섬서성

섬서성(陝西. 샨시) 지역은 중화민족 고대문명 발상지의 하나이다. 80만년전의 란톈원인(蓝田猿人) 유적이 발견되었으며, 중국에서 발견된 가장 오래된 고인류 두개골 화석이다. 이외에도 시안반포촌(西安半坡村) 유적지(1953년 발견)는 7천년전의 모계씨족사회 거주촌락이다. 또한 샨시 지역은 농업생산이 가장 일찍 개발된 지역 중 하나이다. 섬서성은 중국 역사상 대외개방을 가장 먼저 추진한 지역 중 하나로 옛 이름이 장안(長安)이며, 실크로드 역시 長安에서 시작되며 한(漢)나라 이후 長安은 동남아, 서아시아, 그리고 유럽 각국과 정치 · 경제 · 문화교류의 중심지였다. 166)

중국 역대 왕조의 수도가 모두 섬서성에 위치했는데, 秦, 西汉, 东汉, 西晋, 前赵, 前秦, 后秦, 西魏, 北周, 隋, 唐, 大夏 등 13개 王朝가 차례로 이곳에 도읍을 정하여 수도로서의 역사가 1,100여년에 이른다. 섬서성은 중국 공산당 혁명의 성지이기도 하다. 공산당 홍군장정(長征)이 1935년 10월 19일 산베이(陝北)의 오기진(吴起镇)까지 도착한 이후 공산당은 연안(延安) 중심의 산베이 지역에서 13년간 항일전쟁과 혁명 활동을 지속한 바 있다. 진시황 병마용은 1974년에 발견되어 유네스코 문화유산으로 지정되었다.

섬서성은 중국 서북지역의 동부 황하중류에 위치하며, 동으로 산서성, 서로는 감숙성, 남으로 사천성·중경시, 동남쪽으로 하남성 및 호북성과 인접해 있다. 송(宋)나라 이후 이곳에 섬서로(陝西路)라는 행정구역이 있어, 섬서로 불렸으며 '산(陝. Shan)'으로 약칭한다. 또 옛날 이곳이 신(秦)나라 땅이었으므로 친(秦.Qin)으로 약칭하기도 한다.

□ 면적: 20.58㎢ (중국전체의 2.14%)
□ 성도(省都): 시안(西安)
□ 지형: 산지 36%, 고원 45%, 평야 19% 차지. 北山과 秦岭산맥이 陝西를 3개 자연지역으로 나눔. 북부-陝北高原, 중부-關中平原 , 남부-秦巴山地.
□ 기 후: 대륙계절풍기후, 연평균 기온 9~16℃, 연강수량 396~802㎜
□ 행정구역: 地級市 10개, 縣級 83개(市 3개, 县 80개)

166) 陝西省(섬서성)과 山西省(산서성)의 중국어 발음(한어병음)은 모두 동일하게 'ShanXi'로 표기된다. 그러나 혼동을 피하기 위해 우리 일부 언론에서 陝西省은 '샨시성'으로, 山西省은 '산시성'으로 표기하는 바, 본고 역시 이에 따랐다. 〈中國統計年鑑〉 영문판 역시, 산서성은 'ShanXi'로 섬서성은 'ShaanXi'로 달리 표기하고 있다.

□ 자 원: 수원 에너지량은 1,438만㎾로 그중 개발 가능한 에너지 량은 666만㎾임. 주로 섬서성 남부지역인 漢江과 북부의 黃河북부지류에 집중됨. 확인된 광물자원의 잠재적 가치는 전국 1위 규모임. 이미 발견한 광물 92종, 그중 에너지자원 5종, 금속광산 27종, 비금속광산 57종임. 석탄·석유·천연가스 등 에너지 자원이 대량으로 부존되어 있으며, 품질이 뛰어나고 종류도 다양함. 몰리브덴·수은·금·석회석·석영석·고령토 등 비축량이 전국 수위임.

□ 국가급 개발구: 西安경제기술개발구(1993년), 西安하이테크산업개발구(1998년), 宝鸡하이테크산업개발구(1992년), 杨凌농업하이테크산업개발구(1997년), 西安수출가공구(2002년)

2020년 기준 섬서성의 산업구조를 보면, 1차산업 8.66%, 2차산업 43.4%, 3차산업 47.94% 수준이다. 주력산업으로는 에너지 · 설비제조 · 유색금속 · 식품 · 비금속광물 · 제약 · 방직 · 전자제품 등이 있다. 주요 기업로는 陝西汽車集團(중대형 트럭), 比亞迪汽車(승용차), 延長石油集團(석유 및 천연가스), 西飛集團(항공기) 등이 있다.

[표 3-48] 섬서성 경제지표 (2020년)

<table>
<tr><td rowspan="2">GRDP*</td><td colspan="3">산업구조</td><td colspan="2">1인당 GRDP</td></tr>
<tr><td>1차산업</td><td>2차산업</td><td>3차산업</td><td>위안</td><td>US$</td></tr>
<tr><td>2.59%</td><td>8.66</td><td>43.4</td><td>47.94</td><td>66,292</td><td>9,611</td></tr>
<tr><td>인구(만명)</td><td>인구 중국내 비중</td><td>도시화율(%)</td><td>부동산 개발투자*</td><td>수출*</td><td>수입*</td></tr>
<tr><td>3,953</td><td>2.8%</td><td>58.42</td><td>3.11%</td><td>1.08%</td><td>1.3%</td></tr>
<tr><td>수출입*</td><td>외상기업 투자액*</td><td>공업생산액*</td><td>소비품판매액*</td><td colspan="2">중국 평균 1인당GDP 대비</td></tr>
<tr><td>1.17%</td><td>1.37%</td><td>3.03%</td><td>2.45%</td><td colspan="2">91.5%
(72,447元. U$10,503)</td></tr>
<tr><td colspan="2">시안 GRDP**</td><td colspan="2">시안 인구(만명)</td><td colspan="2" rowspan="2"></td></tr>
<tr><td colspan="2">38.2%</td><td colspan="2">1,295</td></tr>
</table>

주: *중국 내 비중을, **성내 비중을 나타냄. 도시화율 및 공업생산액은 2019년도 수치 기준임.
자료: 국가통계국 国家数据 (2021.6.22.)

섬서성은 2020년 1인당 GRDP 9,611달러로 12개 서부대개발 지역 중 내몽고, 중경에 이어 3위에 위치한다. 서부지역의 중심지로 각종 산업이 발달해있으며, 중국 서북부 지역 발전의 선두역할을 하고 있다. 특히 항공 및 우주, 자동차, 에너지 화공 등 산업이 발달했다. 지리적으로 인접한 사천성, 중경시를 연결하는 서삼각경제권(청두-중경-시안)을 구성하고 있다.

섬서성은 에너지 자원 大省이다. 광물 잠재가치는 42조 위안으로 전국 1위(중국전체 1/3), 석탄 1,685억톤(전국 3위), 석유 14억톤(5위), 천연가스 1조㎥(3위) 규모이다. 자원의 단순개발에서 탈피하여, 에너지 고부가가치 창출 및 석유 대체 에너지 개발정책이 추진되고 있다.

[그림 3-43] 섬서성 위치도

자료: 두피디아(2021.7)

섬서성은 서북지역의 관문이자 전체 국토의 중심부에 위치하여 향후 균형발전의 중심지로 부상 전망할 전망이다. 특히 정저우(하남성)-시안(섬서성)간 고속철이 연결(2012년)되어, 新실크로드 중심지로 급부상하고 있다.

주요 지역 발전전략인 '관중(關中)-텐수이(天水)경제구 개발계획'이 2009년 6월, 국무원 승인을 획득했다. 동 경제구는 시안(西安), 센양(咸陽), 통촨(銅川), 바오지(寶鷄), 웨이난(渭南), 감숙성(甘肅省) 텐수이(天水) 등 6개 도시로 구성되어 있으며, 섬서성과 감숙성 전체 면적의 12%인 7만9,800㎢ 규모이다. 동 경제구는 향후 서북부 지역 개발을 선도할 전망이다.

진시황 병마용을 보유한 섬서성은 중국의 대표 관광지로 관광업을 통한 서비스업을 적극 육성할 계획이다. 2019년 섬서성의 여행업 총수입은 7,211.59억 위안(전년비 20.3% 증가)으로 같은 해 섬서성 GRDP의 28% 차지하고 있으며, 해외 방문객 465만명(6.54% 증가), 국내 방문객 7.02억명(12.2% 증가)에 달한다. 섬서성 정부는 관광산업을 새로운 성장동력으로 선정하여 관광업의 GDP 비중을 확대해 오고 있다. 167)

바오지(寶鷄)는 중국의 대표적인 비철금속 가공기지이다. 반면에 오염이 심각하여, 환경 관련 산업 진출 유망하다. 주요 티타늄 생산지로 중국 전체 생산량의 70% 차지한다. 첨단기술 재료제작, 석유채굴장비, 고속철장비생산이 중점산업이다. 한국 정부는 2006년에 주시안총영사관을 개관하여 우리 기업들의 서부권 진출을 지원하고 있다.

[사진 3-21] 섬서성 서안 병마용

자료: 김동하 © 2021.

□ 시안 삼성전자 반도체

서안시는 풍부한 과학기술 인력을 보유하고 있다. 또한 '서부대개발' 정책의 중심지이기도 하다. 이러한 연유로 우리나라 삼성전자가 대규모 투자를 결정했다. 2012년 9월, 삼성전자가 섬서성 시안의 고신공업개발구 140만㎡ 부지에서 기공식을 하고 건설에 들어갔다. 삼성전자 중국 시안 반도체 공장(Samsung China Semiconductor)은 2013년말 완공된 후 2014년 5월부터 본격 양산에 돌입했다. 同공장에는 차세대 10나노급 낸드 플래시 생산라인이 들어선다. 삼성은 시안 반도체 공장 건설을 위해 초기에 23억 달러를 투자하며 이후 단계적으로 투자를 늘려 총 70억 달러로 확대할 계획이다. 이는 삼성의 역대 중국 투자 중 최대규모다.[168] 2015년 시안 반도체 공장은 연간 생산액 100억 위안(한화 약 2조원)을 돌파한 것으로 나타났다.

---

167) 华商报(2013.1.19)

168) 김동하(2012), 삼성전자 중국에서 미래를 찾는다, 친디아저널(Vol.72) 2012년 8월호, 52쪽.

[사진 3-22] 삼성 중국 반도체 메모리 제2라인 기공식 (2018.3.28.)

자료: 삼성전자(중국), 서부망 (www.cnwest.com)

샤시성과 시안은 삼성전자의 대규모 투자로 인해 새로운 발전 동력을 확보했을 뿐 아니라, 첨단산업을 유치해 산업전반에 걸쳐 업그레이드 효과를 보고 있다. 시안시 정부는 삼성전자 협력사를 비롯해 많은 한국 기업을 유치한다는 계획이다. 시안 가오신구에 입주한 삼성전자 협력사와 한국기업의 숫자는 88곳으로, 총 투자액은 4.4억 달러(한화 약 5,000억원)다. 169)

2018년 3월에 삼성(중국) 반도체 메무리 제2라인 기공식을 가졌다. 낸드플래시를 생산하는 시안2공장에 1단계로 70억달러를, 2020년부터 80억달러 추가 투입(총 150억달러)을 결정했다. 2021년 중반께 가동을 예상하고 있으며, 증설 프로젝트가 모두 마무리 되면 매달 13만장 웨이퍼를 생산할 수 있다. 이는 삼성전자의 전 세계 웨이퍼 생산량의 40%에 해당한다. 170)

삼성전자가 2020년 한 해 반도체 생산과 판매를 통해 중국에서 올린 매출은 31조 원이다. 삼성전자 반도체 사업부문이 거둔 매출 103조원(일부 중복매출)의 3분의 1가량이 중국에서 나온 것이다. 이는 중국 반도체 판매를 총괄하는 상하이삼성반도체(SSS) 법인과 시안 반도체 공장에서 생산한 낸드플래시로 삼성차이나반도체(SCS) 법인이 올린 연 매출을 합한 수치다. 2019년에도 삼성전자는 반도체 생산·판매만으로 중국에서 31조 5,000억 원을 벌었다. 171)

169) 아주경제 (2015.10.20)
170) 서울경제(2021.3.12)

□ 샨시 자유무역시험구(陕西自由贸易试验区)

2017년 4월, 중심지구(中心片区. 87.76㎢), 국제항지구(国际港务区片区. 26.43㎢), 양링시범구(杨凌示范区片区. 5.76㎢) 3곳을 통합하여 조성되었다. 전체 면적은 119.95㎢ 규모이다. 무역시험구에는 기존 샨시시안수출가공구, 시안첨단종합보세구, 샨시시안센양보세물류센터가 포함되어 있다.

출범이후 2019년 11월 기준, 신규설립 기업은 37,092개 (이중 외자기업 476개)이며, 총등록자본금은 6,958 억 위안 규모이다. 특화 산업으로는 중심지구에는 첨단제조업, 항공물류, 금융, 교육, 여행 등 산업 위주이며, 시안국제항지구는 현대물류, 금융서비스, 전시산업, 전자상거래 등 산업 위주이다. 양링시범구는 농업 위주이다. 특히 샨시 자유무역시험구는 서북지역의 유일한 자유무역시험구이기도 하다.

□ 관중평원 도시군 발전계획

2018년 2월 7일, 국가발전개혁위와 주택건설부가 공동으로 관중평원도시군발전계획(关中平原城市群发展规划)을 발표했다. 관중평원은 중국문명의 중요 발상지이자 옛날 실크로드의 출발점이면서, 국가현대화건설과 전방위 개방이라는 추세상에 전략적으로 중요한 위치에 있다. 해당 계획은 관중평원도시군(섬서성 시안을 중심으로 서쪽의 감숙성과 동쪽의 산서성 일부 도시를 포함) 발전을 추진하고, 중국의 동부에서 서부로 경제성장과 시장을 확장되도록 하며, 서북지역의 개방 서부대개발, 일대일로 건설 추진에 유리하도록 하는 데 있다. 특히 중국도시 중 9번째로 시안의 '국가중심도시 건설' 계획을 제시해, 서안과 관중 도시들과의 연대 발전을 위한 도시구조배치와 기능 정립과 최적화, 유망 산업육성 계획에 대한 종합적인 방안을 담았다.

---

171) 서울경제(2021.4.12)

[그림 3-44] 관중평원도시군 위치도

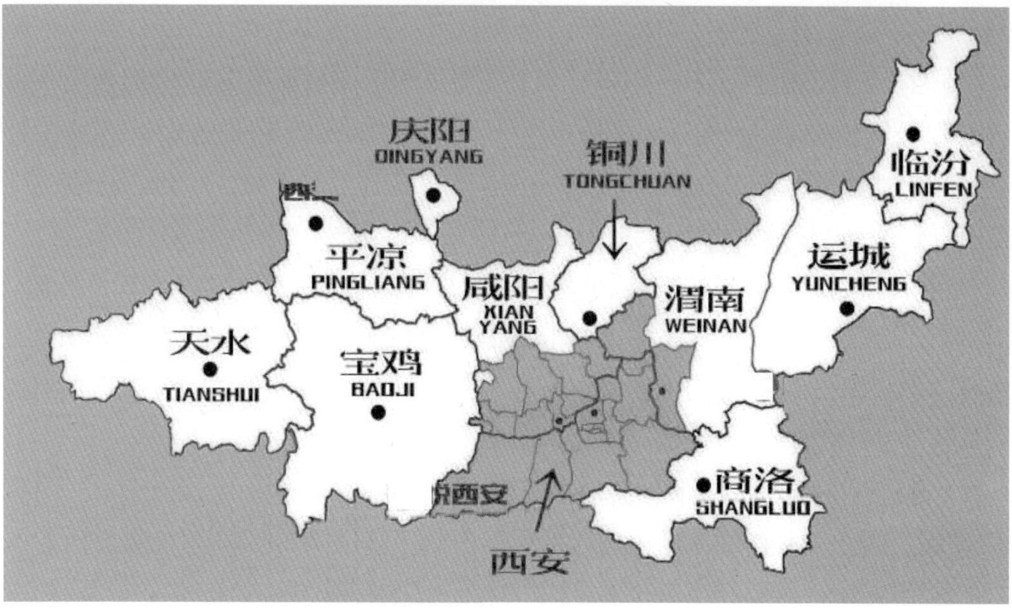

자료: 섬서성 정부 홈 페이지 (/www.shaanxi.gov.cn)

계획 기간은 2017~2035년이다. 해당 지역은 샨시성, 시안(西安)·바오지(宝鸡)·셴양(咸阳)·퉁촨(铜川)·웨이난(渭南) 5개도시와 양링농업고신기술산업시범구(杨凌农业高新技术产业示范区) 및 상뤄(商洛) 일부, 산시성(山西省), 윈청(运城) 일부, 린펀(临汾) 일부, 간쑤성(甘肃省), 톈수이(天水), 핑량(平凉) 일부를 포함하고 있다. 면적은 10만7,100㎢이며, 2016년말 상주인구 3,863만명, GRDP 1조5,900억 위안으로 각각 중국 전체 1.12%, 2.79%, 2.14%를 점유하고 있다. 관중평원도시군으로 하여금 시쪽 개방의 최전방 위치를 활용해 적극적인 일대일로 건설추진을 하게 하고, 국제무역 참여 인문교류 국제협력에 유리한 환경을 조성할 수 있게 된다. 지역 간 협력발전전략방침과 신형도시화건설 추진으로, 관중 각 도시들이 협력해 새롭게 성장할 수 있는 동력을 제공한다. 혁신주도발전전략과 군민융합발전전략으로 혁신과 산업구조 전환과 업그레이드 추진이 강화되고, 경제발전의 신동력을 제공해 줄 것이다.

동 발전계획과 함께, 시안이 9번째 국가중심도시로 지정되었다. 2010년 '전국 도시체계계획(全国城镇体系规划, 2010~2020)'에서 전국 첫 국가중심도시는 베이징, 톈진, 상하이, 광저우 5개도시였다. 2016년 5월 '청위도시군 발전계획(成渝城市群发展规划)'을 발표해 청두를 국가중심도시로 포함했으며, 2016년 12월 '중부지구 굴기 촉진 13.5계획(促进中部地区崛起'十三五'规划)'에서 우한과 정저우가 국가중심도시에 포함되었다. 2018년 시안이

9대 국가중심도시로 관중과 서북지역내 최초 지정됨에 따라, 지역분배의 불균형개선이 기대된다.

관중평원도시군 발전계획의 공간구조배치 방안을 보면 다음과 같다. 1권역 1축선 3개 발전벨트(一圈一轴三带)의 공간 배치를 구축한다. 시안이 중심이 돼 주변도시로의 전파확대되는 공간발전형태를 구현해 1권역 1축선 3개 발전벨트의 총체적인 구조배치를 추진하며 권역의 공간 내 발전응집력을 제고하도록 한다.

1권역: 시안, 셴양 도심구역 및 서함신구 위주로 구성된 대서안도시권(大西安都市圈). 시안-함양 일체화 발전을 추진함. 주요 도심구역의 과학기술 연구개발 금융 문화 관광 국제교류 등 핵심기능 증대. 서북지역을 주도하고 일대일로 건설에 공헌하고 국제영향력 갖춘 현대화된 도시권을 조성

1개 축선: 간쑤·연운강철로와 롄윈강·신장웨이우얼 고속도로로 이어진 주축선. 서쪽으로 간쑤, 칭하이, 신장웨이우얼 등과 실크로드경제벨트 연선국가(지역)에 연결하고 동쪽으로는 중원지역과 연해지역으로의 연계를 강화함. 바오지, 웨이난, 양링, 톈수이 등 중요 연결점의 인구와 산업 집적능력을 증강시키고, 도시 분업 협력을 강화하고 현대화의 산업벨트와 성진(城镇) 집적벨트를 형성.

3개 벨트: 3개 개발구인 바오마오, 징쿤, 푸인을 뜻함.

바오마오 개발구는 네이멍 자치구와 광둥성 간 고속도로, 고속철 등을 통해 퉁촨(铜川)을 대서안 도시권에 편입하고 옌안, 위린, 한중(汉中), 안캉과 동반발전하며, 서남과 서북을 연결하는 도시발전벨트를 형성함.

징쿤 개발구는 베이징과 쿤밍 간 고속도로, 다퉁과 시안 간 그리고 시안과 청두 간 연결되는 大西一西成高铁(고속철) 노선을 통해 윈청, 린펀, 허우마 등 연결도시와 연선 중소도시와의 연대를 강화하고 징진지 지역에 연결되는 신 발전벨트를 형성함.

푸인 개발구는 푸저우와 인촨을 연결하는 푸인 고속도로, 인촨과 시안 그리고 시안과 우한을 연결하는 银西一西武 高铁(고속철) 노선을 통해 '핑량-칭양', '린셴-창우-쉰이' 일체화 발전을 추진함. 장강경제벨트와의 연결, 닝샤후이족 자치구로 확대되는 신 발전벨트를 형성함.

□ 시안(西安. 서안)

샨시성 (陕西省)의 성도인 시안시(西安市)는 3천년의 역사를 가진 고도(古都)이며, 중국 서북부 지역 최대 도시 중 하나이다. 시안의 옛 명칭은 창안(長安)으로, 중국의 시저우(西周), 친(秦), 한(漢), 탕(唐) 등 13개 왕조가 이곳을 수도로 삼았으며, 약 3천년의 도시역사를

가지고 있다. 시안시는 난징, 뤄양, 베이징시와 더불어 중국의 4 대 고도 중 하나로 꼽힌다. 또한 시안시는 서양에 중국 문화를 전파했던 실크로드의 출발점으로 각 시대별 황제들의 능묘와 더불어 각종 역사·문화유산이 있다. 유네스코 지정 세계문화유산 중 하나인 진시황릉(秦始皇陵)을 비롯해 중요 문물 · 유적이 314개 가 있으며, 그중 국가급 · 성급의 중요 문물 · 유적이 84개이다. 그 밖에 박물관 및 기념관이 20개, 유적이나 능묘가 약 4,000개소 있다. 시안시는 과거 신중국 성립 초기 삼선건설(三線建設)의 전략적 요충지로, 이를 배경으로 각종 국방·과학기술 산업단지와 R&D 센터가 설치되어 있는 지역이다. 시안시에는 항공, 우주산업기지와 중국 내 4번째 국가급 하이테크산업단지로 평가받는 시안시 하이테크기술산업개발구가 있으며, 삼성전자를 비롯하여 글로벌 IT 기업과 다수의 전자 · 통신업체들이 진출해 있다.

2009년 국무원에서 승인된 비준된 '관중 · 톈수이 경제구 발전계획'에 따르면, 시안시는 셴양시(咸陽市)와의 도시통합을 통해 인구 1,000만명의 국제적인 대도시로 발전을 추진하고 있다. 시안-셴양 두 도시의 통합 논의는 2002년부터 시작되었으며, 2012년 현재 지역번호(029)와 교통노선이 통합되었다. 이후 금융 → 후커우 → 사회보장 → 교육 순으로 통합이 진행될 예정이다. 특히 12 차 5개년(2011~2015년)기간은 시안시의 국제화를 전면적으로 시작하는 중요한 시기로 시안시와 셴양시를 잇는 지역에 면적 882㎢ 규모의 시셴신구 건설을 통해 도시공간 확대 및 기능 강화를 추진하고 있다. 시셴신구는 광역경제권인 경제구 내에서도 우선적으로 발전시키는 지역으로, 각종 인프라 투자가 선행적으로 이루어지게 된다.

2020년까지 시안 시중심 서쪽으로 3㎞, 셴양 시중심 동쪽으로 10㎞ 지역에 총면적 882㎢ 규모의 시셴신구(西咸新区) 건설을 추진할 계획이다. 시셴신구는 특성화된 전략으로 지역 내 주요 거점지역으로 발전하는데 목표가 있다. 시셴신구는 녹색을 테마로 강조한 전원(田園)도시 건설과 첨단기술 산업과 선진 제조업 클러스터 구축, 유라시아 대륙까지 이어지는 교통 · 물류의 허브로 발전을 꾀할 전망이다.

시안시는 베이징, 상하이시와 더불어 중국 내 3 대 대학도시로 꼽히며, 2011년 기준 학사 이상 과정에 재학 중인 학생이 76.7 만명에 달하며, 졸업생 17.6만명을 배출하였다. 시안시의 주요 대학은 시안교통대, 시베이공업대, 시안전자과기대, 창안대학, 시베이대학이 있다. 그중 중점대학인 시안교통대학은 2012년 중국대학평가에서 산시성 소재 대학 중 가장 높은 순위(19위)를 차지했다. 그 밖에 시베이공업대(30위), 시베이대(40위), 창안대(49위), 시안전자과기대(59위) 등도 평가에서 비교적 높은 위치를 차지하고 있다. 시안시는 360여개의 과학연구기관이 소재하는 등 중국 내에서 비교적 풍부한 R&D 인프라를 보유한 지역으로 평가되며, 베이징·상하이 등 R&D센터가 밀집한 지역의 인력보다 상대적으로 임금이 낮은 편이다.

시안시에 소재한 358개 과학연구기관의 58% 는 기업부설 연구소(208개)이며, 일반 연구소는 100개, 학교 부속 연구기관은 50개이다. 시안시는 중국 내 연구개발 인력이 풍부한 도시 중 하나로 꼽히며, 베이징, 상하이 등 중국 동부지역과 비교했을 때 상대적으로 낮은 임금수준이 강점으로 꼽힌다. 중씽(中興.ZTE)은 2010년 1월 시안시에 60억위안을 투자해 중국 내 2대 R&D 기지를 설립하였다. 중씽은 시안시의 장점으로 중간급(5년 내외 경력) R&D 인력이 풍부한 편이고, 이직률 (10%)과 임금수준(연해지역의 40~50%)이 상대적으로 낮은 점을 꼽았다.

필립스, IBM, 인텔 등 다수의 외자기업들은 2000년대 이래 시안시에 R&D 센터를 설립·운영하고 있으며, 주로 전자·통신·소프트웨어 분야 R&D 투자를 하고 있다. 2000년 이후 외자기업의 R&D 센터 설립이 꾸준히 이어지고 있다. 그 중 필립스 등은 전자 분야, SPSS·레이놀즈엔레이놀즈·IBM 등은 소프트웨어, 인텔·인피니온 테크놀로지 등은 통신 분야 R&D 센터를 설립하였다. 반면에 시안은 풍부한 인력과 인프라 등의 장점에도 불구하고 기업경영 지식과 국제 비즈니스에 대한 감각이 부족하며, 풍부한 기술을 보유하고 있지만 낮은 산업 연관성으로 인해 산업화되지 못하는 것이 단점으로 지적되고 있다.

□ 샤시성 발전 방향

샤시성 정부는 경제 안정, 산업 지원, 실크로드 경제벨트 기점 내륙개발을 주요 발전 방향으로 잡고 있다. 셴양-쉰이(咸阳-旬邑) 고속도로 건설, 시안 지하철 2호선 연장, 신공항 건설, 경제 관련 중점 프로젝트, 기업 투자관리제도 신설 등을 통해 경제 발전을 도모했다. 또한 물가 안정, 생필품 수급률 제고, 가격 보조금제도 개선 등의 제도적 개선 방안도 포함됐다.

샤시성 경제 취약점은 경제 산업구조가 국유기업 위주이며 민영경제 발전이 지체, 도시·농촌 간의 불균형, 높지 않은 소득수준, 오염방지관리가 미비하고 생태환경복원과 보호가 미비, 생산안전 및 위험예방관리가 강화 필요, 정부의 형식주의 관리주의 만연 등으로 요약된다.

샤시성은 2019년 경제의 중점방향 및 목표를 안정 속 중고속 성장 지속 유지, 산업의 구조개혁 및 고품질 발전, 고수준의 대외개방 강화, 시장주체 활력 제고, 민생개선 강화로 두었다. 샤시성의 주요 유망 산업은 자동차, 환경보호 및 신재생에너지, 스마트제조, 고급장비제조, 농업현대화, IT전자정보, 스마트시티, 생물의약, 문화서비스, 에너지화공, 항공우주,

신소재, 식품가공 등이다. 다음은 각 분야별 발전 방향이다.

- 환경오염방지 집중 관리: 대기오염 관리업무 실시. 청결난방, 산탄 관리, 산란오 기업 종합 정리, 오염배출 디젤화물트럭 전담관리 추진. 에너지의 청결 고효율 이용, 단위당 이산화 탄소 배출 3.9% 절감. 하천관리 책임제 실시강화, 하천 수질오염 방지 강화, 습지생태보호와 회복 강화. 도시 쓰레기, 오수처리 실행 효과 제고, 가축 가금 양식 폐기물 자원화 이용 추진, 농업 오염원 처리 강화. 시안시, 공공교통 및 택시 등을 2019년 내에 신에너지차로 전환.
- 프로제트 건설 추진: 서부대개발 20주년에 맞춰 기초인프라, 생태환경보호, 공공서비스 등 투자 강화. 인공지능, 공업인터넷, IoT, 스마트시티* 등 신형 기초 인프라건설 강화. 중대 수리프로젝트, 섬북-우한 송배전통로 등 프로젝트 건설 추진
- 지역간 협조발전:
  - 관중평원도시군 발전계획 실시, 시안국가중심도시 건설 가속화
  - 시안/셴양(시셴신취), 푸핑/옌량, 시안/퉁촨, 시안/윈난성 도시 간 연계 융합발전 추진
  - 시셴신취(시함신구)에 국가혁신도시 발전시험구 추진 가속화
  - 섬북지역 에너지화공기지의 고품질 발전 체계적 추진
  - 석탄 석유 천연가스 등 자원 종합, 생산전력의 외부송전 확대
  - 섬남 생태환경보호, 녹색유기 산업 발전 추진
- 일대일로 관련:
  - 시안·옌안·위린 간 고속철 프로젝트 추진, 중유럽횡단열차 확대 발전
  - 시안·센양 국제공항 3기 건설, 시안·바오지·옌안의 물류허브 건설 가속, 안캉 위린 등 교통허브 건설 추진
  - 광대역망, 클라우드 건립 등 고속 정보 네트워크망 완비
  - 자유무역 시험구 개혁 심화, 통관 관리 감독 모델 최적화
  - 수입상품 전시교역 센터, 전자상거래 국제협력센터, 가공무역산업 이전 센터 건설
  - 공항 경제시범구 건설 가속화, 개방협력플랫폼 구축
  - 일대일로 경제·무역·인문 교류 강화로 글로벌 소통의 포털 역할 강화
  - 징동, 순펑, UPS 등 대형 물류기업의 샨시성 내 발전 지원, 시범물류단지 건립
  - 동부연해지역의 제조업과 산업 이전을 적극 수용
  - 샨시성-키르키스탄 에너지 화공 협력구 등 해외산업단지 조성
  - 기업의 해외시장개척 지원 및 수출시장 다변화 추진
  - 인터넷+물류, 스마트 물류 등 현대물류산업 육성, 도시·농촌 배송체계 완비

[표 3-49] 섬서성 발전 전략 (2019)

구분	내 용
전통제조업 품질과 효율 제고	• 총 투자 500억 위안 상당의 100개 중대 과학기술 프로젝트 건설 추진 • 전통산업의 디지털화, 네트워화, 지능화 촉진 • 기계, 야금, 건자재, 방직, 식품 등 산업의 개조 및 업그레이드 강화 • 건축업 최적화, 에너지 화공산업의 전환적 발전 • 78개 좀비기업 퇴출, 석탄 생산 210만 톤 감소 추진
전략성 신흥산업 강화	• 선진장비제조, 집적회로, 신에너지 자동차, 신소재 등 산업체인망 업그레이드 추진 • 궤도교통, 산업용 로봇산업 강화 확대 • 선저우 700 비행기 연구제작생산, C919 비행기 부품, 통용항공기, 무인기 등 항공산업의 발전 가속화 • 위성이동통신, 항법위치시스템, 원격탐지 등 우주산업 발전 촉진 • 차세대 정보기술산업클러스터 조성 발전 • 시안 BYD 2기, 시안 Geely 자동차 산업단지 등 완성차 프로젝트 중점 추진 • 자동차 및 부품 산업체인망 완비 • 고급 금속소재 등 신소재 산업 강화 • 혁신의약품, 현대적 중의약 등 바이오 의약분야의 산업체인망 구축
선진제조업과 생산성 서비스업의 융합 추진	• 제조업과 생산성 서비스의 융합 발전 추진 • 대형중형기업, 특화 과학기술형 중소기업의 연구개발설계 추진 장려, 공업설계서비스, 과학기술관리컨설팅 등 업무를 적극 추진 • 제조업산업클러스터를 중심으로 검험검측, 법률컨설팅, 정보기술, 인력자원서비스 등 생산성 서비스업 발전 확대 촉진
제조업 기술혁신능력을 증강	• 군민, 중앙지방 간 융합을 심도있게 추진 • 선진제조업 수요에 따라 필요한 핵심기술을 증강 발전 • 산학연용 융합혁신기제 구축 가속화 • 국가급 혁신 플랫폼과 자원이 집중배치 되도록 추진 • 혁신 창업지원 정책 완비, 국가쌍창시범기지 건설 강화, 지재권보호 강화

자료: KOTRA 해외시장 뉴스(2019.4.1.), 중국 시안무역관 쉬제.

□ 유럽-중국 화물열차 '장안호'

샨시성은 예로부터 중국의 중요한 대외개방 창구의 역할을 해 왔다. 일대일로(一帶一路) 전략으로 샨시성의 대외개방 구조에도 변화가 생기고 있다. 2013년 11월부터 시안에서 중앙아시아까지 운행되고 있는 화물열차 '장안호(長安號)'는 샨시성의 서부지역 개방과 주체적인 일대일로 전략 편입이라는 상징적 의미가 있다.

[그림 3-45] 중국-유럽간 화물열차 주요 구간 및 운송품

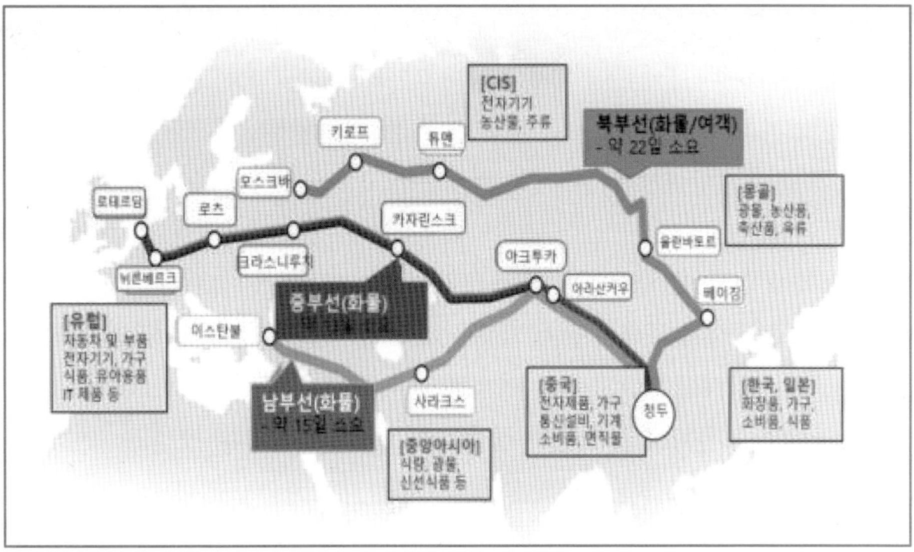

자료: KOTRA 해외시장 뉴스(2021.7.9.), 중국 청두무역관 이병직.

중국-유럽 횡단 철도는 동부·중부·서부 3개 노선으로 구성된다. 동부 노선은 헤이룽장과 내몽골을 거쳐 만추리(满洲里)를 통해 러시아 시베리아 횡단철도(TSR)에 연결되며, 중부 노선은 화북지역을 거쳐 얼렌하오터(二连浩特)를 통해 TSR에 연결되는 라인이다. 서부 노선은 중국 중서부지역을 거쳐 아라산커우(阿拉山口)를 통해 국경을 넘는 라인이다. 중국-유럽 횡단 철도의 열차 출발 주요 도시는 시안, 충칭, 청두, 정저우, 우한, 소주, 이우 등이며, 12개 국가의 33개 주요 도시를 최종 목적지로 연결되어 있다.

2013년 시진핑 주석이 일대일로 구상을 발표한 즈음, 시안은 역시적으로 실그로드의 시작에 있었던 지리적인 특성을 고려하여 내륙 신 국제 운송 루트를 본격적으로 개발하기 시작했다. 시안-유럽 철도인 창안호(長安號)는 이렇게 시작되었다. 2013년 11월 28일 창안호의 개통식은 실크로드의 영광을 재현하는 신호탄이었다. 창안호의 노선은 메인 노선과 2개 분선으로 나뉜다. 메인 노선은 시안의 신주(新筑)역에서 출발하여 아라산커우-카자흐스탄-러시아-벨라루스-폴란드-독일-네덜란드(로테르담)을 거치는 것으로 운행거리가 총 9,859㎞, 운행시간 18일, 경유 국가가 7개인 노선이다. 2개의 분선은 시안 신주역에서 출발하여 아라산커우-아크토가이-아스타나를 거쳐 카자흐스탄까지 가는 데 총 5,027㎞, 운행시간이 10일이 걸린다. 다른 분선 역시 시안 신주역에서 출발, 아라산커우-아크토가이-아스타나를 경유하여 모스크바로 도착하는데, 이 노선은 길이가 7,251㎞, 운행시간 14일이다.

2013년 11월 28일, 샨시성의 첫 번째 국제 화물 철도인 창안호가 시안 강우취를 출발하

여 카자흐스탄 아스타나로 향했다. 열차에는 컨테이너 41개에 기계부품, 공업용 소금 등 화물을 실었는데, 운송시간은 6일로 기존 25일에서 대폭 줄였다. 2020년, 창안호는 중앙아시아와 유럽을 관통하는 15개 선로에서 新실크로드와 연결된 45개 지역을 지난다. 개통 후 2020년 상반기까지 총 5,919회를 운행했고, 기계장비 · 원부자재 · 공구 · 전자제품 · 가구 · 의류 · 자동차 등이 중앙아시아와 유럽으로 수출됐고, 중국으로도 자동차 · 목재 · 면사 · 밀 · 생활용품 등이 수입됐다.

창안호 성과에 대한 평가를 보면, 샨시성 산업구조 전환을 가속화하는데 일조했다. 시안은 지리적으로 중국 내륙 물류 중심지 기능을 갖고 있지만 국제화 수준이 타 지역 대비 매우 낮았다. 창안호는 샨시성 시안과 국제 경제를 잇는 주요 물류 루트이며, 유럽과 중앙아시아가 중국 시장에 진출하는 주요 관문과 집산지로 기능하게 되었다. 그리고 기업의 운송통관 비용도 대폭 줄어들었다. 또한 20일의 운송시간이 절약된 효과도 있다.

창안호는 2017년까지 연간 200편 이하로 운행되다가 2018년을 기점으로 운행횟수가 1천회를 넘게 증가했다. 2018년 이전까지 수출과 수입 물량의 불균형이 심해 가득 싣고 떠나 빈차로 돌아왔다. 이는 운송비의 상승으로 이어져 장애가 되었다. 이후 수출입 화물량이 균형을 이루면서 상황은 바뀌었고, 2018년 창안호는 연간 1,235편을 운행하는 실적을 거뒀다. 이때 화물 운송량과 운행횟수에서 중국내 1위를 차지하기 시작했다.

2019년에도 증가세는 이어져 운행횟수가 1천편 가까이 늘어났다. 2019년 창안호의 총 운행횟수는 2,133편, 운송 화물량은 180만 톤으로 중국 1위를 유지했다. 2년만에 운행 횟수가 10배, 운송량은 9배 늘어난 수치다. [172)]

최근 시안 공항 자유무역구를 중심으로 중국 서부 지역을 대상으로 한 전자상거래 물류운송 라인을 확충하고 있고, 공항과 창안호를 연결하는 물류 라인 구축을 통해 중국 서부지역과 중앙아시아-유럽을 잇는 전자상거래 운송 유통의 중심으로 성장한다는 전략을 갖고 있

---

172) 사례1: 2020년 9월 4일, 창안호의 첫 한국LG전용열차가 시안 신주역을 출발했다. 42개 컨테이너에 LG그룹이 생산한 LED디스플레이, 원부자재 등을 싣고 카자흐스탄-러시아-우크라이나를 거쳐 폴란드 스와프코프로 향했다. 운행시간은 10일이다. LG는 2019년도부터 창안호를 활용한 제품 운송을 진행하고 있는데, 한국에서 출발한 화물이 칭다오항으로 들어와 시안에 도착한 다음 창안호로 폴란드로 수출되는 루트이다. 폴란드 공장의 완성품은 유럽시장으로 판매되는 한편, 일부 제품은 창안호로 다시 중국 시장으로 들어온다.

사례 2: 2019년 7월 4일, 볼보자동차가 청두 공장에서 제조한 완성차 XC60가 창안호를 타고 벨기에에 도착했다. 수출 차량은 유럽 각국으로 수출됐다. 수송 효율성을 높이기 위해 컨테이너+롤팔레트 방식이 적용되었다. 6월 17일 시안을 출발한 화물은 7월 2일 폴란드에 도착하여 컨테이너 포장에서 롤팔레트로 바꾼 후 독일을 경유하여 벨기에에 도착했다. 운송거리 9,783㎞ 운행기간 18일이 소요됐다. 이전의 해운의 절반 시간이 걸렸다. 중국 볼보자동차가 창안호를 통해 수출하는 물량은 전체 수출의 25% 가량을 차지한다. (KOTRA 해외시장뉴스 (2020.10.12.).

다. 해-육 연합물류, 동-서 연계 개방형 물류를 목표로 국제화 운송망을 지속적으로 확대하고 있다.

현재 중국의 29개 주요 도시에서 시안으로 온 수출화물 중 70%가 창안호를 타고 유럽과 중앙아시아로 수출되고 있다. 코로나19는 창안호의 성장에 영향을 미치지 못했다. 오히려 2020년 1분기 동안 창안호의 운행횟수는 656편으로 전년동기비 2배 이상 늘어났다. 또한 시안항을 중국 내륙지역 최대의 완성차 화물처리센터로 육성한다는 계획을 추진하고 있다. 2018년부터 2020년 5월까지 창안호를 통해 수출한 완성차는 3만4천대에 달한다. 173)

[그림 3-46] 중국 4대 국제 화물열차 노선도

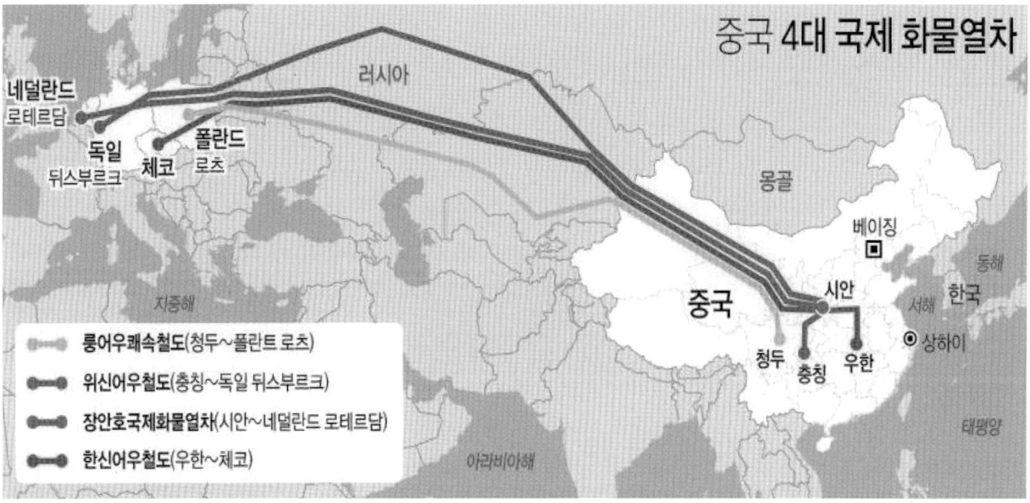

자료: 연합뉴스(2015.3.26)

173) KOTRA 해외시장뉴스 (2020.10.12), 중국 시안무역관 김준기.

(2) 감숙성

감숙성(甘肅. 간쑤)은 省으로서의 역사는 700여년이다. 서위(西魏) 및 당(唐)대에 설치된 甘州(지금의 张掖市), 肃州(지금의 酒泉市)의 첫 글자를 따서 감숙(甘肃)이라는 명칭이 탄생했다. 서하(西夏)가 甘肃军司(지금의 张掖市甘州区)를 설치함에 따라 甘肃라는 명칭 최초로 사용되었다. 진정한 의미로서의 행정구역 명칭으로 사용된 것은 원대에 甘肃省을 정식 설치한 이후이다. 신중국 설립후 1950년 1월 8일, 감숙성 인민정부가 성립되었다.

감숙성은 화하민족의 문화발상지 중 하나로, 구석기와 신석기시대의 문화유적지가 1천여 곳이 있으며, 戰國, 秦, 漢, 明代 유적지가 잘 보존되어 있다. 또한, 중국에서 가장 처음 농업이 시작된 곳이고, 유명한 석굴의 고향이라고도 불린다. 중국의 3대 석굴(하남 낙양용문석굴·龙门, 산서 대동운강석굴 · 大同云冈) 중의 하나인 돈황막고굴(敦煌莫高窟)이 감숙성에 있다. 감숙성의 관광자원은 실크로드 문화, 고대 시조문화, 황하문화, 삼국문화 등 인문자원의 특색과 독특한 서부자연풍경을 특징으로 하는 자연자원, 장족, 회족, 유고족, 보안족, 동향족 등 소수민족의 전통을 특징으로 하는 민족특색문화가 농후하다.

중국 서부내륙, 황하상류에 위치하며, 동쪽은 陕西省, 동북은 영하회족자치구, 서쪽은 청해성 및 신강, 북쪽은 내몽고자치구, 몽고와 인접해있다. 성의 대부분이 롱산(陇山) 서쪽에 위치하여, 예로부터 陇西, 陇右, 롱(陇)이라고 약칭되었다.

- □ 면적: 45.5만㎢ (중국전체 면적의 4.73%)
- □ 인구: 2,590만명 (도시화율 41.68%). 한족(90.57%) 외 회족 등 54개 소수민족 220만명, 东乡·裕固·保安 등 소수민족은 감숙성에만 거주함.
- □ 성도(省都): 란저우(兰州)
- □ 지형: 동서가 길고(1,655㎞), 남북(530㎞)이 좁은 형세. 사막, 산지, 평원, 고원 등 다양한 지형이 분포함.
- □ 기후: 대륙성 온대계절풍 기후. 연평균 기온 0~14℃, 강수량 300㎜. 강수량이 적고, 대부분 지역이 건조, 일조량이 풍부하나 일교차가 매우 심함
- □ 행정구역: 地級市 12개, 自治州 2개, 縣級 69개(市 4개, 縣58개, 自治县7개)
- □ 국가급 개발구: 兰州경제기술개발구(2002년), 兰州하이테크산업개발구(1991년)

2020년 기준 감숙성의 산업구조는 1차산업 13.23%, 2차산업 31.63%, 3차산업 55.08% 수준이다. 석유화공 · 유색금속 · 전력 · 야금 · 식품 · 설비제조 · 석탄 등이 주요 산업이다. 특히 항공우주산업 같은 하이테크 산업도 발달하였는데, 이는 중국 최대 위성발사지인 지우취안

(酒泉) 위성발사센터가 성내에 있기 때문이다. 2012년 국내외 방문객수는 7,834만명으로 관광업 수입은 471억 위안을 기록했다. 이는 전년대비 각각 34.2%, 41.1% 증가한 수치이다. 관광객의 감숙성 GDRP 비중은 8.46% 수준이며, 매년 개최되는 돈황실크로드 국제관광제(敦煌行丝绸之路国际旅游节) 같은 축제를 중심으로 해외관광객 유치를 확대하고 있다. 174)

[표 3-50] 감숙성 경제지표 (2020년)

GRDP*	산업구조			1인당 GRDP	
	1차산업	2차산업	3차산업	위안	US$
0.89%	13.29	31.63	55.08	35,995	5,218
인구(만명)	인구 중국내 비중	도시화율(%)	부동산 개발투자*	수출*	수입*
2,502	1.77%	51.18	0.96%	0.05%	0.2%
수출입*	외상기업 투자액*	공업생산액*	소비품판매액*	중국 평균 1인당GDP 대비	
0.12%	0.29%	0.74%	0.93%	49.68% (72,447元. U$10,503)	
란저우 GRDP**		란저우 인구(만명)			
32%		435			

주: *중국 내 비중을, **성내 비중을 나타냄. 도시화율 및 공업생산액은 2019년도 수치 기준임.
자료: 국가통계국 国家数据 (2021.6.22.)

감숙성은 풍부한 풍력 및 태양광 자원을 보유하고 있어, 2015년까지 허시저우랑(河西走廊) 지역에 3,000억 위안(476억불)을 투자하여, 신재생에너지 기지를 건설할 계획이다. 먼저 풍력산업의 경우, 감숙성은 중국 또는 세계 최대의 육상 풍력발전기지및 제조기지로써 운영 또는 건설 중인 풍력발전소는 중국 전체의 30%를 차지한다. 감숙성은 중국 4번째로 풍력자원이 풍부한 지역이고, 부존량은 약 2.37억KW, 기술적 이용가능물량은 4,000만KW 수준이다. 2010년 8월 이후 풍력발전기와 블레이드(blade)등 제품 매출액은 100억 위안 이상 달성했다.

감숙성내 풍력자원은 주로 河西走廊에 분포하고 있으며, 발전소도 河西走廊, 특히 지우취안(酒泉) 풍력발전기지에서 집중되어있다. 酒泉기지는 중국 최초의 1,000만KW級 풍력발전기지인 바, 2010년 516만KW 생산, 2015년 1,217만KW, 2020년 2,000만KW 생산 목표로 현재 풍력 발전량의 75%를 국가 송전망에 수송 중이다.

174) 兰州晚报(2013.1.16)

[그림 3-47] 감숙성 위치도

자료: 두피디아(2021.7)

다음으로 태양광산업을 보면, 감숙성내 태양광 이용가능 면적이 약 5만㎢이며 단기적으로 개발 가능물량은 1,000만KW로써 감숙성은 중국내에서 가장 개발 잠재력 있는 신재생에너지기지이다. 감숙성 복부, 중부 및 동남부 지역 모두 일조량이 높아 태양광 발전 가능(북부가 가장 좋은 여건)하다. 태양광산업 육성은 전문연구기관(甘肅省科學院自然能源研究所)을 설립하여, R&D를 주도하고 있다. 현재 5개 태양광 발전소(총 43MW)를 건설 또는 운영 중이며, 둔황(敦煌. 10MW) 발전소는 국가송전망에 송전 중이다. 태양광, 태양열의 이용장려를 위해 '난창계획(南牆計劃)' 실시 중인 바, 학교, 아파트, 사무동, 농촌주택에 태양광 설비를 설치하여 전기, 난방, 냉방 제공 추진하고 있다.

감숙성은 태양광 관련 산업을 12.5기간 중점 프로젝트로 추진하고 있다. 즉, 연100만MW 태양광 모듈 프로젝트, LED조명 R&D기지건설 프로젝트, 태양광유리 프로젝트, 태양광광/태양열 신재료 프로젝트 등이 있다. 태양광 발전규모는 2015년 120만KW, 2020년 300만KW까지 확대하는 목표를 세웠다.

감숙성 성도인 란주시의 신재생에너지 투자계획을 보면, 친왕촨(秦王川) 분지의 풍부한 태양광, 풍력 자원을 기반으로 동부연해 대기업 투자 유치를 통한 태양광전지제조, 모듈제조, 시스템 통합 산업을 육성할 계획이다. 또한 소비시장 육성을 위해 시범 프로젝트를 건설할 계획인데, '란주신구'에서 신재생에너지 이용 시범단지 및 에너지절약 시범단지 건설, 공공시설에 태양광·태양열 설비(태양광·풍력 가로등, 신호등 등)를 추진하고 있다. '란주신구'의 주요 투자 계획을 보면, 태양광 발전소 및 LED 투자(10억위안), 조명등 리튬전지 풍력발전기 생산(미국 Green Energy사, $3억), 50만MW 태양광 발전소 건설(7.5억위안), 분포식 에너지 국가급 시범단지 건설(40억위안) 등이 있다. [175]

□ 간쑤성, 무역 발전 전략

간쑤의 일대일로(一带一路) 건설이 계속해서 대외무역에 새로운 활력을 불어넣고 있는 것으로 나타났다. 2018년 1~3분기 간쑤의 '일대일로' 연선국가에 대한 수출입 규모는 122.8억 위안으로 27.2% 급증했다. 란저우 세관에 따르면, 2018년 1~3분기 간쑤성의 대외무역 수출입 규모는 299.5억 위안으로 전년동기비 35.2% 증가했으며, 이는 동 기간 중국 전체 대외무역 증가율(9.9%)보다 25.3%p 높은 수치이다. 그 중 수출입, 수출, 수입 증가율은 각각 동 기간 중국 전체에서 2위, 1위, 4위를 차지하고 있다. [176]

구체적으로 살펴보면, 간쑤성의 EU에 대한 수출입 규모는 32.6억 위안으로 75.2% 급증했고, ASEAN에 대한 수출입 규모는 21.3억 위안으로 24.6% 증가했다. 2018년 1~3분기 간쑤성의 일반무역 비중은 전체의 70%를 넘었으나, 가공무역은 30% 넘게 하락했다. 특히 일대일로 건설이 지속적으로 대외무역의 새로운 동력으로 작용했다. 전기기계 제품 수출이 대폭 증가했지만 농산품 수출은 하락했고, 대종상품(大宗商品·대량상품, 벌크스톡)과 신소재인 니켈과 코발트가 수입 성장을 견인했다. 다만, 무역 대상이 지나치게 대량 광산자원 상품에 집중된 데다, 고부가가치와 첨단 과학기술 제품 무역 발전이 여전히 낙후되어 있다. 수출입 기업 규모가 보편적으로 작고, 분산되어 있으며 선두 기업이 부족하다.

간쑤성 정부는 내수 부진과 수출입 증가율 둔화에 대응하기 위해 '일대일로(一带一路)' 전략의 기회를 잘 활용하고 대외개방을 확대하며, 호연호통(互聯互通)·경제교류·산업협력·플랫폼 건설 등을 적극 모색해 대외교류와 투자 협력을 강화할 예정이다. 간쑤성 각 부처는 국무원과 간쑤성 정부가 발표한 일련의 무역 성장 촉진 정책을 전면 시행하고 정책 지원 효과를 통해 대외무역 기업의 신뢰를 진작하고 있다. 이 밖에 간쑤성 상무부는 은행 보험기관 3곳과 금융 협력 협정을 체결하고 해외 진출 기업에 대해 금융 지원을 제공하고 있다. [177]

175) 외교부 주시안총영사관(2012.9.28), 중국 감숙성(甘肅省) 신재생에너지 산업동향 (http://chn-xian.mofa.go.kr)

176) 腾讯财经 (2018.11.6.)

□ 란저우(蘭州)

간쑤성 성도 란저우는 지도를 펼쳐 놓았을 때 중국 대륙의 한복판에 위치해있어 '육도(陸都)의 심장'이라 불린다. 예로부터 군사·전략적 요충지였던 란저우는 오늘날 중국 인민해방군의 7개 군구 중 하나인 란저우군구가 소재한 곳이다. 란저우 도심 한가운데는 '중국의 젖줄' 황허(黃河)가 관통한다. 황허가 가로지르는 중국내 유일한 도시가 란저우다. 100여년 역사를 자랑하는 황허제일교(黃河第一橋)가 이곳에 놓여진 이유다.

란저우란 이름은 남부에 위치한 가오란산(皐蘭山)에서 따 왔다. 가오란은 고대 몽골어로 '강'이란 뜻이다. 가오란산은 산 아래로 황허가 흐른다 해서 붙여진 이름이다. 한나라 때 란저우는 금성(金城)이라 불리기도 했다. 전략적 요충지로 중요하다는 의미가 담겨있다. 란저우는 고대 실크로드가 시작되는 중요한 출발점이었다. 란저우에서 둔황(敦煌)을 잇는 하서주랑(河西走廊)이 시작됐다. 하서주랑은 '황하의 서쪽으로 뻗어나가는 복도'라는 뜻으로 중국 대륙에서 서역으로 나가는 주요 교역로였다. 란저우는 중국인과 아시아, 중동, 유럽의 사람들이 모여 왕래하던 실크로드의 거점으로 이용되면서 교통이 발달했다.

해상교통 발달과 함께 몰락한 란저우가 다시금 빛을 본 것은 신중국 출범과 함께 서북부 지역의 최대 중화학 공업중심지로 발전하면서부터다. 마오쩌둥은 미국 소련의 군사공격에 대비해 공업기지를 란저우를 비롯한 중국 내륙에 배치했다(3선건설). 란저우는 풍부한 천연자원에 힘입어 서북 지역최대 공업도시로 성장했다. 정유·화학비료·합성고무·기계·자동차·알루미늄 등 중화학공업 공장이 빼곡히 들어차고, 미사일공장·원자력센터 등도 건설되었다. 2000년 들어 시작된 서부대개발 정책과 함께 란저우 경제는 더욱 발전했다. 2012년 란저우에는 서북 지역 최초로 국가급 개발특구가 들어섰다. 상하이 푸둥(浦東)신구, 톈진 빈하이신구, 충칭 량장(兩江)신구, 저장성 저우산(舟山)군도 신구에 이은 다섯 번째다. 면적 806㎢로 서울시 면적의 약 1.3배 규모인 란저우신구 개발은 석유화학·신소재·바이오 등 신성장산업 위주로 집중 투자되고 있다.

2014년 12월 개통된 란저우와 신장자치구 우루무치(烏魯木齊)를 잇는 란신(蘭新) 고속철은 란저우 경제 발전에 날개를 달아주고 있다. 란저우는 현재 중국의 신(新) 실크로드 경제권 발전 전략인 '일대일로' 정책에 발맞춰 중국 당국에 자유무역구 설립도 신청한 상태다. 란저우는 상하이, 톈진·광둥·푸젠에 이은 '자유무역구 3.0 시대' 주역이 될 것으로 전망된다. 다만 란저우 경제 발전은 심각한 환경오염을 불러일으켰다. 황토고원의 먼지까지 더해져 란저우의 대기 오염은 심각한 상태다. 이에 란저우는 최근 환경보호에도 박차를 가하고 있다.[178]

177) 甘肅日報 (2015.9.13.)

란저우시는 자유무역구 설립과 보세구 지정 및 인프라 건설, 직업교육단지 개설 등을 통해 란저우 신구(新區)를 실크로드 경제벨트의 중요 허브 플랫폼으로 육성하고자 하고 있다. 국무원이 최근 란저우신구에 종합보세구 설립을 비준함으로써 란저우는 자유무역구 설립에 유리한 여건을 확보한 것으로 판단된다.

도시 인프라건설 측면에서 란저우시는 도로교통, 에너지 절약 및 오염배출 감축, 도심지역 가공케이블의 지하 매설 작업 추진 등에 초점을 두고 있다. 교통환경 개선을 통해 2016년까지 도심 내 이동시간을 30분 이내로 단축하고, 다른 구(區) 간의 이동시간을 최대 50분 이내로 줄이는 '3050' 목표를 세운 바 있다. 버스, 택시, 공용임대 자전거, 레일교통를 포괄하는 도시종합교통운송시스템 구축에 힘쓰고 있다. 2020년 도심지역 인구를 275만 명까지 확대하고, 도시건설 용지면적 250㎢, 일인당 건설용지면적 91㎡ 확보를 목표로 하고 있다. 179)

1구 6중심(一區六中心) 전략을 통해 란저우를 '일대일로'의 핵심도시로 육성하는 청사진을 제시했다. 여기서 1구는 '서부자유무역시범구'를 의미하며, 6중심은 중국-중앙아시아 에너지거래센터(中國-泛中亞能源交易中心), 중앙아시아국가 란저우 정부조달센터, 위안화 역외거래센터, 국가에너지비축센터, 교육문화교류센터, 관광집산센터 등이다. 180)

[사진 3-23] 감숙성 란저우를 관통하는 황허와 황허제일교

자료: 김동하 ⓒ 2015.

178) 아주경제, [중국도시를 읽다(37)] 新실크로드 경제권 주역 노리는 란저우 (2015.2.25)
179) 蘭州日報 (2015.3.16.)
180) 蘭州晨報 (2015.1.21.)

(3) 청해성

청해성(靑海. 칭하이)은 夏商시대(B.C.21C~B.C.11C), 고대 유목민족인 강인(羌人)이 동부지역에 정착하면서 농경생활을 시작한 것으로 알려졌다. 중원지역의 생산기술이 점차적으로 전파되어 농·목축업이 발달했다. 羌人이 부분적으로 華夏와 융합되면서 한족으로 발전했다. 서한(西漢)시대(B.C. 206년~8년) 서기 84년에 王莽이 湖北岸을 西海郡에 설치했다. 당(唐)대(618~907년)에는 晋부터 唐까지 吐穀渾이 점령했고, 663년에 吐蕃(티벳)으로 편입되었다. 송(宋)대(960~1279년)에는 西番唃廝羅에 귀속되었고, 원(元)대(1271~1368년)에는 몽고부대가 청해에 주둔했다. 동북부를 貴德州에 설치하고, 지금의 청해성은 감숙行中書省에 귀속되었다.

명(明)대(1368~1644년)에는 1509년 이후에 '西海몽고'라고 칭했다. 1636년, 厄魯特몽고 和碩特部 수령인 顧實汗이 우루무치에서 청해쪽으로 이주한 후부터 '청해몽고'라고 칭한 바 있다. 청(淸)대(1644~1840년), 1724년 羅蔔藏丹津 반란 진압 후, 청해몽고는 내몽고를 본받아 유목지역을 분할하여 통일적으로 旗를 편성. 원래의 番을 별도로 안착시키고 몽고관할구역에서 해제 했다. 중화민국 시기인 1912년 북양군벌정부가 馬麒를 西寧總兵으로 임명한 이후 馬家군벌은 국민당 정부의 지지하에 청해를 40여 년간 통치했으며, 1929년에 청해성이 정식으로 성립되었다. 1949년, 신중국이 성립된 후, 군벌통치가 종료되었다. 1950년 1월에 청해성 인민정부가 정식으로 결성되었으며, 시닝(西寧)을 성 수도로 정했다.

중국서부 청장고원의 동북부에 위치한다. 간쑤, 쓰촨, 시짱, 신장 등 성·자치구와 인접해 있다. 성내에 중국 최대의 호수인 청해호(靑海湖)가 있어 청해(靑海)라는 명칭을 얻었다. 약칭 역시 청(靑)이다. 청해호 면적은 4,583㎢, 동서길이 150㎞, 둘레길이 360㎞, 수면해발 3200m, 최대수심 33m 규모이다.

□ 면적: 72.23만㎢ (중국 전체면적의 7.52%)

□ 인구: 583만명, 한족, 장(藏)족, 몽골족, 토족, 산라족 등 33개 소수민족 거주(성 전체인구의 45.5%)

□ 성도(省都): 시닝(西寧)

□ 지형: 면적의 4/5이상이 고원이며, 동부는 농업, 서부와 남부는 목축업 위주임. 지형은 산지, 분지 고원 세 부분으로 나뉘며, 대부분 해발 3000m이상 고지임.

□ 기후: 대륙 고원기후, 연평균 기온 -4~8℃, 강수량은 50~450㎜. 기온이 낮고, 강수량이 적으며, 바람이 강함. 일조량은 충분함.

□ 행정구역: 地級市 1개, 地區 1개, 自治州 6개, 縣級 39개(市 2개, 縣 30개, 自治縣 7개)
□ 국가급 개발구: 西宁경제개발구(2000년)

2020년 기준, 청해성의 산업구조를 보면, 1차산업 11.2%, 2차산업 38.04%, 3차산업 50.84% 수준이다. 소금, 천연가스, 산화알루미늄, 요소비료 등이 주요 공산품이며, 칼륨염, 황산나트륨, 석면이 전국 1위, 기타 붕산, 천연소다, 천연가스, 유황, 석유 등이 풍부하다. 중공업이 발달해 석유·전력·금속야금·염화 등 4대 산업이 공업생산의 73%를 차지하고 있다.

청해성에는 270여개의 하천이 분포하여 수자원이 풍부하다. 수력 에너지 1만kW급 이상 하천이 108개가 있고, 대형 수력발전소 6개에서 연간 발전량은 368억kW 규모이다. 차이담(柴達木)분지에 33개 염호가 분포하는데, 염광 매장량은 3,263억톤(전국의 90%) 규모이다.

[표 3-51] 청해성 경제지표 (2020년)

GRDP*	산업구조			1인당 GRDP	
	1차산업	2차산업	3차산업	위안	US$
0.3%	11.12	38.04	50.84	50,819	7,367
인구(만명)	인구 중국내 비중	도시화율(%)	부동산 개발투자*	수출*	수입*
592	0.42%	57.12	0.3%	0.01%	0.01%
수출입*	외상기업 투자액*	공업생산액*	소비품판매액*	중국 평균 1인당GDP 대비	
0.01%	0.09%	0.26%	0.22%	70.15% (72,447元. U$10,503)	
시닝 GRDP**		시닝 인구(만명)			
45.6%		246			

주: *중국 내 비중을, **성내 비중을 나타냄. 도시화율 및 공업생산액은 2019년도 수치 기준임.
자료: 국가통계국 国家数据 (2021.6.22.)

[그림 3-48] 청해성 위치도

자료: 두피디아(2021.7)

석유와 천연가스도 차이담 분지 서북부에 집중 분포하며, 16개 유전과 6개와 가스전이 있다. 석유매장량은 12억 톤이상이며, 천연가스는 2,937억㎥를 보유하고 있다. 납, 아연, 크롬 등 금속자원의 매장량이 풍부하고, 비금속자원 36개종이 분포되어 있다. 그중 석면, 석고, 석영, 석회암, 흑연 매장량은 전국 1위이다. 아열대 상록활엽수림과 산화석 및 희귀식물 풍부하며, 국가 1~3급 보호식물 50여종, 약용식물 680여종, 유명 약재 50여종이 서식하고 있다. 산지, 카르스트 동굴, 온천, 호수, 생물자원 등 관광자원도 풍부하고 다양하다. 주요 관광지로는 青海湖, 日月山, 塔爾寺 등이 있다.

청해호는 주요 관광지이자 자원의 보고이다. 서령에서 서쪽으로 300㎞ 떨어진 해발 3,195m에 위치한 중국 최대의 담수호로 많은 물고기와 철새들이 서식하고 있으며, 수면이 4,583㎢로 바다 같다. 산란기가 되면 10만 마리의 철새가 와서 탐조가들이 즐겨 찾는다. 소금이 생산되는 중국 최대의 염호(鹽湖)이며, 저수량은 778억㎡ 수준이다. 시하이(西海), 쿠쿠누얼(庫庫諾爾:몽골어로 '푸른 바다')라고도 한다. 위치는 大通山, 日月山과 남산 사이에 있다. 부하허강(布哈河江)과 여러 하천이 서북쪽에서 흘러들지만 배출 하천은 없으며 11~3월까지는 얼음이 언다. 특산물로는 무린황어(無鱗黃魚)가 있고, 목축업도 활발하다. 호수

안에는 많은 섬이 있는데 라마교사원이 있는 海心山島와 새 자연보호구가 있는 鳥島가 유명하다.

일찍 후커우(戶口)제도 개혁을 실시한 칭하이성은 현재까지 31만 4,000가구, 109만 4,600명의 농민·목축민이 도시 호적으로 전환했으며, 38만 7,000명의 유동인구가 거주증을 발급받았다. 그 결과, 2020년 기준 도시화율은 57.12%로 간쑤, 신장, 쓰촨, 구이저우, 윈난, 시장 등 다른 서부권 지역보다 높은 수준을 나타내고 있다. 칭하이는 지난 몇 년간 농업 지역과 목축업 지역의 특징에 따라 전면적인 후커우 개혁을 추진했다. 칭하이에는 6개의 소수민족 자치주(自治州)가 있으며, 농·목축업 인구는 성 전체 인구의 56%를 차지한다. 농·목축업 지역의 교육, 의료 자원 부족 및 불균형한 분포로 농·목축민들의 도시 진입 및 빈곤 탈출 의지가 강하다.

칭하이성 정부는 2010년 12월 25일, 첫 번째 후커우제도 개혁에 착수했으며, 전면적이고 점진적인 27개 조항의 보충정책을 제정하고 관련 후커우 정책을 세분화해 도시화의 기반을 다졌다. 2015년 1월 27일, 칭하이는 두 번째 개혁을 추진했으며 취업 및 창업, 유동인구 동반 자녀 의무 교육, 농민공 서비스 등 7개 조항의 보충정책을 연이어 내놓은 바 있다. 이를 통해 칭하이만의 특색 있는 후커우 제도 개혁 정책 시스템을 기본적으로 구축하고 후커우 이전 인구의 이전 및 정착을 지원했다. 칭하이는 2015년 7월 1일부터 농업 후커우와 비농업 후커우의 구분을 폐지하고 중복 및 오류 호적을 정리했으며 성급(省級) 공안(公安) 인구정보 데이터베이스를 구축해 데이터를 자동 확보·입력·저장할 수 있게 되었다. 물론 이러한 파격적인 개혁조치가 먼저 가능했던 연유는 중국 내에서도 두 번째로 인구가 작은데 기인한다.[181]

중국 전기 자동차 제조업체인 비야디(BYD)가 칭하이성에 리튬이온 전지 공장을 건설한다. 비야디는 칭하이성 정부 당국과 리튬이온전지 사업에 관한 제휴협정을 체결하고 이 지역에 친환경 자동차용 10GWh 리튬이온 전지 공장을 건설하기로 했다. 비야디는 이 공장 가동으로 200억 위안의 매출을 달성할 것으로 보고 있다. 칭하이 성 내 리튬 자원 매장량은 중국 전체의 83%를 차지하고 있다. 업계에서는 리튬 산지에 전지 공장을 마련함으로써 친환경차 업계에서 비야디의 위상이 높아질 것이라고 봤다.[182]

칭하이호는 자원의 보고이면서, 환경보호 대상이기도 하다. 중국 내륙 최대의 짠물 호수(염호)인 칭하이(青海)호의 면적이 1년새 감소한 것으로 나타났다. 2015년 9월, 칭하이 호를 촬영한 사진을 분석한 결과, 호수의 수역면적이 4천399.38㎢로 측정됐다. 이 같은 호수

181) 新華網 (2015.11.11.)
182) 글로벌 이코노믹 (2015.11.18)

의 수역면적은 전년동기비 9.42㎢ 줄어든 것이며, 2001~2014년 사이 같은 기간의 평균치 4천309.67㎢보다는 89.71㎢ 늘어난 것이다. 칭하이 호는 중국 내륙 최대의 함수호(鹹水湖·짠물 호수)로서 서부 사막화의 동쪽 확산을 막을 뿐 아니라 건조한 일대에 수분을 제공하는 등 칭짱고원의 생태안정에 중요한 역할을 담당한다. 따라서 호수 수역면적이 감소한다면 칭짱고원 전체의 생태환경에 영향을 끼칠 수 있는 것이다.[183]

칭하이성은 전기에너지로 화석연료를 적극적으로 대체할 계획이다. 국가전력망(國家電網) 칭하이성전력회사의 2015년 전기에너지 대체 계획에 따르면, 2015년 칭하이에서 석탄·석유 설비를 전기 설비로 교체하는 전기에너지 대체사업을 추진할 계획이다. 이는 신에너지 발전 응용력을 높이고 오염물질 배출을 줄이는 데 중요한 촉매제 역할을 하게 될 것이다. 2015년 총 8개 분야에서 78건의 전기에너지 대체사업이 진행될 예정이며, 교체 전력량은 9억kWh에 이를 것이다. 향후 역점 추진 사항은 기업의 석탄보일러를 전기보일러로 교체, 농촌지역에 전기온돌 확대 보급, 고원지대 목축지의 전기필름난방 보급 사업 등이다.

칭하이 전력회사에 따르면, 이번 사업을 통해 석탄연소량 11만 500톤, 이산화탄소 배출량 27만 5,300톤, 이산화황 2,650톤의 감소 효과를 가져올 것으로 예측된다. 이로 인해 대기오염을 개선하고 태양광과 풍력의 분산식 에너지 발전을 이끌어 낼 수 있을 것으로 기대된다. 최근 태양광산업이 빠르게 성장하면서 칭하이성의 태양광 발전설비용량은 410만kWh를 돌파했고, 계통연계형 태양광발전소의 누적 발전량도 100억kWh를 넘어섰다. 이처럼 대량 생산된 청정에너지의 공급량을 소화할 새로운 소비수요 창출이 요구된다.[184]

□ 칭하이성의 태양광 발전산업

칭하이성은 중국 태양광산업의 선두주자이다. 2014년 말, 칭하이성 계통연계형 태양광발전소의 누적 발전량은 최초로 100억kWh를 돌파하며 102억 2,000kWh로 집계되었다. '자원의 보고'로 알려진 차이다무(柴達木) 분지, 황하 상류 룽터우(龍頭)수력발전소에 인접해 있는 태양광산업단지, 칭하이성 성도(省都) 시닝(西寧)에 위치한 국가급경제기술개발구 등이 최근 세계적으로 주목받는 태양광산업단지로 부상하고 있다. 칭하이성은 전력망과 원거리 수송상의 우위를 바탕으로, 4년 연속 연간 100만kWh의 태양광 계통연계형 발전 목표를 달성한 바 있다.

태양광발전 현황을 보면, 2014년 칭하이성의 계통연계형 태양광발전 설비용량은 총 412

183) 세계일보 (2015.10.9.)
184) 新華網, 中國新聞網 (2015.4.30.)

만kWh로, 국가전력망 운영 범위 안에 있는 계통연계형 태양광발전 전체 설비용량의 18.8%이며, 칭하이성 발전설비용량의 22.7%를 차지하고 있다. 칭하이성의 계통연계형 태양광발전량은 58.15억kWh로, 성 전체 발전량의 10%이며, 국가전략망 발전량의 28.56%에 달한다. 이와 같이 칭하이성이 태양광발전 메카가 된 것은 칭하이성이 태양에너지가 풍부하며, 특히 차이다무(柴達木) 분지는 중국 내 일조량이 가장 많은 지역으로 연간 3,200~3,600시간에 달한 것에 기인한다. 연간 총 복사량 또한 7,000~8,000MJ(메가줄)/㎡에 달한다. 해당 지역은 땅은 넓고 인구는 적을 뿐만 아니라 미(未)이용 황무지 면적 20만㎢ 이상을 보유하고 있다. 또한 송전망 연결에 유리한 조건을 갖추고 있어 태양광발전 산업 육성 우선 지역이기도 하다.

국가개발은행은 2011년부터 칭하이성의 태양광발전 건설 프로젝트에 융자를 지원하고 있으며, 2015년 상반기 기준, 지원하는 태양광 발전 프로젝트는 85개로 발전기 용량은 343킬로와트(KW), 약정대출 규모는 286억 위안, 대출 잔액은 158억 위안이다. 현재 150기의 대형 집중형 태양광 발전소가 완공되었으며, 누적 발전기 용량은 470만KW로 중국 전체 태양광발전기 규모의 13.1%을 차지하고 있다.[185)]

[사진 3-24] 청해호 전경

자료: 김동하 © 2015.

185) 東方財富網 (2015.10.16.)

(4) 영하회족자치구

영하(宁夏. 닝샤)지역은 북의 가란산(贺兰山), 남의 육반산(六盘山)을 배경으로 황하북부 상류 지역을 관통하는 역사와 문화가 유구한 지역이다. 또한 塞上江南(국경지역의 강남이라고 할 만큼 물자가 풍부한 곳)라고 불리는 중화문명 발상지중 하나이다. 주로 北狄, 西戎, 羌, 戎, 匈奴 등 유목민족의 거주지로서, 전국시대에 들어와 중원지역 관할에 편입되었다. 한무제는 70여만명을 이 지역으로 이주시키고, 관개사업을 실시하는 등 정착을 지원하면서 郡을 설치했다. 1038년 당항족(党项族)의 이원호(李元昊)가 영하(宁夏)를 중심으로 서하(西夏)를 건립하고, 흥경부(兴庆府. 지금의 银川市)에 도읍하였는 바, 면적이 사방 2만여리에 달하여, 宋, 辽, 金과 중국을 3분 통치하는 위세를 이룬 바 있다. 1227년 원(元)은 서하(西夏)를 멸망시킨 후, 영하서로(宁夏府路)를 설치, 이로서 영하(宁夏)라는 명칭이 시작되었다.

근대 민국초기에는 마복상(马福祥), 마홍규(马鸿逵) 등 회족 군벌의 통치하에 있었으며, 1929년 영하성(宁夏省)이 설립되었으나, 신중국 성립(1949년)후인 1954년 宁夏省이 철폐되었다. 阿拉善 등 지역이 내몽고자치구에, 대부분의 나머지 지역이 감숙성에 편입되면서, 1958년에 이르러 지금의 영하회족자치구(宁夏回族自治區)가 설립되었다.

중국 서북부 황토고원지역의 황하중상류에 위치, 남으로 감숙성, 동으로 섬서성, 북으로 내몽고와 접경하고 있다. 지리적으로 중부 중점개발지역의 서쪽이며, 서부대개발지역의 동쪽에 위치한다. 영하는 서하(西夏)와 평안을 기원한다는 안녕(安宁)에서 한자씩 따서 지어진 이름이며, 녕(宁)으로 약칭한다.

□ 면적: 6.64만㎢(중국 총면적 중 0.69%)
□ 인구: 720만명 (도시화율 58%). 한족(65%) 외 회족(35%)을 비롯한 소수민족 33개 거주.
□ 성도(省都): 인촨(银川)
□ 지 형: 남북길이 456㎞, 동서길이 250㎞. 서북 황토고원과 내몽고의 중간지대로 남이 높고, 북이 낮은 형세임. 구릉 38%, 평원 26.8%, 산지 15.8%, 테라스 지역 17.6%, 사막 1.8% 수준임
□ 기후: 전형적인 대륙성기후, 연평균 기온 5~9℃, 연강수량 300~677㎜
□ 행정구역: 地級市 5개, 縣級 13개(市 2개, 縣11개)
□ 국가급 개발구: 宁夏경제기술개발구(2001년), 石嘴山경제개발구(2002년)

2020년 기준 영하회족자치구의 산업구조는 1차산업 8.62%, 2차산업 41.04%, 3차산업 50.34% 수준이다. 석유화학 · 야금 · 광산업 · 기계 · 방직 · 의약 · 건축재료 등이 주요 산업군이다. 또한 에너지, 화학공업, 장비제조, 신소재, 특산 농산물가공, 이슬람 음식 및 무슬림 산업 등은 특화 우위산업으로 지정하여 육성하고 있다. 주요 기업으로는 中國石油天然气(지사:석유화학), 靑銅山夹铝業(유색금속), 宁頁新華百货夏进乳业集團(우유, 분유 등 유제품), 神華宁煤集團(에너지 자원: 석탄) 등이 있다.[186]

중국에서 생태환경이 취약하고 경제가 상대적으로 낙후된 지역인 영하회족자치구는 중국 기후변화 대응 프로젝트 시범지역으로 선정돼 중국 최초로 기후변화 대응을 11·5규획에 포함시키고 녹색건축물 개발을 12·5규획에 포함시킨 지역으로 많은 국제기구들은 영하의 발전 방식 전환을 중국 저탄소경제 발전의 축소판으로 간주하고 있다. 영하회족자치구는 현재 중국에서 기후변화 대응에 가장 적극적인 지역이다. 생태 이주, 수자원 배치 최적화는 30년 전부터 모색하기 시작했다. 2011년 UN 더반 기후변화회의 기간 여러 국가의 환경 전문가들은 영하의 사막화 퇴치, 생태이주, 생태환경복원, 신에너지 개발기술 등 분야에 관심을 보였다.

[표 3-52] 영하회족자치구 주요 경제지표 (2020년)

<table>
<tr><td rowspan="2">GRDP*</td><td colspan="3">산업구조</td><td colspan="2">1인당 GRDP</td></tr>
<tr><td>1차산업</td><td>2차산업</td><td>3차산업</td><td>위안</td><td>US$</td></tr>
<tr><td>0.39%</td><td>8.62</td><td>41.04</td><td>50.34</td><td>54,528</td><td>7,905</td></tr>
<tr><td>인구(만명)</td><td>인구 중국내 비중</td><td>도시화율(%)</td><td>부동산 개발투자*</td><td>수출*</td><td>수입*</td></tr>
<tr><td>720</td><td>0.51%</td><td>58.02</td><td>0.31%</td><td>0.05%</td><td>0.03%</td></tr>
<tr><td>수출입*</td><td>외상기업 투자액*</td><td>공업생산액*</td><td>소비품판매액*</td><td colspan="2">중국 평균 1인당GDP 대비</td></tr>
<tr><td>0.04%</td><td>0.3%</td><td>0.41%</td><td>0.33%</td><td colspan="2">75.27%
(72,447元. U$10,503)</td></tr>
<tr><td colspan="2">인촨 GRDP**</td><td colspan="2">인촨 인구(만명)</td><td colspan="2" rowspan="2"></td></tr>
<tr><td colspan="2">50.1%</td><td colspan="2">285</td></tr>
</table>

주: *중국 내 비중을, **성내 비중을 나타냄. 도시화율 및 공업생산액은 2019년도 수치 기준임.
자료: 국가통계국 国家数据 (2021.6.22.)

186) 21世纪经济报道(2013.5.23).

[그림 3-49] 영하회족자치구 위치도

자료: 두피디아(2021.7)

2012년 6월 지속가능발전회의(Rio+20) 기간 세계은행이 개최한 정상포럼에서도 '영하 녹색발전 방식과 경험, '닝샤 黃河연안 도시군 지속가능한 발전구상과 경험'의 보고를 통해 녹색성장 분야에서 영하의 성과가 소개된 바 있다. 중남부 지역의 토지 퇴화, 극심한 수자원 부족, 자연재해 빈발, 빈곤화 가속화, 兩高一低(고오염, 고에너지소비, 저부가가치)산업비중 과다 등은 영하자치구가 해결해야 할 문제점이다. 이에 대응한 녹색발전정책은 다음과 같다.

첫째, 생태이주를 진행한다. 지난 30년간 영하는 총 66만 명의 극빈자를 이주시켰으며 이주 이후 생활 수준이 크게 개선되었다. 12.5기간 35만 명의 극빈자를 추가 이주시킬 계획이며 총투자는 150억 위안을 웃돌 것으로 예상된다. 둘째, 수자원 배치를 최적화한다. 영하는 황허의 물을 중남부 지역으로 공급하는 사업을 추진하고 있는데 매년 7억 3천만㎥의 물을 공급해 관개면적이 11만㎡에 달하는 한편, 200만 인구의 식수 부족 문제도 해결하고 있다.

셋째, 토지 이용을 최적화한다. 영하는 농민의 고부가가치 작물과 내한성 · 저항성 작물 품종의 선종과 재배를 장려하고 시설농업을 대대적으로 발전시키는 한편, 건지농법 지역에 최소 경운(Cultivation·밭갈기와 김매기)과 무경운(無耕耘) 농법을 보급했다. 넷째, 현대서비스 산업, 문화관광업, 저탄소산업, 특히 풍력, 태양열 등 신에너지 발전에 주력한다. 이러한 조치에 힘입어 지난 5년간 영하의 에너지 소비량이 20% 절감되었다. 다섯째, 중남부 지역 빈곤퇴치전략 대대적으로 실시한다. 영하는 12·5기간 60만 명의 극빈자 구휼, 2020년까지 빈곤퇴치 목표를 세워두고 있다.[187)]

□ 닝샤자치구의 일대일로 발전 전략

닝샤는 '일대일로' 전략을 활용하여 아랍국가와의 무역 거점으로 부상할 계획이다. 일대일로 전략이 추진됨에 따라, 중국과 아랍국가연맹과의 교류에서 닝샤자치구의 역할이 더욱 커질 것으로 전망된다. 중국민항국(民航局)은 최근 닝샤에 지역 항공허브를 구축해 중국과 아랍국가 간 교류 · 협력의 교두보로 건설하는 방안을 제시했다. 닝샤는 고대 실크로드의 중요한 거점으로서, '일대일로(一帶一路)' 전략에서 중국과 아랍국가 사이에 다리를 놓는 중요한 창구 역할을 할 것으로 보인다.

닝샤와 아랍국가연맹과의 협력 배경은 닝샤에 거주하는 회족(무슬림)에 있다. 2014년, 닝샤는 중국 유일의 회족(回族)지치구로서, 중국 이랍국가연맹 협력포럼 제6차 장관회의에 참석했다. 닝샤 정부가 4년 연속 중-아랍연맹 경제무역포럼(中阿經貿論壇, 現 중-아랍박람회)를 성공적으로 개최하면서, 수백 건의 협력을 체결했다. 누적 계약규모는 3,558억 위안에 달하며, 협력 분야는 주로 교육, 문화, 에너지, 의료 · 헬스 분야에 집중되어 있다. 2014년 상반기, 닝샤와 아랍국가연맹과의 교역액은 전년동기비 2.6배 증가한 30억 5,000만 위안을 기록했다.

이와 관련 중국민항국은 닝샤의 민간항공 발전을 지원하기로 하였다. 지리적으로 닝샤가 '공중 실크로드' 구축에 적합한 입지 우위를 가지며, 풍부한 관광자원과 에너지를 보유하고 있어 민간항공산업 발전 전망이 매우 밝기 때문이다. 중국민항국은 일대일로 전략을 계기로 닝샤의 주변 공항에 대한 파급효과 확대, 국제 항공운송시장 육성, 국제 항공편 증설 등을 통해 닝샤 민항산업의 발전을 이끌 수 있을 것으로 내다보며, 항로 개척과 신기술 응용 등 분야에서 적극 지원할 것이라고 밝혔다. 2015년 9월로 예정된 '2015년 중국-아랍국가연맹 박람회'를 발판으로, 인촨항공항경제구(銀川航空港經濟區)를 중국 서부경제의 새로운 성장엔진으로 육성하고, 아랍국가연맹과 세계 이슬람교 지역으로 뻗어나가는 개방 거점으로 만들고자 한다.

현재 닝샤의 민간항공은 인촨허둥(銀川河東) 국제항공을 중심으로 중웨이(中衛), 구위안(固原)지선공항을 양 날개로 하는 항공운송구조가 형성되어 있다. 현재 닝샤자치구 내 공항

187) KOTRA(2012.11.12), 닝샤 '녹색경제' 발전, 성장방식 전환 촉진, KOTRA 해외시장 정보.

의 취항지는 국내외 58개 도시, 총 취항노선은 62개이며, 인촨공항은 중국에서 다섯번째로 국내 성도(省都) 공항을 모두 연결한 허브공항이다. 2014년 닝샤의 국내외 여객운송량과 화물·우편 운송량은 각각 전년비 10.26%, 6.7% 증가했다. 188)

□ 닝샤자치구의 경제 발전 전략

닝샤는 중국 내 5개의 소수민족 자치구 중 바다에 인접하지 않은 자치구이기 때문에 성장에 많은 제약을 받아왔다. 닝샤는 중국 유일의 성급 회족(回族. 무슬림) 자치구이며 예로부터 중국과 아랍 국가와의 교류의 중심 도시 중 하나로 기능해왔다. 지리적 위치를 볼 때 닝샤는 유럽과 아시아를 잇는 길목에 있고 중국의 허베이(河北), 동베이(东北) 등에서 중동, 중앙아시아까지의 교통 통로로 기능을 해 왔다.

닝샤는 자원이 풍부하고, 농업, 에너지, 여행 등의 산업을 갖추고 있다. 농업에서 닝샤는 총면적 11,000㎢에 다다르는 비옥한 농경지를 가지고 있으며 1인당 토지 비율이 전국 3위 수준이다. 자원에서 닝샤는 중국 6위의 석탄 매장량을 가지고 있고, 닝동(宁东) 에너지화학기지, 국가급 석탄 생산 기지가 건설 되어 있다. 닝샤의 이슬람 관련 상품 산업은 빠른 성장세를 보이고 있다. 이슬람 관련 상품 기업이 650개가 넘게 설립되었고, 총 상품 가치 또한 900억 위안을 넘어섰다. 이슬람 관련 식품은 말레이시아, 사우디아라비아, 아랍에미레이트, 쿠웨이트, 이집트 등 아랍 국가로 수출되고 있고, 이슬람 관련 식품의 가치는 닝샤에서 생산되는 식품 중 80%를 차지하고 있다.

중국 내 82%의 이슬람 식품기업이 인촨(銀川), 우충(吳忠), 스쭈이산(石嘴山) 세 지역에 집중돼 청진식품의 중요한 생산기지 역할을 하고 있다. 2008년 닝샤에 이슬람식품 인증센터를 설립해 50개의 기업이 '할랄' 인증을 하고 카타르 · 이집트 · 사우디아라비아, 말레이시아 등의 7개 국가와 이슬람식품 표준협력 협의를 맺었다. 2009년 말까지 이슬람 식품산업 비중은 닝샤 식품산업의 80%에 달했으며, 이슬람산업 생산가공업체 1만 가구, 자영업자 2만 명에 달하며 산업가치 총액은 200억 위안에 달한다. 2009년 이슬람식품 발전자금 설립, 중국 정부가 매년 5,000만 위안의 자금을 투입해 신상품 개발과 시장개척, 인재훈련 등 힘을 쏟고 있다.

2010년부터 중국-아라비아 국가 박람회를 개최했고, 2013년 67개 국가와 46개의 국내외 상공회의소, 1,200여 개의 대기업과 금융기업이 참여해 총 7,348명이 참가했다. 동 박람회에서는 상품교역, 기술합작, 금융투자, 문화탐방 등의 주요 주제를 협의한 바 있다. 2011

188) 新華網, 中華網 (2015.5.14.)

년 인촨에서 청진미식관광문화절(清眞美食旅游文化節)을 개최했으며, 중국 내 청진식품의 최대 도시로 발돋움했다. 2013년 3월에는 우충시(吳忠市), 바오디(寶迪) 이슬람 산업원의 개공식이 개최되었고, 이곳에는 이슬람 유제품, 식품, 전통복장, 기타용품 등 45개 이슬람 관련 기업이 입주했으며 연간 생산액은 35억 위안에 달한다.

인촨시 이슬람 식품산업의 주 생산제품은 소·양고기, 구기자, 유제품, 과자, 식용유, 조미료 등이 있다. 최근 5년간 이슬람 식품산업은 연평균 20%를 넘는 성장률을 기록했으며, 2008년 총 생산액은 35.5억 위안, 2012년 105억5,800만 위안을 초과했다. 2013년 상반기 이슬람 식품산업의 영업 수익은 60억2,500만 위안을 달성해 전년비 10.1% 증가했다. 2012년, 인촨시 이슬람 식품 관련 기업은 4807개이며, 그 중 생산가공업이 214개, 연간 총생산액 1억 위안 이상의 기업 5개, 5,000만 위안 이상 기업 10개, 유통기업 25개, 영업이익 1,000만 위안 이상 기업 2개, 이슬람 음식기업 3630개에 달한다. [189)]

2010년 9월, 닝샤에서 제 1회 중국-아랍 경제 무역 포럼이 개최되었으며, 또한 이후 포럼의 영구 개최지로 선정되었다. 76개 국가에서 온 민간 기업 대표와 5,000개가 넘는 중국 국내외 기업이 세 번에 걸친 포럼에서 478개의 협의에 서명하고 2,500억 위안을 투자하기로 했다.

2012년에 닝샤는 '내륙개방형 경제실험구'로 선정 되었으며, 이를 활용한 경제성장 전략이 진행되고 있다. 중국이 개혁개방 정책을 시행한 후 30년간 바다와 근접한 동부 연안 근처로 경제가 발전하여, 닝샤 등 내륙 지방들은 비교적 경제적으로 동부 연안도시에 뒤쳐졌다. 최근 서부대개발 등 내륙지방에 대한 개발이 시작되면서 닝샤 또한 새로운 경제 발전 기지로 주목 받고 있다. 2012년 9월 10일부로 '닝샤 내륙개방형 경제실험구 규획(宁夏内陆开放型经济实验区规划'이 국무원의 정식 비준을 받았다. 이전까지 내륙개방형 경제특별구는 시도된 적이 없어 닝샤가 최초의 사례이다.

동 규획에 따르면, 닝샤는 종합 보세구를 건설하고 중국과 이슬람의 상품을 교류하는 무역관과 지원 프로그램을 신설한다. 인촨(银川) 및 빈허(滨河) 신개발 지구, 우종(吴忠) 이슬람교 용품 산업원, 대외 개방 인프라, 인촨 종합보세구 등을 건설하고, 중국-아랍 박람회를 개최하기로 결정했다. 금융, 에너지 등을 개혁의 중요 목표로 설정하였으며 이슬람 관련 상품의 추가 개발도 계획되었다. 주요 닝샤 내 도시별 발전 목표는 다음과 같다.

189) KOTRA 글로벌 윈도우(2013), 중국 할랄시장 진출, 닝샤에서 기회 엿보다, KOTRA 시안 무역관 (2013.10.12)

인촨(银川)시: 국가 최대의 이슬람용품 설비제조센터, 중국 유일의 이슬람인증센터를 설립
우쫑(吴忠)시: 국내 최대의 이슬람 용품 생산기지 건립
링우(灵武)시: 국내 최대 이슬람용품 물류센터 설치

중국은 이미 아랍국가의 제 2 무역파트너이며 아랍국가는 중국의 제 7 무역파트너이다. 중동 지역은 자원이 풍부하고 기초설비와 전력, 여행, 금융 채권 등 시장 잠재력이 매우 크다. 중국과 아랍 두 지역의 경제적 의존도는 나날이 늘어나고 있다. IEA에 따르면 중국의 국제석유시장에 대한 의존도가 2020년에는 75%으로 상승할 것이라고 예상했으며, 이러한 상황에서 '닝샤 내륙개방형 경제실험구'를 개발하는 것은 중국과 아랍의 경제교류에 도움이 될 전망이다. 2012년, 닝샤의 수출이 꾸준히 성장하고 무역 구조가 최적화되면서 수출품 중 가전제품, 고급 신기술 상품과 농업 제품의 수출 비율이 약 40%에서 50%이상으로 늘어났다. '경제실험구'의 효과 중 하나로 대외 자본 이용 액수가 2008년에 비해 1.7배 증가하고 대외투자 유치가6배 증가했다. 정밀공정 상품, 생물의약품, 탄탈(Ta), 니오브(Nb), 베릴륨(Be) 등의 제품은 이미 세계적인 생산기지로 부상했다. 190)

- 닝샤 자치구의 43558 계획
  - 4대 전략적 배치: 서부 개방의 전략적 고지, 주요 에너지 화학공업 기지, 이슬람 상품 산업단지, 산업을 전환시킨 모범구
  - 3대 플랫폼: 내륙 경제구의 새로운 플랫폼을 구축함으로써 지역간 경제협력 추진, 중국-아랍 박람회의 플랫폼으로 대외교류협력을 확대, 종합보세구의 플랫폼으로 개방경제 성장 달성
  - 5대 임무: 혁신적인 대외교류 시스템 구축, 중점산업의 대외진출 촉진, 에너지 개발과 관련된 협력 강화, 대외개방에 필요한 인프라 건설, 화목하고 안정적인 사회환경 구성
  - 5대 협력영역: 경제무역, 에너지 개발, 과학기술 교육, 문화 여행, 금융
  - 8대 기지 구축: 국제여행의 중심 기지, 국가급 대형 종합 에너지 화학공업기지, 중국 서부지역 개발 중심기지, 이슬람용품 집산지, 지역 전략성 신흥산업 기지, 특색 농업상품의 생산가공기지, 아시아와 유럽을 잇는 경로의 물자 환승기지, 중국-아랍 협력에 능통한 인재 배양 기지

190) KOTRA 글로벌 윈도우(2013), 중국 닝샤(宁夏)의 내륙개방형 경제실험구 선정과 성과, KOTRA 베이징무역관(2013.7.31.)

[사진 3-25] 영하자치구 회족문화원

자료: 김동하 © 2015.

(5) 신강위구르자치구

신강위구르자치구(新疆維吾爾自治區. 신장)는 중국 역사상 서역(西域)이라 불렸던 곳이다. 1762년(청건륭 27년) 이리(伊犁)에 장군부를 설치하고, 천산 남북로로 나누어 통치했다. 이리장군부는 비록 장기간 중국의 영토에 속하나, 청대에 새로 개척한 곳이라고 말하면서 관습적으로 '신장'이라고 불렸다. 1884년(광제 10년) 新疆행성을 건설하고, 성으로 호칭했다. 신중국 성립후인 1955년 신장위구르자치구로 개명했다.

중국 북서쪽 끝에 자리 잡고 있으며 러시아, 파키스탄, 몽고, 인도, 아프가니스탄, 카자흐스탄, 키르기스스탄, 타지크스탄 등 8개 나라와 인접해 있다. 새롭게 개척한 강토라는 뜻으로 '신강(新疆)'으로 불리게 됐으며, 광서(光绪) 연간에 성(省)이 설치되었다. 약칭은 신(新)이다.

□ 면적: 164.69만㎢(중국 전체 면적 중 17.3%로 1위)

□ 인구: 2,585만명. 위구르족이 총 인구의 2/3, 한족과 카자흐족, 회족, 키르기스족, 몽골족, 타지크족, 우즈베크족, 타타르족, 시보족, 다호르족 등 민족 거주한다.

□ 성도(省都): 우루무치(烏魯木齊)

□ 지형: 서쪽으로 파미르고원, 남쪽으로는 청장에 임하고, 중부 천산을 가로지르고, 북에는 아미태산이 있고, 내부 고원분지 사이에 위치함. 최고봉인 쵸거리봉(乔戈里峰)은 해발

8611m로, 세계에서 두 번째로 높은 봉우리임. 가장 낮은 곳은 해발 -155m(투루판분지)이며, 중국 육지에서 가장 낮은 곳임. 광활한 초원으로 인해 목축업이 중요한 위치를 점유하고 있음. 중국 최대의 사막이자 세계 넓이 2위인 타클라마칸 사막이 있음.

□ 기후: 온대대륙성 건조기후에 속함. 연평균기온 4~12℃, 1월의 평균기온 -10~-25℃, 7월 15~30℃, 기온의 연교차 30℃. 신강북부 강수량 150~350㎜, 남부신강 강수량 100㎜ 이하, 평균 강수량 200㎜

□ 행정구역: 地級 14개(市 2개, 地區 7개, 自治州 5개), 縣級 87개(市 19개, 縣62개, 自治縣 6개)

□ 자원: 3대산맥 적설과 빙천으로 형성한 하천이 500개가 있으며, 중국 최대 내륙하인 타림하(塔裏木河)를 보유하여 수자원이 풍부함. 천연가스, 철, 망간 유색금속, 운모, 중정석, 황산, 나트륨, 석고, 황, 암염 등 138종 광산자원을 보유. 석유 매장량 208.3억톤, 중국 내륙 석유량의 30% 점유, 천연가스는 10.3억㎥로 내륙 천연가스량의 34% 점유. 석탄 추정 매장량은 2.19억톤(전국 40%). 관광자원은 천지(天池), 호수(카나스호. 喀納斯湖), 樓蘭古城 등이 유명함.

□ 국가급 개발구: 乌鲁木齐경제기술개발구, 乌鲁木齐하이테크산업개발구, 乌鲁木齐수출가공구, 石河子경제기술개발구, 庫爾勒경제기술개발구, 塔城국경경제합작구, 博乐국경경제합작구, 伊宁국경경제합작구

2020년 기준, 신강위구르자치구의 산업구조를 보면, 1차산업 14.36%, 2차산업 34.39%, 3차산업 51.25% 수준이다. 신강자치구의 주요 산업은 농업인데, 실제 2020년 1인당 GRDP도 중국 평균치의 74%로 낮은 수준이다.

양식은 밀·옥수수·벼를 주로 재배하고 목화·실크 등이 전국으로 유명하다. 투루판 지역을 중심으로 메론, 포도 등의 과일 농업 발달했다. 신강자치구는 중국 4대 목축지역의 하나로 초원면적이 5,733.3만㏊, 양 위주 방목업이 발달해 있는데, 사양목축은 3,722만마리, 육류 생산 122만톤(양 47만톤, 소 35만톤) 수준이다. 공업은 석유·전력·야금·기계를 중심으로 발전하고 있다. 전통 꽃무늬 모자, 민속악기, 양탄자, 실크 등의 전통공업도 발달했다. 191)

191) 新疆网 (2013.5.16)

[표 3-53] 신강위구르 자치구 주요 경제지표 (2020년)

<table>
<tr><th rowspan="2">GRDP*</th><th colspan="3">산업구조</th><th colspan="2">1인당 GRDP</th></tr>
<tr><th>1차산업</th><th>2차산업</th><th>3차산업</th><th>위안</th><th>US$</th></tr>
<tr><td>1.36%</td><td>14.36</td><td>34.39</td><td>51.25</td><td>53,593</td><td>7,770</td></tr>
<tr><th>인구(만명)</th><th>인구 중국내 비중</th><th>도시화율(%)</th><th>부동산 개발투자*</th><th>수출*</th><th>수입*</th></tr>
<tr><td>2,585</td><td>1.83%</td><td>51.15</td><td>0.89%</td><td>0.61%</td><td>0.27%</td></tr>
<tr><th>수출입*</th><th>외상기업 투자액*</th><th>공업생산액*</th><th>소비품판매액*</th><th colspan="2">중국 평균 1인당GDP 대비</th></tr>
<tr><td>0.46%</td><td>0.27%</td><td>1.23%</td><td>0.78%</td><td colspan="2">74%
(72,447元. U$10,503)</td></tr>
<tr><th colspan="2">우루무치 GRDP**</th><th colspan="2">우루무치 인구(만명)</th><td colspan="2" rowspan="2"></td></tr>
<tr><td colspan="2">24.5%</td><td colspan="2">405</td></tr>
</table>

주: *중국 내 비중을, **성내 비중을 나타냄. 도시화율 및 공업생산액은 2019년도 수치 기준임.
자료: 국가통계국 国家数据 (2021.6.22.)

신강위구르 자치구는 8개국과 접경한 중국 최대 국경무역 거점이다. 몽골, 러시아, 카자흐스탄, 키르키즈스탄, 타지키스탄, 아프카니스탄, 파키스탄, 인도 등과 접경하고 있다. 이 중에서 카자흐스탄이 최대 교역 대상국이다. 카자흐스탄과의 교역이 신강 대외무역액의 44.4%를 차지(2008년)한다. 신강-카자흐스탄간 국경도시인 호르고스(Horgos; 霍爾果斯)에는 중-카자흐스탄 국경협력센터가 소재하고 있다.

[그림 3-50] 신강위구르 자치구 위치도

자료: 두피디아(2021.7)

신강위구르 자치구 내는 남북간 경제발전 및 사업여건 격차가 크다. 북부지역은 자원이 풍부하고 경제가 발전되어 있으며 교통이 편리해 사업여건이 양호한 편이다. 과일생산 거점(포도, 배, 멜론 주산지)이다. 자원도 풍부하여 중국 전체 매장량의 38%에 해당하는 석탄이 매장되어 있고, 세계 최대 유전인 타림분지가 있다. 이외에도 커라마이(克拉瑪依)와 허텐(和田)에서는 원유가 생산되고 있다. 서부대개발 정책 주요 프로젝트 중 하나인 서기동수(西氣東輸) 가스관 설치기점이기도 하다.

우루무치, 쿠얼러 등 대도시의 경우, 환경관련 프로젝트가 발생하고 있다. 유통소비도시는 비교적 산재되어 있다. 쿠얼러(庫爾勒)는 타림유전 개발위해 조성한 신도시이며, 아커쑤(阿克蘇)는 오아시스 지대로 소비가 발달되어 있다. 카스(喀什)는 대형 농수산품 시장인 '바자(Bazaar)'가 있다. 파키스탄 등 이슬람권과 거래가 활발하다. 아라산커우(阿拉山口)는 우루무치 통관제품의 대외반출 관문이다. 전국적으로 베이징 표준시간이 적용되나, 실제 업무에 있어서는 북경시간보다 두 시간 늦은 신강시간에 따라 사회생활(출근, 등교 등)이 이루어지고 있다.

□ 우루무치

신장위구르자치구의 수도인 우루무치(烏魯木齊)에서 2014년 5월, 위구르인이 주동한 자살폭탄 테러가 발생했다. 2009년 7월에도 위구르인과 한족간 다툼으로 우루무치에서 폭동이 일어나 약 200명이 목숨을 잃는 등 갈등은 끊이질 않아왔다. 이 같은 참사의 배경에는 신장 지역의 가슴 아픈 역사가 뿌리깊게 자리잡고 있다.

고대에 신장은 서역이라고 불리는 실크로드 중심지였다. 이곳엔 한때 위구르 제국이 번성하고 고유의 문화를 발전시켰다. 그러나 청나라 건륭제 때 이 지역에 군대를 파견해 진압, 청의 영토로 편입하면서 '새로운 영토'라는 뜻의 신장이라 명명했다. 그리고 우루무치를 신장의 수도로 정하고 도시명을 이민족을 바르게 이끌고 교화하겠다는 뜻을 담아 적화(適化)로 개명했다. 적화라는 말 자체에 위구르인을 멸시하는 의미가 담겨있다. 위구르인의 반중감정은 이때부터 싹 트기 시작했다.

신장은 1933년, 1944년 두 차례 중국으로부터 독립을 꿈꾸며 동투르키스탄 공화국을 수립했으나 오래가지는 못했다. 결국 1949년 중화인민공화국에 병합돼 1955년 신장위구르자치구가 되었고, 이후 이슬람교를 신봉하는 위구르족은 중국의 주류인 한족과는 전혀 다른 정체성과 문화, 언어 등을 유지해 왔다. 중국 면적의 6분의 1을 차지하고 석유 천연가스 석탄 매장량이 풍부한 신장 지역을 안정 개발시킨다는 명목 아래 중국 당국은 독특한 공동체 조직인 신장생산건설병단을 만들어 대규모 한족 이주를 강행했다. 한족은 신장 지역 개발을 통해 현지 지역경제를 장악했지만 위구르족은 개발에서 소외되며 잦은 충돌을 빚어왔다.

바다와 가장 멀리 떨어져있는 도시 우루무치는 중국정부의 적극적인 경제개발 정책 지원 아래 현대화 도시로 탈바꿈했다. 최근에는 서부대개발 정책과 함께 유라시아 허브 발전 전략과도 맞물려 고속 성장을 구가하고 있다.

우루무치는 본래 위구르어로 '아름다운 목장'이라는 뜻이다. 하지만 오늘날 우루무치에는 전원 분위기가 나는 목장을 찾아볼 수 없다. 도심에는 고층빌딩과 아파트가 즐비하고 곳곳에서 낙후된 건물을 철거하고 새 빌딩을 짓는 공사가 이뤄지고 있다. 2020년 개통을 목표로 지하철 공사도 진행 중이다. 우루무치는 현재 한족 인구 비중이 75.5%에 달할 정도로 한족이 만들어낸 도시이다. 시내 간판에는 중국어와 함께 위구르어가 병기 되어 있다. 중국정부는 우루무치를 오는 2020년까지 중국 서부의 핵심도시이자 중서 아시아 국제무역의 중심도시로 발전시킬 계획이다. GDP는 2020년까지 4,200억 위안으로 끌어올리고 인구도 500만명으로 늘린다는 목표다.

우루무치 디워푸(地窝堡) 국제공항은 유라시아 허브 발전전략의 중심이다. 총 3개 터미널로 구성된 공항은 15개 국가와 23개 해외 도시, 55개 중국 국내도시와 노선이 개통돼 있다. 2013년 연간 여객 운송인원은 1,535만명에 달했으며, 하루 평균 이착륙 비행기 수는 462대에 달해 중국 공항 중 14위를 기록하고 있다. 우루무치는 2020년까지 공항 터미널을 더 증설하고 제2공항 건설방안도 검토 중이다.

우루무치 시내 중심가에서 동북쪽으로 5㎞ 정도 떨어진 곳에 위치한 우루무치 경제개발구에는 2005년 중국정부가 세금감면과 사회간접시설 확충 등 다양한 인센티브로 국내외 투자자들을 유치에 나서면서 TCL, 싼이중공업, 둥펑자동차, 진펑과기 등 총 3,800여개 기업이 입주해 있다. 2013년 기준 경제기술개발구 경제규모는 3년 전보다 두 배로 늘어난 410억 위안에 달했다. 우리나라 한화그룹도 1996년 우루무치에 한화염호공장을 세우며 대기업 중 최초로 우루무치에 진출했다. 192)

우루무치시는 실크로드가 지나는 중앙아시아 관문 도시이다. 물류, 인프라환경은 지속적으로 보완 되고 있다. 8개 국가와 인접한 관계로 국경에서 떨어진 내륙 육지세관이 우루무치에 소재한다. 국경무역 기점 역할을 하고 있는데, 이는 중국횡단철도(TCR. Trans China Railroad) 주요 노선이기 때문이다. TCR은 강소성 롄윈강에서 시작해 정저우-란저우-우루무치-아라산커우(중국 구간 총 4,018㎞)를 거쳐 네덜란드 로테르담에서 종착한다. 우루

192) 아주경제(2014.5.14), [중국도시를 읽다(11)] 우루무치 '아름다운 목장에서 유라시아 허브로'.

무치는 서북 최대 경제·소비 중심지이며, 신장위구르자치구의 65%를 점유하고 있다. 중앙아시아의 색채가 강한 위구르족의 도시이다. 민족문제로 인해 대내외 교역환경이 변화할 가능성이 상존한다. 2009년 7월 5일, 위구르족 분리독립소요가 발생하여, 그 결과 투자가 침체되고 국경무역이 감소된 바 있다. 신강자치구는 중국 국경무역총액(176억 4천만 달러, 2008년)의 60%를 점유하고 있다.

[사진 3-26] 신강 위구르족

자료: 김동하 © 2019.

□ 신강위구르자치구 발전 전략

2021년 상반기 신장의 대외무역 수출총액이 501억 6,000만 위안으로 전년동기비 50% 증가했다. 2021년 상반기, 신장의 대외무역 수출입 총액은 658억 7,000만 위안으로 전년동기비 19.1% 증가했으며, 2019년 같은 기간 대비 5.4% 늘어났다. 신장의 일대일로(一带一路) 연선국가와 역내 포괄적 경제동반자협정(RCEP) 국가와의 수출입이 뚜렷하게 증가했다. 같은 기간, 신장의 일대일로 연선국가를 대상으로 한 수출입 총액은 전년동기비 23.1% 늘어난 566.5억 위안에 달했다. 이는 신장의 대외무역 수출입 총액의 86%를 차지하는 숫자이다. 그중, 대(對) 카자흐스탄 수출입 무역액이 1위를 차지했다. [193)]

193) 中国经济网 (2021.8.9.)

우루무치 세관은 신장이 실크로드 경제벨트의 핵심이라는 지역 우위에 입각해 '하나의 항구, 두 개의 구역, 5대 중심(一港、两区、五大中心)'과 '통관경제벨트(口岸经济带)' 건설을 착실히 진행했다. 하나의 항구는 우루무치 국제 내륙항(乌鲁木齐国际陆港)을, 두 개의 구역은 훠얼궈쓰(霍尔果斯 · 호르고스 Khorgas) 경제개발구, 카스(喀什 · 카슈가르 Kashgar) 경제개발구를, 그리고 5대 중심은 교통 허브 중심, 비즈니스무역 물류 중심, 문화 · 과학 교육 중심, 지역 금융 중심, 의료서비스 중심을 가리킨다.

특히 중국과 유럽을 잇는 화물 열차(中欧班列, 비정기 화물열차 노선) 발전을 지원하는 각종 조치를 심도 있게 이행하고 있다. 중국~유럽 열차에 대한 관리 · 감독 메커니즘을 혁신 · 최적화함으로써, 해당 노선의 연안 통과 시간이 3시간 30분에서 30분으로 축소돼, 중국~유럽 화물열차의 가속에 힘을 실었다. 현재, 신장은 종합보세구 4개, 보세물류센터 1개, 보세창고 9개, 수출 관리·감독 창고(出口监管仓库) 2개 등 다층적인 개발 플랫폼 체계를 갖추고 있다.

2020년 신장위구르자치구 정부는 '자치구의 소비 양적 · 질적 발전 촉진과 강대한 시장 조성 가속화에 관한 시행방안' 을 발표하여 내수시장 발전을 꾀하고 있다. 신장 정부는《방안》을 통해 시장 공급 최적화, 관광을 통한 신장 부흥 전략 전면 시행, 특색소비 네트워크 대대적 구축, '스마트 플러스(+)' 소비 생태 시스템 구축 가속화 등과 관련한 16개 조치를 제시, 소비 메커니즘 개선을 촉진하여 강대한 내수시장을 조성하기로 한 것이다.

그중 시장 공급 최적화와 관련해 《방안》은 상품의 품질을 전면적으로 개선하고 품질 향상 행동을 대대적으로 전개하며 특색 브랜드 구축을 강화하겠다는 방침을 밝혔다. 기업이 품질을 기반으로 한 브랜드 발전 전략을 수립하도록 유도하고 브랜드의 함축적 의미를 다양화하며 브랜드 이미지를 높인다는 계획이다. 서비스 표준 시스템도 보완해 양로, 가사, 보육, 문화 · 관광 등 분야의 서비스 표준 마련과 시범 시행을 추진하기로 했다. 또, 수입을 적극적으로 확대하고 수입 구조를 최적화하며 물류비용을 낮추고 상품 종류를 다양화하며, 신장의 수출 지향적 경제에 새로운 동력을 불어넣는다는 방침이다. 194)

'스마트 플러스' 소비 생태 시스템 구축과 관련해서《방안》은 5G 네트워크 등 정보 인프라 건설에 속도를 내고 5G 상용화와 심층적인 응용, 보급을 추진하려한다. 사회 공공서비스 수요를 만족하는 클라우드 서비스 플랫폼 구축을 유도하여 온 · 오프라인 융합 서비스를 지원한다는 계획이다. 녹색 유기농, 신에너지 자동차, 사물인터넷(IoT) 등 고급 제품과 건강, 교육, 양로, 스포츠, 금융, 정보 보안 등 분야의 서비스 인증을 추진하여 녹색 생산과 소비를

194) 人民网 (2020.7.17.)

이끌고 녹색 발전의 질과 효익(效益)을 전면적으로 개선하기로 했다.

이밖에도 관광을 통한 신장 부흥 전략과 관련해 특색 문화·관광을 지속적으로 추진하고 문화·관광 소비 고도화를 촉진하며, 문화·관광 브랜드 홍보도 확대한다는 방침을 제시했다. 특색소비 네트워크 구축과 관련해서는 지역성 소비센터를 구축하고 신장 지역의 보행자 거리 개조 시범사업을 추진하며, 지방 특색을 충분히 반영하고 소비 업태를 개선하며 '원스톱 종합 소비 플랫폼'을 구축하겠다는 계획 등을 밝혔다.

□ 일대일로와 신장 자치구 발전 전략

최근 중국의 일대일로(一帶一路) 전략에 따라 에너지 개발, 장비제조 등 중·동부 지역의 산업이 서부 지역으로 빠르게 이전하고 있다. 중앙아시아와 인접한 지리적 이점과 풍부한 에너지 자원으로 인해 산치그룹(陝汽集團), 싼이중공업(三一重工, SANY), 둥펑자동차(東風汽車), 중촨중궁(中船重工, 중국선박중공그룹) 등이 연이어 신장 지역에 자리를 잡으면서 중국 서북 지역의 새로운 기계제조 산업기지를 형성했다.

2014년부터 신장 동부에 위치한 하미(哈密)시 남쪽에서부터 정저우(鄭州)까지 세계에서 가장 높은 송전 출력을 자랑하는 ±800KV 특고압 직류 송전 사업이 정식 운영에 들어갔다. 이에 따라, 풍부한 화력·풍력·태양광 발전을 보유한 하미지역이 자원 우위를 경제적 우위로 전환하게 되면서 국가 종합 에너지기지 조성을 위한 조건을 갖추게 되었다. 신장 생산 전력의 외부 송전 프로젝트가 추진되면서 화넝(華能), 중뎬터우(中電投), 중메이 에너지(中煤能源), 다탕(大唐) 등의 에너지 기업이 발전소 건설 및 풍력, 태양광 발전 사업의 속도를 높이고 있어 하미 지역 장비 제조 산업이 발전의 기반을 마련하게 되었다.

일대일로 전략으로 신장 지역 내 비즈니스 기회가 창출될 전망이다. 2014년 11월, 중국정부는 400억 달러를 출자해 실크로드 기금을 조성하였으며, 일대일로 주변 국가의 인프라 건설, 에너지 개발, 산업 협력, 금융협력 등 상호 연계 및 연결을 위한 프로젝트에 자금 지원 플랫폼을 제공하면서 중국 장비제조 기업에 비즈니스 기회를 가져다 줄 전망이다. 신장 지역의 첨단장비제조기지 건설은 기업의 신장 현지 진출에 도움이 될 뿐만 아니라 실크로드 경제벨트 건설 가속화에 따른 기업들의 중앙·서아시아 및 동유럽 시장 진출을 위한 교두보 역할을 할 것으로 기대된다.[195]

195) 新華網 (2015.8.19.)

□ 신장지역 내 유혈 충돌과 배경

2014년 신장위구르자치구 지역을 중심으로 유혈사태가 잇달아 발생했다. 신장 카스와 허톈에서 위구르족으로 추정되는 괴한들이 잇달아 현지 경찰을 공격하여 다수의 사상자가 발생하였다. 카스와 허톈은 위구르인 비중이 매우 높은 지역으로 분쟁이 잦은 지역이다. 2014년 3월에는 위구르인이 많이 살지 않는 윈난성 쿤밍역에서 이른바 묻지마 살인사건이 발생하면서 중국 전역에서 테러에 대한 우려가 높아졌다. 중국정부는 배후세력으로 동투르키스탄 이슬람 운동을 지목했는데, 이 집단은 이슬람 극단주의 조직의 도움을 받아 파키스탄 등 중국 인접국에 무장세력 양성기관을 두고 활동하는 것으로 알려졌다. [196]

신장 지역이 1949년 중국으로 편입된 이후 정치·경제·사회적으로 통합되지 못하고, 한족과 위구르족 간 갈등이 지속됨에 따라 유혈사태는 멈추지 않고 있다. 중국정부는 소수민족과 한족의 민족융합을 위해 1950년대부터 꾸준히 한족을 신장으로 이주시켰다. 그 결과, 한족비율은 1949년 6.7% → 1978년 41.6% → 1990년 37.7% → 2000년 46.0% → 2012년 37.9% 로 확대 되었다. 중국정부는 1978년 개혁개방 이후 고향으로 돌아가기 원하는 한족 이주민에 대한 이주를 허락하지 않았다. 그렇지만 우루무치를 중심으로 한 북부 신장지역에만 한족이 거주하게 되면서 당초 구상하였던 민족융합은 제대로 이뤄지지 않았다.

특히 자치지역임에도 불구하고 고위 간부 대부분이 한족으로 구성되어 있으며, 중국 특유의 '당 우위의 원칙'에 따라 자치 정책을 지역의 현실에 맞게 시행하지 못하고 있다. 또한 신장지역은 석유, 천연가스 등 에너지 자원이 풍부하게 매장되어 있으나, 대부분 한족이 개발권을 가지고 있고, 주요 도시의 상권 역시 한족이 장악하고 있어서 상당수 위구르족은 생활수준이 낮은 편이다. 그밖에도 수니파 이슬람교를 믿는 위구르족 사회는 한족과는 다른 정체성과 관습을 가지고 있으며, 중국정부가 이러한 종교 집단이 사회적 영향력을 가지지 못하도록 종교에 대한 각종 규제를 실시하고 있어 갈등이 지속되어 왔다. [197]

196) 신장 7·5사건(2009): 2009년 7월 5일에 발생한 유혈사태이다. 같은 해 6월말 광둥성 샤오관 장난감 공장에서 위구르족 노동자가 한족 여성을 폭행했다는 소문으로 촉발됐다. 한족 노동자들이 위구르족 숙소를 습격해 2명의 위구르인이 사망했다. 이 소식이 전해지자 우루무치에서 대규모 항의 시위가 발생했고, 평화적 시위는 한족이 사망하면서 유혈 폭동사태로 발전했다. 군과 무장경찰까지 투입된 사흘간 충돌로 200여 명이 사망하고 1700여 명이 부상하는 비극적인 결과를 낳았다. 이후 매년 7월 5일에는 신장 지역의 경계가 강화되는 모습을 보이고 있다.

197) 腾讯新闻 (2014.6.21)

7. 서남권

(1) 중경시

중경시(重慶. 충칭) 지역은 기원전 10세기경 파인(巴人)이라 불렸던 원주민들이 중원과 다른 독자적 문화를 형성했던 곳으로, 중경과 성도(成都. 청두)를 포함한 지역을 파촉(巴蜀)이라고 한다. 진(秦)나라 시대에 중국에 편입되었으며, 남송(南宋) 초기에 현재의 명칭으로 확정되었다. 명(明) · 청(淸)나라 때부터 물류 집산지였으며, 1891년 대외통상지역으로 지정되었다. 신중국 건국(1949년)후 중앙 직할시로 지정되었다가, 四川省 관할지역으로 편입되었으며, 1997년에 다시 직할시로 승격되었다. 항일전쟁시기 국민당정부의 임시수도였으며, 대한민국 임시정부청사도 중경시에 위치하고 있다. 중경은 3,000여년의 역사를 지닌 도시로, 지금으로부터 약 2~3만 년 전 구석기시대 말기부터 인류가 이곳에서 생활했다. 중경을 중심으로 한 古巴渝지구는 변검(变脸, 천극 공연시 가면을 여러 번 바꾸는 것), 분화(噴火, 공연 중 불을 뿜는 것) 등으로 대표되는 파유(巴渝) 문화의 발상지이다.

중국 서부 중간에 위치하며, 동쪽은 호북성 · 호남성, 북쪽은 섬서성, 서쪽은 사천성, 남쪽은 귀주성과 인접해 있다. 중국 서부경제발전에 있어 동서를 연결하는 교량이다. 중경의 옛이름은 유주(渝州)였는데, 남송(南宋) 1189년에 이 지역에 살던 송광종(宋光宗)이 왕으로 제수되었다가 후에 황제가 되자 '좋은 일이 겹쳤다(쌍충시칭. 雙重喜庆)'라는 뜻으로 중경(重慶)이라 하였다는 설이 있다. 약칭은 옛이름 유주(渝州)따서 유(渝)라고 한다.

- □ 면적: 8.23만㎢(중국 국토의 0.86%). 北京·天津·上海 3개 도시 총면적의 2.39배, 최대 직할시
- □ 인구: 3,205만명. 한족, 회족, 묘족, 토가족 등 50여개 민족 거주
- □ 지형: 구릉과 산지가 위주. 북부, 동부, 남부는 大巴山, 巫山, 武陵山, 大婁山으로 둘러 싸여있음. 제일 높은 산은 天池山으로 해발 2,793.8m, 주봉 蘭英寨.
- □ 기 후: 아열대 습윤 계절풍 기후. 7월 평균 기온 34.4℃, 최고 기온 44.1℃, 1월 평균 기온 4℃ 이상. 강수량은 풍부하여 연평균 1,100㎜수준, 가을은 흐리고 비가 오는 날이 많으며, 겨울은 안개가 심하고 일조시간이 적음. 연평균 안개 낀 날이 68~148일로 안개의 도시(霧都)라고도 불림.
- □ 행정구역: 區 15개, 縣級區 4개, 縣 17개, 自治縣 4개
- □ 국가급 개발구: 兩江新區(2010.6.18). 兩江新區는 상하이 푸둥신구, 톈진 빈하이신구에 이은 중국내 3번째 국가급 특별경제구역로 중경시 3개 행정區(渝北, 江北, 北碚)에 걸쳐

1,200㎢규모임. 주요 유치산업으로 철도교통장비, 에너지·전기장비, 대체에너지자동차, 국방산업, 전자정보통신 등 5대 전략산업이 선정되어, 新區내 첨단기술산업단지, 보세구 및 공업개발구 등이 있음.

2020년 기준, 중경시의 산업구조를 보면, 1차산업 7.21%, 2차산업 39.96%, 3차산업 52.82% 수준이다. 자동차, 장비제조, 신소재, 전자정보업이 중점산업이다. 중경시의 도시화율은 65.46%로 4대 직할시 중에 가장 낮으며, 1107만명의 농민을 보유하고 있다. 그 결과, 직할시임에도 불구하고 1인당 GRDP가 중국 평균치보다 약간 높은 수준(108%)이다.

이는 1997년에 중앙정부가 중경시를 직할시로 승격시키면서, 주위의 43개 구, 시, 현을 포함하게 되면서 주로 농민으로 구성된 약 1,500만명의 주민을 신규로 편입시켰기 때문이다. 실제 직할시 승격전인 1994년 중경시 인구는 ,1512만명에 불과했다.

중경시는 장강(長江) 상류 수상운수 중심지로서 3개 중추항구(重慶, 萬州, 涪陵) 및 5개 주요 항구(永川, 合川, 江津, 奉節, 武隆)를 보유하고 있다. 수자원이 풍부하여 지표수, 지하수, 외부 진입수 등 각종 수자원 총 4,648억㎥ 규모이다. 長江, 嘉陵江, 烏江 등 36개 강이 중경을 통과하며, 유역면적 50㎢넘는 하천 374개에 달한다.

[표 3-54] 중경시 경제지표 (2020년)

GRDP*	산업구조			1인당 GRDP	
	1차산업	2차산업	3차산업	위안	US$
2.47%	7.21	39.96	52.82	78,170	11,333
인구(만명)	인구 중국내 비중	도시화율(%)	부동산 개발투자*	수출*	수입*
3,205	2.27%	65.46	3.08%	2.34%	1.64%
수출입*	외상기업 투자액*	공업생산액*	소비품판매액*	중국 평균 1인당GDP 대비	
2.03%	1.26%	2.1%	3.01%	107.9% (72,447元. U$10,503)	

주: *중국 내 비중을, **성내 비중을 나타냄. 도시화율 및 공업생산액은 2019년도 수치 기준임.
자료: 국가통계국 国家数据 (2021.6.22.)

충칭은 인구 3205만명, 남한 면적의 약 83%에 해당하는 8만2,400㎢ 면적의 세계 최대의 도시다. 한국에서도 유명한 마라훠궈(충칭식 샤브샤브)의 본고장이고, 7~8월이 되면 40도를 넘는 기온으로 중국에서 가장 뜨거운 화로 도시의 하나다. 우리와도 역사적 인연이 깊은 곳이다. 1940년부터 1945년까지 대한민국임시정부가 소재했고 광복군 사령부가 창설된 곳이다.

20세기 말까지 쓰촨성 변방의 한 도시에 불과했던 충칭은 지난 20년간 고도성장을 지속하면서 일약 중국 서부의 발전을 선도하는 지역으로 변모하고 있다. 2000년 이후 서부 대개발로 시작된 중앙정부의 적극적인 지원과 함께 2010년 신구로 지정된 충칭 양장(兩江)신구가 충칭의 고속 발전을 견인하는 성장 엔진이다. 2017년까지 매년 중국 평균 성장률을 3~4%포인트 웃도는 높은 성장세를 이어온 충칭은 2018년 상하이, 베이징, 선전, 광저우에 이어 다섯 번째로 국내총생산(GDP) 2조위안 도시에 입성했다.

충칭은 내륙 최대의 물류 도시이자 전통적인 생산 도시다. 장강 상류에 위치해 수로를 통해 중국 서부와 동부를 연결하고 철도로 서부 내륙과 유럽을 연결하고 있다. 창장을 통해 5000t급의 선박이 충칭까지 들어온다. 충칭항의 연간 물동량은 2억t 이상에 이르며, 연간 105만TEU의 컨테이너를 처리할 수 있는 전용 부두를 갖추고 있다. '신(新)실크로드'라고 불리는 위신어우 철도는 충칭을 출발, 중국 서북을 통과해 유럽을 2주 만에 연결한다. 도중에 신장 우루무치를 지나 카자흐스탄, 러시아, 벨라루스, 폴란드를 거쳐 독일까지 총 6개국을 통과한다. 이 철도를 이용해 충칭에서 생산되는 IT 전자제품이 유럽으로 수출되고, 유럽으로부터는 주로 고가의 승용차가 수입되고 있다. 충칭은 위신어우철도와 창장 수로를 이용해 유럽과 동북아시아를 잇는 물류 허브로 자리 잡겠다는 야심 찬 계획을 착실히 수행해나가고 있다.

충칭은 자동차와 오토바이산업을 비롯해 기계, 철강, 화학 등 전통적인 중화학공업의 중심지였다. 지금은 차세대 IT산업, 신에너지자동차산업에 핸드폰, 액정디스플레이, 로봇, 의료기기 등 신산업 영역이 가세해 충칭의 발전을 견인하고 있다. 2010년을 전후해 대만의 유수한 전자제품 제조기업들이 속속 진입한 데 이어 액정디스플레이와 반도체 등 첨단 분야 산업도 충칭에 둥지를 틀었다. 여기에 빅데이터, 인공지능(AI), 사물인터넷(IoT), 드론, 로봇 등 신산업을 집중적으로 육성하고 전통 공업에 스마트 기술을 접목해 산업구조 고도화에 박차를 가하고 있다. 전통 제조 중심에서 스마트 제조 중심으로의 변신을 꿈꾸는 것이다. 2018년부터 치루어지는 충칭스마트박람회는 충칭의 4차산업 발전을 더욱 가속화하고 있다. 지난해 1회 박람회에서 BAT(바이두 · 알리바바 · 텐센트)를 비롯한 관련 기업들이 스마트산업 분야에 887억달러를 투자하기로 했다. 198)

198) 아시아경제(2019.06.20.), 「중국 내륙 물류와 제조의 허브 충칭」, 정민영 KOTRA 충칭무역관장.

[그림 3-51] 중경시 위치도

자료: 두피디아(2021.7)

중경시는 장강상류 수운의 요충지이다. 장강삼협댐 완공으로 1만톤급 운행이 가능하다. 동부, 중부 및 내륙항을 통해 해외를 연결하는 물류 요충지이다. 장강오염방지를 위한 환경보호가 절실한 지역이기도 하여, 수처리 등 환경보호설비 진출이 유망하다. 중국 유일의 내륙보세항구인 중경항이 소재하고 있어서, 내륙항 기반 가공무역이 가능하다. 중경시 주변에는 서부권 3억 인구 대시장이 인접해 있다. 호남성, 호북성, 귀수성, 사천성, 산서성과 접경해 있다.

서부대개발의 본격추진으로 철도, 고속도로 건설자금이 대대적으로 투입되어, 건설장비 및 부대제품 진출이 유망하다. 중경시 경제발전에 중점 역할을 한 산업은 자동차 산업이다. 2020년 중경시에 위치한 창안그룹 자동차 판매량은 200.4만대(전년비 14% 증가)로 중국 전체 판매량의 8%를 점유했다. 중경시는 중국의 주요 자동차부품 생산기지이기도 하다. 중국 전체 자동차 부품생산의 10%를 차지한다. 또한 최대 오토바이생산·수출기지인데, 중국 전체 오토바이 완제품 생산량의 35%, 오토바이 엔진 생산량의 50% 점유하고 있다.

[사진 3-27] 중경시를 관통하는 장강

자료: 김동하 © 2019

3,000여년전 상(商) · 주(周) 시대 고대왕국 파국(巴国)의 도읍지였던 충칭은 유구한 역사를 자랑한다. 충칭은 예로부터 창장과 자링강이 합류하며 험준한 산으로 둘러싸여 지어진 요새라는 뜻으로 '산수지성(山水之城)'이라 불렸다. 항일전쟁 당시 일본군에 패한 국민당정부가 충칭으로 수도를 옮긴 것도 험한 산세를 이용하기 위함이었다. 1960년대 냉전 당시 마오쩌둥 주석이 미국 소련의 군사공격에 대비해 '3선건설'을 추진하며 연해지역의 군수 · 화공·철강 등 산업 시설을 충칭으로 옮긴 것도 같은 맥락이다. 탄탄한 중공업을 바탕으로 충칭은 1970년대 안정적인 경제발전을 이어갔다. 하지만 쓰촨성에 편입돼있던 충칭시 경제성장에는 한계가 있었다. 충칭시가 벌어들인 세금 대부분은 쓰촨성 성도인 청두에 집중됐으며, 개혁개방 후 상하이 등 동부연해지역에 발전이 집중되면서 충칭시는 경제성장에서 소외됐다.

노후 공업도시인 충칭에 도약의 기회가 찾아온 것은 1997년 중국정부가 충칭과 주변지역을 묶어 직할시로 승격시켜 자율권을 보장하고, 전폭적인 지원을 하면서부터다. 또한 1997년부터 싼샤댐 개발로 창장이 '황금수로'로 변모하면서 충칭도 고성장을 기록했다. 싼샤댐 건설로 수심이 깊어진 덕분에 상하이에서 충칭까지 1만t급 선박 운항도 가능해지면서 충칭은 창장 물류의 핵심기지로 부상했다. 충칭 수상교통로의 심장부인 차오톈먼(朝天門) 부두에는 창장 물줄기를 따라 상하이~충칭을 오가는 대형 선박과 컨테이너선으로 붐빈다. 이를 기반으로 충칭시는 서부 내륙의 풍부한 지하자원을 충칭에 모아 선적하고, 상하이 등 동부 첨단 제품이 서부 내륙으로 들어오는 중국의 물류 허브(Hub)로 자리잡았다. 여기에 '현대판 실크로드'라 불리는 충칭과 독일 서부 뒤스부르크를 잇는 총 거리 1만1,000㎞의 위신어우(渝新歐)가 개통돼 충칭은 유라시아 교두보 역할도 하고 있다.

2010년 국가급 개발구로 지정된 량장(兩江)신구는 충칭시 경제 현주소다. 이곳은 자동차·전자 IT 산업 기지로 향후 서부 내륙경제 발전을 이끌 견인차다. 량장신구 출범후 3년간 이곳에 입주한 세계 500대 기업 수는 초기 54개에서 118개로 늘어났다. 량장신구는 오는 2020년까지 1억 위안의 경제규모를 갖춘다는 계획이다.

지금은 몰락한 정치인인 보시라이는 충칭시 당서기로 집권한 2007년부터 경제발전뿐만 아니라 도농 지역 격차 해소를 강조하며 후커우 및 사회복지 개혁, 공동 임대주택 건설 등 '공동부유론'에 입각한 '충칭모델'을 실험했다. 경제 효율성을 강조하는 '광둥모델'과 달리 부의 재분배와 형평성을 강조한 것이다. 실제로 보시라이는 사회복지·주거·의료 등 분야에서 주민 삶의 질을 개선시키면서도 충칭을 성장률이 10%가 넘는 도시로 탈바꿈시켰다. 경제개발에 힘입어 충칭은 이제 서부 내륙지역의 소비 중심도시로 부상하고 있다. 2020년 충칭시 소매판매액은 중국 전체의 3.01%로 GRDP 비중보다 높다. 충칭시 최고 번화거리인 제팡베이(解放碑)에는 루이비통·구찌·오메가 등 명품샵이 들어서 있다. 199)

□ 충칭자유무역시험구(重庆自由贸易试验区)

2017년 4월, 량장팬취(两江片区), 시융팬취(西永片区), 궈위안강구(果园港片区) 등 3개 지역을 통합하여 출범했다. 면적은 총 119.98㎢이다. 출범이후 2019년 7월 기준 신규설립 기업은 2.9만개 총 등록자본금은 2,928억위안이며, 중국 내 197개의 자유무역시험구 실행조치 중 12개의 실행조치가 이곳에서 시행중 이다. 또한 일대일로와 장강경제벨트를 잇는 허브로서 국제화 및 법치화 표준에 맞는 국경간 투자 및 무역체계 수립을 목표로 하고 있으며, 인재유치를 위해 기술이민제도 거주주택 재산세 면제 등 다양한 정책을 시행하고 있다.

지역별 특화 산업으로는 량장구에는 첨단설비, 전자부품, 바이오의약, 서비스무역, 전자상거래, 융자임대, 금융, 물류 등 산업 위주이며, 시융구에는 가공무역, 스마트 장비 제조업 위주이다. 또한 궈위안강구에는 물류산업 위주이다.

《충칭자유무역시험구 산업발전규획(2018-2020년)》이 발표되었다. 규획에는 2020년까지 '1허브·3중심·1기지(一枢纽三中心一基地)' 건설과 신흥산업 매출 5,000억 위안 돌파라는 목표가 있다. 목표에서 '1허브'는 복합운송을 핵심으로 하는 '내륙 국제 물류허브'를 가리킨다. 충칭은 장베이(江北) 공항, 궈위안항(果园港) 등 물류 경쟁력을 가지고 있지만,

199) 아주경제(2014.4.2), [중국도시를 읽다(6)] 현대차가 선택한 인구 3000만명 '충칭'.

자유무역구의 틀 안에서 복합운송 물류 시스템을 구축하려면 도로 물류 시스템 건설에도 주의를 기울여야 한다. '3중심'은 화물무역 기반의 국제무역센터, 금융결제 간소화를 핵심으로 한 중국 국내 주요 기능성 금융센터, 상호연결을 목표로 한 현대 서비스업운영센터 구축을 의미한다. '3중심' 구축을 위해 2020년까지 대외무역 컨테이너 물동량 70만 TEU, 국제물류 무역액 950억 위안, 금융기관 1,300곳, 금융 결제 총액 5조 위안 이상, 서비스업 중 현대 서비스업 부가가치 차지 비중 60% 이상 실현이라는 구체적인 목표도 제시했다. '1기지'는 2020년까지 충칭이 과학기술 혁신을 주축으로 하는 '국가 중요 현대 제조업 기지'를 구축하는 것을 의미한다.

이번 규획은 2017년 3월 《충칭자유무역시범구 총체방안》에 비해, 산업발전 목표와 중점 육성분야에 관한 세부적인 내용이 담겼다. 그중에서도 육성해야할 7대 산업 클러스터로 선진 제조, 현대 물류, 국제 비즈니스 무역, 금융 서비스, 전문 서비스, 정보 서비스, 문화·관광을 명확히 제시했다. 특히, 2020년까지 집적회로, 신형 디스플레이, 로봇, 스마트 설비, 스마트 자동차 등 신흥 산업 클러스터의 매출을 5,000억 위안 넘게 달성한다는 목표를 내놨다.

□ 중국-유럽 국제화물열차

2011년 3월 19일, 첫 번째 중국-유럽 횡단 철도인 〈충칭-뒤스부르크 국제열차〉가 성공적인 첫 운행을 시작했다. 이 노선은 중국 충칭에서 아라산커우를 거쳐 국경을 넘은 후, 카자흐스탄-러시아-벨라루스-폴란드 등을 경유하여 독일의 뒤스부르크를 종착지로 하고 있다. 총 1만 킬로미터가 넘는 거리로 운행 시간만 14~15일이 걸리며, 러시아, 독일, 네덜란드, 폴란드, 체코 등 국가를 향한 화물을 실어 나르고 있다.

중국-유럽 횡단 철도는 TSR(러시아-시베리아 횡단철도) 등 중국과 유럽의 일대일로 연선 국가의 컨테이너 화물 철도와 연계한 고정 노선을 운행하고 있다. 중국-유럽 횡단 철도는 동부, 중부, 서부의 주요 3개 노선으로 구성되어 있다.

동부 노선은 헤이룽장과 내몽골을 거쳐 만추리(满洲里)를 통해 국경을 넘어 러시아 시베리아 횡단철도(TSR)에 연결되는 라인이고, 중부 노선은 화북지역을 거쳐 얼롄하오터(二连浩特)를 통해 국경을 넘어 러시아 시베리아 횡단철도(TSR)에 연결되는 라인이다. 서부 노선은 중국 중서부지역을 거쳐 아라산커우(阿拉山口)를 통해 국경을 넘는 라인이다. 중국-유럽 횡단 철도의 열차 출발 주요 도시는 시안, 충칭, 청두, 정저우, 우한, 소주, 이우 등이며, 12개 국가의 33개 주요 도시를 최종 목적지로 연결되어 있다.

중국-유럽 횡단 철도는 10개 노선으로 구성되어 있다. 이중 주요 노선을 보면 창안호(长

安号,시안-로테르담), 롱오우반(蓉欧班,청두-폴란드-네덜란드), 위신어우(渝新欧,충칭-독일), 한신오우(汉新欧,우한-체코), 수만오우(苏满欧,수저우-폴란드 바르샤바),정오우반(郑欧班, 정저우-함부르크), 이신오우(义新欧, 이우-스페인), 샹오우반(湘欧班, 창사-뒤스부르크) 등이 있다. 2011년 중국-유럽 횡단철도 개통 당시 운행편수는 17회에 불과했으나, 2019년말 기준 운행편수는 8,225로 크게 늘어났다. 운송화물 제품 가액은 2011년 6억 달러에서 2019년 145억 달러로 늘었다. 코로나19 영향에도 불구하고 운행편수는 꾸준히 증가하고 있는 추세다.

충칭에서 출발하는 위신어우(渝新欧)는 중국과 유럽을 잇는 국경간 전자상거래 B2B 전용 수출의 성공 사례이다. 2020년 9월 1일 충칭 퇀제춘(团结村) 중심역에서 국경간 전자상거래 B2B 수출전용열차가 출발했다. 이는 중국의 첫 번째 B2B 전용열차이다. 2020년 상반기까지 충칭시의 국경간 전자상거래 교역액은 전년동기비 27% 이상 증가한 상태다.

[표 3-55] 중국-유럽 화물열차 중국 내 도시 간 화물열차 운행 노선(2020년 말 기준)

중국 성(도시)	유럽 국가(도시)
충칭	독일 뒤스부르크 15일, 11000km 경유: 카자흐스탄-러시아-벨라루스
사천 청두	폴란드 로츠, 브로츠와프 14일 9965km 오스트리아 빈 13일, 9800km 경유: 카자흐스탄-러시아-벨라루스
섬서 시안	폴란드 바르샤바 12일 9048km 경유: 카자흐스탄-러시아-벨라루스
하남 정저우	독일 함부르크/벨기에 리에주 15일 10245km 경유: 카자흐스탄-러시아-벨라루스-폴란드
강소 쑤저우	폴란드 바르샤바 15일 11200km 경유: 흑룡강 만주리-러시아-벨라루스
호북 우한	체코, 폴란드, 슬로바키아 15일, 10700km 독일 (함부르크) 경유: 카자흐스탄-러시아-벨라루스-이르쿠츠크
호남 창사	독일 뒤스부르크 18일 11808km 우즈베키스탄 타슈켄트 11일, 6146km 러시아 모스코바 13일 8047km 경유: 카자흐스탄-러시아-벨라루스-폴란드
절강 우이	스페인 마드리드 21일, 13052km 벨기에 리에주 20일 경유: 카자흐스탄-러시아-벨라루스-폴란드-독일-프랑스-스페인

중국 성(도시)	유럽 국가(도시)
흑룡강 하얼빈	러시아 비크랑 12일 6578㎞ 독일 함부르크 15일 9820㎞ 경유: 시베리아 철도-모스코바-폴란드
감숙성 란저우	독일 함부르크 15일 8027㎞ 경유: 카자흐스탄-러시아-벨라루스-폴란드
청해성 시닝	벨기에 앤트워프
신강 우루무치	독일 뒤스부르크 10일 8000㎞
강소 롄윈강	터키 이스탄불
안휘 허페이	카자흐스탄 알마티 6일 4954㎞ 독일 함부르크 15일 11000㎞ 경유: 카자흐스탄-러시아-벨라루스-폴란드

자료: KOTRA 해외시장뉴스 (2021.7.9.), 중국 청두무역관 이병직.

- 충칭-시안-신장-유럽을 연결하는 물류운송 철도 '위신어우(渝新欧)열차'
  충칭을 시작으로 카자흐스탄, 러시아, 벨라루스, 폴란드를 거쳐 독일까지 6개의 국가를 거쳐 운행함. 17일 동안 총 1만1179㎞를 운행하는 국제 물류 운송로임. 장안호의 노선은 시안-로테르담(9850㎞, 18일), 시안-모스크바(7251㎞, 14일), 시안-카자흐스탄(알마티 3866㎞ 6일, Remu 5027㎞ 10일)임. 시안에서 실은 상품이 6일 만에 카자흐스탄 알마티에 도착하는 등 운송 시간 단축. 항공운송보다 싸고, 해상운송보다 빠른 지상 물류운송 열차임. 열차운송으로 운송 시간이 16일에서 20일 정도로 동아시아에서 유럽까지의 해상운송보다 약 20일 시간 절약 가능.
  충칭 → 독일: 2011년 1월 28일 첫 시범운행, 2011년 6월 30일 정상운행 시작
  독일 → 충칭: 2013년 2월 28일 첫 운행

□ 충칭시 주요 산업과 발전 전략

자동차는 충칭 경제를 뒷받침하는 대표 지주산업이다. 현재 상하이에 이은 중국 2대 자동차 생산기지인 충칭에는 로컬 기업인 창안자동차를 선두로 충칭시에는 상하이·둥펑·베이징자동차 등 대형자동차 기업만 8곳이 소재하고 있다. 2020년 충칭시 자동차 완성차 생산량은 158만대로 전년비 13% 성장했으며, 이는 중국 전체 생산량의 6.3%를 차지하는 비중이다. 또한 전년비 1%포인트 증가한 수치이다. 충칭시 자동차 메이커 매출총액은 3,672억 위안으로 전년비 12% 증가했다.[200)]

충칭시에 있는 완성차 업체는 모두 14개 사로, 장안Ford(长安福特), 장안자동차(长安股

200) 重庆日报 (2021.1.22.)

份), 장안스즈키(长安铃木), 동펑(东风小康), 베이치(北汽银翔), 화천(华晨鑫源), 상하이 GM(上汽通用五菱), 상하이Iveco(上汽依维柯红岩), 칭링(庆铃), 리판(力帆) 등이 있다. 또한 진관(金冠), 디마(迪马), 다홍(大江) 등 특장차 생산기업도 18개사가 있어서 현재 자동차 생산능력만 400만대를 형성하고 있다.

IT 산업도 자동차 산업을 대체할 정도로 발전하고 있다. 충칭에는 HP, 에이서, 시스코, 폭스콘 등이 입주해있다. IT산업과 자동차산업은 충칭시의 공업 성장을 이끈 양대 주역이다. 서비스무역은 충칭시가 미래에 발전시키고자 하는 산업중 하나이다. 최근 충칭시는 '서비스무역과 서비스아웃소싱산업 발전 장려에 관한 실시의견'을 통과시키고, 2020년까지 서비스무역 교역액을 300억 달러로 높이겠다는 목표를 제시했다. 서비스무역과 서비스아웃소싱산업의 발전 장려조치는 충칭시의 산업고도화와 대외무역 증대에 촉진제 역할을 할 것으로 기대되며, 서비스산업의 새로운 성장엔진으로 일자리 창출 효과를 가져올 것으로 전망된다.

충칭시는 중국의 서비스아웃소싱 시범도시, 현대서비스업 종합시범도시, 전자상거래 시범도시로서, 현대 서비스업 발전에 적합한 환경을 갖추고 있다. 제조업 기반도 튼튼해 전자정보산업 등 생산성 서비스업의 입지우위가 높다. APL 글로벌 서비스센터(美皇管理資訊), 정보서비스업체 CS&S(中軟國際), HP, 허니웰인터내셔널(Honeywell International) 등 유명 서비스아웃소싱업체가 속속 충칭에 입성하고 있다. 이외에도 마이크로소프트, 시스코 시스템, 폭스콘(富士康) 등 글로벌 500대 기업도 충칭에 R&D센터를 두고 있다. [201]

1) 충칭시 14·5 규획(2021~2025)

충칭시는 14·5 규획기간 혁신주도 발전을 가장 중시하면서 현대산업체계 구축, 쌍순환 전략, 청위 광역경제권 건설을 주요 정책과제로 추진할 계획이다. 충칭시는 2020년 9월 반족된 충칭 서부 과학거점 건설 프로젝트를 중심으로 혁신역량을 육성 · 결집하여 14·5 규획 기간 명실상부한 서부지역 과학기술혁신 중심지로 거듭나고자 한다. 주요 목표로 신형연구개발기관 300개, 첨단기술기업 8,000개, 과학기술기업 4만 5,000개, 과학기술 인재 660만명, GRDP 대비 R&D 투자 비중 2.5%, 과학기술의 경제성장 기여율 63% 달성을 제시했다. 이를 위해 제조업 기반의 스마트화 전환을 유도하고 신에너지자동차, 커넥티드카, 로봇, 첨단장비 등 고부가가치 산업 육성을 위한 클러스터를 조성하면서 제조 기지와 각종 서비스 업종에 클라우드, 5G, AI 적용을 지원하는 등 스마트 기술과 실물경제의 융합을 적극 추진할 방침이다. 또한 청위 광역경제권 건설을 위해 도시철도 연결, 물류허브 구축, 전력망 통합

201) 重慶日報, 國際商報, 重慶市對外貿易經濟委員會 (2015.5.23.)

등 기초 인프라 사업을 추진하고 쓰촨성과 산업기지 및 공공서비스 체계를 공동 구축할 계획이다.

청위(成渝) 광역경제권 건설 추진에 전력한다. 충칭시와 쓰촨성은 서부 최대의 경제 중심지이지만 산업규모, 과학기술, 생활수준 등에서 동부지역과 격차가 크기 때문에 거점도시 중심의 광역경제권 조성을 통해 혁신자원을 집적시키고 내수를 확대하여 지역 전반의 질적 발전을 견인하고자 한다. 제조업을 통해 양적 성장을 이뤄온 충칭시와 쓰촨성은 뉴노멀 시대 성장둔화에 대비하여 13·5 규획기간부터 혁신을 통한 질적 발전을 강조해왔으며, 두 지역 모두 14·5 규획기간 주요 목표로 혁신주도 발전을 통한 서부과학거점 조성을 제시했다. 특히 충칭시는 서부지역 최고 수준의 혁신역량을 갖춘 도시로 평가되나, 염가 노동력 위주의 저부가가치 제조업 비중이 여전히 높고 과학기술의 경제성장 기여율(58%), GRDP 대비 R&D투자 비중(2.1%), 선도기업 등 측면에서 동부 주요 지역에 비해 경쟁력이 부족하다. 2019년 중국의 종합과학기술혁신지수 및 지역혁신능력 순위에서 충칭시가 서부지역 1위를 차지했으며, 세계지적재산권기구(WIPO)에서 발표하는 '글로벌 혁신지수보고'에서는 중국 서부지역에서 유일하게 충칭시가 100위 안에 포함된 77위를 기록했다.

충칭시와 쓰촨성은 광역경제권 건설을 위한 인프라 투자를 중심으로 내수를 확대하여 도농간 발전 불균형, 농촌지역의 기초 인프라 및 공공서비스 부족, 낮은 1인당 주민소득수준 등 문제를 개선하고자 한다. 이에 14·5 규획기간 충칭시와 쓰촨성은 서부과학거점 조성, 통합 인프라 구축, 산업 연계협력을 중심으로 한 청위 광역경제권 건설을 적극 추진할 계획이다. 충칭시와 쓰촨성은 각각 충칭 서부과학거점과 청두 서부과학거점을 육성하면서 공동으로 청위 종합과학센터를 건설하여 충칭-쓰촨 전체의 혁신주도 발전을 견인하고자 한다.

충칭 서부과학거점은 국가급 자주혁신시범구, FTZ, 국가급 첨단산업단지, 충칭-유럽 철도, 서부 육·해신통로 등을 포함하고 산·학·연·비즈니스·거주 기능이 복합된 빅데이터 기반의 대형 플랫폼으로 조성할 계획이다. 2022년까지 디지털 인프라 구축에 4,000억 위안을 투자하고, 2025년까지 15만 개의 5G 기지국을 설치하여 네트워크의 80% 이상에 5G를 적용할 방침이며 서부과학거점 전역에 스마트 소방·응급 컨트롤 플랫폼, 스마트 교통·주차, 블록체인 공공서비스 플랫폼 등을 구축하기 위한 중점사업을 시행할 계획이다.

청두 서부과학거점은 기초과학 연구기관이 밀집한 청두과학단지를 핵심으로 5G, AI, 빅데이터, 사이버보안 등 신산업 시험구, 톈푸(天府) 국제바이오단지를 포함한 바이오산업 혁신구, 스마트제조, 항공우주 분야 중심의 스마트 시범구, 반도체, 디스플레이 중심의 ICT기술 혁신기지 등 4개의 구역으로 구성할 계획이며, 국가급 과학센터, 국가급 실험실 쓰촨기지 등 혁신 플랫폼을 추가로 건설해 R&D 기능을 강화할 방침이다.

충칭시는 2021년 1월 「청위광역경제권 건설 2020-2022 추진방안」을 통해 교통 네트워크 구축에 3년간 4,200억 위안을 투자할 계획이다. 제2공항 건설과 도시철도 연결 사업이 포함되며 3년간 고속철도 1,800㎞, 일반철도 2,100㎞, 도시철도 500㎞, 고속도로 4,000㎞, 천연가스관 5,500㎞ 등 청위 광역경제권 건설 관련 40개의 대형 인프라 프로젝트에 착수했다. 두 지역은 통합생활권 조성을 위해 2021년 1월 「청위광역경제권 내 편리한 생활 액션 플랜」을 발표하고, 10개 이상 도시간 버스 노선 개통 및 정기권 발행, 두 지역 간 장거리 통화비용 점진 폐지 등을 추진하기로 했다. 또한 거주증 정보 통합, 취업인원의 호적제한 폐지, 사회보험 통합관리, 외지 근로자 자녀의 의무교육 보장 등을 통해 쓰촨-충칭 간 인구이동을 자유롭게 할 계획이다. 또한 ICT, 자동차 등 주력산업의 연계발전을 추진하고자 2021년 2월 300억 위안 규모의 청위 광역경제권 발전기금을 설립하고 반도체, 신소재, 신에너지 자동차, 바이오의약 등 전략산업을 공동 육성하기로 했다. 양측은 2020년 5월 ICT산업 협력 전문팀을 신설하여 산업 연계협력을 추진 중이고, 산업인터넷 통합발전 시범구 공동건설을 위해 중앙부처 지원을 요청했다. 2021년에는 ICT, 첨단장비, 신소재 등 중점산업 공동육성을 위한 청위산업협력단지, 청위 제조업 협동발전구 공동건설을 추진할 계획이다. 자동차 분야에서는 2020년 6월 청위지역 자동차산업 협동발전전략 협의를 체결하여 수소차 분야 협력을 적극 추진하기로 했다.

지지부진했던 청위 광역경제권 건설은 2020년에 국가전략으로 격상되면서 14·5 기간에 탄력을 받을 것이다. 2011년 청위 경제권 건설이 공식화된 이래 충칭시와 쓰촨성은 236개의 협의를 체결했고 27개의 협력 프로젝트를 착수하였으며 354억 위안 규모의 투자를 실행했나. 양측이 13·5 기간 공동으로 실행한 투자는 고속철도, 고속도로, 수운, 내륙항, 물류센터, 5G 통신망 등 두 지역의 물리적 연결을 위한 인프라 투자에 치중했다. 2020년 1월 중앙재정위원회가 국가 전략으로 격상하면서 과학기술 혁신 분야에서도 양측의 협력이 진행된 것이다.

2020년 4월 충칭시와 쓰촨성은 서부과학거점의 공동 건설에 합의하였고, 같은 해 9월 충칭 서부과학거점(西部科学城)이 착공되어 79개 프로젝트에 1,300억 위안이 투자되었다. 두 지역은 2020년 9월 50억 위안 규모의 과학혁신기금을 설립하였고 바이오의약, 인공지능, 반도체, 스마트제조 등 분야 15개의 중점 연구개발 프로젝트를 공동으로 진행하기로 했다. 중앙정부는 2020년 10월 「청위광역경제권 건설규획강요」 심의에 착수했다.

[표 3-56] 충칭시 14·5 규획 주요 과제

주요 과제	세부 내용
혁신 발전, 과학기술혁신중심지 건설 가속화	[충칭 서부 과학거점 건설] 산·학·연·거주·비즈니스 융합플랫폼 건설, 국가중대과학기술 프로젝트 및 국가실험실 유치, 청위 과학기술혁신 협력계획 실시, 청위 종합과학센터 건설, 과학기술혁신 협동혁신시범구 및 량장(两江)협동혁신구 건설 [혁신역량 육성] 세제해택 확대, 인공지능, 양자정보, 반도체, 생명과학, 우주항공 등 분야 중대 프로젝트 실시, 기술·제조업혁신센터 건설, 국가급 디지털경제 및 차세대 인공지능 혁신발전시험구 건설 [인재 양성 및 유치] 인재정책의 적극성 및 개방성 강화, 충칭 영재대회 및 일대일로 국제기능올림픽 지속 개최, 산업인재 육성 액션플랜 실시, R&D 성과에 대한 소유권 및 장기 사용권 관련 제도 개혁시범, 기초연구인력 육성 장기지원제도 마련 [혁신 지원을 위한 제도정비] 청위지역 일체화 기술거래시장 구축. R&D 투자규모 확대, 대형 과학기술기업 인큐베이터 건설, 일대일로 과학기술교류대회 개최 추진
현대산업체계 구축, 산업구조 업그레이드 가속화	[선진 제조업 육성] 선진 제조업클러스터 육성, 차세대 ICT, 첨단장비, 신소재, 바이오의약, 신에너지자동차, 커넥티드카 등 고부가가치 산업을 집중 지원 [현대적 서비스업 발전] R&D, 현대물류, 전시업, 법률서비스 발전 가속화, 검사·검측 하이테크서비스업 클러스터 건설, 서비스업 인터넷융합 가속화, 서부금융센터 건설 [기초 인프라 건설] 교통, 물류, 에너지 분야의 스마트·친환경 기초인프라 체계 구축, 5G, 산업인터넷, IoT, 빅데이터센터 발전 추진
쌍순환 전략	[국제대순환 참여] 디지털경제, 과학기술 교육, 친환경발전, 공공위생, 인문교류 등 분야에서 국제협력을 심화, 일대일로 대외교류센터 건설, 충칭-싱가포르 전략적 상호협력 시범프로젝트를 중심으로 對ASEAN 전방위적 협력 추진 [전면적 소비촉진] 온라인소비 촉진, 선진유통체계 구축, 농촌 소비시장 개척, 주민 소비능력 제고, 소비자권익 보장제도 개선 [투자확대] 기초인프라 건설 가속화, 농촌발전, 교육·민생·재난방지 등 공공투자확대
청위 광역경제권 건설 추진	[청위 광역경제권 발전 모멘텀 구축] 광역경제권 중 충칭 도시권의 발전규획 마련, 충칭시와 쓰촨성 내 하위 행정구역간 협동발전 추진(충칭 서부-쓰촨 남부 융합발전 등) [기초인프라 건설] 청위지역 간 도시철도 연결, 종합물류허브 건설, 장강 상류 수운허브 건설, 전력망 일체화 추진 [협동 산업체계 구축] 자동차산업기지, 장비제조 클러스터, 특색소비재산업기지, 서부 헬스케어기지 공동 건설, 국제화물운송센터 공동 건설, 선진 특색농업벨트 조성 [공공서비스체계 구축] 교육, 취업, 의료, 문화, 스포츠, 법률서비스 분야 등의 공공서비스 체계를 공동으로 구축 및 시행, 교통카드, 사회보험, 의료보험 등 통합 추진
도농 협동발전 모색	[신형 도시화] 생태·환경 개선, 도시 인프라 스마트화, 농촌 도시화 가속화, 주민생활 서비스 확대 [전면적 농촌진흥 추진] 기초인프라 건설 확대를 통한 농민 주거환경 개선, 농민협동조합 육성, 농업과학 제도 및 농업금융제도 개혁, 농업보험 보급 확대

자료: KIEP(2021), 중국 서부지역의 14·5 규획기간 경제정책 방향 및 전망, 기초자료 21-07(2021.5.4).

(2) 사천성

사천성(四川. 쓰촨)을 춘추전국시대에는 파(巴) · 촉(蜀) 두 나라로 나누어 사천지역을 '巴蜀'이라고 칭했으며, 한(漢)대에는 익주(益州), 당(唐)대에는 검남도(劍南道) · 산남동도(山南東道) · 산남서도(山南西道)로 분리되었고, 송대는 益 · 利 · 梓 · 夔 4개로를 설치하여 사천루(四川路)라고 했다. 원대는 행중서성(行中書省)으로 편입되어 사천행성(四川行省)이라고 불렸고, 명대는 사천포정사사(布政使司)가 설치되었으며, 청대에 사천성이라 불렸다. 1997년, 원래 사천성에 속해 있던 중경(重慶)지역을 중경직할시로 분리했다. 사천성은 지리조건과 자연환경이 좋아 자원이 풍부하고, 시장이 거대하여 예로부터 '천부지국(天府之國)'이라 불렸다.

중국 남서내륙 장강 상류에 위치하며, 북으로 청해성 · 감숙성 · 섬서성, 동으로 중경시, 남으로 운남성 · 귀주성, 서로는 서장자치구와 인접해 있다. 옛날 촉국(蜀国)의 소재지였기 때문에 촉(蜀.shu)로 약칭하기도 하고, 촨(川)으로 약칭하기도 한다. 송나라때 이곳을 4개 지역으로 나누고 촨산쓰루(川陝四路)라고 불렀는데, 이를 쓰촨이라 약칭한 것이 오늘날 사천성 명칭이 있게 된 유래이다.

□ 면적: 49만㎢(중국 내 5위, 중국 전체면적의 5%)

□ 인구: 8,367만명. 이중 소수민족 460만명. 상주인구 수 중국 내 4위. 중국에서 가장 큰 이족(彝族)거주지와 두 번째로 큰 장족(藏族)거주지이며, 중국 유일의 창족(羌族) 거주지가 있음.

□ 성도(省都): 청두(成都)

□ 지형: 서고동저형, 다양하고 복잡한 지세, 사천분지와 川西고원으로 분류됨. 四川분지는 중국 4대 분지중 하나로, 해발 400~800m, 면적 16.5만㎢, 사방은 해발 1,000~4,000m인 邛崍山·岷山·大巴山 등 산지와 귀주(貴州)산지로 둘러싸여 있음. 천서고원은 평균해발 4,000m이상, 최고는 대설산의 주봉 貢戛山(7,556m)임.

□ 기후: 아열대 습윤기후, 복잡한 지형 및 계절풍의 영향으로 다양한 기후임. 연평균 14~19℃, 강수량 900~1,200㎜. 청두시의 경우, 고지인 동시에 분지인 영향으로 연간 2/3이상이 흐림.

□ 행정구역: 地級市 18개, 自治州 3개, 縣級市 14개

□ 국가급 개발구: 총 9개. 경제기술개발구 3개(成都, 德阳, 广安), 첨단기술개발구 4개(成都, 绵阳, 自贡, 遂宁), 보세구 및 수출가공구 2개(成都高新综合保税区, 绵阳出口加工区)

2020년 기준 사천성의 산업구조를 보면, 1차산업 11.43%, 2차산업 36.16%, 3차산업 52.41% 수준이다. 사천성도 서부권에서 운남성에 다음가는 농업大省인데 경지면적은 중국 전체 면적의 5.84%에 달한다. 농업은 옥수수, 감자, 밀, 벼 등을 위주로 재배하고 있다. 전자정보, 장비제조, 에너지전력, 석유와 가스, 티타늄강, 식료품, 중약 등이 중점 산업이다.

사천성의 성급 개발구 현황을 보면, 먼저 청두경제구(成都經濟區: 成都, 德陽, 綿陽, 眉山, 資陽)의 경우 전력 설비, 중형설비, 공정기계, 자동차 산업 등 중대형장비 제조업과 하이테크산업, 금융, 물류, 전시회 등의 현대서비스업 위주 기업들이 입주해 있다. 촨난경제구(川南經濟區: 自貢, 宜賓, 瀘州, 內江, 樂山)는 에너지 건설 및 중화공기지 위주이며, 판시경제구(攀西經濟區: 攀枝花, 凉山州, 雅安市)는 수력 에너지 산업 및 희귀 광산물 이용한 신재료 산업, 철도, 교량, 고급 철강재산업, 아열대 농산물 기지 위주 기업이 입주해 있다.

촨동베이경제구(川東北經濟區: 南充, 遂寧, 達州, 廣安, 巴中, 廣元)는 천연가스자원 및 생물자원을 이용한 천연가스 관련 산업 및 화공기지 건설, 방직산업, 농산품 가공업 위주이고, 촨시베이생태경제구(川西北生態經濟區: 甘孜, 阿壩)는 수력 청정 에너지와 생태 여행 산업, 생태농업 및 전통 농목업 생산방식 개선 등 특색 있는 목축업 건설 등 생태 경제구 건설 위주로 조성되어 있다. 202)

[표 3-57] 사천성 경제지표 (2020년)

<table>
<tr><td rowspan="2">GRDP*</td><td colspan="3">산업구조</td><td colspan="2">1인당 GRDP</td></tr>
<tr><td>1차산업</td><td>2차산업</td><td>3차산업</td><td>위안</td><td>US$</td></tr>
<tr><td>4.8%</td><td>11.43</td><td>36.16</td><td>52.41</td><td>58,126</td><td>8,427</td></tr>
<tr><td>인구(만명)</td><td>인구 중국내 비중</td><td>도시화율(%)</td><td>부동산 개발투자*</td><td>수출*</td><td>수입*</td></tr>
<tr><td>8,367</td><td>5.94%</td><td>53.95</td><td>5.17%</td><td>2.6%</td><td>2.41%</td></tr>
<tr><td>수출입*</td><td>외상기업 투자액*</td><td>공업생산액*</td><td>소비품판매액*</td><td colspan="2">중국 평균 1인당GDP 대비</td></tr>
<tr><td>2.51%</td><td>3.27%</td><td>4.21%</td><td>5.31%</td><td colspan="2">80.23%
(72,447元. U$10,503)</td></tr>
<tr><td colspan="2">청두 GRDP**</td><td colspan="2">청두 인구(만명)</td><td colspan="2" rowspan="2"></td></tr>
<tr><td colspan="2">36.4%</td><td colspan="2">2,093</td></tr>
</table>

주: *중국 내 비중을, **성내 비중을 나타냄. 도시화율 및 공업생산액은 2019년도 수치 기준임.
자료: 국가통계국 国家数据 (2021.6.22.)

202) 中国新闻网 (2012.1.6)

[그림 3-52] 사천성 위치도

자료: 두피디아(2021.7)

사천성은 최근 내륙수운 개발에 힘쓰고 있다. 청두항(러산) 건설로 장강하운과 연계 프로젝트를 개발하려 하고 있다. 루저우-이빈-러산 내륙항구 연계 클러스터 조성중이며, 광웬-난충 항구 연계 클러스터 지역을 육성하고 있다. 클러스터 내에는 화공, 기계제조, 식음료, 경공업, 방직, 신에너지 및 신소재 산업을 집중 발전시킬 계획이다. 사천성은 서부 최대 IT 및 전자산업 기지이다. 청두, 멘양에는 국가급 첨단기술개발구 소재하고 있으며, 첨단산업이 발달해 있다. 특히 시창(西昌)에는 인공위성 발사기지가 소재한다.

중의약산업 특화단지도 소재하는데 농축산 기지, 바이오매스, 농가공이 발달되어 있다. 서부대개발 권역답게 신도시 건설, 도로·철도 등 SOC 공사가 진행중이다. 청두-중경간 고속철도가 이미 착공되어 향후 1시간권 내 이동이 가능할 전망이다. 현재는 고속화 철도(200㎞/h)로 2시간 2분이 소요된다. '청위경제구'에 포함되는 '청더멘' 경제벨트 중심으로 소비가 창출될 전망이다. 중국 제4의 경제권인, 청위(成渝)경제권 출범으로 러산(樂山)-청두(成都)-더양(德陽)-멘양(綿陽) 경제산업벨트가 형성되고 있다. 청위경제구는 사천성 15개시, 중경 31개 구와 현을 하나로 묶는 신특구를 건설하는 것으로, 서부지역 경제성장 축으로 작용할 전망이다. 총면적 20만 6,100㎢, 인구 9,840만명, GRDP 1조 5,800억 위안 규모이다.

사천성 성도 청두시는 서부지역 최대 소비·유통거점이다. 서부내륙 깊숙히 위치한 청두시는 물류가 원활하지 않다. 서부지역 최대 소비시장이며, 상주인구 2,093만명의 전국 4위 도시로 부동산, 자동차, 가구, 건축인테리어, 화장품, 의류 소비가 많다. 자동차 보유대수는 북경, 광저우 다음으로 많은 전국 3위이다. 안개, 다습 등 기후에서 오는 우울함 극복을 위해 소비자들이 잦은 변화를 시도하며, 이는 의류, 화장품, 헤어스타일 소비성향에 영향을 미친다.[203]

청두시는 전자통신, 의약공업, 식음료업 등이 발달해 있다. 2020년 기준 청두시 GRDP는 17,716억 위안으로 사천성 GRDP의 36.4%를 점유하고 있다. 도매시장 100여개가 소재하며, 물류·유통 거점이다. 청두시 도매시장을 통해 서남 및 서북지역에 상품이 공급되고 있다. 또한 운남성, 귀주성, 중경시 등지로 상품이 유통된다. 청두시 역시 물류 인프라 미비가 경제발전의 장애요인이다. 내륙항인 청두항 건설로 고질적인 물류문제 개선을 기대하고 있다. 장강삼협댐 완공으로 1만톤급 선박이 상하이까지 직항이 가능해졌기 때문이다.

한국정부는 2005년 2월, 주청두총영사관을 개관하여 우리기업의 서부권 진출을 지원하고 있다.

□ 쓰촨 자유무역시험구(四川自由贸易实验区)

2017년 4월, 톈푸신취지구(成都天府新区片), 칭바이장철도지구(青白江铁路港片区), 난링강지구(南临港片区) 등 3개 지역을 통합하여 하여 출범했다. 총 면적은 119.98㎢ 규모이다. 출범이후 2019년 6월 기준 신규설립 기업은 6만개이며, 총 등록자본금은 8,000억위안 수준이다. 내륙과 연해지역의 연결 및 개방 서부대개발 및 장강경제벨트에서의 시범 역할 추진 등을 목표로 하고 있다.

지역별 특화 산업을 보면, 먼저 톈푸신취 지구는 현대서비스업, 첨단기술 제조업, 물류 등 산업 위주이다. 칭바이장지역은 보세물류창고, 국제화물운송, 자동차수입, 전시산업 등 산업 위주이다. 난린강지역은 항공물류, 항구무역, 교육, 의료 장비제조, 현대 의약 등 산업 위주이다. 현재 동 무역시험구에서는 제품 통관시 원스톱서비스 일체화 통관서비스, 신임통관 등 편리화 서비스 관련 정책도 시행중이다.

□ 최근 사천성 경제발전 현황

2021년 상반기 쓰촨의 GRDP가 전년동기비 12.1% 증가한 2조 5,232억 3,900만 위안을

203) KOTRA(2010), KOTRA가 바라본 중국 성시별 비즈니스 기회와 진출전략, 89쪽.

기록했다. 쓰촨성의 2년 평균 경제성장 증가율은 6.2%였다. 동 기간 쓰촨의 농업 생산이 전반적으로 안정적이었다. 여름작물 생산량이 전년동기비 0.7% 증가한 429만 2,000톤을 기록했으며, 돼지 생산능력이 지속적으로 회복된 가운데, 돼지 사육량은 전년동기비 34.0% 증가한 4,451만 7,000마리였다. 공업생산도 안정적으로 증가했다. 규모이상 공업증가치가 전년동기비 12.1% 증가했으며, 38개 업종이 플러스 성장을 유지했다. 주요 공업제품 생산량으로 보면, 컴퓨터 완제품, 휴대폰, 자동차 생산량이 전년동기비 각각 36%, 25%, 18.4% 증가했다. 서비스업의 증가세도 이어졌다. 3차 산업 증가치가 전년동기비 14.1% 증가했으며, 그중 숙박·요식업, 교통 운수·창고·우정업, 도·소매업 증가치가 전년동기비 각각 30.4%, 19.3%, 16.3% 증가했다. 소비재 시장이 안정적으로 회복됐다. 2021년 상반기, 쓰촨의 전체 사회소비재 총매출액은 전년동기비 23.7% 증가한 1조 1,684.6억위안이었다. 204)

미국 종합경제지 '포춘(Fortune)'이 발표한 '2018년 세계 500대 기업' 중 198개의 해외기업을 포함해 285개 기업이 청두에 진출한 것으로 나타났다. 이미 10여 년 전 청두에 진출한 미국의 반도체 회사 인텔(Intel)은 청두에 세운 회사가 전 세계 3대 반도체 패키징공정센터 중 하나로 부상하는 등 빠른 발전을 거듭하고 있다. 2018년 7월 글로벌 헬스케어 그룹 사노피(Sanofi)는 500대 기업 중 제약 기업으로는 처음으로 청두에 직접투자하고 운영하는 '의약혁신센터'와 '지역본사'를 세우겠다는 계획을 발표했다. 205)

이들 기업이 청두에 진출하는 이유는 청두에 글로벌 경쟁에 적합한 비즈니스 환경이 조성되어 있기 때문이다. 2017년 청두는 '글로벌금융센터지수' 순위에서 전 세계 86위, 중국 8위를 차지했으며, '중국 비즈니스 환경평가'에서 서부지역 1위, 중국 전체 5위를 차지했다. 또한, 2017년 청두의 외자유치 규모가 100억 달러를 돌파했으며, 대외무역 의존도가 28.4%에 달했다. 펑전커 사노피 중국 총재는 인재, 대학, 정부의 지원책 등 바이오 제약 육성에 좋은 환경이 조성되어 있다며 청두를 선택한 이유를 소개했다. 청두가 적극적으로 500대 기업 유치에 발 벗고 나선 것도 청두에 세계적 기업이 진출하고 있는 요인이다. 2018년 9월 청두는 '세계 500대 기업 및 글로벌 유명기업 청두 고위급포럼'을 개최해, 노키아, 시티뱅크, JP모건 등 세계 500대 기업 및 유명기업의 고위층 임원 100여 명이 청두에서의 투자·발전을 공동으로 모색하는 장을 마련했다. 또한 기업별 맞춤형 서비스 제공을 통해 기업을 유치하는 정밀유치(精准引进), 신흥 업종에 특화된 기업본사와 지역본사를 유치하는 본사고도화(总部提升), 증자장려(增资激励) 계획을 추진하고 있다.

204) 证券日报 (2021.7.21.)
205) 每经网 (2018.11.8.)

고급 백주(白酒) 우량예(五粮液) 생산지인 쓰촨성 이빈(宜宾)이 산업구조 전환에 박차를 가하고 있다. 이빈은 자원의존형 도시로 백주와 석탄이 발전을 견인하고 있다. 2010년 이빈의 공업총생산액에서 백주산업이 차지하는 비중은 29.9%에서 2018년 33.3%로 늘어났다. 그러나 백주는 성숙기에 접어들었고 우량예 시장점유율 및 브랜드 파워가 한계에 달했으며, 석탄은 자원소모 산업으로 발전 여지가 크지 않다. 2016년부터 이빈시는 백주·화학·방직 등 전통 우위산업을 고도화 하는 동시에 스마트단말기, 철도교통, 자동차, 범용항공, 신소재 등 신흥산업을 발전하려는 '산업발전 쌍륜 구동(产业发展双轮驱动)' 전략을 제시했다.[206]

쓰촨성은 2022년 식량 생산량 3,500만톤이라는 계획을 제시했다. 2020년 7월 쓰촨성 정부는 《高표준 농경지 건설강화를 통한 식량안전보장능력 공고화 실시의견》을 공포하여, 2022년까지 333.33백만 ha(5,000만亩)[207]의 농경지를 건설하고 쓰촨성의 연간 식량 생산량이 3,500만 톤 이상에 도달하도록 하겠다고 밝혔다. 쓰촨성은 인구대성이자 식량 생산 및 소비대성으로 현재 쓰촨 식량 생산량은 3,500만 톤에 가까워 중국 13개 식량 주요 생산 성(省) 중 하나로, 국가 식량안보에서 중요한 위치에 있다. 2011~2019년 쓰촨성 누계 기준 농업분야 투자액은 733억 위안이며 총 277.93만ha(4169만묘)의 고표준 농경지[208]를 건설했다. 하지만 쓰촨성 농경지는 인프라가 취약하고 채무가 많다는 문제가 있다. 12·5규획(2011-2015) 이후 건설된 농경지 중 교통망·전력망·수로망을 구비한 비중이 작으며 관개면적이 전체 농경지 면적에서 차지하는 비중은 중국평균 수준보다 10%p 낮은 43.5%에 불과하다. 그동안 농경지 품질이 1등급 향상됐으며 식량 생산능력은 10~20% 제고되었다. 쓰촨성이 2022년에 5,000만묘 고표준 농경지 건설을 한다면, 해당 지역에서 성 전체의 80% 식량을 생산할 예상이다.[209]

□ 청두(成都)

청두는 하늘이 내린 곳간, '천부(天府)'라고 불렸을 정도로 풍요롭고 소비력이 강한 도시다. 자원이 풍부하고 농축산물 등 식재료가 다양해 실크로드가 지나는 길목에 해당하는 곳이라 상업과 교류가 번성했던 도시였다. 청두는 삼국지 무대 중 하나였던 촉한의 수도였다.

206) 第一财经 (2020.9.24.)
207) 묘(亩, Mu): 중국식 토지 면적 단위로 1묘는 666.7㎡, 한국의 약 200평 정도에 달함. 100묘 = 6.66ha.
208) 고표준 농경지(高标准农田): 토지가 평평하며 이어져 있고, 전력시설 완비, 토양이 비옥하며 생태환경 양호하고 재해 대처역량이 강한 농경지. 현대적 생산과 경영방식으로 가뭄이나 장마에도 안정적 생산을 보장하는 경작지.
209) 中国证券网 (2020.9.7.)

시성(詩聖) 두보와 유비, 관우, 장비 등 삼국지 주인공들이 한 시대를 풍미한 곳인 청두에는 제갈공명의 위패가 모셔진 무후사, 두보가 은닉했던 두보초당 등 역사 유적지가 곳곳에 남아있다. 정우성 · 고원원 주연의 영화 호우시절(2009.허진호 감독)의 주요 배경이 바로 청두이다.

청두의 별칭은 용(蓉) 혹은 용성(蓉城)이다. 이는 후촉(後蜀, 934~966) 시대 마지막 황제였던 맹창(孟昶)이 궁궐에 부용(芙蓉)을 길렀다고해서 현재 청두를 당시 부용성(芙蓉城)이라고 불렀고, 그 약칭인 용성이 별칭이 된 것이다.

내륙도시 청두가 경제성장의 견인차 역할을 하게 된 것은 서부대개발 사업이 시작되면서부터다. 2008년 5월 12일, 쓰촨성에서 발생한 원촨 대지진 이후 지진복구 자금이 대거 쓰촨성에 투입되며 성도인 청두는 혜택을 입었다. 당시 투자된 자금은 청두 인프라 시설 확충에 투입됐다. 이에 따라 청두의 GRDP 성장률은 2008년 12.1%에서 2009년 14.7%, 2010년 15%로 급등했다. 2014년에 청두시 GRDP가 1조 위안 돌파했다. 청두 주민들의 소득 증가율도 2010년 10.1%에서 2011년 13%, 2012년 14.9%로 해마다 높아지면서 소비 폭발로 이어졌다. [210]

청두 시내 곳곳에는 루이비통, 베르사체, 티파니, 페라가모, 구찌 등 명품 매장이 늘어서 있다. H&M, 유니클로, 자라 등 전 세계 패스트패션 브랜드 매장 개수로 따지면 청두는 베이징 · 상하이 다음으로 3위를 차지했으며 선전을 앞지른 것으로 나타났다. 2013년 청두시 소매판매액은 3,752억 위안으로 전년비 13.1% 늘면서 중국 도시 중 베이징 · 상하이 · 광저우 · 톈진 · 충칭 · 선전 · 우한에 이은 8위를 기록했다.

현재 서부대개발의 중심지로 청두의 경제 현주소를 보여주는 곳은 바로 '중국판 실리콘밸리'로 떠오르고 있는 톈푸(天府)신구다. 2011년 4월 국무원이 인가한 톈푸신구는 2030년까지 상하이 푸둥(浦東)신구, 톈진 빈하이(濱海)신구를 잇는 국가급 신구로 거듭난다는 계획이다. 톈푸신구는 저렴한 인건비와 우수한 인력, 정부 지원 정책을 무기로 세계적인 IT기업을 모으고 있다. 이곳에는 GE, IBM, Intel, HP, 마이크로소프트(MS), 지멘스, 노키아지멘스네트워크, 알카텔, Dell 등 외국기업과 레노보, 화웨이, ZTE 같은 중국 기업 등 400개의 세

210) 쓰촨 성 대지진(四川省 大地震) 또는 원촨 대지진 (汶川 大地震)은 2008년 5월 12일 오후 2시 28분, 쓰촨성에서 발생한 리히터 규모 8.0의 지진이다. 사망자 69,000명, 부상자 374,000명, 실종자 18,000명, 이재민 4,616만명, 붕괴 가옥 216,000동의 피해를 야기했다. 학교 건물의 붕괴로 인해 교사와 학생에게 많은 피해가 발생하였기 때문에 지방간부의 독직과 부실 공사의 관계가 문제화되었다. 지우링허우, 바링허우 등 독생자들이 전국에서 자발적으로 구성된 자원봉사자로 현장에 달려가서 사회적으로 큰 반향을 일으켰다. (중국 언론 종합. 2015.12)

계적인 기업이 입주해 있다. 2013년에만 포춘글로벌포럼, 세계화상대회, 서부국제박람회 등 굵직한 글로벌 행사를 다수 개최했을 정도로 청두는 이제 글로벌 도시로 떠오르고 있다. 우리나라 기업들의 청두 진출도 늘어나고 있다. 현대차가 청두시 인근에 상용차 공장을 가동한 데 이어 롯데도 백화점을 개점했으며, 우리은행도 청두 지점을 개설했다.[211]

1) 사천성 14·5 규획(2021~2025)

쓰촨성은 14·5 규획기간 청위 광역경제권 건설과 내수 확대를 비롯하여 첨단·서비스 중심의 산업고도화 및 혁신역량 제고 등을 강조했다. 청위 광역경제권 건설을 전략적으로 추진하기 위해 쓰촨성은 교통, 산업발전, 과학기술 혁신, 대외개방, 생태·환경, 공공서비스 등 분야에서 충칭시와 협력해 다수의 실행방안 및 액션플랜을 발표할 계획이다.

쓰촨-충칭 간 1시간 통근권 형성을 위해 다구간에 걸쳐 고속철도 및 고속도로를 건설하고 쯔양(资阳), 네이장, 쑤이닝 등 중간 거점도시의 참여를 장려하여 공동발전을 모색한다. 내수 확대 중심의 쌍순환 전략은 대규모 인프라 투자와 소비환경 개선, 거점도시 육성 등을 통해 추진한다. 기초인프라와 신형인프라 건설을 위한 3개년 액션플랜을 시행하여 쓰촨-티벳 철도 건설, 러산(乐山)공항 착공, IoT·데이터센터·전기차충전소 건설 등 2021년 700개의 중점 건설 프로젝트를 추진한다. 쓰촨성은 2022년까지 역내 10개 도시를 소비중심도시로 육성하기 위해 서비스소비, 온라인소비, 야간소비를 촉진하고 해당 도시에 매년 최대 3,000만 위안의 자금을 지원할 방침이다.

충칭시와 함께 쓰촨성은 청위(成渝) 광역경제권 건설을 적극 추진할 계획이다. 충칭시와 쓰촨성은 서부 최대의 경제 중심지이지만 산업규모, 과학기술, 생활수준 등에서 동부지역과 격차가 크기 때문에 거점 도시 중심의 광역경제권 조성을 통해 혁신자원을 집적시키고 내수를 확대하여 지역 전반의 질적 발전을 견인하고자 하는 것이다. 이에 14·5 규획기간 충칭시와 쓰촨성은 서부과학거점 조성, 통합 인프라 구축, 산업 연계협력을 중심으로 한 청위 광역경제권 건설을 적극 추진할 계획이다.

211) 아주경제(2014.4.23), [중국도시를 읽다(9)] 선전 제치고 1선도시로 '우뚝' 청두.

[표 3-58] 사천성 14·5 규획 주요 과제

주요 과제	세부 내용
청위 광역경제권 건설의 전략적 추진	[충칭과의 협동기제 강화] 관련한 4개의 실시의견과 7개의 액션플랜을 발표, 교통, 산업발전, 과학기술 혁신, 대외개방, 생태·환경, 공공서비스 등 분야 공동 정책을 출시하고 프로젝트를 발족할 계획 [연결 인프라 구축] 청위 간 고속철도 및 고속도로 구간 확대, 1시간 통근권 형성, 쯔양, 네이장, 쑤이닝 등 거점도시 육성, 청위 간 중간지점의 일체화발전 선행구 공동건설, 장강 상류 서운허브 건설 [산업 협력 강화] 자동차, 스마트제조, ICT, 에너지화학 등 분야의 협력을 강화, 선진 특생농업벨트 공동 조성, 청위 빅데이터산업기지 건설
쌍순환 전략 실행	[소비환경 개선] 주민소득수준 제고, 온라인 소비환경 개선, 국제소비중심도시 및 지역소비중심도시 건설, 야간경제 및 휴양경제 발전 촉진, 농촌주민에 대한 자동차·가전·가구 구매혜택 제공, 대대적인 외식촉진 활동 추진 [투자확대를 통한 경기부양] 쓰촨-티벳 고속철도, 청두-충칭 고속철도, 청두-란저우 철도 등 철도건설 프로젝트, 청두-광시북부만 연결사업, 러산(乐山)공항 건설, IoT·데이터센터·전기차충전소 건설 등 연내 700개의 중점 건설프로젝트를 추진할 계획 [거점도시 육성] 쓰촨성 내 600개 마을을 전면 개조하여 거점도시로 육성 [제도적 개방 심화] RCEP [212] 참여국들과의 협력 확대, FTZ 제도혁신 추진, 쓰촨-충칭 FTZ 협동개방시범구 건설 추진, 시장진입 네거티브리스트 심화실시 [허브기능 강화] 대외교류, 중개서비스, 정보교환 기능 강화, 선진 유통시스템 구축을 통한 물류허브기능 강화, 국가급 콜드체인물류기지 건설, 물류발전 시범구 건설
첨단업종, 서비스업 등 현대산업 발전	[첨단산업 발전] 세계적 수준의 ICT, 장비제조, 식품음료 클러스터 건설, 중국 최고 수준의 신소재, 에너지 화학, 치과의료, 핵기술 응용 산업클러스터 건설, 인공지능, 바이오, 양자정보 등 미래산업 클러스터 형성, 동부 연해지역으로부터의 산업이전 추진 [선진 서비스업 발전] 서부 금융센터 건설, 금융 관련 인프라 건설 강화, 일대일로 금융서비스센터 건설, 관광·문화산업 발전 지원 [디지털경제 발전] 국가급 디지털경제혁신발전시험구 건설, 빅데이터, IoT, 블록체인 등 신흥산업 집중 육성, 디지털산업 클러스터 조성, 클라우드컴퓨팅센터, 청두 슈퍼컴퓨팅 센터 등 건설 가속화, 디지털안보 및 개인 정보 보호 강화
혁신역량 제고, 혁신주체 양성	[혁신플랫폼 건설] 국가과학센터 건설, 혁신인프라 클러스터 조성, 청두 서부과학거점 건설 추진, 국가급 실험실 쓰촨기지 건설 [과학기술혁신 주체 양성] 혁신형기업 및 지식재산권 보유기업 집중 육성, 대학 및 국내외 과학기술 연구기관 유치, 과학기술인재 육성프로젝트 발족 [혁신생태계 개선]지식재산권 보호 강화, 일대일로 과학기술혁신 협력구 및 국제기술이전센터 건립, R&D 영역에 대한 금융지원제도 강화
주민생활 수준제고	[문화번영발전] 국가문화공원 건설, 공공문화서비스 제공 확대, 미디어, 문학예술, 철학·사회과학 발전 프로젝트 발족, 문화기업 육성, 대외 문화교류협력 확대 [교육 현대화] 교육과 산업의 융합, 학교와 기업의 협력 지원, 소수민족 지역의 교육수준 제고 및 표준어 교육 강화 [헬스케어] 국가의료센터, 아동의학센터 등 의료시설 확충, 인터넷 융합 의료 서비스 발전지원, 주민 체육 시설 확대

자료: KIEP(2021), 중국 서부지역의 14·5 규획기간 경제정책 방향 및 전망, 기초자료 21-07(2021.5.4).

□ 청위 쌍성 경제권 건설(成渝地区双城经济圈)

중국정부는 2020년 1월 '청위지역쌍성경제권' 건설에 대해 논의하며 향후 청위지역의 균등한 발전을 추진하고 있다. 이는 청위지역 충칭시와 청두시를 중심으로 주변 도시에 대한 견인차 역할 강화를 목표로 한다. 청위지역(成渝地区)의 청(成)은 청두(成都)를, 위(渝)는 충칭(重庆)을 가리키며, 청위지역이란 쓰촨성의 청두시부터 충칭시까지의 지역을 의미한다. 또한 2020년 10월에 공산당 중앙위원회 정치국은 청위지역 쌍성경제권 건설규획강요(成渝地区双城经济圈建设规划纲要)을 심의한 것으로 알려졌다.

중국 중앙재정경제위원회 제6차 회의에서 청위지역쌍성경제권 (成渝地区双城经济圈) 건설 문제에 대해 집중적으로 논의 되었다. 이는 충칭시와 청두시를 중심으로 청위지역의 전체적인 발전을 목표로 하며, 중국 서부지역 고품질 발전의 주 성장축이 될 것이다. 중국정부는 개혁개방 이후 동·서부지역의 경제력 격차가 지속 확대되는 것을 시정하고, 국토의 균형발전과 지속적 경제성장을 도모하기 위해 서부대개발을 국가 정책의 하나로 추진해왔다.

이에 따라 2011년 서부대개발 지역의 중심인 청위지역을 청위경제구로 명명하고, 추가 정책을 발표해 왔다. 청위지역 명칭이 경제구에서 도시군으로, 이후 쌍성경제권으로 변화된 것은 청위지역의 균등하고 신속한 발전을 목표로 하여, 중국 서부지역의 개발 및 장강경제벨트의 전략지점 확보뿐 아니라 추후 일대일로 사업과의 연계까지 큰 그림을 그려나가고 있다.

충칭시발전개혁위원회는 2020년 3월 17일, 청위지역쌍성경제권 건설 쓰촨·충칭 당정연석회 제1차 회의에서 교통 인프라 건설을 중점으로 다음과 같은 7가지의 사업내용을 발표하였다. 교통 인프라 건설 강화, 현대 산업체계 건설 가속화, 협동적이고 혁신적인 발전 능력 증진, 국토 공간 배치 최적화, 생태 환경 보호 강화, 체제 혁신 추진, 공공 서비스 강화 등이다. 이중 청위지역 교통 인프라 건설 강화 내용을 보면 다음과 같다.

- 목표: 청위지역 두 개의 중심도시를 선두로 현대화된 국제 종합 교통체계 구축
  - · "米"자형 고속철 건설을 추진하여, 효과적으로 통합된 철도망 교통구조를 건설.
  - · 성·도시간 고속도로 및 국도 교통망을 구축.
  - · 청위지역의 해상운송체계를 통일해 국제 수송능력을 향상.
  - · 청위지역의 항공 운항 시스템을 체계화하여 '세계적인 공항군'을 조성.
  - · 청위지역 두 중심도시의 경제권 통합 및 교통의 빅데이터 플랫폼을 구축.

212) 역내포괄적경제동반자협정(Regional Comprehensive Economic Partnership)은 아세안+6 FTA로, ASEAN 10개국과 한·중·일, 호주·뉴질랜드 등 15개국이 참여한 지역경제통합 협정이다. 2020년 11월 15일에 최종타결 됐다.

2020년 1월 정부의 청위지역쌍성경제권 건설안 실현을 위해 충칭-청두지역 각 관련 부문간 이에 대응하는 MOU 등을 체결하고 있다. 4월 2일 충칭시와 쓰촨성의 인적자원사회보장청은 2020년 제1차 연석회의를 열어 청위지역쌍성경제권 공동추진 협의를 체결하며 향후 5년간의 사업 로드맵을 작성하였다. 4월 13일 충칭시와 청두시의 각 인민은행(人民银行)은 '청위지역쌍성경제권 금융지원'을 주제로 회의를 통해, 청위지역 쌍성경제권의 금융시스템 협력 메커니즘을 제시했다. 4월 17일 충칭시와 쓰촨성의 각 세무국은 2020년 충칭에서 개최된 제1차 연석회의를 통해 청위지역 쌍성경제권 건설 협력 MOU를 체결하였다. 5월 15일 충칭시와 쓰촨성의 국유자산감독관리위원회는 청위지역 쌍성경제권 건설 계획의 전략적 협력 MOU를 체결했다. 이는 두 도시가 국유기업의 개혁, 인프라 건설, 산업 발전 등 총 8500억 위안에 달하는 160개 사업을 추진하겠다는 MOU이다. 두 도시의 각 부문을 시작으로 관련 기관 및 협회에서는 청위지역쌍성경제권 건설 실현을 위해 끊임없이 대안을 제시하고 있다.

[표 3-59] 청위경제구와 청위쌍성 경제권 현황

명칭	청위경제구	청위도시군	청위지역 쌍성경제권
계정년도	2011년	2016년	2020년
구분	경제구	도시군	쌍성경제권
범위	총20.6만㎢, 충칭시의 강북, 사평바, 위중, 구룡파, 남안, 만주, 대두구 등 31개 구현 및 쓰촨성의 청두, 덕양, 면양, 미산, 자양, 쉬닝 등 15개 도시를 포함	총18.5만㎢, 충칭시의 강북, 사평바, 위중, 구룡파, 남안 등 27개 구현 및 쓰촨성의 청두, 자궁, 덕양, 면양(북천현, 평무현 제외), 자양, 쉬닝 등 15개 도시를 포함	2016년 청위도시군과 동일
비전	서부 지역의 중요한 경제 중심지	경제 활력이 넘치고 생활 품질이 우수하며 생태환경이 아름다운 국가급 도시군을 건설	전국적인 영향력을 가진 경제 중심지, 과학기술 혁신센터, 개혁개방 신고지, 고품질 생활의 의거지로 건설
단계	-	새로운 경제 성장	고품질 발전의 성장
국가전략	서부 대개발의 중요 지역	서부지역 개발의 중요한 플랫폼, 장강경제벨트의 전략적 지점, 신형 도시화 추진 국가의 중요한 시범구역	서부지역 개발의 전략 지점, 장강경제벨트와 일대일로사업의 연계 지점

자료: KOTRA 해외시장뉴스(2020.5.28), 중국 충칭무역관 Ting Ting Liu.

[사진 3-28] 사천성 청두 도심, 국제금융센터

자료: 김동하 © 2019

(3) 운남성

운남성(雲南. 윈난)은 전국시기에는 전(滇) 또는 수미지(壽靡地)로 불리웠고, 동한시기에는 영창(永昌) 등 군을 이곳에 설치하였다. 수(隋)대에는 남녕(南寧)총관부를 설치하였고, 당(唐), 5대(五代)시기에는 남조국(南詔國)과 대리국지(大理國地)로 불렸다. 원(元)대에는 운남행성(云南行省), 명(明)대에는 운남포정사사(云南布政使司)를 설치하였으며, 청(淸)대에 와서 운남성으로 불리기 시작했다. 운남성은 중국 소수민족이 가장 많은 성(25개 소수민족)으로 각 민족 고유의 문화가 발달되어 있다. 동파 옛음악(东巴古乐), 백족(白族) 3월거리, 이족(彝族) 횃불절, 태족(傣族) 발수제(潑水節), 운남 민간가요 등이 유명하며, 운남은 명차의 고향으로 차문화가 발달해 있다. 보이차(普洱茶), 운남마오펑(云南毛峰) 등이 유명하다.

운남성 위치는 중국 남서부 국경지역에 있으며, 북회귀선이 운남성 남부를 지난다. 북쪽으로 사천성과 서장자치구, 동쪽으로 광서장족자치구와 귀주성, 남쪽으로 베트남과 라오스, 서쪽으로 미얀마와 인접해 있다. 윈링(云岭)의 남쪽에 있다고 해서 운남이라는 명칭을 얻었다. 전설에 의하면, 한무제(汉) 때 꽃구름이 나타나 그 뒤를 좇아 이곳까지 이르러 보니 도시가 구름의 남쪽에 있어 운남이라 부르게 됐다고 한다. 그래서 약칭도 윈(云)이다. 성도인 쿤밍 인근이 고대 뎬(滇)나라 소재지였으므로 뎬(滇. Dian)으로 약칭하기도 한다.

□ 면적: 39.4만㎢(중국 전체면적의 4%)

□ 인구: 4,721만명. 52개 소수민족 거주, 대표 소수민족 이족(彝族, 471만명 거주), 소수민족 총 인구는 중국 내 2위(광서장족자치구 다음)

□ 성도(省都): 쿤밍(昆明)

□ 지형: 青藏高原의 남부에 위치하여 대부분 고원지대로서, 元江골짜기와 云嶺산맥 남단 골짜기를 경계로 크게 동, 서로 나뉨. 동쪽은 云贵高原의 일부인 云南高原으로 평균 해발 2,000m이며, 완만한 산지와 구릉, 카르스트지형을 이루고 있음. 서쪽은 横断산맥 골짜기로 高山深谷의 험준한 산세가 특징임. 남쪽 평균해발은 1,500~2,200m, 북쪽 평균해발은 3,000~4,000m이며, 북서쪽에서 남동쪽으로 경사를 이루고 있음. 호수, 하천이 많은 다양한 지형으로 이루어짐.

□ 기후: 온대 및 아열대, 열대 습윤 계절풍 기후. 고온기후에 속해 연평균 기온이 13~20℃로 사계절이 봄과 같이 온난함.

□ 행정구역: 地級市 8개, 縣級 117개(市 9개, 縣 79개, 自治县 29개)

□ 국가급 개발구: 昆明경제기술개발구(1992년), 昆明하이테크산업개발구(1992년), 昆明滇池관광구(1992년), 畹町국경경제합작구(1992년), 河口국경경제합작구(1992년)

2020년 기준, 운남성의 산업구조를 보면, 1차산업 14.68%, 2차산업 33.8%, 3차산업 51.53% 수준이다. 서부권에서 경작지 면적이 큰(중국 전체의 4.35%) 농업大省이기도 하다. 담배 · 전력생산 · 화학원료 및 제품 · 유속금속제련 및 가공 등이 주요 산업이다. COVID-19로 인해 2020년 운남성을 방문한 해외 관광객은 57.65만명으로 전년비 92.2% 감소했으며, 관광 수입액은 4.03억 달러(-92.2%)를 기록했다. 반면 국내 관광객은 5.29억명(-33.9%)이 방문했고, 관광 매출액은 6,449.21억 위안(-39.6%)으로 다소 감소 폭이 줄었다.

운남성은 192종 광물자원을 보유하고 있는데, 납, 아연, 주석, 인 등 9종류 보유량은 전국 1위이다. 백금, 게르마늄, 동, 니켈 등 12종류의 광물 보유량은 전국 3위 수준이다. 운남성은 열대, 아열대, 온대, 한대식물이 모두 서식할 수 있는 자연조건을 가지고 있어 중국내 식물자원 보유량 1위이다. 화훼의 고향, 약재의 고향, 생물자원의 보고라 불리울 정도로 자연자원이 풍부하다. 강우량이 많고 하천, 호수가 발달되 있어, 수자원 총량 전국 1위, 수력발전개발 잠재력 전국 3위이다. 친환경 수력발전으로 서전동송(西電東送) 프로젝트 해당 권역이기도 하다.

[표 3-60] 운남성 경제지표 (2020년)

GRDP*	산업구조			1인당 GRDP	
	1차산업	2차산업	3차산업	위안	US$
2.42%	14.68	33.8	51.53	51,975	7,535
인구(만명)	인구 중국내 비중	도시화율(%)	부동산 개발투자*	수출*	수입*
4,721	3.35%	50.4	3.19%	0.85%	0.82%
수출입*	외상기업 투자액*	공업생산액*	소비품판매액*	중국 평균 1인당GDP 대비	
0.84%	0.76%	1.73%	2.5%	71.74% (72,447元. U$10,503)	
쿤밍 GRDP**		쿤밍 인구(만명)			
27.5%		846			

주: *중국 내 비중을, **성내 비중을 나타냄. 도시화율 및 공업생산액은 2019년도 수치 기준임.
자료: 국가통계국 国家数据 (2021.6.22.)

[그림 3-53] 운남성 위치도

자료: 두피디아(2021.7)

운남성은 중국-아세안을 잇는 전략적 요충지이다. 2010년 1월 중국-아세안 FTA 발효로 전략적 입지가 더욱 강화되고 있다. '범아시아 철도'가 건설되면 태국, 말레이시아 거쳐 싱가포르까지 철로로 이동이 가능해진다. 먼저 중국 철도부와 운남성이 45억 위안을 들여

2012년 8월에 '범아시아 철도' 운남성 내 일부구간을 완공했다. 동 구간은 운남성 위시(玉溪)와 멍쯔(蒙自)를 잇는 141㎞의 철도로, 범아시아 철도 프로젝트의 동쪽선 일부이다. 중국 내 구간은 2013년까지 모두 개통할 계획이다.

범아시아 철도 프로젝트는 쿤밍(昆明)에서 출발, 위시와 멍쯔를 거쳐 베트남의 라오카이와 마주보고 있는 운남의 국경도시 허커우(河口)를 통과한 뒤 베트남, 라오스, 태국, 싱가포르까지 이어지는 철도망 구축 계획이다. 중국이 공을 들이는 사업은 태국 방콕과 북부 농카이를 연결하는 640㎞ 고속철 건설이다. 수조 원에 달하는 건설비 규모뿐만 아니라 향후 중국과 동남아시아를 연결하는 범아시아 고속철 사업에 필요한 노선이여서 중국에 중요한 의미가 있다. 중국은 2012년 11월, 중국 서부 징훙과 라오스 비엔티안을 연결하는 고속철 사업에 70억달러의 차관을 제공하기로 했다. 범아시아 고속철도의 출발점인 징훙~비엔티안 노선은 2021년 개통을 목표로 2015년에 착공했다. 운남성 징훙에서 라오스 수도 비엔티안까지 420㎞ 구간이다.[213)]

쿤밍에서 고속철도가 출발하면 국경도시 징훙을 거쳐 라오스의 루앙남타~우돔사이~루앙프라방~방비엥~폰홍~비엔티안 역을 거치게 된다. 예정대로 2021년 완공되면 고속철이 중국과 라오스를 오가며 최대 시속 160㎞로 사람과 물자를 실어나르게 된다. 태국이 건설을 추진 중인 방콕~농카이 구간은 방콕에서 라오스 국경까지를 연결하는 것으로, 농카이에 인접한 비엔티안까지 연결하면 중국 쿤밍에서 라오스와 태국을 종단해 방콕까지 내려갈 수 있게 된다.[214)]

운남성은 자원의 보고인데, 식물왕국, 동물왕국, 화훼의 고향(아시아 최대 화훼 기지), 약재의 고향, 생물자원의 유전자 보고(寶庫)로 불리운다. 중국 최대 담배 생산기지이다. 중국 최대의 연초 생산기지 및 연구개발 단지가 위치하고 있다. 위시(玉溪), 윈옌(雲烟), 훙타산(紅塔山), 홍윈(紅雲), 훙허(紅河) 등 중국 유명담배가 운남성에서 생산된다. 중국 3대 수력발전기지도 운남에 있다. 호북성, 사천성에 이어 수력발전량 전국 3위(란창강)이며, 수력발전 잠재 가능량은 전국 2위로 수력발전소 건설이 활발하다. 인접국인 베트남, 미얀마, 라오스 등에 전력을 수출하기도 한다.

중국의 대표 관광지가 운남성에 모여있다. 스린(石林), 따리(大理), 시쐉반나(西雙版納), 뎬츠(滇池)호수, 리쟝(麗江), 샹그릴라(香格里拉. Shangri-La) 등 관광자원이 풍푸하다. 샹그릴라는 운남성 디칭장족자치주(迪慶藏族自治州)에 있는 현(縣)이었다. 쿤룬산맥 서쪽 끝

213) 윈난-라오스 간 철도에 대한 자세한 내용은 본고 제2장 라오스 부분을 참고할 것.
214) 매일경제(2012.11.25)

에 있다. 원래 지명은 중뎬(中甸)이었으나, 2001년 샹그릴라라고 개명하였다. 샹그릴라는 티베트어(語)로 '마음 속의 해와 달'이라는 뜻이다. 티베트족·후이족·먀오족 등의 소수민족이 살고 있으며, 그중 티베트족이 43%이다. 평균 해발고도 3,459m의 고산지대로, 산악지형이 전체 면적의 93%이며, 여름 평균기온이 15℃ 정도이다. 눈 덮인 산, 계곡, 호수, 울창한 숲 등이 어우러져 경관이 아름답고, 동식물 등이 잘 보존되어 있다. 영국 소설가 제임스 힐튼(James Hilton)의 잃어버린 지평선(Lost Horizon, 1933)에 나오는 지명이다. 제임스 힐튼은 운남성에서 20년간 거주한 오스트리아 식물학자(요제프 로크)가 '내셔널지오그래픽'에 기고한 글을 보고 만들어 낸 말이다. 지상에 존재하는 평화롭고 영원한 행복을 누릴 수 있는 유토피아로 묘사되었다. 1997년 중국 정부에서 중뎬이 샹그릴라라고 공식 발표하였다. 215)

□ 운남성 최근 경제발 전 동향

2019년 상반기 중국 31개 성(省)의 경제성장률 순위에서 윈난의 경제 성장률이 9.2%로 사상 첫 1위에 올랐다. 반면, 과거 빠른 성장세를 유지했던 상하이(上海), 광시(广西), 산둥(山东), 산시(陕西) 등의 경제성장률은 뚜렷한 하락세를 보였다. 동 기간 윈난이 가장 높은 경제성장률을 기록한 원인으로는 '수력 발전의 고속 성장'이 꼽힌다. 2019년 상반기 윈난의 발전량은 1,465억 9,000만 킬로와트시(㎾h)로 전년동기비 18.6% 증가했다. 그중 수력발전이 전년 동기비 25.8% 급증해, 네이멍구(内蒙古), 산둥(山东), 후베이(湖北)의 발전량 증가율이 9~10%에 그친 것과 대조를 이루었다.

윈난의 수력발전이 빠르게 증가한 것은 현지의 수력 발전 자원이 풍부하고, 정부가 추진하는 지역 간 수력발전 거래와 관련이 있다는 분석이다. 향후 전력 시장화가 가속화되면서 이는 윈난 경제가 고속 성장을 유지하는데 유리한 조건이 될 것으로 전망된다. 또 같은 기간 윈난의 채굴업, 제조업, 철화합물 제련 및 압연 가공업의 부가가치가 전년동기비 각각 9.1%, 9.0%, 14.5% 증가하며, 윈난의 규모 이상(연매출 2,000만 위안 이상) 공업 부가가치 증가율(10.9%)이 중국 전체 1위를 기록하는데 기여했다.

2019년 윈난성은 낙후된 석탄 생산설비를 정리하는 작업에 돌입했다. 2019년 6월 윈난성은 《윈난성 석탄산업의 질적 발전에 관한 3년 행동계획 2019-2021년》을 공포했다. 탄광과 탄광 기업 숫자를 줄이며 안전 보장 수준을 높이는 동시에 석탄산업 양질의 발전을 도모하기 위해 《행동계획》은 3년에 걸친 발전 목표를 제시했다. 2019년 에는 성 전체 원탄(原

215) 조너선 펜비(2009), 「China:중국의 70가지 경이」, 역사의 아침. 49쪽.

炭) 생산량을 4,800만 톤 이내로 제한하고 산업 총생산액 420억 위안, 이윤 및 세금 총액 80억 위안을 달성하며, 원탄 생산 100만 톤당 인명 사망률을 2018년에 비해 대폭 축소하기로 했다.

2020년까지는 성 전체 원탄 생산량을 5,800만 톤 이내로 제한하고 산업 총생산액 500억 위안, 이윤 및 세금 총액 100억 위안을 달성하며 자연보호구, 풍경명승구, 음용수(飮用水) 수원 보호구 등 3개 구역 안에 있는 탄광을 가능한 한 최대한 퇴출하고, 원탄 생산 100만 톤당 인명 사망률을 중국 평균 수준까지 낮춘다는 목표를 내놨다. 2021년에는 성 전체 원탄 생산량을 8,000만 톤 이내로 제한하고 산업 총생산액은 1,000억 위안 달성, 이윤 및 세금 총액 180억 위안을 달성하며, 원탄 생산 100만 톤당 인명 사망률을 중국 평균 수준보다 낮출 계획이다.

이 같은 목표 달성을 위해 윈난성은 탄광 폐쇄, 생산설비 교체 및 퇴출, 개조 및 고도화, 공급 보장 시설 보류 등의 방식을 통해 낙후된 생산설비는 도태시키고 2021년 말 전까지 연간 생산량 30만 톤 이하의 소규모 탄광을 전부 폐쇄·퇴출하기로 했다. 또한, 탄광의 안전 보장 능력을 전면 제고하기 위해 윈난성은 탄광의 안전 기술 개조에 박차를 가하고 모든 탄광에 안전 개조를 시행할 예정이며, 2021년 말까지 12개 이상의 '1급 안전생산 표준화 탄광'을 건설하기로 했다.

□ 운남 자유무역시험구(云南自由贸易试验区)

2019년 8월, 쿤밍지구(昆明片区), 홍허지구(紅河片区), 더홍지구(德宏片区) 등 3개 지역을 통합하여 출범했다. 자유무역구 총 면적은 119.86㎢이다. 정부기능 전환, 투자영역개혁 추진, 무역 업그레이드 추진, 금융시장 개방 확대, 동남아국가를 대상으로 한 신규 무역통로 구축 등을 발전 목표로 하고 있다. 동 무역시험구의 주요 특징을 보면 다음과 같다.

먼저 특화 산업으로는 쿤밍지역은 항공물류, 디지털경제 등 산업 위주이며, 홍허지역은 가공무역, 국경간 여행, 국경간 전자상거래 등 산업 위주이다. 더홍지역은 국경간 금융, 국경간 무역 등 산업 위주이다. 특히 동남아 국가와 인접하여 있어 동남아 국가를 대상으로 한 정책이 많다. 2019년 8월 30일 동 자유무역시험구는 정식 운영에 돌입했다. 현재 28개 기업이 윈난 자유무역시험구 쿤밍(昆明)지구 입주를 선언했다. 동 자유무역시험구는 남아시아와 동남아시아에 영향을 미치는 핵심 구역은 물론 세계 일류 비즈니스 환경을 갖춘 혁신 기지를 조성할 뿐만 아니라, 세계 일류의 웰빙(well-being) 목적지를 구축해 건강산업 혁신 발전을 견인하게 될 전망이다.

[그림 3-54] 운남 자유무역시험구 위치도

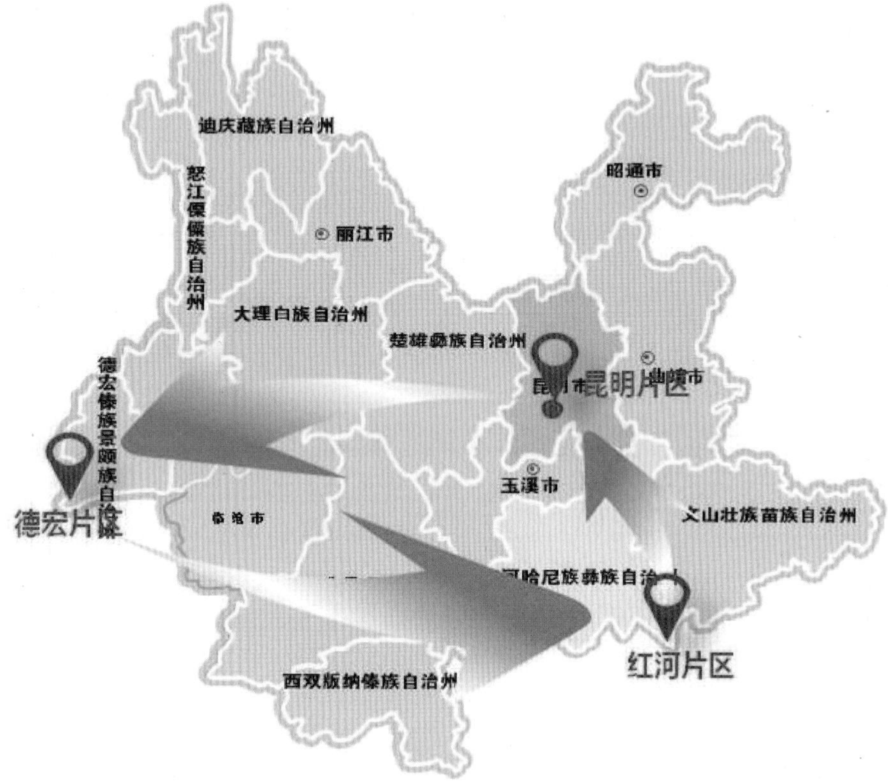

자료: 운남 자유무역시험구 홈 페이지 (https://ftz.yn.gov.cn)

1) 운남성 14·5 규획(2021~2025)

산업기반이 비교적 취약한 윈난성은 경제성장을 가장 중요한 과제로 설정하고 對남아시아 · 동남아 진출기지 건설 가속화, 신재생에너지산업 발전 등을 추진할 방침이다. 도시화율이 50% 미만인 윈난성은 농촌지역의 기초인프라 건설을 지속하고 담배, 에너지, 관광, 금속, 의약 등 지주 산업의 발전을 중점 지원할 계획이다.

중국의 주요 농업지역인 윈난성의 주력 품목은 담배이며 중국 담뱃잎의 45%가 생산되고, GRDP의 약 8%, 재정수입의 30%가 담배산업에서 발생되고 있다. 13·5 규획기간 미얀마와 송유관을 개통한 윈난성의 에너지산업은 부가가치 기준 연평균 15% 증가하였고, 2019년에는 최초로 담배산업의 부가가치를 넘어섰다. 윈난성은 중국의 對남아시아 · 동남아 협력 기지 역할을 강화하고자 교통 · 물류 인프라 확충, 무역 · 물류 서비스 등 제도개방 확대, 박람회 · 교역회 · 협력포럼 지원, 국경간 산업협력시험구 조성 등을 추진하고자 한다.

2019년 중국정부는 「윈난성 남아시아·동남아 진출기지 건설 정책」을 발표하여 윈난성에 對남아시아 · 동남아 협력 플랫폼 건설을 지원하는 방안을 제시하였고, 협력분야는 농업, 인프라건설, 교통물류, 무역, 금융, 인적교류 등이 포함된다. 윈난성은 신재생에너지 발전을 위해 국가급 대형 수력발전기지 건설, 800만KW 풍력발전 및 300만KW 태양광 프로젝트를 시행하고 2021년에는 풍력 및 태양광 발전기지 31개를 증설할 계획이다.

산업 및 기초인프라 기반이 취약한 농업 중심지역인 윈난성은 중국의 남아시아 · 동남아 진출기지 건설을 위한 인프라 투자 확대를 통해 경제성장을 추진할 방침이다. 윈난성은 라오스, 미얀마, 베트남과 국경을 맞댄 전략지역이지만 교통 등 기초인프라가 전반적으로 낙후된 탓에 농산물 수출 외에 특별한 국제협력이 이루어지지 못하고 있기 때문에, 중국의 남아시아·동남아 진출기지 건설을 목표로 역내 인프라 투자 확대에 집중하고자 한다. 이에 13·5 규획기간 주변 국가와의 양자 협력기제를 강화하고 1조 8,000억 위안을 투자해 교통, 통신, 에너지 등 분야의 인프라를 대대적으로 건설했다. 윈난성은 철도 및 도로 건설 프로젝트를 통해 중국-베트남-라오스-미얀마 국제 고속도로의 국내 구간과 중국-베트남 철도의 국내 구간 건설을 완료하였고, 윈난성 쿤밍(昆明)과 라오스 비엔티안을 연결하는 중국-라오스 국제철도는 2016년 착공되어 2021년 12월 개통을 앞두고 있다. 에너지 분야에서는 2017년 미얀마 서해안에서 윈난성 루이리(瑞丽)까지 연결되는 송유관을 개통하였고, 미얀마로부터 운송된 원유는 윈난성, 구이저우, 광시, 충칭 등 중국 서남부지역으로 공급되고 있다.

이를 위해 14·5 규획기간 남아시아 · 동남아 진출기지 건설 관련 인프라 투자를 지속하고, 주변국과의 본격적인 산업협력을 위한 금융, 원자재, 전자상거래, 관광 등 다양한 분야의 협력 플랫폼을 구축할 계획이다. 2020년 윈난성은 중국의 남아시아 · 동남아 진출기지 건설 관련 15개의 업무지침을 발표하고 311개의 중장기 프로젝트 추진안을 확정했다. 미얀마와 국제철도를 개통하고 무세(Muse), 만달레이(Mandalay) 등 미얀마 주요 지역을 잇는 도로를 개보수하며 쿤밍에서 에야와디(Ayeyarwady)강까지의 육로 및 수로 교통 환경을 개선할 계획이다.

중국-미얀마 국제철도는 중국 역내 구간을 우선 운행할 계획으로 2021년 12월 다바오(大保) 구간, 2022년 12월 바오루이(保瑞) 구간을 개통하고 14·5 기간 내 미얀마 구간과의 연결 및 개통을 목표하고 있다. 라오스와는 고속도로 연결을 추진 중으로 윈난 교통투자건설그룹과 라오스 정부가 협력하여 최근 라오스 정부의 타당성 조사가 통과됐다. 이는 쿤밍-방콕 국제 고속도로의 중요한 부분으로 중국과 라오스의 접경지역에서 라오스와 태국의 접경지역까지 176.3㎞ 구간이며 총 투자금액은 241억 2,600만 위안이다.

2021년 윈난성은 국경간 산업협력 기반을 마련하기 위해 장외 증권거래센터, 생산요소거래센터, 원자재 국제 현물거래센터를 건설하고 윈난 자유무역시험구와 국경간 전자상거래 종합시험구의 제도혁신 강화, 가공무역 및 산업 이전기지 건설 등을 통해 동부지역 기업들과 남아시아·ASEAN 간 연계협력을 도모하고자 한다. 그 외 윈난성에 공동 산업단지, 변경 관광시험구, 국경간 관광협력구, 농업개방협력시험구, 중국-남아시아-ASEAN 디지털경제 산업 선행시범구 등 조성을 추진하고자 한다.

[그림 3-55] 중국-미얀마 가스 및 원유 파이프라인

자료: China Daily(2013.6.6.), China-Myanmar oil and gas pipelines to lower energy costs.

[표 3-61] 운남성 14·5 규획 주요 과제

주요 과제	세부 내용
경제성장	[농촌진흥] 전면적 농촌진흥 및 빈곤탈피, 향촌산업 발전 및 시범마을 지정·운영, 공공기초시설, 기본 공공서비스 등 인프라 확충 [지주산업 중점 발전] 담배산업, 관광업, 금속업의 고도화 추진, 바이오의약, 현대중의약, 복제약, 에너지산업 발전지원 [신산업 육성] 물류업, 차세대ICT, 첨단장비, 환경보호, 건강식품 등 전략신흥산업 육성, 현대화된 산업체계 구축, 디지털경제 발전, 국제적 친환경 에너지·식품 중심지 건설
對남아시아·동남아 진출기지 건설 가속화	[국제연결 대통로 건설 가속화] 성내 종합교통 운송망, 타 성시 운송통로, 중국-미얀마 국제운송통로 등 국제 건설프로젝트 추진, 쿤밍 국제항공허브, 對남아시아·동남아 통신·에너지·물류허브 건설, 디지털 경제산업선행시범구 조성, 국경간 물류 네트워크체계 구축, 국경간 물류센터 건설 [제도적 개방 강화] 무역, 물류, 개방플랫폼 등의 법규, 서비스 체계 자유화 및 간소화 추진, 기업, 상품, 장비, 기술, 표준 등의 해외진출 기지화 추진 [대외개방 플랫폼 기능 강화] 중국 내 FTZ, 자유무역항과 협력 강화, 중국-남아시아 박람회, 중국국제여행교역회, 중국-남아시아 협력포럼의 국제화 및 전문화 수준 제고, 남아시아·ASEAN 수출입상품 위주의 상품전시거래센터 건설 [개방협력기제 강화] 메콩강 유역 협력 심화, 서부지역·주장삼각주·광둥지역 등 타 지역과 협력 메커니즘 구축, 공동 산업단지·변경관광시험구·국경간관광협력구·농업개방협력시험구 등 조성
신재생 에너지 발전	[신재생에너지 발전소 건설] 국가급 대형 수력발전기지 건설, 800만KW 풍력발전 및 300만KW 태양광 프로젝트 시행. 수소산업 발전 지원 [친환경·저탄소 발전] 생태환경 보호규획 제정 및 역내 하위 각급 정부에 대한 관리감독 강화, 친환경 기술혁신에 대한 금융지원, 청정생산, 환경보호산업 발전, 중점산업 시설의 친환경 개조
쌍순환 전략 실행	[국제대순환] 윈난성을 중국시장과 남아시아·ASEAN 시장 간 전략허브로 육성, 창장삼각주, 징진지, 웨강아오, 청위 광역경제권과 협력 심화, 중국-인도차이나반도 경제회랑, 방글라데시-중국-인도-미얀마 경제회랑, 중국-미얀마 경제회랑, 중국-라오스 경제회랑 등 건설 적극 참여 [국내대순환] 기초인프라 지속 건설, 온·오프라인 소비 촉진, 공공서비스·친환경·서비스 소비 확대 촉진, 농촌 소비잠재력 발굴, 쿤밍 국제소비중심도시 건설, 소비자 권익보호 강화
혁신체계 구축	[지역 혁신체계 구축] 「과학기술강국 행동강요 윈난 실시방안」 제정, 바이오의학, 천연약물, 생태환경, 천문 등 특색분야 국가급 중점실험실 건설, 알류미늄·실리콘 소재, 신에너지, 다중언어기술, 인공지능, 빅데이터, 블록체인, 생명과학, 친환경식품, 생태·환경 분야 대형 프로젝트 발족 [기업 중심의 혁신] 혁신 자원을 중점산업과 중점기업에 집중, 정부-기업 기초연구 공동기금 설립 추진. 기업의 R&D 투자 지원 강화, 첨단기술기업 3배 증가 액션플랜 실시 [인재 유치] 중점 도시, 중점지역의 인재관리 제도를 시범적으로 개혁하여 창업, 주거, 자녀교육, 의료, 양로 등 서비스를 강화

자료: KIEP(2021), 중국 서부지역의 14·5 규획기간 경제정책 방향 및 전망, 기초자료 21-07(2021.5.4).

□ 쿤밍

쿤밍시(昆明)는 운남성 성도로써 아세안과의 FTA 체결로 국제도시로의 부상을 꿈꾸고 있다. 소비품 판매가 증가하는 추세이며, 이는 중국과 아세안 잇는 육상통로임에 기인한다. 동남아, 유럽 잇는 항공물류기지가 건설되고 있으며, 2009년 11월에는 '운남-아세안 국제 냉동물류센터' 건설에 착수했다. 3대 바이오 산업기지도 쿤밍시에 육성되고 있는데 천연약물산업기지, 건강식품 생산기지, 바이오헬쓰기지가 건설되고 있다. 연초산업은 전국시장 점유율 40% 달성이 목표이다. 저탄소 도시 건설, CDM(청정개발체제) 프로젝트는 전국 최대 규모이다. 스린(石林)에 아시아 최대 태양에너지 발전소를 건설중이며, 다른 수력 및 풍력 발전소 건설도 활발하다. 216)

쿤밍은 다른 말로 춘성(春城), 봄의 도시라 불린다. 연중 평균기온이 봄과 같고 끊임없이 꽃이 피어 사시사철 관광휴양을 즐기러 오는 중국 국내외 관광객들이 많다. 쿤밍은 차마고도(茶馬古道)가 시작된 지점이. 차마고도는 차(茶)와 말을 교역하던 옛 무역로이다. 중국 서남부의 푸얼차와 티베트의 말을 교환하기 위한 교역로로 티베트를 넘어 네팔·인도까지 이어지는 육상 무역로였다. 실크로드보다 먼저 생긴 인류 역사상 가장 오래된 교역로이다. 한나라 이전인 기원전 시기에 형성되었고 당 · 송 시대를 거치면서 번성하였다.

쿤밍은 중국 남서부의 다른 도시들과 다른 장점을 가지고 있다. 풍부한 천연 자원과 우수한 지역 소비 시장, 온화한 기후이다. 쿤밍은 중국에서 가장 큰 농산물, 광물, 수력 전기의 생산지 중 하나이자 성의 방대한 자원을 위한 주요 상업 중심지이다. 또한 구리, 납, 아연 등도 주로 채취되고 있을 정도로 천연자원 보고다. 그럼에도 불구하고 쿤밍은 중국 남서부 국경지역에 위치한 탓에 중국의 급속한 경제발전에서 소외돼왔다. 하지만 쿤밍시 자체적으로 산업육성 프로젝트를 내세우며 서남부의 경제도시로 탈바꿈하고 있다.

쿤밍시의 대표적인 교육 · 연구기관으로는 윈난대학, 쿤밍이공대, 윈난사범대, 윈난성사회과학원 등이 있다. 대학 순위에서 56위를 차지한 윈난대는 윈난성에서 유일하게 중국 100대 대학에 선정된 대학이다. 제련, 건축학, 기계공학, 광물가공학 등 이공계열이 발달한 쿤밍이공대학은 2014년 전국 109위에 위치했다. 이외에도 농업에 특화된 윈난농업대학, 민족학 연구에 특화된 윈난민족대학 등이 있다. 동식물 및 천연자원의 보유량이 많은 쿤밍은 의약학이 발달해 쿤밍의과대학과 윈난중의학원 등이 소재해 있다.

쿤밍시의 대표 산업은 담배제조업과 농업이며, 관광업의 발달과 연계하여 물류업의 발전도 가속화되고 있다. 온난한 기후와 천연자원을 이용한 농업과 화훼업이 발달하였고, 천연

216) KOTRA(2010), KOTRA가 바라본 중국 성시별 비즈니스 기회와 진출전략, 101쪽.

자원 확보에 유리한 환경을 지닌 쿤밍시는 전통적으로 담배제조업이 발달했다. 2012년 담배제조업 부가가치가 쿤밍 GRDP의 23%를 차지했으며, 윈난홍타(紅塔)그룹과 홍윈홍허(鴻運紅河) 담배그룹이 담배제조업을 주도하고 있다. 쿤밍시를 찾는 국내외 관광객의 증가에 따라 관련 서비스업 및 금융업이 꾸준한 증가세를 보이고 있으며, 이는 쿤밍시 3차 산업에서 큰 비중을 차지하고 있다. 217)

쿤밍시는 '8185 산업육성업그레이드 계획'을 실현해 2017년까지 16개 산업을 적극 육성한다는 계획을 세웠다. 8185란 2017년까지 유색/흑색 야금 · 건자재 · 화공 · 장비제조 · 건축 · 문화관광 · 비즈니스무역 · 석유제련 등 8개 산업생산액을 각각 1,000억 위안까지, 담배 · 의약품 · 식품 · 에너지 · 정보 · 금융물류 · 농업 등 8개 산업생산액을 각각 500억 위안까지 늘린다는 계획이다. 최근 FTA를 통한 ASEAN과의 협력이 강화되면서, 남서부 국경지역 쿤밍은 동남아시아로 향하는 국제적인 상업 중심지로 새롭게 주목 받고있다. 쿤밍은 동남쪽으로 베드남 · 태국 · 라오스, 서남쪽으로 미얀마 · 인도와 인접하고 있는 관계로 이들 국가로 진출하는 교두보로서의 역할을 하고 있는 것이다.

지리적 이점 덕분에 쿤밍에는 화교자본도 대규모 투자되고 있다. 1984년부터 현재까지 화교자본이 윈난성에 투자한 금액은 모두 79억 달러다. 이중 70%가 바로 쿤밍에 집중되고 있다. 쿤밍에는 글로벌 기업들도 속속 진출해있다. 현재 미국 알코아, 메트로, 네슬레, 베올리아앙비론느망, SK, 코카콜라, 바스프, 월마트등이 대표적이다. 쿤밍시 비즈니스무역도 나날이 급증하고 있다. 2013년 1760억 위안에 달했던 산업규모는 2014년 2040억 위안, 2015년 2300억 위안까지 늘어나 2017년엔 3,000억 위안을 돌파할 전망이다. 쿤밍시 지역경제를 지탱하는 관광산업도 중요하다. 청정도시로 유명한 쿤밍에는 북방지역의 스모그를 피해 휴가를 오는 관광객들이 늘고 있다. 218)

(4) 귀주성

귀주성(貴州. 구이저우)은 춘추전국시대 이전 귀주는 형초(荆楚)과 남만(南蛮)의 일부분이었으며, 진대(秦), 한대(汉) 시기에 군현이 세워졌다. 당대(唐)에는 귀주의 오강(乌江) 이북지역은 경제주(经制州)에 소속되어 중앙에서 관리가 파견되어 다스려졌고, 오강 이남은 각 지역의 지방세력에 의해 지배되었다. 송(宋)대에 귀주지역은 토착(土著)족의 수령 보귀

217) KIEP(2014), 중국 도시 정보 시리즈 윈난성 쿤밍시, 「중국 권역별 · 성별 기초자료 14-06」 (2014.12.31).
218) 아주경제(2014.3.5), [중국도시를 읽다(3)] 현대판 차마고도의 시작점, 쿤밍.

(普貴)에 의해 지배되었다가 송나라에 합병되었다. 송나라는 동 지역을 토착족의 수령이었던 보귀(普貴)의 '귀(貴)'자를 따 귀주(貴州)라 했으며, 이때부터 귀주로 불렸다.

48개 소수민족이 거주하고 있어 역사가 유구하고 특색있는 문화와 함께 소수민족 고유의 음식문화가 풍부하다. 귀주성은 중국 남서부 운귀고원(雲貴高原)에 위치하며, 북쪽은 사천성, 서쪽은 운남성, 남쪽은 광서장족자치구, 동쪽은 호남성과 인접해 있다. 북송때에는 구이양(贵阳)을 구이저우라고 불렀다. 명나라 때 이곳에 구이저우투스(贵州土司)라는 소수민족의 세습족장을 두었는데, 이때부터 구이저우로 불리게 됐으며 구이(贵)로 약칭한다. 또 진(秦)나라때 이곳에 첸중쥔(黔中郡)이라는 행정구역을 두었으므로, 첸(黔.Qian)으로 약칭하기도 한다.

□ 면 적: 17.6만㎢(중국 총면적의 1.83%)
□ 인 구: 3,856만명. 48개 소수민족 거주 (중국 전체 소수민족 인구의 11.9%)
□ 성도(省都): 구이양(貴陽)
□ 지 형: 서고동저형, 석회암 지대로서 복잡한 침식지형을 이루고 있으며, 산지가 총 면적의 87%로 성 전체가 산악지형을 이루고 있음. 서부 평균 해발고도 1,500~2,800m, 중부 1,000m, 북동남부 500m 이하.
□ 기 후: 아열대 계절풍 기후, 혹한과 혹서가 없음. 1월 평균기온 4~10℃, 7월 평균기온 20~28℃, 연강수량 1,000~1,500㎜. 동부지역은 일년 내내 다습한 동남계절풍 기후, 서부지역은 건기, 우기가 불분명한 동남아 계절풍기후에서 건기, 우기가 뚜렷한 서남 계절풍기후로 가는 중간지점에 위치함.
□ 행정구역: 地級市 4개, 地区 2개, 自治州 3개, 縣級 76개(市 9개, 縣56개, 自治县11개)
□ 국가급 개발구: 贵阳경제기술개발구(1993년), 贵阳하이테크산업개발구(1992년)

2020년 기준 귀주성의 산업구조를 보면, 1차산업 14.25%, 2차산업 34.84%, 3차산업 50.91% 수준이다. 비금속제품 · 석탄채굴 · 음료생산 · 금속제련 등이 주요 산업이다.

구이저우는 전체 면적의 92.5%가 산지 · 구릉(地無三尺平, 평평한 땅이 3척도 없다)에 해당할 정도로 교통조건이 열악하고 중국 내에서 가장 가난한 지역 중 하나였다. 이처럼 귀주성이라고 하면 중국인들에게는 가장 가난한 성으로 인식되어 있다. 중국의 빈부격차를 보여주는 여러 기사에는 항상 가장 잘사는 상하이시와 비교되어 등장하곤 했다. 중국이 WTO에 가입한 해인 2001년 상하이의 1인당 GRDP는 귀주성(3,000위안)의 10.7배나 되었다. 하지만 이러한 불명예는 최근 5년간 큰 변화를 보이고 있는데, 실제 2014년 귀주성의 1인당 GDRP는 26,437위안(4,304달러)으로 불과 4위안 차이로 꼴찌에서 벗어났다. 그 해 최저치를 기록한 곳은 감숙성이었다. 이후 줄곧 '탈꼴찌'는 물론 운남성까지 밀어내면서, 2018년 귀주성의 1인당 GRDP는 41,244위위안으로 중국 31개 지역 중 29위를 기록했으며, 이는 1위를 기록한 베이징(140,211위안)과 3.4배 까지 격차를 좁혀 놓은 수준이다.

귀주성의 이러한 탈꼴찌는 20여년간 지속 되어온 서부권 발전 국책사업인 '서부대개발' 정책과 최근에 시작된 '일대일로' 프로젝트 등에 기인한다. 실제 구이양시는 2018년에 서남권에서 4번째로 지하철이 개통되었으며, 2013년부터 시작된 '일대일로' 사업에 따라 빅데이터 클러스터 조성, 공항 및 물류망 확장 등 인프라 투자가 이루어지고 있다. 귀주성은 지리적으로 서남권을 화남권과 화동권으로 연결하는 도로 및 철도망 허브 역할을 하고 있다. 주강삼각주와의 직선거리는 700㎞에 불과하여 내륙권으로 대표되는 중국 서남지역에서 가시적으로 항만 접근이 가능한 지역이며, 이는 서부의 다른 지역보다 우위에 있는 점 중 하나이다.

귀주성을 나타내는 단 하나의 키워드를 꼽으라면 '마오타이지우(茅台酒)'를 들 수 있다. 중국에는 소위 '명주(名酒)'라고 불리는 유명한 술들이 많지만, 이곳 귀주성 준의시(遵义市) 마오타이진(茅台镇)에서 만드는 술인 마오타이지우는 중국 최초로 1915년 파나마 만국 박람회 수상으로 해외에서도 유명해진 특징이 있다. 마오타이진은 구이양시에서 북쪽으로 136㎞ 지점에 위치하고 있다. 마오타이진의 술 역사는 한나라 때 마오타이진에서 구장주(枸酱酒)를 만들었다는 기록이 가장 앞서며, 사마천의 역사서 사기(史記)에서도 한무제가 이곳의 구장주를 가져와 마셨다는 기록이 남아 있다. 이후 마오타이진에서 주류업은 융성하게 번창했으며, 청대인 1704년(강희제 43년)에 이르러 '마오타이지우'라는 명칭을 쓰기 시작했다. 명주는 효모 외에도 좋은 물이 관건이다. 마오타이진을 휘감은 츠수이(赤水)강이 마오타이지우를 위한 수자원이며, 이 때문에 '미주강(美酒河)'이란 별칭도 가지고 있다.

마오타이지우는 원료인 고량을 누룩으로 발효시켜 10개월 동안 9회나 증류 시킨 후, 항아리에 밀봉하고 최저 3년을 숙성시킨 술이다. 마오쩌둥과 미 닉슨 대통령의 회담(1972년)에서 등장한 것을 계기로 해외에서 가장 유명한 중국의 대표적인 술이 되기도 하였다. 주정은 52~54%정도로 무색투명하다. 마오타이진(茅台鎮)은 귀주고원 분지로 해발 440m 저지대이며, 하루종일 안개가 자욱하다. 여름에는 35~39℃에서 지속되는 고온이 5달이나 지속되고, 일년 중 절반 이상 무덥고 습하다. 이러한 자연조건은 술의 원료를 발효, 숙성시키는데 유리하며 동시에 마오타이지우의 독특한 향기를 내는 미생물을 형성시키는 작용을 한다. 타 지역에서 마오타이지우를 모방하려 했으나 성공하지 못한 원인도 여기에 있다고 한다. 마오타이지우는 110여 가지에 달하는 향기를 가지고 있으며 마신 후 빈잔에도 오랫동안 향기가 사라지지 않는다. 향기 성분은 주조 중에 향료를 첨가하는 것이 아니라 반복적인 발효과정에서 자연발생 되는 것이다. 마오타이지우는 생산 후, 창고에 최저 3년 이상 저장하고, 다시 20년, 10년, 8년, 5년, 30년, 40년씩 저장한 술과 브랜딩한 후 판매된다.

[표 3-62] 귀주성 경제지표 (2020년)

GRDP*	산업구조			1인당 GRDP	
	1차산업	2차산업	3차산업	위안	US$
1.76%	14.25	34.84	50.91	46,267	6,707
인구(만명)	인구 중국내 비중	도시화율(%)	부동산 개발투자*	수출*	수입*
3,856	2.74%	46.15	2.42%	0.24%	0.08%
수출입*	외상기업 투자액*	공업생산액*	소비품판매액*	중국 평균 1인당GDP 대비	
0.17%	0.55%	1.43%	2.0%	63.86% (72,447元. U$10,503)	
구이양 GRDP**		구이양 인구(만명)			
24.2%		598.7			

주: *중국 내 비중을, **성내 비중을 나타냄. 도시화율 및 공업생산액은 2019년도 수치 기준임.
자료: 국가통계국 国家数据 (2021.6.22.)

귀주는 지리적으로 서남의 화남, 화동을 육지도로로 연결하는 중요한 통로중의 하나다. 주강삼각주와의 직선거리는 700㎞에 불과하여 서남지역의 항해 입구가 가능한 지역으로서 입지적 여건이 서부의 다른지역보다 우위에 있다. 철도는 검계, 귀곤, 천검, 상검선이 이곳에서 교차되고 있고 중경-담강과 상해-서려의 두개 국도의 주간선은 귀주성 전체를 통과하고 있다. 귀주는 장강, 주강 유역 상류에 위치해 있어 26개의 하류 3,815㎞가 통과하고 있다.

귀주성의 광산자원 종류는 많고 광범하게 분포되어 있으며 저장량이 풍부하다. 현재까지 발견된 광물은 110여종으로서 그중에서 저장량이 확인된 것은 76종이며 9개종은 매장량이 전국 5위내이다. 그중 중정석, 수은광은 중국 내 매장량 1위이고, 보크사이트, 희토류, 인광석은 2위 수준이다. 에너지 자원은 석탄, 수력 에너지를 기본자원으로 하며, 화력발전과 수력발전의 상호공급을 주요한 에너지 구조로 보유하고 있다. 석탄매장 면적은 7.5만㎢로 성 총면적의 42.58% 수준이다. 87개 시 · 현 74곳에서 석탄이 생산된다.

반면, 귀주성은 지리 조건이 불리하고 평원면적이 적어 교통이 불편하다. 지리적 여건이 가장 열악한 것이 귀주성이다. 구릉과 산지 면적은 성 전체 면적의 93%를 차지하고 있다. 이는 교통 물류망의 낙후를 초래하였고, 낙후한 교통망은 경제발전의 걸림돌이 되어 왔다.

[그림 3-56] 귀주성 위치도

자료: 두피디아(2021.7)

□ 귀주성 최근 경제 동향과 빈곤 탈출

구이저우성 빈곤인구가 155만 명까지 줄어들어, 중국에서 빈곤인구가 가장 많이 줄어든 성(省)이 되었다. 2018년 구이저우성 GRDP는 1949년의 2,377배에 달하는 1조 4,800억 위안을 달성하며 경제 사회의 역사적인 발전은 물론, 도시와 농촌이 상전벽해의 발전을 이뤄냈다. 구이저우 경제성장률은 8년 연속 중국 3위권에 진입했으며 2017, 2018년에는 1위를 차지했을 뿐만 아니라, 빈곤인구는 768만 명이나 감소하는 등 '탈빈곤' 성과가 두드러지게 나타났다.

구이저우는 8만 ㎞에 달하는 농촌 도로 포장을 실시해 1,200만 민중이 불편을 겪었던 통행 문제를 해결하고 279만 농촌 인구의 식수 안전 문제를 해결했다. 농촌 경제 진흥을 위한 산업혁명을 추진한 결과, 2018년 농업 부가가치가 6.8% 증가해, 증가율이 중국 1위를 차지하며 산업에서의 '탈빈곤'도 성과를 일궈냈다. 특히, 구이저우 서부지역에서는 현(县) 의무교육의 기본적인 균형발전을 이끌었으며 중국에서 처음으로 성(省)·시(市)·현(县)·향(乡) 4급 원격 진료를 실시하고 농촌의 판자촌 51만 가구를 개조했다. 이 같은 노력을 통해

2012년 구이저우성 빈곤인구는 923만 명에서 155만 명으로 줄어들어 중국 최대 감소폭을 기록했으며, 빈곤 발생률도 26.8%에서 4.3%로 감소해 33개 빈곤현이 빈곤 탈출에 성공한 것이다.

공급 측 구조개혁(생산효율 개선)도 심도 있게 추진돼 양질의 발전을 거두었다. 신흥 산업 발전이 활성화되어, 2018년 규모이상 소프트웨어 및 정보기술 서비스업이 26.7% 성장했으며 통신사업 매출 증가율은 중국 1위를, 녹색경제 비중은 구이저우 전체 경제의 40%를 차지하는 등의 성과를 보였다. 2018년 고속도로 통행 노선 길이가 6,453㎞에 달해 중국 7위에 올랐으며, 2010~2018년 통행료 수입은 44억 3,600만 위안에서 191억 600만 위안으로 연평균 21.8% 증가했다. 성 외부와 연결되는 도로는 18개에 달한다. 인민 생활의 질도 현저히 향상되었다. 2018년 구이저우성 도시 및 농촌 주민 1인당 가처분소득은 각각 3만 1,592위안, 9,716위안으로 1949년의 336배, 201배나 증가했다.

귀주성 2020년 1~3분기 GDP가 1조 2,650억 위안으로 전년동기비 3.2% 증가했으며, 증가율은 상반기 대비 1.7%p 상승해 27개 지역 중 선두로 부상했다. 구이저우는 공업화와 도시화 가속화 단계에 놓여있다. 2020년 1~3분기 구이저우의 규모이상 공업기업의 부가가치는 전년동기비 2.7% 증가했고, 증가율은 상반기 대비 1.3%p 상승한 것으로 나타났다.

2021년 귀주성은 총 4,071개 성 중대 프로젝트가 배정되었고, 연간 7,400억 7,000만 위안 규모의 투자가 진행될 계획이다. 구이저우성 2021년 중대 프로젝트 계획 및 배정에 나타난 특징은 '4화(四化, 공업화 · 도시화 · 정보화 · 농업 현대화)'이다. 구이저우는 총 3,154개의 '4화' 사업을 배정하고, 이를 위해 연간 5,815.3억 위안을 투자할 계획이다. 이는 성 중대 프로젝트 연간 투자계획 총액의 78.6%를 차지하는 것이다. 3,154개 사업 중 789개는 신형 공업화사업에 배정되었으며, 1,693개 신형도시화사업, 335개 농업현대화사업, 337개 관광 산업화사업에 투자될 예정이다.

2021년 성 중대 프로젝트 배정은 투자구조 고도화를 중심으로 산업프로젝트 투자 비중을 확대할 계획이다. 구이저우는 2,533개 산업프로젝트를 배정해 연간 4,656억 1,200만 위안을 투자할 계획인데, 이는 성 중대 프로젝트 연간 투자계획 총액의 62.9%를 차지한다. 그중 194개 12대 농업 특화 우수산업 프로젝트, 647개 10대 공업산업프로젝트, 599개 서비스업 혁신발전 10대 공정사업에 주요 자금을 투자할 계획이다. 219)

구이저우성의 디지털경제 성장세가 5년 연속 중국에서 1위를 달렸다. 5G는 디지털경제 시대의 전략적 인프라로 새로운 과학기술 혁명과 산업 변혁을 촉진하는 중요한 역량이다.

219) 中国新闻网 (2021.2.23.)

2020년 9월 말까지 구이저우가 개통한 5G 기지국은 누계 기준으로 1만 2,708개에 달했고 5G 이용자 규모는 536만 명으로 증가했다. 디지털경제 발전의 근간인 관련 인프라가 구이저우성 전역에서 활발하게 구축되고 있으며, 이러한 인프라가 디지털경제 성장의 중요한 엔진이 되고 있다. 구이저우는 2014년 선도적으로 '블루오션'인 빅데이터에 주목하고 빅데이터 산업 육성을 구이저우성의 전략 산업으로 격상했다. 구이저우는 중국 최초의 '빅데이터 종합시험구'이자 중국에서 처음으로 빅데이터 발전 전략행동을 제시하고 실천에 옮긴 성(省)이 되었다.

2017년 2월 《구이저우성 디지털경제 발전 계획(2017~2020년)》을 발표하고 시행에 돌입한 구이저우는 처음으로 자원형, 기술형, 융합형, 서비스형 '4개 유형'의 디지털경제를 언급하고, 디지털경제 클러스터 발전 등 10대 사업 추진을 통해 2020년 디지털경제 부가가치가 GRDP에서 차지하는 비중이 30%를 넘도록 하겠다는 목표를 제시한 바 있다. 2020년 7월 중국정보통신연구원이 발표한 '중국디지털경제발전백서(2020년)'에 따르면, 2019년 구이저우의 디지털경제 성장률은 22.1%에 달해, 5년 연속 중국 전체 1위를 차지했다. 구이저우는 실물경제와 빅데이터의 융합 발전을 추진하며 이미 204개의 모범 프로젝트, 2,197개의 시범사업을 만들어내 3,905개 기업과 빅데이터의 심층적인 융합을 견인하고 있다. 또, 애플과 퀄컴, 마이크로소프트, 인텔, 알리바바, 화웨이, 텐센트(腾讯), 바이두(百度), 징둥(京东) 등 세계적인 하이테크 기업이 구이저우에 입주했다. [220]

□ '일대일로'와 경제발전 전략

최근 구이저우은 '현대 물류업 발전 촉진에 관한 약간의 의견'을 발표했다. 동 의견에 따르면 구이양(貴陽)을 중심으로 한 대도시물류권(大都市物流圈)을 구축할 계획이다. 구이양을 중심으로 하고 구이안신구(貴安新區)와 안순(安順)을 부도심으로 하는 구이양 대도시물류권을 조성할 예정이다. 지역물류의 중요한 거점 도시인 구이양의 지리적 이점을 살려 비즈니스파크(總部基地), 공항물류, 보세물류, 택배물류, 컨벤션물류 발전에 주력할 계획이다. 공급체인관리와 물류IT기술의 연구개발 및 응용을 추진하고 구이저우의 쌍룡공항경제구(雙龍臨空經濟區)에 육상-항공 연계 복합운송인 '에어트레인 시스템 (air train system)'을 발전시킬 방침이다.

또한 도로운송망체계를 구축할 계획인데, 구이양을 물류허브로 육성하고 쭌이(遵義), 류판수이(六盤水), 都匀(두윈)을 1급 거점,비제(畢節), 퉁런(銅仁), 카이리(凱里), 싱이(興義)

220) 中国证券网 (2020.10.28.)

등지를 2급 거점으로 하는 스마트도로항만(智能公路港) 물류플랫폼 네트워크를 조성할 계획이다. 동 의견이 제시한 목표를 보면, 2017년까지 물류업 부가가치를 1,800억 위안으로 늘리고, 구이저우성 GRDP 중 물류업의 비중을 12% 이상으로 확대할 계획이다. 2020년까지 장기목표는 물류업 부가가치를 2,500억 위안 이상으로 늘리고, GRDP 중 물류업의 비중을 13% 이상으로 확대할 계획이다.

구이저우성은 물류업 발전을 통해 중국 서남지역의 중요한 물류 허브이자 지역물류의 중심으로서 위상을 확립할 예정이다. 이를 통해 '일대일로' 정책을 발전 원동력으로 삼을 계획이다. 물류의 효율성 제고와 물류비용 절감에 초점을 두고, 물류업을 구이저우성 서비스업의 중요한 주력산업으로 육성할 계획이다. 글로벌 물류기업 유치에 중점을 두어, 도로항만, 항공운송, 택배, 전자상거래, 제3자/제4자 물류, 물류부동산, 물류정보 등 분야의 글로벌 100대 물류기업과 국내 5A 등급 물류기업의 지역본사 설립을 중점적으로 유치하려 하고 있다.

물류업 발전을 통한 대외지향형 경제 수준 제고할 계획이다. 구이양과 구이안의 종합보세구 건설을 추진하고 쭌이시의 종합보세구 설립 신청을 전폭 지원하여 보세물류를 크게 발전시킬 방침이다. 국제 상업무역과 글로벌 전자상거래 물류, 해외배송 물류 발전을 장려하며, 구이저우성과 충칭-신장-유럽(渝新歐) 국제화물운송루트 연계를 추진하고자 한다.[221]

□ 귀주성의 빅데이터 산업

구이저우성은 중국에서 가장 가난한 지역 중 하나였으나 서늘한 날씨(연평균 기온 14도, 여름 평균기온 24도로 서버 운영에 유리), 천연자원(수력 등 전력이 풍부하여 에너지 비용 절약), 태풍 등 자연재해가 없는 장점을 토대로 빅데이터 산업 육성에 주력하고 있다. 성정부의 지원에 힘입어 유명기업 데이터 센터의 유치에 성공하고 있다. 텐센트, 알리바바, 화웨이, 차이나모바일, 차이나유니콤, 차이나텔레콤이 귀주에 데이터 센터를 구축중이다. 2013년에 빅데이터 산업 구상을 제시한 후 5년 만에 구이저우성을 대표하는 산업군으로 성장했다.

구이저우성은 2017년 〈귀주성 디지털 경제 발전 규획(2017-2020)〉을 발표했으며, 2020년 GDP 중 디지털 경제 부가가치 비중 30% 이상 달성을 목표로 하고 있다. 2017년의 경우 구이저우성 디지털 경제 발전 속도는 37.2%로 전국 1위를 기록했다(3년 연속 1위).(2018년 말 기준) 구이저우성 내 빅데이터 기업은 약 8,900개에 달하며(총생산액 1,100억 위안) 많은 유명기업들이 구이저우에 빅데이터 센터 설립을 추진하고 있다. 구이저우성 상무청 데이터에 따르면, 구이저우성이 유치한 빅데이터 프로젝트가 200여 개에 달하며, 총 투자액이

221) 中國黔西南, 貴州省人民政府 (2015.2.12)

2,400억 위안을 돌파했다고 한다. 또한 중국 최초로 빅데이터 Expo도 개최해 오고 있다. 222)

중국에서 가장 빈곤한 지역인 구이저우성이 최첨단 빅데이터산업을 추진하려는 배경은 다음과 같다. 구이저우는 중국 최초의 빅데이터 산업클러스터를 조성하고 있을 뿐만 아니라, 중국에서 처음으로 정부 데이터 개방시범도시로 지정되었고, 중국 첫번째 빅데이터 거래소를 설립하는 등 빅데이터산업 발전에 상당한 경쟁력을 가지고 있다. 구이저우성 성도인 구이양시는 교통, 문화, 교육, 관광, 의료, 식품안전, 기업 신용 등 공공데이터를 모두 개방하는 데이터개방 플랫폼을 마련했다. 2015년 4월, 중국의 첫 빅데이터 거래소인 구이양 빅데이터거래소가 문을 열고 정식 운영에 들어갔다. 구이양 빅데이터거래소는 전국적으로 데이터 거래서비스를 제공하며, 이를 통해 데이터의 유통을 촉진하고 데이터 거래행위를 규범화하고자 한다. 또한 중국의 첫 빅데이터 전략 중점실험실이 구이저우대학(貴州大學)에 설립되었다. 223)

[사진 3-29] 귀양시 도심 사찰, 검명사

자료: 김동하 © 2016.

222) 중국국제 빅데이터 상업박람회: 세계최초로 빅데이터 주제의 박람회. 2015년에 시작한 이후 성공적으로 지속되고 있다. 빅데이터 엑스포는 국가발전개혁위원회, 공업정부화부, 구이저우성 정부가 공동주최한다.

223) 貴州網, 新華網, 中國投資諮詢網 (2015.7.13.)

(5) 서장 자치구

서장자치구(西藏. 시짱)는 청조 강희(康熙)제 때 '서장(西藏)'이라고 정식으로 명명되었다. 청대초 '위장(衛藏)'이라고도 불렸는데, '위'는 前藏, '장'은 後藏이라는 뜻이다. Tibet은 돌궐인과 몽고인이 장족을 '투보터(土伯特)'라 불리운데서 유래했으며, '버(bod)'라는 자칭에서 유래되기도 했다. Tibet은 장족(藏族)을 의미하지만, 西藏뿐 아니라 전체 장족 지역(운남, 감숙, 사천의 일부)까지 포함하는 용어이다. 원·명대 오사장(烏斯藏)으로 불렸는데, 烏는 西藏어로 '가운데'라는 뜻이고 藏은 '성스럽고 깨끗하다'는 뜻이다. 서장이 중국의 서부에 위치했으므로 서장으로 불리게 되었다. 서장 자치구 약칭은 장(藏. Zang)이다.

원대 중앙정부는 티베트 지역을 사무하는 선정원(宣政院)을 설치했고, 명대 중앙정부는 오사장(烏斯藏)을 설치하여 군정사무를 관리했다. 1792년 청정부는 〈欽定藏內善後章程〉을 제정하여 서장 지방정부의 정치, 재정, 군사, 외교, 종교 등 방면에 규범을 제정하고 중앙관리를 강화했다. 신중국 성립후인 1956년, 서장자치구 준비위원회가 설치되었고, 1965년 9월 1일 시장자치구가 설립되었다.

라마불교는 티베트 고유 종교로 샤머니즘 색채를 띠는 본교와 인도에서 전래된 대승불교가 융합되어 현재까지 장족 사회에 영향을 미치고 있다. 장족이 가장 성대하게 지키는 전통적 명절은 장력절(藏曆節)로 하다(哈達, 흰색·황색·남색 긴 비단)와 청과주를 손에 들고 새해 인사를 한다.

서장자치구는 중국의 서남국경과 청장(靑藏)고원의 서남부에 위치하며, 북쪽으로 신강위구르자치구와 청해성과 인접해있고, 동쪽으로는 사천성, 동남으로는 운남성과 연결되어 있다. 파키스탄, 인도, 네팔, 부탄, 미얀마와는 국경을 마주하고 있다.

□ 면적: 120만㎢(중국의 12.8%, 신강위구르자치구에 이어 두 번째로 넓은 지역)

□ 인구: 365만명, 장(藏)족 95%, 그 외 한족·회족 등 소수민족 거주. 인구분포가 불균형한데 남부와 동부에 집중되어 있음. 서장북부(藏北)고원 지대는 인구가 극히 희박함. 도시화율은 중국에서 가장 낮은 25.75%에 불과.

□ 성도(省都): 라싸(拉薩)

□ 지형: 평균 해발 4,000m이상, '세계의 지붕'이라고 칭함. 북부고원, 남부협곡, 동부 고산협곡, 히말라야 산지로 나뉨.

□ 기후: 온대고원기후, 일조시간이 길고 태양복사가 강함. 연평균 기온 11~14℃. 藏北地區는 건조하고 한랭, 평균 0℃ 이하. 연평균 강수량 300㎜이하. 라싸지구는 기온이 따뜻하고 습도가 높음. 1월 평균기온 1℃, 7월 16℃, 강수가 6월~9월 집중, 연강수량 400㎜. 藏

東北地域은 7월 평균기온 10℃정도, 연강수량 680㎜. 藏南地域은 따뜻하고 습함. 7월 평온기온 15~20℃, 연강수량 1,000㎜이상.

□ 행정구역: 地級市 1개, 地區 6개, 縣級 77개(市1개, 縣76개)

□ 국가급 개발구: 拉萨경제기술개발구(2001년 9월)

서장자치구와 청해성을 연결하는 청장철도가 2006년 7월에 개통(라싸-청해성 거얼무, 1142㎞)되었다. 이로써 청해성 수도 시닝(西寧)에서 서장자치구 수도 라싸까지 철도(1956㎞)로 연결된 것이다. 서장자치구에는 유역 면적 만㎢이상의 하천이 20여개 있으며, 또한 자치구 내에 금사강, 노강, 난창강, 야루짱부강 등 강이 관통한다. 특히 서장자치구는 타국과 연결된 국제 하천의 분포가 가장 많은 곳으로 갠지스강(인도), 인더스강(인도), 메콩강(미얀마·라오스·태국·캄보디아·베트남) 등 아시아 하천의 원류가 서장자치구에 있다. 철·동·크롬·납·아연·금·은·석탄·티탄 등 41종의 광물자원이 발굴되었고, 지열자원과 광천수의 매장량이 풍부하며, 석유자원도 부존이 확인된 바 있다. 이중 매장량 국내 1위 자원으로는 크롬철광, 리튬 등이 있으며, 동·석고·마그네사이트·중정석 등은 매장량 2위 해당 광물자원이다.[224)]

2020년 기준, 서장자치구의 산업구조를 보면, 1차산업 7.9%, 2차산업 41.96%, 3차산업 50.13% 수준이다. 생산 농산물 중 쌀보리가 주요곡물이며, 봄밀, 완두콩 등도 생산된다. 둥근 무, 유채, 누에콩, 메밀 등이 재배되고 복숭아, 배, 사과 등 과일도 생산된다. 농업과 방목을 겸하는 반농반목이 발전했으며, 염소, 야크, 말 등을 목축한다. 사양목축은 2,321만마리(소 654만, 양 1,579만) 규모이다. 라싸에서는 의복과 생활필수품을 집단 수공업의 형식으로 생산하고 있으며, 전통공예품으로 양탄자가 유명하다.

2020년 서장자치구를 찾은 국내외 관광객은 3,505.01만명(전년비 -12.6%)인데, 이중 해외 관광객은 3,400명으로 COVID-19로 인해 전년비 99.4% 감소했다. 국내 관광객은 3,504.67만명(-11.5%)이었다. 여행업 총매출은 366.42억 위안(-34.5%)을 기록했으며, 이중 외화수입은 302만 달러(-98.9%)였다. 외국인의 경우, 서장자치구 지역 내에서의 개인 자유여행은 불가하며, 관영여행사를 통한 중국정부(시짱여행국)의 승인을 받은 후에 단체 여행만 가능하다.[225)]

224) 청장철도의 상세한 내용은 본고 4장 서부대개발 부분을 참조할 것.

225) 新华网 (2013.1.8)

[표 3-63] 서장자치구 경제지표 (2020년)

GRDP*	산업구조			1인당 GRDP	
	1차산업	2차산업	3차산업	위안	US$
0.19%	7.9	41.96	50.13	52,345	7,589
인구(만명)	인구 중국내 비중	도시화율(%)	부동산 개발투자*	수출*	수입*
365	0.26%	30.75	0.12%	0.01%	0.01%
수출입*	외상기업 투자액*	공업생산액*	소비품판매액*	중국 평균 1인당GDP 대비	
0.01%	0.03%	0.04%	0.19%	72.25% (72,447元. U$10,503)	
라싸 GRDP**		라싸 인구(만명)			
35.6%		86.7			

주: *중국 내 비중을, **성내 비중을 나타냄. 도시화율 및 공업생산액은 2019년도 수치 기준임.
자료: 국가통계국 国家数据 (2021.6.22.)

[사진 3-30] 시짱자치구 외국인용 단체 여행허가서

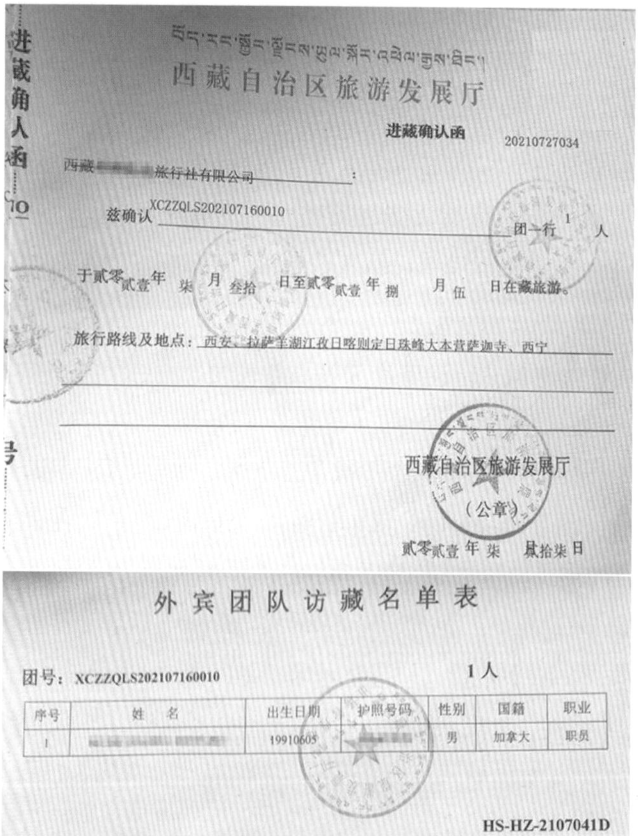

西藏自治区旅游发展厅

进藏确认函 20210727034

西藏 旅行社有限公司:

兹确认 XCZZQLS202107160010 团一行 1 人

于贰零贰壹年柒月叁拾日至贰零贰壹年捌月伍日在藏旅游。

旅行路线及地点：西安、拉萨羊湖江孜日喀则定日珠峰大本营萨迦寺、西宁

西藏自治区旅游发展厅

（公章）

贰零贰壹年柒月贰拾柒日

外宾团队访藏名单表

团号: XCZZQLS202107160010 1人

序号	姓名	出生日期	护照号码	性别	国籍	职业
1		19910605		男	加拿大	职员

HS-HZ-2107041D

주: 여행허가증은 시짱관광국(西藏旅游局)에서 발행하며, 베이징, 청두, 시안, 상하이, 시닝, 홍콩 등에 사무소를 두고 있어서, 외국인들은 이곳에서 단체 여행 허가증을 신청하고 받아야 한다.
자료: 시짱여행망 (中国西藏旅游网) www.tibetcn.com [검색일자: 2021.9.10.]

[그림 3-57] 시짱자치구 위치도

자료: 두피디아(2021.7)

□ 라싸

시짱의 정치 · 경제 · 문화 · 종교 중심지는 라싸(拉薩)다. 라싸는 티베트어로 '신의 도시'라는 뜻이다. 옛 명칭은 '산양의 땅'이란 뜻으로 '러싸(惹薩)'라 불렸다. 조캉사원을 지을 때 산양떼가 인근 산에서 흙을 실어 날랐다는 설화에서 나왔다. 라싸는 1300년이 넘는 역사를 지닌 티베트의 고도(古都)다. 7세기 초 티베트 지역을 처음으로 통일한 송첸캄포는 토번(吐蕃)제국을 세웠다. 해발 3,700m 라싸를 도읍으로 정하고 포탈라궁을 지었다. 토번은 강했다. 당시 토번의 위세에 밀린 당나라가 당 태종의 딸 문성공주를 송첸캄포 부인으로 바쳤을 정도였다. 티베트 지역이 중국의 영향권 아래 놓이게 된 것은 토번국이 내분으로 무너지면서부터다. 13~14세기에는 원 나라의 지배를 받았으며, 이후 청 나라 건륭제에 정복당했다. 청 나라는 티베트를 '서쪽의 보물창고'라는 뜻으로 시짱(西藏)이라 불렀다.

1912년 청 나라 멸망 후 중국이 혼란한 틈을 타 티베트는 완전한 독립을 선언했다. 하지만 결국 1950년 마오쩌둥이 보낸 인민해방군에 의해 점령당했다. 중국 공산당은 티베트와 강제로 평화협정을 맺으며 티베트를 합병했다. 중국은 이를 두고 '평화해방'이라 불렀다. 봉건주의 농노 상태의 티베트인들을 평화적으로 해방시켰다는 뜻이다. 중국의 티베트 '평화해방' 이후 14세기부터 이어져온 달라이 라마를 중심으로 한 종교와 정치는 하나라는 정교합일(政教合一) 지배체제는 부정됐다. 주요 사원은 파괴되고 승려들은 핍박당했다.

이후 1959년 티베트인들은 독립을 요구하며 봉기하다 무력 진압됐다. 달라이 라마는 인도로 망명했다. 정신적 지도자를 잃은 티베트 지역엔 1965년 시짱(西藏)자치구가 세워졌다. 중국 소수민족 자치구 중 가장 늦게 설립됐다. 중국은 티베트를 시짱, 티베트인을 짱족(族藏)이라 불렀다. 티베트 지역의 1인자는 이전의 달라이라마가 아닌 시짱자치구 공산당 당서기이다. 후진타오(胡錦濤) 전 국가주석은 시짱자치구 당서기를 역임한 바 있다.

시짱은 2,000년대 초까지는 중국에서 유일하게 철도가 연결되지 않은 곳이었다. 외국인의 방문도 엄격하게 제한됐다. 경제적 이익이나 물질적 풍요보다는 종교적 가치나 정신적 만족을 추구하는 티베트인의 가치관도 이어져왔다. 하지만 중국정부가 시짱 지역에 대한 통치방침을 억압책에서 유화책으로 바꾸면서 상황이 변화되었다. 중국정부는 '서부대개발' 정책에 착수하면 시짱자치구에 경제개발이라는 당근책을 부여했다. 그 최대 수혜자는 라싸였다.

2001년 국무원은 라싸에 시짱 지역의 유일한 국가급 경제기술개발구 설립을 허가했다. 2006년엔 칭하이성 거얼무(格爾木)에서 라싸를 잇는 칭짱철도가 개통됐다. 베이징에서 라싸까지 거리는 48시간으로 단축됐다. 2014년 개통된 라싸와 시짱 제2도시 르카쩌(日喀則)를 연결하는 철도는 2020년까지 인도 네팔 국경도시까지 철도를 확장한다는 계획이다. 쓰촨성과 라싸를 잇는 철도도 최근 착공에 들어갔다. 잇단 열차 개통으로 한족들이 대거 티베트로 이주했다. 한족들이 거주하는 신시가지에는 현대식 고층빌딩과 아파트가 들어서고 있다. 226)

1) 서장자치구 발전 전략

그동안 서장자치구는 1차산업 수준향상, 2차산업 중점추진, 3차산업 대대적 발전의 전략을 실시하고, 우위산업을 육성하며 자체 발전능력을 꾸준히 향상시켜왔다. 서장자치구의 산업현황을 살펴보면 첫째, 농목축민이 서장 총인구의 80%에 육박한 데 반해 농목축민의 발전 수준은 낙후돼 있다. 따라서 농목축민의 생산 및 생활 여건을 개선하고 농목축민 수입을 증가시키는 것이 최우선 과제이다.

서장자치구는 자원이 풍부하고 독보적인 우위가 뚜렷하며 2차산업의 발전잠재력이 크고, 관광업 중심의 3차산업 발전이 전도유망하다. '부민(富民)'은 지향하는 목표이다. 즉 민생에 대한 투입을 지속적으로 강화하고 민생을 보장개선하며, 서장자치구 특징에 부합되고 도농을 아우르는 공공서비스 시스템을 점진적으로 구축하고 있다. 공공자원을 저소득층, 취약계층, 농목축민 지역 및 빈곤지역에 중점 투입하여 포괄적 성장과 공유식 발전을 점차 실현할

226) 아주경제(2015.2.11), [중국도시를 읽다(36)] "돈과 사람 몰려드는 티베트" 변화하는 라싸.

것이다. 기본 공공서비스 균등화 추진을 가속화하고 '진료난' 문제를 해결하며, 도농을 아우르는 사회보장시스템 구축을 가속화 할 것이다.

□ 최근 시짱자치구 경제 발전 현황

중국 중앙정부는 13·5규획 기간(2016-2020) 시짱에 계획 투자액을 17.3% 초과한 누계 3,136억 위안을 투자했다. 전력 등 중대 인프라를 포함한 중점 프로젝트는 시짱의 경제사회 발전에 강력한 버팀목을 제공했다. 시짱자치구 발전개혁위원회에 따르면 13차5개년 규획 기간 중앙정부가 시짱을 위해 안배한 중점 프로젝트는 주로 민생 보장과 개선, 인프라 건설, 생태환경 보호, 기층 정권과 사회관리 능력 건설, 특색 우위산업 발전 등 5대 분야에 집중된다면서 현재까지 실제 투입된 계획 금액 초과 부분은 주로 보장성 주택 및 위생건강 등 분야의 투자에 사용되었다.

13·5규획 이후 시짱의 종합교통체계가 부단히 완비되면서 현재 시짱 진입 도로는 기본적으로 전 구간 아스팔트가 깔렸으며 국내외를 잇는 노선은 120개에 달한다. 쓰촨-시짱 철도 라싸(拉薩)-린즈(林芝) 구간이 기본적으로 건설됐고, 린즈-야안(雅安) 구간이 착공됐다. 자치구 전 지역의 에너지 보장능력은 현저히 강화됐고, 전력 설비용량은 2015년 대비 152만kW 늘어난 401.85만kW에 달한다. 정보화 수준이 높아지면서 685개 향진 전부가 100% 광케이블을 개통했고 4G 통신 커버리지를 실현했다. 공공서비스에 대한 투자는 현지 사회사업의 발전도 크게 촉진했다. 2019년말까지 시짱의 인구 1,000명 당 의료보건기관 침상수는 2015년 대비 0.54개 늘어난 4.87개, 만명 당 공공문화시설 보유 면적은 1109㎡, 자치구 전역 도시 생활쓰레기 무해화 처리율은 91.38%에 달한 것으로 집계됐다. 13·5규획 기간 시짱의 GRDP 및 1인당 GRDP 증가율, 1인당 평균 가처분 소득 증가율은 전국 평균 수준을 앞질렀으며, 절대빈곤을 해소했다.

시짱자치구의 2018년 1~3분기 국내총생산(GDP)이 1,000억 위안을 돌파했다. 2018년 1~9월 시짱의 GRDP는 1,044억 300만 위안으로 전년동기비 9.0% 증가했으며, 증가율은 구이저우성과 함께 중국 내 2위를 기록했다. 시짱의 농업경제는 안정적인 성장세를 유지했으며, 공업생산 증가율은 한층 더 높아지고, 관광문화 산업은 계속해서 왕성하게 성장하고 있다. 동 기간에 시짱을 방문한 중국 국내외 관광객은 전년동기비 29.9% 급증한 연인원 3,100만여 명으로 집계됐고, 관광수입은 449억 4,400만 위안으로 전년동기비 29.8% 증가했다. 사회소비재 총매출액은 436억 8,700만 위안으로 전년동기비 14.7% 증가했다. 전기

기계 제품 및 설비류 매출액이 전년동기비 43.9% 급증했고, 석유 및 관련 제품 매출액이 19.3% 증가했다. 이는 시짱 주민의 생활수준이 날로 높아지고, 경제성장 구조도 조정 및 최적화됐다는 것을 나타낸다는 것이 정부 당국자의 해석이다.

2018년 1~9월 시짱의 도시주민 1인당 평균 가처분소득은 2만 5,613위안으로 전년동기비 9.7% 증가했고, 농촌주민 1인당 평균 가처분소득은 7,138위안으로 전년동기비 11.0% 증가했다. 시짱은 도농 주민소득 증가율에서 중국 전체 1위를 차지했으며, 주민소득 증가율이 경제성장률(9.0%)보다 높은 것으로 나타났다.

2018년 1분기에도 시짱의 공업경제, 고정자산투자, 소비수요 성장세가 중국에서 가장 높았다. 시짱의 농업은 안정적인 성장세를 보였고, 농업·임업·목축업·어업의 총생산액도 전년동기비 증가했다. 또한 3차 산업(서비스업)도 성장세를 나타냈다. 2018년 1분기 3차 산업이 시짱 GRDP 비중의 82.2%를 차지했고 시짱의 경제성장에 대한 기여도는 80.8%에 달했다. 교통·에너지·수리(水利) 등의 인프라 투자는 안정적인 성장세를 유지하고 있다. 새롭게 착공하는 사업도 빠르게 늘어 계획투자총액이 전년동기비 60% 증가했다. 자금 조달 상황은 계속 호전되어 5,000만 위안 규모 이상 프로젝트의 자금 조달이 전년동기비 11.3% 늘었다. [227]

2019년에는 시짱자치구 내에 르카쩌경제개발구(日喀则经济技术开发区), 린즈경제기술개발구(林芝经济技术开发区)가 연달아 건설됐다. 이로써 시짱자치구는 2001년 건설된 라싸경제개발구(拉萨经济技术开发区)를 포함해 총 3개의 경제기술개발구를 보유하게 되었다. 르카쩌경제기술개발구의 규모는 건설용지 22.32㎢, 거주 가능 인구 12만 명, 단지 내 총 투자액은 약 600억 위안이다. 르카쩌경제기술개발구의 중점 산업은 농축산가공업, 천연음용수 및 친환경식품생산, 친환경 에너지 산업, 선진 제조업 및 기타 첨단기술산업, 물류업, 보세가공업이다. 또한, 중국 서남쪽 국경 지역에 위치해, 일대일로 및 남아시아개방합작을 위한 중요 플랫폼이 될 것이다. 린즈경제기술개발구의 규모는 계획 면적 7.11㎢, 총 누적 투자액 10.3억 위안이고, 중점 산업은 생태여행, 친환경에너지, 서비스, 생물과학기술, 고원지대 농·축산 특산품 생산가공이다. [228]

2021년 8월, 세계에서 가장 높은 평균 해발 4천500m에 위치한 시짱 고속도로가 이 지역에 전면 개통했다. 베이징과 시짱 지역을 잇는 고속도로 가운데 시짱 중심도시 라싸(拉薩)와 북부 초원지대 나취(那曲)를 연결하는 295㎞ 구간이 전면 운행에 들어갔다. 시짱에서는

227) 中国新闻网 (2018.11.9)
228) 中国新闻网 (2019.12.22)

앞서 2020년 10월 라싸-양바진(羊八井) 구간 68㎞를 우선 개통했으며, 이번에 시속 120㎞로 달릴 수 있도록 설계된 양바징-나취 구간 227㎞도 운행이 가능해진 것이다.

이는 라싸와 북부 초원지대를 잇는 첫 고속도로이며, 기존 국도 이용 시 6시간여 걸리던 것이 3시간으로 단축됐다. 이로써 인근 칭하이성과 시짱 간 통행 능력과 안전 보장, 운수 서비스 수준을 끌어올렸으며, 특히 시짱 북부의 자원 개발과 민족 교류·융합 촉진에 도움이 된다고 평가했다. 또 이 도로는 시짱이 일대일로(一帶一路) 지역경제 일체화에 융합되고, 동남아시아로 개방하는 중요한 인프라 시설이다. 이번 고속도로 개통은 2021년 6월 시짱자치구 내 라싸와 린즈(林芝)를 잇는 라린(拉林) 고속철도가 운영에 들어간 데 이어 이뤄졌다.

중국은 1951년 티베트와 '시짱 평화해방 방법에 관한 협의'를 맺고 티베트를 병합한 뒤 이를 '시짱 평화 해방'이라고 부르고 있으며, 2021년에 70주년을 맞아 각종 기념행사를 열고 지역 발전을 강조하고 있다. 시진핑 국가 주석은 2012년 집권 후 처음으로 2021년 7월 시짱을 방문해 사회주의 현대화국가 전면 건설을 위한 새 여정이 시작했으며, 시짱 발전도 새로운 역사적 기점에 있다고 '중국몽'을 강조했다. [229]

시진핑 주석은 이날 직접 촨짱철도(川藏 鐵道)의 한 구간인 라싸와 린즈를 잇는 열차를 타고 촨짱철도 계획을 점검하면서 해당 철도 노선 건설도 더욱 속도를 낼 전망이다. 쓰촨성 청두와 시짱자치구 라싸를 잇는 총 1011㎞ 구간의 촨짱철도는 히말라야 산맥과 해발 3,000m 이상 고산지대에 건설된다. '세기의 공사'라 불릴 정도의 고난도 프로젝트로 알려져 있다. 중국은 2013년 착공에 돌입했으며, 약 13년의 공기를 거쳐 오는 2026년 완공을 목표로 하고 있다.

229) 매일경제(2021.8.23.)

[사진 3-31] 라싸에 있는 포탈라궁

자료: 박강 © 2009.

Ⅳ. 중국 주요 지역개발 정책

Ⅳ. 중국 주요 지역개발 정책

1. 서부대개발 정책

(1) 서부대개발 정책 개요

1979년 중국의 개혁개방 정책 착수 후, 동부 연안지역과 서부 내륙지역간 경제격차가 날로 확대되자, 중국정부가 이의 해소를 위해 2000년부터 서부권 12개 지역을 대상으로 시작한 중장기(50년) 지역발전 정책이 서부대개발 정책이다.

- 해당 권역: 내몽고자치구(内蒙古), 중경시(重慶), 광서장족자치구(廣西), 운남성(云南), 섬서성(陝西), 영하회족자치구(寧夏), 사천성(四川), 서장자치구(西藏), 귀주성(貴州), 청해성(青海), 신강자치구(新疆), 감숙성(甘肅)

[그림 4-1] 서부대개발 권역도

[표 4-1] 서부권 주요 개황 (2014년 기준)

구성	총 12개 지역 - 1개 직할시(중경), 6개 성(운남·섬서·사천·귀주·청해·감숙), 5개 자치구 (광서·내몽고·영하·신강·서장)	
인구	3억 6,836만명 (중국 전체의 26.9%) - 이중 소수민족은 1억 449만명 (28.3%) - 도시화율 (47.37%) [중국 전체: 54.77%]	
면적	541.4만㎢ (중국 전체의 56.4%)	
경제 (중국 전체 규모 중 점유비)	GRDP	20.2%
	1인당 GRDP	37,481 위안 (6,102달러) [중국 전체: 7,590$]
	수출입	7.8%
	FDI	8.5%
	경지면적	33.4%
	공업생산	14.3%
	소매판매(소비)	18.1%
산업구조	1차 산업 11.9%, 2차 산업 47.4%, 3차 산업 40.7% [중국 전체 : 1차 9.2 / 2차 42.7 / 3차 48.1]	

자료: 중국통계연감(2015)

(2) 서부대개발 정책 목표 및 발전 전략

서부대개발 정책 목표는 다음 몇가지로 요약된다. 첫째 목표는 지역간 경제발전 격차 심화로 인해 5개 소수민족 자치구에서 일어날 수 있는 사회불안 요인의 해소이다. 둘째 목표는 개혁개방을 먼저 시작했던 기존 연해동남 지역에 이어서 경제성장 엔진 역할을 대체 할 지역을 육성하는 것이다. 서부권에 대한 대규모 SOC 인프라 투자, 노동집약적 생산·수출기지 역할 부여, 新내수시장으로 부상 등을 통해 미래 중국의 GDP 견인을 도모하려 한다.

셋째 목표는 연해동남지역의 안정적이고 지속적인 발전을 위한 안정적인 에너지 공급기지를 건설하는 것이다. 이를 위해 서부권에 철도, 내륙수운 등 물류망 프로젝트를 착공했다.

서부대개발 정책은 총 3단계로 나누어 50년에 걸쳐 장기적으로 진행하는 국책사업이다. 먼저 1단계는 2000~2005년까지로 同정책을 총괄할 중앙 및 지방정부 내 부처(기구)를 설치하고, SOC 분야 대형 프로젝트를 발주 집행했다. 이 시기 투자 주체는 중앙 및 지방정부이며, 예산 및 정책대출이 재원으로 활용되었다.

2단계(2006~2015년)는 먼저 동남연해 소재한 중국기업의 서부 내륙권 진출을 유도하며, 다음 단계로 외국기업의 해외직접투자(FDI)를 유치하고자 했다. 마지막 3단계는 2016~2050

년까지로 서부권의 도시화를 가속화하여 자체 구매력을 보유한 내수시장으로 육성하는 것이다. 또한 현재 소수민족 자치구는 대외개방 정도가 연해지역 대비 뒤떨어지나, 2050년 전까지 시장 개방도를 연해지역 수준으로 제고할 계획이다.

[표 4-2] 단계별 서부대개발 정책 목표 및 전략

개발 초기 단계 (2000~2005)	대규모 개발 단계 (2006~2015)	전면적인 발전 단계 (2016~2050)
- 개발 계획 및 정책 수립 - 중앙 및 지방에 주요 관련 기구 설립 - SOC부문 기초건설 가속화	- FDI를 통한 서부지역 자체 개발능력 제고 - 非SOC분야로 투자규모 확대	- 서부지역 도시화, 시장화를 통한 구매력 제고 - 전면적인 대외개방으로 국제화 수준제고

자료: 공개자료 종합(2013.3)

[표 4-3] 서부지역 광물 매장량과 중국 내 비중

	석유	천연가스	석탄	철광석	망간	크롬	바나듐	티타늄
매장량	95.585	30,744	1,610	63	10,160	516	953	22,811
비중	32.4	82.9	50.5	29.3	54.7	98.7	75.7	97.9

	구리	납	아연	보크사이트	마그네사이트	황철광	인광	고령토
매장량	1,188	907	2,962	49,355	236	77,155	17	19,158
비중	40.3	67.7	77.2	58.8	0.1	47.6	52.4	30.1

주: 단위는 천연가스 억㎥, 석탄, 철광석, 인광 등은 억톤, 기타는 만톤임.
자료: 중국 통계연감(2010)

(3) 주요 경과 조치

덩샤오핑 후임으로 제3세대 新정부를 구성한 장쩌민 총서기는 1999년 3월부터 서부지역 발전을 위한 전략 수립에 착수한다. 1999년 9월에 개최된 중국 공산당 제15기 4중전회에서 '서부대개발 전략 실시'가 정식으로 결정되었다.

이후 2000년 3월에 국무원 산하에 '서부지구 개발 영도소조 판공실'이 정식 중앙정부 산하 정책 조정기구로 설치된다. 2002년, 10차 5개년 기간(2001~2005년) 내 집행할 '10·5 서부개발 종합규획'이 공포되었고, 동 '규획'에 따라 서기동수(西氣東輸), 서전동송(西電東送) 등 10대 프로젝트와 2대 공정이 제정되었다.

2006년, 11차 5개년 기간(2006~2010년) 내 집행할 '서부대개발 11·5규획'이 공포되었고, 동 '규획'은 사회주의 신농촌 건설, 특색 · 경쟁우위산업 육성, 중점 개발지역 지원, 환경보호, 자원절약, 공공서비스 강화 등에 중점을 두기로 했다.

2008년, 첫 번째 서부권 내 개별권역 발전전략인 '광서북부만 경제구 발전규획'을 공포하였으며, 그후 '관중-텐수이 경제구 발전규획(2009)'도 공포된다. 2010년에는 '청위경제구 발전규획'을 공포했으며, 2016년에는 '서부대개발 13·5규획'을 공포 했다.

[표 4-4] 서부대개발 정책 주요 경과 조치

연도	주요 동향 및 변화	중국 GDP 성장률(%)
1999	9월, 공산당 중앙위원회 15기 4중전체회의에서 '서부대개발 전략 실시' 천명	7.7
2000	1월, 국무원 서부지구개발 영도소조 구성 (수뚱지 총리 소상, 원사바오 부총리 부조장) 3월, 국무원 서부개발 판공실 설치	8.5
2001	3월, 전인대 9기 4차회의. 서부대개발 전략 포함한 10·5계획강요(十个五年计划纲要) 통과(2001-2005년)	8.3
2002	2월, 국가계획위원회, 국무원 서부개발판공실. 10·5서부개발총체규획('十五'西部开发总体规划) 공포	9.1
2003	5월, 장강삼협(长江三峡) 공정 완공	10.0
2004	3월, 국무원, 서부개개발 진일보 추진 의견(关于进一步推进西部大开发的若干意见) 공포 10월, 서기동수 1선 완공(신장-상하이)	10.1
2005	10월, 사회주의 신농촌건설 실행에 관한 몇 가지 의견 제시 (공산당 16기 5중전회)	11.4
2006	7월, 칭장철도(青藏铁路) 개통 12월, 국무원 〈서부대개발 十一五 규획(2006-2010년)〉 통과.	12.7
2007	국무원, 서부대개발 11·5 규획(西部大开发"十一五"规划)	14.2
2008	미국발 금융위기 발발	9.7
2009	1-2월, 10대 산업진흥계획(十大产业振兴规划) 공포	9.4
2010	6월, 국무원 서부대개발 전략의 심도 깊은 실시에 관한 약간 의견 공포 (关于深入实施西部大开发战略的若干意见)	10.6
2011	22개 서부권 프로젝트(투자규모 2079억 위안) 착수	9.6
2012	2월, 국무원 〈서부대개발 十二五 규획(2011-2015년)〉 통과 12월, 서기동수 2선 완공 (신장-광둥)	7.9
2013	중국 GDP, 3차산업이 2차산업 추월	7.8
2014	8월, 서기동수 3선 서쪽구간 완공 11월, 시진핑 주석 신창타이 선언 12월, 남수북조 중선 1기 개통 (후베이-베이징)	7.4

연도	주요 동향 및 변화	중국 GDP 성장률(%)
2015	3월, 일대일로(一带一路) 정책 발표 및 서부권內 관련 프로젝트 시행	7.0
2016	3월, 국무원 〈서부대개발 十三五 규획(2016-2020년)〉 통과	6.8
2017	1월, 국무원, 국가발전개혁위원회. 서부대개발 13·5규획 공포 (西部大开发"十三五"规划)	6.9
2018	28개 서부권 프로젝트(투자규모 4825억 위안) 착수	6.7
2019	3월, 중앙전면심화개혁위원회. 신시대 서부대개발 추진에 신국면 형성에 대한 지도 의견 공표(关于新时代推进西部大开发形成新格局的指导意见)	6.1

자료: 공개자료 종합(2021.7)

2020년 5월 17일 중국공산당 중앙위원회와 국무원이 《신시대 서부대개발 추진의 새로운 구도 형성에 관한 지도의견(中共中央、国务院关于新时代推进西部大开发形成新格局的指导意见, 이하 '의견')》을 공포했다. 이는 앞으로 서부대개발 발전의 길을 제시한 지도원칙적인 문건으로, 중국 지도부가 서부대개발에 다시 본격적인 시동을 건 것이다.

2000년 중국 국무원 서부지역 개발영도소조(国务院西部地区开发领导小组)가 구성되면서 서부대개발의 서막이 열렸으며, 지난 20년 동안 서부지역은 환골탈태의 변화가 있었다. 경제 발전은 물론 생태환경도 대대적으로 개선되었으며 칭짱철도(青藏铁路), 서부지역 가스의 동부 수송, 서부지역 전기의 동부 전송으로 서부지역의 장기적인 발전 잠재력을 강화함은 물론 중동부와의 관계를 강화했다.

《의견》은 서부대개발 발전의 길을 제시한 지도원칙적인 문건으로, 중국 지도부가 서부대개발에 다시 본격적인 시동을 건 것이다. 《의견》은 3대 공성전(빈곤퇴치, 환경보호, 금융 리스크 방지) 이행, 혁신 발전 역량 제고, 현대화 산업 체계 구축 추진 등 36개의 구체적인 의견을 제시했다. 2020년 서부지역 생태환경, 비즈니스 환경, 개방 환경, 혁신 환경을 확실히 개선하여 중국 전체와 통일되는 전면적인 샤오캉 사회(小康社会 , 중산층 사회)를 만들 것이라고 밝혔다. 2035년까지 서부지역의 사회주의 현대화를 기본적으로 실현하고 기본 공공서비스, 인프라 접근성과 인민생활 수준이 동부지역에 상당한 수준으로 발전시키기로 했다.

서부대개발 전략이 처음 가동된 1999년부터 20년이 지난 지금, 서부지역 경제 사회는 눈부신 발전을 거뒀다. 1999~2019년 중국 서부지역의 GRDP는 큰 변화를 보였는데 그 중 구이저우(贵州), 샨시(陕西), 시짱(西藏 · 티베트)는 15배나 성장했으며 구이저우는 17.5배나 확장되었다. 특히 구이저우는 2010년 공업강성(工业强省)전략을 출시했으며 그해 12월 26

일 108개 중앙기업이 구이저우의 47개 프로젝트에 투자했고 규모는 2,929억 위안에 달했다. 그 결과 2019년 12월 말 기준, 구이저우성의 온라인 기업 숫자는 360곳에 이르렀고 구이저우성의 빅데이터 산업 발전 지수는 76으로 베이징과 광둥을 이어 3위를 차지했다. 구이저우는 전자정보 제조산업, 소프트웨어 · 정보서비스 산업, 통신업 발전에 박차를 가함은 물론, 산업 육성, 정부 거버넌스, 민생을 위한 서비스에 대한 빅데이터 발전 체계 구축에 힘써 구이저우성 경제 사회 질적 발전을 뒷받침했다.

《의견》에는 교통, 에너지 등 여러 신인프라와 전통적 인프라에 관한 조치 외에도 서부 자본시장에 관한 조치도 포함된다. 《의견》은 서부지역의 직접융자 비율을 높이고 조건에 부합하는 기업은 국내외 상장 융자, 재융자 발행이 가능하도록 지원하며, 회사 신용형 채권 발행과 자산 증권화 상품을 통해 융자가 가능하도록 하겠다고 밝혔다. 이밖에도 서부 빈곤지역 기업이 처음으로 공개 상장하거나 신삼판(新三板) 상장, 채권 발행, 인수합병 등을 할 때 신속하고 간소화된 절차를 이용할 수 있는 '녹색통로' 정책을 적용하도록 한다고도 언급되었다.

서부지역은 일대일로(一带一路) 사업의 중심지로 내륙항 건설, 물류, 교통, 배전 및 송전, 물류 보관 등, 인프라에 대한 수요가 매우 크다. 물류, 창고 등 관련 분야 발전에 대해 시안항(西安港)은 이미 일대일로 사업의 중요 허브 역할을 하고 있으며 비즈니스 무역 물류, 전자상거래, 신금융, 문화·스포츠, 항만경제 등 5대 주도산업 클러스터가 형성되었다.[230]

[표 4-5] 2000-2018년간 중국 권역별 경제(GRDP) 비중

	2000년	2005년	2010년	2015년	2018년
동북3성	9.9%	8.6%	8.6%	8.0%	6.2%
기타연해지역	53.4%	55.5%	53.1%	51.6%	52.6%
중부지역	19.2%	18.8%	19.7%	20.3%	21.1%
서부지역	17.5%	17.1%	18.6%	20.1%	20.1%
합계	100.0%	100.0%	100.0%	100.0%	100.0%

자료: 国家统计局 Data 및 中国统计年鉴(2019) 자료로 저자 계산.

1999년부터 2019년까지의 20년 동안 서부지역의 경제 · 사회는 크게 발전했으나 여러 요인들로 인해 지역별 성장 불균형 문제가 생겨났다. 1999년부터 2019년까지 서부지역 12개 성의 GDP 변화를 정리해본 결과, 구이저우(贵州), 샨시(陕西), 시짱(西藏) 등 3개 성의 경제는 15배 이상 성장했으며 특히 구이저우는 20년간 경제가 17.5배나 성장했다. 2019년 구

230) KIEP(2020.5.28), CSF 이슈 트렌드, '中 10년 만에 서부대개발 중대문건 발표, 내용 및 전망'.

이저우의 GDP는 1조 6,769억 3,400만 위안으로 전년비 8.3% 증가했는데, 1999년 구이저우의 경제총량이 907억 위안에 불과했다는 것을 감안할 때 구이저우의 경제는 괄목할만한 성장을 이뤘다. 구이저우의 경제가 비약적으로 발전할 수 있었던 것은 지방정부가 정책을 잘 활용하고 발전 기회를 포착했기 때문이다. 교통 인프라를 대대적으로 개선함과 동시에 동부 연해지역의 산업을 이전시키는 기회를 포착하여 산업 발전을 이룰 수 있었다.

경제총량을 기준으로 볼 때, 1999년 쓰촨(四川), 광시(广西), 윈난(云南)의 GDP는 각각 3,711억 6,000만 위안, 2,001억 6,800만 위안, 1,899억 8,200만 위안을 기록했었는데, 2019년에는 쓰촨, 샨시, 충칭(重庆)이 1~3위를 차지했다. 특히 2019년 쓰촨 GDP는 4조 6,600억 위안에 달했으며, 샨시, 충칭, 윈난, 광시도 GDP가 2조 위안(약 344조 원)을 돌파했다. 지난 20년간의 GDP 순위 변화를 살펴보면, 구이저우, 샨시, 충칭의 순위가 비약적으로 상승했다. 특히 구이저우는 12개 성 중 기존의 9위에서 7위로 상승했고, 충칭은 5위에서 3위로, 샨시는 4위에서 2위로 상승했다. 이와 비교해 원래 2위를 차지했던 광시는 2019년 5위로 하락했으며, 윈난은 3위에서 4위로 간쑤(甘肃)는 8위에서 9위로 밀려났다.

(4) 서부대개발 주요 프로젝트의 추진 현황

1) 장강삼협 공정(长江三峡水利枢纽工程)

1994년에 착공되어 2009년에 완공된 장강삼협 댐은 중국 중부를 흐르는 장강(長江) 중류에 높이 185m, 길이 2,309m의 댐을 조성하여 홍수를 방지하고, 1,820만㎾의 발전설비(발전량 1,000억㎾/h)를 설치하는 공사이다. 장강삼협 댐 완공으로 서부권에 안정적인 전력 공급기반을 마련하게 되었다(2009년 삼협발전소 발전량 798.53억㎾/h). 초기에는 독립 프로젝트로 착수되었으나, 서부대개발 정책 추진후 서전동송 프로젝트로 편입되었다.

'키안(Quian)이라 불리는 이 강은 세상에서 제일 크다. 1.5만척 선박이 일시에 항해하는 것을 봤다. 16개 지방을 관통하며 주변엔 200개 이상의 도시가 있다.' 13세기 후반에 중국을 17년 동안 여행한 마르코 폴로는 장강(長江)을 이렇게 묘사했다. 강을 뜻하는 강(江)과 하(河)의 두 한자 중 강은 본래 장강의 고유명사다. 하는 황허(黃河)를 뜻한다. 장강 또는 大江으로 불리기 시작한 것은 위진남북조(221~589년) 시대 이후다. 장강과 혼동해 쓰는 양쯔(揚子)강은 장강의 일부인데, 강소성 양저우(揚州)에서 바다에 이르는 하류의 옛 이름이다. 명나라 때 마테오 리치 등 선교사들이 장강을 양쯔강으로 서방에 소개하면서 비롯한 잘못이다. [231)]

장강은 청해성 탕구라 산맥에서 발원한다. 11개 성급 행정구역을 관통해 동해로 흘러 나간다. 길이는 6,300㎞. 세계에서 나일(6,695㎞)강과 아마존(6,400㎞)강 다음으로 길다. 장강 본류는 세 부분으로 나뉜다. 호북성 이창(宜昌)까지가 상류에 해당하며 길이는 4,529㎞다. 지류를 포함해 장강의 수계 면적은 180만㎢로 국토의 18.8%를 차지한다. 장강은 1500~2만t급 선박이 하구로부터 사천성 신스(新市)까지 2,900여㎞ 구간을 운항할 수 있는 중국의 대동맥이다.

'봉우리가 하늘과 만나니 배는 굴속을 지나는구나(峰與天關接 舟從地窟行)'. 청대 시인 何明礼이 싼샤(三峽)를 지나면서 읊은 노래다. 강 양쪽 절벽이 하늘 높이 솟아 있어 배가 마치 굴속을 지나는 것 같다는 얘기다. 이곳의 뱃길은 그만큼 험했다. 유비(劉備)가 숨을 거둔 사천성 동쪽 끝 바이디청(白帝城)에서 호북성 서쪽 이창(宜昌)까지 500리 물길이 장강삼협이다. 삼협은 취탕샤(瞿塘峽) 우샤(巫峽) 시링샤(西陵峽)의 3개 협곡(峽)을 이르는 말이다. 만리장성 이후 최대 공사였다는 삼협댐이 이곳에 있다. 중류는 강서성 주장(九江)까지로 길이가 938㎞다. 중국 경제의 중심인 장강 삼각주를 포함하는 하류는 835㎞에 달한다.

장강삼협댐의 높이는 185m, 길이는 2,309m, 너비는 135m이며, 최대 저수량은 393억t, 최고수위는 175m, 총 시설용량은 1,820만㎾, 연간 발전량은 847억㎾이다. 1994년 착공하여 물막이 제방과 수문건설, 발전기 26개를 가동해 시간당 총 1,820만㎾를 생산할 수 있는 발전소 건설, 1만t급 선박 2척이 댐을 넘나들 수 있는 갑문식 운하건설, 3,000t급 선박을 20분 만에 끌어올릴 수 있는 대형 리프트 건설 등 4단계로 나누어 진행되었다. 1997년 11월 1차 물막이 공사가 끝나고, 2003년 7월 시간당 70만㎾ 발전 용량의 1호 발전기가 가동되었다. 2006년 토목공사가 완공되었고, 2008년 10월 26번째 발전기가 설치됨으로써 완공되었다. 공사 책임은 중국싼샤댐개발총공사(CTGPC)가 맡았고, 총 사업비는 250억 달러가 소요되었다.

---

231) 중앙일보(2007.11.13)

[그림 4-2] 장강 수계도 및 삼협댐 위치

자료: 중앙일보(2007.11.13)

[사진 4-1] 장강삼협댐 및 갑문식 운하

자료: 중국장강삼협집단공사 (www.ctgpc.com.cn 검색일자: 2013.3)

공사가 완료됨으로써 장강을 따라 길이 660㎞, 평균 너비 1.1㎞, 총면적 632㎢, 총저수량 393억t에 달하는 거대한 인공호가 만들어졌다. 이 저수량은 일본 전체의 담수량과 동일하며, 27억t인 우리나라 소양호 저수량의 13배가 넘는다. 또 중경까지 1만t급 선박이 운항해 장강유역의 물류환경이 크게 개선되었다. 매년 빈발하는 장강 유역의 홍수도 방지되었다.

2) 청장철도(칭짱철도. 青藏铁路)

청장철도는 청해성 거얼무와 서장자치구 수도인 라싸를 연결하는 총연장 1,142㎞ 철도 노선으로 대표적인 서부대개발 개별 프로젝트이다. 2001년 6월에 착공된 칭짱철도는 2005년 10월에 전노선의 기초공사 및 궤도부설을 완료했고, 2006년 7월에 거얼무-라싸간 여객운행을 시작했다. 칭짱철도 완공으로 철도망이 기존 청해성 수도 시닝(西寧)과 연결(1956㎞)되어 북경까지 개통됨으로써 서부권 물류에 획기적인 전기가 마련된 것으로 평가된다.

세계 최장의 고원철도인 청장철도의 이용객이 개통 6년 만에 1천만 명을 넘어섰다. 2011년 칭짱철도 이용객은 1,060만 명, 화물 운송량은 5,164만t에 달했다. 개통 첫해인 2006년 이용객 640만 명, 물동량 2,400만t과 비교하면 6년 만에 승객은 1.7배, 화물은 2.2배가 늘었다. 해발 최고 5,072m의 고원지대를 통과하여, 청해성의 거얼무(格爾木)에서 서장의 수도 라싸(拉薩)까지 1,142㎞ 구간을 연결한 청장철도는 세계에서 가장 긴 고원철도다. 2006년 7월 개통된 이후 관광객이 몰려 서장자치구 성장의 견인차 구실을 하고 있다. 232)

[그림 4-3] 칭짱철도 노선도

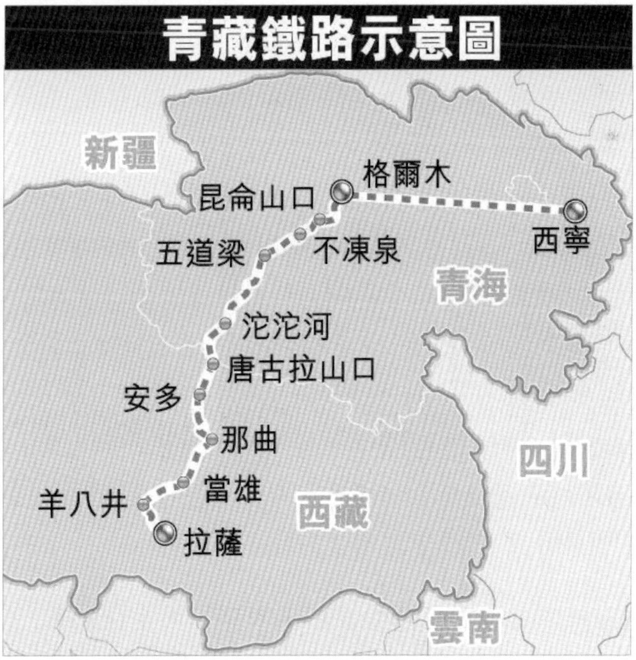

자료: 文匯報 (2006.6.27)

232) 人民網(2012.3.8)

중국은 2015년 라싸에서 서장 제2의 도시인 르카쩌(日喀則)까지 253㎞ 구간을 연장하고 2017년에는 네팔 수도 카트만두까지 확장할 계획이다. 또 거얼무에서 감숙성 둔황(敦煌)을 잇는 철도와 라싸에서 서장자치구 동부인 린즈(林芝)를 연결하는 철도 건설에도 나서는 등 서부 고원지대 철도 확장에 의욕을 보이고 있다. 중국 당국이 서부철도 확장에 적극적인 것은 이 지역이 지하자원의 보고로 떠올랐기 때문이다. 2007년 서장자치구 고원에서 1천280억 달러 규모의 아연과 구리, 납 등의 자원이 발견됐다.

쓸모없는 동토의 땅으로 여겨졌던 칭하이에서 '타는 얼음'으로 불리는 천연 가스하이드레이트가 원유 350억t에 맞먹는 규모로 매장된 것이 확인됐고, 각각 1억t 규모의 가스와 유전도 찾아냈다. 이 지역 철도 확장에는 자원개발 이외에도 관광업 육성 등을 통해 경제발전을 도모함으로써 서장자치구 등 낙후한 서부지역 소수민족의 불만을 잠재우려는 의도도 있다.

3) 서기동수

서기동수(西氣東輸)는 서부권 천연가스를 개발하여 신강 타리무에서 상해까지 설치된 4000㎞ 파이프라인을 통해 연해 도시에 에너지를 공급(120억㎥/年)하는 프로젝트이다. 2004년에 1기 공정(신강-상해)이 완공되었고, 4,895㎞ 규모의 2기 공정(300억㎥/年. 신강-화남)은 2008년 2월 착공후 2011년 6월에 완공되었다. 서기동수 프로젝트로 동부권은 안정적 에너지 공급 채널을 확보하였으며, 서부권은 관련 산업(철강, 화학, 에너지)의 동반 발전을 꾀하고 있다.

2차 서기동수 프로젝트는 중앙아시아와 신강(新疆)위구르 자치구의 가스를 장강과 주강 삼각주 지대로 보내는 사업이다. 주 가스관은 이미 완공됐으며 8개의 보조라인도 2013년에 완성되었다. 제2차 서기동수 사업 완성까지는 총 1천422억 위안이 투입되며, 완성되면 매년 300억㎥의 가스를 수송하게 된다. 제2차 서기동수 사업으로 4억명 이상의 중국인들이 청정 에너지를 사용할 수 있게 됐다고 시공자인 중국석유천연기집단공사(CNCP)는 밝혔다.

2012년 10월 16일에는 제3차 서기동수 프로젝트가 착공되었다. 3차 파이프라인은 북경, 복건성, 신강위구르자치구 등 3개 지역에서 동시에 착공됐다. 이 파이프 라인은 중국의 10개 성과 자치구를 지나며 총 연장은 모두 7,378㎞에 이른다. 간선은 신강의 호르고스를 출발, 복건성 성도 푸저우(福州)까지 이어지며 길이는 5,000㎞다. 완공되면 매년 300억㎥ 천연가스를 신강위구르 지역에서 북경과 복건성으로 수송하게 된다. 이중 250억㎥는 중앙아시아 지역에서 수입되며 50억㎥는 신강위구르 지역에서 생산된다. 사업비는 모두 1,250억 위안이 투입될 것이다. 이중 서쪽 구간이 2014년 8월에 완공 되었다. 현재는 동쪽 구간 공사가 진행중이다.

[그림 4-4] 서기동수 1·2·3기 개념도

자료: 文匯報(2013.3)

4) 서전동송

서전동송(西電東送)은 수자원과 석탄자원이 풍부한 서부 지역에서 수력 및 화력발전소를 건설하여 동부 지역으로 송전하려는 프로젝트이다. 현재 同프로젝트는 화북망(황허상류→북경, 천진), 화동망(장강삼협, 금사강→화동지역), 화남망(귀주, 운남→광동) 등 3대 전력망으로 나뉘어 진행중이다. 화동망은 2009년 장강삼협 댐 준공으로 1차 완공된 상태이며, 화북망은 산서성 화력발전소 위주로 신증설이 진행중이다.

화남망은 운남성 금사강(金沙江) 내 샹자댐(2006.11~2015년. 발전용량 600만kW)과 시뤄두댐(2007.12~2015년. 발전용량 1,260만kW)이 건설중에 있다. 사천성과 운남성에 걸쳐있는 금사강에 2020년까지 20개의 수력발전소가 추가 건설될 예정이며, 또 다른 초대형 댐인 우둥더, 바이허탄 댐(총 발전용량 1,990만kW)도 2010년 에 착공되어 건설중에 있다. 화남망의 귀주 역시 우장(烏江)을 중심으로 1,000만kW 규모의 수력발전 설비가 신증설 되고 있다.

서전동송 프로젝트가 2차 완결되는 2020년이면 광동 지역을 중심으로 한 화남지역 전력난이 대폭 해소될 전망이다. 2005년말 기준 중국 전체 전력 발전용량 중 수력발전 비중은 24%(1.17억kW) 수준이었으나, 서전동송 프로젝트(2차)가 완공되는 2020년에는 46%(2.5억kW) 수준으로 제고될 예정이다.

내몽고자치구는 중국의 중요한 에너지 기지로 석탄 생산량과 발전장비 면에서 가장 앞서 있다. 2011년 내몽고자치구에서 타지역으로 송출한 전력은 1억1천60억㎾로 湖南省 및 上海의 1년 전력 소비량과 맞먹는다. 하지만 이는 내몽고자치구 발전총량의 37% 수준이며, 발전용 석탄량 또한 전체 매장량의 6%에 불과할 정도로 서부지역 에너지원 개발 잠재력은 크다.

국가전력공사 관계자는 현재 내몽고자치구에서 타지역으로 전기를 수송하는 통로가 모두 부하에 걸렸다고 말한다. 현재의 500㎾ 초고압선로로는 북경, 천진 등 지역에는 가능하나 1천㎞ 이상 떨어진 지역으로는 송전은 한계에 직면해 있다. 그 해결방안은 특고압선로이다. 특고압선로란 교류 1천㎾ 이상, 직류 800㎾ 이상의 전기를 수송하는 기술이다. 특고압선로는 초고압선로에 비해 전기 수송 능력은 4, 5배, 수송 거리는 3배 정도 높일 수 있다. 중국은 이를 위해 이미 내몽고의 시멍(錫盟)~난징(南京), 준거얼(准格爾)~창사(長沙)의 2개 특고압선로 건설 계획을 세운 바 있다.[233]

[그림 4-5] 서전동송 개황도

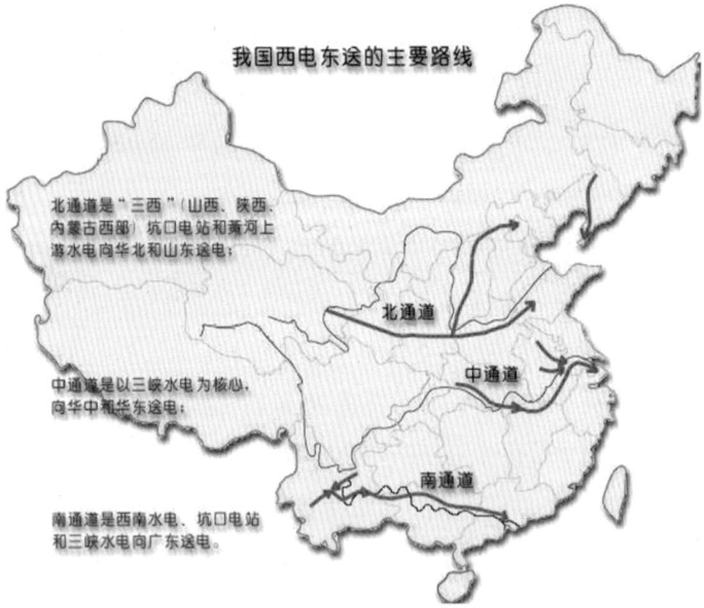

자료: 바이두 이미지 D/B (2013.3)

233) 매일신문(2012.11.8)

5) 남수북조

중국은 수자원 총량이 약 2조 8,000억㎥로 세계 6위권이지만 대부분 남방에 치중되어 있다. 장강 유역을 비롯한 남부 지역은 중국 하천 유량의 80%를 차지하는 데 비하여 황하 등 북부 지역은 10%대에 그쳐 해마다 물부족 현상에 시달리고 있다. 남수북조(南水北調) 프로젝트는 이러한 불균형을 해소하기 위해 1950년대부터 추진해온 수자원 확보 정책의 일환이다. 이 사업의 골자는 장강의 물을 황하로 끌어들이는 것이며, 이를 위해 동선(東線)·중선(中線)·서선(西線)의 3개 노선으로 공사를 진행하는 것이다.

동선 공사는 2002년 12월에 착공하였다. 총길이 1,150㎞의 이 노선은 강소성 양주시에서 시작되며, 산동성에 이르러 다시 2갈래로 나뉘는데, 하나는 북쪽으로 황하를 넘고 다른 하나는 동쪽으로 교동(膠東)지역을 통해 산동성 웨이하이(威海)까지 물을 수송한다. 동선 1기 공정중 강소성 관통 구간은 2013년 5월 30일에 개통된 바 있다.

2003년 1월 착공한 중선 공사는 총길이 1,246㎞로 베이징과 톈진을 향한다. 이를 위해 2007년 7월 황하 밑으로 2개의 터널을 뚫는 공사가 착공되었다. 하남성 자오쭤(焦作)시 원현 천거우(陳溝)촌에서 착공된 터널은 길이 4,250m, 지름 7m에 이르는 세계 최대의 하저터널로서 황하 밑을 지나 정저우(鄭州)에 도달한다. 이와 연결될 산서성 평정산 터널공정은 2013년 5월 27일 완공되었다. 2014년 12월에는 중선 1기(후베이-베이징)가 개통 되었다.

[그림 4-6] 남수북조 프로젝트 현황

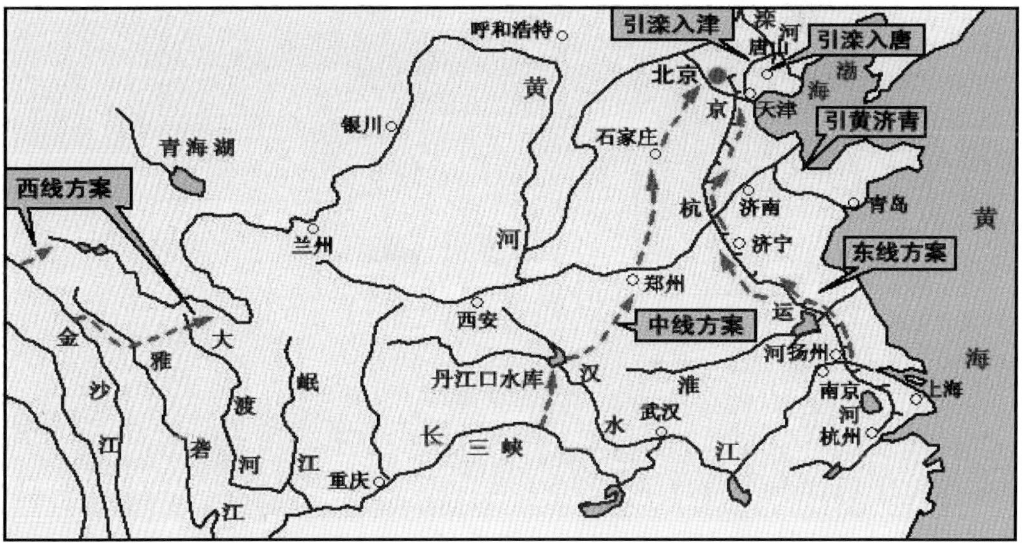

자료: 바이두 이미지 D/B(2013.6)

서선 공사는 장강 상류의 물을 청해성 등 가뭄에 시달리는 서북의 6개 지방으로 끌어들이는 공정이며, 현재 타당성 조사 단계에 있다. 3개 노선이 완공되면 연평균 448억㎥의 수량을 수송할 계획인데, 이 가운데 동선이 148억㎥, 중선이 130억㎥, 서선이 170억㎥를 차지한다. 2050년 쯤 완료되는 남수북조 사업에는 총 620억 달러의 사업비가 투입될 예상이다. 남수북조 프로젝트로 이미 수십만명의 주민이 이주했다. 234)

[그림 4-7] 중국의 남수북조 사업 개황

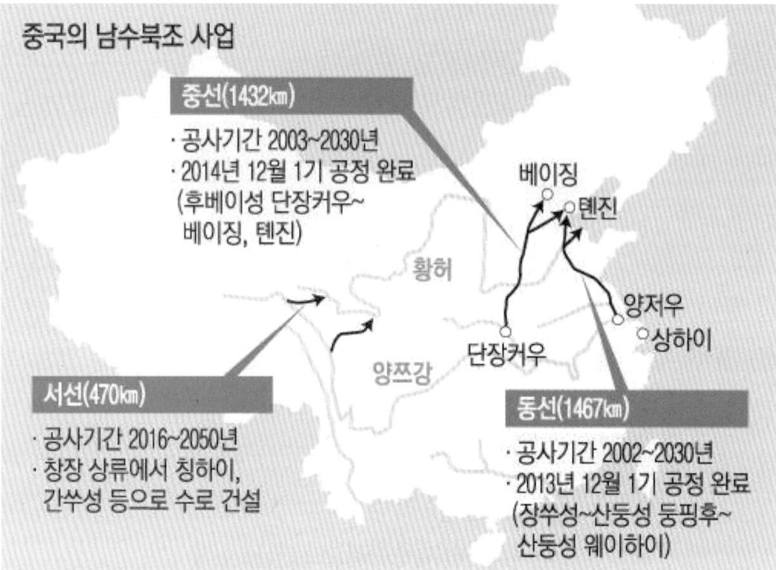

자료: 한중지역경제협회 · 중국망(2014.12.29)

234) 헤럴드경제(2012.2.6), 新華網(2013.5.27), China Daily(2013.5.27).

2. 동북진흥정책

(1) 동북진흥정책 개요

1960년대까지 중국의 대표적인 중공업 기지였던 동북3성이 1979년 중국의 개혁개방정책 착수후에도 국유기업에 대한 투자 및 업그레이드 부재로 산업전반이 노후화 되어가자, 이를 해결하기 위해 2003년부터 동북3성을 대상으로 시작한 지역발전 정책이 '동북진흥정책'이다.

동북지역은 계획경제시기에 중국경제 발전의 견인차 역할을 담당하던 지역이었다. 1·5계획(1953~1957년) 기간중 구소련의 지원을 받아 중국 전체에서 이루어졌던 156개의 대규모 건설투자(총투자액 611.58억 위안)중 58개 사업(124.34억 위안)이 배정되었다. 주요 산업은 기계, 석유, 화학, 제련 등이었다. 또한 2·5계획(1958~1962년) 기간에도 183.67억 위안이 추가로 투사되고, 다칭 유전(흑룡강성)이 개발되어 관련 석유화학단지가 활성화됨으로써 동북지역은 중국의 대표적인 중화학공업기지로 발돋움하는 기틀을 마련하게 된다.[235]

[그림 4-8] 동북진흥전략 권역도

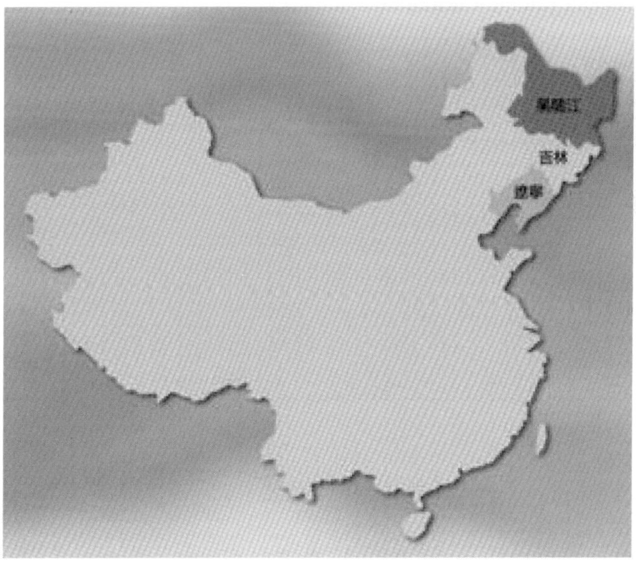

자료: 바이두 이미지 D/B (2013.3)

235) 진병진(2008), 중국의 동북진흥계획 추진성과와 전망, 「한국동북아논총」 제47권, 8-9쪽.

그러나 1980년대 개혁·개방정책의 시작으로 동남연해 지역의 경제특구로 중앙정부의 지원정책이 집중되면서 동북지역에 대한 지속적인 산업 업그레이드가 단절되었다. 그 결과, 기존 중화학 국유기업들은 구설비로 수익을 낼 수 없는 지경에 빠지고, 개혁·개방정책으로 경영 효율성을 확보한 연해지역 기업들과의 경쟁에서 뒤쳐지게 되면서, '경영부진-부실채권 양산-조업중단'이라는 악순환이 1990년대 내내 지속되게 되었다.

이러한 현상(동북현상)을 극복하기 위하여 2003년부터 중앙정부 주도로 동북3성에 대한 지역발전 정책을 집행하게 된다.

- 해당 권역: 흑룡강성(黑龍江省), 요녕성(遼寧省), 길림성(吉林省)

[표 4-6] 동북3성 주요 개황 (2014년 기준)

구성	흑룡강, 요녕, 길림 3 성(省) - 중국 북동쪽에 위치하며 북한·러시아와 국경을 인접 - 옌벤 조선족자치구 포함(길림성)	
인구	1억 976만명 (중국 전체 중 8.02%) 도시화율 (60.82 %) [중국 전체: 54.77%]	
면적	78.8만㎢ (중국 전체의 8.2%)	
경제 (중국 전체 규모 중 점유비)	GRDP	8.4 %
	1인당 GRDP	52,357 위안 (8,523달러) [중국 전체: 7,590$]
	수출입	4.2 %
	FDI	6.7 %
	경지면적	13.3 %
	공업생산	7.7 %
	소매판매(소비)	6.5 %
산업구조	1차 산업 11.2%, 2차 산업 47.4%, 3차 산업 41.5% [중국 전체 : 1차 9.2 / 2차 42.7 / 3차 48.1]	

자료: 중국통계연감(2015)

동북진흥정책이 8년째 집행되었던 11·5규획 기간(2006~2010년) 동북지역은 경제총량이 두 배로 늘어나고, 성장속도는 동부지역 평균수준 보다 높았다. 1인당 GDP는 2005년 15,318 위안에서 2010년에는 33,312위안으로 연평균 13.5% 성장하는 결과를 보였다.

국유기업 개혁을 중점으로 하는 체제 메커니즘 혁신이 중대한 성과를 이루고, 다양한 소유제의 경제가 활성화되었으며, 경제구조가 더욱 고도화 되었다. 비공유제 경제부가가치 비중을 보면 2005년에는 36% 수준이었으나, 2010년에는 54%로 18%포인트 제고 되었다. 또한 자주혁신 능력이 현저하게 향상되었다. 대외개방 수준이 현저하게 제고되었으며, 인프라 시설이 개선되었다. 중점 민생문제가 점차 해결되고, 사회사업이 빠르게 발전했다. 동 기간 도시화율을 보면, 2005년에는 52% 수준이었으나, 2010년에는 57%로 매년 1%포인트 증가하는 성장세를 보였다. 또한 2014년 기준 동북3성의 1인당 GRDP는 8,523$인데, 이는 중국 평균치(7,590$)를 12.3% 상회하는 수준이다.

(2) 동북진흥정책 목표 및 발전 전략

동북진흥전략은 다음과 같은 정책목표와 발전전략을 제시했다. 첫째, 신개발 지역 신규투자 중심의 종전 연해지역 개발과 인프라 건설을 위주로 한 서부대개발 전략과 달리, 동북진흥전략은 노후된 공업시설을 개조(Reorganization)하여 산업구조를 개선에 중점을 두고 있다.

둘째, 광동성을 중심으로 한 화남지역, 상해를 중심으로 한 화중지역에 이어서, 동북3성 중심의 동북 지역을 안정적으로 세계 경제에 편입시키려는 계획이다.

셋째, 국경을 마주하고 있는 불확실한 북한을 정치 · 경제적으로 고려하여 추진되는 경제발전 전략이며, 북한과의 시너지 효과 발휘를 위한 여러 단계의 발전 전략이 동시에 수행되고 있다.

지역별 전략을 보면, 요녕성은 省수도인 선양시를 동북3성 중심도시로 발전시키고, 동북

[표 4-7] 동북진흥을 위한 단계별 발전전략

	요녕성	길림성	흑룡강성
중심 도시 발전 전략	- 선양(省都) 중심의 경제구 구성 - 동북권 최대항인 다롄 집중 육성	- 도시와 농촌간 균형발전에 중점	- 도시와 농촌간 균형발전에 중점
대외 개방	- 국유기업에 대한 FDI 투자 장려 - 과학기술형 투자장려	- 수출 증대에 노력 - 두만강유역 개발, 훈춘 합작구 건설	- 러시아 연계 투자(에너지) 유치 강화 - 대형 합작기업 신설 유도
인프라 건설	- 도시, 에너지, 수리 관련 인프라 건설 - 수자원 건설강화	- 수리시설, 교통, 통신시설 인프라 중점	- 종합교통운수망 건설 - 도시기초시설 건설
중점 발전 산업	- 장비제조 (자동차·조선·항공·기계),군수, 석유화학·철강·건자재, 첨단기술, 농업·농산품가공, 서비스업(6대산업 육성)	- 자동차, 석유화공, 농산품 가공, 중약바이오, 첨단기술(5대산업 육성)	- 장비제조, 석유화학, 에너지공업, 녹색식품, 의약, 임업(6대산업군 육성) - 현대서비스업 발전

자료: 각 지역 〈東北振興計劃綱要〉, 〈11.5規劃〉 (2003. 2006)

권 최대항인 다롄시의 물류 인프라 건설에 중점을 둔다. 길림성은 경내 북한과 국경을 마주하고 있어서 기존 지역전략인 두만강유역 개발과 훈춘합작구 건설 등에 중점을 두고 있다. 흑룡강성은 역시 국경을 마주한 러시아와 에너지·자원 부문 협력강화를 통해 경제발전을 꾀하고 있다.

동북진흥전략은 12·5규획 기간 발전목표로 4개의 큰 중점 항목을 먼저 선정한 바 있다. 첫째, 개혁개방을 심화하고 체제, 메커니즘의 지속적인 혁신을 적극 추진함. 둘째, 동북 노후공업기지의 조정 개조를 가속화하고, 경제전환이 더욱 큰 진전을 이루도록 함. 셋째, 과학기술 혁신능력을 강화하고, 지역발전의 질과 효익의 향상을 추진함. 넷째, 민생을 보장 개선하고, 문화와 사회사업의 전면적인 진보를 추진하며, 생태건설과 환경보호를 강화하고, 생태문명 수준을 현저히 향상시킴 등 이다.

또한 7개 분야에 중점을 두기로 하였는데, 산업 전환 고도화를 중시, 과학기술혁신을 중시, 수요구조 최적화를 중시, 총괄적이고 조화로운 발전을 중시, 자원절약과 환경보호를 중시, 민생보장과 개선을 중시, 개혁개방 심화를 중시하기로 하였다.

중점 산업기지 건설도 추진하기로 했는데, 먼저 선진 장비제조업 기지의 경우, 중견기업에 대한 의존과 자주혁신 강화를 통해 선양·다롄·치치하얼·안산의 야금광산, 중형기계기지를 건설할 계획이다. 통용설비 산업기지는 선양·다롄·치치하얼의 CNC 공작기계가 있으며, 하얼빈·선양·다롄·치치하얼의 전력설비와 신에너지장비 산업기지가 있고, 창춘·선양·하얼빈·다롄의 자동차 및 부품 산업기지가 있다. 다롄·후루다오의 선박 및 해양사업 산업기지 및 창춘·다롄·치치하얼의 궤도교통설비 산업기지, 선양·하얼빈의 항공 및 엔진 산업기지를 중점적으로 건설할 계획이다.

강재 산업기지를 조성함에 있어, 기업의 M&A를 재추진하고 산업구조조정을 강화하며, 생산능력 총량을 축소하고 안산강철, 바위취안 등 철강산업기지를 중점적으로 건설할 계획이다. 현대석유화학 산업기지는 가공도를 높이고 고급제품을 발전시키며 다칭·지린·푸순·다롄·랴오양 등 대형 석유화학 산업기지를 중점적으로 건설할 계획이다.

농산품가공 산업기지는 동북지역의 풍부한 농(목축)업자원을 충분히 활용하고 재배-사육-가공의 일체화 발전모델에 근거하여 삼강평원, 넌장평원과 동북 중부, 내몽고 동부지역의 농업 주산지에 녹색농산물 가공 산업기지를 건설할 계획이다. 신형 석탄화학공업기지는 물·석탄자원분포를 최적화하고 내몽고 동부지역, 흑룡강 동부지역과 요녕 서부지역에 신형 석탄화학 공업기지를 건설할 계획이다.

(3) 주요 경과 조치

2002년 11월, 중국 공산당 16차 전국대표대회에서 동북지역을 포함한 노후 공업기지에 대한 구조조정 추진안을 발표했다. 2003년 3월, 중국정부는 전인대 제10기 1회 회의에서 발표한 〈정부공작보고〉에서 동북지역 등 노후 공업기지 개발 방향을 제시한 바 있다.

[표 4-8] 동북진흥정책 경과 조치

시기	주요 경과 조치
2002.11	동북지역을 포함한 노공업기지의 구조조정과 개혁안 추진을 공포 (중국 공산당 16차 전국대표대회)
2003.3	〈정부공작보고〉에 동북지역 등 노공업기지 개발방향 제시
2003.9	'동북지구 등 노공업기지 진흥전략의 실시에 관한 약간의 의견' 통과(국무원 판공실)
2003.12	동북진흥전략 원년 국무원 직속 산하 동북진흥 영도소조와 판공실 설치 동북진흥을 위한 100개 프로젝트 발표(총투자액 610억 위안)
2004	동북3성, 각 지역의 동북진흥계획 입안 착수
2005.6	'동북노후공업기지의 대외개방 확대실시에 관한 의견'(국무원 36호문건) 공표
2006.3	국가 11.5 계획(2006~2010년) 중 동북진흥전략 편제
2007.8	'동북지구 진흥규획' 공포 (국무원 동북진흥 판공실)
2009.7	'요녕 연해경제지역 발전규획' 국무원 통과
2009.9	'동북지구 노공업기지 진흥전략의 진일보 실시에 관한 약간 의견' 통과 (국무원)
2009.11	국무원, 창-지-투 개발개방 선도구 발전규획 공포
2010.4	국무원, 요녕성 선양경제구를 국가신형공업화 종합개혁시범구(國家新型工業化綜合配套改革試驗區)로 지정
2015.8	요녕성 민영경제발전 실시방안(辽宁省发展民营经济实施方案)
2015.12	공산당 중앙위, 동북지역 등 낙후공업 기지 전면적 신흥에 관한 약간의 의견(关于全面振兴东北地区等老工业基地的若干意见)
2016.10	국무원, 새로운 동북진흥 전략 시행을 통한 동북지역 경제 안정 추진 가속화 관련 약간의 중요조치 심화 추진에 관한 의견 국무원, 동북진흥 제13차 5개년 규획(东北振兴"十三五"规划)
2016.8.25	국무원, 동북지구 등 노화공업기지 진흥 추진 3년 실시방안(2016-2018) 《推进东北地区等老工业基地振兴三年滚动实施方案(2016-2018年)》
2016.11.1	국무원, 동북지역 경제발전 추진을 위한 신라운드 동북진흥전략 추진 실시 조치 의견 (深入推进实施新一轮东北振兴战略加快推动东北地区经济企稳向好若干重要举措的意见)
2019.6.25	국무원, 최근 동북진흥 지지를 위한 중대 정책 조치에 관한 의견 (近期支持东北振兴若干重大政策举措的意见)
2021.4.2	국무원, 동북전면진흥 14·5 실시방안 (东北全面振兴"十四五"实施方案)

자료: 공개자료 종합(2021.7)

2003년 9월, 국무원 판공실은 '동북지구 등 노공업기지 진흥전략의 실시에 관한 약간의 의견' 통과하여, 중앙정부 차원에서 정책입안을 착수한다. 2003년 12월, 동북진흥전략 판공실이 국무원 산하 직속기구로 설치되었으며, 동북진흥을 위한 100개 프로젝트가 발표되었다.

2004년부터 중앙정부 방침에 따라 동북3성 각 지역은 현지 실정에 적합한 '동북진흥계획' 입안에 착수한다. 2006년 3월, 국가 11차 5개년 경제발전 계획(11.5계획)에 동북진흥 전략 포함하여 공포되었다. 2007년에 동북진흥전략에 관한 중앙정부 차원의 단독 발전정책인 '동북지구 진흥규획'이 공포되었으며, 그 주체는 국무원 동북진흥 판공실이었다.

2009년 7월, 동북3성 중 요녕 연해지역 발전전략에 해당되는 '요녕 연해경제지역 발전규획'이 국무원을 통과하여, 국가급 발전전략으로 승격되게 된다. 가장 최근에는 2021년 4월에 국무원이 동북전면진흥 14·5 실시방안 (东北全面振兴"十四五"实施方案)을 공포하여 14·5규획기간(2021-2025)에 동북진흥 정책 가이드라인을 제시한 바 있다.

□ 최근 정책 동향

2019년 7월, 차오위안멍 국가발개위 지역경제사 부국장은 중국의 중요한 공업기지이자 농업기지인 동북지역의 경제 운영이 전체적으로 안정적이었다고 밝혔다. 지난 2016~2018년 동북지역의 경제성장률이 각각 2.5%, 5.1%, 5.1%에 달해 중국 전체 평균과의 격차가 점차 줄어들고 있다. 2018년 동북지역의 공업 부가가치 증가율은 6.1%로 동부지역보다 0.5% 포인트 높았고, 특히 2019년 상반기 랴오닝(辽宁)의 규모 이상(연매출 2,000만 위안) 공업 부가가치 증가율은 7.2%로 중국 전체 평균 수준을 1.2% 포인트 웃돌았다.

동북지역은 중국의 국방안보와 식량안보, 생태안보, 에너지안보, 산업안보에서 그 전략적 지위가 매우 중요하며, 국가 발전의 전반적인 정세와도 연관성이 높다. 동북지역의 전면적인 진흥을 추진하는데 비즈니스 환경 개선이 중요한 역할을 한 것으로 분석되었다. 차오 부국장은 동북 3성 모두《비즈니스 환경 최적화 조례(优化营商环境条例)》를 출범하고 특별히 성(省) 직속의 비즈니스 환경 건설 부문을 조직했다면서 투자유치와 민영경제 육성, 인재 유치 등에 비즈니스 환경 개선이 모두 중요한 영향을 미쳤다고 설명했다.

비즈니스 환경 개선과 관련해 랴오닝성은 '프로젝트 관리인 제도(项目管家制度)'를 구축해 2018년 5,717건의 중대 프로젝트와 중점 기업에 대해 프로젝트 관리인을 두었다. 지린성(吉林省)은 행정 절차 간소화와 권한 이양, 서비스 최적화를 지향하는 '단 한번만 가면(只跑一次)' 처리 가능한 행정 처리 사항이 97%를 넘어섰고 기업의 평균 개업 시간을 11일에서 3일로 단축했다. 헤이룽장성도 하얼빈신구(哈尔滨新区) 투자 프로젝트 심사비준 개혁을 추진해 '즉시 착공을 약속(承诺即开工)'하는 개혁을 통해 이 곳에 입주한 기업의 경우 9일이면 시공 허가를 받을 수 있도록 했다.

국무원 '동북지역 등 낙후 공업기지 진흥 영도 소조(振兴东北地区等老工业基地领导小组)' 조장인 리커창(李克强) 국무원 총리가 2019년 6월 6일 영도소조 회의를 열어 동북지역 진흥을 추진하기 위한 방안을 논의·제시했다. 리 총리는 이번 회의에서 동북지역 진흥을 위한 새로운 3가지 처방으로 개혁·개방을 기반으로 더 많은 시장 활력 주입, 경제구조 전환·선진화 추진을 통한 신(新) 경쟁 비교우위 육성, 각 분야 인재 확보 주력, 동북진흥과 고도의 질적 성장 추진을 위한 지속적 새로운 국면 열기 등을 제시했다.

2014년부터 동북3성 성장률이 둔화됐고 전국 순위도 최하위권으로 밀렸다. 낙후 공업기지 난제에 중국 경제구조 조정과 속도 조절까지 겹치는 등 동북이 많은 난제에 직면하고 경제·사회에 분야 리스크가 계속 축적되었다. 그 해 7월 리 총리는 국무원 동북지역 등 낙후 공업기지 진흥 관련 업무 회의를 열어 개혁 심화를 강조했다. 2015년 12월에는 시진핑 국가주석이 주최한 공산당 중앙정치국 회의에서 《동북지역 등 낙후공업 기지 전면적 진흥에 관한 약간의 의견(关于全面振兴东北地区等老工业基地的若干意见)》을 승인했다.

2016년 10월에는 국무원이 《새로운 동북진흥 전략 시행을 통한 동북지역 경제 안정 추진 가속화 관련 약간의 중요조치 심화 추진에 관한 의견(关于深入推进实施新一轮东北振兴战略部署加快推动东北地区经济企稳向好若干重要举措的意见)》과 《동북진흥13·5규획(东北振兴十三五规划)》을 발표했다. 《규획》은 2020년까지 동북지역 체제 개혁·혁신과 경제성장 모델 전환에 있어 중대 진전을 거두고 성장의 균형·조화·지속가능 정도를 크게 높이며 전국 각지와 전면적 사오캉 사회(小康社会, 중산층 사회) 도약의 위대한 목표를 이루겠다고 밝혔다.

13·5규획 기간 절반이 지난 2018년 현재 동북 3성 경제가 뚜렷한 회복세를 보이기 시작했다. 2018년 랴오닝성 GRDP는 2조 5,300억 위안으로 전년비 5.7% 증가했다. 일정 규모 이상 공업기업의 공업부가가치는 전년비 9.8% 증가해 2018년 성장률을 5.4%p 웃돌았다. 이처럼 성과를 거뒀지만 동북지역 진흥은 여전히 많은 도전에 직면한 상태이다.[236)]

동북3성의 각 성장(省长)은 정부업무보고에서 신(新)·구(舊) 성장 동력 교체에 시간이 필요한 상황이며 민영경제 발전 수준이 부족하고 민생에도 많은 취약점이 존재한다고 밝혔다. 또, 일부 공무원의 봉사정신 부족, 업무태도가 불성실한 등 문제도 여전히 존재한다고 덧붙였다. 동북지역 인구와 관련해서는 우려되는 상황인데, 2018년 동북3성 인구 순유출 규

236) 일정규모 이상 공업기업(规模以上工业企业): 핵심 산업의 연매출 2,000만 위안 이상 공업분야 기업.

모는 30만 명 이상으로 노동가능인구는 100만 명 정도 감소했다. 동북경제 진흥과 인구위기 해소 등을 위해 동북 3성은 앞장서서 전면적으로 '두 자녀 정책'을 추진하고 이를 바탕으로 가계 세수, 교육, 사회보장, 주택 등 육아 지원 정책을 장려하고 있다.

[그림 4-9] 동북3성 동변도 철도망 현황

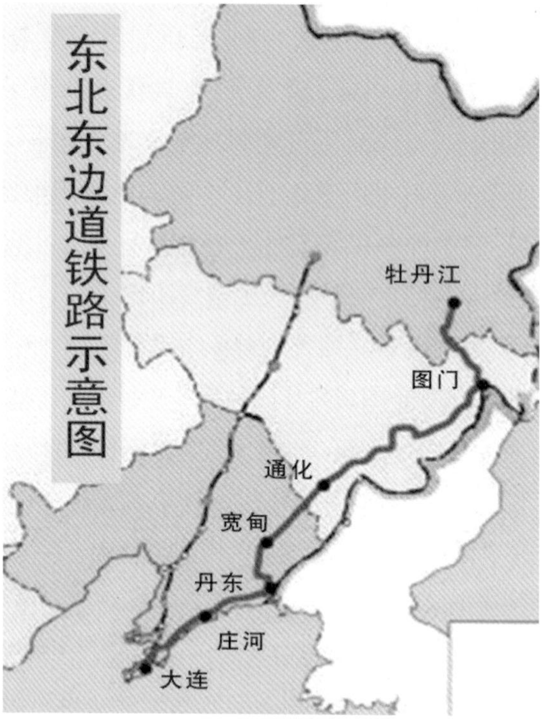

자료: 바이두 이미지 D/B (2016.1)

(4) 동북진흥정책 주요 프로젝트의 추진 현황

1) 동변도 철도망

동변도(東邊道) 철도망 프로젝트는 북쪽 흑룡강 무단강서에서부터 남쪽 다롄시까지 러시아와 북한 국경에 연해서 총연장 1,520㎞ 구간 철도망(총13개 주선 및 지선)을 구축하는 프로젝트이다. 동변도 철도망은 무단장-투먼-통화-번시-단둥-좡허-다롄 등 10여개 도시를 관통하며, 이중 일부 구간에는 기존망이 있어 구간별 신증설 형태로 진행하고 있다.

2005년에 일부 구간이 착공 되었으며, 이중 길림성 일부 지선 구간은 2008년말에 완공되었다. 흑룡강 무단장-지린 훈춘 구간(220㎞)은 2010년에 착공되었으며, 2013년에 완공 되었다. 다롄-단동 구간(310㎞)은 2015년 12월에 개통되었다. 동변도 프로젝트는 국경지역을 개발하려는 '창-지-투' 개발개획과 맞물려 전체 노선 완공 시기가 앞당겨 지고 있다. 2016년 10월에는 동변도 철도망 동부 구간 전노선이 개통된 바 있다.

2) 창·지·투 발전규획

2009년 11월, 국무원은 '창-지-투 개발개방 선도구 발전규획'을 공포하였으며, 이는 길림성 내 국가급 지역발전 계획이 실현되었음을 의미한다. 1992년 UNDP는 5개국(한·중·러·북한·몽고)이 참여하는 두만강지역 합작개발 프로젝트를 가동하였고, 중국은 훈춘시(옌변조선족자치주)를 합작구역도시로 지정한 바 있다. 창-지-투 발전계획은 길림성 주요 지역인 창춘시, 지린시, 옌벤자치주(훈춘시, 투먼시)를 해당 권역(9만㎢)으로 하고 있다. 同 계획의 개발기간은 2009년부터 2020년까지이며, GDP 총량을 4배로 확대시키는 것이 목표이다. 자동차, 석유화학, 농신품 가공, IT, 철강, 장비제조, 바이오, 신소재 등 8대 산업을 육성하며, 국경도시인 훈춘시에는 국경수출가공기지, 국제물류단지, 동북아 국경무역센터 등을 조성할 계획이다.

창·지·투 개발계획은 이번이 첫 시도는 아니다. 1992년 유엔개발계획(UNDP)이 훈춘시를 중심으로 한·북·중·러·몽 5개국 협력개발 프로젝트를 내놓은 것이 시작이었다. 1999년에는 옌볜조선족자치구가 포함된 2차 개발계획을 내놓으면서 범위가 한층 확대됐다. 2009년 국무원을 통과한 3차 계획은 투먼에서 415㎞ 떨어진 창춘시까지를 두만강 개발 범위에 포함시켰다. 두만강 일대를 넘어 만주 중심부를 가로지는 핵심 경제 벨트로 규모를 확대한 것이다.

3차 개발계획은 그동안 발전을 가로막던 교통망 해결에 주안점을 뒀다. 창·지·투를 가로지르는 고속철도는 현재 창춘-지린 구간부터 건설에 들어갔다. 지린-두민 구간은 2010년에 착공이 승인되었다. 이 창·지·투 철로는 유럽의 유레일처럼 국경을 넘나드는 노선이다. 서쪽으로는 몽골 동부 초이발산에서 중국 내몽고를 잇는 중·몽 대륙횡단 철로와 이어진다. 동쪽으로는 중국이 2010년 3월 10년 사용권을 획득한 북한의 나진항과 이어질 예정이다. 훈춘에서 러시아 자루비노항으로 넘어가는 연계 운송망도 이미 시범 운행 중이다.[237]

3) 요녕 연해경제지역 발전 규획

2009년 7월, 국무원은 '요녕 연해경제지역 발전규획(遼寧沿海經濟帶發展規劃)'을 통과시켰다. 2020년까지 2900㎞에 달하는 요녕 연해에 위치한 다롄항, 진저우항, 잉커우항, 후

237) 중앙일보(2010.10.6)

루도항, 단동항 등 주요 항만도시(6개 省직할시)와 배후산업단지간 연계발전을 통해 요녕성 경제발전을 견인하려는 계획이다. 한국 STX가 단독투자하여 설립한 다롄STX조선이 위치한 창싱다오 임항공업구도 同권역에 해당된다. 다롄항은 동북아 국제수운센터를 완공하고, 다야오완 보세항, 컨테이너 물류기지, 싱하이만 금융상무구 등을 건설할 계획이다. 진저우시에는 임항산업기지를 조성하며, 국가비축유 기지와 정유기지가 조성되고 있다.

[그림 4-10] 동북3성 내 지역별 발전계획 현황

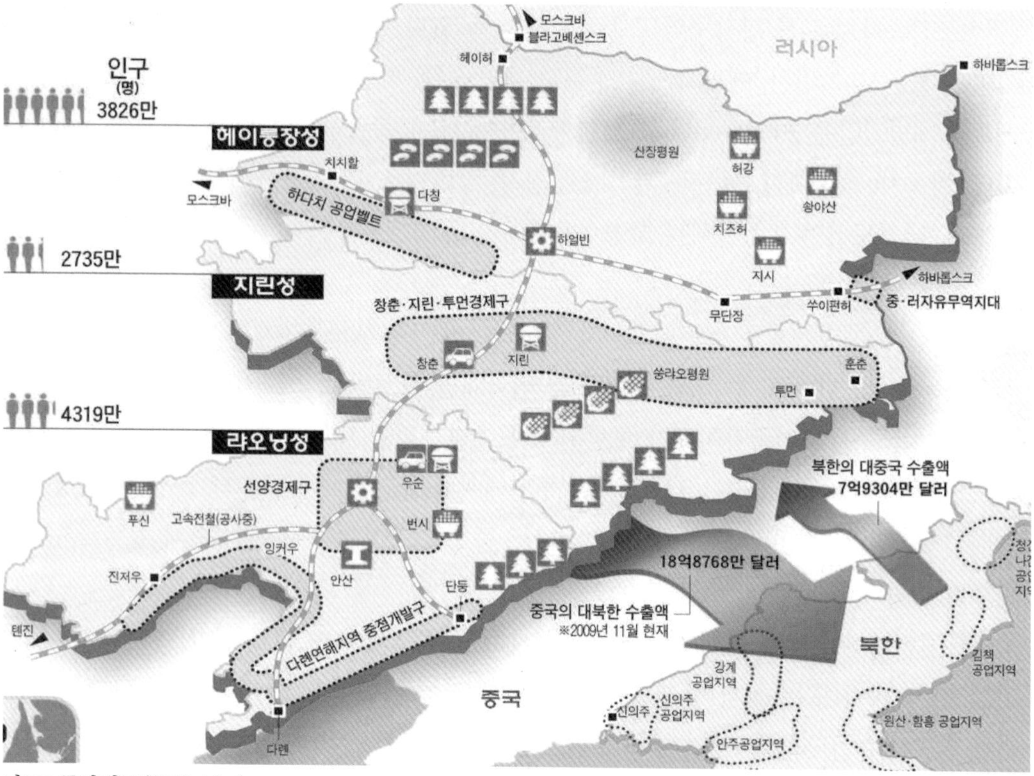

자료: 중앙일보(2010.10.6)

3. 중부굴기 정책

(1) 개요

중국정부는 2005년부터 중부지역 6개성에 대한 지역 발전전략인 중부굴기(中部崛起) 정책을 시행하고 있다. 특히 2006년 5월 19일에는 국무원에서 '중부굴기 정책 조치(2006.5)'가 발표되어, 명확한 중부굴기 정책목표와 주요조치, 그리고 이를 수행할 주무부처가 명시되었고, 2007년 4월에는 국무원 산하에 중부굴기 판공실이 설치되어 중앙정부 차원의 정책 집행 주체가 명확해지는 등 정책시행 최근 2년내 중부굴기 정책에 대한 큰 변화가 이루어지고 있다.

[그림 4-11] 중부 6개성 위치도

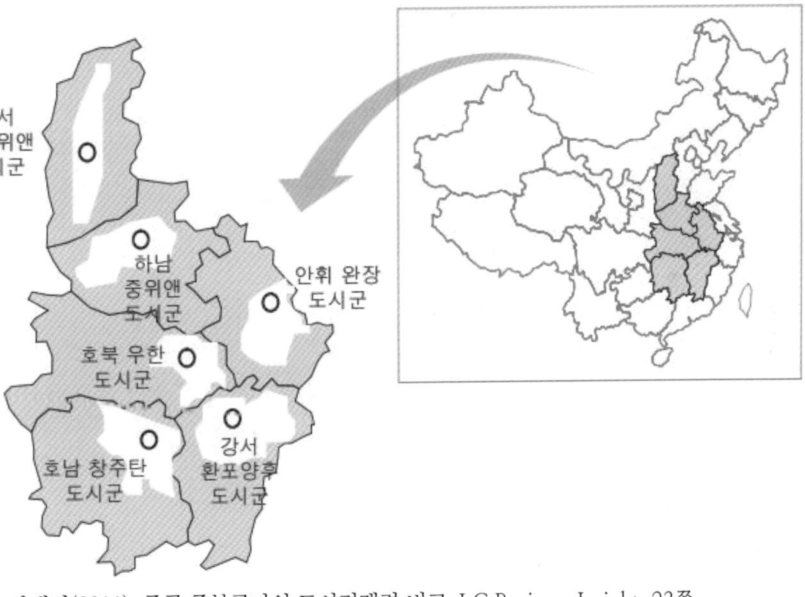

자료: 박래정(2011), 중국 중부굴기의 도시경쟁력 비교, LG Business Insight, 23쪽.

주지하다시피 중국은 현재 서부대개발 정책, 동북진흥정책 등의 지역발전 전략을 진행하고 있으며 이들은 모두 다른 특성을 보이는 지역을 발전대상으로 하며, 그 정책배경과 실행수단도 상이하다.

(2) 중부지역 현황과 특성

2014년 기준, 중국 내 중부지역 현황을 보면, 중국 내 총인구의 26.5%가 거주하고 있는 중부지역은 중국 국토의 10.7%를 점유하고 있어 다소 높은 인구밀도를 나타내고 있다. 특히 2014년말 기준 중국 1성당 평균 인구인 4,412만명을 산서성을 제외하고 모두 상회하고 있으며, 하남성 인구는 1억명을 육박하고 있다.

중부지역의 특성중 하나는 농촌인구 비중이 높은 점을 들 수 있다. 2014년 기준 중국 농촌인구 비중은 45.23%이나, 중부지역은 호북성(44.33%)을 제외하고는 모두 이를 상회하는 산서성 46.21%, 안휘성 50.85%, 강서성 49.78%, 하남성 54.8%, 호남성 50.72% 수준을 나타내고 있다. 한편, 중부지역은 중원지역에서 나타나는 소농문화(小農文化), 즉 현재의 생활수준에 만족하는 경향을 보이며, 진취적으로 발전을 도모하지 않는 전통적인 문화사상을 나타내고 있다.

중부지역은 1979년 개혁개방 정책 이후, 먼저 개방한 동남 연해지역에 대한 노동력 제공기지 역할을 수행하였으며, 최근에는 가공 및 생산기지로 역할이 전환되고 있다. 6개성의 중국내 수출입 비중이 5.7%에 그치고 있는 점이 이를 방증(傍證)한다. 또한 2014년 기준 외국인직접투자(FDI) 비중 역시 중국 전체의 8.9%에 불과하여 대외 개방도 혹은 FDI 유치를 위한 환경이 미흡한 상태임을 알 수 있다.

[표 4-9] 중부권 주요 개황 (2014년 기준)

구성	산서·안휘·강서·하남·호북·호남 6성(省): 중부 내륙과 장강 유역에 주로 위치	
인구	3억 6262만명 (중국 전체 중 26.5%): 도시화율 (49.79%) [중국 전체: 54.77%]	
면적	102.7만㎢ (중국 전체의 10.7 %)	
경제 (중국 전체 규모 중 점유비)	GRDP	20.3 %
	1인당 GRDP	38,243 위안 (6,225달러) / [중국 전체: 7,590$]
	수출입	5.7 %
	FDI	8.9 %
	경지면적	30 %
	공업생산	20.7 %
	소매판매(소비)	18.8 %
산업구조	1차 산업 11.1%, 2차 산업 49.6%, 3차 산업 39.3% [중국 전체 : 1차 9.2 / 2차 42.7 / 3차 48.1]	

자료: 중국통계연감 (2015)

중국 경제지리학에서 중부지역의 일반적인 특성은 자원중심, 농업중심 지역으로 서술된다. 또한 중부지역의 특성을 나타내는 여러 가지 서술법 중 하나는 "삼화(三化)" 즉 공업화, 도시화, 시장화가 부족한 지역이라는 점이다. 1979년 개혁개방이후 급속한 공업화를 지속하고 있는 중국경제 발전단계에 대한 평가 중 하나는 중국의 경우 공업화 정도가 도시화 정도를 앞선다는 점이다. 실제로 1996년 중국의 도시화율과 공업화율(GDP 총량중 공업생산액 비중) 비례는 0.69 수준에 불과하다. 이는 같은 시기 OECD 국가의 평균치인 1.4~2.5와 비교하여 낮은 수치임을 알 수 있다. 일반적으로 선진국의 경우 사례를 보면, 공업화 초기 및 중기단계에는 도시화가 공업화에 의해 견인되며, 공업화 말기에 도달하면 그 이후 도시화는 3차산업 발전에 의해 견인됨을 알 수 있다.

중국의 경우, 1980년대와 1990년대초까지 농촌지역에서 향진기업의 발전으로 도시화 없는 공업화가 이루어졌으며, 이는 중부지역에서 두드러지게 나타나고 있다. 중부지역 중 호북성을 제외한 5개 성의 도시화율은 중국 평균치를 하회하고 있으며, 반면에 공업화율은 산서성과 하남성 두 곳이 중국 평균치를 상회하고 있다.

중부지역은 중국의 최대 물동량이 움직이는 2개의 동서간 해운망(장강, 황하)과 1개의 남북 철도망(京九鐵道)이 교차하는 교통의 요지이다. 먼저, 북경에서 홍콩 구룡역까지 연결되는 총연장 2,538㎞의 경구철도(京九鐵道)는 1996년 9월에 개통되었으며, 중국을 남북으로 관통하고 있다. 경구철도는 중부지역 중 산서성, 하남성 정주시, 호북성 무한시, 호남성 장사시를 경유한다.

또한 1993년에 착공되어 2006년에 2차 물막이 공사를 끝내고, 2009년에 완공된 장강삼협댐 공정으로 인해 장강 내수면 물류환경이 개선되고 있다. 총연장 6,300㎞의 장강은 상해를 동쪽기점으로 하여 안휘성, 강서성, 호북성, 호남성을 관통한다. 또한 중부지역의 산서성과 하남성을 통과하는 황하는 총연장 5,464㎞ 규모이다. 중부지역은 중국 전체 철도망 중 23.1%, 내륙수운 총연장 중 26.5%를, 총도로망 중 24%를 점유하는 등 GDP 및 공업생산비중 대비 양호한 교통 인프라를 보유하고 있다.

(3) 중부굴기 목적과 정책화

1) 중부굴기 목적

먼저 중부굴기 정책을 추진하는 목적은 중국의 지역균형 발전정책의 패러다임이 전환된 것에서 찾을 수 있다. 중국은 1979년 개혁개방 이전에는 공간적인 차원에서의 지역간 균형

성장을 추구해 왔으나, 실제로 지역개발보다는 군사안보적인 측면에 중점을 두고 서부 내륙지역에 집중적으로 투자가 이루어졌다. 그 대표적인 예는 삼선건설(三線建設)이 될 것이다.

1979년, 개혁개방정책이 시작되면서, 중국의 지역발전정책은 불균형 발전정책으로 전환되어, 경제개발에 유리한 지리적 환경을 갖춘 동부연해지역을 우선 개발하였으며, 그 효과를 내륙지역으로 파급(spillover)시키는 지역발전정책을 구사하였다. 그러나 덩샤오핑(鄧小平)의 선부론(先富論)로 요약되는 불균형 발전정책은 그 효과를 거두지 못하고, 지역간 격차를 심화시켰다.

이에 중국정부는 1990년대에 지역발전정책을 다시 균형 발전정책으로 전환하였으며, 그 전환점은 장쩌민 총서기가 1999년 11월 중앙경제공작회의에서 서부개발 정책을 추진하기로 천명한 것이다. 이후 후진타오(胡錦濤) 정부 역시 균형 발전정책을 이어받아 추진하고 있으나, 이전에는 '중앙에서 지방으로' 일방적인 균형 발전정책을 추진했던데 반해, 지역간(동부, 서부, 중부) 협력하여 지역을 균형적으로 발전시키는 신균형 발전정책을 추진하고 있다. 이는 후진타오 정부가 추진하는 동북진흥정책에 반영되고 있으며, 마지막 남은 중부지역 역시 별도의 균형 발전정책 추진을 통해서 타지역(서부와 동부)간 협력 발전하도록 요청되었다. 이러한 지역균형 발전정책의 패러다임 전환은 중부굴기 정책의 목적이자 추진배경인 셈이다.

중부지역은 경제지리적으로 서부와 동부 사이에 낀 지역으로, 정책적으로도 그동안 소외지역에 놓여 있었다. 즉 30년간 동남연해지역에서의 개혁개방정책은 연해지역과 내륙지역의 소득격차를 벌려 놓았으며, 2000년부터 시작된 서부대개발 정책으로 인해, 중앙정부 재정지원이 서부지역에 편중되어 '중부 함몰(中部塌陷)' 현상을 초래하였다. '중부 함몰'은 중앙정부가 중부굴기 정책에 착수하면서 제시한 표현으로, 정책적 지원과 관심을 받지 못하면서 발전이 정체된 중부지역이 자연스럽게 주위 지역의 성장으로 인해 함몰 현상을 보이고 있다는 함의를 가지고 있다. 따라서 중부굴기의 주요 정책적 목적은 '중부 함몰'을 방지하는 데 있다.

2000년부터 본격적인 정부의 대규모 투자로 인해 서부지역 중 내몽고 자치구 및 신강 자치구 등 일부지역은 이미 '삼화(三化)' 수준이 중부지역을 초과 하고 있다. 특히 강서성과 안휘성 두 곳은 중국 내 하위 10위에 속해 있으며, 안휘성은 서부지역에 위치한 5개 자치구보다도 뒤처져 있는 '빈곤' 지역이다. 이는 안휘성의 1차산업 비중이 중국 평균치보다 5.4% 포인트 높은 18%에 달한 것도 요인 중의 하나이다.

변동계수(Coefficient of Variation)를 통해서 본 1979년도 동부, 중부, 서부지역의 1인당

GDP 차이는 0.264에 불과하였으나, 1996년에는 0.483까지 확대되었고, 2001년부터는 0.535의 높은 수준을 유지하며 매년 그 차이가 확대되고 있다. 특히 1979년과 2004년의 동부지역과 중부지역간 차이와 동부지역과 서부지역간 차이를 보면, 전체적으로 서부지역보다 경제력이 앞선 중부지역이 동부지역과의 격차 범위는 서부지역 대비 더 확대되었음을 알 수 있다.

1979년 중부지역의 1인당 GDP는 동부의 69%에 달했다. 그러나 1992년에 이르러서는 54.8%로 떨어졌으며, 1996년부터는 절반 이하인 49.9%를 기록한 후, 2003년에는 최저치인 44.5%를 나타내고 있다. 특히 2000년에서 2004년간 두 지역간 1인당 GDP 비중을 보면, 서부지역은 동부지역 대비 2.95% 포인트 감소한데 반해, 중부지역은 동부지역 대비 4.26% 포인트 감소하는 차이를 보였다. 즉 '중부 함몰' 현상이 최근 5년간 심화되고 있는 것이다.

삼농(三農. 농촌, 농민, 농업) 문제 해결을 위한 중요한 관건중 하나는 중부지역의 발전에 있다. 중부지역의 국토면적은 중국 전체의 10.7% 수준이나, 경지면적은 30%에 달한다. 또한 중국 전체인구의 26.5%가 중부지역에 있으며, 농촌인구 중 50.2%는 중부지역에 살고 있다. 따라서 중부지역의 삼농 문제 해결 없이 중국 전체의 삼농 문제 해결은 어려운 상황이다.

삼농 문제는 신중국 설립후인 1949년부터 중앙정부가 관심을 기울여온 문제이다. 특히 공산당 중앙위원회와 국무원이 새해에 처음 발표하는 중요 정책문서인 '1호 문건(一號文件)'이 최근 4년간 연속하여 삼농 문제를 다룬 것은 후진타오 신정부에서의 정책 우선도에서 중요 위치에 있음을 의미한다. 삼농 문제의 심각성은 도농간 소득격차, 농촌지역의 과잉 노동력, 농산품 시장의 공급과잉 문제, 농촌의 자체 투자자금 부족, 농촌빈곤의 가속화 등으로 요약할 수 있다.

[표 4-10] 중부지역 농업 현황 및 주요 작물 생산 비중

(단위:%)	경지면적 비중	식량	콩	면화	유지류	연초
산서성	3.53	2.0	1.7	1.8	0.69	0.22
안휘성	4.59	5.38	4.42	5.68	8.79	0.96
강서성	2.3	3.63	1.15	1.52	2.47	0.78
하남성	6.24	9.46	3.44	11.8	14.6	10.7
호북성	3.81	4.49	3.0	6.56	9.55	4.13
호남성	3.04	5.53	2.62	3.46	4.58	7.93
합계	23.51	30.49	16.33	30.62	40.68	24.72

주: 식량에는 쌀, 밀, 옥수수, 콩, 감자, 고구마 등, 유지류에는 땅콩, 유채종, 깨 등이 포함.
자료: 중국통계연감 (2006)

중부지역은 중국 경지면적의 23.5% 토지에서 중국에서 생산되는 식량의 30.5%를 책임지고 있는 중국의 중요한 농산물 생산기지이다. 특히 생필품인 식용유 생산의 원료인 유지류의 경우, 생산비중은 40.6%에 달한다. 따라서 삼농 문제 해결을 위한 중부지역 농업부문의 집중지원은 중부굴기 정책목적 중의 하나일 것이다.

2) 중부굴기의 정책화

중부굴기라는 개념은 1980년대 중반부터 호북성에서 제시된 발전전략에 가장 먼저 등장한다. 호북성 사회과학원은 '호북경제 발전모델의 선택'이라는 보고서에서 호북성이 중점산업 위주로 경제개발구 권역내 발전전략을 취함으로써 중부지역의 발전(中部崛起)을 유도할 수 있을 것이라고 주장한 바 있다.

중국 공산당 중앙당 차원에서 최초로 중부굴기가 당의 방침으로 제시된 것은 2003년 10월에 개최된 중국 공산당 16기 3중전회에서이다. 3중전회에서 중국 공산당은 '중부지역의 우세를 발휘하도록 하여 빠른 발전을 도모한다'라고 선언한 바 있다. 이후 중부굴기 정책은 '공산당 중앙위원회의 결정→ 국무원(행정부)의 집행을 위한 규정마련→ 전국인민대표대회(입법부) 보고 및 승인→ 지방정부 규정 마련과 집행' 등 정책화를 위한 일련의 과정을 거치게 된다.

그 결과, 2006년 4월에 총36조로 구성된 중앙정부 정책조치인 '중부지구 굴기의 약간 의견(총36조 의견)'이 공포되었다. '총36조 의견'은 먼저 중부굴기 정책에 해당되는 중부지구를 6개 성으로 확정하였으며, 첫째 중부지구를 식량기지, 에너지 및 원재료 기지로 육성할 것을 규정하였다. 둘째, 중부지역 노후 공업기지 진흥정책을 추진하며, 이를 위해 부가가치세 개혁과 사회보장제도 개혁을 추진하기로 하였다.

또한 현재의 자원소비형 도시와 기업을 자원재활용형으로 전환하며, 특히 자원고갈형 기업은 파산을 유도하기로 하였다. 셋째, 주요 중부지역이 장강 내륙수운 통로와 경구철도가 교차되는 교통요지에 위치한 지리적 장점을 발휘하여 내륙교통 허브(Hub)로 발전시켜, 물류 및 관광 중심지로 육성하기로 하였다.

2006년 5월 19일, 국무원은 앞서 공포된 '총36조 의견' 하위 규정에 해당하는 '총56조 정책 조치(2006년 5월)'를 공포하여, 7개 부문별 정책목표와 담당 부처를 명시하였다. 또한 '중부굴기 업무 판공실'의 설치를 규정하였다.

2007년 1월에 국무원은 '동북지구 등 노후공업 기지와 서부대개발 관련 정책에 대비하여 중부 6성 관련 정책 범위에 관한 통지'를 공포하여, 향후 추가되는 '중부굴기' 정책은 기존의 동북진흥정책 및 서부대개발 정책을 참고하여 제정할 것을 명시하였으며, 6개성의 모든 지역에 일괄적으로 특혜정책을 부여하지 않고, 지역 발전전략에 가장 효과적인 성별 중점산업을 중심으로 해당지역을 선정할 것임을 분명히 하였다.

[표 4-11] 중부굴기 단계별 정책화 과정

시기	주요 정책	정책 주체
2003.10	중부굴기 정책 제시	중공중앙(16기3중전회)
2004.9	중부굴기 정책 당 방침 채택	중공중앙(16기4중전회)
2005.3	중부굴기 정책 부처별 진행	국무원/전인대
2006.3.27	중부굴기 정책 관련 법규 제정 지시	중공중앙
2006.4	'중부지구 굴기의 약간 의견' 공포(총36조 의견)	중공중앙/국무원
2006.5.19	'중부지구 굴기의 약간 의견'의 정책 조치 공포(총56조 조치)	국무원 및 각 부처
2006.9.26	제1차 중부 투자무역 박람회(호남 장사)	상무부 및 6개성
2007.1	'중부굴기 정책 범위' 동지 공포	국무원 및 각 부처
2007.4.13	중부굴기 업무 판공실 설치	국무원
2007.4.26	제2차 중부 투자무역 박람회(하남 정주)	상무부 및 6개성
2007.5.11	'중부 지구 증치세 감면 범위 확대에 대한 시험 방법' 공포	국무원, 각 부처, 각 지방정부
2009.9.23	중부지역 부상촉진에 관한 규획 (중부굴기 규획) (促进中部地区崛起规划)	국무원
2011.1	'전국주체공능구규획'에서 중부지역 발전 전략 제시	국무원
2012.12	'중원경제구규획' 공포	국무원
2013.5	2013년도 중부지구 중점업무 공표	국가발전개혁위원회
2016.12.7	촉진 중부지구굴기규획 2016-2025, 공포 (促进中部地区崛起规划, 2016至2025年)	국무원
2021.7.22	신시대 중부지구 고품질발전 추진에 관한 의견 (新时代推动中部地区高质量发展的意见)	국무원

자료: 김동하(2007) 및 공개자료 정리(2021.7)

중부굴기 정책이 정식으로 당정(黨政)에서 제시된 지 4년만인 2007년 4월 13일, 중국 중앙정부는 국가발전개혁위원회 경제국(經濟司) 주체로 국무원 산하에 '중부굴기 업무 판공실'을 설치하였다. 이로써 중부굴기 정책은 중앙정부 차원에서 정책실행, 조정 및 감독을 위한 제도와 체제를 갖추게 되었다.

□ 최근 정책 동향

중부지역은 후베이성(湖北省), 후난성(湖南省), 허난성(河南省), 안후이성(安徽省), 장시성(江西省), 산시성(山西省) 6개 성(省)을 일컫는다. 중부지역 전체 인구수는 약 3억6,800

만 명, 토지면적은 전체의 10.7%에 달하며 중국 전체 GDP의 21.9%를 차지하고 있다. 과거에는 농산품, 에너지 원자재 생산기지였던 중부지역의 주요 성들은 현재 내수에 대한 중요도가 높아지면서 중국 경제 발전에 있어 전략적 요충지로 자리매김하고 있다.

2021년 7월 22일, 중국 국무원은 〈신시대 중부 지역의 고품질 발전 추진에 관한 의견〉을 발표했다. 중부지역 경제성장을 위한 산업발전 비전을 제시하는 중부굴기의 일환으로 발표된 이번 정책은 2016년에 이어 5년 만이다. 중부굴기 정책은 2006년에 처음 언급되었으며 2012년, 2016년에 세부 내용을 발표한 바 있다. 이번 문건에는 제조, 교통, 과학, 교육, 에너지 등 다양한 분야에서 전방위적인 계획을 통해 향후 15년간 중부지역의 청사진을 그리고 있다. 또한 발전 목표로 R&D 투자 비중 확대와 선진 제조업 및 현대 서비스업의 융합을 처음으로 언급하는 등 중부지역 경제의 '질적 발전'에 큰 의미를 부여했다.

[표 4-12] 2019년 중국 4대 지역 경제 발전 현황 비교.

(단위: 조 위안, %)

구분	관할성/직할시	GDP 규모	전체 GDP 점유율	전년대비 GDP 성장률
중부	6	21.9	22.1	7.3
서부	12	20.5	20.8	6.7
동부	10	51.1	51.8	6.1
동북	3	5	5	4.5
전국	31	98.5	100	6.1

자료: 국가통계국 (2021)

코로나19 영향이 가장 컸던 후베이성에 대해서는 '후베이성 경제 및 사회 발전을 지원하는 일련의 정책을 신속히 시행하여 후베이성의 경제 및 사회 질서의 전면적 회복을 추진한다'라고 명시하고 있다. 전체 문건에서 후베이성은 총 9번 언급돼 6개 성 중 가장 많이 언급되었으며, 그 뒤로 장시성, 산시성(각 7번), 후난성(6번), 허난성(5번), 안후이성(4번)이 뒤를 이었다.

2020년 기준, 중부 6성의 전체 GRDP는 22조2200억 위안으로 2006년보다 4.2배 증가했다. 중국 전체 GDP 기준으로는 같은 기간 3.8배 증가했고 중부 6성의 전체 GDP 점유율은 2006년 19.8%에서 2019년 22.1%까지 높아졌다. 중부 6성의 성장세는 2020년 코로나19의 영향으로 인해 다소 주춤하긴 했지만 2021년 상반기에는 2019년 수치를 다시 회복했으며, 연말까지는 그간의 증가 추세를 다시 이어갈 것으로 점쳐진다.

[표 4-13] 2006~2020년 중부 6성 내수시장 발전 현황.

(단위: US$ 억, %)

구분	지역	규모		점유율		성장배수	연평균 증가율
		2006	2020	2006	2020		
소비	중국 전체	11,074	56,809	-	-	4.13	12.4
	중부6성	2,203	13,323	19.9	23.5	5.05	13.7
투자*	중국 전체	15,942	92,933	-	-	4.83	17.4
	중부6성	3,029	24,078	19	25.9	6.95	20.7
국제무역	중국 전체	17,604	46,602	-	-	1.65	8.3
	중부6성	602	3,876	3.4	8.3	5.43	14.2

주: *투자는 2017년 Data 기준.
자료: 국가통계국 (2021)

중국 4대 권역별로 비교해도 중부지역은 가장 빠른 경제성장을 보이고 있다. 2019년 코로나19 이전의 데이터를 보면, 중부 6성의 전체 GDP는 전년 동기 대비 7.3% 증가해서, 서부지역(6.7%), 동부지역(6.1%), 동북지역(4.5%)보다 더 높은 증가율을 기록했다. 이렇듯 중부지역은 현재 중국 경제성장의 안정적인 지지대 역할을 하고 있다.

중부지역이 양호한 성장세를 보이는 원인은 네 가지를 꼽을 수 있다. 첫째, 임금 및 부동산 가격 급등 등 연안지역의 경영환경 악화로 국내외 기업들이 내륙지역에 대한 관심이 높아지고 있기 때문이다. 지리자동차가 장시성에 전지공장을 건설하고 중국 4대 디스플레이 기업인 VISIONOX가 안후이성 허페이에 생산라인을 구축하는 등 내륙지역 투자가 확대되고 있다. 특히 IT, 신재생에너지차, 바이오 등과 같은 신흥산업의 투자가 두드러지고 있다.

둘째, 글로벌 경쟁 심화와 보호주의 확산으로 점차 내수시장에 대한 중요도가 높아지고 있기 때문이다. 2021년 상반기 기준으로 GDP 규모는 중국 31개 성시 중 허난성이 5위, 후베이성이 8위, 후난성이 9위, 안후이성이 10위를 기록했으며, 중부 6성 중 4개성이 10위안에 들 정도로 내수시장 규모가 성장한 상황이다. 특히 내수 중심의 쌍순환 정책에 따라 향후 중부지역의 지속적인 경제성장이 기대되고 있다.

셋째, 동북 및 서부지역의 경우 중공업과 전통산업이 경제의 기반이 되고 있는데, 중국에서는 해당 산업의 경제 기여도는 점점 줄어들고 있어 이에 대한 상대적 효과도 있다. 첨단산업, 서비스 산업으로 변화하고 있는 중국의 산업 체질 변화도 한 몫했다고 할 수 있다.

마지막으로 전국 고속철 네트워크 확장사업과 일대일로 인프라 구축 정책에서, 물류산업의 강점을 갖고 있는 중부지역이 많은 이익을 얻으면서 경제성장에 탄력을 받았다. 특히 우한, 정저우 등 중부지역의 대도시는 고속철 확장사업 이후 중국 전체의 물류 중심지가 되고 있어 앞으로의 성장 여력도 클 것으로 전망된다.

최근 쌍순환 정책의 핵심인 내수시장의 중요도가 높아지면 중국 중부 6성은 더욱 주목을 받고 있다. 2006~2020년 중부 지역의 소비, 투자 및 무역 성장률이 중국 전체 성장률보다 더 빠른 속도로 증가했고, 중국 경제 각 분야에서 차지하는 비중도 계속해서 커지고 있다.

① 소비: 중부 6성의 소비 규모는 2006년 2,203억 달러에서 2020년 1조3,323억 달러까지 증가하여 14년간 5.05배 증가, 연평균 성장률은 13.7% 기록. 해당 기간 중국 전체 증가율 4.13배(연평균 12.4%)을 훨씬 웃돌며, 중국 전체 소비 분야 비중이 19.9%에서 23.5%로 상승했다.

② 투자: 중부 6성의 고정자산 투자 규모는 14년간 3,029억 달러에서 2조4,078억 달러로 증가하여 6.95배 성장, 연평균 성장률이 20.7%. 투자 분야 역시 해당 기간 중국 전체 증가율 4.83배(연평균 17.4%)보다 증가폭이 컸으며, 전체 점유율도 19%에서 25.9%까지 상승했다.

③ 무역: 2006년 602억 달러에서 2020년 3,876억 달러로 14년 동안 5.43배(연평균 14.2%) 성장. 같은 기간 중국 증가율은 1.65배(연평균 8.3%), 전체 점유율은 19%에서 25.9%로 상승.

또한 중국 정부는 중부지역의 지속적인 경제발전을 위해 2006년부터 '중국 중부 투자무역 박람회'를 2년마다 중부 6성에서 순차적으로 개최하고 있다. 박람회 주요 내용은 대외개방 정책, 무역, 투자 유치, 관광, 학술 포럼 등이 포함되어 있으며, 중부지역 산업정책과 발전 방향을 확인할 수 있는 종합 플랫폼으로 거듭나고 있다.

내륙시장 공략과 저렴한 토지 및 인건비 등 사업 환경을 효율적으로 활용하기 위해 2000년대 중반부터 연안지역에 위치한 기업들의 중부 이전이 본격화되었다. 2008년에는 폭스콘이 정저우시로 이전 후 현재까지 누적 투자액이 2,000억 위안을 넘어섰고, 2021년 3월에도 허난성 란카오시 등 2개 도시와 40억 위안 규모의 공장 신설 계약을 체결하는 등 중부지역 투자에 적극적인 모습을 보이고 있다. 또한 2018년에는 BOE가 우한에 디스플레이 패널 10.5세대 생산라인 공장을 설립하면서 우한은 중국 디스플레이 3대 기업(TIANMA, CSOT, BOE) 생산시설이 밀집해있는 도시가 되었고, 3개 기업의 누적 투자액은 1,350억 위안에 달한다.

[표 4-14] 신시대 중부 지역의 고품질 발전 추진에 관한 의견(2021.7)

정책	주요 내용	유망산업
발전 목표 (2025, 2035)	2025년: R&D 투자 비중 전체 GDP 중 2.6%. 상주인구 도시화 연평균 1% 이상 상승. GDP당 에너지 소모율을 중국 평균 수준. 내륙 개방형 경제로 새로운 체제 기반 형성. 1인당 가처분소득과 경제성장의 균형 성장 2035년: 중부지역 현대화 경제 시스템 기반 구축, 녹색 저탄소 생산 및 생활 기반 형성, 농촌·도시의 조화로운 발전, 사회 전반적인 공동 부유 달성.	
선진제조업의 육성	• 우한, 허페이, 정저우, 난창을 전자 데이터 중심지로 창사는 장비제조, 타이웬은 신소재 중심지 육성 • 지역별 스마트 제조, 신소재, 신에너지차 등 산업단지 건설	신에너지차, 반도체, 디스플레이, 로봇, 항공우주산업 등
과학혁신으로 산업발전 유도	• 과학기술 연구투자 전체 GDP의 2.6%까지 확대 • 스타트업 인큐베이터 플랫폼 구축을 통해 창업투자 장려	AI, VR, 스마트소재, 광전자, 빅데이터 등
선진제조업 및 현대서비스업의 융합	• 공업디자인센터 및 공업인터넷 플랫폼 구축 • 빅데이터, 사물인터넷, AI 등 혁신기술 제조업 분야에 적용 • 금융서비스, R&D 등 서비스형 제조업의 발전	차세대 정보기술, 스마트시티, 금융서비스, B2B 전자상거래 등
농업농촌의 현대화	• 농업분야의 기술개발을 추진히고 신진적인 농업기술 및 장비 보급 • 농산품 가공업 발전은 지원, 친환경 농산물 생산 시스템 기반 조성	농업 기계, 농산품 가공기술, 드론 등
생태계 녹색발전 유지	• 에너지 소모량을 GDP 대비 전국 기준까지 낮추고 탄소 배출 감축 • 자원절약형, 환경우호적 산업발전 정책 실현	재활용 기술, 탄소중립 기술, 청정에너지 등
공공위생 대응능력 강화	• 코로나19 경험을 기반으로, 특히 후베이성 지역의 위기 대응능력 강화를 통해 생활여건 개선	의료바이오, 의료기술, 제약산업 등
내륙지역 대외개방 확대	• 내륙지역 대외개방 플랫폼 구축 • 시장의 국제화 추진을 통해 최적의 경영환경 구축	해운, 항공운송 등 물류산업, 금융서비스

자료: 정책 원문 참고하여 저자 정리. (2021.10)

한국과 중부 6성의 무역이 증가하기 시작한 시점은 2010년부터이다. 당시 연안지역의 물가 및 임금 상승 등 경영환경 악화로 국내외 기업이 생산시설을 내륙으로의 이전했는데 특히 수출 비중이 높은 반도체 및 디스플레이 분야의 생산시설이 중부지역에 정착하기 시작했다. 그후 관련 기술에 우위를 점하고 있던 한국 장비 및 부품의 수입량이 늘어나면서 교역량도 빠르게 증가하기 시작했으며, 2012년 한국의 중부 6성 무역수지는 흑자로 전환되었다. 현재 한국의 중부 6성 주요 수출 제품으로는 반도체칩, 광학제품, 디스플레이 생산장비 및 부품 등이 이며, 주요 수입품목은 전기저항기, 전자기기 부품, 철강제품 등이다.

중부 6성에는 신흥산업 또는 선진 제조업에 대한 투자금액이 연안지역 대비 상대적으로 낮고 아직까진 인건비가 상대적으로 저렴하고 비즈니스 발전 가능성이 높아 산업 전환 및 신흥산업 투자에 유리한 조건을 갖고 있다. 또한 중국 전체 대학의 1/4 정도가 중부 6성에 위치하고 있어, 신흥산업 발전에 필요한 인적자원 역시 충분한 편이다. 238)

이번에 발표된 〈신시대 중부 지역의 고품질 발전 추진에 관한 의견〉에는 중국 정부에서 중부지역에 집중적으로 육성할 산업군을 명시하고 있는데, 선진제조업, 현대서비스업, 현대농업, IT 산업, 신에너지차, 항공우주, 바이오의약 등과 같은 신흥산업이 다수 포함되어 있다.

4. 고속철도망 계획

2012년 12월 26일, 전장 2,298㎞의 베이징-광저우 고속철이 개통되면서 기존의 '4종 4횡' 철도망과 연결되어, 중국 내 주요 도시를 하루만에 다녀올 수 있는 1일 생활권 시대를 개막했다. 베이징-광저우 고속철도는 2005년 6월, 공사를 시작한지 7년만에 전노선이 개통된 것이며, 이번에 개통된 구간은 베이징-하남성 정저우 693㎞ 구간이다. 참고로 정저우-후베이성 우한 구간(536㎞)은 2012년 9월에, 우한-광저우 구간(1,068㎞)은 2009년 12월에 개통되었다. 또한 2015년에는 광저우-선전-홍콩선 개통으로, 베이징-홍콩의 종축 노선이 완성될 예정이다.

동 구간의 평균시속은 350㎞로 설계되었으며 초기에는 300㎞로 운행될 예정이다. 따라서 기존 철도로 22시간 걸리던 베이징-광저우 구간은 8시간으로 단축되었다. 샨시성 시안은 지금까지 고속철로 하남성 정저우까지만 연결이 되었으나, 이번 베이징-정저우 구간 개통으로 베이징까지 기존 12시간에서 4시간 40분으로 단축되었다. 또한 쓰촨성 청두-베이징 구간도 기존에는 만 하루가 걸렸으나, 10시간 이내로 단축되었다.

2004년 중국 철도부는 '중장기 철도망 규획'을 공포하여, 2012년까지 4개의 세로축과 4개의 가로축(4종 4횡) 고속철도망을 건설하기로 결정했다. 하지만 미국발 금융위기, 철도부문 투자 계획 재조정 등 국내외 문제로 그간 계획이 다소 미루어졌다. 그 결과, 2015년말 현재 4종축은 모두 완결이 되었으나, 4횡축은 일부 구간들이 미완상태(공사중 혹은 계획중)로 남아있다.

중국이 고속철 건설에 전념하는 이유는 첫째, '대량 운송, 저오염, 저운송비, 저에너지 소

238) KOTRA 해외시장뉴스(2021.9.1), 중국 중부 6성, 중부굴기에서 질적 발전으로 전환, 중국 우한무역관 김종원.

모'라는 우위 때문이며, 둘째는 석탄·철강 등 대형화물로 인해 유발되는 철도 병목현상을 여객중심의 고속철로 해소하기 위함이다. 실제 단위자원 소모량을 보면 고속철이 70~100 Kcal/사람·㎞ 인데 반해, 버스는 180~213Kcal/사람·㎞, 소형차는 721~813Kcal/사람·㎞ 수준이다.

'4종 4횡'의 중심축이라 할 수 있는 베이징-상하이 구간이 2011년 6월에 개통되면서 고속철 시대를 개막하였고, 현재 상하이-쿤밍 횡축 구간을 제외한 7개의 종축과 횡축 구간이 전부 혹은 일부 개통되면서 본격적인 고속철 시대를 맞이하게 된 것이다. 2009년 9월에 개통된 우한-광저우 구간은 중국 최장구간의 최고속도(350㎞/h) 고속철 개통으로 기록되면서, 동일 구간의 항공노선이 폐지되는 등 큰 영향을 파급하여 주목을 받았은 바 있다.

베이징-광저우 노선은 중국 내에서도 가장 물류 및 여객량이 많은 노선이어서, 개통으로 인한 파급 효과가 지대할 전망이다. 동 노선은 중국 철도망 총연장 중 3.14%를 점유하고 있으나, 중국 전체 철도 물류량 중 8%를 소화하고 있고, 여객은 18%를 운송하고 있는 중요 간선망이기 때문이다.

번저, 베이징-광저우 노선 개통으로 항공사의 마케팅 전략이 수정되고 있다. 베이징-광저우간 고속철 최저가는 865 위안으로 항공요금(할인가) 900위안보다 다소 저렴하지만 시간은 철도 8시간 대비 3시간으로 아직까지는 항공사가 우위에 있다.

그러나 가장 영향을 받는 것은 베이징-광저우 구간 사이에 있는 28개의 주요 도시들이다. 개통 당일, 베이징-우한 구간 19개 항공노선은 65~86%까지 대폭적인 할인을 시작하였다. 스자좡-시안-창사, 스자좡-우한 항공노선은 고속철 개통으로 인해 폐지되었다. 베이징-정저우 구간은 고속철이 310위안(3시간)으로 항공요금 367위안(1시간 30분)보다 저렴하며, 특히 공항까지의 이동시간 및 추가 비용(셔틀버스 등)을 고려할 경우 항공기는 경쟁력을 상실할 것으로 판단된다. 이에 대한 항공사의 대응은 고급화 전략이다. 실제 일부 항공사들은 항공기 1대당 8~12개에 불과하던 1등석(혹 비즈니스석)을 16~20개 수준으로 확대하고 있다.

베이징-광저우 노선 개통으로 물류 비용이 대폭 절감될 전망이다. 현재 중국내 특급택배의 운송수단별 분담비를 보면 80%가 자동차, 15%가 항공, 철도가 5%에 불과하였으나, 고속철 개통으로 철도 비중이 올라갈 전망이다. 베이징-광저우 철도 물류 운송능력은 현재의 4천만톤/연 수준에서 고속철 개통으로 인해 1.2~1.5억톤 수준으로 증가할 전망이다.

이는 동 구간으로 운송되는 석탄, 원유, 양식 등의 물류 비용이 대폭 절감될 수 있다는 의미이다. 실제로 우한-광저우 구간이 먼저 개통(2009년)된 후, 베이징-광저우 구간 철도 물류량은 10.9% 늘어난 바 있다. 베이징-우한 구간은 매년 2천만톤의 운송능력 증가가 예측

되며, 철강, 시멘트, 유리제조업 등이 혜택을 볼 예정이다.

고속철 개통으로 도시간 일체화(同城化) 현상이 확대되고 있으며, 이로 인해 새로운 경제권역이 생성되고 있다. 베이징에서 80㎞ 떨어진 허베이성 가오베이띠엔의 경우, 고속철로 19분만에 도달할 수 있게 되자, 수강특수강, 베이징일기창 같은 대기업이 이전했으며, 5천여명의 베이징 시민이 보다 싼 주택을 찾아서 이주하기 시작했다. 이러한 도시간 일체화 현상은 베이징, 정저우, 타이위안, 지난 같은 대도시(성의 수도) 인접 위성도시들 간에 확산될 전망이다.

베이징-광저우 구간은 6개 성(省)에 있는 28개 도시를 관통하며, 이들 도시는 총 53개 주요 도시를 5시간 거리 범위 내에 두고 있다. 동 구간은 보하이경제권(베이징, 톈진), 중위안경제구(정저우), 우한도시권(우한), 창주탄 도시권(창저우), 주강삼각주 경제구(광저우, 선전) 등 중국 내 주요 경제권역을 관통하는 노선이기도 하다.

그 결과, 우한시가 새로운 교통허브로 부상하고 있으며, 신설 고속철역 주변에는 신도시를 조성하여 도시발전을 꾀하고 있다. 후베이성 우한시는 현재 '4종 4횡' 교차구간 중 유일하게 종축 및 횡축노선이 모두 개통된 도시로, 8시간 이내 총 8억 인구의 경제권을 범위에 두고 있다. 또한 광둥성 샤오관의 경우, 고속철 개통을 계기로 1천억위안을 투자하여 25만명이 거주하는 '부용신도시'를 고속철역 주변에 조성할 계획인 것으로 알려졌다.

베이징-광저우 구간 개통으로 매년 주변 도시들은 5% 이상의 경제성장을 추가로 달성할 전망이다. 중국 내 전문가들은 동 구간 개통으로 매년 300억 위안 규모의 중국 GDP성장 유발효과를 예상하고 있다. 국무원발전연구중심에 따르면 2030년까지 동 구간의 경제발전 유인효과는 2,758.44억 위안으로 매년 평균 153억 위안 규모이다. 동 구간 개통으로 28개 도시가 8시간 내 생활권에 들어감에 따라 2017년까지 매년 3~5% 수준의 경제성장을 추가로 동인할 전망이다.

실제, 후난성 창사시는 동 구간 개통으로 우한(1시간), 광저우(2시간), 상하이(3시간), 쿤밍(4시간), 베이징(5시간) 등을 5시간 이내에 도달할 수 있게 되어, 이전에는 불가능했던 국제금융, 전람회, 명품소비, 문화, 의료서비스, 물류센터 관련 지역발전 전략을 새로 수립하고 있다.

반면, 4천억 위안이 투자된 베이징-광저우 구간이 조기에 수익을 거둘 수 있는지는 냉정한 평가가 요구된다. 동 구간 총투자액은 4천억 위안(약 72조원)으로 대부분(90% 이상)이 은행대출로 충당되었으며, 매년 이자는 수십억 위안이 발생할 전망이다. 고속철 1㎞당 최고 표준투자액 1.5억 위안으로 계산하면, 2,298㎞의 베이징-광저우 고속철은 총 3,447억 위안에 달하나 실제 동 구간 투자액은 16%나 더 많다. 동 구간이 베이징-상하이 구간보다 공사비가 많이 든 것은, 더 많은 터널과 교량 건설이 불가피 했기 때문이다. 현재 고속철도 전용선에서는 일반객차 운행이 불가능하다. 따라서 투자비 회수를 위해서 운임이 저렴한 일반객차를 투입하는 것도 불가능하다. 또한 현재 중국 고속철 기본속도는 200km/h 이며, 장기적으로는 300km/h 수준을 목표로 하고 있는 바, 이는 매 km당 건설비용의 증가가 불가피함을 의미한다.

건설비가 많이 들고, 요금을 쉽게 올릴 수 없는 대중교통이라는 특성으로 인해 당분간 베이징-광저우 구간의 적자가 불가피해 보인다. 현재 중국 고속철 요금은 1km당 0.45 위안 수준이나 동 구간은 0.37 위안으로 적자 수준이다. 베이징 올림픽 전인 2008년 8월에 개통된 중국 최초 고속철인 베이징-톈진 구간은 매년 7억 위안의 적자를 기록하고 있다. 이에대해 중국 철도부 관계자는 10~12년이면 투자비를 회수할 것으로 전망하나, 문제는 대출이자 지급능력이다.

2012년 3분기 기준 중국 철도부 부채는 2조 6,607억 위안으로 자산대비 부채비율은 61.81% 수준이다. 이는 2010년 57.44% 대비 4.37%포인트 늘어난 것이다. 실제 2012년 3분기 철도부가 상환한 대출이자는 249억 위안 규모이다.

그럼에도 불구하고 중국정부는 2020년까지 총 12만km의 철도망과 1.8만km의 고속철 철도망을 건설할 계획이다. 이는 지역간 균형발전, 내수부양을 위한 인프라 건설 그리고 급증하는 '마이 카'로 인한 물류망 병목현상을 해결할 대안이 고속철 밖에 없다는 중국정부의 판단 때문이다. 2013년에도 중국정부는 6천억 위안을 투자하여 총 3,000km의 고속철도망을 건설할 계획이다. 2012년 10월말 현재, 중국 내 고속철 총연장은 7,735km로 세계 1위 수준이며, 운영중인 총철도망은 10만km 규모이다.[239)]

239) 김동하(2013.1.7), 베이징-광저우 고속철 개통으로 전국 1일 생활권 개막. 대외경제정책연구원 CSF 이슈분석.

[표 4-15] 중국의 '4종 4횡' 철도망 현황

<table>
<tr><th>구분</th><th>구간명</th><th>개통 현황</th><th>전장</th><th>소요시간</th></tr>
<tr><td rowspan="4">4종</td><td>베이징-홍콩</td><td>베이징-광저우 개통 (2012.12월)
선전-홍콩(2018년)</td><td>2,350㎞</td><td>8시간
(베이징-광저우)</td></tr>
<tr><td>베이징-상하이</td><td>2011.6월 개통</td><td>1,318㎞</td><td>4시간 25분</td></tr>
<tr><td>베이징-하얼빈</td><td>하얼빈-다롄(2012.12월 개통)
베이징-선양(2019년)</td><td>1,612㎞</td><td>5시간 20분
(하얼빈-다롄)</td></tr>
<tr><td>항저우-선전</td><td>2015년 개통</td><td>1,346㎞</td><td>8시간</td></tr>
<tr><td rowspan="4">4횡</td><td>쉬저우-란저우</td><td>2017년 개통</td><td>1,346㎞</td><td>4시간 30분</td></tr>
<tr><td>상하이-쿤밍</td><td>2016년 개통</td><td>2,264㎞</td><td>7시간 30분</td></tr>
<tr><td>칭다오-타이위안</td><td>2018년 개통</td><td>906㎞</td><td>3시간</td></tr>
<tr><td>상하이-청두</td><td>2023년 개통 예정
(沪蓉高铁:上海-苏州-无锡-常州-镇江-南京-全椒-肥东-合肥-六安-罗田-武汉-荆门-宜昌-恩施-重庆-成都)</td><td>1,922㎞</td><td>7시간(상하이-이창)
1.5시간(청두-충칭)</td></tr>
</table>

자료: 중국철도망(2016.1) 및 최신 공개자료 참고 (2021.9.1)

[그림 4-12] 중국 고속철 4종 4횡 구조도

자료: 동아시아평화문제연구소 (2014.10.10)

5. 일대일로 전략

(1) 일대일로(一帶一路) 프로젝트의 의미와 개요

일대일로는 시진핑 정부가 추진하는 실크로드 경제벨트(絲綢之路經濟帶)와 21세기 해상 실크로드(21世紀海上絲綢之路) 등 2개의 실크로드 프로젝트를 일컫는 표현이다. 중국입장에서는 당나라(육상)와 명나라(해상)의 실크로드 옛 영광을 재현하고 중화민족의 위대한 부흥이란 '중국의 꿈(中國夢)'을 실현하기 위한 시진핑의 대외정책 통치이념을 포함하고 있는 개념이기도 하다. 즉 일대일로 프로젝트는 경제뿐만 아니라 정치, 안보, 외교를 아우르는 장기 비전으로 시진핑 주석이 제창한 '중국의 꿈'과 연결되어 지는 것이다.

물류망을 중심으로 보면, 일대일로는 동아시아와 유럽 경제권을 연결하는 초대형 인프라 건설 프로젝트이다. 육로와 해상 실크로드를 양대 축으로 아시아, 유럽, 아프리카 및 주변 해역을 모두 아우르고 동아시아와 유럽 경제권을 연결하는 것을 목표로 하고 있다.

[그림 4-13] 중국 신실크로드(일대일로) 노선도

자료: 서울신문(2018.9.7)

이를 통해 아시아, 유럽, 아프리카 지역 26개 국가와 지역의 인구 44억명(세계 인구의 63%)을 직접적으로 연결할 계획이다. 26개 국가와 지역의 경제규모(GDP)는 21조 달러로 전세계의 29%를 차지하고 있으며, 전세계 상품 및 서비스 수출의 23.9%를 차지하고 있다. 중국정부는 일대일로 프로젝트의 관련 국가 범위가 고대 실크로드에 한정하지 않는다고 밝힘으로써 관련 국가는 더욱 확대될 것으로 예상된다. 최근 중국정부가 발표한 일대일로 관련 문건을 보면 일대일로 프로젝트 로드맵은 육상 3개 노선, 해상 2개 노선 등 총 5개의 노선으로 추진되고 있다.

(2) 추진 경과

중앙아시아 및 동남아 국가 순방 기간 중 시진핑 주석이 2013년 9월과 10월, 실크로드 경제벨트와 21세기 해상 실크로드 건설을 제안한 것이 그 효시이다. 2013년 9월, 카자흐스탄 나자르바예브대학 강연에서 시진핑 주석은 인구 30억명을 포괄하는 실크로드 경제벨트구축을 제안했다. 이를 위해서 중국과 중앙아시아 간 교통 체계부터 개선하여 태평양에서 발트해까지 연결되는 실크로드 경제권을 구축하자고 제안했다. 2013년 10월, 인도네시아 국회연설에서도 시진핑 주석은 아세안과 21세기 해상 실크로드의 공동 건설을 제안했다. 시진핑 주석은 아세안과 중국-아세안 FTA를 통해 경제협력을 강화하고 해양협력 발전을 위해 공동의 노력이 필요하다고 강조했다.

2013년 10월, 아시아인프라투자은행(AIIB) 설립을 제안했는데, 이는 일대일로 프로젝트 추진을 위한 자금 공급 채널을 염두에 둔 것이다. 2013년 10월 시진핑 국가주석이 수실로 밤방 유도요노 인도네시아 대통령과 회담하면서 AIIB 설립을 제안했다. AIIB는 일대일로 프로젝트 실현을 위한 자금조달 수단 및 아시아 개도국들의 부족한 인프라 건설을 지원하기 위해 설립을 계획하고 있다. 2015년 3월말까지 창립회원국을 모집하고 창립회원국간 회의를 거쳐 6월 AIIB 설립 협정문에 서명후 2015년내 출범할 예정이다.

2013년 12월에 시진핑 주석은 실크로드 경제벨트와 21세기 해상 실크로드 건설 추진을 공식적으로 언급했다. 2014년 중앙경제공작회의에서 시진핑 주석은 실크로드 경제벨트 건설을 추진하고 21세기 해상 실크로드 건설 프로젝트 추진을 강조했다. 2014년 11월 APEC 정상회의에서 400억 달러 '실크로드 기금'을 발표했다. 시진핑 주석은 일대일로 프로젝트를 추진하고 지지하기 위해 실크로드 기금을 설립해 400억 달러를 투자하겠다고 발표했다.

2015년 2월, '일대일로 건설공작 영도소조'가 출범하여, 중앙정부 차원에서 본격적으로 실행에 옮기게 된다. 공산당 서열 7위인 장가오리(張高麗) 부총리 겸 당정치국 상무위원이 '일대일로 건설공작 영도소조'의 조장을 맡아 일대일로 프로젝트 건설을 총괄하기로 했다. 부조장은 당중앙 정책연구실 왕후닝(王滬寧) 주임, 왕양(汪洋) 부총리, 양징(楊晶) 국무위원, 양제츠(楊潔篪) 외교담당 국무위원이 임명 되었다. 왕 총리는 경제무역과 농업, 양징 국무위원은 각 부서와 지방 간 협력, 양제츠 국무위원은 대외관계를 담당할 전망이다.

[표 4-16] 중국 일대일로 新 로드맵

구분	일대일로 新 로드맵
일대	중국 → 중앙아이시아 → 러시아 → 유럽
	중국 → 중앙아이시아 → 서아시아 → 페리스아만 → 지중해
	중국 → 동남아시아 → 남아시아 → 인도양
일로	중국 → 남(중국)해 → 인도양 → 유럽
	중국 → 남(중국)해 → 남태평양

자료: 「推動共建絲綢之路經濟帶和21世紀海上絲綢之路的願景與行動」, 2015.3.28

(3) 추진 배경 및 목적

일대일로 추진 목적은 첫째, 신흥시장 확보 및 과잉산업 문제 해소에 있다. 중앙아시아, 동남아시아 등 신흥시장 진출을 통해 경제성장의 동력을 확보하고 중국의 과잉생산 및 과잉산업 문제를 해소하려 하고 있다. 육상 실크로드 구축을 위한 철도·도로 등 건설 공사를 주도해 내수 활성화 효과를 내고, 중국기업의 해외 진출도 촉진하려 하고 있다. 이들 지역에 철도, 도로 등 사회간접자본(SOC)을 건설함으로써 철강·시멘트 등 중국 전통산업의 공급과잉을 해소하려 하고 있다.

둘째는 자원과 에너지 확보이다. 중국은 세계 최대 에너지 소비국으로서 필요한 자원과 에너지를 안정적으로 공급받기 위해 일대일로를 추진하고 있다. 해상 실크로드를 통해 중동과 아프리카로부터의 원유·자원을, 실크로드 경제벨트를 통해 중앙아시아의 풍부한 지하자원을 안정적으로 확보하려 하는 것이다. 중국 원유 수입의 80% 이상은 미 해군력이 통제하는 말라카 해협을 거쳐 남중국해를 통과하고 있다. 따라서 중국이 21세기 해상 실크로드 프로젝트를 통해 중동과 남중국해 해로를 개척하려 하고 있다. 중국-중앙아시아 가스관 3개가 이미 완공되어 운송 중이며 현재 건설 중인 제4의 가스관이 완성되면 중국은 가스 수입의 40%를 중앙아시아에 의존하게 된다.

셋째, 지역 불균형 발전 문제 해소가 그 목적이다. 일대일로는 중국의 지역 불균형 발전과 도농격차를 해소하기를 기대하고 있다. 이를 바탕으로 신장 등 소수민족의 독립 움직임까지 약화시키는 데 도움이 될 것이라고 판단하고 있는 것이다. 일대일로 구상의 핵심 지역이 섬서성에서 신장위구르자치구로 이어지는 서북 5개 성으로 확정되는 등 지역 불균형 발전 해소를 위해 노력하고 있다. 섬서성은 실크로드의 '출발점', 간쑤성은 '황금구간', 닝샤자치구와 칭하이성은 '전략지대', 신장위구르자치구는 '핵심지역'으로 정해졌다. 또한 중앙경제공작회의에서는 징진지(京津冀: 베이징 · 톈진 · 허베이) 지역 협력발전, 창창(長江)경제지대 건설 등과 함께 일대일로 프로젝트를 2015년 지역발전을 위한 3대 프로젝트로 선정한 바 있다.

지역별로 보면 신장(新疆)과 푸젠(福建)을 각각 육상과 해상 실크로드의 핵심구로 변모시킨다는 계획을 가지고 있다. 신장의 독특한 지리적 이점을 활용하여 서부(중앙아시아 및 남·서 아시아)육상 실크로드의 허브이자 교통과 물류 및 문화, 과학, 교육 등의 중심지로 육성할 계획이다. 시안에서 출발해서 카자흐스탄, 우즈베키스탄, 키르기스스탄 등 중앙아시아 5개국을 잇는 장안호를 비롯, 충칭-러시아-폴란드-독일을 잇는 위신어우 열차, 장쑤성 롄윈강-간쑤성 란저우-신장 위구르자치구 우루무치를 잇는 중국횡단철도(TCR) 등 중국의 주요 물류 운송열차 대부분이 시안을 통과하기 때문이다.

푸젠은 창장삼각주(长三角), 주장삼각주(珠三角), 양안(중국과 타이완), 환보하이(环渤海) 등을 보유하여 대외 개방이 활성화되어 있으며 강한 경제력도 갖추고 있어 해상 실크로드의 허브로 육성할 계획이다. 240)

넷째, 지역 경제통합의 주도권 을 확보하는데 추진 목적이 있다. 중국은 일대일로를 통해 자국의 경제 영토를 중앙아시아와 동남아시아로 확대하고 나아가 지역경제통합의 주도권을 확보하려 하고 있다. 중국은 2014년 11월 베이징에서 열린 아시아 · 태평양경제협력체(APEC) 정상회의에서 아시아 · 태평양 자유무역지대(FTAAP) 구축 로드맵을 마련해 참가국 동의를 얻어내는데 성공했다. 이는 미국 주도의 다자간무역협정인 환태평양경제동반자협정(TPP)을 견제하고, 지역 경제통합의 주도권을 확보하기 위한 것으로 해석된다. 241)

240) 임영석·박두정(2015), 중국 일대일로 추진 동향 및 시사점, 이슈리포트 09, 한국수출입은행 해외경제연구소 (2015.7).

241) 이봉걸(2015), 일대일로 프로젝트 현황과 영향, Trade Focus Vo.14 No.16, 국제무역연구원 (2015년 5월).

[표 4-17] 일대일로 사업 대상 지역 및 역할

지역		역할
서북	신장(新疆)·샨시(陝西)·간쑤(甘肅)· 닝샤(寧夏)·칭하이(靑海)·네이멍구(內蒙古)	중앙아시아, 남아시아, 서아시아 국가로 뻗어 나가는 통로
동북	헤이룽장(黑龍江)·랴오닝(遼寧)·지린(吉林)	러시아, 몽골 등 극동지역과 육·해상 창구
서남	광시(廣西)·윈난(雲南)·시짱(西藏·티베트)	육상 실크로드와 해상 실크로드를 유기적으로 연결
연해지역	푸젠(福建), 상하이(上海), 광둥(廣東), 저장(浙江), 하이난(海南)	해상 실크로드 건설 중추
내륙지역	충칭(重慶)	동부와 중부, 서부를 이어주는 운송 통로

자료: 국가발전개혁위원회(2015.3.28), 실크로드 경제벨트 및 21세기 해상 실크로드 공동건설 추진에 대한 비전과 행동(推动共建丝绸之路经济带和21世纪海上丝绸之路的愿景与行动.

(4) 일대일로 주요 추진 사업

o 2013년 7월 허난(河南)성 정저우(鄭州)에서 출발하여 독일 함부르크에 이르는 1만 214㎞ 길이의 국제화물열차 운행 시작. 신장 자치구의 아라산커우(阿拉山口) 내륙 항구를 떠나 카자흐스탄-러시아-벨라루스-폴란드 등을 거쳐 독일에 도착(16~18일 소요), 운송 비용도 항공 운송의 20% 수준, 해상운송보다 20일 소요시간 단축.
  - 정저우-유럽 국제화물철도는 통관 우대로 검역과정이 간소, 특수 화물을 제외하고는 국경을 지나는 아라산커우(阿拉山口)에서 재검역 없이 국경 통과 가능.

o 2013년 11월 광둥성 둥관(東莞)에서 러시아 모스크바에 이르는 총연장 2만㎞의 국제화물열차 개통. 주장삼각주(珠三角) 지역에서 중앙아시아와 유럽 지역을 연결하는 운송로가 확보. 둥관에서 러시아까지 해상운송으로는 40일 소요, 이번 열차 개통으로 15일로 단축.

o 2013년 11월 개통된 창안(長安)호는 시안-로테르담(9,850㎞), 시안-모스크바(7,251㎞), 시안-카자흐스탄(알마티 3,866㎞/Zhem 5,027㎞) 등 세 노선으로 구성되어 있으며 중국-중앙아시아-유럽-러시아를 연결함.

o 2015년 4월, 중국 북서쪽 신장자치구 카스와 파키스탄 과다르항을 잇는 3,000㎞ 구간에 철도, 도로, 에너지 수송관 등을 건설하는 계획을 검토 중이며, 러시아 시베리아 횡단철도를 유라시아 고속철[242]과 연계하는 방안도 고려.

o 2015년 4월, 시진핑 주석은 아시아·아프리카 정상회의에서 훈센 캄보디아 총리와

회담시 캄보디아 시아누크항 경제특구 개발 참여 확인, 2013년 2월 중국은 87억 달러를 투자하여 방글라데시 치타공 항구 건설에 양국 합의. 중국은 인도양 진주목걸이(String of Pearls)전략[243]에 따라 미얀마 시트웨 항구 개발위해 미얀마 정부와 협의중.

- 2015년 2월, 스리랑카 정부는 14억 달러의 콜롬보 항구도시 공동건설 프로젝트를 승인하였으며, 이 중 3분의 1은 중국 측이 소유권을 가짐.
- 2015년 4월, 시진핑 주석 방문 일정에 맞춰 파키스탄 과다르항이 개항됨에 따라 수송 기간이 대폭 단축되었음. 페르시아산 원유를 과타르항을 거쳐 중국 서부 신장자치구로 수입할 경우 기존 말라카해협 수송로보다 9,000㎞를 단축, 중동산 석유 및 말라카해협 수송로에 대한 의존도 경감 가능.

[표 4-18] 일대일로 5대 중점 협력 분야와 주요 내용

구분	주요 내용
정책 교류	정부간 협력강화. 거시정책 교류 시스템 구축. 대형 프로젝트 정책 지원 등
인프라 연결	국제 핵심 통로 건설 추진. 아시아 인프라 네트워크 건설. 부족한 교통로 우선 건설. 항만 기초 인프라 결설. 통일된 운수협력 시스템 구축. 에너지 기초인프라 상호 연결 및 협력 강화. 국가간 광케이블 네트워크 건설 등
무역 원활화	공동 자유무역지대 건설. 국가간 전자상거래 무역 및 서비스 무역발전. 검역, 인증, 표준, 통계정보 등의 협력 강화. 성실무역업체(AEO) 상호 인정. 서비스업의 상호 개방 확대. 신흥산업 분야의 협력 등
자금 융통	아시아 통화 안정 시스템 추진. 주변국 통화스왑 규모 확대. 결제 범위와 규모 확대. 아시아 채권시장 개발 및 발전. 아시아인프라투자은행(AIIB)과 브릭스개발은행 공동추진. 주변국 정부 및 높은 신용 등급 기업의 중국내 채권 발행지지 등
민심 소통	상호 유학생 규모 확대. 중국 매년 1만 개의 정부장학금 제공. 세계문화유산 공동 신청 및 보호. 관광협력 강화. 실크로드 관광 상품 공동 개발. 주변국 여행비자 발급 간소화 등

자료: 「推動共建絲綢之路經濟帶和21世紀海上絲綢之路的願景與行動」 내용 요약

- 2013년 11월, 아덴 항 및 모카 항의 컨테이너 부두 확장을 위해 예멘과 5억 달러의 차관 제공에 합의. 해상 요충지 예멘 모카항과 유럽과 아프리카-중동을 잇는 아덴항

242) 중국 신장위구르자치구 우루무치에서 카자흐스탄, 우즈베키스탄, 투르크메니스탄 등 중앙아시아 국가를 거쳐 독일로 이어지는 철도로 중국은 2025년까지 아시아와 유럽 국가를 연결하는 유라시아 횡단 고속철도망 건설을 추진하고 있음. 자료: 임영석 외(2015)

243) 중국이 중동에서 남중국해까지 해로를 따라 투자 개발하는 거점 항구들을 이으면 진주 목걸이와 비슷한 모양이란 데서 나온 용어로 파키스탄의 과다르, 방글라데시의 치타공, 미얀마의 시트웨 항구 등이 꼽힘. 자료: 임영석 외(2015)

운영권 확보. 2013년 3월, 탄자니아와 바가모요 항구 개발을 위한 협정 체결.

- o 리커창 총리는 그리스를 방문해 46억 달러 규모의 무역 및 투자협정을 체결하고 피레우스항을 유럽 수출 거점기지로 활용할 계획. 피레우스항은 일정한 조수간만차, 유럽-중동-북아프라카 등 지중해 전 지역을 연결하는 천혜의 입지를 가지고 있으며, 2009년 중국 최대 해운사 코스코(COSCO)는 피레우스항 컨테이너 터미널 운영권 확보.

1) 일대일로 최근 동향

장가오리(张高丽) 부총리는 2015년 7월 21일 북경에서 '일대일로 건설추진 공작회의'를 개최했다. 왕후닝(王沪宁), 왕양(汪洋), 양징(杨晶), 양제츠(杨洁篪) 등 일대일로 건설사업 영조소조 조원 및 유관부서 담당자들이 동 회의에 참석했다. 장가오리 부총리는 '일대일로' 전략을 구체적으로 실행하기 위한 행동계획을 제시했다. 또한 중국 공산당과 국무원이 '일대일로' 이니셔티브를 구현하기 위한 사업을 매우 중시하고 있음을 강조했다.

'일대일로' 건설이 공허한 구호가 아니라 실제로 구현 가능한 미래라는 점을 재차 환기시키며 해당 권역 및 연선국가(沿线国家)들에게 실질적인 이익을 가져다줄 것이라고 강조했다. 또한, 국무원의 지도 아래 각 지역과 부서들이 공동으로 협력하여 '일대일로' 건설을 위한 각종 사업들을 효과적으로 추진할 것을 주문했다.

주요 추진방향, 역내 협력 강화, 중점추진 영역 설정, 정책 추진 기조 및 정책추진 과정 관리 방침 등 다섯 가지 추진방침을 제시했는데 자세한 내용은 다음과 같다.

- 6대 경제회랑(经济走廊) 건설: 신 아시아-유럽 대륙교'(新亚欧大陆桥)*, 중국-몽골-러시아, 중국-서아시아-남아시아, 중국-인도차이나 반도, 중국-파키스탄, 방글라데시-중국-인도-미얀마 등을 포함
  *장수성 롄인항(连云港)-네덜란드 로테르담항간 10,900㎞ 국제철도교통 노선
- 역내 국가 간 협력을 강화하여 장기적인 우호협력을 추진함으로써 상호신뢰, 융합, 포용적인 이익공동체, 책임공동체 및 운명공동체를 공동 구축
- 상호 교통 네트워크 구축(互联互通)과 산업협력을 중점추진 영역으로 삼아 국제 생산능력 협력 및 교역을 추진하여 연선 국가들과 실질적인 상호협력을 진행
- 정책 추진 시 홍보효과를 극대화시킬 수 있는 '일대일로' 전략 관련 기초 사업을 실시하고, '일대일로' 전략 추진을 위한 모범적인 프로젝트들을 수립
- 국무원의 지도 하에 각 지방들의 역할을 명확히 하며, 각 지방들의 비교우위를 십분 발휘하여 동부·중부·서부 지역 간 협력을 강화함으로써 긍정적인 상호작용 발생 유도

최근 언론에 알려진 일대일로 관련 프로젝트 진척 상황은 다음과 같다.

2015년 상반기에만 중국기업들이 '일대일로' 관련 48개 연선 국가들에 70.5억 달러 규모의 직접투자를 집행했으며, 투자 규모 또한 전년동기비 22.2% 증가하였다. 60개의 연선 국가들에게서 375.5억 달러 규모의 해외투자 프로젝트 1,401개를 수주하여 전년동기비 16.7% 성장하였다.

국무원은 2015년 7월 14일, '일대일로 중국기업 로드맵'을 발표하여 80여개의 국유기업들이 연선 국가들에 지점들을 설립하고 이를 위한 각종 전략 사업들을 추진할 것을 주문했다. 그 주요 사업 내역을 보면, 중국-러시아, 중국-미얀마(원유, 천연가스), 중국-카자흐스탄, 중국-아세안(천연가스) 간 에너지 자원 수송로 건설, 러시아 등 주변 국가들과 10개 이상의 송전선로 건설, 중국-미얀마, 중국-태국, 중-라오스 철도(中老铁路) 건설, 중국-파키스탄 카라코람(喀喇昆仑) 도로 확장 건설, 스리랑카 함반토타항 건설 등 각종 프로젝트가 포함되었다.

윈난성 쿤밍시(昆明市)에서 라오스 비엔티엔까지 연결되는 철도 노선은 2015년말 현재 건설 중이며, 1960년 완공된 신장 카스(喀什)에서 파키스탄 북부 타고트까지 연결되는 고속도로 역시 현재 확장 공사중이다.

앞서 소개한 6대 경제회랑(经济走廊) 건설과 관련하여, 동북지역 지방정부들은 해당 지역의 경제성장률이 하락하는 상황에서 '일대일로' 전략 실행을 통해 새로운 경제발전 기회를 모색하고 있다.

헤이룽장성은 '중국-몽골-러시아' 회랑 건설에 가장 적극적으로 참여하여 러시아와 전방위적인 교류협력을 강화하고 있다. 통장 철도대교(同江铁路大桥) 및 하얼빈 공항구역(航空港) 건설 사업 등 기초교통시설 건설, 헤이룽장성 쑤이펀허(绥芬河)-네이멍구 자치구 만저우리(满洲里)-러시아-유럽 철도 건설 및 러시아 극동항구를 통한 해상운송 체계 구축 등 여러 건설 프로젝트들이 시행 중이다. 헤이룽장 통장시(同江市)와 인근 러시아 지역을 연결하는 교량은 2014년 2월 착공하여 현재 건설 중이며, 완공 후 인근 시베리아 철도와 연결될 전망이다. 또한 하얼빈공항을 동북아 허브 공항 및 '중국-몽골-러시아' 경제회랑 중심공항으로 육성하기 위한 개발계획이 추진되고 있다. 244)

일대일로(一带一路) 이니셔티브가 발표된 후 지난 5년 동안(2013-2017) 괄목할 만한 성과를 정리하면 다음과 같다. 중국 상무부에 따르면 중국과 일대일로 국가와의 무역 거래가

---

244) 新华网 (2015.7.22.),一带一路"建设推进工作会议在京召开. 人民日报,(2015.7.23.), 确保实现一带一路建设良好开局. 每日经济新闻(2015.7.24.), 一带一路划定重点 打造六大经济走廊.

부단히 확대되었다. 최근 5년 동안 중국과 '일대일로' 국가 간 무역총액은 5조 달러를 넘은 것으로 집계됐다. 세계 무역이 하향세를 나타내고 마이너스 성장세를 보이는 가운데서도 중국과 '일대일로' 국가 간 무역은 연평균 1.1%의 성장세를 유지했으며, 중국은 25개 '일대일로' 연선국가의 최대 무역파트너로 자리매김했다.

중국과 '일대일로' 연선국가 간 투자협력도 지속적으로 심화되었다. 동 기간 중국의 대(對) '일대일로' 연선국가 직접투자액은 700억 달러를 돌파했으며 연평균 투자 증가율은 7.2%였다. 그 중에서도 중국이 '일대일로' 연선국가에서 신규 체결한 청부공사 계약액은 5,000억 달러로 연평균 19.2%의 높은 증가율을 기록했다. 지난 5년간 중국과 '일대일로' 국가 간의 대규모 프로젝트가 착실히 추진됐다. 몸바사-나이로비 철도(케냐 동부 항구도시 몸바사와 수도 나이로비 연결) 준공, 아디스아바바-지부티 철도(중국의 첫 해외 군사기지인 아프리카 동부의 항구 지부티와 에티오피아 수도 아디스아바바 연결) 개통, 중국-태국 철도, 헝가리-세르비아 철도 착공, 중국-파키스탄 경제회랑[245] 등 인프라 구축 사업이 안정적으로 추진되고 있다.

이밖에 중국과 '일대일로' 연선국가 간의 경제무역단지 창설이 안정적으로 진행됐다. 지난 5년간 중국기업은 '일대일로' 연선국가에서 82개의 해외경제무역협력구(境外经贸合作区)를 구축했으며 투자 누적액은 289억 달러에 달한다. 입주 기업은 3,995개로, 해당 국가에 납부한 세금 누적액은 20억 1,000만 달러에 달했고, 현지에 24만 4,000개에 이르는 일자리를 창출했다.[246]

양자 간 자유무역 네트워크 역시 지속적으로 확대되었다. 중국은 13개 '일대일로' 연선국가와 5건의 자유무역협정(FTA)을 체결 또는 격상했으며, 유라시아경제연합(EEU)[247]과 경제무역협력 협정을 체결했다.

---

245) 중국-파키스탄 경제 회랑(China Pakistan Economic Corridor): 2013년 리커창 총리가 파키스탄을 방문했을 때 제시한 구상으로 중국 북서부 신장위구르자치구 지역의 도시 카스와 파키스탄 남서부 과다르항을 철도 도로 송유관 등으로 연결하는 사업.

246) 人民网 (2018.8.30.)

247) EEU(Eurasian Economic Union): 서유럽 국가 중심의 EU에 대응하기 위해 러시아를 중심으로 구성된 옛 소련권 국가들의 연합체. 러시아, 카자흐스탄, 벨라루스, 키르기스스탄, 아르메니아로 2015년에 구성됐으며 모두 중국 '일대일로' 사업의 파트너국가임.

참고문헌

강승호(2005). 동북아시대와 중국-중국의 동북진흥전략: 한중협력과의 관련성을 중심으로. 「한국과 국제정치」 제21권 1호

곽복선 외(2015), 「중국경제론(2판)」, 박영사

김동하(2001). 중국 서부대개발 정책이 한국기업에 주는 시사점. 「중국연구」 제27권

김동하(2002). 「바이차이나 2005 마스터플랜」, 시대의창

김동하(2007). 중국의 중부굴기정책에 대한 소고. 「국제·지역연구」 16권3호.

김동하(2011), 「차이나 소프트파워」, 도서출판 무한.

김동하(2013). 중국 금융종합실험구 정책평가. 「국제·지역연구」 22권1호.

김동하(2013). 중국경제 선행지표의 유효성에 관한 연구. 「중소연구」 제37권 1호.

김동하(2015), 민영은행 출범이 중국 금융개혁에 미치는 영향, 「중국학연구」 71집.

김동하(2019), 웨강아오 대만구 정책화 과정과 함의, 「중국학」 66집.

김동하(2020), 거시경제지표를 이용한 중국 서부대개발 정책 평가, 「한중관계연구」, 제6권 2호

김미정(2005). 중국의 서부대개발과 신공간혁신클러스터 전략. 「통상정보연구」 제7권 제4호,

김상욱(2011), 「중국지역경제개론」, 신아사.

김수한 · 유다형(2015), 중국 창장중역도시군 발전계획의 주요 내용 및 시사점, 「중국도시정보11」, 인천발전연구원, 한중Zine INChinaBrief (Vol.290), 2015.5.11.

김영진(2012), 「중앙아시아 지역:카자흐스탄」, e-Eurasia, Vol.2012, No.38, 한양대학교 아태지역연구센타

김윤호(2007). 중경-서부발의 거점도시. 친디아저널(Vol.9). 2007년 5월호

박래정(2011), 중국 중부굴기의 도시경쟁력 비교, LG Business Insight.

박명희(2008). 중국의 지역발전불균형과 그 해소전략의 모색: 중서부지역개발전략을 중심으로. 「국제지역연구」 제12권 제1호

박승찬(2009). 중국 광서북부만 경제권의 성장과 경쟁력 연구. 「한중사회과학연구」 7권 1호

유인선(2012), 「베트남과 그 이웃 중국:양국관계의 어제와 오늘」, 창작과비평사

이봉걸(2015), 일대일로 프로젝트 현황과 영향, Trade Focus Vo.14 No.16, 국제무역연구원.

이원봉(2009). 서부대개발 전략 실시 10년의 평가. KOTRA(2009.10.26.)

이준태(2010), 중국의 전통적 해양인식과 海禁政策의 의미, 「아태연구」 17권 2호.

이정진(2010). 中, 창지투 지역개발 계획 발표로 동북진흥 가속화 전망. 국제금융센터(2010.1.5)
이철용(2011), 중국 서부대개발 인프라깔기 10년 이제 거점중심으로 본격 개발, LG Business Insight(2011.2.23)
李牧群(2011), 중국 중부지역 발전계획, 이슈리포트 11-6호, 중국삼성경제연구원
임영석·박두정(2015), 중국 일대일로 추진 동향 및 시사점, 한국수출입은행 해외경제연구소.
정환우(2006). 동북3성 지역의 발전 여건과 동북진흥정책. 「중국연구」 제38권
조너선 펜비(2009), 「China:중국의 70가지 경이」 남경태(역), 역사의 아침.
진병진(2008), 중국의 동북진흥계획 추진성과와 전망, 「한국동북아논총」 제47권
진홍상(2002). 중국의 서부대개발 전략과 중한 경제협력. 「동북아경제연구」 제14권 1호
최성일(2010). 중국서부대개발 10년의 성과와 과제. 「한국동북아논총」 제55권
한국무역협회 북경지부(2010). 중국 長吉圖 개발개방선도구 개발계획과 시사점.
한홍석(2002). 서부대개발 전략과 중국정부의 과제. 「동북아경제연구」 14권 2호
KIEP(2007). 중국 동북진흥전략 3년의 평가와 과제. 중국경제 현안 브리핑 제7-13호
KIEP(2009). 중국 지역발전의 최근 변화와 전략: 중서부지역. 중국경제 현안 브리핑 제9-23호
KIEP(2009). 중국 지역발전의 최근 변화와 전략: 동북연해지역. 중국경제 현안 브리핑 9-19호
KIEP(2010). 중국의 제3차 두만강구역 합작개발계획. KIEP 북경사무소 제10권 03호
KIEP(2010). 중국 2010 서부경제발전청서의 주요 내용과 평가. 중국 성별동향 브리핑 10-30호
KIEP(2010), 2010년 중국 성별 양회의 주요내용과 평가: 천진시 빈하이 신구의 개발 및 개방을 중심으로, 중국 성별동향 브리핑 10-10호
KIEP(2010), 2010년 중국 성별 양회의 주요내용과 평가: 허난성, 중국 성별동향 브리핑 10-15호
KIEP(2010), 푸젠성 해협서안경제구의 발전 현황 및 시사점, 중국 성별동향 브리핑 10-17호
KIEP(2010). 장쑤성 기업의 국제화 현황과 시사점. 중국 성별동향 브리핑 10-18호
KIEP(2010), 선양경제구 발전계획을 통해 본 랴오닝성 도시화 추진 전략, 10-19호
KIEP(2010), 중부 안후이성으로의 산업이전 현황 및 시사점, 중국 성별동향 브리핑 10-20호,
KIEP(2011), 주요 성별 12차5개년 규획의 주요내용과 평가(1): 쓰촨성, 11-01호
KIEP(2011), 주요 성별 12차5개년 규획의 주요 내용과 평가(3): 징진지(京津冀) 11-04호
KIEP(2011), 주요 성별 12차5개년규획의 주요내용과 평가(4): 충칭시, 중국 성별동향

브리핑.
KIEP(2011), 주요 성별 12차5개년규획의 주요내용과 평가(5): 장강삼각주지역, 11-06호
KIEP(2011), 주요 성별 12차5개년규획의 주요내용과 평가(7): 중부 6개성, 11-08호
KIEP(2011), 주요 성별 12차5개년규획의 주요내용과 평가(8): 광동성, 11-09호
KIEP(2011), 주요 성별 12차5개년 규획의 주요내용과 평가(9): 산둥성, 11-10호
KIEP(2011), 중국 서부지역 청위경제구 발전계획의 주요 내용과 전망, Vol.2 No.16
KIEP(2011), 네이멍구자치구의 광물자원 개발현황과 전망, Vol.2 No.18
KIEP(2011), 중국의 3대 해양경제 육성지역(산둥·저장·광둥성)의 비교 및 평가, Vo.2 No.22
KIEP(2011), 중국 동북지역 물류 인프라 건설의 최근 동향, 중국 성별동향 브리핑 Vol.2 No.23
KIEP(2012), 광둥성 전략적 신흥산업 발전계획 및 추진동향, Vol.3 No.3
KIEP(2012), 허베이성 연해지역 발전계획의 주요 내용 및 전망, Vol.3 No.5
KIEP(2012), 중국 도시정보 시리즈, 안후이성 허페이시, 「중국 권역별·성별 기초자료」.
KIEP 오정혁(2012), 중국 도시정보 시리즈 샨시성 시안시, 「중국 권역별·성별 기초자료」.
KIEP(2012), 한·중경제협력 20년 회고와 전망:동북3성, 중국 성별동향 브리핑 Vol.3 No.12.
KIEP(2012), 한·중경제협력 20년 회고와 전망:동북3성, 중국 성별동향 브리핑 Vol.3 No.12
KIEP(2012), 한·중경제협력 20년 회고와 전망:산둥성, 중국 성별동향 브리핑 Vol.3 No.13
KIEP(2012), 한·중경제협력 20년 회고와 전망:화동지역, 중국 성별동향 브리핑 Vol.3 No.14
KIEP(2014), 상하이 자유무역시범구 1주년 평가. 북경사무소 브리핑(2014.11.5) Vol.17 No.11
KIEP(2014), 징진지 공동발전 추진 동향. 북경사무소 브리핑(2014.11.27) Vol.17 No.13
KIEP(2014), 「중국 환발해지역 발전계획의 특성 및 도시경쟁력 분석 연구」, 경제·인문사회연구회 중국종합연구 협동연구총서.
KIET(2015), 중국 인터넷 플러스 전략 추진, 「중국산업경제브리핑」산업정책해설.
중국 주서울 관광사무소 (www.visitchina.or.kr)
KOTRA 해외시장뉴스 (https://news.kotra.or.kr)
KIEP 중국전문가포럼 (https://csf.kiep.go.kr)

* 본문 각주에서 이미 표기된 참고문헌은 「3판」 부터 이곳 '참고문헌'에서 기술을 생략함.